한국·일본·'서양'

한일공동연구총서 11

한국·일본·'서양'

제1판 제1쇄 발행 2008년 6월 20일

지은이 | 와타나베 히로시 · 박충석 외
펴낸이 | 최장집
펴낸곳 | 아연출판부
편집 · 교정 | 최미정 · 송지현
표지디자인 | 서진

등 록 | 2000년 5월 24일 제6-376호
주 소 | (136-701) 서울 성북구 안암동 5가 고려대학교 아세아문제연구소
전 화 | 02-3290-1601
팩 스 | 02-923-4661

ISBN 978-89-90769-24-4 94910
978-89-951522-2-5 세트

이 도서의 국립중앙도서관 출판시도서목록(CIP)은 e-CIP 홈페이지(http://www.nl.go.kr/ecip)에서 이용하실 수 있습니다(CIP제어번호: CIP2008001774).

책값은 뒤표지에 표시되어 있습니다.
잘못된 책은 바꿔드립니다.

한국·일본·'서양'

와타나베 히로시 | 박충석 공편

2008

아연출판부

차례

한일공동연구 2기 총서 간행에 즈음하여

제1기(1996~1998)의 연구 성과와 경험을 토대로 제2기(1999~2001) 공동연구의 결과를 출간한다는 것은 또 다른 의미를 갖는다. 제1기가 한국과 일본이 학술 분야에서 공동연구를 수행하겠다는 시작의 의미를 갖는다면, 제2기는 공동연구의 지속을 의미하기 때문이다. '시작'이 '지속'으로 이어질 수 있게 되었다는 것은 한일관계에 있어 중요한 발전이다.

1996년 한일공동연구포럼의 출범은 조용했지만, 역사적 의미를 갖는 하나의 사건이었다. 한일 간의 불행한 과거사는 전후 국교 정상화와 양국 간 경제 교역의 급증에도 불구하고, 다른 여러 분야에서 한일관계의 진전을 어렵게 하는 요인이었다. 그러므로 미래지향적 한일관계를 지향하면서, 유례없는 대규모의 프로젝트를 10년에 가까운 기간 동안 지속하겠다는 것은 커다란 실험이었다. 처음 공동연구포럼의 창안자들은 선린호혜의 정신에 입각하여 공동프로젝트를 출범시켰지만, 시작이 곧 지속을 보장할 수 없는 것이 그간의 한일관계사가 보여 준 특징 중 하나였기 때문이다. 이 점에서 제2기의 공동연구가 성공적으로 끝나 그 연구의 결과를 총서로 출간하게 된 것은 출범 당시의 정신이 지속가능하고 성공적으로 결실을 맺을 수 있는 수준으로 발전했다는 것을 의미한다.

제2기 공동연구가 성공적으로 결실을 맺게 된 것은 전적으로 총 7개 분과에서 공동연구에 참여한 한국과 일본의 연구 참여자들의 노력 덕분이다. 한국과 일본 양측으로부터의 연구 참여자들은 모두 양국 학계의 각 분야에서 지도적 역할을 수행하는 대표적 학자들이다. 이들이 보여 준 공동연구의 중요성에 대한 이해와 학문적 열정, 진지함이 아니었더라면 제2기 프로젝트는 성공하기 어려웠을 것이다. 두루 알다시피 한일공동연구포럼이 현재까지 성공적으로 추진되는 데 있어서 한국 측의 최장집과 일본 측의 오코노기 마사오 교수의 역할이 컸다. 또한 이를 재정적 및 제도적으로 뒷받침한 일본의 일한문화교류기금의 노력은 결정적이었다. 제2기가 진행되는 동안에 변화가 있었다. 최상용 교수가 2000년에 주일대사로 자리를 옮겨, 고려대 아세아문제연구소 소장 최장집 교수가 한국 측 의장직을 맡게 되었다. 그러나 이미 두 사람의 공동 창안자들이 기초를 잡고 궤도에 올린 후의 일이었기 때문에 제2기가 결실을 맺는 데는 아무런 어려움이 없었다.

최근에 이르러 한일 간의 상호 교류는 급속히 확대되고 진전되고 있다. 이 변화에는 2002년 월드컵 한일 공동 개최가 중요한 촉매제 가운데 하나였다. 이 상황에서 양국의 대표적인 학자들과 지식인들이 주축이 된 한일공동연구는 한일관계를 좀 더 성찰적인 기반위에 정초하게 한다는 점에서 특별한 의미를 갖는다. 제2기의 총서발간이 양국 간 학술 교류 및 중요한 학술적 기여가 될 뿐 아니라, 올바른 역사 인식에 기초한 미래지향적으로 한일관계가 발전하는 데 큰 기여를 할 수 있기를 기대한다. 끝으로 제2기의 성공적 수행을 뒷받침한 일한문화교류기금의 구마가이 나오히로(熊谷直博)이사장 및 관계자들의 지원과 노고에 감사드린다.

2004년 2월

한일공동연구포럼 한국 측 의장 최장집(崔章集)
일본 측 의장 오코노기 마사오(小此木政夫)

한일공동연구 1기 총서 간행에 즈음하여

제2차 세계대전 후 50년이 지난 1995년 여름, 우리 두 사람은 한국과 일본의 차세대를 담당할 연구자들을 중심으로 대규모의 공동연구를 구상하기 시작했다. 일본 국회의 '건국 50년 결의'를 둘러싸고 한일 간에 마찰이 일 때 등장한 무라야마 도미이치(村山富市) 일본 총리의 '전후 50년 담화'는 한일 간의 상호이해를 위한 토대를 마련해 주었다.

"우리나라는 멀지 않은 과거의 한 시기에 국책의 잘못으로 전쟁에의 길을 내디딤으로써, 국민을 위기에 빠뜨리고, 식민지의 지배와 침략으로 많은 나라들, 특히 아시아 제국의 사람들에게 막대한 손해와 고통을 끼쳤습니다. 나는 장차 잘못이 없도록 하기 위해서 의심할 여지가 없는 이 역사적 사실을 겸허하게 수용하여, 이에 다시 한번 통절한 반성의 뜻을 표하고 진심으로 용서를 비는 마음을 표명하고자 합니다. 또한 이 역사가 제공한 내외의 모든 희생자들에게 깊은 애도의 뜻을 표합니다."

그후 3년이 지난 1998년 10월 김대중 대통령의 방일시 한일 양국이 발표한 '한일공동선언'의 역사관련 부분은 이 무라야마 담화의 내용을 양국 정부가 문서로 확인한 것이었다.

이러한 역사 인식을 출발점으로 하여 우리 두 사람은 한일 양국의 연구자들과 협의하여 '한일공동연구포럼'을 결성하고, 일한문화교류기금의 협력과 지원을 받게 되었다. "과거를 직시하고, 미래를 구축한다"라는 기본 인식하에 역사 Ⅰ, 역사 Ⅱ, 정치, 경제, 정치경제, 문화, 북한 등 7개의 연구팀이 결성되어 1996년 4월부터 공동연구가 시작되었다.

여기 간행을 시작하는 『한일공동연구총서』는 제1기 연구(1996~98)의 성과이다. 그러나 어떤 의도를 가지고 있고, 어떤 형태의 연구라 할지라도, 그것이 학술적 연구 성과인 이상, 고매한 이상을 내걸면 그만큼 그것에 걸맞는 높은 수준의 연구가 요구될 것이다. 또한 공동연구인 경우에는 그것의 전체적인 완성도를 염두에 두지 않을 수 없다. 이러한 점에 관한 비판과 충고를 겸허하게 수용하면서 우리는 앞으로도 공동연구를 계속 할 각오를 하고 있다. 우리는 한일공동연구포럼이 한일 양국의 학술적 교류의 역사에 새로운 전기가 되기를 바라며 한일 학자들의 지적 역량을 세계에 알리는 계기가 되기를 기대한다.

일한문화교류기금에 깊이 감사하며, 한일 양국의 뜻 있는 여러분의 이해와 지원을 바라마지 않는 바이다.

2000년 3월

한일공동연구포럼 제1기 한국 측 의장 최상용(崔相龍)
일본 측 의장 오코노기 마사오(小此木政夫)

일러두기

1. 본 총서는 재단법인 일한문화교류기금의 연구지원으로 간행되었습니다.
2. 일본어, 중국어 인명과 지명의 표기는 한글 맞춤법의 외래어표기법에 따라 표기했습니다.

제1부

전쟁과 평화

한국근대사에서의 국제관계관념

전통적인 존재양식의 변용과정을 중심으로

박충석

Ⅰ. 문제의 소재

19세기 중엽 이후의 한·중·일 동아시아 3국의 근대사는 국제관계사의 관점에서 볼 때, 전통적인 동아시아 국제체계와 서양의 근대적인 국제체계와의 각축(角逐)의 과정으로서, 이들 개별국가의 대응양식에 따라서 국제관계관념들이 전환, 유지, 확대, 변형 그리고 해체 등, 그 전개과정에 있어서 복잡다의(複雜多義)한 양상을 노정하고 있다.

홀(John W. Hall)이 근대 일본을 지칭하여 "새로운 극서(極西)의 나라 일본"(Japan, the new far west)[1]이라고 한 것에서 상징적으로 나타나 있듯이 근대 일본은 정치·사회·문화·사상적으로 화이(華夷)관념을 지탱하는 실체적 기반이 없었을 뿐만 아니라[2] 전통적인 동아시아 국제체계를 정치·경제적으로 뒷받침하ㄱ 있었던 조공체제로부터 자유로움으로써 매우 용이하게 서양의 근대적인 국제체계에 편입할 수 있었던 데 비하여, 중국의 경우에는 한편으로

1) John W. Hall, "Changing Conceptions of the Modernization of Japan", Marius B. Jansen ed., *Changing Japanese Attitudes Toward Modernization* (Princeton University Press, 1965), 10쪽.
2) 植手通有, 「對外觀の轉回」, 橋川文三·松本三之介 編, 『近代日本政治思想史 Ⅰ』(有斐閣, 1971), 35-41쪽.

아편전쟁 이래 서양의 근대적인 국제체계에 편입하면서도, 또 한편으로는, 전통적으로 중국이 세계의 중심이라는 천하(天下)관념을 배경으로 문화적으로 중화(中華)이념을 기조로 하는 화이질서, 그리고 정치·경제·군사적으로 근린 제국과의 긴장관계를 완화하는 조공(朝貢)체제라는 이른바 동아시아 국제체계 —물론 이러한 국제체계가 동아시아 세계에 있어서 역사적으로 어느 정도 보편성을 띠고 있었느냐 하는 문제는 앞으로도 계속 연구와 논의를 요하는 과제라고 할 수 있으나— 를 여전히 유지 내지는 확대하는, 또 바로 이와 같은 도정에서 변형-해체를 초래하게 되는 역사적 좌절을 경험하지 않을 수 없었다. 이들 양국과 비교하면, 조선의 경우에는 구미열강에 의해 야기된 동아시아 국제사회에서의 권력정치 속에서 오히려 청과 일본으로부터의 외압에서 벗어나려는 —결과적으로는 실패하여 일본의 식민지로 전락하게 되지만— 양절체제(兩截體制)를 양극으로 하는 다양한 발상이 제기되고 있다.[3)]

말하자면, 동아시아 근대사에서의 한·중·일 3국의 대외적인 발상양식에는 위기극복에 대한 성패의 여부를 떠나서 각기 그것 자체의 독자적인 특수성이라는 것이 있었다. 물론 근대 이전의 동아시아 국제관계사에 있어서 중국대륙이 그 중심의 무대였다는 것, 또 그와 같은 의미에서 중국을 중심으로 하는 중화관념-화이질서, 사대-조공·책봉체제의 지배적인 경향을 인정하지 않을 수 없다. 또 이와 같은 의미에서의 전통적인 동아시아 국제관계사에 대한 역사적 설명의 타당성도 유효하다. 그러나 또 한편으로 중국 대륙 내에서는 역사적으로 한족(漢族)과 이민족(異民族) 간의 힘을 바탕으로 하는 간단없는 항쟁과 침략의 반복으로 유동적 상황이 빈번하게 전개되었으며, 중국 대륙의 이와 같은 역사적 변동은 당연히 육지로 접해 있는 한국에 지대한 영향을 미쳤다는 것, 뿐만 아니라 일본의 경우에는 항로의 미발달로 인하여 한국과는

3) '양절체제'란 유길준의 『西遊見聞』(交詢社, 1895), 제3편 「邦國의 權利」, 85-99쪽에 나오는 개념으로, 이는 조선이 전통적인 동아시아 국제체계와 서구의 공법적인 국제체계에 모두 편입되어 있는 대외적인 국제관계상황의 이중적 성격을 말한다. 이 '양절체제'에 대한 연구로서는 原田 環, 『朝鮮の開國と近代化』(溪水社, 1997), 191-218쪽; 김용구, 『세계관충돌의 국제정치학 : 동양 예와 서양 공법』(나남출판, 1997), 231-268쪽 참조.

대조적으로 중국 대륙에서의 역사적 변동으로부터 상대적으로 자유로운 지리적 환경이 주어져 있었다는 점에서 전통적인 동아시아 국제사회의 역사적 다원성을 인정하지 않을 수 없다.[4)]

이와 같은 지리적 조건하에서 전통적인 동아시아 국제사회에서의 더욱 특징적인 것은 중국을 중심으로 하는 중화관념-화이질서, 사대-조공·책봉체제의 지배적 경향에도 불구하고 일반적으로 사대-조공·책봉체제가 유지되는 한 중국의 조공·책봉국에 대한 직접적인 지배관계가 이루어지는 것은 아니었다는 것이다.[5)] 말하자면, "중국을 중심으로 하는 이(異)민족지배의 존재양식—이것은 이민족 사이에서도 마찬가지였지만(인용자)— 은, …… 이민족의 상대적 자립성을 인정하는 매우 느슨한(loose) 연결이었으며, 이민족 사회의 다양성과 중국과의 힘 관계가 어떠하냐에 따라서 다양한 변차(變差)를 보이는 특질을 가지고 있었다"[6)]고 할 수 있다.

전통적인 동아시아 국제사회의 이와 같은 성격은 결과적으로 정치·경제·사회·문화·사상의 차원에서의 체제·가치·규범·사고방식 등에 있어서, 개별국가로서의 역사적 독자성의 도정을 열어 주는 것으로서 이러한 역사적 독자성의 존재양식이 이번에는 전통적인 동아시아 국제사회의 존재양식을 규정하는 결과를 초래하였다고 생각된다. 역사적으로 전통적인 동아시아 세계에 있어서 문화전파의 동시적 계기(cultural synchronization)가 빈곤하였던 것도 결코 우연이 아니다.[7)] 이와 같은 관점에서 볼 때 전통적인 동아시아 국제관계사를 검토함에 있어서는 우선 그 기초적인 연구로서 한·중·일 3국의 개별국가를 대상으로 전통적인 동아시아 국제관계사와 밀접한 연관성을 가지고 있는 체제, 가치, 규범, 사고방식 등의 존재양식에 착안하지 않으면 안 된다. 생각건대, 동아시아 국제관계사에 대한 실체적(實體的)인 파악은 이러한 시각

---

4) George B. Sansom, *The Westerm World and Japan* (Cresset Press, 1960); 金井 圓ほか譯, 『西歐世界と日本』(上)(筑摩書房, 1966), 214쪽 참조.

5) 茂木敏夫, 「中華世界の『近代』的變容」, 溝口雄三ほか 編, 『アジアから考える[2] 地域システム』(東京大學出版會, 1993), 269쪽.

6) 堀敏一, 「近代以前の東アジア世界」, 『歷史學研究』 第281号, 15-16쪽 참조.

7) 『丸山眞男講義錄 第4册 : 日本政治思想史, 1964』(東京大學出版會, 1998), 13쪽.

에서의 개별적 연구의 축적 위에 그 전체적인 연관구조의 존재양식을 구명(究明)했을 때 비로소 달성될 수 있는 것이라고 할 수 있다.

본고는 바로 이와 같은 문제의식에서 출발하여 전통적인 동아시아 국제체계와 서양의 근대적인 국제체계가 교차하는 19세기 중엽 이후의 동아시아 국제관계사에 있어서 서양의 근대적인 구제체계의 기본 축으로서의 권력, 법(국가평등관념)과 전통적인 동아시아 국제체계의 기본 축으로서의 중화관념-화이질서, 사대-조공·책봉체제, 예(禮), 교린 등을 둘러싸고 전개되는 복잡다의한 양상을 주로 한국근대사에서의 초기 발상양식 —병자수호조약(조·일수호조규)과 조·미조약— 을 중심으로 검토하고자 한다.

일반론의 차원에서 볼 때, '서양의 충격'(western impact)은 아편전쟁(1840~42년)을 기점으로 하고 있다. 그러나 한국근대사에서의 대외적인 국제체계의 변동은 1876년의 병자수호조약을 계기로 하여 시작되고 있다. 잘 알려져 있는 바와 같이 병자수호조약 제1관은 "조선국은 자주국(自主國)이며 일본국과 평등한 권리를 보유한다"[8]고 명기하고 있다. 이 조문은 그것이 자각적인 것이든 또는 일본 측의 일방적인 요구에 의한 것이든 한국근대사에 있어서는 전통적인 동아시아 국제체계에서 권력정치와 근대적인 국가평등관념을 기조로 하는 서구적인 국제체계로의 이행을 의미하는 최초의 역사적 경험으로서 다음과 같은 정치적 함의를 수반하고 있었다.

그것은 첫째로 전통적인 동아시아 국제체계의 이른바 중화관념-화이질서, 사대-조공·책봉체제와 배치되는 것으로서 실제의 차원에서는 조선의 청에 대한 사대-조공·책봉체제로부터 이탈할 수 있는 단서를 제공하는 것이며, 둘째로는 그 당연의 결과로서 조선의 청에 대한 사대-조공·책봉체제가 청산되지 않는 한 조선으로서는 어쩔 수 없이 양절체제의 도정을 걷지 않을 수 없게 되었다는 것이다.

그러나 조선의 대외적 발상에 있어서의 양절체제를 포함하여 1876년의 병자수호조약은 한국근대사에 있어서 한편으로 청에 대한 사대-조공·책봉체

8) 국회도서관·입법조사국, 『舊韓末條約彙纂』(上), 9쪽.

제와 또 한편으로 일본과의 근대적인 국가평등관계 ―실제의 차원에서 병자수호조약이 조선과 일본 간의 국가 간 평등을 관철하고 있었느냐 하는 또 다른 차원의 문제로서 여기에서는 병자수호조약의 제1관이 근대적인 국가평등관념에 입각한 단서가 되고 있다는 점에서― 를 양극(兩極)으로 하여 ―물론, 청·일전쟁에서 청이 패배함으로써 이 양극의 균형이 무너지는 것이지만 ― 조선의 대외관계가 유동적 성격을 띠게 되는 역사적 기점이 되고 있다.

병자수호조약을 계기로 하여 제기되는 조선이, 이른바 청의 속방이냐 하는 청·일 간의 논쟁을 비롯하여 1904년 러·일전쟁에 이르기까지의 조선을 둘러싼 청·일·러·미 등의 각축과정에 대한 국제관계사적 연구는 그동안 많이 축적되어 왔다고 할 수 있다.[9)]

본고에서는 이와 같은 기존의 연구성과에 힘입으면서, 전통적인 동아시아 국제관계를 규정해 온 중화관념-화이질서, 사대-조공·책봉, 예, 교린 등, 국제관계관념을 비롯하여 조선의 대청관계에서 제기되는 속방(屬邦)론 등, 그리고 전통적인 동아시아 국제체계와 서구의 근대적인 국제체계와의 교차과정에서 제기되는 권력(정치), 법(근대적인 국가평등) 관념 등을 중심으로, 이들 제 관념이 한국근대사의 과정에서 어떻게 전개되었는가를 지배층의 발상양식에 주목하여 그 사상적 특성을 검토하고자 한다. 따라서 본고에서는 한국에서의 전통적인 국제관계관념들의 존재양식을 개념적으로 분석하고, 이들 관념이 병자수호조약, 『조선책략』의 파문, 조·미조약 등의 역사적 사건들을 매개로 하여 어떻게 전개되었는가를 검토하는 데 머무르려고 한다.

---

9) 1945년 이후 이 분야에 대한 연구로서는, 彭澤周, 『明治初期日韓淸關係の硏究』(塙書房, 1969); 전해종, 『한중관계사연구』(일조각, 1970); 백종기, 『근대한일교섭사연구』(정음사, 1977); 송병기, 『근대한중관계사연구』(단대출판부, 1985); 권석봉, 『청말대조선정책사연구』(일조각, 1986); 森山茂德, 『近代日韓關係史硏究』(東京大學出版會, 1987); 동덕모, 『조선조의 국제관계』(박영사, 1990); 浜下武志, 『近代中國の國際的契機』(東京大學出版會, 1990); 김원모, 『근대한미관계사』(철학과 현실사, 1992); 溝口雄三ほか編, 『アジアから考える [1] 交錯するアジア』(東京大學出版會, 1993); 同 『アジアから考える [2] 地域システム』(東京大學出版會, 1993); 同, 『アジアから考える [3] 周緣からの歷史』(東京大學出版會, 1994); 平野健一郎編, 『講座 現代アジア地域システムと國際關係』(東京大學出版會, 1994); 原田 環, 앞의 책; 김용구, 앞의 책; 구선희, 『한국근대대청정책사연구』(혜안, 1999); 권혁수, 『19세기 말 한중관계사연구』(백산자료원, 2000) 등이 있다.

Ⅱ. 개념의 다의성(多義性)

역사적으로 근대 이전의 동아시아 국제관계를 규제하여 온 관념들을 보면, 중화관념-화이질서, 사대-조공·책봉체제, 예, 교린 등, 근대 이후 서구의 국제체계의 축을 이루고 있는 권력정치, 국가평등관념에 비하면 매우 다의적이다. 뿐만 아니라 이들 관념은 발생적으로는 중국 고대의 서주(西周)시대 이래 춘추전국시대, 진(秦)·한(漢)의 통일시대에 이르는 오랜 기간에 걸쳐 형성되고 있다. 그러나 이들 관념은 역사적으로 각기 개별적인 계기를 매개로 하여 형성된 것으로서, 국가 간의 관계를 규제함에 있어서 당초부터 내적으로 어떤 형태로 연관된 통일적인 국제관계관념으로서 기능하였다기보다는 정치·경제·문화·군사 등 역사적 상황의 특수한 계기가 매개되어 개별적으로 또는 결합-분리의 과정을 거치면서, 또 의미내용을 달리하면서 기능하는 경향이 많았던 것으로 생각된다. 바로 이와 같은 의미에서 이들 관념은 역사적 개념이다.

1. 원형

역사적으로 중화관념-화이질서, 사대-조공·책봉체제, 예, 교린 등 전통적인 동아시아 국제관계관념들이 어떠한 개별적 계기를 매개로 하여 서로 내적 연관을 수반하는 국제관계관념 —예를 들면, 그 전형적인 존재양식으로서 개념적으로 확연하게 분리하여 생각할 수 있는 것은 아니지만, 문화·지리적으로 중국=중화관념-화이질서를 축으로 하여 정치·경제·군사적으로 사대-조공·책봉체제를 구축하면서 주위의 여러 국가들을 유교적인 예(禮) 규범 속에 편입시키는 명·청시대의 국제체계— 으로 정착하게 되었는가를 정서적(整序的)으로 논증한다는 것은 결코 용이한 작업이 아니다. 본고에서는 전통적인 동아시아 국제사회의 정치·문화적 함의를 검토한다는 관점에서 이들 관념에 대한 개념적 성격을 분석해 보고자 한다.

동서고금을 막론하고 국내의 정치사회뿐만 아니라 국가를 단위로 하는 국제사회를 질서화 함에 있어서 가장 핵심적인 통제요소는 권력과 규범이다. 또 이들 권력과 규범의 어느 쪽에 보다 역점이 놓여 있느냐에 따라서 국제사회의 성격이 규정되고 있다.10) 이와 같은 관점에서 볼 때 전통적으로 중국 대륙을 중심으로 한 동아시아 국제사회에 있어서 국가 간의 관계를 규제해 온 통제요소는 상대적인 것이기는 하지만 권력에 대해서 규범이다. 물론 힘, 패도(覇道), 사대(事大), 합종연횡(合縱連横) 등 역사적으로 권력주의적 발상이 없었던 것은 아니다. 뿐만 아니라 실제의 차원에서 권력주의적 실천이 부단히 반복되어 왔다. 그러나 동아시아 세계는 이데올로기적으로는 유교문화권으로서 가치이념적인 차원에서는 비록 존재양식의 차이는 있다하더라도 국내의 정치사회이든 국가를 단위로 하는 국제사회이든 덕(德)과 예(禮)규범을 기조로 하고 있다.11) 물론, 예는 발생적으로는 오륜(五倫)에 의해서 대표되는, 이른바 가공동체(家共同体) 사회의 규범관념이다. 또 바로 이와 같은 의미에서 국제관계관념으로서의 예는 그 확대된 의제(擬制)에 불과하다.

이와 같은 관점에서 예 규범에 관하여 『孟子』에서는 이렇게 논하고 있다.

> 국군(國君=諸侯)이 인(仁)을 좋아하면 천하에 적(敵)이 없다. 지금 국군이 천하에 적이 없기를 원하면서 인으로서 다스리지 않는다.12) 힘으로서 사람을 복종케 하는 것은 마음속으로부터 복종하는 것이 아니다. 힘이 부족하기 때문이다. 덕(德)으로서 사람을 복종케 하는 것은 마음속으로부터 기뻐하여 성심으로 복종하는 것이다.13)

즉, 유교의 통치론에서는 정치사회에서의 통제요소로서 어느 쪽인가 하면, 권력주의, 법치주의, 통치기술에 대해서 덕과 예에 의한 통치를 가장 이상

---

10) 川田 侃, 『帝國主義と權力政治』(東京大學出版會, 1971), 10 17쪽 참조.

11) 유교의 통치원리에 관하여 보면, "민(民)을 인도하는 데 법이라든가 명령으로서 하고 민을 가지런히 하는 데 형(刑)으로서 한다면, 민은 그와 같은 형벌을 면하기만 하면 된다고 생각하여 나쁜 짓을 하여도 부끄럽게 생각하지 않는다. 그러나 민을 인도하는 데 덕(德)으로서 하고 민을 가지런히 하는 데 예(禮)로서 한다면, 민은 나쁜 짓을 하게 되면 부끄러움을 알고, 또 그 위에 선(善)에 이른다"(『論語』·爲政篇)라고 논하고 있듯이 이데올로기적으로 덕·예주의를 지향하고 있다.

12) 『孟子』·離婁章句上.

13) 같은 책, 公孫丑章句上.

적인 통치양식으로 생각하였던 것이다. 또 바로 이와 같은 의미에서 유교사상의 기저에는 현실사회에 예적 질서의 구현을 목표로 하는 도덕적 규범주의의 사고방법이 관류(貫流)하고 있다고 생각한다. 이는 정치적 정통성(political legitimacy)의 차원에서 말하자면, 권력에 의한 지배라기보다는 (유교적인) 도덕에 의한 지배라고 규정하는 것이 보다 자연스러운 것이 아닌가 생각된다. 전통적인 동아시아 국제사회에서 기능한 규범관념이 이와 같이 예관념의 확대된 의제라고 한다면, 국제관계관념으로서의 예 규범도 그 당연의 결과로서 유교 본래의 개념적 성격을 수반하지 않을 수 없게 된다.

다음으로 중화-화이관념은 이와 같은 예 규범을 핵심적인 내용으로 하고 있다. 중화란, 발생적으로는 중하(中夏), 화하(華夏), 또는 제하(諸夏)라고도 하여 한(漢)민족이 사위(四圍)의 이만융적(夷蠻戎狄)에 대하여 자국을 호칭한 용어로서, ① 지리적으로 중국이 세계의 중심이라는 것 ② 중국이 문화적 세계에 있어서 가장 우수하다는 문화적 우월성에서 금수와 같은 사위의 이만융적을 예적 질서 속에 편입하여 문화의 은혜를 입힌다는, 이른바 개방적·세계주의적 성격을 내포하고 있다. 따라서 거기에는 이념적으로는 국가 또는 민족에 의한 영역이나 국경을 초월한 '천하'만이 존재하게 된다.[14) 『論語』에,

> 공자가 구이(九夷)에라도 가서 살까 라고 말하자, 어떤 사람이 (그곳은) 비천한 곳으로 이것을 어떻게 하려고요 라고 물으니까, 군자가 그곳에 가서 살면, 그 감화(感化)로 풍속이 좋아질 텐데 무슨 비천함이 있겠는가.[15)]

라고 논하고 있듯이 중화사상은 종족이라든가 혈족에 의한 차별을 전제로 하고 있지 않다. 『孟子』에,

> 나는 하(夏=중국)의 가르침으로 이적의 풍속을 변하게 하였다는 말은 들었어도 아직 이적의 풍속으로 하가 변하였다는 말은 듣지 못하였다.[16)]

---

14) 박충석, 『한국정치사상사』(삼영사, 1982), 62쪽.
15) 『論語』· 子罕篇.
16) 『孟子』· 滕文公章句上.

라고 논하고 있다. 즉, 중화란 중국을 중심으로 하여 예문화가 이만융적의 영역으로 교화에 의하여 부단히 확대되는 문화이념적 개념이다. 물론 실천론의 차원에서 보면, 예문화를 기조로 하는 이와 같은 중화사상은 군주에 의한 민(民)의 덕화(德化)라는 왕도정치사상과 밀접하게 연결되어 있다.[17]

셋째로 사대와 교린에 관하여 보면, 이는 서주시대의 봉건적인 종법질서 하에서 세대의 교체가 오랜 기간 지속되어 친속관계가 소원해짐으로써 제후국 간의 군사적인 긴장관계를 규제하는 과정에서 형성된 관념이다.[18] 이와 같은 의미에서 사대와 교린은 발생적으로는 국가(제후국) 간의 군사적·정치적인 관계 개념으로서 유동적 성격을 특징으로 하고 있다. 『춘추좌씨전』에,

> 예(禮)란 소(국, 小國)이 대(국, 大國)을 섬기고, 대(국)이 소(국)을 자애(慈愛)한다는 말이다. 대(국)을 섬긴다는 것(事大)은 그때그때의 명령을 잘 받아들이는 것이며, 소(국)을 자애한다는 것(字小)은 없어 괴로워하는 바를 구휼(救恤)하는 것이다.[19]

라고 논하고 있다. 이는 소국과 대국 간의 힘 관계를 예 관념으로 매개하여 규범의 차원에서 논하고 있는 것이다. 바꾸어 말하면, 여기에서는 이미 유동적인 '사대'가 규범을 매개로 하여 고정화되고 있다. 이와 같은 규범주의적 발상은,

> 소(국)이 대(국)을 섬기는 것은 신(의, 信義)이며, 대(국)이 소(국)을 보호하는 것은 인(애, 仁愛)이다.[20]

라고 하는 데에 전형적으로 나타나 있다. 또 이와 같은 규범주의적 발상은,

> 무릇 제후가 즉위하면, 소국은 군(君)이 몸소 오고(來朝), 대국은 사신(使臣)을 보내게(來聘) 되어 있다.[21]

---

17) 小倉芳彦, 『中國古代政治思想研究』(青木書店, 1970), 320-321쪽 참조.
18) 이춘식, 「『左傳』 中에 보이는 事大의 意味」, 『史叢』 제14집(고려대학교 사학회, 1969), 18-32쪽 참조.
19) 『春秋左氏傳』 昭公30年.
20) 같은 책·哀公7年.
21) 같은 책·襄公元年.

라고 논하고 있듯이, 소국과 대국 사이의 내조(來朝), 내빙(來聘)이라는, 이른바 '조빙지례'(朝聘之禮), '사대'(事大)·'자소'(字小)의 예(禮)로 전화되고 있다.[22] 물론, '사대'의 이와 같은 규범주의로의 전화가 '사대' 본래의 군사적·유동적인 성격을 소거(消去)해 버리는 것은 아니다. 그러나 '조빙지례', '사대'·'자소'의 예의 지속적인 항례화(恒例化)는 결과적으로 '사대'관계의 의례화·형식화의 도정을 걷게 된다는 것은 논의의 여지가 없다고 생각된다. 『孟子』에서(제[齊]의 선왕이 교린에 대하여 묻자, 孟子가 답하여 말하기를),

> 오직 인자(仁者)만이 자기 나라가 대국이면서 이웃의 소국에 대하여 예를 다하여 교류할 수가 있다. …… 오직 지자(智者)만이 (자기 나라가) 소국이면서 대국에 대하여 예를 다하여 교류할 수가 있다. …… 대국이면서 소국에 대하여 예를 다하는 것은 (천의 뜻에 따라서 천하의 모든 사물을 자애하여) 천을 즐기는 것이고, 소국이면서 대국에 대하여 예를 다하는 것은 (천의 조리[條理]를 알아) 천을 두려워하는 것이다. 천(의 뜻)을 즐기는 자는 천하를 보전할 수가 있고, 천을 두려워하는 자는 그 나라를 (안전하게) 유지할 수가 있다.[23]

라고 논하고 있다. 이 논의에 의하면, 대국과 소국과의 대외관계를, 첫째로 대국의 힘에 의한 소국의 일방적인 지배가 아니라 교린의 차원에서 논하고 있으며, 둘째로는 이와 같은 교린이 천의 조리에 의거하여야 한다는 것, 그리고 셋째로는 또 이와 같은 의미에서 대국과 소국 간의 교린을 유교적인 자연법에 의거하여 이념화하고 있다. 물론 이것은 어디까지나 이념적인 차원에서의 발상이다. 이미 춘추시대에 교린의 차원에서의 대국과 소국 간의 교류는 약소국들에 대한 공벌, 병탄이 난무하는 가운데 강대국들의 부단한 침입과 압박으로 인하여[24] 소국의 대국에 대한 일방적인 '사대'의 예로 이행하고 있다.

넷째로, '사대'관념과 밀접한 연관성을 가지고 있는 조공·책봉에 관하여 보면, 가장 전형적인 범형으로서는 제후국-번국(藩國)으로서 책봉체제하에

---

22) 이춘식, 앞의 책, 29쪽 참조.
23) 『孟子』·梁惠王章句下.
24) 이춘식, 앞의 책, 29-32쪽 참조.

천자에게 사신을 보내어 방물(方物)을 헌납하고 신하로서의 예를 다하는 것을 말한다. 조공제도는 발생적으로는 서주시대의 봉건적인 종법질서 속에 제후의 천자에 대한 '조근지례'(朝覲之禮)에서 그 시원(始源)을 찾아볼 수 있는 것으로, 천자가 제후-번국을 통제하고 지배하기 위한 일종의 정치적 수단이었다. 이 제도는 이미 서주시대에 제하(諸夏)의 세계 내에서뿐만 아니라 구이(九夷), 팔만(八蠻), 육융(六戎), 오적(五狄) 등에도 확대되어 제후들과 나란히 천자에게 '조근지례'를 행하고 있다. 그러나 이들 이족(異族)이 한편으로 천자에 대한 '조근지례'에 참여하는가 하면, 또 한편으로 제하(諸夏)에 대한 침탈을 행하고 있다.[25] 이와 같은 의미에서 조공·책봉체제는 그 어느 면에서나 정치적, 군사적, 그리고 경제적인 개념이라고 할 수 있다. 이들 조공·책봉제도는 발생적으로는 한족을 중심으로 중원(中原)을 무대로 하여 형성되었으나, 특히 한대(漢代) 이후 동아시아 세계에 있어서 이민족 간의 긴장관계를 완화하는 국제관계관념으로서 확대·변형되고 있다.

이상에서 볼 수 있는 바와 같이 국제사회질서를 통제하는 근본적인 기제를 권력과 규범이라고 할 때, 개념적으로 문화이념적·도덕적 성격을 기본적 특징으로 하는 예규범, 중화-화이관념은 후자에 가까우며, 사대, 교린, 조공·책봉체제는 원초적으로 정치적·군사적·경제적 성격을 띠고 있는 관념으로서 전자에 가깝다고 할 수 있다. 그러나 이들 관념들의 내재적 특성을 보면, 역사적으로 전자의 경우에는 그 본래의 속성을 독자화-확대해 가기보다는, 한편으로 이들 관념에 내재해 있는 현실주의적·권력주의적 발상이 구현되는가 하면, 또 한편으로는 이들 관념이 예규범, 중화-화이관념과 결합하여 국가와 이민족 간의 관계를 의례화·형식화하는, 말하자면 유교적인 도덕적 규범주의에 기생하여 그 본래의 속성이 퇴색되는 경향을 띠고 있다. 이에 비하면, 후자의 경우에는 역사적으로 전자와는 대조적으로 그 본래의 속성을 독자화-확대해 감으로써, 특히 한국사에 있어서는 17세기 전반부터 19세기 후반에 걸쳐 대

25) 이춘식, 「朝貢의 起源과 그 意味」, 『中國學報』 제10집(한국중국학회, 1969), 3-5쪽 및 17-19쪽 참조.

외적 이데올로기로서 구축될 뿐만 아니라 이를 철학적 원리의 차원에서 이론화하는 작업이 진행되고 있다. 중국 대륙을 중심으로 한 동아시아 세계에 있어서 국제관계관념들의 이와 같은 의미변화가 전통적인 동아시아 국제체계의 성격을 크게 규정하고 있었던 것은 논의의 여지가 없다. 뿐만 아니라 이들 국제관계관념들이 역사적으로 분리-결합의 도정을 거치면서 동아시아 국제사회에 있어서 국가 간의 관계를 규제하는 국제관계관념으로서 확대·적용되면서 한족의 전유물로서가 아니라 동아시아 국제사회를 구성하는 이민족들과 함께 이들 국제관계관념을 공유함으로써 동아시아 국제사회의 다원적 성격을 초래하였다고 생각한다.

2. 확대와 변형 : 한국사의 경우

한국은 지리적으로 중국 대륙과 육지로 연결되어 있다. 한국은 이와 같은 지리적 위치 때문에 중국 대륙으로부터 역사적으로, 특히 정치·사상·문화·군사적으로 지대한 영향을 받고 있다. 그러나 이와 같은 역사적 환경이 곧 한국사의 역사적 타율성을 규정하는 것은 아니다. 역사적 자율성의 문제는 역사의 주체적 발상의 존재양식에 대한 실체적 파악을 기초로 하는 것이기 때문이다. 한국사에 있어서 역사적으로 중국 대륙으로부터 지대한 영향을 받았다고 하는 문제와 이와 같은 역사적 환경 속에서 한국인의 역사적 자율성이 어떻게 추구되었느냐 하는 문제는 전혀 별개의 문제인 것이다.

이와 같은 관점에서 중국 대륙을 시점(始點)으로 하는 국제관계관념이 한대 이래 중국 대륙은 물론 동아시아 세계의 국제관계관념으로서 확대·적용되었다고 할 때, 동아시아 국제사회에서는 이들 관념이 어떻게 기능하였는가, 또 한국사에서는 이들 관념이 어떤 형태로 수용·정착되었는가 하는 문제가 제기될 수 있다. 여기에서는 본고의 과제와 관련하여 19세기 중엽 이후 동아시아 국제관계사에서 한국의 대외적인 발상의 존재양식을 구명하는 데 필요한 범위 내에서, 말하자면 예비적 고찰의 차원에서 그 특징적인 양상을 검토하고자 한다.

우선 한국사에서의 동아시아 국제관계관념의 존재양식에 대한 논의에 앞서 개략적인 것이기는 하나 한국의 정치·사상적 전통에 관하여 약술하고자 한다.

유교와 불교는 이미 3국 시대 —유교의 전래 연대는 자세하지 않으나, 불교는 4세기 후반에서 6세기 전반에 걸쳐 전래되고 있다— 에 수용되어 한국의 정치·문화·사상적 전통으로 오늘에 이르기까지 지대한 영향을 미치고 있다. 그러나 이 두 사상을 지배의 논리라는 관점에서 보면, 매우 대조적인 성격을 띠고 있다. 여기에서 상세하게 논의할 수는 없으나, 유교는 예(禮), 오륜(五倫), 육관제도(六官制度; 천·지·춘·하·추·동에 준한 치[治]·교[敎]·예[禮]·병[兵]·형[刑]·공[工])를 시원(始源)으로 하는 사상의 객관주의적 경향, 또 이와 같은 의미에서 독자적인 체제론을 가지고 있는가 하면, 맹자의 심학론, 인성론(성선설)으로 대표되는 사상의 주관주의적 경향을 동시에 겸비하고 있다. 이에 비하면 불교는 주로 사상의 내면주의적·주관주의적 경향을 특징으로 하고 있다. 따라서 유교가 국가통치를 위한 정치체제론을 제시하고 있는가 하면, 불교는 국가 안녕의 정신적 지주가 되는, 그리하여 유교와 불교는 역사적으로 한 국가의 통치체계에 있어서 사상적 경합관계에 있으면서 공존하는 양상을 띠게 되는 것이다. 한국사로 말하자면, 고려시대가 그 전형적인 예라고 할 수 있다.[26)]

물론 이 시기의 유교사상에서 주관주의적인 사상의 경향이 불교의 그것에 대항할 만큼 이론적 성숙을 기하지 못하고 있었던 것은 논의의 여지가 없다. 그러나 고려 말에 전래된 주자학은 종래의 이와 같은 유교와 불교의 사상적인 경합관계를 무너뜨렸다. 그것은 주자학이 '거경'(居敬)과 같은 인간의 내면세계에 대한 독자적인 이론을 개척하였다는 것, 말하자면 종래에 빈곤하였던 사상의 주관주의적 영역에 대한 독자적인 이론을 구축하면서 불교의 주관주의론의 비현실성·비실용성을 이단시함으로써 조선조시대에 들어와서는 주자학

---

26) 박충석, 앞의 책, 16-18쪽 참조.

이 단순히 체제 이데올로기로서뿐만 아니라 현실의 객관세계와 인간의 내면세계에 대한 독자적 이론을 확보함으로써 사상적 정통으로서 조선조 사회의 사상계를 독점하게 되었던 것이다. 그것은 16세기 후반 퇴계에 의해서 이른바 조선 주자학이 체계화되면서 정통-이단의 관념이 성장하여 이론과 실천의 양면에서 사상계에서의 이교·이단에 대한 배척뿐만 아니라 주자학 내부에서의 경전 해석에 따른 정치·사회적 실천론, 동아시아 세계에 대한 역사적 인식, 또 이와 같은 이론적 무기를 배경으로 동아시아 국제사회에 대한 인식에 이르기까지 조선조시대의 대내외적인 이데올로기의 성향을 크게 규정하여 갔다. 이는 표현을 달리한다면, 주관적 인식에 있어서는 정통-이단의 교조주의의 경향을, 그리고 주체적 실천에 있어서는 유교적인 도덕적 규범주의의 경향을 기조로 하고 있는 것으로, 이를 조선조시대의 대외적 발상이라는 관점에서 본다면, 이념적으로는 춘추대의를 기점으로 하는 역사적 규범주의 —존왕양이(尊王攘夷)·화이질서(華夷秩序)·위정척사(衛正斥邪)— 의 경향을, 실제의 차원에서는 권력주의에 대해서 유교의 도덕적인 규범주의 —사대-조공·책봉의 의례화에 의한 긴장완화— 의 경향을 강하게 지니고 있었다.

이미 '원형'에 대한 논의의 단계에서 언급하였듯이 중화-화이관념은 물론 발생적으로 정치적·군사적 성격을 띠고 있는 사대-조공·책봉 관념도 예관념과 결부되어 의례화가 진행됨으로써 권력주의에 대하여 규범주의의 경향을 강하게 띠고 있다. 뿐만 아니라, 이들 관념은 한대 이후 동아시아 세계의 국제관계관념으로 확대·적용되면서 흉노(匈奴)와 한문제(漢文帝) 간의 교류,[27] 동진(東晋)시대(317~420)에 고구려와 후조(後趙), 진(晋), 전연(前燕), 전진(前秦), 후연(後燕), 북연(北燕), 남연(南燕), 송대(宋代, 420~478)에 고구려와 송, 북위(北魏)와의 교류 등에서 볼 수 있는 바와 같이, 사대-조공·책봉체제가 한족 중심으로, 또는 중화-화이관념을 중심으로 일원적으로 구축되었다기보다는 정치·군사적인 요소를 매개로 하여 다원적으로 형성되고 있다.[28]

---

27) 이춘식, 「漢代의 羈縻政策과 事大 朝貢」, 『史學志』 제4집(단국대학교 사학회, 1970), 59-71쪽 참조.

28) 전해종, 앞의 책, 38쪽.

물론, 이와는 대조적으로 명·청대의 동아시아 세계에서 볼 수 있는 것처럼 중화-화이관념과 결부된 형태로 사대-조공·책봉체제가 일원적으로 구축되기도 한다.

그러나 고려의 경우를 보면, 요(遼)·금(金)·원(元)과 정치·군사적인 차원에서 조공·책봉관계를 맺고 있다.[29] 그런가 하면, 명의 홍무제가 고려의 공민왕에게 보낸 친유에서 "자고로 중국이 있고 외국이 있다. 고려는 해외지국으로 옛부터 중국과 상통하여 사대의 예를 잃지 않았다"[30]고 논하고 있듯이 명과 고려는 명확히 서로 타국으로 '사대의 예'에 의해 양국이 평화를 유지하였다는 것이다. 더욱이 (중국으로 보면) "고려는 산과 바다로 가로막혀 있어 천(天)이 동이(東夷=고려)(라는 나라)를 만들었으니 (=천조, 天造) 우리 중국이 다스릴 바가 아니며 …… 성교(聲敎=덕화[德化]는 자유로이 할 것"[31]이라고 적시하고 있듯이 현실적으로 정치·군사적인 차원에서 고려가 명에 대하여 '사대의 예'의 관계에 있으나, 또 그와 같은 의미에서 규범적으로 군신관계로서 규정되고 있으나, 이것은 어디까지나 확대된 의제(擬制)이며 외교적인 수사(rhetoric,)의 성격을 강하게 지니고 있다. 적어도 이념적으로는 천과 동이(東夷)는 직접 무매개적으로, 바꾸어 말하면, 명=중화를 통과하지 않고 고려는 그 자체로서 독자적으로 천과 직접 연결되어 있다. 이는 고려라는 국가에 대한 유교적인 자연법적 인식이며, 국가의 성립이 근대국가의 경우처럼 작위(作爲)에 의한 것이 아니라 자연법적인 소여(所與)라는 것이다. 또 이와 같은 의미에서 국가권력의 작위적 성격이 배제될 뿐만 아니라 정치사회에서의 국가권력의 개념을 독자화하여 이를 순화(醇化)시켜 가는 자각적인 작업이 진행된다는 것이 결코 용이하지가 않았다.

장황하게 논하는 것을 피하여 개략적이나마 조선조시대의 대명(對明)·대청(對淸) 관계의 흐름을 보면 명·예부(禮部)의 자문(咨文)에,

29) 같은 책, 46-50쪽 참조.
30) 『高麗史』(上), 卷43, 「恭愍王世家」(延禧大學校·東方學硏究所, 1955), 849쪽.
31) 『太祖實錄』 卷2, 太祖元年 12月 甲辰條.

본부상서(本部尙書) 문극신(門克新)은 삼가 성지(聖旨)를 받드오니, 이르기를, 예전부터 지금에 이르기까지 소국(小國)이 대국(大國)을 섬기는 데 있어 지극히 공경하는 예(禮)의 가장 귀한 것은 사령(辭令)을 닦는 것이었다. 그러므로 예전의 성왕(聖王)들의 제도가 열국의 제후와 구이(九夷)와 팔만(八蠻) 가운데 조공하지 않고, 왕답지 아니한 자가 있으면, 사령을 닦고 문자를 닦고 의사를 닦게 한 것이니, 이로써 보게 되면 위에서 아래를 취하는 것과 아래에서 위를 섬기는 것이 다 사령을 닦는 데에 있는 것이었다. 예전에 여러 나라가 분쟁하기를 마지않은 것은 어찌된 일이었던가? 모두 의사를 닦고 사령을 닦고 문자를 닦는 것이 함께 이치에 합당하지 않아서 분쟁이 그치지 않은 것이었다.[32)]

라고 언급하고 있다.

이 내용은 조선이 명의 명절에 보내는 표전(表箋)이 예의가 있는 듯 하나 문사(文辭)에 있어 경박하고, 내용이 무례함을 질책하는 취지에서 쓰인 글이나, 이 내용의 문맥에 담겨 있는 전체적인 의미구조를 보면, ① 조선의 명에 대한 사대의 예를 갖출 것, ② 여기서 사대란 조공·책봉과 함께 이와 같은 조공·책봉 등에 수반되는 절차로서의 사령으로서, 특히 사령의 문사에 각별히 유의해야 한다는 것, 또 이와 같은 의미에서 문치(文治)가 중시되고, 시문(詩文)이 매우 존중되었다는 것, ③ 사대-조공·책봉관계는, 제후는 물론 구이·팔만에게도 확대되고 있어 명을 중심으로 하여 사대-조공·책봉체제와 중화-화이관념이 통일적으로 결부된 형태로 구축되어 있었다는 것, ④ 정치·군사적인 사대-조공·책봉체제가 중국(한족)=중화-화이관념을 배경으로 의례화하여[33)] 유교적 규범주의의 경향을 띠고 있었다는 것을 알 수 있다. 그리하여 국제관계에서의 권력주의가 소거(消去)된 것은 아니나 유교적 규범주의에 보다 역점이 놓이는, 이른바 동아시아 국제사회에 있어서의 정치적 현실주의가 후퇴하는 경향을 나타내고 있다.

---

32) 『太祖實錄』 卷9, 太祖5年 3月 丙戌條

33) 사대-조공·책봉체제의 이와 같은 의례화는 명대(明代)에는 물론 청대(淸代)에 있어서도 그대로 지속되고 있다. 그 사례로서, 『仁祖實錄』 卷20, 仁祖7年 5月 丁亥條 및 『正祖實錄』 卷2, 正祖卽位年 10월 乙丑條 참조. 전자는 명·청 교체기를 맞이하는 17세기 전반의 대명관계, 후자는 조선조에 있어서 중화주의적 가치이념의 난숙기라고도 할 수 있는 정조(正祖)대의 대청관계에 대한 사례다.

조선의 대(對)중국의 사대-조공·책봉체제는 병자란(1636~37)을 계기로 하여 명에서 청으로 전환된 이후에도 그 격식 면에서 커다란 변화는 없다. 오히려,

> 皇上의 유지(諭旨)를 받들건대, 조선이 동쪽의 번방(藩邦)의 반열에 있으면서 대대로 충정(忠貞)이 독실하였고, 성경(盛京=심양)에 임행(臨幸)하게 될 적마다 조공하는 예의를 곁들이어 왔다.[34]

고 언급하고 있듯이 이데올로기적으로 중화주의적 가치이념이 고조되고 있었던 정조대에도, 청에 대한 사대-조공·책봉체제는 견고하게 유지되고 있다. 그러나

> 우리나라의 무비(武備)는 요즈음 더욱 허술해져서 백성은 북치는 소리를 듣지 못하고 군병은 좌작(坐作, 앉고 일어남의 동작)의 절차를 알지 못하는데 하루 이틀 세월만 보내니 병자란 때의 일을 생각한다면 군신상하(君臣上下)가 어찌 이처럼 일을 게을리 할 수 있겠는가? …… 우리나라는 작은 접역(鰈域=조선)으로서 예의를 대강 아는 지방이므로 세상에서 중화(中華)라는 일컬음이 있었으나 이제는 점점 안일에 길들게 되고 대의(大義= 대명의리론[對明義理論]-대청복수론[對淸復讎論])는 점점 더욱 자취를 감추어, 북으로 가는 예물(禮物=조공)을 예사로 여기고 부끄럽게 여기지 않으니 생각이 여기에 미치면 어찌 한심하지 않겠는가.[35]

---

34) 『正祖實錄』 卷16, 正祖7年 9月 辛丑條. 이와 같은 발상은 철종(哲宗)대에도 여전하다. 예를 들면, 청을 다녀온 사신(使臣) 조휘림(趙徽林)을 소견(召見)한 자리에서 임금(철종)이 "중국의 사세(事勢)는 어떠한가"라는 물음에 "각성(各省)에 적비(賊匪)가 창궐하여 창졸간에 토멸하기는 어려우나, 총독(總督)에 적합한 사람을 얻어서 방어가 심히 견고하여, 적(賊)도 또한 병졸을 거두어 자수((自守)하고 있는 형편이라 다시는 감히 침략(侵掠)하지 못할 것입니다"라고 아뢰는 자리에서, "그리고 이번의 별행(別行)에 격외(格外)의 은상(恩賞)이 있었던 것으로 보아, 황제가 특별히 우례(優禮)하는 뜻을 보인 것을 헤아릴 수 있습니다. 또 조사(朝士)가 전하는 바를 들으면, '이번 사행(使行)은 곧 열국(列國)에서는 없었던 것을 조선에서만 유독 있었으니, 한결같은 마음으로 사대(事大)하는 정성은 깊이 흠탄(欽歎)할 만하다. 참으로 예의의 나라이다'라고 하였다고 하였습니다"라고 아뢰고 있다. 또 이에 대하여 임금이 "이 어렵고 위험한 때를 당하여, 사대(事大)하는 도리(道理)에 있어 어찌 한번쯤 문안하는 예(禮)가 없을 수 있겠는가"라고 언급하고 있다. 『哲宗實錄』 卷13, 哲宗12年 6月 丙子條.

35) 『正祖實錄』 卷8, 正祖3年 8月 甲寅條.

라고 언급하고 있듯이, 한편으로 병자란 이래 약 140여 년에 걸친 사대-조공·책봉체제의 타성화로 인한 정치적 현실주의의 퇴색을 탄식하고 있는가 하면, 또 한편으로는 '재조지은'(再造之恩)에 입각한 대명의리론-대청복수론의 형해화를 경계하고 있다. 말하자면, 병자란 이래 조선의 대청관계는 정치·군사적인 차원에서의 사대-조공·책봉체제를 유지하면서도 문화이념적인 차원에서는 중화-화이관념에 입각한 대명의리론-대청복수론이라는 이중 구조를 이루고 있었다. 그러나 이와 같이 실제의 차원에서 대명의리론-대청복수론이 청에 대한 사대-조공·책봉체제의 타성화 속에서 형해화의 도정을 걷고 있었다고 하는 것은 그 당연의 결과로서 조선의 문화이념적인 (소)중화주의가 적어도 실천적인 차원에서 퇴색해 가지 않을 수 없었다는 것을 의미한다.

중화-화이관념은 이미 언급한 바와 같이 한(漢)민족을 중심으로 구축된 문화이념적인 국제관계관념이다. 그러나 이와 같은 중화-화이관념이 그것 자체의 어떤 독자적인 철학적 기초를 가지고 있었던 것은 아니다. 그것은 원시유교(原始儒教)의 사상적 성격과도 밀접하게 연관되어 있는 것으로 도덕적 실천의 차원에서의 논의에 머물러 있었다. 그러나 중화-화이관념이 발생적으로 민족을 초월하여 개방적·세계주의적 성격을 띠고 있었던 것과 관련하여 이민족의 경우에도 중화적인 문화세계에 편입할 수 있을 뿐만 아니라 중화적인 문화세계 안에서 자기 자신을 자리매김할 수 있는 길이 열려 있었던 것이다. 조선조시대에서의 중화-화이관념은 구조적으로 역사적 실제의 차원에서의 명에 대한 '재조지은'과 역사적 이념의 차원에서의 춘추대의의 역사적 정통성을 계승하는 존주양이론(尊周攘夷論)의 양면성을 띠고 있다.[36] 이미 언급한 바와 같이 명에 대한 '재조지은'은 대명의리론-대청복수론으로, 이는 사고방법의 차원에서 보면, 유교의 도덕적 규범주의가 관철되고 있다. 또 춘추대의의 역사적 정통성을 계승하는 존주양이론은 이를 역사인식의 차원에서 보

36) 박충석·와타나베 히로시, 『국가이념과 대외인식 : 17~19세기』(아연출판부, 2002), 383-384쪽 및 390-392쪽 참조. 구와노 에이지(桑野榮治)는 같은 책에서 '대보단'(大報壇) 제사를 중심으로 영조(英祖)대의 조선의 소중화의식을 검토하고 있다(같은 책, 153-192쪽).

면 중화=문화적 이념(=예의 실현)이 역사적으로 중국 고대의 주실(周室)을 정점으로 하여 명-조선으로 계승되고 있다는 역사적 규범주의의 경향을 띠고 있다. 말하자면, 조선조시대에서의 중화-화이관념은 퇴계 이래의 조선주자학의 확립을 배경으로 철저히 규범주의적 성격을 띠게 되었을 뿐만 아니라 중화-화이관념을 역사인식의 차원에서 정식화하고 있다.

조선조시대의 이와 같은 중화-화이관념은 영·정조 대에 이어 순조 대를 거쳐 19세기 중엽에 이르면 주자철학의 차원에서 이론적으로 강화된다.[37] 화서(華西) 이항로(李恒老)는 19세기 중엽의 대외적 위기 속에서 조선조의 정통주자학에 근거한 위정척사론을 이론적으로 주도한 이 시기의 대표적인 사상가다. 이항로는 조선조의 정통주자학의 기본적 특성이라고 할 수 있는 정통-이단의 관념, 요순(堯舜)에서 주공(周公)에 이르기까지의 도통(道統), 공자에서 맹자-주자를 거쳐 우옹 송시열에 이르기까지의 학통의 계승을 주장하여 이러한 문맥 속에서 주자의 이기철학, 송시열의 주실(周室)-명(明)-조선을 근간으로 하는 역사적 규범주의를 이론적 무기로 하는[38] 중화-화이관념을 구축하고 있다.

이항로는 주자의 이기이원론에 의거하여,

> 이(理)란 처음(근본)이며 버금이 아니다. (사)물(物)을 명(命)하되 (사)물에 의해 명을 받는 것이 아니니 주(체)가 되며 객(체)가 되는 것이 아니다. 기(氣)란 버금이며 처음이 아니다. 명을 받되 명하는 것이 아니며 객(체)가 되며 주(체)가 되는 것이 아니다.[39]

라고 논하고 있다. 즉, 그에 의하면 '이'는 만물을 주관하는 주체이며 '기'는 이와 같은 주체의 명령을 따르는 객체에 불과하다는 것이다. 또 그는 '이'를 가치체계의 관점에서,

---

37) 순조대의 중화-화이 관념에 대해서는, 예를 들면 『純祖實錄』 卷1, 純祖元年 12월 甲子條의 반교문(頒敎文) 참조. 이 시기의 주자철학-존화양이사상에 대해서는, 박충석·와타나베 히로시, 앞의 책, 396-402쪽 참조.

38) 앞의 책.

39) 『華西雅言』 卷1, 「理氣」.

> 이와 기는 서로 섞이지 않는다. 그러므로 이가 주(체)가 되어 기를 거느리면, 행하여 선하지 아니함이 없다. (그러나) 기가 주(체)가 되어 (사물의) 이(치)를 어기면 행하되 흉(악)하지 아니함이 없다.[40]

고 지적하고 있듯이, '이'와 '기'의 주객관계는 어디까지나 유교적인 도덕적 선을 실현하여야 한다는 가치이념의 차원에서의 당위론을 제기하고 있다. 그는 "사물의 이(치)는 이를 따를 뿐이다. 이를 거역하면 반드시 망한다"[41]고 논하고 있듯이, 가치와 질서체계에서의 '기'에 대한 '이'의 절대적 우월성을 강조하고 있는 것이다.

그는 이와 같은 관점에서 서양에 대하여 "서양이란 천지의 대세로 말하자면, 서극(西極)의 (가을과 같은) 쌀쌀하고 메마른 편기(偏氣)(에 해당한다)"[42]라고 해석하고 있다. 따라서 서양의 이와 같은 상황은 "사이팔만(四夷八蠻)이 중국을 모열(慕悅)하고 화하(華夏)를 모방하는 것은 자연불역(自然不易)의 이(理)(치)이다"[43]라고 논하고 있듯이 주위의 '사이팔만'이 예문화의 최고의 정점에 위치한 중국을 향하여 중국을 우러러 보고 기뻐하며 중화의 예문화를 따르려고 하고 있는 데 비하면, "지세(地勢)가 (중국으로부터) 멀어서 중국과 서로 통교하는 것이 가장 늦어져 불행하게도 요순문무(堯舜文武)의 성(盛)할 때를 목도하지 못하였다"[44]고 애석하게 여기고 있다.

지금까지 동아시아 국제관계관념에 대한 개념적 검토에 이어 주로 한국사에서의 국제관계관념의 존재양식을 개략적이나마 그 지배적인 경향에 주목하면서 그 역사적 문맥을 추적하였다. 이를 19세기 중엽 동아시아 국제관계사에서의 권력정치의 장(場)에 진입하는 시점에서 그 특징적인 경향을 보면, 대청관계 있어서 사대-조공·책봉체제는 그 자체가 정치·군사적인 긴장관계를 수반하는 국제관계관념임에도 불구하고 ―물론 역사적으로 그와 같은 계기와

---

40) 앞의 책.
41) 같은 책, 卷7, 「雜記論學」.
42) 같은 책, 卷10, 「尊攘」.
43) 앞의 책.
44) 앞의 책.

상황이 없었던 것은 아니나— 전반적 경향으로서는 관례화된 의례로서 행해지는 경향이 강하였다.[45] 대청관계에서의 사대-조공·책봉체제의 관례화된 의례가 사대-조공·책봉 관념 본래의 현실주의적인 역동성을 퇴색케 하여 그 당연의 결과로서 힘의 차원에서의 공동화 현상이 진행되어 19세기 중엽 이후의 동아시아 국제사회에서의 권력정치로 인한 대외적인 긴장관계 속에서 타자 의존의 도정을 걷게 된 것은 결코 우연이 아니다.

그러나 또 한편으로 (소)중화-화이관념에 관하여 보면, 중화관념에 내재해 있는 개방적 세계주의적 성격을 매개로 하여 예문화는 물론, 조선주자학의 확립을 배경으로 하여 주실-명-조선을 주축으로 하는 춘추대의의 역사적 이념-역사적 규범주의의 이론을 구축할 뿐만 아니라 (소)중화-화이관념을 이기철학에 입각하여 가치체계의 차원에서 이론화하는 극히 문화이념적인 이론적 구성, 또 이와 같은 의미에서 이상주의적인 도정을 치닫고 있었다. 19세기 중엽 이후 이기철학을 매개로하여 이론화한 (소)중화-화이관념이 공고한 대외적 이데올로기로서 가능한 한 문명개화를 향한 사고의 전회는 결코 용이한 것이 아니었다는 것은 논의의 여지가 없다. 19세기 중엽의 조선은 이상과 같은 두 가지의 대외적 발상을 기조로 하면서 동아시아 국제사회에 있어서의 권력정치의 장에 진입하게 되었던 것이다.

Ⅲ. 전환기의 존재양식 : 이념과 실제

19세기 중엽 동아시아 국제사회에 있어서 한국의 제1차적인 정치적 과제는 '서구의 충격' 속에서 부국강병과 대외적 독립을 달성하는 것이었다. 그러나 이와 같은 정치적 과제를 이 시기의 동아시아 국제관계사의 관점에서 대외적으로 한국이 선택할 수 있는 도정을 상정한다면, 그것은 —물론 관점 여하

45) 조선의 대청조공관계의 실체(實体)에 대해서는, 전해종, 앞의 책, 59-112쪽 참조.

에 따라서 여러 도정을 상정할 수 있으나— 크게 세 가지의 도정, 즉 첫째로는 대내외적으로 내수외양책(內修外攘策)을 강화하여 전통적인 동아시아 국제체계 —이를 테면, 대청사대관계, (소)중화주의 등— 에 머무르는 것, 둘째로는 서양 문명을 적극적으로 수용하여 부국강병책을 강구함으로써 구미열강의 대열에 적시적으로 편입하는 것, 셋째로는 전통적인 동아시아 국제체계와 근대적인 서구의 공법적인 국제체계가 교차하는 —이를 한국근대사의 관점에서 본다면 주로 중·일·러를 중심으로 하는 권력정치의 장(場)이라고도 할 수 있는데— 와중에서 한국의 중립화론을 실현하는 것이었다. 물론 19세기 중엽 이후의 한국의 근대사의 실질적인 도정은 이 3극(極)을 연결하는 선상(線上)을 왕래하면서 일본의 식민지로 전락하고 있다.

그러면 이와 같은 도정을 대외적으로 규정해 간 발상의 기조는 어떠하였는가. 이를 이 시기의 지배층에 지대한 영향을 미친 위정척사론의 현실인식의 차원에서 보면,

> 난세(亂世)를 구하고자 하면, 이단(異端)을 물리치는 것보다 우선하는 것이 없고, 이단을 물리치는 데에는 정학(正學=주자학)을 밝히는 것보다 시급한 것이 없다. 정학을 밝힌다는 것은 다만 천리(天理)와 인욕(人欲)에 대한 (임금의) 일심(一心)의 변별(辨別)에 있을 뿐이다.[46)]
>
> 전하(고종)가 이와 같이 (수신과 몸가짐을) 성실하게 한다면, 즉 정성이 지극하면, 마음이 감동되지 않는 까닭이 없는 것이니 관리들 치고 누가 깨끗하고 순결한 마음으로 그 훌륭한 덕(德)을 받들려고 하지 않을 사람이 있겠습니까? 이와 같이 한다면, (전하의) 지시가 대궐문 밖으로 채 나가기도 전에 천리 밖에 있는 백성들은 벌써 고무를 받을 것입니다. 이에 따라 실제로 폐단은 제거되고 실속 있는 혜택이 미치게 되면, …… 지팡이를 짚고 가는 것만으로도 외적을 쳐부술 것이니 외적들을 막는 문제가 무슨 걱정할 만한 문제로 되겠습니까.[47)]

라고 논하고 있듯이, 대내적으로는 조선주자학의 특성으로서 "천변만화(千變

46) 『華西雅言』 卷12, 「異端」.
47) 『高宗實錄』 卷3, 高宗3年 丙寅 11月 15日條.

萬化)를 다만 마음을 출발점으로 하여 그 위에서 설명하"[48]는, 통치원리의 내면주의적인 경향, 전통적인 주자학적 가치이념하의 심정적인 정치적 통합에 의거한 양이론, 대외적으로는 이미 언급한 바와 같이 가치이념의 차원에서는 (소)중화주의, 실제의 차원에서는 대청사대-조공·책봉체제를 기점으로 하고 있다. 따라서 대외관계에 있어서는 "이웃 나라와의 좋은 관계를 길이 보존하는 길을 말한다면, 바로 예의와 의리, 성의와 신뢰의 네 가지뿐"[49]이라고 주장하고 있듯이 국가 간의 관계를 규정하는 규범으로서 '예의'·'의리'·'성의'·'신뢰'를 제기하고 있다.

한국근대사에 있어서 일본의 포함외교를 앞세운 조·일 간의 병자수호조약은 19세기 중엽 이후의 동아시아 국제관계사에 있어서 전형적인 권력정치의 산물이다. 뿐만 아니라 이 병자수호조약을 매개로 하여 조선은 대외관계에 있어서 종래의 대청사대-조공·책봉체제와 근대적인 주권국가 관념을 기반으로 하는 국제법상의 조약체결이라는 이중 구조적 상황에 진입하고 있다. 이는 국제관계의 관점에서 보면, 조선의 대외관계의 유동화(流動化)의 시작이라고 할 수 있는 것으로, 그 당연의 결과로서 양자 간의 긴장관계가 조성됨으로써 이 시기의 지배층의 대응의 존재양식이 어떠하였는가가 제기된다.

1876년에 강화도에서 체결된 병자수호조약 제1관에 의하면, "조선국은 자주국이며 일본국과 평등한 권리를 보유한다"[50]고 되어 있다. 이 제1관의 함의는, ① 조선은 자주국가라는 것, ② 이와 관련하여 조선국은 일본국과 국가관계에 있어서 평등한 권리를 가지고 있다는 것이다. 즉, 이는 조선이 명실 공히 근대적인 의미의 주권국가임을 천명하는 것으로서 전통적인 청·조 종속관계를 정면으로 부정하는 것이다. 그러나 조선 측의 접견대관(接見大官) 신헌(申櫶)과 일본 측의 특명전권변리대신(特命全權辨理大臣) 쿠로다 키요타까(黑

48) 『孟子集注』·「孟子序說」. 孟子心學, 그리고 유교의 이와 같은 심학(心學)적 경향-내면주의적 경향을 매우 중요시한 퇴계심학에 관하여는 안병주, 「퇴계의 학문관 : 심경후론을 중심으로」, 『퇴계학연구』 제1집(단국대학교 퇴계학연구소, 1987), 41-53쪽 참조.

49) 『高宗實錄』 卷13, 高宗13年 丙子正月 25日條.

50) 注8 참조.

田清隆) 간의 강화도 회담과정을 보면, 조선 측 신헌이 "조약이라는 것이 무엇을 말하는 것인가", (일본 측의 통상요구에 대해서) "우리나라는 바다 동쪽에 치우쳐 있어 갈대만 무성하고 척박한 땅으로서 단 한 곳도 물품이 집결되는 곳이 없다. …… (백성들이) 나라의 풍속이 검박하여 옛 습관에 익숙해 있다"[51]는 등, 조선의 대내적인 사회·경제 상황이 외국과 무역을 할 만큼 조성되어 있지 못함을 제시한 데 대하여 일본 측의 쿠로다 키요타까는 이에 대해 "조약을 체결해서 영원히 변하지 않는 규제로 삼아야 하는 것이니, …… (이것이) 만국의 공법이다"[52]라고 응하고 있다. 이미 언급한 바와 같이 조선 측의 대일 관계에 있어서는 어디까지나 교린 즉, '예의와 의리, 성의와 신뢰'에 입각한 교류를 고지(固持)하는 것이었다.[53]

물론, 병자수호조약의 체결은 1875년 말에 북경을 방문했던 이유원(李裕元)에게 보낸 이홍장(李鴻章)의 서함에서 볼 수 있듯이 조선은 이제 더 이상 폐관자수할 수 없는 상황으로 일본에 대한 유화책을 권고한 측면도 작용하였으리라고 생각되나,[54] 조선이 만국공법적인 서구 국제 체계에 진입하게 된 직접적인 동기는 일본의 외부로부터의 강요에 의한 것이었다. 물론, 일본의 이와 같은 외부로부터의 강요가 근대의 동아시아 국제정치사의 관점에서 볼 때, 전통적인 청·조 종속관계의 와해를 시도한 것으로 청으로부터 조선을 분리·고립시키는 데 그 정치적 목적이 있었던 것이다. 그것은 일본의 주청공사(駐淸公使), 모리 아리노리(森有禮)와 청측의 심계분(沈桂芬), 이홍장과의 사이에 전개된 조선의 대청속방논쟁이 극명하게 말하여 주고 있다. 조선의 대청

---

51) 『高宗實錄』 卷13, 高宗13年 丙子正月 20日條.

52) 앞의 책.

53) 이른바, 유교적인 도덕적 규범주의로서의 '예의와 의리, 성의와 신뢰'는 후술하는 바와 같이 미국과의 조약교섭과정에서도 관류(貫流)하고 있는 것으로, 말하자면 만국공법을 수용하는 과정에서도 지배층의 사고방식으로서 가치이념적으로 작용하고 있다. 이와 같은 유교적인 도덕적 규범주의와 관련하여 이 시기의 대외적 발상에 관한 연구로서는, 장인성, 『장소의 국제정치사상 : 동아시아 질서변동기의 요코이 쇼난과 김윤식』(서울대학교출판부, 2002), 346-356쪽; 月脚達彦, 「朝鮮開化思想の構造 : 兪吉濬 『西遊見聞』の文明論的立憲君主制論」, 『朝鮮學報』 第159輯, 1996年, 134-135쪽 참조.

54) 송병기, 앞의 책, 12-23쪽; 김기혁, 「강화도조약의 역사적 배경과 국제적 환경」, 『국사관논총』 제25집, 1991, 32-33쪽 참조.

속방 논쟁에서 가장 핵심적인 논점은 조선이 대청 속국이냐 혹은 독립자주국이냐 하는 것이었다. 모리 아리노리 공사의 청·조 종속관계에 대한 질문에 대해서 청 측 수석대표인 심계분은,

> 정교금령(政敎禁令)은 모두 조선이 스스로 행하도록 맡기(고), 외국과 교제하는 것도 조선의 자유에 맡겨, 중국은 이에 관여하지 않는다.[55)]

고 천명하고 있다. 그리고 조선의 대청속방문제에 관하여서도,

> 이른바 속국이란 우리 청(淸) 소유의 땅이 아니라 (조공·책봉관계를 맺은) 그때부터 조공을 하고 청의 책봉과 반력(頒曆)을 공경하여 받아들이는 것을 말한다.[56)]

고 밝히고 있다. 또 이에 대해서 모리 아리노리 공사는,

> 이른바 속국의 실(체)[實(体)]에 대하여는 더 이상 언급할 것이 못 된다. 내정·외교(內政·外交)의 권리를 전유(全有)하는 나라는 그 정체(政体)와 세력(勢力)이 어떠하든간에 이를 독립자재(獨立自在)의 나라,[57)]

라고 언급하고 있다.

심계분과 모리 아리노리의 이와 같은 논의에 의거하면, 심계분의 속국 개념은 전통적인 청·조 종속관계, 즉 이것은 일종의 의제(擬制, fiction)라고 할 수 있는데, 번속(藩屬)으로서 조공과 책봉을 수용하는 것을 의미하는 데 머무르고 있다. 거기에는 청의 조선에 대한 직접적인 지배는 행해지지 않고 있다. 이에 대해서 모리 아리노리는 그 의도하는 바를 유보한다면 근대적인 주권국가관념의 핵심적인 조건이라고 할 수 있는 내정·외교에 착안하여 조선이 독립자주국임을 강조하고 있다.

---

55) 伊藤博文編,『秘書類纂朝鮮交涉資料』(上卷), 64-65쪽 및『日本外交文書』第9卷, 146쪽.
56) 앞의 책.
57) 앞의 책,『日本外交文書』, 163쪽.

이미 언급한 바와 같이[58] (중국으로 보면) 천이 동이를 만들었으니 고려는 중국(=명)이 다스릴 바가 아니라는 것, 즉 고려는 명을 거치지 않고 천(天)과 무매개적으로 연결되어 있다고 하는 것은 조·명 관계, 조·청 관계의 사료(史料)의 도처에 보이는 배신(陪臣)의 개념도 역시 일종의 의제에 의거한 수사(修辭)임을 말하여 주고 있다. 고려가 '천조'(天造)의 나라라고 하는 유교적인 자연법적 인식은 국가주권 관념의 이론적인 단서다. 그러나 한·중 관계사에 있어서의 이와 같은 발상은 일종의 자연법적인 해석이 제기되면서도 국가관념 그 자체로서의 이론적인 순화(醇化)가 진행되기보다는 오히려 국가 간의 관계에 착안하여 이미 검토한 바와 같이 정치·군사적인 차원에서의 사대-조공·책봉체제에 보다 역점이 놓여 있었다. 뿐만 아니라 역사적으로 이와 같은 사대-조공·책봉체제가 국가 간의 의례적 성격을 띠게 됨으로써 사대-조공·책봉체제 속에 내재해 있었던 대외적 현실주의가 퇴색되는, 이른바 힘의 공동화 현상을 초래하고 있다.

물론, 서구적인 국제체계의 수용과정에 있어서 운양호(雲揚號)의 포함외교에서 병자수호조약에 걸쳐 전개된 양상은 그 속에 권력정치와 근대적인 국가평등관념-만국공법의 양면이 공존하고 있다. 그러나 이 시기의 조선의 대외적인 힘의 공동화 현상, 그리고 병자수호조약이 불평등조약이라는 관점에서 보면, 이 시기 이후의 한국근대사의 도정이 말하여 주듯이 근대적인 국가평등관념-만국공법에 비하여 권력정치가 선도(先導)하고 있었다고 할 수 있다.

병자수호조약을 체결한 후 같은 해 5월에 김기수(金綺秀)가 수신사로서 일본에 파견되는데, 그는 일본 방문의 견문록인 『일동기유』(日東紀游))에서,

> 이른바 만국공법은 여러 나라가 맹약(盟約)을 체결하기를 6국연횡(六國連衡)의 법과 같이 하여 한 나라가 어려우면 만국(萬國)이 이를 돕고, 한 나라에 실정(失政)이 있으면 만국이 이를 다스려 애증(愛憎)과 공격에 치우침이 없다.[59]

---

58) 注31 참조.

59) 「日東紀游」, 卷3, 『修信使記錄』(國史編纂委員會, 1974), 70쪽. 김기수(金綺秀)의 만국공법에 관한 논의와 관련하여 이 시기의 만국공법의 전래 및 수용양식에 관한 연구로서는, 이광린, 「한국

고 논하고 있다. 여기서 '6국연횡'론은 균세(均勢)에 대한 설명으로 근대국가 평등관념과 같은 규범적 논의라기보다는 권력정치 속에서의 세력균형을 의미하고 있는 것이라고 할 수 있다. 만국공법에서의 균세에 대한 논의는 1880년 7월 제2차 수신사로 일본을 방문한 김홍집(金弘集)과 주일청국공사(駐日淸國公使) 하여장(何如璋)과의 회담에서도 제기되고 있다.[60] 물론 이와 같은 균세론적 사고는 이미 이홍장이 1878~79년에 이유원(李裕元)에게 보낸 서함에서 이홍장이 조선에 대하여 서양 여러 나라와의 입약·통상(通商)을 권고하고 있는 데 잘 나타나고 있다.[61] 청측의 균세에 대한 권유는 후술하겠지만 청의 대외관계를 강화하는 일환으로서 조선의 확대된 의미의 대청 '속국'화에의 의도와 표리를 이루는 것이었다. 이에 비하면 1880년 이후의 조선의 대외정책의 균세적 경향은, 물론 한편으로 청의 권유도 있었으나 이미 언급한 바와 같이 사대-조공·책봉체제 속에 내재해 있었던 대외적 현실주의의 퇴색으로 인한 힘의 공동화 현상 속에서 대외적 위기를 극복할 수 있는 힘을 대내적 차원에서가 아니라 외부에 추구하게 되는, 말하자면 타자 의존에 기대하지 않을 수 없는 상황에 처함으로써 선택하지 않을 수 없는 도정이었다. 따라서 조선의 경우에는 청의 경우와는 달리 균세가 힘의 공동화 현상과 표리를 이루고 있었던 것이다.

수신사 김홍집이 일본 방문에서 지참한 황준헌(黃遵憲)의 『사의조선책략』(私擬朝鮮策略)은 이와 같은 문맥 속에서 제시된 것이었다. 『조선책략』의 기본적인 논지는 동아시아 지역에서의 러시아의 남하정책에 대한 방로책(防露策)의 일환으로 조선은 소극적인 쇄국정책에서 벗어나 '친(親)중국'·'결(結)일본'·'연(聯)미국'을 통한 균세의 대외정책을 적극적으로 추진하여야 한다는 것, 그리고 이와 동시에 조선은 문명개화를 통한 '자강'책을 도모하여야 한다는 것이다.[62]

에 있어서의 만국공법의 수용과 그 영향」, 『동아연구』 제1집(서강대학교 동아연구소, 1982), 121-143쪽; 김용구, 앞의 책, 186-285쪽 참조.

60) 이광린, 앞의 책, 132-133쪽 참조.

61) 송병기, 앞의 책, 23-44쪽 참조.

1880년대에 들어서면, 척사운동이 격화되는 상황 속에서[63] 조선은 이와 같은 균세와 자강을 목표로, 통리기무아문(統理機務衙門)의 설치(1880년 12월), 조사시찰단(朝士視察団, 신사유람단)의 일본 파견(1881년 1월), 군계학조사(軍械學造事)를 위한 유학생의 천진기기국(天津機器局)에의 파견(1881년 9월), 군제(軍制)의 개혁(1881년 4월 및 12월) 등, 일련의 개화·자강책을 추진하게 된다. 『조선책략』의 영향은 청으로부터의 권유에 의한 것이나, 조선으로서는 전통적인 동아시아 국제관계 속에서 만국공법적인 서구의 국제체계 속에 진입하는 전기가 되고 있다. 그 첫 번째의 정치적 과제가 '연미'(聯美)론의 실현이었다.

그러나 '연미'론은 그 자체가 만국공법적인 서구의 국제체계에의 편입을 의미하는 것으로 조선의 전통적인 대청관계, 즉 사대-조공·책봉체제와는 정면으로 배치되는 것이다. 따라서 이와 같은 상황하에서는 이들 양자의 긴장관계를 현실적으로 어떻게 풀어나갈 것인가 하는 문제가 제기되지 않을 수 없다. 이미 언급한 바와 같이 균세의 차원에서의 '연미'론은 청측의 권유다. 바꾸어 말하면 청측이 자국과 전통적인 사대-조공·책봉체제에 있는 조선으로 하여금 만국공법적인 서구의 국제체계 속에 편입하도록 권유하는 것은 그 속에 어떠한 함의가 있었는가 하는 것이다. 황준헌은 『조선책략』의 '친중국'론에서, '구장'(旧章)을 조금 변경하고 …… 배신(陪臣)을 상주(하도록 하고), …… 중국 상인이 배로 부산·원산·인천 등 각 항구에 와서 통상(通商)(하도록 한다). 그리고 (조선의) 해군과 육군이 중국의 용기(龍旗)를 습용하여 기치(旗幟)로 삼도록 권유하고 있다.[64]

『조선책략』에서의 청측의 이와 같은 권유는 전통적인 동아시아의 국제체계하에서 조선에 대하여 사대-조공·책봉체제를 강화하는 것이나, 그 함의는 실은 사대-조공·책봉체제 속에 서구의 공법적인 국제질서를 편입시키는, 말하자면 전통적인 동아시아 국제체계를 확대해 가려는 발상이라고 할 수 있다.

---

62) 박충석·와타나베 히로시, 앞의 책, 404-406쪽; 송병기, 앞의 책, 59-80쪽 참조.
63) 이 시기의 척사운동에 관한 연구로서는, 송병기, 앞의 책, 158-177쪽 참조.
64) 황준헌, 『조선책략』(건국대학교출판부, 1997) 참조.

이와 같은 발상은 "정교금령은 모두 조선이 스스로 행하도록 맡기(고)", "외국과 교제하는 것도 조선의 자유에 맡겨, 중국은 이에 관여하지 않는다"[65]고 하는, 전통적인 사대-조공·책봉체제의 존재양식을 넘어서는 것이라고 할 수 있다.

주일청국공사 하여장은 이미 1880년 5월 상순경 상·중·하의 '삼책'(三策)을 총리각국사무아문(總理各國事務衙門)에 건의하고 있다. 이 '삼책'은 이 시기의 청의 대조선 정책의 변화를 방증하는 근거로서 평가될 수 있는 것으로, 그 구상하고 있는 바를 보면, ① 조선을 청의 군현(郡縣)으로 삼아 그 정치를 개량하고 그 무비를 정비하는 것이 상책(上策)이며, ② 판사대신(辦事大臣)을 조선에 주차(駐箚)시켜 내정(內政)·외교의 중대사(重大事)를 주지(主持)함으로써 외국이 기유(覬覦)하는 것을 방지하는 것이 중책(中策)이며, ③ 조선이 외국과 통상조약을 맺을 때, 조약내용에 대청국(大淸國)의 명(命)을 받들어 운운이라는 성명(聲明)을 명기하는 것이 하책(下策)이라고 제안하고 있다.[66]

이와 같은 하여장의 구상은 그가 1880년 10월 하순경 총리각국사무아문과 북양대신(北洋大臣) 이홍장에게 보낸 '주지조선외교의'(主持朝鮮外交議)의 단계에 이르러서도 여전히 조선에 판사대신을 주차시켜 내치(內治) 및 외국과의 조약체결을 주지(主持)하고, 조약체결시에는 "조선이 중국정부의 명(命)을 받들어 모모국(某某國)과 조약체결운운"이라고 명기할 것을 요구하고 있다.[67]

말하자면, 하여장의 '삼책'론에서 『조선책략』, 그리고 '주지조선외교의'에 걸친 일련의 발상은 이 시기의 동아시아 국제사회에서의 권력정치의 와중에서 청의 대외관계를 강화해 가는 외교구상으로서 청의 대(對)조선관계에 있어서는 내정간섭뿐만 아니라 타국과의 조약체결 과정에서, 이를 서구적인 국제체계의 개념에 입각하여 말한다면, 국가의 주권행사에 개입하는 것으로, '연미'론은 조·청 관계에 있어서 이와 같은 문맥 속에서 전개되고 있다.

그러면 이러한 대청관계 속에서 조선의 대미(對美)인식은 어떠하였는가.

---

65) 注55 참조.

66) 『茶陽三家文鈔』·「淸詹事府少詹何公傳」, 10쪽.

67) 『茶陽三家文鈔』 卷1, 「主持朝鮮外交議」, 39-41쪽 참조.

『조선책략』의 '연미'론에 의거하면, ① 미국의 땅은 본래 영국에 속해 있었으나 100년 전에 유럽 사람들의 학정에서 벗어나서 독립한 나라라는 것 ② 미국은 지금까지 선왕의 유훈(遺訓)을 지켜 예의(禮義)로서 나라를 세워, 남의 토지나 인민을 탐내지 않고 남의 정사(政事)에 간여하지 않았다는 것, ③ 미국은 중국과 조약을 체결한지 10여 년이 되었으나 그동안 작은 분쟁도 없었다는 것 ④ 미국은 항상 약소한 나라를 부조(扶助)하고 공의(公義)를 유지하여 유럽 사람들로 하여금 악한 일을 함부로 하지 못하도록 하였다는 것 ⑤ 미국의 국세(國勢)는 대동양(大東洋)에 가깝고, 상무(商務)는 홀로 대동양에서 성하였다는 것 ⑥ 미국은 역사적으로 동양의 여타 나라가 각기 자기 나라를 보전하여 평안 무사하게 살기를 원하였다는 것 ⑦ 조선은 이러한 나라와 더불어 수호조약을 맺어야 한다는 것 ⑧ 미국을 끌어들여 우방으로 삼으면, 도움을 얻고 화(禍)를 풀 수 있을 것이라는 것을 강조하고 있다.[68)]

즉, 미국은 예의의 나라로서 전통적으로 타국을 침략한다든가 분쟁을 일으키지 않을 뿐만 아니라 약소국을 돕고 공의를 지키는 나라로서 동양의 여러 나라가 평안 무사하게 자국을 보전하기를 원하고 있다는 것이다. 『조선책략』에서 제시된 미국의 이와 같은 국가상(像)은 조선이 대외관계에 있어서 전통적으로 중요시해 온 유교적인 규범주의로서의 '예의'·'의리'·'성의'·'신뢰'와 심정적으로 부합되는 것일 뿐만 아니라, 대외적 현실주의가 퇴색된 힘의 공동화 상황 속에서 제기된 균세의 논리와 합치되는 것이었다.

1880년 9월 중신들의 어전회의에서 영의정 이최응(李最應)은 고종이 『조선책략』의 내용에 대해 묻자, "여러 조목에 걸친 논변이 우리의 심산(心算)과 상부(相符)하"는 것이라고 언급하고 있다.[69)] 이는 조선이 '개국'(開國)[70)]하는

68) 황준헌, 앞의 책.

69) 『高宗實錄』 卷17, 高宗17年 庚辰 9月 8日條.

70) 여기서 '개국'이란 종래의 쇄국적인 가치체계가 그 자족성(自足性)을 상실하여 정치, 경제, 사회, 문화, 사상 등, 제반영역에 걸쳐 '외부'의 세계를 향하여 국가를 개방한다는 의미다. 또 바로 이와 같은 의미에서 '개국'은 쇄국과 대립되는 개념이다. 이를 조선조에 관하여 보면, 전통적으로 대내적으로는 농본주의적인 경제적 기반위에 주자학적인 체제이데올로기가, 그리고 대외적으로는 문화이념적인 '중화'주의적 세계상(世界像)이 서로 내면적으로 결합된 형태로 자족적인 체계를 구

적극적 전환을 상징적으로 말해 주고 있다.

구미제국을 향한 조선의 '개국'에 대하여, 이미 언급한 바와 같이 1879년에 이홍장이 이유원(李裕元)에게 보낸 밀함에서 서양 여러 나라와의 입약·통상(立約通商)을 권고하고 있다. 그러나 이유원의 회함(回函)에서는 이것이 거부되고 있다. 또 1880년 5월에서 8월에 걸쳐 추진된 슈펠트(R.W. Shufeldt) 제독의 조선과의 예비교섭도 거부되고 있다.[71] 뿐만 아니라 1880년 말부터는 영남만인소를 필두로 하여 『조선책략』을 배척하는 척사 운동이 충청, 호남, 강원, 경기 지역의 유생들을 중심으로 전국적인 규모로 확대되고 있다.[72] 조·미조약 체결은 이와 같이 척사론이 격화된 정치·사회적 상황 속에서 추진되고 있다.

군계학조사를 위하여 1881년 9월에 청에 파견된 영선사(領選使) 김윤식(金允植)은 북양대신 이홍장과 조·미조약 체결을 위한 협상에 임하고 있다. 김윤식은 1881년 겨울 보정부(保定府)에 있으면서 북양대신 이홍장에게 보낸 편지에서 다음과 같이 쓰고 있다.

> 서양 여러 나라 가운데 오래 전부터 듣기를 미국은 국부병강(國富兵强)하고, 마음이 공정하고 성품이 온화하다고 한다. 나라가 부하면 탐내는 것이 적고, 병이 강하면 믿을 수가 있다. 마음이 공정하면 일을 처리하는 데 공평하고, 성품이 온화하면 예의를 지켜 공손하다.[73]

즉, 김윤식의 미국에 대한 이와 같은 인식은 그의 유교적인 도리의 차원에서의 호감의 발로라고 생각된다.[74]

축하고 있었다. 그러나 19세기 중엽 이후의 '서구의 충격'으로 인하여 그 자족적인 체계는 무너지고 그 대응과정 — 저항과 적응 — 에 있어서 유럽세계를 향하여 국가를 개방하는 도정을 걷게 된다. '개국'을 둘러싼 연구로서는, 丸山眞男, 「開國」, 『講座現代倫理』 卷11, 「轉換期の倫理思想(日本)」, 筑摩書房, 1965); 渡邊 浩, 「思想問題로서의 『開國』: 일본의 경우」(박충석·와타나베 히로시, 앞의 책) 등이 있다.

71) 이보형, 「Shufeldt 제독과 1880년의 조·미교섭」, 『역사학보』 제15집(역사학회, 1961), 67-77쪽 참조.

72) 송병기, 「신사척사운동연구」, 『사학연구』 제37호(한국사학회, 1983), 164-178쪽 참조.

73) 『雲養集』 卷11, 「上北洋大臣李鴻章書」(辛巳冬在保定府時).

김윤식과 이홍장과의 조약협상에 관한 회담은 모두 7차(보정부에서 5차, 천진·북양통상대신아문에서 2차)에 걸쳐 진행되고 있다. 이 회담에서의 주요 의제는 두 가지였다. 첫째는, 조·미조약 협상의 주체의 문제이고, 둘째는 속방조관(屬邦條款)을 조약에 포함시키느냐 하는 문제였다. 우선 조·미조약 협상의 주체에 관하여 보면, 김윤식이 이홍장에게 회담에서 슈펠트와 직접 협상할 수 있도록 주선해 줄 것을 요청하고 있다. 그러나 김윤식의 거듭된 요청에도 불구하고 영선사에게는 조약을 체결하는 전권(全權)이 부여되어 있지 않다는 것, 슈펠트는 직접 협상에 응하지 않을 것이라는 것, 따라서 조선이 전권대신을 파견할 것을 요구하며 이를 거부하고 있다. 척사론이 격화된 국내의 정치·사회적 상황 속에서 전권대신을 공개적으로 파견할 수 없었던 조선으로서는 슈펠트와의 직접 협상을 포기하고 이홍장이 조·미조약 체결에 대한 교섭을 주지(主持)하는 결과를 초래하였다. 이로써 이홍장의 주도하에 조·미조약 협상 과정에서 청측이 하여장의 '주지조선외교의'의 문맥 속에서 조선이 청의 확대된 의미의 '속국'임을 명문화할 수 있는 기회를 제공하였던 것이다.[75] 다음으로 조·미조약에 이와 같은 속방조관을 포함시키느냐 하는 문제에 관하여 보면, 김윤식과 이홍장은 조선·통리기무아문 참모관 이동인(李東仁)이 작성한 초안과 황준헌이 작성한 초안을 중심으로 조·미조약 초고의 작성을 검토하고 있다.[76]

이홍장은 이동인 초안에 대한 검토 과정에서 "조선은 오랫동안 중국의 속방으로 있으나 외교와 내정은 자주(적)이다"[77]라는 조항을 조약에 삽입할 것을 제안하고 있다. 또 김윤식은 황준헌 초안에서 "제1관에 조선이 중국 정부의 명을 받들어 운운한 것은 그럴 경우에 미국도 역시 중국의 명을 받아야 한다는 것이 되기 때문에 슈펠트가 이를 승낙하지 않을 것"[78]이라고 지적하고

---

74) 注53 참조.

75) 조·미조약체결을 위한 김윤식과 이홍장과의 교섭의 추이(推移)에 관하여는, 송병기, 『近代韓中關係史研究』, 210-222쪽; 김원모, 「슈펠트·이홍장의 조선개항교섭시말(1882)」, 『국사관논총』 제44집(국사편찬위원회, 1993), 133-134쪽 참조.

76) 앞의 책.

77) 『陰晴史』(上)(國史編纂委員會, 1958), 52쪽.

있다. 그러나 김윤식은 조·미조약 초고를 논의해 가는 과정에서 이홍장의 속방조관을 받아들이고 있다. 김윤식은 이홍장의 이와 같은 속방조관을 받아들인 데 대하여 다음과 같이 논하고 있다.

> (미국과의 조약문에) 속방조관을 넣으면, 우리나라가 유사시에 (중국이) 힘써 돕지 아니하면 반드시 천하의 웃음꺼리가 될 것이요, 천하 사람들이 중국이 우리나라의 안위(安危)를 담임(擔任)한다면, 각국이 우리나라를 경시하는 마음도 줄어들게 될 것이다. 더구나 자주를 (누리고 있다는) 구절을 넣으면, 각국과 상교함에 있어서 평등권을 행사하는 데에도 지장이 없을 것이다. (이렇게 하면), 실권(失權)할 염려도 없거니와 사대의 의(義)에도 어긋나지 않으니, 양득이라고 할 수 있다.[79]

김윤식의 이와 같은 양편·양득론은 양절체제론으로 도정을 지향하고 있는 것이라고도 할 수 있는 것으로,[80] 이 시기의 전통적인 동아시아 국제체계와 서구의 근대적인 국제 체계가 교차하는 상황 속에서 전개되는 간단없는 외압에 대응하여 주체적·실천적 차원에서 볼 때, 종래의 유교적인 자연법이라고 할 수 있는 도리의 기조 위에서의 '예의'·'의리'·'성의'·'신뢰'에 머물러 있는 한 조선 집권층이 취할 수 있는 선택지 중에 최선의 방책이었을 것이다.

조·미조약 체결을 위한 미국과의 협상은 조선 대표의 참여 없이 이홍장-슈펠트 회담이라는 단독협상의 형태로 1882년 3월 25일부터 4월 18일까지 5차에 걸쳐 천진에서 개최되었다. 이 회담에서도 슈펠트 초안과 이홍장 초안을 검토하는 과정에서 속방조관이 가장 큰 쟁점이 되어, 결국 양자회담에서 조·청 관계에 있어서 조선이 청의 속방이라는 것을 조약조항에 명시하지 못하고, 대신 조약체결 후 조선 국왕이 미국 대통령에게 보내는 별도조회문(別途照會文) 형식으로 명문화하는 것으로 최종 합의를 보고 있다.[81]

---

78) 같은 책, 57쪽.

79) 같은 책, 57-58쪽. 김윤식의 이와 같은 발상의 기저에는, "생각건대, 우리나라가 중국에 대하여는 속국이 되고, 각국(各國)에 대하여는 자주(自主)를 누린다는 것은 명정언순(名正言順)하여 사리(事理)의 양편(兩便)함이 있다"(같은 책, 52쪽)는 사고방법이 깔려 있다.

80) 注3 참조.

81) 김원모, 앞의 책, 152-155쪽 참조.

조·미조약 체결은 1882년 5월 22일 제물포 화도진에 설치된 장방(帳房)에서 이루어졌다. 청의 마건충(馬建忠), 정여창(丁汝昌)은 이미 동년 5월 8일에 도착해 있었고, 슈펠트가 탄 스와타라호(The Swatara)는 5월 12일 인천 앞바다 호도(虎島)에 도착하였다.

조미조약 조인식은 5월 22일 조선 측에서 조선전권대관(朝鮮全權大官) 신헌(申櫶), 부관(副官), 김홍집, 그리고 미국 전권대사 슈펠트가 청측의 마건충, 정여창이 별실로 퇴거해 있는 가운데 조선의 태극도형기와 미국의 성조기를 마주하면서 역사적인 조약체결이 이루어졌다. 그리고 5월 24일에는 신헌 대관 일행이 스와타라호를 예방하여 조선국왕이 미국대통령에게 보내는 5월 15일자로 청측에서 작성한 속방에 관한 별도조회문을 전달하고 있다. 여기에 조선의 대청·대미 관계에서의 양절체제가 구현되고 있는 것이다.

Ⅳ. 결론 : 그 후의 추이

조·미수호통상조약 체결 후 조선은 같은 해 6월 조·영 수호통상조약 조인에 이어 독일(1882), 러시아(1884), 프랑스(1886)와 각각 수호통상조약을 맺게 된다.[82] 이로써 조선은 조·청 상민수륙무역장정(商民水陸貿易章程)의 조인(1882)에서 "이 장정은 조·청 양국만의 관계에 의하여 청은 속방을 우대하려는 의도에서 출발한 것이기 때문에 다른 조약국은 이에 균점할 수 없다"[83]고 명기하고 있는 데서 볼 수 있듯이 조선의 대청 속방관계가 확대·변형되는 가운데 서구의 공법적인 국제체계에 편입하고 있는 것이다. 이는 조선의 대외관계에 있어서 양절체제의 심화를 의미한다. 물론 양절체제란 대외관계에서

---

82) 조·영수호통상조약은 영국에 의해 일방적으로 그 비준이 거부되어 1883년 11월에 새로이 조·영 수호통상조약이 체결되고 있다. 조·영조약체결의 추이에 관하여는, 최문형, 『제국주의시대의 열강과 한국』(민음사, 1990), 65-87쪽 참조.

83) 『高宗實錄』 卷19, 高宗19年 壬午 10月 17日條.

의 상호 모순된 발상이다. 그러나 이미 검토한 바와 같이 균세론은 상호 모순되는 이와 같은 양절체제의 성립·확대를 초래하고 있다. 한국근대사에 있어서 이 양절체제는 대내적으로 사대와 자주, 척사와 문명개화, 쇄국과 '개국'의 정치·사회적 대립을 격화시켜 나갔을 뿐만 아니라 대외적으로는 대청 종속관계와 결별하고, 대내적으로는 근대적 개혁을 통하여 정치적 통합을 지향한 개화파 갑신정변(1884)의 실패로 분열과 대립을 부단히 재생산하는 메커니즘을 조장하였다.

19세기 중엽 화서 이항로를 기점으로 하여 전개되는, 이른바 존화양이론(尊華攘夷論)을 기조로 하는 위정척사 사상·운동은 1876년 병자수호조약의 체결을 계기로 하여 집권파의 점진적인 개화정책과 이데올로기적으로 분열된 이래 존화양이론을 고지(固持)하는 가운데 1895년의 을미사변을 계기로 하여 종래의 상소(上疏) 등의 정치·사상 운동에서 전투적인 의병운동으로 전환하게 된다. 또 위정척사운동과 이데올로기적으로 대극의 입장에 서 있었던 문명개화론은 갑신정변이 실패한 후 1880년대 후반에 박영효의 공리주의적인 인간관을 기조로 하는 부국강병의 구상, 유길준의 국가주권론, 국가평등관념, 기본적 인권론, 공리주의적 사회관 등, 조선의 문명개화의 실천적 방향과 이념적 성격을 제시하고 있다.[84] 말하자면, 이들 논의는 대내적으로는 근대적인 국민국가를 구상하는 것이며 대외적으로는 국가주권을 기초로 하는 국가평등을 지향하는 것이었다.[85]

이미 언급한 바와 같이 '만국공법'이라는 새로운 용어가 한국에서 사료상(史料上)으로 처음 기록된 것은 1876년의 강화도 회담 과정에서다.[86] 마틴의 『만국공법』이 한국에 전래된 것은 이보다 훨씬 이전인 것으로 추정되고 있

84) 19세기 후반, 박영효 및 유길준의 문명개화사상의 사상적 특성에 관하여는 최덕수, 「박영효의 내정개혁론 및 외교론연구」, 『민족문화연구』 제21호(고대민족문화연구소, 1988); 김봉진, 「兪吉濬の國際秩序觀」, 『北九州大學外國語學部紀要』 第83号, 1995; 박충석, 「한국근대사에서의 개화적 사고의 성장」, 『동북아』 제6집(동북아문화연구원, 1997; 김봉진, 「兪吉濬の國際秩序觀 : 朝貢体系と國家平等秩序の間」, 『東洋文化研究所紀要』 第137册, 1999 참조.

85) 앞의 책.

86) 김용구, 앞의 책, 182-185쪽 참조.

다.[87] 또 만국공법을 적극적으로 도입할 것을 주장한 것은 1882년 지석영(池錫永), 변옥(卞鋈) 등에 의해서다.[88] 만국공법을 원리적인 차원에서 이해한 것은 유길준이다. 그는 동아시아 국제체계에서의 대청조공관계와 서구의 근대적인 국제체계하에서의 속국과의 차이를 개념적으로 구별함으로써 조선이 '독립주권국'임을 주장하고 있다.[89]

1882년 미·영·독과 수호통상조약을 체결한 후 같은 해 9월 고종이 전국의 사민(士民)들에게 내린 전교(傳教)를 다소 장황함을 무릅쓰고 그 주된 내용을 요약하면,

① 우리나라(조선)는 바다 한쪽 구석에 치우쳐 있어 외국과 교섭도 하지 못하고 견문도 넓히지 못한 채 500년을 지내 왔다는 것.

② 근래에 와서 우내(宇內)의 대세가 바뀌어 구미제국(歐美諸國)은 정리(精利)한 기기(機器)를 만들어 내고 나라를 부강하게 하는 데 정진하고 있다는 것.

③ 이들 국가들은 세계의 여러 나라와 조약을 체결하여 병력으로 상충(相衝)하고 공법으로 상지(相持)하기를 마치 춘추열국(春秋列國)시대와 흡사하다는 것, 그리하여 청도 일본도 조약을 맺고 수호통상을 하게 되었으니 (조선으로서는) 그 형세가 부득이하다는 것.

④ 우리나라는 1876년에 일본과 수호조약을 맺고 이번에 또 미국, 영국, 독일 등과 조약을 맺었는바, 교제(交際)의 예(禮)가 평등하니 의리로서 헤아려 보더라도 거리낄 바가 없다는 것, 교린에 도리가 있다는 것은 경전에 적혀 있다는 것.

⑤ 서양 여러 나라와의 수호통상조약을 맺는 것은 다만 공법에 의거할 뿐이라는 것, 따라서 사민(士民)들이 원래 공맹의 가르침을 익혀 왔고 오랜 동안 예의의 풍속에 젖어 왔는데 어찌 하루아침에 정도(正道)를 버리고 사도(邪道)를 따르겠는가.

---

87) 이광린, 앞의 책, 123쪽; 김용구, 앞의 책, 180-182쪽 참조.

88) 김용구, 앞의 책, 215쪽.

89) 김봉진, 「兪吉濬の國際秩序觀 : 朝貢体系と國家平等秩序との間」, 6-10쪽 참조.

⑥ (서양의) 기기(機器)가 이로운 것으로 진실로 이용후생(利用厚生)을 할 수 있는 것이니 농업·양잠·의약·갑병·주차(舟車)를 만드는 일을 어찌 꺼려하여 하지 않겠는가.

⑦ (조선으로서는) 강약의 형세가 이미 현격하므로 만일 그들의 기기를 본받지 않는다면, 어떻게 그들의 모욕을 막고 그 기유(覬覦)함을 막겠는가, (조선으로서는) 안으로 정교(政教)를 닦고 밖으로 다른 나라와 인교(隣交)를 맺고, 우리나라의 예의를 지키고 여러 나라와 대등하게 부강한 나라가 되어야 한다는 것.

⑧ 또한 이제 서양 여러 나라와 우의를 돈독히 하였으니 경외(京外)에 세워놓은 척양비(斥洋碑)는 모두 뽑아 버린다고 하교(下教)하고 있다.[90)]

고종의 이와 같은 전교는, 자국과 타국에 대한 현실인식, 국가 간의 권력주의적인 긴장관계, 문명개화에 의한 부국강병, 서구의 공법적인 국제체계에의 편입, 조선의 전통적인 의리와 공법과의 조화 등을 역설하고 있다.

그러나 고종의 이와 같은 개화정책의 추진에도 불구하고 대외적으로 펼쳐진 균세정책은 조선이 권력의 주체로서 참여한 것이 아니라 타자의존적인 방편으로서 종래의 대청 사대-조공·책봉체제가 확대된 '속국'화의 경향을 띠면서, 청·일·러 그리고 구미열강의 세력균형 속에 해소되어 버렸다.

---

90) 『高宗實錄』 卷19, 高宗19年 壬午 8月 5日條.

근대 한국의 평화관념
'동양평화'의 이상과 현실

장인성

Ⅰ. 머리말

전쟁과 평화는 시공간을 초월한 인류사회의 보편현상이다. 인류는 평화를 이룩하기 위해 전쟁을 수행하기도 했고 전쟁을 없애기 위해 평화를 구상하는 노력을 보여 왔다. 평화사상가들이나 국제정치학자들은 인간의 심성, 정치제도, 국가, 국제사회 등 제 수준에서 전쟁의 원인과 평화의 조건을 밝히는 성찰을 계속해 왔다. 그런데 전쟁과 평화에 관한 성찰은 흔히 서구의 경험에 바탕을 둔 것이었고, 동아시아의 경험은 간과되는 경향이 있었다.

전쟁과 평화는 인류의 보편현상이지만 그것을 생각하는 심성과 전개양상은 일정 부분 장소적 제약을 받지 않을 수 없다. 근대 한국의 평화관념도 보편성을 띠면서도 근대 한국의 경험과 근대 한국인들의 국제정치적 심성을 담고 있었다. 근대 한국인의 평화관념은 동양평화론에 잘 나타나 있는데, 이는 일본발(發) 동양평화론에 대응하는 대항담론으로서 성립하였고, 근대 한국의 국제정치적 위상과 외교전략, 그리고 국제관념의 차이로 인해 근대 일본의 동양평화론과는 상당한 편차를 보였다. 근대 한국의 동양평화론은 근대 한국인의 국제정치적 삶과 국가와 민족의 생존에 대한 의지를 담은 국제정치론인 동시에 근대 한국인의 평화관념이 투사된 평화론이었다.

'동양평화'는 청일전쟁부터 태평양전쟁에 이르기까지 동북아 국제관계의 현실을 표상하는 동시에 근대동북아 국제관계의 이상을 추구하는 심성을 담은 정치언어였다. '동양평화'는 오늘날 이야기하는 '동북아의 평화와 안정'이라는 말과 마찬가지로 동아시아 국제관계의 현실을 반영한 정치언어였다. 더 정확히 말하면 현실 자체를 나타낸 것이라기보다는 그렇게 될 것을 기대하는 원망(願望)의 표현이었다고 말할 수 있다. 때문에 '동양평화'라는 슬로건은 현실로부터 유리된 허구일 수밖에 없었다. '동양평화'를 생각할 때 이러한 허구성을 드러내는 것도 필요할 것이다. 그렇지만 더 중요한 것은 '동양평화'라는 정치언어의 용법에서 근대 한국인의 평화관념과 국제정치사상을 포착해 내는 일일 것이다.

본고의 목적은 동양평화론의 정치언어를 분석함으로써 근대 한국의 평화관념의 내용과 특질을 밝히는 데 있다. 평화관념의 내용과 성격을 규명할 수 있다면 근대 한국인의 정치의식과 국제관념을 파악하는 중요한 실마리를 얻게 될 것이며, 얼마간 현재적 함의를 얻을 수도 있을 것이다.

Ⅱ. '동양평화'의 요체

1. '동양평화의 요체'

3·1운동 이듬해 『동아일보』는 「동양평화의 요체」(1920)라는 사설을 실었다. 동양평화에 관한 한국인의 사고방식과 국제관념이 잘 드러난 글이다. 이 사설에서는 '동양평화'를 '외부적 동양평화'와 '내부적 동양평화'로 구분한다. '외부적 동양평화'는 "동양 외 국민이 감히 동양을 침범치 못"하는 것을 뜻한다. 국제연맹과 같은 평화기관이나 인도적 정신을 통해 모색될 수도 있지만, 확실한 방법은 스스로 실력을 양성하여 '정의'를 행하고 동양의 단결을 꾀

하여 천하의 '불의'를 일소할 준비를 갖추어야 한다는 것이다. 한편 '내부적 동양평화'는 "동양 3개 지방의 상호간 또는 각 지방 내의 평화"를 의미한다. 이것은 구체적으로 '동양 3개 지방의 인사'들이 욕심을 버리고 의(義)를 좇아 평등한 지위에서 서로 권리와 존엄을 지키고 신뢰하며 평화로운 생활 속에서 상부상조하여 자연을 개척하고 인지(人知)를 계발하는 것을 가리킨다.[1] '외부적 동양평화'는 서양 세력에 대항하여 동양의 평화를 보전하는 것이며, 동양 내부의 단결이 선행 조건이다. '내부적 동양평화'는 동양의 평화(안정)를 위한 내부적 조건이며, '동양 3개 지방'의 평등과 권리·존엄의 상호 존중을 필수적으로 요구한다. 그리고 '정의'와 '불의'는 동양평화의 안과 밖을 규율하는 준거가 되고 있다.

이 동양평화론에서 '동양'은 '호상 의뢰하며 보조하는', '순치'(脣齒) 관계에 있는 일본·한국·중국의 '3개 지방'을 지칭하며, '동양평화'는 이들 3개 지방 간의 평화를 의미한다. 그리고 '동양평화'의 목적은 "일본만의 평화와 발전이 아니라 동양 3개 지방의 평화와 발전"(또는 '3개 지방의 단결과 발전')을 이룩하는 데서 찾는다.[2] '평화'는 다음과 같이 규정된다.

> 平和는 그 本質이 和라, 武力이나 强力에 압도된 靜이 아니니 然則 各人이 和樂한 중심으로 共存相在하여 平靜한 中 進步를 遂하는 생활이 곧 평화[라] …… 동양의 단결과 평화적 발전을 尤益熱望하니 그 方途가 何에 在한고? 오직 各民族의 權利와 希望을 絕對로 尊重하며 承認하며 各히 平等한 地位에 立하여 自由的 精神으로 聯合함에 在하다 하노니. 昔에 孔夫子日 言忠信하며 行篤敬이면 雖蠻貊之方이라도 行矣어니와 言不忠信하며 行不篤敬이면 雖州里나 行乎哉아 하심이 그 어찌 吾人을 欺한 바리오. 個人의 道德이나 國家의 道德이 差異가 無하도다.[3]

'평화'는 무력이나 폭력에 압도된 조용함이 아니라 각자 '화락한 중심'(개체)으로 '공존상재'(共存相在)하면서 '평정'한 속에서 '진보'를 이룩하는 생활

1) 「東洋平和의 要諦」, 『동아일보』 1920년 6월 25일자 사설.
2) 같은 글.
3) 같은 글. 이하 인용문의 한글표기는 현대철자법으로 고쳤다. 띄어 씌기를 하고 구두점을 붙인 곳도 있다.

을 가리킨다. 이러한 평화의 조건은 각 민족의 권리와 희망이 존중되고 각 민족이 '평등한 지위'를 갖고 '자유적 정신'으로 '연합'하는 데 있다. 여기서 동양평화론은 '평정'과 '진보'의 결합, 진보와 도덕의 공존, 개체적 자유평등과 전체적 화합단결(연합)의 공존을 추구한다.

이러한 '진보'와 자유평등에 관한 사유는 윌슨의 민족자결주의와 자유주의적 시대정신의 영향을 얼마간 받은 것으로 추측된다. 주목할 것은 개인과 국가의 윤리를 연속적으로 파악하는 유교관념이 동양평화론을 지탱하고 있고, 행위주체의 평등성과 개체성에 입각한 공존이 모색되고 있다는 사실이다. 여기에는 '일본만의 평화와 발전'을 뜻하는 일본의 '동양평화' 개념을 비판하고 일본의 '동양' 독점을 견제하려는 의도가 보인다. 한·중·일 세 행위주체의 개체성과 상호의존성에 기반을 둔 평화구상은 근대 한국의 동양평화론의 구조적 특질을 포함하고 있다.

동양 3개 민족의 평등성은 단지 당위의 표현만이 아니라 지리적·역사적 존재방식의 소산이다. 5년 후의 다른 사설에서는 일본이 '동양'을 침탈하면서 '평화'를 주창하는 현실을 비판하면서, '동양평화'를 이룰 수 있는 민족 평등성의 조건을 '지리'와 '인화'(人和)에서 찾고 있다. 이 사설에서는 "동양의 평화는 동양인의 인화에 있으며 동양의 인화는 지리적 또는 역사적 인군(人群) 생활의 자연상태와 경계를 각자 인정함에 있"다고 주장한다. 조선인과 일본인은 '지리'와 '인화'에 순응해야 평화와 번영을 얻고 이를 거스르면 화와 분규를 초래하기 때문에 조선인은 조선에서 조선인으로 살고 일본인은 일본에서 일본인으로 살아야 한다는 것이다.[4] 민족 간의 자연적 경계를 인정하는 것, 즉 민족의 자율성을 인정하고 보전하는 것이 동양평화의 기본조건이 되어 있다. 이것은 '동양인의 인화'와 '지리'를 인위적으로 변경한 일본의 동아시아정책과 동양평화론에 대한 비판이었다.

두 사설의 동양평화론은 '동양평화'의 시공간적(지리적·역사적) 존재방식과 '동양'을 살아가는 행위주체의 국제적 삶의 방식을 어느 정도 반영한 것으

4) 「日本人의 東洋平和」, 『동아일보』 1925년 5월 17일자 사설.

로 볼 수 있다. 식민지적 상황 속에서 '동양평화'의 주체는 국가가 아닌 '민족'이나 '지방'으로 설정되어 있지만, 거기에는 '동양평화'의 조건을 주체(정치체)의 평등성과 자율성에서 찾는 발상, 동양평화의 안과 밖의 이중성(양면성)을 보는 관점, 윤리적 비판수단으로서의 성격, 그리고 연대와 독립의 존재방식에 관한 한국인의 국제심성이 표출되어 있다. 이들 동양평화론은 구한말 한국인의 동양평화론에 연속하는 것이었다.

2. '동양평화'의 형성과 구조

1) 유럽과 동아시아 : '외부적 동양평화'

근대 한국의 동양평화론은 두 가지 인식론적 계기를 갖는다. 하나는 유럽 국제사회의 존재와 유럽열강으로부터의 위협이다. 다른 하나는 동북아의 안정과 평화를 위협하는 일본의 동아시아정책과 일본발(發) 동양평화론의 존재다. 상술한 '외부적 동양평화'는 전자에 대응하며, '내부적 동양평화'는 후자와 관련된다. 근대 한국의 동양평화론은 일본의 동양평화론과 마찬가지로 서세동점의 상황과 역외세력(유럽)에 대항하는 측면을 갖지만, 일본의 역내위협을 견제하고 일본의 동양평화론을 비판하는 대항담론이기도 했다.

'동양'은 유럽이라는 타자에 의해 성립한 수동적 개념이다.[5] 그런데 '동양'이란 말은 개항 이후 한·중·일 삼국의 동북아 공간을 지칭하는 함의를 갖게 되고, 또한 역외세력에 공동대응하기 위한 연대 협력의 필요성을 인식하면서 유럽의 존재와 위협에 대응하려는 주체적 의지를 내포한 언어로 바뀌었다. 서세동점은 동아시아 공간을 하나의 국제사회로서 자기화하려는 인식론적·존재론적 성찰을 가져 왔고 외부의 위협에 대항하려는 역내 연대협력의 필요성을 유발시켰다. '외부적 동양평화'의 구상은 유럽의 존재와 그 위협에 대항하

5) 졸고, 「자기로서의 아시아, 타자로서의 아시아: 근대조선지식인에 나타난 '아시아'와 '동양'」, 『신아세아』 제17호, 1998년 겨울호 참조.

는 능동적 의지의 표현이었다.

1880년대 초반의 동양연대론은 동양평화론의 원형에 해당한다. 일본의 초기 연대론은 대외팽창을 꾀하는 잠재적 의지를 내포하기도 했지만, 서세동점에 공동으로 방어하려는 의도도 강했다. 초기 연대론을 유발시킨 계기는 서세동점의 위협이었지만, 유럽 국제사회의 경험에서 자극받기도 했다. 초기 연대론자들은 역내 투쟁을 하면서도 역외에 대해 '유럽 전체의 명예와 이해의 큰 유대'를 위해 '일대국정'(一大國情: great nationality)을 이루어 역외에 대응하는 유럽 국제사회의 존재방식에 이해를 보였고, '오월동주'나 '연횡'(連衡)에 입각한 '항형'(抗衡)을 추구하는 동양연대 구상을 제시하였다. '연횡'은 동양 내부의 균형과 연대를, '항형'은 유럽과 동양과의 균형을 의미한다.[6] 일본의 부국강병과 주권이 취약했을 때 나타난 논리였다.

한국의 지식인들도 유럽 국제사회의 경험에 비추어 '연합'의 평화를 생각하였다. 『황성신문』의 한 사설(1899년)에는 "서양 각국은 강함이 저와 같되 우의(友誼)를 돈목(敦睦)하여 곧 일가(一家)의 기상(氣像)을 이루었으니 아주 빠르게 동점하는 의상(意想)이 장차 동양의 대환(大患)을 빚어낼지니 그 방어할 방책이 어찌 일국에 있으리오. 실로 삼국의 용력연합(勇力聯合)할 바이다"[7]라는 주장이 보인다. 같은 신문의 1904년 사설에서는 황인종의 안녕과 동양의 보전을 위해 '일신일국(一身一國)의 사(私)'를 버리고 '연합대동'(聯合大東)을 통한 평화보전을 강조하고 있다.[8] '연합대동'의 평화관은 한일합병 직전까지도 보였다. 유럽 열강들은 서로 적대하는 동안에는 동양을 '압복'하려들지 않고 '연합평화'를 이루면 매와 호랑이의 눈을 갖고 아시아를 '직사'(直射)하는데, 동양 사람들도 말로만 '동양평화'나 '동종상애'(同種相愛)를 외치지 말고 '평화의 실사(實事)'와 '상애(相愛)의 실정(實情)'을 이루어야 하며 '눈앞의 작은 이익'보다는 '백 년의 대계'를 도모하여 아시아 황인종의 무한한 행

6) 졸저, 『장소의 국제정치사상』(서울대학교출판부, 2002), 133-134쪽.

7) 『皇城新聞』 1899년 4월 12일자 논설; 이광린, 「개화기 한국인의 아시아연대론」, 『개화파와 개화사상 연구』(일조각, 1989), 148쪽.

8) 「亞寰先生問答」, 『皇城新聞』 1904년 5월 6일자 논설; 이광린, 위의 논문, 148쪽.

복을 추구해야 한다는 주장이었다.[9] 백인종의 '연합평화'는 동양 황인종의 '동양평화'와 '상애'를 촉구하는 조건이 되어 있었다.

유럽의 '연합평화'가 유럽 국제사회의 내적 존재방식이 바뀌면서 가능해졌다고 인식하면서 유럽의 '연합평화'에 대응하는 '동양평화'의 내적 존재방식에 관한 성찰이 이루어졌다. 불가리아 독립문제에 대한 깊은 관심이 그 일례다. 『대동공보』(大東共報)에는 불가리아가 유럽 열국회의를 계기로 터키로부터 평화적인 독립이 이루어질 것으로 예상하는 사설이 눈에 띈다.

> 불가리아 독립은 비단 불가리 국민의 행복이 아니라 실상 구주세계의 평화를 보전하는 계획이니 불가리의 독립과 구주의 평화를 어떠한 나라 사람이든지 환영치 아니하리오 연즉 구주의 평화는 저같이 유지되려니와 우리 한국의 독립문제와 아세아 대륙의 불온한 상태와 웅결한 경략은 어느 날에 능히 해결되리오 … 이제 불가리아의 독립문제로 구주열국이 평화회의를 여는 자리에 우리도 또한 국민의 대표자를 파송하여 우리나라 인민이 처처에 일병과 전투하는 것과 일병이 우리 인민을 학살무여하는 참혹한 정형을 낱낱이 들어 설명하여 아한의 민족을 보존할 일과 아한의 독립을 회복할 일을 도모하고 동양의 평화를 구주의 평화와 같이 함께 유지하기를 힘써 주선할진저.[10]

불가리아 독립은 '구주의 평화'를 지향하는 것이며, '구주의 평화'가 있어야만 가능하다. 동양도 유럽처럼 평화를 이루기 위해서는 한국의 독립을 필요로 한다. 여기서 유럽 열국의 '평화회의'는 일본의 침략성과 잔학성을 폭로하는 장으로 간주된다. 한국 대표를 '평화회의'에 파견하는 정치적 행위는 자주독립과 평화관념의 상관성을 보여 주는 상징이라 말할 수 있다.

유럽의 '연합평화'에 자극받은 '오월동주'와 '동양평화'의 정치적 사유가 동양삼국의 역내 세력균형 — 달리 말하면 삼국의 자주독립 — 을 요구하는 것은 약자 의식을 가졌을 때다. 근대 한국의 동양평화론자와 근대일본의 초기 연대론자들이 동양연대를 평화의 조건으로 보았던 것은 자국의 취약성을 강

---

9) 「宇內大勢觀」, 『皇城新聞』 1909년 5월 27일자 논설.
10) 「勃牙利獨立會議에 對하야 我韓問題를 提出할 事」, 『大東共報』 1909년 1월 17일자.

하게 의식했을 때다. 반면 일본이 동아시아의 강국으로 부상했을 때, '동양평화'의 유럽적 함의는 상실되고 일본적 동양평화관을 강요받게 된다.

2) 일본과 동아시아 : '내부적 동양평화'

'외부적 동양평화'는 '동양평화'의 동아시아적 존재방식과 연관된 '내부적 동양평화'와 동전의 양면을 이룬다. 근대 한국인의 국제정치적 사유에서 일본은 서양과 더불어 동양평화론을 촉발시킨 계기였는데, 여기에는 이중의 의미가 있었다. 즉, 일본의 동양평화론은 대항담론으로서의 한국의 동양평화론을 유발했다는 사실과, 일본의 강국화와 자국 중심적 외교정책이 동북아 공간을 왜곡시키고 '내부적 동양평화'에 의한 동북아의 연대협력과 발전의 가능성을 저해했다는 사실이다.

일본의 동아시아 정책은 근대 한국에서 동양평화 구상과 동양평화론의 광범한 유포를 자극한 일차적 계기였다. 일본이 동아시아의 지역패권과 '세계일등국가'를 추구하고 한일합병, 만주사변, 대동아전쟁 등을 수행하는 과정에서 '동양평화'는 자국의 팽창정책을 정당화하는 슬로건이자 동아시아 국제정치관을 나타내는 표상이었다. '동양'의 공간적 범위는 일본의 세력권에 따라 확장되었고, '평화'의 내용도 일본의 동아시아 정책의 모습에 따라 달라졌다. '동양평화'는 일본의 정책상황과 국가이익에 따라 '동양'의 범위와 '평화'의 내용을 바꾸는 카멜레온과 같은 개념이었다.

일본의 '동양평화' 개념은 청일전쟁 때는 동북아 국제관계에서 일본의 독립과 안전을 유지하고 청국에 대한 지위를 높이려는 의지를 담고 있었다. 이토 히로부미(伊藤博文)는 청일전쟁을 '동양의 평화'를 유지하기 위한 전쟁으로 규정하였다. 일본 지식인들은 동양의 문명개화를 '동양평화'의 조건으로 인식하였다. 또한 '야만'의 청국을 문명화하는 전쟁행위는 '평화'의 이름으로 정당화되었다. 가시와기 기엔(柏木義圓)은 "동양평화를 위해 첫 번째 착수할 일은 조선의 혁신이고, 동양의 평화는 우내의 평화다"라고 주장하였고, 우치무라 간조(內村鑑三)는 "전쟁의 목적은 동양의 평화와 진보이며, 동양의 평화는 지나(支那)를 살리는 데서 나온다"고 역설하였다. 우에무라 마사히사(植村正久)는 전쟁은 동양개조를 위해 피할 수 없고 '도의'는 전쟁을 통해 관철된다고 주장하였다. 또한 '동양평화'는 러일전쟁에 이르러서는 일본이 백인종 국가 러시아가 동아시아의 패권을 장악하는 것을 막고 황인종 국가의 맹주적 지위를 확보하는 것을 의미하게 된다. 러일전쟁 개전의 명분은 '(일본) 제국의 안전과 동양의 평화'를 보전하는 데 있었다. 1904년 일본 정부의 훈령에 따라 열린 대일본 종교가대회에서는 "일·러의 교전은 일본 제국의 안전과 동양 영원의 평화를 꾀하고, 세계의 문명, 정의인도(正義人道)를 위해 발생한 것으로 전혀 종교나 인종의 차이와는 관련이 없다"고 선언하였다.[11]

근대 한국에서 '동양평화'라는 정치언어의 출현은 청일전쟁이 계기였다. 청일전쟁은 한국의 지역 국제관계와 국내정치를 규율하는 조건의 변경을 의미한다. 일본의 지원을 받은 갑오개혁 추진세력들은 일본의 '동양평화'에 공감을 나타냈다. 예컨대 총리대신 김홍집(金弘集)과 군무대신 조희연(趙羲淵)은 일본의 개전에 관해 조선의 국권을 인정하고 '동양대국(東洋大局)의 평화'를 보전하는 행위로 생각한 나머지 특사를 보내 일본군을 '위로'할 것을 국왕에 건의하였다.[12] 지역 국제관계의 현상(現狀) 변경을 '평화'로 인식한 것은 '동양평화'라는 슬로건의 정치적 성격을 간파 못했기 때문이던가, 아니면 소국의 대국 의존을 '평화'로 여겼기 때문일 것이다.

러일전쟁은 '동양평화'의 폭넓은 유포를 유발한 계기인 동시에 '동양평화'의 이상과 현실의 괴리를 폭로시킨 사건이었다. 한국 정부는 일본이 전쟁 중에 성립된 한일의정서를 통해 '항구불역'(恒久不易)의 '친교'와 '동양화평'을 강구한다는 명분을 갖고 한국의 시정개선에 간섭하는 것을 허용하지 않을 수 없었다. 한편 일본 정부는 한국 황실의 '안전강녕'(安全康寧)과 한국의 독립 및 영토보전을 보장했고, 이것들이 위협받을 경우 신속한 조치를 취하기로 약

11) 石田雄,『日本の政治と言葉』(下), 東京大學出版會, 1989, 前篇 참조.
12)『高宗實錄』高宗32年 2月 12日條.

속하였다.[13] 한국인들은 일본이 '동양평화'를 지켜줄 것이라 믿었다. 그러나 제1차 한일협약과 보호조약의 체결을 통해 일본의 침략성이 드러나면서 '동양평화'의 허구성과 기만성은 폭로될 수밖에 없었다. 안중근은 일본의 대외행동이 "같은 인종인 이웃 나라를 깎고 우의(友誼)를 끊어 스스로 방휼의 형세를 만들어 어부를 기다리는" 것과 같다고 비난하였다.[14] 최익현은 "동양평화다, 교의익친(交誼益親)이다 하고 천하에 큰소리침으로써 만국의 이목을 기만하려"는 일본의 행태에 분개하였다.[15]

일본의 침략성과 일본적 '동양평화'의 허구성이 폭로되었을 때 한국인의 동양평화론은 보다 강렬해졌다. 특히 동북아 국제사회의 존재방식에 관한 성찰이 강해졌다. 유럽 열강의 위협이 '외부적 동양평화'를 자각시키고 동양의 내부적 연대를 고무시켰다면, 이제 역내 국가 일본에 의한 위협은 '내부적 동양평화'를 깨뜨리고 '내부적 동양평화'에 대한 비판적 성찰을 강화시켰던 것이다. 근대 한국의 지식인들은 진정한 '내부적 동양평화'를 모색하였고, 동양삼국의 '정족'(鼎足)을 그 조건으로서 내세웠다. 장지연(張志淵)은 논설 「시일야방성대곡」에서 "지난날 이토 히로부미가 한국에 왔을 때 어리석은 우리 인민들이 앞 다투어 서로 말하길, 백작은 평소에 동양삼국의 정족안녕(鼎足安寧)을 스스로 맡아 주선하던 사람이라 … 천만 뜻밖에 5개조(보호조약) 건을 무슨 일로 제출하였는가. 이 조약은 단지 우리 한국뿐 아니라 동양삼국의 분열하는 조짐을 만들어 내는 것인 즉 이토의 당초의 생각이 어디에 있는가"[16]라고 개탄하고 있는데, 여기에서는 일본의 한국침략을 '동양삼국의 정족안녕'을 깨고 '동양삼국의 분열'을 부추기는 행위로 보고 있었음이 잘 나타나 있다. '정족'(또는 '정립')은 지역적 패권 내지 우월을 꾀한 일본의 '동양평화' 관념을 비판하는 대항개념이자 근대 한국의 장소적 특질을 반영하는 정치언어였다.

---

13) 日本外務省編, 『日本外交年表竝主要文書』(上), 原書房, 1965, 223-224쪽.
14) 안중근, 「동양평화론」, 최원식·백영서 엮음, 『동아시아인의 '동양'인식: 19-20세기』(문학과지성사), 1997, 207쪽.
15) 崔益鉉, 「倡義討賊疏」(1906), 崔昌圭 編, 『韓末憂國名上疏文集』, 瑞文堂, 1973, 189-190쪽.
16) 「是日也放聲大哭」, 『皇城新聞』 1905年 11月 20日字 社說.

Ⅲ. 평화의 개념과 유형

1. 평화관념의 요소

근대동아시아의 평화관념은 몇 가지 요소를 갖는다. 첫째, 서세동점과 개항으로 촉발된, 중화체제에서 주권국가체제로의 동아시아 국제체제의 변용과 이와 연루된 근대동아시아 주권국가의 성격은 평화관념을 규율하는 제도적 요소다. 둘째, 유교관념이나 서구의 평화사상은 근대 동아시아인의 평화관념의 성질을 규정하는 이념적 요소였다. 셋째, 지역 패권화나 제국주의와 같은 권력현상과 동아시아 역내외의 권력관계도 동아시아인의 평화관념을 규율하는 권력적 요소였다. 근대동아시아의 평화관념의 발현 양상은 이들 세 요소(제도·이념·권력)가 한·중·일 삼국에서 어떠한 상관성을 갖고 표출되었는가와 깊이 관련된다. '동양평화'는 동아시아 근대공간의 국제정치와 관련된 제도와 이념과 권력의 상관성을 드러내는 정치언어였다.

평화는 국제체제의 성격과 관련된다. 근세 동북아의 평화는 중화체제와 유교이념과 관련되었다. 즉, 중화체제에서의 평화는 중심-주변 관계와 주변 간 관계에서 '예'에 기초한 사대교린 질서의 정상적인 운용을 의미한다.[17] 중화체제하에서 동북아는 한청 간과 한일 간의 전쟁(호란과 왜란)을 경험하였지만 대체로 양자관계를 중심으로 평화(안정)가 유지되었다. 왜란과 호란은 중원의 정치변동(명청 교체)을 유발하였지만 동아시아 국제체제 자체를 바꾸지는 못하였다. 이후 250여 년간 '예'에 기초한 사대교린 질서가 작동하였고 동아시아는 국제질서와 국내질서 모두 안정과 평화가 지속되었다. 연행사절과 통신사절은 사대교린 체제의 안정과 평화를 유지하는, 혹은 그것을 표상하는 동아시아의 양자 간 국제제도였다.

동아시아 국제체제의 변용은 서세동점의 충격과 근대국제법 체제의 편입

---

17) 사대교린체제에 관해서는 이용희의 정치학적 해석이 탁월하다. 이용희(노재봉 편), 『한국민족주의』, 서문당, 1979.

으로 불가피하게 요구되었다. 그리고 그것은 동아시아 국가의 생존방식에 변화를 가져 왔다. 경제력·군사력이 취약한 '소국' 한국의 정치주체들은 근대주권 개념을 습득하면서 새로운 국가 간 관계와 세력균형, 중립 등의 국제관계 원리로서 동아시아 국제체제의 평화 안정과 자국의 생존을 모색하였다. 여기에는 '의존의 평화'와 '자립의 평화'를 생각할 수 있다. 한국인의 근대적 국제정치관의 기축이 된 '균세'와 '자강'은 『조선책략』에서 보이듯이 한청관계의 근대적 변형을 통한 '의존의 평화'를 의도한 것이었지만, 근대 한국인들은 '자립의 평화'(주권과 안정)를 확보하는 생존방식으로 받아들였다. '자강'이 충분치 않은 상태에서 '균세'는 '자립의 평화'를 가져다주는 조건으로 간주되었다. 그 '균세'가 무너졌을 때 친외세적인 '의존의 평화'에 관한 정치적 사유가 부상하였다.

관념이나 이념은 실재의 반영이다. 국제체제의 성격은 체제 내에서의 갈등과 협력, 전쟁과 평화에 관한 — 흔히 안보관념으로 표현되는 — 관념이나 이념의 존재방식을 규율한다. 근대국가체제에서의 안보관념은 흔히 주권관념과 세력균형관념에 의해 규정되지만, 그것이 체제와 규범의 복합적 소산인 한, 궁극적으로 국제관계를 보는 윤리적 심성에 일정 정도 구속받지 않을 수 없다. 체제변동기에도 유교관념은 근대 한국인의 국제규범에 영향을 미쳤다. 비록 현실적 규범력을 갖지 못했지만 '천리'(天理)에 기반한 '예악'을 질서와 조화의 규범으로 간주하고 평등과 자유를 무질서와 분쟁의 소인으로 간주하는 중화관념[18]은 동아시아의 안정과 평화를 '신의'나 '의리'와 같은 유교관념으로써 모색하는 국제정치관을 만들어 냈고, 근대국가체제와 제국체제에서도 끈질긴 생명력을 보였다. 소국관념도 자국의 국제정치적 위상이 바뀌지 않고 유교사회의 속성이 소멸되지 않는 한 지속적으로 평화관의 조건으로 작용하였다. 유교이념은 국제체제의 변화에도 불구하고 체제의존적·낙관주의적·소극적 평화관의 존속을 가져 왔던 것이다. 동양평화론에는 '동양'을 보는 지정-지문화적 시각과 '평화'를 둘러싼 일본과 한국의 안보관념이 투영되어 있었고,

---

18) 서준섭 외 옮김, 『毅菴柳麟錫의 思想: 宇宙問答』, 종로서적, 1984, 36-44쪽.

정도의 차이는 있지만 전통적 도덕관념과 근대적 안보관념이 뒤섞여 있었다.

근대국가의 폭력성, 제국주의, 사회진화론, 민족주의와 같은 근대적 현상도 평화관념의 근대적 전개를 규정한 요소였다. 다만 근대 한국인들은 전쟁을 수행한 경험이 없었고 부국강병이 취약하여 국제의존도가 높았기 때문에 서구의 인도주의적 평화사상을 내면에서 포착할 기회는 적었다. 이것은 서구의 평화사상을 적극 수용한 근대일본의 경험과는 대비되는 점이다. 일본의 경우 메이지 정부의 부국강병책과 국가주의 정책은 서구 자유주의사상과 평화사상을 흠모하는 마음을 불러일으켰다. 특히 동아시아의 현상(現狀) 변경을 꾀한 전쟁(청일, 러일전쟁)을 수행하고 제국주의적 팽창을 시도한 경험은 기독교적 평화주의와 비전(非戰)사상에 입각하여 일본국가의 폭력성에 대항하고자 하는 적극적인 평화관념을 분출시켰다. 근대 한국의 경우는 전쟁(폭력) 대 반전(비폭력)의 구도에서 성립하는 절대이념보다는 세력관계에 의존하는 세력균형과 연대협력의 전략적 사고가 평화관념을 규정했다.

권력은 국제체제나 이념 못지않게 평화관념과 '동양평화' 개념의 정치적 함의를 규정한다. 정치언어로서의 '동양평화', 그리고 정치담론으로서의 동양평화론의 출현은 지역패권을 장악하고자 국권을 확대하고 전쟁을 일으키는 권력현상에 의해 촉발되었다. '동양평화'는 일본이 지역 레벨에서 어느 정도 자율성을 확보하고 힘의 우월을 겨냥했을 때 제기되었다. 그것은 일본의 팽창정책을 정당화하는 명분이었다. '동양평화'는 지역패권에서 동아공영권 형성에 이르는 일련의 권력팽창 과정에서 일본의 국가권력을 호도하였고 현상 변경의 구실로서 기능했던 것이다. 동아시아의 안정과 평화는 일본의 국가권력과 생존공간의 존재방식에 의존하였다. 일본 국가권력의 투사 범위는 '동양평화'의 공간범위를 결정하였다. 근대 한국의 '동양평화' 관념은 이러한 일본의 '동양평화' 관념과 정치적 선전(propaganda)에 대응한 측면을 갖는다. 그것은 동아시아의 안정과 평화에 대한 기대뿐 아니라 일본의 팽창권력에 대한 비판을 담고 있었다.

2. '평화'의 개념과 유형

'동양평화'는 '평화'의 이념적 보편성과 '동양'의 지정문화적 특수성이 결합된 정치언어다. 평화관념은 장소를 초월하는 보편성과 더불어 역사적 상황과 장소에 의존하는 특수성을 갖는다. '평화'라는 말은 사실(실제)을 나타내는 경우도 있지만, 당위적 이상을 나타내거나 전쟁과 갈등의 현실을 호도하는 수사(rhetoric)로서 기능하기도 한다. '평화'의 개념은 보편적인 것이면서도 갈등과 분쟁의 시공간적 존재방식과 특정 시공간에서 영위되는 윤리적 심성과 이념에 따라 편차를 보일 수밖에 없다. 평화관념의 편차는 규범(종교)과 정치의 두 요소가 인간·사회·국가·세계의 각 질서영역을 규정하는 방식에 의존한다.

'평화' 개념은 개인의 심적·육체적 평온에서 국제질서의 안정에 이르기까지, 종교의 영역에서 정치의 영역에 이르기까지 다양한 의미를 갖는다. 정치의 영역에서는 전쟁이 종식된 상태를 가리키는 경우도 있으며, 힘의 균형을 통한 정치적 안정을 뜻할 때도 있다. 폭력과 분쟁을 없애려는 인간의 몽상인 경우도 있다. 일반적으로 평화는 국가 간 혹은 사람들 사이에 폭력적인 분쟁이나 갈등이 없는 평온한 상태, 또는 갈등이 없는 안정된 마음의 상태를 가리킨다. 바꿔 말하면 마음의 평온(개인의 평화), 사회질서의 화평(국내평화), 국제사회의 안정(국제평화, 세계평화)을 가리킨다. 용도와 레벨에 따라 뉘앙스는 다소 다르지만, '평온', '화평', '안정' 등의 용어도 평화의 의미를 갖는다.

대체로 평화관념은 심적 평온과 질서를 바라는 인간의 모습에서 그 보편성을 찾을 수가 있다. 고대유태교에서 '샬롬'(shālōm)은 신의(神意)와 번영을 뜻했고, 그리스의 '에이렌'(eirene)은 번영과 질서를 의미하는 말이었다. 그리고 로마시대의 '팍스'(pax)와 유교권의 '화평', '평화'라는 말은 질서나 심적 평온을 가리키는 말이었다. 인도에서는 '상띠'(śānti)라는 말이 심적 평온을 나타냈다.[19] 그리고 이슬람권에서 '살람'(Salãm)은 우주의 창시자이며 평화의 샘(As-Salãm)인 유일신 알라에 대한 완전한 복종과 순종을 통해 자아의 평화,

19) 石田雄, 『日本の政治と言葉』(下), 11쪽; 宮田光雄, 『平和の思想史的研究』, 創文社, 1978, 5쪽.

인류와의 평화, 그리고 신과의 평화를 이룩하는 것을 뜻했다.[20] 심적 평온이나 신에 의한 사회질서와 번영을 평화로 보는 관점은 종교적 세계나 종교인들에게 시공을 초월한 보편적인 현상이다. 종교가 인간과 사회의 영역을 규율하는 세계에서는 심적 평온은 종교적 신앙의 대상이자 사회질서와 번영의 조건이다.

한편 정치세계에서 평화의 일차적 의미는 사회질서나 국제질서의 평온과 안정에 있다. 왕조체제에서는 자연질서에 의탁하는 위계질서의 안정이 평화였다. 예컨대 파라오의 신적 왕권으로써 사회적·자연적 코스모스를 포섭하는 보편질서를 구축한 고대이집트의 세계질서에서는 평화는 타민족과의 공존이 아니라 특정국가(이집트)가 주도하는 질서를 의미하였다.[21] 이슬람 정치세계에서는 이교도의 세계인 '전쟁의 집'이 무슬림의 세계인 '평화의 집'으로 귀속된 상태를 의미하였다. 역사를 '치란'(治亂)의 순환과정으로 보는 유교권 세계에서는 이상적으로는 자연질서(cosmos)에 조응하는 인간질서인 '치'(治)의 상태를 회복하는 것, 즉 '요순삼대'의 '태평성세'와 '대동'의 세계를 구현하는 것이었고, 현실적으로는 중국 중심의 국제체제(중화체제)의 안정을 의미하였다.

그런데 주권국가와 주권평등관념의 출현은 평화관념의 변용을 야기하였다. 주권국가가 강제력을 독점해 가는 가운데 주권평등관념은 민족주의를 발양시키는 한편, 근대전쟁은 국민전의 성격을 띠었고 참혹함을 더하였다. 여기서 근대국가와 근대국제체제의 폭력성과 전쟁의 참혹함을 비판하면서 민주정치체제를 통해 국가의 폭력성을 없애거나 세계정부를 구성하여 국가의 폭력적 대외행동을 통제하려는 근대평화사상이 출현하였다. 또한 국가 간 관계를 조정하는 세력균형이나 동맹을 통해, 혹은 규칙(국제법)에 의해 국가의 대외적 폭력을 규제하고 분쟁과 전쟁의 발생을 억지하는 등 근대국가와 국제체제의 관점에서 평화를 성찰하는 국제관념도 생겨났다.[22]

---

20) 하병주, 「이슬람문명권의 국제관계사상」, 권선홍 외, 『비서구문명권의 국제관계사상』(부산외국어대학교 출판부, 1998), 224-225쪽.

21) 宮田光雄, 『平和の思想史的研究』, 6-7쪽.

22) F. Parkinson, *The Philosophy of International Relations: A Study in the History of Thought*

19세기 후반에 들어 동아시아에서는, 주권국가체제가 형성되고 지역패권이 유동화하는 가운데, 근대적 주권개념에 입각한 국제질서관이 전통관념을 압도하기 시작하였고 근대적 평화이념이 전통적 평화이념과 중첩되어 갔다. '동양평화'는 근대적 주권국가체제와 전근대적 종속(宗屬)체제의 착종, 주권평등관념과 화이관념의 혼재를 보인 19세기 후반과 20세기 전반의 동아시아 국제질서를 대상으로 한다. '동양' 개념은 '근대'라는 보편적 시간이 '동북아'라는 지리적 공간에 특수화되면서 생겨난 것이라고 한다면, '평화' 관념은 이러한 '동양' 개념과 근대 한국의 국제정치적 경험과 유교적 윤리관념이 서로 얽힌 것으로 볼 수 있다. 평화관념은 현실의 대외의존적 생존방식에 의존할 수밖에 없었고, '신의', '인'과 같은 유교관념은 생존의 명분으로서 기능하였다. 국가안보가 취약했던 근대 한국에서는 주변열강이 상호 견제했을 때는 세력균형과 중립이, 특정 열강이 우세를 보였을 때는 친외세가 각각 평화를 위한 선택으로 여겨졌는데, 여기서 평화는 동북아 레벨에서의 국제적 안정의 확보와 폭력의 부재를 뜻하였다. '동양평화'는 두 관념의 혼재뿐 아니라 근대동아시아 국제질서와 근대 한국의 생존의지를 반영한, 장소적 특수성을 내포한 평화관념이었다.

'평화'는 수사로서 사용되는 경우가 적지 않다. '평화'는 평화를 달성한 현실을 나타내는 경우도 있지만, 그렇게 되어야 한다는 이상적 상태를 표현하는 경우도 있다. '평화'는 정치권력이나 국가권력의 폭력성에 대항하는 사회세력들의 윤리운동과 이념을 표상하기도 하지만, 정치현실에서는 권력유지를 위한 슬로건 내지 명분으로서 이용되는 일도 적지 않다. '평화'는 현상유지 국가(status quo state)에게는 기득권을 보전하기 위해 국제질서의 안정을 꾀하는 명분이기 십상이지만, 현상변경 국가(revisionist state)에게는 힘의 확대나 균형을 위해 질서 변경을 기도하는 명분으로 기능한다. '평화'는 관념의 표현인 경우도 많지만, 우월적 또는 독점적 지위를 확보하려는 전략적 의도의 표출인 경우도 적지 않다.

(Beverly Hills: Sage, 1977).

일본의 국제평화론은 자기중심주의가 강한 수사를 보였다. 동아시아 레벨에서 '평화'는 일본의 동양평화론에 보듯이 한국병합, 만주국 건설, 중일전쟁, 대동아공영권 형성 등 일련의 팽창정책을 정당화하는 수사(명분)로서 사용되었다. 또한 동아시아를 넘어서 세계정치에 나아가고자 했을 때, 즉 세계정치의 레벨에서는 국제사회의 현상유지를 꾀하여 일본의 세계국가로의 성장을 막는 '영미 본위의 평화주의'(近衛文麿)[23]를 비판하는 부정적 의미를 지녔다. 근대일본은 전반에는 동아시아의 현상을 변경하고자, 그리고 후반에는 구미열강 중심의 현상을 변경하고자 '동양평화'를 내걸었던 것이다. 한편 근대 한국의 동양평화론은 현상변경을 꾀하는 일본의 대항의지에 대항하여 폭력성과 기만성을 폭로하는 대항담론이었다. '동양평화' 개념은 근대국가체제와 제국주의에서의 국가의 생존방식에 관한 발상의 차이를 담고 있다.

동양평화론은 동아시아 국제관계와 세계정치에 관련된 것이며, 따라서 국제평화론의 맥락에서 포착될 필요가 있다. 흔히 평화는 평시보다는 오히려 지역이나 세계의 불안정을 유발하는 위협과 폭력, 분쟁과 전쟁 등의 불안요소를 경험했을 때 그 소중함이 절실히 의식된다. 국제관계에서 평화의 내용과 성격을 규정하는 불안요소는 심리적 위협, 물리적 전쟁, 폭력적 구조의 세 가지로 나누어 생각할 수 있다. 평화의 성격은 이들 불안요소에 대한 대응 방식에 따라 달라진다.

첫째, 국제질서의 구조적 변동이나 잠재적·현재(顯在)적 위협을 전략적 관점에서 포착할 때, 평화는 국제질서의 안정(stability)을 추구하는 것이 되며, 여기서는 전쟁을 제어하는 것이 대외정책의 요체다(관계적 평화). 둘째, 이념적 관점에서 볼 때 평화는 전쟁의 폭력성을 부정하고 물리적 수단(무기)의 사용을 포기하는 것이며 인도주의가 실현된 상태를 뜻한다. 평화주의(pacifism)는 이러한 평화를 추구하는 이념이자 추동력이다(이념적 평화). 셋째, 평화는 국제사회의 폭력적 구조를 규제하거나 개선함으로써 전쟁을 예방

---

23) 近衛文麿, 「英米本位の平和主義を排す」(1918), 北岡伸一編, 『前後日本外交論集』(中央公論社, 1995).

〈표〉 평화의 세 유형

불안요소	안보방식	평화의 조건	평화의 형태	요체	성격
심리적 위협	세력균형/중립/동맹	안정(stability)	관계적 평화	권력	상황적
물리적 전쟁	절대평화(非戰)	평화주의(pacifism)	이념적 평화	이념	원리적
폭력적 구조	국제평화기구/민주정	제도(regime)	제도적 평화	제도	구성적

하는 차원에서 모색되기도 한다. 여기서는 평화사상가나 민주평화론자의 주장에서 보듯이 국가의 호전성과 폭력성을 완화 내지 제거할 수 있는 민주정치체제를 구축하고 전쟁예방과 분쟁해결을 위한 국제제도를 만드는 것이 강구된다(제도적 평화). 평화를 방해하는 위협, 전쟁, 폭력적 구조라는 불안요소와 이들 각각에 대응하는 평화는 〈표〉와 같이 유형화가 가능하다.

'관계적 평화'는 전쟁이 없는 상태를 지향하는 '소극적 평화'이며, '이념적 평화'와 '제도적 평화'는 분쟁요인을 없애려는 '적극적 평화'로 볼 수 있다. 이들 세 유형의 평화는 객관적 실제일 수도 있고 주관(심리)적 허구일 수도 있지만 서로 얽혀 있는 경우가 많을 것이다. 근대 한국인의 평화관념에도 평화의 세 유형이 보이지만 한국인의 역사적·문화적 심성, 동아시아 국제정치의 구도와 성격, 일본의 제국주의정책과 동양평화론, 서구제국주의와 세계정치의 모습 등의 요인들에 의해 세 유형의 평화는 출현상의 시차도 있었고 비중도 달랐다. 근대 한국의 동양평화론에 이들 세 유형은 어떻게 구현되어 있었을까.

Ⅳ. '정족'의 동양평화

1. '정족'과 동양평화 : 관계적 평화

1) '정족' : 연대와 균세

근대 한국인의 '동양평화' 관념은 근대 한국의 국제정치적 소여상황 때문에 관계적 평화의 성격이 강했다. 관계적 평화는 권력적 세력균형과 규범적 연대의식의 복합표상이라 말할 수 있는 '정족'(鼎足) '정립'(鼎立) 관념에 함축되어 있다. '정족', '정립'은 '동양'과 '삼국'을 요건으로 한 동양평화의 요체로 간주되었다. '정족', '정립'의 사유는 동북아시아 국제정치에 강한 영향을 받은 근대 한국의 국제정치적 위상과 관점이 반영된 근대 한국인의 국제정치관으로서 청일전쟁 이후 일제강점기까지 널리 통용되었다. 예컨대 서병희(徐丙熙)는 동양 삼국이 예부터 '정족'의 세를 이루어 급한 일과 변란이 생기면 서로 도왔고 이것이 이웃 나라의 본의라 주장하였다.[24] '정족', '정립'은 『독립신문』과 『황성신문』의 사설이나 위정척사론자를 비롯한 유학자들의 언설에 자주 보였다.

'정족'은 솥발 하나가 무너지면 솥 자체의 기능이 상실되고 따라서 다른 두 발도 무너질 수밖에 없는 관계를 가리킨다. 동서양 간 세력균형과 역내 세력균형은 솥(연대)과 솥발(균형)의 관계처럼 서로 맞물려 있다. '정족'의 구조와 상황은 동북아시아의 특수성과 연관된다. 예컨대 애국계몽기의 한 지식인은 다음과 같이 말하고 있다.

> 大凡鼎이라 하는 것은 三足이 具한 故로 能히 安定自立의 勢를 保有함이라 …… 顧我韓日淸은 處在東洋一局하여 人族이 原是同種이요, 文詞가 亦係一致요, 風俗이 太半恰似하니, 其固有한 相愛의 同情이 宜乎與他迥別뿐더러 況迨此西勢東漸하는 日에 唇齒輔車의 關係가 至密且重한 地에 居함이라. 斷當協心平和에 聯合實力이

24) 徐丙熙, 「日本人に告示す」, 『秘 暴徒檄文集』(綠蔭書房, 1995), 308쪽.

鼎의 三足을 具함과 如한 然後에야 可히써 東洋全局을 保全함은 智者를 不待하고 能辨할배라.[25]

여기서 '정족'(정립)은 세 발로 '안정자립의 세'를 이루는 것, 즉 동양평화와 삼국의 자주독립을 보장하는 원리로 간주되고 있다. '정족'의 성립조건은 '동양일국'(東洋一局)을 공유하는 지리적 특성, 인종의 동질성, 문명의 유사성이다. 이들 세 요소는 '다른 지역과는 전혀 다른'(與他迥別) '서로 사랑하는 같은 정'(相愛의 同情)을 유발하며, 서세동점의 상황은 동양삼국 간에 '순치보거'의 친밀한 관계를 요구한다. '정족'의 목표는 '협심평화'와 '연합실력', 즉 동양삼국의 내부적 세력균형과 연대를 통해 외부의 위협에 대응하고 이로써 동북아의 평화와 한국의 독립을 확보하는 것이었다. 연대는 역외 국가에 대항하여 역외와 역내 간의 세력균형을 이루고 이를 통해 동양삼국의 자주독립을 확보하려는 것이었다. 균세는 역내의 세력균형을 통해 그러한 연대를 이룩하고 한국의 자주독립을 확보하려는 것이었다. 연대와 균세의 복합표상은 '정치연맹'(鼎峙聯盟)[26]이라는 말에서도 엿볼 수 있다.

정족평화론의 요체는 '외부적 동양평화'와 '내부적 동양평화'의 관념과 상통한다. '외부적 동양평화'를 모색하는 '정족'의 대외적 기능을 생각할 때도 유럽 국제사회의 경험은 주목받았다. "지금 저 서방의 강자는 같은 대륙에서는 세력균형[勢鈞力敵]을 이루어 강하지 못하지만 다른 대륙에 가서는 성위(聲威)를 빛내고 떨쳐 비로소 강하게 나온다. 같은 인종끼리는 지추덕제(地醜德齊)하여 으뜸이 되지 못하지만 다른 인종에 대해서는 의기가 오로지 굳세어 비로소 으뜸을 이루니 이것이 서방의 강함이다"[27]라는 언설에 보인다. 타자

25) 李奎濚, 「東洋協和도 亦智識平等에 在홈」, 『西友』 제15권(1908년 2월), 35쪽.

26) 표훈원총재(表勳院總裁) 민영휘(閔泳徽)는 고종에게 올린 글에서 다음과 같이 말하고 있다. "夫環球萬國 各自區分 種族互殊 風主不齊 而人物謠俗文字 聲氣相同 壤地相接 交鄰偪仄 其關係與他邦絕殊者 惟我國與日淸是已 凡此三國 實有輔車脣齒之勢 連合則强 分離則孤 此不待智者而可籌也 以故 有深憂遠慮者 莫不以鼎峙聯盟. 爲保全東洋之大計 而欲其共力奮發 以鞏固我平和者 亦惟曰敎育而已"(『高宗實錄』 高宗44年 1月 15日條).

27) 「世界平和가 在東洋(續)」, 『皇城新聞』 1906年 12月 11日字 論說. "今彼西方之强者는 在同洲則勢鈞力敵하여 不足爲强이로되 移於他洲則聲威震赫하여 始號爲强矣오 在本族則地醜德齊

유럽의 존재방식과 경험은 '동양삼국'의 존재방식에 관한 성찰을 제공했던 것이다.

이 성찰은 지역정체성의 문제와 얽혀 있다. 동아시아에서의 지역정체성은 지리적 근접성, '동종', '동문', 즉 '지리', '인종', '문명'을 요소로 상상되었다. '지리'는 일본인들의 동양평화론에서는 영향권의 범위에 연동하는 변수였지만, 한국인들에게는 '동양평화'의 구조와 경계를 정하고 상호의존을 불가피하게 하는 규정하는 상수였다. '인종'과 '문화'는 역내 커뮤니케이션을 높이는 요소로 간주되었다. '동종'은 유럽평화의 조건으로 생각되었고[28] 백인종 대 황인종의 대결구도에서 인종정체성을 나타내는 표상이었다. '문자'와 '동문'은 자기(한자문화권)와 타자(유럽사회)를 구별하는 일차 준거이자 차별화를 의도한 말이었다.[29] '동양평화'라는 말은 이들 요소들이 만들어 내는 지역정체성의 표상이었다.

'동양'은 동북아 삼국으로 구성되고 이들 요소들이 서로 얽혀 '순치보거'의 관계망을 만들어 내는 지정-지문화적 공간으로 상상되었다. 이 '동양'이 어떻게 '평화'를 확보하고 보전하느냐를 둘러싸고 인식상의 차이가 보였다. 근대일본의 동양평화론에서 '동양'을 구성하는 요소들은 가변적이고 이기적이었고 '동양'의 범주는 일본국가의 대외팽창과 맞물려 확충되었다. '황인종'의 범주도 '백인종국가'들에 대한 경쟁력이 커지면서 동북아 '민족'에서 백인종의 압박과 위협을 받는 아시아 '민족'으로 확대되었다.[30] '평화'는 이러한 확충의 명분이었고 일본의 우세나 지배상태를 의미하였다. 반면, 근대 한국의 동양평화론에서 '동양'은 동북아의 지리적 공간과 동양삼국의 '민족'에 한정되었고 세 요소에 기반한 지역적 동질성의 신화는 견지되었다. '동양' 범주의 확장은 '대동아공영'의 명분하에서 일본적 '동양평화' 개념이 식민지 지식사회를 왜곡시

하여 不足爲雄이로되 施於異族則意氣獨壯하여 始號爲雄矣니 此는 西方之强也오."

28) 『뎨국신문』 1900년 11월 30일자 논설.

29) 이에 관해서는 졸고, "'인종'과 '민족'의 사이: 동아시아연대론의 지역적 정체성과 '인종'", 『국제정치논총』 제40집 4호, 2000을 참조할 것.

30) 大熊英二, 『單一民族神話の起源』(新曜社, 1995), 174-176쪽.

켰을 때 이루어졌다.

정족론은 소국의 평화논리이자 생존논리였다. 일본에서 대국으로 성장하기 이전인 1880년대 초반에 '정립'의 사유가 동양연대론으로서 일시 제기된 사실에서도 '정립'이 소국의 논리임을 엿볼 수 있다.[31] 자국중심의 대국의식에서는 지배-피지배의 위계질서 관념이 일반적이며 '정족'의 국제정치관은 생기기 어렵다. 문명개화에 뒤떨어져 방어적 안보관념이 강했던 '소국' 한국의 지식인들은 역내균세를 통해 역내에서의 생존을 모색하였고, 균형에 입각한 연대협력을 통해서 역외의 위협에 대응하고자 했다. '정립', '정족'은 주권의 취약성에 따른 힘의 불균형과 일본의 압도적 영향력을 배제하려는 의식의 표현이자 명분이었다. 정족평화론은 역외권력(서양국가)의 동점(東漸)과 역내권력(일본)의 패권화를 견제하는, 한국의 생존을 모색한 담론이었던 것이다.

'정족', '정립'의 평화론은 현실의 반영이라기보다 당위의 표현일 수밖에 없었다. '정족'의 사유는 약자의 명분이나 이상일 수밖에 없었다. 동양삼국은 '정족'을 이루기에는 발전단계도, 국가주권의 수준도, 안보관념도 달랐다. 따라서 '정족', '정립'은 반드시 힘의 엄밀한 균형만을 의도했던 것은 아니다. 정족평화론자들도 연대협력과 대외방위를 통해서 동양의 평화와 번영을 달성하려면 발전국가 일본이 지도(맹주)적 역할을 할 수밖에 없다는 현실은 인정하였다. 이기(李沂)는 다음과 같이 말한다.

> 귀국[일본]은 동양의 패주(覇主)가 되는 걸 바라지 않습니까. 어찌 가까운 이권만 노리고 먼 희망(遠圖)을 빠트리며 적은 지혜는 좋아하고 큰 계책(大計)은 잊고 있습니까. 동양삼국은 세가 정족과 같아 하나라도 없으면 기울어집니다. … 지금 한국이 망하면 귀국이 그 뒤를 잇고, 귀국이 망하면 청국이 또 그 뒤를 잇게 되어 동양전국(東洋全國)은 남김없이 무너지고 와해될 것입니다.[32]

---

31) 이와쿠라 도모미(岩倉具視)도 메이지유신 직후 청조와 조선은 옛날부터 일본과 통교해 온 '인근'(隣近)으로, 비록 국세가 약해지긴 했지만 모두 아시아주에 있고 '황국'과 '동문(同文)의 나라'이므로 구호(舊好)를 닦고 '정립(鼎立)의 세'를 세워야 한다고 주장했다. 「外交·會計·蝦夷地開拓意見書」(1869), 芝原拓自 외 편, 『對外觀』(岩波書店, 1988), 9쪽.

32) 『海鶴遺書』 5卷 文錄三 書牘 與日本伯爵大隈重信書 甲辰.

일본은 동양의 평화와 번영을 위해 지도적 역할을 수행할 것을 요구받고 있다. 일본의 지역패권을 인정하고 내정지도까지도 용인하는 자들(문명개화론자)도 있었지만, 일본에 대해 "동아시아를 연합하고 황인종을 보호하고" '정족'의 동양평화를 유지할 것을 요구하는 믿음[33]이 일반적이었다. 그렇지만 일본은 이러한 기대에 반해 자국의 이익을 찾아 청일전쟁을 일으켜 '내부적 동양평화'를 깨뜨렸고, 러일전쟁을 통해 '외부적 동양평화'를 위협하였다. 이기(李沂)에 따르면 일본의 동아시아정책은 '동양'을 위한 '먼 희망'과 '큰 계책'을 결여했던 것이다. 솥발 하나의 붕괴가 '정족'과 '동양평화'의 파탄을 야기할 것이라는 정족평화론자들의 생각과 달리, 정치현실에서는 한 솥발의 거대화에 의한 제국지향의 '동양평화'가 '정족'의 '동양평화'를 대체하였다. 근대 한국인의 정족평화의 이상은 현실로부터 유리될 수밖에 없었다.

> 嗟乎라 日本은 一小島國으로 强大한 俄國을 勝함은 世界에 榮光이어늘 마땅히 分義를 守하야 各國에 公布한 日本皇帝의 詔勅대로 韓國에 獨立을 實心으로 贊助하며 滿洲를 淸國에 還附하고 三國에 同盟을 締結하여 鼎足之勢를 成할 則 東洋에 平和를 維持하고 日本에 無窮한 利益이 自由하겠거늘 …… 嗟乎아 日本은 東洋에 禍首가 아닌가.[34]

현실과 이상의 괴리는 현실에 대한 비판을 수반하기 마련이다. '정족'의 동양평화를 파괴하는 일본의 이기적 대외행동은 끊임없이 비판받았다. 일본은 신의와 공공성을 요구받았다. 『황성신문』의 한 논설은 일본이 '신'(信)과 '의'(義), 그리고 '공'(公)과 '리'(理)를 거슬러서는 안 되고 심력을 다해 이웃나라를 자국처럼 걱정하여 "활연(豁然)히 함께 문명의 경지에 나아가야만" 일본의 세를 오랫동안 유지할 수 있고 온 세계가 일본의 '문명'과 '신의'(信誼)를 우러를 것인데, 오히려 '목전의 위력(威力)'으로써 이웃나라를 멸시하고 '일시의 성예(聲譽)'로써 자만하고 있다고 비난하였다.[35] 대항담론으로서의 정족평화론

---

33) 『海鶴遺書』 5卷 文錄一 論辯 三滿論 甲辰.

34) 『大韓每日申報』 1907년 1월 13일자 논설.

35) 「世界平和가 在東洋(續)」, 『皇城新聞』 1906년 12월 11일자 논설. "今以日本으로 謂之東洋之

은 권력의 취약성 때문에 규범적 비판으로 일관할 수밖에 없었다.

2) 중립과 정립

'관계적 평화'를 규정하는 방식에는 '중립'도 있다. '정립'이 청일전쟁 이후 일본이 우세를 보이고 러시아가 한반도 국제정치에 적극적으로 관여하는 상황에서 모색되기 시작한 반면, '중립'은 주변열강들 사이에 세력균형이 성립하고 힘의 우열이 두드러지지 않은 상황에서 모색된 소국 한국의 안보 및 생존 방식으로서 제시된 것이다. 청일전쟁 이전 청국 우세의 상황에서 유길준의 친청중립이 제기된 것이 좋은 예다.

> 지금 우리나라는 땅이 아시아의 인후(咽喉)에 처함이 마치 유럽에서의 벨기에와 같고, 지위가 중국의 조공국[貢邦]임은 터키에 대한 불가리아의 경우와 같다……불가리아를 중립으로 삼은 조약은 유럽 대국들이 러시아를 막으려는 계책에서 나온 것이고, 벨기에를 중립으로 삼은 조약은 유럽대국들이 서로 스스로를 지키는 방책이다. 이로써 논하면 우리나라가 아시아의 중립국이 되는 것은 곧 실로 러시아를 막는 큰 계기이며, 또한 아시아 대국들이 서로 지키는 정략이다.[36)]

'중립'도 '정족'의 발상처럼 소국의 중립화를 통해서 외국세력을 방어하고 유럽열강의 자주독립을 보장할 수 있었던 유럽의 경험에서 유추된 것이다. '중립'은 러시아를 방어하고 아시아열강을 보전할 한국의 전략으로 간주된다. 또한 '중립'의 사유도 '외부적 동양평화'와 '내부적 동양평화'의 발상을 갖추고 있다. 다만 유럽의 경험을 통해 강대국이 중립을 보장하는 주체로 설정되어 있다는 점은 '정족'의 사유와 다르다. 중립평화의 조건은 열강 간의 '균세'와 한

最强國則可커니와 謂之宇內之最强國則不可하니 今之言東洋者가 莫不知韓淸之憂어니와 其有知日本之憂者乎아. 使日本而能善其後하여 於信於義에 毫無所失하며 於公於理에 毫無所負하고 盡心力之所至에 憂鄰國如自國하야 未開者를 開之하고 愚昧者를 導之하되 期於一朝豁然에 俱進於文明之域이라야 於是乎趙蔽燕後하고 秦恤晉饑하여 唇齒輔車에 其勢長久하고 文明信誼를 全界俱仰하려니와 一失於此하여 或以目前之威力으로 傲視鄰邦커나 或以一時之聲譽로 自滿自足하야."

36) 「中立論」(1885), 『兪吉濬全書』 Ⅳ(一潮閣, 1971), 320-321쪽.

국의 '자강'이었는데, '자강'이 취약한 상태에서 열강의 세력균형이 중요할 수밖에 없었다. 그리고 우세한 외세가 존재했을 때 친(親)대국적 중립의 구상이 제기된다. 이는 유길준과 김옥균의 친청중립론에 나타난다.[37]

중립구상은 그 전제인 세력균형이 무너질 때 적실성을 상실하지 않을 수 없다. 국권상실기의 유길준은 세력균형 관념을 평화의 저해요소로 인식하게 된다. 유길준은 다음과 같이 말한다. 세력균형을 믿고 일본에 '경거망동'해서는 안 된다. 일본의 대한정책은 한국의 문명화와 '평화'를 위한 '선의'의 소산이며 책임은 문명화(자강)를 이루지 못한 한국 측에 있다. 일본은 한국이 자강하여 국권을 회복하고 '동양의 영원평화'를 보전하기를 원하고 있다. 양국은 '지성(至誠)의 평화'를 지켜야만 하며, '광복의 길'은 일본과의 '평화'에 있다.[38] 이러한 유길준의 평화관에서 '평화'는 일본에 대한 우호적인 협조, 강대국에 대한 묵종을 의미한다. 세력균형에 기초했던 중립구상은 일본의 절대적 우위(패권화)가 명백해졌을 때 취약함을 드러낼 수밖에 없었던 것이다.

> 진실로 저들의 진의는 평화에 있다. 그러므로 우리도 평화로써 응해야 한다. 외교는 저들의 대변에 맡기고 내치는 저들의 지도를 듣고, 후에 우리의 세가 커지면 문명의 이웃에 들 수 있다. 평화의 진의로써 그 대변을 받아들이고 그 지도에 감사한다면 저들도 마땅히 평화로써 응할 것이다. 그러므로 신이 감히 생각건대 우리의 광복의 길은 오로지 평화에서 비롯되며 그 성취의 방법은 오로지 부강에 있다.[39]

'정립'과 '중립'은 모두 세력균형을 중시하였지만 의미는 큰 차이가 있었다. '정립'의 평화론은 '정족'이라는 '동양'의 내재적 세력균형에 관한 긴장감이 있었기 때문에 열강 간의 외재적 세력균형이 깨지더라도 외세에 대한 주체적 비판이 가능하였다. 반면 '중립'의 평화론은 외재적 세력균형에 의존했기 때문에 외세의 세력균형이 무너졌을 때 일본의 권력지향적 동양평화론에 대한 비판

---

37) 김옥균의 경우는 「與李鴻章書」(1886), 『金玉均全集』(亞細亞文化社, 1979)에 나타나 있다.

38) 「平和光復策」(1907), 『俞吉濬全書』 Ⅳ(一潮閣, 1971), 279쪽.

39) 「平和光復策」, 277쪽. "故我亦以平和應之 外交焉委其代辦 內治焉聽其指導 後來我勢之長 可伍文明之隣 以平和之眞意 收其代辦 謝其指導 則彼亦當以平和應之 故臣敢惟我光復之道 一由平和 而其成就之方 亶在富强."

의식과 긴장감을 상실하거나 아니면 그것에 추종하는 경향을 낳았다.

2. '신의'와 '공' : 이념적 평화

1) '신의'와 동양평화

정족평화론에는 근대유럽의 세력균형관과 한국의 소국관념이 혼재되어 있다. '정족'의 동양평화론은 국가주권의식과 세력균형관에 입각해 있었지만, 유교규범도 결부되어 있었다. 유교규범은 근대정치원리의 수용에도 불구하고 여전히 정치관념을 규율하고 있었던 것이다. 한국의 외교권을 박탈당한 뒤 유학자 전우(田愚)가 "윤리는 이 세상의 기초이며 사람의 본체이다. 따라서 윤리가 서면 나라가 안정되고 황실에 존엄이 있으며, 윤리가 무너지면 나라가 위태로워지고 황실이 조락하게 된다. 조선의 바른 예절과 의리를 버리고 일본의 힘에 의지한다면 평화는 결코 영원할 수 없으며 황실은 절대 존엄을 가질 수 없을 것이다. 이것은 고금천하의 영원한 바른 도리이다"[40]고 주장한 것이나, 국가가 멸망한 뒤에도 유인석(柳麟錫)이 덕은 "결코 현허(玄虛)하고 미망(迷妄)한 것이 아니라 충실하고 현저한 것으로서 그것을 확립하면 체(體)가 되고 시행하면 용(用)이 된다"고 하면서 실력은 도덕에서 나오므로 도덕을 힘써야 외국을 당할 수 있다[41]고 역설한 데서 알 수 있다.

근대 한국에서 '신의'는 흔히 정치적 사려(prudence)와 더불어 소국의 생존뿐 아니라 국가 간 관계를 규율하는 기본덕목으로 여겨졌다. 김윤식(金允植)은 소국 한국의 생존을 대국과의 우호관계를 통해 '고립무원'을 벗어나는 데서 찾았고, 국가생존의 조건으로서 정치적 사려와 신의를 중시하였다.[42] 민영환(閔泳煥)도 청·러·일 사이에서 신중한 행동을 취하고 '신의'와 '화호'

40) 『高宗實錄』 高宗42(1905)年 12月 7日條.

41) 서준섭 외 옮김, 앞의 책, 76-77쪽.

42) 졸저, 『장소의 국제정치사상』(서울대학교출판부, 2002), 401-402쪽.

(和好)로써 조약을 지키며 '예'를 다해 국제관계의 안정을 추구해야만 한다고 주장하였다.[43)]

'신의'는 국제사회에서 생존하기 위해 갖춰야 할 덕목임과 동시에 일본의 기만적·침략적인 행동을 비판하는 윤리적 준거였다. 일본은 남의 분란을 틈타 맹약을 강요하고 새 세력을 이용하여 옛 세력을 이간하고 작은 나라를 협박하여 큰 나라를 배반하며 약속을 어기고 명분 없는 군사를 동원하는 '인·의·신'을 결여한, 이익만을 좇는 국가로 여겨졌다.[44)] 최익현은 동양삼국이 '정립'의 연대를 통해 러시아에 대응해야만 하는데, '천'(天)과 세계열국을 기만한 일본은 '동양의 화'를 일으킨 '괴수의 죄'를 면치 못할 것이라 분개하면서 일본에 대해 '신'을 지키고 '의'를 밝힐 것을 촉구하였다. 여기에는 "나라를 사랑하고 사람을 사랑하는 것은 천성이요, 신을 지키고 의를 밝히는 것은 도입니다. 사람에게 이 천성이 없으면 반드시 죽고 마는 것이요, 나라에 이 도가 없으면 반드시 망하고 마는 것입니다. … 비록 개화에 경쟁하는 열국이라도 이것을 버리면 아마도 세계에 자립할 수가 없을 것[입니다]"라는 언설에서 보듯이 '신의'와 '도'를 중시하는 규범적 정치관이 작용하고 있었다.[45)] 한국의 독립과 '동양평화'를 외치는 일본이 국권을 침탈하는 행위는 '신의'의 문제로 인식되었던 것이다.

> 大抵 信義者는 謀國之大經이라. 信義一虧면 匹夫도 尙不可屈也니, 全韓之權利를 可奪이라도 二千萬衆心을 安可奪也며, 況韓之獨立을 日廷에 倡之ᄒᆞ고 東洋平和를 日廷이 任之라가 卒乃其疆土를 侵占하며 權利를 攘奪이면 其於天下之失信에 何哉며, 天下之公議에 何哉아. 不知커라. 日廷之劃此計者 誰也오, 其不思也 甚矣로다.[46)]

---

43) 閔泳煥, 「千一策」, 『閔忠正公遺稿』(國史編纂委員會, 1958), 66쪽. 다음과 같이 말하고 있다. "我國 以東方褊壤 間於淸俄日之交 交之之道 敢不愼歟 交之之道 無他也 明德崇敎 使彼隣國心悅誠服 而向歸敎化者 第一也 政令明白 防守戒嚴 使彼隣國 勿生敢侮之心者 第二也 嚴立條約 各守信義 相爲和好 不生釁隙者 第三也 凡遣使臣 擇其善於辭命[令?] 達諸事理者 以重國體 而他國使臣 則謹其擯接之節 厚其齎送之禮 使生和悅之心 使臣之心和悅 則兩國之交 完久矣."

44) 이남규, 「왜와의 절교를 청한 상소」, 『국역 수당집』 1(민족문화추진회, 1997), 160-162쪽.

45) 「寄日本政府」(1906), 『국역 면암집』 2(민족문화추진회, 1967), 223-231쪽.

46) 「日本의 對韓政策」, 『大韓每日申報』 1905년 10월 7일자 논설; 이광린, 「개화기 한국인의 아시

'신의'라는 규범은 현실의 정치세계에서는 규칙과 약속의 준수로 표현된다. 만국공법과 조약은 '신의'의 유무를 따질 수 있는 준거로 간주되었다. 만국공법의 현실적 한계와 허구성은 개항 초부터 알려져 있었지만, 근대조선의 엘리트들에게 만국공법과 '만국공의'는 동아시아 국제사회의 안정과 공공성을 보전하는 규범이었고 주권과 자강이 취약한 소국이 권력정치의 국제사회에서 생존하는 데 유용한 국제표준이었다. 조약상의 약속을 어기고 동양평화를 해치는 일본의 행위도 만국공법과 '만국공의'에 비추어 비판되었다. 시강원시독(侍講院侍讀) 박제황(朴齊璜)은 만국공법을 근거로 삼아 국왕의 승인과 비준 없이 위협과 압박으로 강요된 보호조약을 폐지해야만 하며, 이 경우 세계 각국이 한국을 구원해줄 것이라 믿었다.[47] 최익현도 명성황후 시해와 관련하여 일본의 죄목을 동맹 각국에 알리고, 만국공법과 조약에 비추어 따져야 하며, 일본의 국권을 침탈하고 강제로 조약을 체결시킨 불법행위를 '만국공론'에 호소하여 자주권을 회복해야 한다고 주장하였다.[48] 유생 김동필(金東弼) 등은 이토 히로부미에게 보낸 서한에서 인접국가와의 관계는 '신의'에 기초해야 하며 만국공법도 '신의'가 관건이다, 지리적 근접·동종·동문의 '보거순치' 관계에 있는 한일양국이 '신의'와 '화호'를 지키지 않으면 동양평화는 보전할 수 없다고 역설하였다.[49] 준거로서의 만국공법과 규범으로서의 '신의', 그리고 '동양평화'는 서로 얽혀 있었다.

아언내론』, 149쪽 참조.

47) 『高宗實錄』 高宗42(1905)年 11月 26日條.

48) 「請討逆復衣制疏」, 「宣諭大員命下後陳懷待罪疏」(1896), 『국역 면암집』 1, 민족문화추진회, 1967.

49) 『大韓每日申報』 1905년 11월 11일자 잡보. "大凡交隣國有信義已而矣 博古歷史 莫不以信義而交之 亦莫不以失信義而爭之 近世之萬國公法 亦以信義爲一部關鍵 况弊邦之於貴國 壤地相接 航海一葦 人種同矣 人文同矣 而處於東洋一局 有輔車脣齒之勢 其所守信義而務和好 與他國迥異 守信義而務和好 則東洋可保 失信義而背和好 則東洋難保 此貴國大東合邦錄 已是先見之明也 愚何敢贅說於此哉."

2) '인'과 평화

'정족'의 동양평화론은 권력정치와 제국주의에 비판적이었기에 얼마간 평화주의의 성격을 지닌다. 그 평화주의는 유교적 규범에 기초해 있었다. 그런데 유교관념이 강한 상황에서 서구의 평화사상이나 기독교적 평화주의는 쉽게 유포되지는 못하였다. 근대일본의 경우 나카에 조민(中江兆民), 우에키 에모리(植木枝盛) 등 자유민권론자들은 서구 평화사상을 받아들여 국민을 희생시키는 부국강병과 제국주의 팽창에 나타난 일본국가의 대내외적 폭력성을 비판하는 모습을 보였다. 특히 청일, 러일전쟁을 계기로 일본에서는 전쟁을 부정하는 평화주의가 확산되었다. 기독교인 우치무라 간조(內村鑑三)의 비전론이나 사회주의자 고토쿠 슈스이(幸德秋水)의 제국주의 비판이 전형적인 예였다.

근대 한국에서는 유교가 국가폭력과 제국주의를 비판하는 유력한 규범적 근거였다. 유교의 '왕도패도' 관념과 '공사'(公私)관념은 근대 한국의 평화사상을 규율하였다. '왕도'=평화, '패도'=폭력이라는 이미지는 제국주의를 보는 국제관념에도 투사되었다. '동양문명'의 '왕도'와 '공'은 국제사회의 '패도'와 '사'의 폭력상태를 치유할 수 있는 규범으로 여겨졌다. 박은식은 이러한 유교적 국제관념을 갖고 21세기는 동양의 시대가 될 것이라 믿었다.[50] 문일평(文一平)도 다음과 같이 말하고 있다.

> 아아, 二千萬 兄弟아, 速起하라. 紅日이 東出하니 東洋文明의 時代라. 余는 思量하니 我國이 世界舞臺에 超登할 機會인 줄 確信하노라. 然則如何한 精神으로써 如何한 文明을 做出할고 하면 曰, 我國民이 倫理思想에 最富함은 抑世界의 共知하는 바라. 如此固有한 特質로써 一切 權謀術數는 棄하고 一視同仁의 天意를 體하야 上天의 代命으로 世界의 橫道를 討伐剿誅하고 萬國安全의 方針을 講究하야 平和의 鍵을 秉함이 卽 我國民의 特質에 適合하도다. 白頭山脈 脊骨되고 黃海水로 手足을 삼은 我國 三千里疆域은 腐敗한 世界에 迥出하니, 如此絕勝秀美한 山川風土에 養育生長하야 君臣父子夫婦兄弟朋友의 道가 正한 我國民은 正義公道의 神聖한 劒으

50) 「儒教求新論」, 『朴殷植全書』(下)(檀國大學校出版部, 1975).

> 로 私慾을 氾濫ᄒᆞᄂᆞᆫ 殘敵을 排除掃蕩하고 微弱을 扶持誘掖하며 驕慢을 掣肘厭倒하야 靑天百日下에 世界의 私心을 根絶하고 스스로 道德上의 帝王이 되야 天地大道에 化身하야 萬國民을 警醒할지어다.[51]

유교문명에 대한 확신과 유교적 규범의식이 국제정치관을 강하게 지탱하고 있다. 한국인은 권력정치와 제국주의의 세계에서 '권모술수'를 버려야 하고, '오륜의 도'와 '일시동인(一視同仁)의 천의(天意)'를 본받아 '정의'와 '공도'(公道)로써 '세계의 사심'과 '세계의 횡도'를 근절시켜야 하며, 나아가 '도덕상의 제왕'이 되어 세계의 평화(만국안전)를 강구해야 한다는 것이다. 유교의 '공' 관념에 기초한 규범적 국제정치관이며 적극적 평화관이라 말할 수 있다.

이러한 유교적 평화관의 핵심에는 '인'(仁)관념이 있었다. '병'(兵)을 '불인'(不仁)으로 보는 유교적 병학관은 여전히 존속했다. 『황성신문』의 한 사설은 "무릇 병이라는 것은 흉기라. 백성을 해치는[賊] 일이 한 둘이 아니지만 병을 좋아하는 자는 반드시 망하기 때문에 옛날에 성왕(聖王)이 이를 삼가여 병을 쓰는 것(用兵)이 언제나 부득이한 데서 나오니 이는 인민의 무고피적(無辜被賊)함을 위한 것이라"[52]고 말하고 있다. 유인석은 군사력은 없어서는 안 되지만 이치상 사용해서는 안 되고 부득이한 경우만 써야 한다고 말하고 있다.[53] 이와 관련하여 캉유웨이(康有爲)의 대동사상과 공자교 운동은 평화사상의 한 형태로 받아들여졌다. 이병헌(李炳憲)은 공자의 '예양'(禮讓)과 '대동'의 정신을 받아들였고, 국가경계의 소멸과 세계경쟁의 종식, 그리고 세계인종의 통합을 통해 평화의 발전이 기해야 할 궁극적 도달점을 찾았다.[54]

---

51) 文一平, 「韓國의 將來文明을 論ᄒᆞᆷ」, 『太極學報』 第12號(1907年 8月), 10쪽; 『湖岩文一平全集』(新聞 補遺篇)(民俗苑, 1994), 134쪽.

52) 「東海海岸에 西國戰艦이 林林葱葱」, 『皇城新聞』 1899년 6월 16일자 논설.

53) 『毅菴 柳麟錫의 思想: 宇宙問答』, 75쪽 및 84쪽.

54) 李炳憲, 「儒教復元論」, 1919, 123쪽.

3) 사회진화론과 '평화'

유교관념이 사회진화론과 결합하여 '평화'의 허구성에 대항하는 비판논리로 기능한 경우도 있다. 강대국들이 "보호를 칭하면서 영토를 탈취하고 평화를 외치면서 무기를 휴대"[55]하는, "평화의 껍질을 쓰고 내심에는 손톱과 이빨을 감추고 있는"[56] 제국주의를 마주했을 때, '평화'는 제국주의 침략의 명분으로 간주되었다. 박은식은 약육강식과 우승열패의 사회진화법칙이 지배하고 국가와 인종을 멸하는 '부도불법'(不道不法)이 횡행하는 국제사회에서 '평화재판'이나 '공법재판'이 '강권자(强權者)와 우승자(優勝者)의 이용(利用)'에 불과하다고 주장하면서도, 그것이 '상제의 일시동인(一視同仁)'과 '성인의 만물일체'라는 유교의 보편주의 관념과 길항한다는 사실도 깨닫고 있었다.[57]

권력과 발전에 주목한 문명개화론자들은 사회진화론을 수용하고 제국주의의 현실과 강대국의 권력하에서 평화와 안정을 모색하는 평화관을 보였다. 국제공법이 발달할수록 '불인불의'(不仁不義)한 침략행위가 날로 늘고, 평화주의가 전파될수록 '잔인포악'한 약육강식의 정략이 날로 심해지는, '인도'(人道) 없는 '사기사(詐欺師)의 활동시대'에 있어, 생존경쟁은 '사회원리'이고 '민족제국주의'는 '천하풍조'이며 인간은 이러한 사회원리와 천하풍조를 벗어날 수 없다는 인식[58]도 출현하였다. "혹자는 인류는 원래 평화를 주장하고 이를 사랑하는 자라 말하나 사실에 이르러서는 잠깐이라도 격렬한 경쟁을 연출하지 아니할 수 없으니 이는 과연 어찌 그러한가. 한 마디로 논정(論定)하면 그 근본원인은 생존에 있다"[59]는 언설에서 보듯이, 생존경쟁의 의식은 평화주의를 압도하였다. '평화를 위한 전쟁'을 정당화하는 평화관도 나타났다. 국민주의의 변형인 식민지주의와 제국주의를 '평화적 전쟁'으로 규정하고 '평화적 전

---

55) 朴海遠, 「宜有正眼」, 『大韓興學報』 제11호, 1910년 3월, 7쪽.
56) 金淇驩, 「能行公議者는 其英雄乎」, 『大韓學會月報』 제3호, 1908년 4월.
57) 朴殷植, 「夢拜金太祖」, 『朴殷植全書』(中)(檀國大學校出版部, 1975), 214-215쪽.
58) 崔錫夏, 「平和會義에 對흔 余의 感念」, 『太極學報』 제9호, 1907년 4월, 24쪽; 「平和會義에 對한 感念」, 『大韓每日申報』 1907년 5월 15일자.
59) 抱宇生, 「競爭의 根本」, 『太極學報』 제22호, 1908년 6월, 25쪽.

쟁의 최후수단'을 '무장적 준비'에서 찾는 국제정치관도 나타났다.[60]

여기서 동양평화의 준거를 도덕과 국제법이 아니라 근대지식과 발전에서 찾는 정치의식의 변용이 일어난다. 이것은 '협화합력의 도'나 '협화주의'가 일시적인 외교수단에 불과한 '병이(秉彝)의 도덕심'이나 '국제의 약속법', 혹은 '단순한 친애정(親愛情)'이 아니라 개인의 애국정신과 학문지식의 '평등진보'를 통해 가능하며, 이를 통해 동양삼국의 '정족'은 평화 안정('磐泰安定')을 얻고 불안정('顚覆敧蹶')의 위험성을 없앨 수 있을 것이라는 주장[61]에서 엿볼 수 있다. 문명개화론자들은 문명선진국인 일본의 지도를 받아 발전(문명개화)을 이룩해야 주권의 자율성이 확보된다고 보았다. '협화'의 수사적 성격을 의식하면서 근대지식의 수용과 발전의 가능성을 모색했을 때, 정족평화의 구상은 여전히 유효했다. 그러나 '협화'의 수사적 성격을 간과하고 일본의 '지도'와 '약속'이 근대적 문명개화를 가져올 것이라는 환상에 빠졌을 때, 정족평화를 둘러싼 긴장감은 상실될 수밖에 없었다.

한일합병은 권력지향적 평화논리를 출현시킨 계기였다. 합병을 계기로 세계정치에 참여하려는 일본의 평화관념이 한국의 유교적 평화관념을 압도하게 되었던 것이다. 이것은 총독부 기관지였던 『매일신보』의 1912년 사설에서도 확인된다.

> 平和運動의 直接要件은 戰爭의 禍害를 減少함에 在하니 戰爭의 禍害를 減少함으로부터 戰爭이 無케 함을 求할지로다. 此를 求之不得하면 卽其本에 反하여 人世社會의 調和를 求하는 外에 他道가 無하니 所謂平和運動의 可能性이라 함이 此範圍에 不出하는도다. 雖然이나 人世의 全局에 對하여 此를 大觀하면 平和는 其一面의 要件되는 同時에 他一面에는 競爭도 亦人類生存의 常態이니 戰爭은 卽人類生存競爭의 一狀態에 不外하도다. 古來로 戰爭을 絕止하기를 論하여 永久平和의 說을 唱하는 者가 多하나 일즉 人類競爭이 無케 하기를 定說한 者가 無하니 旣爲競爭을 絕止키 不能하다 하면 競爭의 一方法되는 者를 絕止한다 하여도 決코 絕對的의 言이 아님을 可知할지로다. 且今日 國內 又는 國際의 平和를 危케 함은 太半 軍備의

60) 蔡基斗, 「平和的 戰爭」, 『大韓學會月報』 제6호, 1908년 7월, 17-19쪽.
61) 李奎濚, 「東洋協和도 亦智識平等에 在홈」, 35-37쪽.

> 充實치 아니함에 在하니 世界各國民이 皆其生存을 相競하고 且其今世에 生存하는 者의 最히 適當한 者는 進化의 理法所示라. 其適當한 生存力을 有함에 皆一定한 膨脹力을 備하였음으로써 其抵抗力의 乏한 바를 向하여 發動하나니 所謂國際戰爭 或 國際衝突이 皆是已라. 又國家가 其武備를 失한 時는 國內의 治安을 保하기 不能하여 一揆騷擾로부터 內亂이 되고 革命騷動이 되어 生民이 塗炭에 苦하고 國家가 亦土崩瓦解에 至치 아니 하면 不已하나니 現在淸國事件 等이 其適例이라…… 乃平和를 確保하는 者는 軍備요 平和運動이 아니라.[62]

경쟁은 평화와 더불어 인류생존의 일상적 모습이며 전쟁도 그러한 경쟁의 하나다. 따라서 전쟁을 폐지하고 영구평화를 논하는 것 못지않게 '진화의 이법(理法)'인 인류의 생존경쟁에 대해 생각하지 않으면 안 된다. 군사력 없이는 국내평화와 국제평화는 보장될 수 없고, 일정한 '팽창력'은 생존을 위해 필요하다. 일본 제국주의의 논리가 반영된 무장평화론이라 하겠다. 나카에 조민(中江兆民)의 『세 취객의 정치문답』(三醉人經綸問答)에 나오는 '동양호걸군'(東洋豪傑君)의 군비확장론을 떠올리게 하는 주장이다.

무장평화론의 출현은 군사주의와 자본주의가 제1차 세계대전을 유발하는 세계정치 상황과 맞물려 있다. 무장평화론은 군사적·경제적 강국의 국제전략에 편승한 것이었다. 이 시기는 '평화'의 주창자들이 오히려 야심을 품고 평화를 교란함으로써 세계를 '불안의 기(氣)'에 빠뜨리는 상황에 있었다. 또한 백인종에 대한 식민지 유색인종의 반항, 중일관계나 중국 내전에서 보인 유색인종 간 갈등, 태평양의 해상권을 둘러싼 백인종 간 갈등 등 인종갈등이 깊어지고 노동자들이 자본가에 저항하기 시작한 '반항의 시대'였다.[63]

물론 그렇다고 규범적 평화관이 완전히 사라진 것은 아니다. 제1차 세계대전의 종결과 국제연맹의 창설, 그리고 워싱턴 군축회의의 개최 등 세계정치의 새로운 동향은 평화의 분위기를 만들어 냈다. 『동아일보』의 1921년 9월 28일자 사설은 제1차 세계대전의 경험에서 '정의'와 '인도'로 규율되지 않는 군비확장(군국주의)이나 '순연(純然)한 정신'에 기초하지 않는 경제발전(자본주

62) 『每日申報』 1912년 1월 30일자. 이 신문의 사장과 편집장은 일본인이었다.
63) 「世界平和는 虛飾의 文句」, 『동아일보』 1921년 6월 28일자 사설.

의)이 세계평화와 인류행복을 저해한다고 주장하였다. 여기에는 "무력보다도 양심의 힘을 신뢰하여야 하며 시기와 적개심보다도 협화와 우의(友意)를 존중해야 하며 정복과 오만보다도 공존과 유화(柔和)를 숭상해야 하며 경제적 이해보다도 인류의 인의를 대로(大道)로 만들어야"만 한다는 규범적 정치관이 작용하였다. 주목할 것은 국제연맹이나 군비제한회의를 통한 세계평화의 구상이 '인류의 양심과 애정'에 기초하지 않는다는 사실을 간파하면서 민주주의의 중요성을 강조하고 있다는 점이다. '데모크라시'는 편견과 고집과 이해관계를 떠나 각 민족과 인민의 양심(또는 '天良')을 발휘하고 각자의 인격에 기초한 권리와 의무를 실현시킴으로써 인류의 행복과 세계평화를 기약하는 조건으로 여겨졌다.[64] 이 시기를 전후하여 칸트의 『영구평화론』도 소개되고 있다.[65]

그런데 중일전쟁을 계기로 제국일본의 아시아침략이 본격화되었을 때 '평화를 위한 전쟁'의 논리가 우세해졌다. 『조선일보』의 한 사설(1939년)은 전쟁이 생존욕, 종교욕, 지배욕, 소유욕과 같은 인간의 욕망에서 비롯된 불가피한 것이며, 이러한 욕망에 맞추어 전쟁의 양상도 생존을 위한 전쟁, '종교적 전쟁', '정치적 전쟁', '경제적 전쟁'으로 진보했다고 보았다. 전쟁의 참혹성은 '박애'·'자비'·'인'과 같은 윤리에 앞서는 현실의 일로 받아들여졌다. "전쟁이 없이는 평화가 없는 것이 진리다. 지나사변도 동아에서의 영원한 평화를 확립시키기 위한 전쟁이다. 전쟁을 싫어하고 평화를 얻을 수가 없다. 구차하게 평화를 가졌다고 하여도 그것은 평화가 아니라 굴욕이요 패망이다. 그러므로 전쟁으로써만 오직 진정한 평화가 올 수가 있고 평화를 향락할 수가 있다"[66]는 주장에는 '평화를 위한 전쟁'을 정당화하는 국제정치관이 명확히 드러나 있다. 일본 제국주의의 동아시아 침략이 확대되고 식민지 한국의 병참기지화가 진행되는 상황을 반영한 평화관이었다.

---

64) 「세계기자대회에 寄하노라」, 『동아일보』 1921년 9월 28일자 사설.
65) 새봄, "『칸트』의 永遠平和論을 讀함", 『開闢』 제4호, 1920년 9월.
66) 「전쟁과 평화」, 『조선일보』 1939년 4월 17일자 사설.

3. 세계평화와 동양평화 : 제도적 평화

민주주의를 평화의 조건으로 보는 관점의 출현은 평화관의 새로운 전개를 의미한다. 다만 국내체제와 국제평화를 연관시켜 민주공화정을 세계평화의 전제조건으로 본 『영구평화론』이 이러한 변화에 의미 있는 영향을 주었다고 보기는 어렵다. 국가 없는 식민지 상황에서 민주주의는 민족과 인민의 양심과 인격을 발현시키고 민족자결의 의지를 부추기는 기능을 했다. 글머리에서 언급한 민족과 지역을 행위자로 한 정족평화론은 민주주의 이념과 민족자결의 의지가 일정 부분 반영된 것이라 할 수 있다.

취약하긴 했지만 근대 한국인의 평화관에 제도적 구상이 전혀 없었던 것은 아니다. 제도적 평화구상은 만국공법에 의거한 조약·국제기구·국제회의 등에 관한 생각에서 엿볼 수 있다. 일본이 한국의 자주독립과 '동양평화'를 보장한다고 규정했을 때, 한국인들이 이에 일정한 신뢰를 보였을 때, 조약(만국공법)은 동북아의 평화와 안정을 보장하는 하나의 기제로 인식되었다고 말할 수 있다. 그러나 일본의 동아시아 팽창정책이 한국의 주권을 침해하고 '동양평화'를 위협했을 때, 조약은 더 이상 평화유지의 기제가 될 수 없었다.

조약의 허구성이 드러났을 때 국제회의와 국제기구는 자주독립과 평화를 의탁할 대안으로 비쳤다. 1890년대 후반 이후의 세계는 평화를 위해 전쟁을 논의하는 '회의'가 열리는 한편, 전쟁을 위해 평화를 유치(誘致)하는 '무기'가 진보하던 때였다.[67] 20세기 전반 세계평화는 무장평화였고 '세계적 세력평균'에 의해 지탱되었다. 평화는 절대 비전(非戰)의 평화가 아니라 세계정치의 현상유지와 대국 간 절충의 소산물이었다. 그러나 유럽 국제사회에서는 민족주의와 제국주의, 동맹관계와 지역분쟁을 둘러싸고 전쟁을 억지하기 위한 제도적 평화가 모색되기도 했다. 헤이그 만국평화회의가 두 차례(1899, 1907년) 열렸고 국제연맹이 창설되었다. 이것들은 폭력구조를 바꾸려는 제도적 구상이었다.

---

67) 「世界平和의 理想」, 『西友』 제13호, 1907년 12월, 15쪽.

평화를 위한 제도적 구상은 1880년대 초부터 한국에 등장하였다. 『한성순보』 제6호(1883년 12월 20일)에는 일본학자의 평화구상을 소개한 왕따오(王韜)의 논설이 실려 있다. 이 논설은 '대의원'(大議院)과 '만국의 큰법'을 만들어 나라를 세우고 국가 간 교제를 맺으며 국경을 분할하고 일국에 한정되지 않는 일들은 공의(公議)에 부쳐 시행하는 한편, 개별국가의 군사력('私軍')을 없애고 '세계공공의 군사'('公軍')를 창설해야 한다는 것을 제안한 것이었다. 그 배경에는 전쟁은 천리와 인도를 거스르는 행위이며 군사비는 '백성의 고혈(膏血)'이라는 인식이 깔려 있었다.[68] 자유민권론자 우에키 에모리(植木枝盛)를 연상케 하는 주장이다. 우에키는 '우내의 전국(戰國)'과 '무법무정(無法無政)의 난세'와 같은 국제사회에서 국가 간 평화를 이룩하려면 세계정부('萬國共議政府')와 세계헌법('宇內無上憲法')을 갖춰야 한다고 주장하였다.[69]

이 평화구상은 국가 간 경계를 없애고 인종 간 차별을 없앰으로써 '대동'의 세계평화를 구현하려 했던 캉유웨이의 평화구상과도 상통한다. 그 영향을 받은 이승희(李承熙)는 '만국대동의원'(萬國大同議院)을 만들어 '만국공법'을 제정하고 문자·윤리·헌법·군사·기술·통상의 국가 간 소통과 조화를 이룩하여 세계를 '공리(功利)의 분쟁'에서 '인의(仁義)의 대동'으로 바꾸려는 의지를 보였다.[70] 조약관계에 의한 현상유지와 기회균등이 '국제의 통의'이지만 '세계대연방'의 형성도 불가능한 일은 아니라는 견해도 있었다. 이 견해는 무기체제의 발달 때문에 오히려 참혹한 '극전쟁'(極戰爭)이 자연히 소멸되는, '극단의 파괴'가 '극단의 평화'로 이어질 것이라는 믿음에서 나왔다.[71]

그런데 구조적 폭력과 제도적 평화 사이에는 거리가 있었다. 만국평화회의는 평화의 이상과 권력현실 사이의 괴리를 폭로한 것이기도 했다. 『독립신문』의 사설은 제1차 만국평화회의의 '아름다운 이름'(명분)과 의미를 나름대

68) 「銷兵議」, 『漢城旬報』 제6호, 1883年 12月 20日字. 王韜의 논설은 「일본역사가 木下眞弘의 의론」으로 나와 있다. 木下眞弘가 누군지는 알려져 있지 않다.
69) 植木枝盛, 「通俗無上政法論」, 『明治文化全集』(政治篇)(日本評論社, 1929).
70) 李承熙, 「韓溪先生年譜」, 『韓溪遺稿』(七)(國史編纂委員會, 1980), 549-550쪽; 금장태, 『한국 근대의 유교사상』(서울대학교출판부, 1990), 127쪽 참조.
71) 「世界平和의 理想」, 『西友』 제13호, 1907년 12월, 15쪽.

로 평가하면서도 그 성과에 관해서는 유보적 자세를 보였다. 특히 만국평화회의는 법률적 강제가 아니라 도의적 '임의'(자율성)에 기초하지 않으면 안 된다고 강조하였다.[72] 이 주장은 다음과 같이 이어진다.

> 아라사는 청국요동의 군사를 걷고 덕국은 청국 교주의 점령한 것을 그치고 영국은 청국 위해위[威海衛]의 갖춘 것을 걷고서 만국평화회의는 청국 북경에다가 열며 또 각국은 일시에 각기 나라의 군기를 놓고 다만 각기 내지에서 나는 란을 막을 만큼 헌병과 순검을 머물러 두고 바다 위에는 만국이 한가진 경찰할 군함만 띄우며 혹 또 평화에 위태함과 해로움을 끼치는 나라가 있거든 만국이 그 교의를 함께 끊어 써 처치를 할지니 이러 할진대 만국의 평화를 바라는 것이 혹 가하려니와 그렇지 아니 하면 평화라 하는 것을 도저히 가히 바라지 못할 것인 줄을 알지 못하는가.[73]

세계평화의 조건은 개별국가들이 군사력을 포기하고 개별국가의 치안을 만국경찰군에 위임하며 만국이 공동으로 평화를 위협하는 국가를 처벌할 수 있도록 국제사회를 제도화하는 데 있다. 그러나 구조적 폭력을 극복하고 제도적 평화를 달성할 것이라는 낙관은 쉽게 못하고 있다. 제도적 평화의 이상과 구조적 폭력의 현실 사이의 괴리 때문이다. 제도적 평화관에도 도의적 국제정치관이 강하게 작용하고 있다.

권력정치를 용인하는 사회진화론자나 문명개화론자들은 국제평화회의에 회의적이었다. 안경수(安駉壽)는 헤이그 만국평화회의가 실효성이 없는 원인을 평화의 허구성에서 찾았다. 그는 유럽열강이 말하는 '외교의 평화'란 국가이익을 타산하는 평화일 따름이며 타국을 길 위에 버려진 물건처럼 처치하는 것과 다르지 않으므로 '세계인도의 통의(通義)'가 아니라고 주장한다.[74] 사회진화론을 수용하고 제국주의의 현실을 인정했던 최석하(崔錫夏)는 제2차 헤이그 만국평화회의(1907)를 명분은 아름답지만 실제는 '멸국신법'(滅國新法)을 만들어 내려는 집회로 보았고 강자·능자·적자(適者)의 모임이라 생각했

---

72) 「평화론」, 『독립신문』 1899년 7월 22일자 논설.

73) 같은 글.

74) 安駉壽, 「日淸韓同盟論(續)」, 『日本人』 第120號(1900年 8月), 21쪽.

다. 만국평화회의는 인도적 측면에서는 가치가 없는데 문명이 발달하고 침략 방식이 경제나 보호의 형태로 진보하면서 나타난 것으로 여겨졌다.[75] 평화회의는 인간의 야만성은 없어지지 않고 전쟁은 인간의 고유한 권리라는 이유에서 비판받기도 했다.[76]

국제평화회의는 그 자체가 한계를 지닌 것이었고 동북아 국제정치현실에서는 이상에 불과했지만 국권상실의 위기에 처한 한국인들에게는 의탁할 수 밖에 없는 희망이었으리라. 만국평화회의는 '한마당[一場]의 희극'이며 '위선의 표창(表彰)'에 불과한 것임은 알고 있었어도 이에 대한 기대를 버리기는 쉽지 않았을 것이다. 만국평화회의는 그 성과와 실효는 미미한 것이었지만, 평화사상을 널리 유포시키는 계기가 되었고, 전쟁 폐지와 세계평화로 나아가는 '일대 진보'로서 언젠가는 소기의 목적을 달성할 것이라는 주장도 보였다. 이 견해는 만국교통의 발달과 통상관계의 증진, 그리고 무기발달에 따른 전쟁의 참혹함 때문에 평화를 사랑하고 전쟁을 싫어하는 관념이 강고해질 것이라는 전망에서 나온 것이었다.[77]

대동의 평화관념과 만국평화회의에 관한 단상에서 판단한다면, 근대 한국인들이 근대국가의 폭력성과 국제질서의 상관성을 의식했을 개연성은 충분히 있다. 다만 서구의 평화사상가들이 국가체제와 국제질서의 상관관계 속에서 항구적인 세계평화의 조건을 성찰했던 것과 같은 국제정치관은 쉽게 표출되지 않았다. 근대 한국인의 도의중시적 국제정치관 또는 유교관념은 서구 평화사상의 적극적인 수용을 필요로 하지 않았을지도 모른다.

75) 崔錫夏, 「平和會義에 對혼 余의 感念」.
76) 「海牙會議」, 『大韓每日申報』 1907年 7月 5日字.
77) 「平和會議의 成績」, 『西友』 제13호, 1907년 12월, 32-33쪽.

Ⅴ. 맺음말 : '정족'의 종언과 전망

'정족'의 평화론이나 국제정치론은 일제 강점기에 들어서도 당분간 지속되었다. 다만 글머리에서 언급한 동양평화론에서 보였듯이 행위주체는 '국가'에서 '민족'·'지역'으로 바뀌었다. 합병으로 국가는 소멸했지만 소여의 정치상황에서 '민족'과 '지역'의 자율성을 확보하려는 의지와 희망은 정족평화론의 존속을 가능하게 했다고 말할 수 있을 것이다. 그러나 '정족'의 동양평화론은 그것이 당위적 질서를 지향한 하나의 표상이고 '정족'을 실현시킬 수 있는 힘을 동반하지 않는 한, 그리고 '동양평화'가 일본 제국주의의 명분에 지나지 않는 한, 궁극적으로 파탄할 수밖에 없었다. 신채호(申采浩)는 '동양주의'라는 언어에 미혹된 정신상태에서 국가멸망의 원인을 찾았다. '서력동점'에 대응하는 '동양주의'는 일본이 만들어 낸 '마설'(魔說)이며, 결국 한국인의 '국가주의'를 망각하게 만드는, "동양에 있는 국가이면 적국도 우리나라로 보며, 동양에 있는 민족('族')이면 원수의 민족('讐族')도 우리 민족으로 인정하게" 만드는 허구라고 비판하였다.[78]

일본 제국주의가 '민족'과 '지역'의 자율성마저 압도하고 '동양평화'라는 언어를 조작할 수 있는 권력을 갖는 한, '정족'의 발상은 더 이상 존속할 수 없게 되기 마련이다. 일본 제국주의가 내세운 '동양평화'의 공간적 범위가 만주, 중국, 동남아로 확장되면서 '공영'의 국제정치관은 '정족'의 국제정치관을 압도하였다. 근대일본이 내세운 '동아공영'과 '동양평화'의 명분은 만주국 건설과정에서는 '왕도낙토'(王道樂土)를, 대동아공영권과 대동아전쟁 때는 '팔굉일우'(八紘一宇)를 각각 슬로건으로 내걸었다. 이는 유교관념으로 분식된, 중화주의의 근대적 변용이라고나 할까. '동양평화'가 일본 제국주의 질서의 형성을 의도했다고 한다면 아시아의 안정과 평화는 제국질서의 양상과 운명에 의존할 수밖에 없었다.

'동양평화'라는 정치언어는 대동아전쟁의 파탄과 대동아공영권의 붕괴와

---

78) 「東洋主義에 對한 批評」(1909), 『改訂版 丹齋申采浩全集』(下)(螢雪出版社, 1995), 88-91쪽.

더불어 종언을 고했다. 동아시아 공간이 이데올로기와 냉전체제에 구속되고 미국과 소련의 패권싸움으로 분열을 보이는 가운데 동아시아 국가들이 '동양평화'를 꿈꿀 자율성과 권한은 현저히 약해졌다. 일본 제국주의의 하나의 표상이었던 '동양평화'는 미국과 소련이 주도하는 냉전의 국제관계를 반영하는 '동북아의 안정과 평화'라는 언어로 대체되었다. '정족'의 발상이 만들어 냈던 '외부적 동양평화'와 '내부적 동양평화'의 두 축은 소멸했고, 분절된 공간 속에서 지리·인종·문화의 요소는 정치·군사·경제의 요소로 대체되었다. 그리고 '평화' 즉 '동북아의 안정과 평화'는 동북아 주변열강이 주도하는 관계적 평화로 귀결되었고, 관계적 평화는 제도적 평화와 이념적 평화를 압도하였다.

다만 오늘날 냉전의 종언과 동아시아국가의 발전과 자율성 증대라는 계기는 동아시아에서의 평화의 존재방식을 바꿀 가능성을 높이고 있다. 동아시아 공간을 하나의 국제사회로 인식했을 때, 그리고 동아시아 삼국이 동아시아 공간의 행위주체로서 상호작용할 수 있는 제도적 장치(regime)를 모색했을 때, 연대와 균세의 균형을 요구하는 '정족'의 이상은 아직도 편차는 존재하지만 동아시아 삼국의 발전과 자율성의 증대에 기여할 수 있고 과거보다 중요한 의미를 가질 것으로 보인다. 이상과 현실의 간극을 좁힐 개연성은 '내부적 동양평화'를 '외부적 동양평화'와의 대비에서가 아니라 그 자체로써 성찰할 때 높아질 수 있을 것이다. 이를 위해서는 관계적 평화뿐 아니라 제도적 평화와 이념적 평화를 증진하려는 의식과 행위가 요구되는 것이 아닐까.

한·일 양국의 서양수용에 관한 비교연구
유길준과 후쿠자와 유키치의 국제정치관을 중심으로

김영작

I. 서론 : 문제의 소재와 접근방법

1. 문제의 소재

본고의 목적은 19세기 후반, 조선과 일본 양국의 근대화와 '내셔널리즘'의 형성 및 그 방향설정에 크게 영향을 미친 양국의 대표적인 문명개화 사상가의 사상을, 특히 그들의 국제정치관을 중심으로 비교 고찰하는 것이다. 그 대상은 조선의 대표적인 개화사상가 유길준과 일본의 '문명개화론자'로 널리 알려져 있는 후쿠자와 유키치의 국제정치관이다.

유길준은 한말 조선의 대표적인 개화사상가로서, 1894년의 '갑오개혁'을 주도한 현실정치가로서도 그 명성이 널리 알려져 있다. 후쿠자와는 근대 일본의 형성과 발전에 지대한 공헌을 한 대표적인 인물로 높이 추앙받고 있다. 그들의 역사적 위상 때문에, 두 사람은 각기 한·일 양국에서 수많은 연구의 대상이 되어 왔다. 일본의 후쿠자와 연구는 이미 문자 그대로 '한우충동'(汗牛充棟) 이상이다. 유길준의 경우도 그에는 미치지 못하나, 근대 조선의 사상가 또는 정치가 중 가장 많은 관심과 연구의 대상이 되어온 인물 중의 하나다. 뿐만 아니라, 두 사람은 한·일 양국의 학계에서 비교연구의 대상으로서도 적지 않은 관심을 끌어 왔다. 그 이유는 크게 두 가지라고 판단된다. 하나는, 두 사람이 모두 서구 수용에 앞장 선 양국의 대표적인 문명개화 사상가라는 점이고, 더 큰 이유는 유길준이 후쿠자와로부터 많은 사상적 영향을 받았다는 점 때문이었다. 기존의 비교연구가 유길준이 후쿠자와로부터 받은 영향이나, 개화사상에 있어서 두 사람의 유사성을 밝히는 데 초점이 두어지고, 또 자연히 그러한 결론에 도달한 연구가 많았던 것도 그 때문이었다고 생각된다.

그래서인지 유길준의 개화사상 연구에 과한 기존연구 중에는 후쿠자와의 『서양사정』(西洋事情)으로부터 받은 영향을 염두에 두고 이루어진 연구들도 많았고,[1] 후쿠자와로부터의 직접적인 영향 그 자체를 구명하기 위한 연구도 있었다. 또한 『서유견문』(西遊見聞)과 『서양사정』의 구성과 내용을 비교검토하기 위해, 『서유견문』 전 20편의 각 항목을 『서양사정』과 대응시켜 대조표까지 작성·분석한 연구도 있다.[2] 특히 일부 선행연구는 『서유견문』이 『서양사정』의 상당 부분을 참고로 하였다는 점을 강조한 나머지 『서양사정』과 『서유견문』의 차이, 즉 내용 구성상의 양적 차이는 물론 『서유견문』이 『서양사정』을 참고로 하여 영향을 받으면서도, 그 수용 자세에 있어 의도적인 수정이나 첨삭을 가함으로써, 후쿠자와와는 다른 주장을 하고 있는 점을 홀시함으로써, 마치 유길준의 개화사상이 후쿠자와의 문명사상과 대부분 동일시될 수 있는 것처럼 취급되어 온 경향마저 있었다.

유길준이 후쿠자와로부터 적지 않은 사상적 영향을 받은 것은 사실이지만, 시시비비나 좋고 나쁨을 떠나, 『서유견문』은 결코 『서양사정』을 그대로 옮겨 놓은 것이 아니다. 더욱이 그의 국내·국제 정치사상 중 매우 중요한 의미를 지니는 부분일수록, 『서유견문』의 내용이나 유길준의 사상은 『서양사정』의 내용이나 후쿠자와의 사상과는 다른 의미를 지니는 부분이 적지 않다. 특

1) 예컨대 金泰俊, 「『서유견문』과 『서양사정』」, 최길성 옮김, 『韓』 64호(1977년 5월); 전봉덕, 「『서유견문』과 유길준의 법사상」, 『한국근대법사상사』(박영사, 1981) 등.
2) 月脚達彦, 「朝鮮開化思想の構造—兪吉濬『西遊見聞』の文明論的立憲君主論」, 『朝鮮學報』 165輯, 1997년 10월.

히 유길준의 국제정치관과 대외인식은 내용면에서나 현실적 역할의 측면에서나 후쿠자와와는 전혀 다른 부분이 많다.

내용면에서 볼 때, 「서유견문서(序)」와 「서유견문 비고」 이외에, 『서유견문』 전 20편의 구성은 다음과 같다.

① 세계의 자연지리(제1~2편, 1-84쪽)
② 서구의 정치·경제 제도 및 사상(제3~10편, 85-107쪽)
③ 구미(歐美)의 역사 및 관습들(제11~16편, 279-438쪽)
④ 구미의 복지제도 및 문명의 이기(과학기술) 등(제17~18편, 439-488쪽)
⑤ 구미의 주요 도시와 그 경상에 관한 소개(제17~20편, 489-556쪽)

이 중 『서양사정』의 내용이 조금이라도 포함되어 있는 것은 『서유견문』 전 20편 중 10개 편, 70개 세부 항목 중 29개 항목으로, 양적인 면에서 보면 대체로 7분의 3 정도다. 내용면에서 보면 위에서 분류한 『서유견문』의 5개 영역 중, ②와 ④ 곧 정치·경제론 및 서구의 복지시설, 과학문명에 관한 부분에 집중되어 있다.[3)]

그러나 두 책에서 유사항목의 내용을 비교 검토해 보면 상당한 차이가 있음이 발견된다. 곧, 『서양사정』의 문장이나 내용을 그대로 옮겨 놓은 것에 가까운 부분은 『서유견문』의 제3편의 「인민의 교육」과 제5편의 「정부의 치제」[4)] 및 제6편의 「정부의 직분」 정도다. 여타 부분은 전문 번역이 아닐 뿐 아니라 그 의미를 변형시킨 것[5)]도 있고, 『서양사정』의 내용을 다른 맥락에서 부분적으로만 원용한 부분[6)]도 있다. 뿐만 아니라 두 책의 항목명이 같음에도 불구하고 전혀 내용이 다르거나 『서양사정』의 내용이 탈락된 부분[7)]도 있다.

---

3) 유길준의 정치·경제 사상의 전모를 밝히기 위해서는 「서유견문」에 나타난 정치·경제 분야의 언급만으로는 부족하다. 유길준의 저작에는 『서유견문』 속에서 언급된 내용 이외에도 전5권의 전집 가운데 제4권이 정치·경제에 관한 것으로서, 이는 『서유견문』 전체에 해당하는 분량의 저술이다.
4) 이는 『西洋事情』, 「初編」 卷之一 「政治」 중의 「文明의 政治」에 관한 6개조의 요체를 옮긴 것이다.
5) 『西遊見聞』 제4편 중의 「人世의 競勵」 및 제5편 중의 「政府의 始初」, 제8편 중의 「法律의 公道」 등.
6) 『西遊見聞』 제4편 중의 「人世의 競勵」 등.
7) 제5편 중의 「政府의 始初」 등.

그러므로 근대 한·일 양국의 서양수용을 비교 고찰함에 있어서는, 『서유견문』과 『서양사정』의 공통점이나 유사성 못지않게, 그 차이점에도 착목할 필요가 있다. 유길준이 후쿠자와로부터 적지 않은 사상적 영향을 받으면서도, 후쿠자와의 사상과 다른 부분이야말로 한·일 양국의 서구 수용의 차이점을 밝히는 작업에 필수적이라고 생각되기 때문이다.

이미 서구문명 수용과정에서 나타난 조선과 일본의 차이, 보다 구체적으로는 후쿠자와와 유길준의 사상의 차이점을 밝히려는 연구도 상당수 시도되어 왔다. 특히 종래의 전통사상, 곧 유교사상이 미친 영향 내지는 근대의 수용과 관련하여 유교사상을 어떻게 처리하였는가에 착목하여, 근대의 재편(再編)과정에 나타난 사상적 특성을 구명하려는 괄목할 만한 연구도 있다(정용화와 츠키아시의 논문 등).

그런데 이들 연구는 주로 국내 정치론에 관한 것들이 대부분이고, 국제정치론 또는 대외인식, 그리고 문명론과 독립론과의 상관관계를 파악하는 관점에서 양자를 비교한 연구는 전무한 상태라고 해도 지나친 말이 아니다.

결론적으로 첫째, 유길준에 대한 후쿠자와의 사상적 영향은 많은 경우 과장된 것[8]이다. 둘째, 더욱 중요한 것은 유길준이 후쿠자와의 사상을 수용 또는 원용함에 있어서 나타낸 '독창성' — 그것이 언제나 긍정적 의미를 지닌 것만은 아니었지만 — 이 홀시되었다. 셋째, 더욱이 후쿠자와와는 전혀 다른 시대적 상황과 역사적 문맥에서 후쿠자와의 사상을 수용 또는 원용함으로써 발

8) 일부에서는 유길준의 『西遊見聞』이 후쿠자와(福澤)의 『西洋事情』(初編, 1866; 外編, 1867; 二編, 1870)을 底本으로 삼은 것이며, 『西洋事情』의 飜案이 적어도 7할을 점하고 있다고 주장한다(金泰俊, 「『西遊見聞』と『西洋事情』—比較文化的研究のための問題提起—」, 『讀書新聞』 1974年 10月 27日字). 또한 原田氏는 金泰俊의 이러한 주장을 그대로 받아들이고(原田, 1979, 16쪽), 더 나아가 "김태준의 연구는 『西洋事情』 初編의 目次만 가지고 비교하고 있는 것인데, 실제로 福澤의 『西洋事情』은 初編에서의 執筆 구상을 훨씬 넘어선 것이기 때문에, 『西洋事情』 初編의 目次와 『西遊見聞』의 目次만을 비교 검토하는 것은 有效하지 않다"(原田, 앞의 논문 22쪽의 註 25)고 함으로써, 『西洋事情』을 번안한 양이 70%보다 훨씬 많을 것이라고 추론하고 있다. 그러나 이는 지나친 과장이다. 필자의 조사로는, 『西洋事情』의 내용이 조금이라도 포함된 것을 모두 합해도 『西洋事情』이 『西遊見聞』에 미친 영향은 3/7 정도였다. 더욱이 『西洋事情』을 참고한 부분에서도 유길준의 독자적 견해를 나타내는 부분이 많을 뿐만 아니라 유길준의 독특한 대내외 인식을 나타낸 부분(예컨대 제3편의 「邦國의 權利」(『西遊見聞』, 85-99쪽)은 『西洋事情』에는 전혀 없는 부분이다.

생한 '동일한 사상 유형'의 '전혀 다른 현실적 기능'이 무시되고 있다. 연구방법상 중대한 문제점이라고 생각된다.

따라서 유길준과 후쿠자와의 문명개화 사상, 특히 그들의 국제정치관을 상황과 관련해서 새로이 비교분석하는 작업은, 비단 양국 문명개화 사상가들의 개인적 사상의 차이점을 밝히는 작업에 그치는 것이 아니라, 두 사상가가 각각의 나라에서 행한 정치적 역할과 사상적 위상으로 보아, 한일 두 나라의 근대화와 '내셔널리즘'의 차이, 그리고 궁극적으로는 양국의 근대사에 나타난 역사적 기로(岐路)의 한 원인을 밝히는 의미를 지닐 것이다.

2. 유길준과 후쿠자와에 관한 학설사 및 평가

그런데 기묘하게도 연구가 진행될수록 두 사람에 관한 학계의 역사적 평가는 정설이 정착되기보다 더욱 혼미해지는 경향이 있다.

먼저 후쿠자와의 경우를 보면, 그의 사상의 전체상과 그에 대한 평가가 매우 다양하여 아직 어느 것이 정설이라고 짚어 말하기 어렵다.

후쿠자와는 시민적 자유주의자였는가,[9] 아니면 국권주의자였는가?[10] 그것도 절대주의적 국권주의자였는가?[11] 또한 그의 사상적 본질은 시종일관하

9) 후쿠자와를 시민적 자유주의자로 보는 견해는 戰前과 戰後를 막론하고 주류를 이루어 왔다고도 할 수 있다. 戰前의 연구로는 羽仁五郎, 『白石·諭吉』(岩波書店, 1937)이 대표적이고, 戰後의 연구로는 丸山眞男의 일련의 연구, 그 중에서도 『福澤諭吉選集』 제4권 「解題」(岩波書店, 1952, 7. 이하 「解題」로 略稱) 및 「明治國家の思想」(歷史學研究會編, 『日本社會の史的究明』 一岩波書店, 1943.3.所收), 그리고 遠山茂樹, 「日本國民抵抗の精神」(1951年 2月 『世界』 所收), 家永三朗, 『日本近代思想史研究』(東京大學出版會, 1953) 등이 이 입장을 대표하고 있다고 할 수 있다. 그리고 E. O. 라이샤워의 『日本近代の新しい見方』(講談社: 現代新書, 1965), 85쪽에서의 견해도 이와 같은 부류에 속한다고 볼 수 있다.

10) 이 입장을 대표하는 것으로는, 小泉信三, 『福澤諭吉』(岩波新書, 1966); 加田哲二, 『思想家 としこの로서의 福澤諭吉』(慶應通信, 1958).

11) 服部之總, 「福澤諭吉」(1953. 12. 『改造』 所收; 『服部之總著作集』 第6卷, 理論社, 1955). 遠山茂樹는 초기의 견해와는 달리, 服部之總 정도는 아니지만 후쿠자와는 명치정부의 절대주의적 침로를 제시한 '계몽전제주의자'였다는 견해를 피력하였다[遠山茂樹, 『明治維新』(東京: 岩波書店, 1951)].

였는가,[12] 아니면 변질되었는가? 만약 변질되었다면 그것은 국제정치론에서만의 변질이었는가(마루야마마사오[丸山眞男] 앞의 「해제」에서의 주장), 아니면 국내정치론에서도 변질된 것인가[13] 등등 여러 시각이 혼재해 있다. 또 후쿠자와를 국권론자로 보면서도 이를 긍정적으로 평가하는 입장이 있는가 하면(고이즈미[小泉信三]), 부정적으로 평가하는 견해(服部之總 등)도 있다.[14] 전후에도 뛰어난 연구가 속출하고 있지만,[15] 후쿠자와의 사상적 특질에 관한 논쟁은 아직도 그치지 않고 있다.

유길준의 경우도 후쿠자와 정도는 아니지만, 사정은 비슷하다. 무엇보다도 그의 사상의 특징과 역사적 위상에 관한 평가가 첫째, 그의 사상을 '근대화'를 위한 계몽사상이라는 관점에서 파악할 경우[16]와 둘째, 당시 조선이 당면한 이중의 역사적 과제, 곧 "국가적 독립"과 "국민적 통합"을 아우를 수 있는 '내셔널리즘'의 실천적 사상으로서 유효한 것이었는가라는 관점에서 평가할 경우[17]에 따라 달라지고 있다. 보다 구체적으로는, 그는 진보적 사상가이자

---

12) 坂本多加雄, 『新しい福澤諭吉』, 現代親書(東京: 講談社, 1997), 214-217쪽 및 井田新也, 「福澤諭吉 『時事新報』 論說の再認定—丸山眞男の旧福澤選集第四卷 「解題」 批判」, 『思想』, 1998년 9월 등이 이에 해당된다. 이들도 후쿠자와가 국제정치론에 있어서도 자유주의자로 일관하였다고 적극적으로 주장하고 있지는 못하지만, 「脫亞論」까지도 문명론의 틀 속에서 파악하거나(坂本의 경우), 침략적 논조의 자료를 부인하는 형태로(井田의 경우) 후쿠자와의 동양정략론을 옹호하고 있다.

13) 遠山茂樹, 『福澤諭吉-思想と政治との關連』(東大出版會, 1970); 廣田昌希, 『福澤諭吉研究』(東大出版會, 1976).

14) 후쿠자와의 사상의 성격에 관한 제반 학설에 관한 분석과 후쿠자와의 사상을 관통하는 '내셔널리스트'로서의 사상적 특징에 관한 필자 나름의 구명에 관하여는 金榮作, 「福澤諭吉·ナショナリスト」, 『ネイションの軌跡』—20世紀を考える(1), 山脇直司 外編(東京: 新世社, 2001)을 참조 바람. 이같이 의견이 갈리는 근본원인은, 아마도 바로 후쿠자와의 사상 속에 근대일본의 다양한 역사상의 원형 또는 원천이 발견되리만큼 그의 사상내용이 광범위하고 다기에 걸친 것이라는 점 때문이기도 하겠지만, 더 큰 이유는 지극히 '상황적 사고'에 뛰어났던 후쿠자와가 각종 역사적 과제에 관해 시대와 상황의 변화에 따라, 상호 모순되는 주장을 되풀이 해 왔기 때문에 어느 것이 그의 진짜 사상이고 주장인지 판별하기 쉽지 않기 때문일 것이다. 어쨌든 그 결과 후쿠자와의 사상의 전체상과 그에 대한 평가는 위에서 지적한 바와 같이 다기 다양하다.

15) 이미 지적한 연구들 이외에도 坂野潤治, 『明治·思想の實像』(創文社, 1977); 平石直昭, 「福澤諭吉の戰略構想—『文明論之概略』 期までを中心に」, 『社會科學研究』(東京大學社會科學研究紀要, 第51卷 第1号.1999.12)및 安川壽之輔, 『日本近代教育の思想構造』(新評論, 1970) 등을 들 수 있다.

16) 이광린, 「유길준의 개화사상」, 『한국개화사상연구』 重版(일조각, 1981).

동시에 진보적 실천가였는가, 아니면 사상의 진보성에도 불구하고 그 사상의 현실에의 적용과 실천면에서는 '개량주의적'이고 더 나아가 '보수적'이었는가? 그리고 본고와 직접 관련되는 문제로서, 그의 사상, 특히 국제정치관은 현실주의적인 것이었는가, 아니면 이상주의적이었는가? 또는 양자 모두였는가? 만약 그렇다면 어떠한 의미에서 그러하였는가? 위의 여러 물음을 둘러싸고, 아래에서 논하는 바와 같이 다양한 견해가 대립되고 있다. 대표적인 몇 가지 견해를 정리하면 아래와 같다.

(1) 유길준의 대외관과 국제관은 '현실주의적'인 것이었다는 견해다.[18] 이는 주로 유길준의 「방국의 권리」(1888년 이후의 저작) 속의 '양절체제론'에 나타난 대청 자주의식을 염두에 둔 지적이다.

(2) 유길준의 대외관은 1880년대 후반 한때 청국에 대한 자주의식이 강했고, 이를 '현실주의적'인 대외자세로 평가할 수 있으나, 다른 한편 그의 서양인식과 일본 인식은 만국공법에 대한 신뢰를 기저로 한 낙관적인 것이었다는 견해가 있다.[19]

(3) 유길준의 국제관에 관한 전체적 성격 규정을 삼가면서, 각 시기에 있어서 실증적 분석에 주력해 온 연구가 있다. 츠키아시 타츠히코(月脚達彦)의 일련의 논문들[20]이 그것이다. 이들 논문에서 츠키아시는, 갑신정변 이전 1883년부터 1880년대 후반까지 유길준의 사상에 나타난 '공법'관념이 청국과의 종속관계를 단계적으로 부정하는 역할을 수행하고 있는 점에 분석의 초점을 두고 있다. 그러나 대일·대서양관에 관한 낙관주의에 관해서는 간단히 언

---

17) 김영작, 『한말내셔널리즘연구-사상과 현실』(청계출판사, 1989) 등.

18) 金鳳珍, 「俞吉濬の國際秩序觀—朝貢体系と國家平等秩序の間—」, 『東洋文庫研究紀要』 第137册, 平成11(1999)년 3월); 정용화, 「유길준(俞吉濬)의 정치사상 연구」, 서울대학교대학원 외교학과 박사학위논문, 1998.

19) 金榮作, 앞의 책 및 金仁順, 「朝鮮における1894年の內政改革の研究」, 『國際關係論研究Ⅲ』(東京: 國際關係論研究會, 1968, 10) 등.

20) ① 「開化思想の形成と展開—俞吉濬の對外觀を中心に—」, 『朝鮮史研究會論文集』 第二十八集, 1991. 『近代朝鮮の對外關係と民族運動』 所收; ② 「甲午改革の近代國家構想」, 『朝鮮史研究會論文集』 第三十三集 1995. 『朝鮮史からみた一八九四年』 所收; ③ 「保護條約以後の「實力養成運動」の論理と活動—俞吉濬と漢城府民會を中心に—」, 『朝鮮學報』 第百六十五集, 平成 九年(1997) 十月 所收.

급하는 데에 그치고 이 점에 관한 본격적 분석은 수행하지 않고 있다(츠키아시, 1991). 오히려 츠키아시는, 1880년대 전반의 단계(1883년)에서 유길준이 "문명의 원리를 충분히 이해하지 못한 단계에서 이미 '도리론'을 포기한 후쿠자와의 영향을 받아", '도리론'과 공법관념에 투철하지 못하고 '권력론'에 착목한 것이 문제였다고 주장하고 있다(츠키아시, 1991. 11). 그리고 일본에 의한 조선의 식민지화가 현실이 된 시점에서, 그 현실을 인정한 기저위에서 일본과의 '신의를 중시하면서, 실력양성을 주장하는 유길준의 사상과 행동이 지니는 '내셔널리즘'으로서의 의의를 평가(츠키아시, 1997)하고 있다.

(4) 츠키아시의 관점, 특히 1880년대의 유길준의 공법관념이 대청독립의 의미와 역할을 지니고 있었다는 견해에 대한 반론도 있다. 조경달[21]은 "1880년대 후반의 유길준(과 김옥균 등 '변법개화파')의 입장은, 1880년대 전반(1884년의 갑신정변 이전까지)의 입장과는 달리, '대청협조론' 곧 대청 완전자립이 아니라 대청종속을 유지하는 선에서의 '독립구상'이었다"고 보고 있다.[22] 즉, 유길준의 공법관념이 대청종속관계를 극복하기 위한 긍정적 기능을 지니는 것이었다는 점까지도 인정하지 않는 입장이라고 할 수 있다.

이와 같이 유길준의 사상(국제관)에 관한 견해와 평가가 갈리는 원인은 크게 보아 두 가지 요인에 의한 것으로 보인다. 첫째, 자료 해석을 둘러싼 견해의 대립이다. 유길준의 저작, 특히 그의 대표작 『서유견문』의 「방국의 권리」에서 언급되고 있는 '양절체제'론에 대해 유길준의 의도가 무엇인가에 관한 해석이 대립되고 있다. 둘째, 각각의 연구자가 특정 시기의 특정 저작에 나타난 유길준의 대외관 내지는 국제관을 가지고, 이를 유길준의 전체적 대외인식 또는 국제인식으로 일반화하여 강조하고 있다는 점이다. 유길준은, '상황적 사고'와 현실주의 내지는 '프래그머티즘'에 지극히 뛰어났던 후쿠자와만큼 철저하지도 못하고, 반드시 시대상황의 변화에 부합하는 방향에서도 아니었지만,

---

21) 趙景達, 「朝鮮における大國主義と小國主義の相克」, 『朝鮮史研究會論文集』 二二, 1985, 3; 「近代朝鮮のナショナリズムと東アジア」, 『中國―社會と文化』 四, 1989년 6월.

22) 이 견해 특히 유길준과 김옥균의 대청자세를 동일시하는 것은 잘못된 것이라는 점은 본문에서 논하게 될 것이다.

그 역시 시기와 저작에 따라 전혀 다른 대외인식을 나타내는 경우가 있었다. 따라서 유길준의 대외인식의 진상과 그 역사적 타당성 여부를 올바로 평가하기 위해서는, 그의 사상활동과 조선의 역사상황을 대응시켜, 몇 개의 시기에 나타난 그때그때의 그의 주장의 내용을 확인하고 그 변천과정을 파악해야 하며, 그것들이 과연 당시의 시대상황에 부합하는 것이었는가를 검토해야 할 것이다. 그의 대외인식의 전체상에 대한 파악과 그에 관한 평가 역시 그러한 작업의 기저 위에서 이루어져야 할 것이다.

요컨대 필자는 유길준의 사상(본고에서는 국제관)을 분석함에 있어, 단지 사유형식의 특징이나 그 변천을 파악하는 관점(좁은 의미의 사상사적 관점)이 아니라, 사상과 현실 또는 사상사와 정치사를 연계시킨 관점에서의 분석을 시도하고자 한다. 따라서 본고는, 유길준과 후쿠자와의 대외관을 사상(또는 인식)의 유형적 비교가 아니라, 시대와 상황에 따라 동시대 (또는 같은 유형의 시대상황에서)의 유길준과 후쿠자와의 대외관을 비교 분석하는 분석방법을 택하게 될 것이다. 이 경우 유길준의 사상활동의 시기구분과 각 시기마다 주된 분석의 대상이 되는 주요 저작을 밝혀둘 필요가 있을 것이다.

3. 유길준의 사상·정치 활동과 저작의 시기구분

유길준의 생애는, 그의 사상적 정치적 활동의 내용과 성격에 따라 아래와 같은 몇 개의 시기로 나누어 볼 수 있다.[23)]

---

23) 필자는 앞의 졸저(1989)에서 유길준의 활동을 다섯 시기로 분류하고, 주로 『서유견문』에 나타난 그의 개화사상에 의한 갑오개혁기의 활동을 중심으로 검토한 바 있다. 여기에서는 본고의 문제의식과 시각에 따라 본문에서와 같이 수정하여 검토하기로 한다.

1) 제1기 : 소년기·사상적 맹아기(1856.10~1881.1)

탄생으로부터 그가 정부의 일본시찰단 곧 신사유람단의 일원으로 도일하기 이전까지의 시기로서, 소년기의 유길준이 개화사상과 신지식에 눈뜨기 시작하고, 한말 개화파의 중요한 인물들과 폭넓은 교류가 이루어진 시기다. 그 중 주목할 만한 사실을 간추리면 다음과 같다.[24] 17세 되던 해에 경학과 사서에 밝은 학자로 당대에 이름이 높았던 백거(白渠) 유만주(俞萬柱)의 문하생이 되어, 한학과 시문을 배웠다. 1873년부터는 실학의 대가 박지원(朴趾源)의 손자이자 한말 개화파의 사상적 선구자로서 개화파의 형성에 지대한 영향을 미친 박규수(朴珪壽)의 문하생이 되어, 그로부터 위원(魏源)의 『해국도지』(海國圖志) 등을 전수받아 본격적으로 해외지식과 양무사상에 자극받으면서 실학에 대한 관심과 연구에 몰두함으로써 개화사상가로서의 기초를 확립하였다. 뿐만 아니라, 이 기간 동안 그는 주로 박규수의 사랑방 모임을 통하여, 한말 개화파의 거두 김옥균을 비롯하여 김윤식, 어윤중, 유진황, 강위, 민영익, 홍영식 등 한말 정계와 사상계의 주요 인물들과 폭넓은 교류를 쌓았다. 특히 주목되는 것은 19세 되던 해(1874년), 그는 주변의 끈질긴 권유에도 불구하고, 경서나 시문 위주의 과거시험이 '치국위민'과 '부국강병'에 도움이 되지 않는다 하여 과거응시를 완전 단념하고, 신학문에만 전념하기로 작심하였다는 사실이다. 그는 이로써 개화사상가로서의 입지를 확고히 하였을 뿐만 아니라, 1877년 22세의 나이에 과거제도가 조선의 국가발전에 미치는 시대착오적 악영향을 지적하고 이를 폐지할 것을 주장한 「과문폐론」(科文弊論)[25]을 공표하였다.

2) 제2기 : 해외시찰·유학기(초기저작기, 1881.2~1885.12)

이 시기는 다시 세 시기로 구분될 수 있다. ① 일본시찰 및 유학기(1881.2~

24) 유길준의 소년기 행적에 관한 사실들은 유동준, 『유길준전』(일조각, 1987), 1-47쪽에 의거한다.
25) 『俞吉濬全書』 V(詩文編) 所收(일조각, 1971). 이하 『全書』 卷數와 페이지 數만 표기한다.

1882.12) ② 국내체재기(1883.1~1883.6) ③ 미국시찰 및 유학기(1883.7~1885.12; 1885년 6월 이후 유럽 및 일본 경유 귀국 시기 포함). 제2기는 반년간의 국내 체제 기간을 제외하면, 4년 반 가까운 해외시찰과 유학기간으로서, 유길준이 해외견문과 수학 및 자료수집을 통해 후일의 계몽사상가로서의 지반을 형성한 시기라고 할 수 있다. 이 시기에 유길준은 그의 초기 대외인식을 엿볼 수 있는 몇 편의 글을 남겼다.

① 1882년 임오군란 직후, 일본 태정대신에 보낸 「上疏文」(윤치호와 共疏)[26]
② 「世界大勢論」(1883)[『全書』 Ⅲ (역사편) 所收]
③ 「競爭論」(1883)[『全書』 Ⅳ (정치경제편) 所收]
④ 「言事疏」(1883)[『全書』 Ⅳ (정치경제편) 所收]

본고에서 유길준의 대외인식과 국제관을 후쿠자와와 비교분석함에 있어서, 첫 번째 대상이 되는 시기는 주로 위의 제2기다. 이 시기는 조선이 일본에 의해 개국되고(1876년), 개국 후에도 재야에서는 위정척사의 분위기가 지배적인 상황에서, 드디어 정부 차원에서 일본에 시찰단을 보내어(1881년) 개화정책이 추진되기 시작하였으나, 다음 해 임오군란을 계기로 조선에 대한 청국의 '속방화'정책이 강화되기 시작하였다. 이에 반발한 김옥균 등 급진개화파가 1884년 대청국 자주독립과 근대화를 추진하기 위해 '쿠데타'(갑신정변)를 일으켰으나 3일 천하로 좌절하였다. 갑신정변 당시 유길준은 미국에 체류 중이었다. 위의 자료는 모두 유길준이 일본 유학 중 또는 유학에서 귀국 직후 집필한 것으로, 청년 유길준이 개화 = 서양화에 앞서가는 일본을 경험하고 난 직후의 대외인식을 나타내주는 것이다. 세 번에 걸친 외유 후 청년 후쿠자와의 대외인식을 염두에 두면 더욱 흥미롭다.

---

26) 「兪吉濬-尹致昊上書」, 『吉田家文書』 제3147호; 金榮作, 『韓末ナショナリズムの研究』(東京大學出版會, 1975), 175-176쪽 및 앞의 拙著(1989), 164-165쪽에 全文을 수록해 놓았다.

3) 제3기 : 연금기·계몽서 저작 활동기(1885.12~1892.11)

갑신정변 후 미국에서 귀국한 유길준이 귀국 직후부터 7년 동안 정부에 의해 '보호'의 성격을 지닌 연금[27]을 당해 있던 시기다. 이 시기는 유길준이 그의 계몽사상을 체계화한 시기인 동시에 비교적 많은 외교정책론을 피력한 시기이기도 하다. 시대상황은 갑신정변의 좌절로 조선에 대한 청국의 내정간섭이 더욱 강화되는 가운데, 영국이 거문도를 점령하는 등 조선에 대한 열강의 야심이 표면화되기 시작하고, 청국은 이른바 "속방분내체제"(屬邦分內體制)를 더욱 강화하여 조선의 자주적 외교를 탄압하고 있었다. 이 시기에 집필된 대부분의 그의 저작 특히 외교론들은 이러한 시대상황을 배경으로 하고 있었다.

이 시기의 그의 대외관을 살필 수 있는 자료는 다음과 같다.

⑤ 「中立論」(1885)[『全書』 Ⅳ 所收]

⑥ 『西遊見聞』(1884~1889년 3월 집필, 간행은 1895년 4월(東京: 交詢社)[『全書』 I][28]

⑦ 「國權」(1888.2~1889)[『全書』 Ⅳ 所收]

⑧ 「邦國의 權利」(1888.2~1889)[29]

⑨ 「答淸使照會」, 「再答淸使照會」, 「三答淸使照會」(1889.9)[『全書』 Ⅳ 所收]

---

27) 종래에는 유길준의 '연금'이 강제구금 된 것으로 이해되어 왔으나, 유길준은 귀국 전 閔氏 정권의 실세들에게 귀국 후의 신변보장에 관해 교섭을 하고, 정부실세들로부터 신변 보장에 관한 언질을 받은 것으로 밝혀지고 있다. 결국 閔氏 정권에서는 유길준이 갑신정변에는 직접 가담하지 않았다는 점과, 최초의 일본·미국 유학생인 그의 활용가치 등을 고려하는 한편, 당시의 여론과 청국의 눈치를 보아 '보호성 연금' 조치를 취한 것으로 보인다. 실제로 閔氏 정권은 그의 '연금' 기간 동안 어려운 외교 문제 등에 봉착하면 그에게 자문을 구했다. 이에 대해서는 兪東濬, 『兪吉濬全集』(136쪽 이하) 및 柳永益, 「甲午更張 以前의 兪吉濬」, 『甲午更張硏究』(일조각, 1990)을 참고할 것.

28) 유길준 자신은 『西遊見聞』 「序」에서 이 책의 유래가 1884년부터라고 하고 있으나, 실제로 집필하기 시작한 것은 1887년, 그가 한규설의 집에서 白鹿洞 翠雲亭으로 옮겨 유폐되고 나서부터라는 견해가 있다(유동준, 앞의 책, 335쪽).

29) 『西遊見聞』 속의 한 부분이나, ⑥의 「國權」의 내용을 부분적으로 첨삭하여 국한혼용문체로 고쳐 쓴 논문이다.

본고에서는 이 시기의 유길준의 전반적 국제정치관 특히 만국공법에 관한 인식을 같은 시기의 후쿠자와와의 대비를 통해 비교분석하고, 아울러 그의 대청국 인식과 대일본 인식(대서구 열강 인식) 사이의 괴리를 살피고자 한다.

4) 제4기 : 갑오개혁기(1894.7~1896.2)

유길준의 생애 중 가장 중요한 시기이자 조선의 근대사에 있어서도 매우 중요한 시기로서, 그가 1894년 7월 일본군의 군사적 개입으로 성립된 개화파 정권(김홍집 내각)의 군국기무처의원, 내각총서, 내무대신 등을 역임하면서 개혁을 주도해 나간 시기다. 정치적으로도 대단히 중요한 시기로서, 그는『서유견문』의 개화사상에 입각하여 개혁을 추진하는 데에 몰두했다. 그러나 이 시기는 그가 일본의 군사력과 정치적 영향을 강하게 받았던 — 물론 갈등도 컸지만 — 정권에 참여하여 개혁을 추진했다는 정치적 성격 외에, 그의 대외관을 살필 수 있는 특기할 만한 저술이 없다. 그러므로 이 시기는 대체로 앞 시기의 저작에 나타난 그의 국제정치관과 대외인식이 지속되는 것으로 판단할 수 있다. 따라서 본고에서는 이 시기에 관한 별도의 장(章)을 구성하지 않고, 제3기의 연장선상에서 다루게 될 것이다.

5) 제5기 : 망명기(1896.2~1907.8)

청일전쟁에서의 승리에도 불구하고, 삼국 간섭에 의해 조선 정계에서의 영향력이 저하되자, 영향력 회복을 위하여 일본이 명성황후를 시해하는 사건이 발생한 시기다. 다른 한편 개화파 정권은 일본군의 힘을 빌려 밑으로부터의 '내셔널리즘'이었던 동학·농민군을 탄압한 후, 무리한 개혁을 추진한 것이 화근이 되어 민중의 '의병투쟁'에 직면하고, 국왕 고종의 '아관파천'으로 지배층 내부의 권력투쟁에서도 패배함으로써, 각료의 대부분이 민중에게 타살되는 비극적 결말을 맞이했다. 유길준은 겨우 일본으로 탈출하여 11년에 걸친 망명생활을 보냈다. 그간 조선과 동양의 정국은 삼국간섭으로 인한 조선에서의 열세를 만회하기 위한 일본의 외교적 노력이 점점 '성과'를 내고, 만주와 조선을 둘러싼 러시아와의 외교적 경쟁에서 "일·영 동맹"의 체결(1902년)로 우위를 확보한 일본이, 러시아와의 전쟁(1904년)에서도 승리함으로써, 다음 해(1905년) 이른바 을사보호조약으로 조선의 외교권을 박탈하고, 완전 식민지화를 위한 '법적' 절차를 마무리지어가는 시기이기도 하였다. 유길준이 순종황제의 은유(恩宥)를 받고 귀국한 것은, 바로 이러한 상황의 마지막 단계인 1907년 8월, 조선의 식민지화를 거의 눈앞에 둔 때였다. 11년간의 망명기간 동안 유길준은 1902년 6월, 조선의 정체 변혁을 위한 '쿠데타' 음모를 세웠다가 탄로되어 외교적 곤경에 처한 일본 정부에 의해 오가사하라(小笠原島)와 하찌조지마(八丈島)에서 유배생활을 보내는 등 파란만장한 세월을 보냈다. 그러나 망명기에 그의 여타 행적은 별로 알려진 것이 없고, 이 시기의 그의 국제정치관과 대외인식을 나타내주는 이렇다 할 자료도 남긴 것이 없다. 따라서 본고에서는 이 시기 역시 그 전후의 시기와의 관련에서 처리하기로 하고 별도의 장(章)을 설정하지 않았다.

6) 제6기 : 계몽교육 활동기(1907.8~1914.9)

망명에서 귀국한 유길준이 역술 및 교육활동과 더불어 한성부민회(漢城府民會)와 흥사단을 중심으로 애국계몽운동의 한 유형인 이른바 "실력양성운동"[30]에 종사하면서 잡다한 사회활동을 하다가 합방 후 1914년 생을 마칠 때까지의 시기다. 이 시기에 그의 국제정치관 및 대외인식, 특히 일본에 대한 인식을 살필 수 있는 자료로는 다음과 같은 것이 있다.

⑩ 「平和克復策」(丁未 1907)[『全書』 Ⅳ 所收]

⑪ 「新協約에 대한 談」(『漢陽報』 제1권 제1호. 1907년(隆熙 元年 9월 11일) [『全書』 Ⅳ 所收]

---

30) 이에 관하여는 月脚達彦, 1997을 참조할 것.

⑫『普魯士國 厚禮斛益大王의 七年戰史』「序」(1908.5)[『全書』 Ⅲ(역사편) 所收]

⑬『英法露土 諸國의 哥利米亞戰史』「序」(1908.6)[『全書』 Ⅲ(역사편) 所收]

위의 자료 중 ⑫와 ⑬은 각각 『프러시아 프리드리히 대왕 칠 년 전사』와 『크리미아전사』를 역술하면서 유길준이 붙인 「서언」인데, 자료 ⑩, ⑪과 더불어 일본에 의한 합방으로 망국이 추진되던 상황에서의 그의 국제정치관과 대일본관을 나타낸 것들로서 중요한 의미를 지닌다.[31)]

이상의 시기 구분과 자료 정리를 토대로 하여 본고는 아래와 같이 구성될 것이다.

서장(序章)에 이어, 제2장은 "1880년대 전반(갑신정변 전후)까지의 유길준의 국제정치관과 대외인식"을 살피면서 후쿠자와와의 비교를 시도하게 될 것이다. 비교 관점은 같은 시기 두 사람의 대외인식에 관한 비교와 더불어 같은 상황, 곧 후쿠자와가 처음으로 외유를 하고 돌아 온 후(1860년대)의 대외인식과 유길준의 해외유학 및 시찰 직후(1880년대 전반)의 국제관을 비교하고자 한다.

제3장은 "갑신정변 이후(1880년대 후반)부터 갑오개혁기(1890년대 후반)까지의 유길준의 국제관 및 대외(열강) 인식"을 역시 후쿠자와와의 비교 시각에서 다루며, 여기서는 같은 시기 두 사람의 사상을 국제정치관 일반 및 공법관을 중심으로 분석하고자 한다. 아울러 유길준과 후쿠자와 양인이 각기 '문명'을 논함에 있어 그것이 '독립론'과 어떻게 연계되고 있는지의 문제, 곧 문명론의 '내셔널리즘' 속에서의 위상에 관한 비교를 시도하고자 한다.

제4장은 "망국기(1905년의 보호조약 이후)의 유길준의 국제관과 대일본인식"을 분석하고자 한다. 이 시기에 후쿠자와는 이미 몰한 지 오래되어 두 사

31) 또한 자료 ⑫와 ⑬은 모두 그의 귀국 직후인 1907년과 1908년에 출간된 것인데, 그 방대한 양으로 보아 아마도 『全書』 Ⅲ(歷史編)에 수록되어 있는 여타의 『戰史』들, 즉 『波蘭國衰亡戰史』와 『伊太利獨立戰史』와 더불어 그가 귀국하기 전 일본 망명기간 중에 러·일전쟁을 경험하면서 각국의 흥망사에 관심을 가지고 번역을 해 놓았던 것으로 추측된다.

람의 동시대사상을 비교할 수는 없으나, 말년의 후쿠자와의 국제관 특히 조선관을 고찰하여 유길준의 일본관과 대비해 보고자 한다.

제5장 "결론"에서는 이상의 분석에 입각하여 양인의 사상적 차이, 서구 수용의 차이가 양국의 근대사의 기로와 관련하여 지니는 역사적·사상적 의미에 관해 언급하고자 한다.

II. 해외시찰 · 유학기(1880년대 전반)의 유길준의 국제정치관과 대외인식 : 후쿠자와와의 대비를 중심으로

본 장에서는 대체로 갑신정변 직후까지의 유길준의 국제관과 대외인식을 자료 ①, ②, ③, ④를 중심으로 살펴보게 될 것이다. 특히 이 시기에 유길준이 일본과 미국을 시찰 유학하고 돌아온 직후였다는 점에 착안하여, 후쿠자와가 세 번에 걸친 양행(洋行)으로부터 받은 영향을 유길준과 대비해 봄과 아울러 동시기 양인의 국제관을 비교하고자 한다.

1. 양행의 영향 : "유길준의 '문명'과 '부강'에의 개안(開眼)"과 "'내셔널리스트' 후쿠자와의 형성"

1881년 봄, 유길준은 개화정책 추진을 위한 조선정부의 일본시찰단 파견에 어윤중(魚允中)의 수원으로 동참하여, 시찰단의 귀국 후에도 일본에 잔류하여 게이오기주쿠(慶應義塾)에서 일 년여 수학하였다. 청년 유길준이 일본시찰·유학에서 받은 영향을 한마디로 집약하자면 "'문명'에의 개안" 또는 「開國進取論」(츠키아시, 1991.10)의 재확인이었다고 할 수 있다.

> 聖上御極하신 十八年 辛巳春에 余가 東으로 日本에 遊하야 其人民의 勤勵한 習俗과 事物의 繁殖한 景像을 見함이 竊料하든배 아니러니 及 其國中의 多聞博學의 士를 從하야 論議唱酬하는 際에 …… 其事를 考하야 實境을 透解하며 眞界를 披開한 則 其施措規㨾이 泰西의 風을 模倣한 者가 十의 八九를 是居하니 盖日本이 歐洲和蘭國과 其交를 通함이 二百年에 過하나 …… 以來歐美諸邦의 約을 訂結한 後로부터 交誼의 敦密함을 隨하며 時機의 變改함을 察하야 彼의 長技를 是取하며 規制를 是襲함으로 三十年間에 如斯히 其富强을 取함이니 然則 紅毛碧眼의 才藝見識이 人에 過한 者가 必有함이오 余의 舊日 量度한 바 같이 純然한 蠻種에 不止함이라. (『西遊見聞』「序」, 『全書』 I , 1쪽)

30년간의 짧은 기간에 일본이 근대화에 성공한 것은 서구 제국과의 개국통상에 의한 것임과 서구 문명의 우수성이 강조되고 있다. 그는 개국에 항거하는 위정척사운동이 지배하는 조선에 개국의 정당성과 서구문명의 도입을 위한 계몽의 필요성을 절실히 느끼게 된 듯하다. 1882년 임오군란 직후 귀국한 그가 박영효(朴泳孝)의 지시로 조선 최초의 신문간행(국한 혼용체로 기획) 사업을 기획하였던 것도 바로 그 때문이었다.

유길준은 당시의 국제사회의 본질이 "제국 간의 경쟁상태"라 보고, 경쟁이야말로 모든 진보와 발전의 원동력임을 아래와 같이 강조하였다.

> 大槪 人生의 萬事가 競爭을 依持하지 아니한 者가 없으니 大한 則 天下國家의 事로부터 小한 則 一身一家의 事에 이르기 悉皆 競爭을 因하야 始能進步하는 者이라. (「競爭論」, 『全書』 Ⅳ, 47쪽)

> 敵國外患이 없은 則 國乃滅亡이라하니 其今夫其意를 擴論한 則 平時라도 外國競爭이 없으면 國必滅亡한다 함이 可하니라(같은 책, 58-59쪽).

유길준이 이와 같이 전시(戰時) 평시(平時)를 막론하고 경쟁의 필요성을 강조한 목적은, 이제 막 개국을 단행하여 겨우 "我 兄弟(조선-인용자)의 경쟁구역을 확장하고 文明富强할 '편서'"를 열어놓은 조선이 "그 氣力을 旺盛히 하야 경쟁안목을 원대히 하고, 上下同心하야 경쟁정신을 활발하게 하야 …… 一國(조선-인용자)의 文明을 進하며 一國의 富强을 盛"하게 하기 위한 것이었다.

"개국진취"의 기상으로 "문명개화"와 "부국강병"의 필요성을 절감한 것이 유길준이 첫 외유에서 체득한 결론이었다고 말할 수 있을 것이다. 외국시찰이 계기가 되어 '문명'에의 진보를 크게 달성하고 있는 외국에 비해 자국의 후진성을 통감하고 위기의식을 지니게 되었다는 점에서는 유길준 역시 후쿠자와의 경우와 크게 다를 바가 없었다.

그런데 상대적인 의미에서이긴 하지만, 후쿠자와의 경우, 해외시찰의 영향은 "'문명'에의 개안(開眼)"이었다기보다는 "'내셔널리즘'에 대한 개안"이란 측면이 보다 강했었다고 판단된다.

후쿠자와는 1860년 첫 번째 양행을 하였으나, 이때는 샌프란시스코에 50여 일간 체재하는 짧은 경험이기도 하여, 서구 문명의 극히 일부분만을 경험한 것이었다. 그런 탓도 있었겠지만 후쿠자와는 후일, 첫 번째 양행을 회고하여 말하기를 "(서양의) 이학상의 일들에 관하여는 조금도 놀라지 않았지만(이해가 되었지만), 다른 한편 사회적인 일들에 관해서는 전혀 이해가 되질 않았다"(『自傳』, 岩波文庫, 117쪽)고 고백하고 있다. 이로 미루어 보아도, 후쿠자와는 첫 번째 양행의 단계에서는 '서구 문명사회'에 대해 의문만 잔뜩 품고 돌아온 듯하다. 그러나 다른 한편 이 양행은 후쿠자와로 하여금 강열한 국가의식에 눈뜨게 했다. 귀국 후 후쿠자와가 간행한 『增訂華英通語』(『全集』 제1권 所收)의 「凡例」에는 "이것(焉)을 국가의 급무를 위해 쓰이도록(答하도록) 해야 한다"고 기록해 놓고 있다. 여기에서 후쿠자와가 말하는 '국가'란 幕府를 말하는 것이었지만, 후쿠자와가 양행을 통해 일본 전체의 운명 = 국가의 급무에 강한 관심을 지니게 되었음을 나타내주고 있다.

제2차 양행은 후쿠자와를 '내셔널리스트'로 확립시키는 데에 더욱 결정적인 계기가 되었다는 것은 널리 인정되고 있는 사실이다. 1862년 1월 이후 일 년간에 걸친 제2차 양행에서 후쿠자와가 얻은 것은, 무엇보다도 일본의 식민지화에의 위기감이었다. 막부의 견미(遣美)사절단의 일원으로 아시아와 구미열강을 역방한 이 양행은, 영국군함을 이용한 덕분에 영국의 아시아 식민지 지배의 실태를 엿볼 수 있는 좋은 기회였다. 이때의 견문을 통해 후쿠자와는 일본의 식민지화의 위기를 예감하게 되었다. 그 기억이 먼 후일까지 강하게 남아있었음은 『淸英交涉始末』(『全集』 제2권 岩波版[이하 同]) 所收)이나 『學問의 勸奬』「初編」의 기술을 보더라도 알 수 있다. 후쿠자와의 계몽사상의 원전이라고 불리는 『學問의 勸奬』까지도, 실은 '내셔널리즘'의 동기에 자극되어 탄생된 것[32]임을 보여 주는 것이기도 하다.

일반적으로, 이 두 번째 양행은 후쿠자와가 서양문명에 눈뜨는 계기가 되었다는 점이 강조되어 왔다.[33] 물론 그런 측면도 있다. 이때 수집한 자료가 후일 『서양사정』으로 정리되어 나오기도 하고, 이때의 견문이 그의 '계몽사상'의 밑거름이 되었기 때문이다. 그러나 후쿠자와가 이 제2의 양행을 통해 자본주의 문명의 본질이나 서구민주주의의 이념을 터득했다고 이해하는 것은 좀 과장된 해석일 것이다. 왜냐하면, 이때의 후쿠자와의 관심은 어디까지나 일본의 독립과 부국강병에 직접적으로 도움이 되는 각국의 군사, 운수, 통신, 경제 그리고 교육 등의 순서로 나타나 있었기 때문이다.[34]

나까즈(中津)번 중신 시마즈(島津祐太郎)에게 보낸 서한은 후쿠자와가 최초로 정치적 발언을 한 문헌으로 알려져 있는데, 여기에서 후쿠자와는

> 금반 제외국의 사정을 살핀 바에 의하면, …… 우리나라도 이제까지의 정치제도를 변혁하지 않고서는 안 [된다.] …… 먼저 당금의 급무는 부국강병에 있으며, 부국강병의 본(本)은 인물을 양육하는 것(『全集』 제17권, 7-8쪽)

이라고 개혁의 방향을 제시하고 있다. 요컨대 후쿠자와는 양행을 통해 국체의 변혁과 인재양성의 과제를 자각하였는데, 그것은 독립을 위한 부국강병이 급무라는 '내셔널리즘'의 의식을 통해서였다.

앞서 살펴본 바와 같이, 유길준 역시 이미 일본시찰과 유학 직후 "개국진취"와 "경쟁심"의 고취를 논하고, 그것이 "일국의 문명부강"을 성하게 하기 위

---

32) 이 점에 관하여 자세한 것은 김영작, 앞의 책, 2001, 110-116쪽을 참조 바람.
33) 예컨대 鹿野政直, 『近代日本思想の形成』(新評論, 1956), 40-42쪽.
34) 廣田昌希, 前揭書, 60쪽 및 63-64쪽의 주 12를 참조.

한 것이라는 점을 강조하는 등, 논리의 구성요소의 면에서는 별 다를 것이 없었다. 그러나 양자의 주장을 자세히 분석해 보면, 강조점에 미묘한 차이를 발견하게 된다. 유길준은 "부강"을 전제로 하면서도 "문명"에의 계몽을 강조하는 데에 역점을 두고 있었던 데에 반해, 후쿠자와는 "문명"을 전제로 하면서도 "부국강병"이 급무임을 강조하는 데 역점을 두고 있었다. 이 미묘한 차이는 대단히 중요하게 생각된다. 왜냐하면 그것은 그 이후의 양인의 사상 전개과정에 더욱 뚜렷하고 대단히 중요한 차이로 증폭되어 나타난다고 판단되기 때문이다. 그 최초의 본격적 양상은 3절에서 두 사람의 '병력과 공법의 강조양상의 차이'에서 확인하게 될 것이지만, 아래에서 살펴볼 이 시기의 유길준의 대외관의 편린들에서도 그 단서를 발견하게 된다.

2. 유길준의 대외관의 편린들

일본시찰·유학 직후의 유길준의 일본관은 일본이 서구문명을 도입하기 시작한지 불과 30년 만에 많은 발전을 이룩하고 있다는 사실에 큰 감명을 받고 있었다. 뿐만 아니라, 이 시기의 유길준은 외세로서의 일본에 대해서도 과도한 신뢰감에 입각하여 군사적으로 의존적 자세를 나타내고 있었다. 귀국 직전 일본에서 임오군란의 소식에 접한 유길준은, 윤치호(尹致昊)와 연명으로 일본 정부에 상서(앞의 자료 ①)하여, 대원군을 '국적'으로 규정하고 토벌을 위해 일본의 출병을 요청하였다.

> '금일 이후 대원군은 조선인민 모두의 원수이며, 일본에게도 토벌해야 할 적'이므로 일본이 '문죄의 군대를 파견해 복수해야 한다.'

는 것이었다. 대원군을 '국적'이나 '적배'라 칭하면서 일본이 군대를 파견하여 '문죄의 거'와 '복수의 의'를 행하는 것은 '명정언순'이요 '일거양득' 운운한 것은 아무리 보아도 도가 넘친 행위였다고 밖에 할 수 없다.[35]

이 상소에서의 유길준의 태도는, 그 서두의 언급으로 보아, 대원군이 군란을 일으켜, 국모 민비와 자신(윤치호)들의 부모를 살해하였다는 오보에 흥분한 측면이 있어 보이나, 당시 유길준의 대일관과 정치관의 단면을 아울러 나타내 주는 측면도 있다. 곧, 유길준에게는 대원군은 '성래잔혹'한 폭군이자 쇄국의 상징으로서, 곧 '반문명'이었으며 따라서 '국적'이라는 등식이 성립되고 있었던 것으로 보인다.

흥미롭게도 유길준의 이러한 자세는, 어찌 보면 후쿠자와가 1865년 막부에 제출한 「長州再征에 關한 建白書」(『全集』 제20권)에서, 막부의 죠슈(長州) 재정벌을 "천고의 쾌거"로 칭찬하면서, "외국군대의 차용"을 제안했던 사실과 흡사하다. 당시 후쿠자와의 생각으로는, 지난날 청조(淸朝)가 영불 연합군의 힘을 빌려 장발적을 토벌한 것을 긍정적으로 평가한 바 있는 (『全集』 제19권, 47, 52쪽) 양행 무렵의 인식의 연장선에서, 죠수(長洲)= 양이파 = 장발적 = 반문명이라는 인식이 있었다고 생각된다.

그러나 이 경우 후쿠자와가 유길준과 달랐던 점은, 죠슈 재정벌을 건의했을 때에 후쿠자와가 사용한 논리 속에는 이미 "힘이 정의"라는 "권력정치적 발상"이 강하게 작용하고 있었다는 점이다. 후쿠자와는 외국군대를 차용하는 것이 "인심의 지탄"을 받을 것을 꺼려하면서도, 결국 "모든 명의라는 것은 병력에 의해 어떻게든 될 수 있는 것"(『全集』 제20권, 10쪽)이라는 권력정치의 논리로 밀어붙였다. 후쿠자와가 이 건백서의 말미에 『서양사정』 사본을 참조해 주기 바란다는 첨언을 하고 있는 것(『全集』 제20권, 11쪽)을 보면, 후쿠자와에게는 "힘에 의한 정치" = "죠슈 정벌"과 "문명개화" = 『西洋事情』이 불가분의 관계

35) 유길준 등의 이러한 행동은 김옥균의 임오군란 및 청국의 대원군 납치에 대한 강경한 반대와는 전혀 다른 것이었다. 하라다(原田)는 "임오군란후의 청군의 간섭과 대원군 납치에 관하여 개국파 내에 대립이 발생하여 김윤식과 어윤중은 청군에 원병을 요청했고, 김옥균과 유길준은 일본군에 출병을 요구하였으나 전자(김윤식, 어윤중)에 의한 대원군의 처우를 둘러싸고 兩者 간의 대립이 심각해졌다"(原田, 「朝鮮の近代化構想」, 13쪽)고 지적하고 있으나, 김옥균에 관한 한 이는 사실이 아니다. 김옥균은 처음부터 일본에 출병을 요구한 사실이 없으며, 유길준이 그러한 요구를 한 것을 알고 유길준을 심히 나무랐다. 대원군의 납치에 관해서도 정치적 입장이 다름에도 불구하고, 조선의 국권수호라는 관점에서 시종 반대하였고, 대원군 납치를 지지하는 어윤중등과 격한 대결을 한 바 있다. 이 점에 관한 자세한 것은 졸저, 1975, 177쪽 및 1989, 166쪽을 참조 바람.

에 있었던 것으로 보인다. 달리 말하면 "권력에 의한 정벌"을 "문명론"으로 정당화하려는 건의였다고 할 수 있다.

이 무렵의 유길준에게도 국제사회의 권력정치적 현상에 대한 인식이 전혀 없었던 것은 아니었다. 「언사소」(言事疏)[『全書』 Ⅳ, 정치경제편 所收]에 나타난 조선의 지정학적 위치에 관한 인식과 러시아에 대한 의기의식 등에서 그 편린을 찾아볼 수 있다. 그는 「언사소」의 서두에서

> 지금 宇內各國은 通商條約을 체결하여 친목을 도모하고 商務를 넓혀 國富를 꾀하며, '병정'을 확대하여 자수를 확고히 하고 있다. …… 故로 兵政과 商務를 일으키지 않으면 나라가 빈약해져서 자립하기 어렵다(『全書』 Ⅳ, 63쪽).

> 我國(조선)은 亞洲의 인후에 위치하고 강대한 러시아에 인접한 나라여서 '天下 필쟁의 땅'이 되어 있다. 게다가 러시아인은 '虎狼'이어서 우리나라를 호시탐탐 엿본 지 오래이다(같은 책, 68쪽).

라고 하였다. 그러나 "러시아가 움직이지 않고 특히 '흔단(전쟁)'을 일으키지 못하고 있는 것은 비록 러시아가 '공법'을 지키지 않는 나라라고는 하지만, 그래도 이를 두려워하는 바가 있기 때문"(같은 책)이라고 강조한다. 즉, 조선의 지정학적 위치의 위험성과 러시아에 대한 위기감에서 내수외교의 강화와 더불어 '병정'(병력)확대의 필요성을 강조하면서도 아울러 '공법에 대한 기대감을 피력하고 있었다.

유길준에게는 이미 1860년대의 후쿠자와에게서 보는 바와 같은 「힘이 정의」라는 권력론이나, "명의는 병력에 의해 어떻게든 될 수 있는 것"이라는 생생한 '권력숭배', 그리고 그와 연계된 '교활한' 「문명론」은 보이지 않는다. 그가 일본군대의 파견을 요정한 동기는 어디까시나 '性來殘酷'한 폭군과 '폭란지배'의 폭정을 조·일 '양국의 정의'에 입각하여 제거하자는 것이었다. 후쿠자와에 비하면 '권력정치론이 빠져있는 병력론'이라고나 할까 '도덕적 정벌론'같은 것이었다는 느낌이 든다. 좋게 보면 병력론(권력정치론)과 「문명론」이 밀착되어 있었고, '병정'(군사적인 것)의 강조에는 '신의외교' 및 공법에 대한 기대가 병

존하고 있었다고도 할 수 있을 것이다. 아래의 「세계대세론」에서는 이 점이 더욱 두드러지게 나타난다.

그 분석에 앞서 유길준의 대청자세의 편린을 살펴보자. 왠지 청국에 대한 이 시기의 유길준의 자세는 적어도 표면적으로는 그리 뚜렷하지 않다. 그가 『서유견문』에 앞서 이미 이 시기에 「경쟁론」을 국한 혼용문으로 쓰고, 또 조선도 고유의 연호를 쓸 필요성을 강조하면서 실제로 「세계대세론」에서 조선의 개국 연호를 사용한 점(『全書』 Ⅲ, 37쪽) 등으로 보아, 그 역시 대청 자주 의식을 지니고 있었던 것으로 보인다. 그러나 정작 현실적 정치문제였던 조선 내정에 관한 청국의 간섭에 관해서는 아무런 반응도 보이지 않고 있었다. 청국의 대원군 납치에 관하여는 자신의 판단이 김옥균 등 개화파 지도자와 대립되는 것이었으므로 침묵하는 편이 좋다 판단했을지도 모른다. 그러나 노골화되어 가는 청국의 조선속방화 정책에 관해서도 아무런 반응을 보이지 않았던 것은, 1880년대 후반의 명확한 대청 자주 외교론과는 일견 큰 차이가 있어 보인다. 그러나 임오군란의 수습을 위해 일본의 파병까지를 요청했던 사실로 보아, 후일 『서유견문』에서 명백히 밝히는 바와 같이 그에게는 이미 청국 = '半開化'(또는 '未開')라는 문명관과 더불어, 현실정치의 입장에서도 '反淸'의 입장에 서 있었다고 볼 수 있을 것이다.

3. 「세계대세론」(1883)에 나타난 유길준의 '현실주의'와 '이상주의'의 병존 및 '병력'과 '공법'의 위상 : 후쿠자와의 '마키아벨리즘'과의 비교

그의 초기 저작 중의 하나인 「세계대세론」(1883)(『全書』 Ⅲ 所收)에서, 유길준은 국권의 삼대권으로, 「일국주재권(외국인을 자국법으로 재판하는 권리)」, 「일국독립권(내정간섭을 받지 않는 권리)」, 「일국동등권」을 열거하고 (『全書』 Ⅲ, 89-90쪽), "국권을 확장하려 함은 병력을 養치아니 함이 可치 아니하니," 운운하고,(『全書』 Ⅲ, 91쪽), 조선이 서양제국과 조약을 체결하고서도 불평등 조약이 되어 치외법권과 관세부과권도 없으며, 공사(외교사절)의

외국 부임 시 병사대동권이 없는 등,

> 實狀 一國의 三大權을 損失하야 榮光을 保有치 못하는 것은 그 까닭을 詳推細察한 則 도시 我國에 兵力이 없는 緣故라(『全書』 Ⅲ, 92-93쪽)

하였다.

반면, 英·魯·獨(日耳曼) 등 여러 나라의 무역의 번성함과 국위확장은 병력이 강하기 때문이므로, "一國 國權의 基本은 兵力에 在한다고 云함이 可하다"(『全書』 Ⅲ, 93쪽)고 한 다음, 서구열강과 일본의 인구 및 병력의 개요를 소개하고 있다(『全書』 Ⅲ, 94-98쪽).[36] 더 나아가 그는,

> 如此히 平時에는 兵力으로써 國威를 揚耀하고 一朝에 有事한 時節을 當한 則 兵力으로써 勝敗를 決斷하나니 兵力이 이 갈지 아니하면 一國의 權利를 護衛하지 못함이라"(『全書』 Ⅲ, 99쪽)

고 하였다.

이 「세계대세론」에 나타난 각 열강에 대한 유길준의 인식은, 그의 전 저작 가운데 아마도 가장 현실주의적인 열강인식을 나타내 주고 있다는 점에서 일단 주목할 만하다. 「세계대세론」에서는 유길준 역시 국제사회에 대한 '리얼'한 인식을 지니고 있었으며, 병력의 중요성과 병력이 결여된 상태에서는 일국의 국권과 조약상의 평등권도 현실세계에서는 불평등한 관계를 모면할 수 없다는 인식 및 조선의 실상이 바로 그러한 상태에 있다는 점을 강조하고 있었다.

이는 1880년대의 유길준의 저술 가운데, 국제사회의 권력정치 현상과 병력의 중요성을 강조한 흔치않은 주장 중의 하나다. 그러나 후쿠자와의 「時事小言」을 참고로 하여 쓴 이 글에서도, 병력의 중요성에 대한 유길준의 강조는, 후쿠자와에 비해 양과 강도에 있어 비교가 되지 않을 정도로 약하다. 더욱이 병력의

36) 유길준은 이 부분을 기술함에 있어 후쿠자와의 「時事小言」(1881년), 『全集』 ④, 『選集』 ⑤ 169쪽의 부분을 옮긴 것으로 보인다. 다만 일본에 관한 부분은 그가 첨부한 것이다.

강화를 위해 징세와 국민적 결속을 강조한 후쿠자와와 달리, 자국(조선)의 병력을 강화하기 위한 아무런 구체적인 정책론도 제시하고 있지 않다.

후술하겠지만, 후쿠자와도 『西洋事情 外篇』 卷之一을 쓸 무렵(1866년)에는, 국내외 정치 모두에서 무력행사를 '반문명적'인 것으로 파악하고, '부귀이달'의 방법은 '덕행'과 '지식'의 연마를 통한 문명적 행동, 곧 자신의 이익추구가 타인(타국)에게도 이익이 되는 것이어야 함을 강조하고 있었다. 그러나 유길준이 「세계대세론」을 집필한 1883년이라는 시점의 후쿠자와는 이미 무력을 반문명시하는 '나이브'한 도덕지상주의로부터 탈피한지 오래였다.

이 무렵 후쿠자와의 국제정치관을 살펴보자. "一國 內의 機關에 있어서는 兵馬의 힘 이외에 公議與論이라는 것이 있어서, 스스로 그 힘(병력-인용자)의 運動을 制壓한다고 하지만, 그래도 政府를 세워 그것을 維持하는 데에는 兵力이 없어서는 안 된다."(『全集』 ③, 303-304쪽)고 한 후쿠자와가, 국제사회야말로 오직 병력만이 지배하는 사회임을 강조하는 것은 지극히 당연한 일이었을 것이다.

> 今 內國을 떠나 눈을 돌려 外國交際를 視察할 때는, 兵力을 버리고 달리 크게 依存할 만한 것이 있는가? 지금의 世界의 實況에 있어서, 나는 아직 그러한 것을 보지 못한다. 元來 世界人民이 날로 文을 指向하는 오늘날이고 보니, 입으로 文을 말하고 道理를 主唱하는 者 적지 않다. 곧 萬國公法이라는 것도 이 文의 結果로서, 그것을 世界人民의 公議與論이라고 称하여, 얼마간 兵力의 暴動을 制裁하는 境遇가 없지는 않지만, 世界의 公議與論은 그 勢力이 實로 漠然한 것으로서, 一國內에서 行해지는 公議與論에 比하면 元來 同日[同一]하게 論할 수 없는 것이다(『全集』 ③, 304쪽).

> 무릇 世界 各國의 戰爭에서, 이기고 其名[分]을 바로 세우지 못하는 것이 없고, 敗하고 罪名을 쓰지 않는 것이 없다. 名[分]이 바르기 때문에 勝利하는 것이 아니라, 勝利하기 때문에 其名이 바로 설수가 있는 것이다."(『全集』 ③, 304쪽)

> 「時事小言」에서 [이미] 말한 바와 같이, 今日 世界의 各國은 마치 封建時代의 武士가 雙刀를 차고 武를 뽐내는 것과 같은 時代인데, 우리 日本만이 홀로 刀를 廢止해서는 안 된다는 것은 세살 먹은 童子도 쉽사리 알 수 있는 일로서, 日本國中에 眞實로

나라를 念慮하는 마음이 있는 者는 西洋諸國의 强兵을 마음에 두지 않을 者가 없다."(『全集』⑤, 305쪽)

공법의 효능에 대한 유보 내지는 회의뿐만 아니라, 그야말로 '힘이 정의(Might is Right)'라는 '힘의 찬미'를 구가하기에 이르렀다. 그리하여 후쿠자와는 무엇보다도 먼저 일본의 병비의 부족함과 그 개량의 필요성부터 제기하였다.

方今 宇內의 形勢를 觀察하건데, 立國에 兵備가 必要함은 論할 여지도 없다. 그럼에도 우리 日本의 陸海軍備는 아직 充實한 것이라고 말할 수는 없다. 이러한 兵力을 가지고 各國과 對立하여 一國의 體面을 지키기는 지극히 어렵다. 速히 그것(兵力)을 改良하지 않으면 안 된다. 그것을 改良하려면 費用을 要함으로, 國民으로부터 稅金을 거두지 않으면 안 된다. 租稅를 徵收하려면 전 국민의 마음속에 政府에 反對하는 마음을 지니게 해서는 도저히 그것을 이룰 수 없을 것이다.[37]

그 병비 강화의 역설은 그의 세계인식이 도덕정치론을 완전히 버리고 패도론(무력의 세계관)으로 경도되었음을 나타내 주는 것이었다.

立國에 兵備가 缺如되어서는 안 된다는 것은 새삼 特別히 여러 가지 辨을 늘어놓지 않아도 될 것이다. 外國交際의 事實에 관하여 말하자면, 지금의 世上은 **아직도 道理의 世界가 아니라 武力의 世界이다.** 或 말을 좀 다듬어 표현하자면, 입으로는 자주 道理를 말하면서, 實際로는 자주 武力을 使用하는 世上이라고 말해야 할 것이다(「兵論」, 「緖言」, 『全集』⑤, 297쪽 - 강조는 인용자).

(前略) 此 交際(國家間 交際-인용자)를 情을 가지고 하려는 것은 절대로 想像도 해서는 안 될 일이다. …… 그러면 무엇을 가지고 그것(外國交際)에 接해야 하는가. 情의 反 그것이다. **나라를 지키는 데에는 사람을 죽이는 器械가 없어서는 안 된다.** …… 今日 世界萬國과 竝立하고 있는 一國으로서, 그 나라를 保護하고 他國의 輕侮를 받지 않고, **더 나아가 他國을 威伏시키기 위해서,** 軍艦 銃砲를 갖추고, 陸海의 兵備를 嚴히 하는 것은, [마 치]封建時代의 武士가 刀劍을 차고 다니는 것과 다를 바 없다(「時事小言」 第4篇, 『全集』⑤, 167-168쪽 - 강조는 인용자).

오늘날의 세계의 大劇場에 서서, 西洋諸國의 人民과 鋒(칼끝)을 겨루려면, 兵馬의

37) 「兵論」, 「緖言」, 『全集』⑤, 295쪽. 이 논문은 후쿠자와가 立案한 한편의 論策을 中上川彦次郎이 필기하여 「兵論」으로 제목을 붙인 것이라 한다.

힘을 제쳐두고 무엇에 依賴할 수 있겠는가. 武가 먼저이고 文은 그 다음이라고 말하지 않을 수 없다(「時事小言」 第4篇, 『全集』 ⑤, 169쪽).

「時事小言」을 쓸 무렵의 후쿠자와는 이미, 문(文)보다 무(武)가 먼저임을 강조하고 있다. 그의 문명론은 국가의 독립과의 관련에서 보면, 독립이 목적이고 문명은 그 수단이었으며, 독립의 수단으로서도 무력이 문[명]보다 우선해야 함을 강조하고 있었음을 알 수 있다.

예컨대 近來 我國에 조약개정 談判의 事[課題]가 있다. …… 내가 察하는 바로는 반드시 [우리나라의] 뜻과 같이 되지 못하는 것이 많다. …… 그 뜻과 같이 되지 않는 것은 무엇 때문인가. …… 결국 그 不如意는 …… 우리에게 한 점 不足한 것이 있어 그러하다는 것을 發明해야 한다(「時事小言」 第4篇, 『全集』 ⑤, 170쪽).

곧 열강과의 조약개정이 뜻대로 안 되는 것도 그 근본은 병비가 없기 때문이라는 판단으로서, 공법과 도리에 대한 기대가 아닌 병력양성을 주장하고 있다.

더 나아가 그는 "요컨대 我日本의 外國交際法은 最後에 呼訴할 곳을 戰爭에 定"해야 한다(『全集』 ④, 638쪽)고까지 주장했다.

他人이 權謀術數를 쓰면 나도 역시 그렇게 해야 한다. 愚건 暴이건 權謀術數건 힘을 다해 이를 行함에, 正論을 돌아 볼 겨를이 없다. …… 나는 權道를 따르는 者이니라(「時事小言」, 『全集』 ⑤, 108-109쪽).

"도리론"을 떠나 병력의 중요성을 강조하는 '리얼리즘'으로 옮겨 왔던 후쿠자와는 드디어 '리얼리즘'에서 다시 권모술수까지도 적극 권장하는 '마키아벨리언이즘'으로 나아갔다. 위의 인용들도 극히 일부에 지나지 않는 것이지만, 이를 길게 인용한 이유는 후쿠자와의 권력론적 인식이 얼마나 투철한 것이었는가를 보여 주기 위한 것이었다.

그런데 이 무렵 유길준의 병력론은, 후쿠자와의 국가전략 및 정략론으로서의 병력 강화론과는 달리, 국권의 유지에는 병력이 기본이라는 점을 지적하고, 여타 열강들의 군사력을 알리는 계몽적 수준에서 병력의 중요성을 지적하고 있다는 느낌이 강하다. 달리 표현하면 유길준에게는 후쿠자와의 "외국교제의 기본은 완력에 두어야한다"든가, "나라를 지키는 데에는 사람을 죽이는 器械가 필요하다", "결국 지금의 금수세계(禽獸世界)에 처하여 최후에 호소할 길(道)은 必修의 獸力에 있을 뿐이다."(『全集』 ④, 636-637쪽)는 등의 살벌하고 냉엄한 표현이 보이지 않는다. 뿐만 아니라, 후쿠자와처럼 "武가 먼저이고 文은 그 다음"이기는커녕, "有事時, 兵力이 없이는 一國의 權利를 護衛하지 못 한다"고 지적한 다음에도, 바로 이어서, "그러하나 又 今日은 昔時같이 無名한 軍士를 起하지 못하나니 公法으로 準據하야 사기를 추찰하고 또 平時는 兩國의 親睦을 保持하기를 위하야 各種法律을 設立하야 상수상준하니 …… " 운운하였다(「世界大勢論」, 『全書』 Ⅲ, 99).

병력의 중요성을 지적하고 나서도 그에게 가장 중시된 것은, 역시 인민의 문명 계몽이었고, "[각국이 戰時에는] 公法으로 準據하야 事機를 推察한다"는 국제공법에 대한 낙관적 기대가 혼재되어 있었으며, '평시에는 국가 간 친목을 保持하기 위하야 각종법률을 相守相遵'한다"(「世界大勢論」, 『全書』 Ⅲ, 99)는 문명국에 대한 신뢰가 저변에 흐르고 있었다.

그러고 보면, 유길준의 「세계대세론」은 그 구성과 전체의 문맥으로 보아, 병력의 중요성을 강조하기 위한 것이라기보다, 조약과 공법의 중요성을 강조하고, 이를 통한 각국교제의 필요성을 역설하기 위한 것이었다는 측면이 더 강하다.

유길준의 이러한 국제인식의 이중성이랄까 불철저한 현실 인식은, 같은 무렵 "국가 간 교제를 정을 가지고 하려는 것은 절대로 상상도 해서는 안 될 일"이라고 경고한 후쿠자와의 냉정하고 철저한 권력정치론과는 너무나도 다른 것이었다고 말하지 않을 수 없다. 더욱이 유길준이 「세계대세론」을 쓴 것이 1883년이었고, 후쿠자와가 「時事小言」과 「兵論」을 쓴 것이 각각 1881년과 1882년의 일이었다는 점을 생각할 때, 과연 유길준은 동시대의 후쿠자와의 사상에 영향을 받고 그것을 그대로 수용한 것인지 의심이 갈 정도다. 이는 유길준과 후쿠자와, 더 나아가서는 한·일 두 나라 개화사상에 있어 서구사상 수용양상의 차이점이기도 할 것이다. 유길준이 여전히 이상주의자(idealist) 내지는 낙관주의자(optimist)로서의 면모를 강하게 지니고 있었다면, 후쿠자와는 이미 철저한 현실주의자 내지는 권력지상주의자(Machiavellian)에 투철했다고 말할 수 있을 것이다. 양자의 이 같은 사상적 차이는, 가치면에서의 호오나 시비를 떠나, 현실 정치면에서의 역할과 기능에 있어 커다란 차이로 나타나지 않을 수 없었을 것이다. 그것은 유길준과 후쿠자와 두 사람의 차이였을 뿐만 아니라, 한·일 두 나라의 국가정략의 차이이자, 더욱 세차게 몰아칠 제국주의 시대의 냉엄한 국제사회에서 한일 두 나라가 직면하게 될 갈등과 분쟁 그리고 근대사의 명운을 달리하게 되는 요인이기도 하였다.

III. 갑신정변 이후(1880년대 후반)부터 갑오개혁기(1890년대 후반)까지 유길준의 국제관과 대외인식 : 후쿠자와와의 비교를 중심으로

1. 유길준의 한반도 중립론에 나타난 국제관과 열강인식

1) 한반도 중립화론 대두와 유길준의 「중립론」(1885) 집필 배경

갑신정변 후 천진에서 청·일 양국의 교섭이 최종단계에 접어들었을 때 영국이 거문도를 점령하는 사건이 발생하였다(1885. 4. 15).

이 사건은 조선에 대한 열강의 압력이 현실화 된 최초의 사건이었다. 뿐만 아니라 거문도 사건이 발생하자 일본은 조선에서의 일청대항을 주축으로 삼고 있던 종래의 정책에서 일·청양국의 협력에 의한 대조선 정책으로 그 외교 전략의 방향을 전환하여 「日清공동보호구상」[38]을 실현하기 위하여 창국에 「朝鮮變法八个條」[39]를 제시하였다. 이는 영국에 대한 일본의 거문도 철병요구와 아울러 고찰하면, 일청 양국의 제휴를 통해 조선을 중립지대로 만들려는 것이었다고 볼 수 있다.

이러한 상황에서 조선에서도 위기를 극복하기 위한 방안의 하나로 중립론이 대두하게 되었다. 중립론은 두 개가 있는데, 거문도 사건이 발생하기 전에 駐朝鮮 독일 副領事 Budler(卜德樂)가 독판교섭통상사무 김윤식에게 조선의 중립화 정책을 권고한 것이 그 하나이고, 다른 하나는 유길준이 집필한 「중립론」이다.[40)]

「중립론」은 유길준이 미국유학에서 귀국한 후 집필한 최초의 논문으로, 일본 유학에서 귀국한 후 집필한 「세계대세론」(1883년)과 더불어 한편에선, 그의 전 저작 중 가장 현실주의적인 국제정세관과 열강인식을 나타내 주고 있고, 다른 한편에선 이 시기 전후의 대중국 인식과는 전혀 다른 중국관을 나타내 주고 있는 논문이라는 점에서 주목된다.

「중립론」[41)]의 요지는, '아시아의 인후(咽喉)'에 위치한 조선의 자주독립과 안전을 보장하기 위한 방책이 '중립화'에 있다고 생각하고, 다만 이를 조선 스스로 제기할 수 없으므로 중국에 청하여 이를 실현하는 것이 바람직하다고 판단하여, "中國이 盟主가 되어, 영국, 프랑스, 일본, 러시아 등 아시아지역과 관계가 있는 諸國이 열국회의를 개최하고, 여기에 조선도 참가하여, [조선의 중립화를 위한] 盟款을 체결토록 해야 한다. 이는 조선을 위한 일일 뿐만이 아니라, 중국의 이익을 위한 일이기도 하며, 또한 열강제국 간의 상보지계(相保之計)이기도 하다."(「中立論」, 326-327쪽)는 것이다.

---

38) 1885年 5月 6日付, 井上宛榎本 報告, 市川正明 編, 『日韓外交史料』(1966, 原書房), 446-7쪽.

39) 이에 관하여는 高橋秀直, 「一八八〇年代の朝鮮問題と國際政治—日清戰爭への道をめぐって—」, 『史林』 71卷 第六号(史學研究會, 京都大學文學部, 1988. 11)을 참조할 것.

40) 「中立論」, 『全書』 Ⅳ 政治·經濟編 所收. 이하 「中立論」으로부터의 인용은 『全書』 Ⅳ 政治·經濟編의 쪽수만 기술함.

41) 「中立論」의 배경과 성격 및 역사적 의의 등에 관하여는 姜萬吉, 「유길준의 한반도 중립화론」, 『分斷時代의 歷史認識』(창작과비평사, 1978)을 참조할 것.

2) 「중립론」에서의 유길준의 제열강인식 : '리얼'한 열강인식과 중국에의 기대

「중립론」의 배경이 되고 있는 유길준의 열강관을 살펴보자. 먼저 그의 러시아관은 다음과 같다.

> 强한 나라가 弱한 나라를, 큰 나라가 작은 나라를 併呑하는 것을 다투는 세상이기는 하지만, 러시아는 그 중에서도 특히 無道한 나라이기 때문에 세상 모든 사람이 貪慾하고 포악한 나라로 지목하고 있다(「中立論」, 321쪽).

> 러시아가 朝鮮을 虎視耽耽 노리고 있은 지도 수년이 지났지만 아직도 구체적인 侵略을 하지 못하고 있는 것은 균세지법 때문[이다.](「中立論」, 322쪽)

유길준은 1883년에 집필한 「언사소」에서 이미 이와 같은 러시아관을 피력한 바 있었다(『全書』 Ⅳ, 68). 러시아의 남하정책을 저지하기 위한 조선의 안전보장 정책으로 「중립론」을 주장한 것도 바로 이러한 러시아 인식에서 비롯된 것이었다. 황준헌의 『조선책략』에서의 사고방식과 맥락을 같이하는 것이었다고 볼 수 있다.

다음으로 일본에 대해서는 다음과 같이 말하고 있다.

> 日本도 조선을 侵略하려는 의도가 없지는 않지만, 그 힘이 부족하여 스스로를 보전하는 데에 여념이 없다. 그래서 감히 中國과 抗爭하지 못하는 것이다(「中立論」, 322쪽).

> 일본이 오늘날 우리나라에서 철병했다고 해서, 크게 기뻐할 바가 못 된다. …… 비단 일본뿐만이 아니라, 이들의 侵略意慾이 없어진 것은 아니다(「中立論」, 324쪽).

미국에 관한 인식 역시 냉정하다.

> 어떤 사람은 말하기를, 美國이 우리나라와 友誼가 두텁고 援助를 期待할 수 있다고 하지만, 그렇지 않다. 美國은 …… 멀리에 있으며 별로 깊은 관계 또한 아니다. 그뿐만 아니라 '먼로주의' 이후에는 유럽이나 아시아의 일에는 干涉하지 못하게 되어, 우리나

> 라가 위급한 상황이 되어도 그들은 言論에서는 도울 수 있지만, 兵力을 사용하여 (우리나라를) 救援해 줄 수는 없다. 千가지의 말도 彈丸 한 개에 미치지 못하고, 그래서 미국은 通商의 상대로서 친하게 지낼 수 있을 뿐, 軍事的 友邦으로 기대해서는 안 된다(「中立論」, 323쪽).

이처럼 러시아에 대한 불신이 특히 두드러진 측면은 있으나, 대체로 일본을 포함한 서구열강 모두에 대하여, 유길준이 매우 균형감이 있고 '리얼'한 인식을 지니고 있었음을 나타내 주는 것이라고 할 수 있다. 러시아가 제일의 가상적국이지만, 일본에 대해서도 "조선에 야망 있는 나라"로 인식하고 있다. 유길준의 외교정책론에 가운데, 소극적이기는 하지만 대일견제의식이 나타나고 있는 유일한 것이 바로 이 「중립론」이었다. 미국에 대한 인식도 매우 현실적이고 타당성을 지닌 것이었다. 뿐만 아니라, "千 가지의 말도 彈丸 한 개에 미치지 못하고, 그래서 미국은 통상의 상대로서 친하게 지낼 수 있을 뿐, 군사적 우방으로 기대해서는 안 된다"고 지적하고 있다. 이 무렵의 유길준에게는 아직 1883년의 「세계대세론」에서 산견되는 군사적 '리얼리즘'이 남아 있었음을 알 수 있다.

그런데 이 「중립론」에 나타난 유길준의 청국관과 대청국자세는, 수년전 임오군란이 발생한 직후 그가 보여 주었던 '소극적 침묵'의 대청인식과는 전혀 다른 것으로서, 중국에 대한 호감과 조선을 위한 중국의 역할에 큰 기대를 걸고 있는 것이었다.

우선 "오늘날의 조선이 만국의 사이에서, 그 영토와 인민을 保持할 수 있는 것은, 중국의 덕택(中國之所賜也)"(「中立論」, 322쪽)이라는 것이고, 앞서 지적한 바와 같이 러시아나 일본 등이 조선에 대한 침략야욕을 발동하지 못하는 것도 중국의 견제력과 '顧護'(援護 : 필자) 때문이며, 중국이 조선과 서구열강과의 조약을 권하고 알선하는 등의 사실로 미루어 보아, 중국은 조선에 대한 병탄야욕을 갖고 있지 않다고 보았다(「中立論」, 322-323쪽). 뿐만 아니라, 그는 중국과 조선의 관계는 '천년봉공수책지국'으로서, 문물과 풍속이 비슷하고 지리적으로도 인접해 있다는 점을 애써 강조하고 있었다(「中立論」, 323

쪽). 조선의 안보를 위해, "中國을 盟主로 하여 列國會議를 召集하고, 이에 朝鮮도 參加하여 [조선의 중립화를 위한] 國際 盟約를 締結토록" 중국에 청하고 안 되면 또 청하여 중립화를 실현하자는 것이었다.

이상에서 살펴본 바와 같이, 「중립론」에 나타난 유길준의 대청 인식은 불과 2년여 전의 임오군란 직후의 그것과는 전혀 달리, 지극히 호의적이고, 신뢰감에 찬 것이었으며, 러시아뿐만 아니라, 일본에 대해서도 상당한 견제의식을 지니고 있었음을 알 수 있다.

왜 이 같은 변화가 발생하였는지 확실한 이유를 말하기는 어렵다. 아마도 임오군란 후, 미국유학을 다녀오는 과정에서 얻은 국제정세에 관한 새로운 인식과 더불어, 「중립론」을 집필할 무렵의 조선의 정치상황이 청국의 영향력이 압도적으로 강화되어 있었던 상황이었다는 점을 배려한 '현실적응적인 발상'의 표출이 아니었을까 생각된다. 그가 「중립론」을 집필해 놓고도, 이것이 공개되기를 대단히 꺼려한 점[42]과 실제로 당시에는 이 논문이 공표된 바 없었다는 점 등으로 보아, 그의 중립론의 현실적 역할을 평할 수는 없으나, 어쨌든 당시의 유길준의 국제관과 대청국 인식 및 대일본 인식의 추이를 살피는 데에는 도움이 된다고 판단된다.

---

42) 유길준은 「중립론」의 원고 서두에 다음과 같은 '메모'를 기록해 놓고 있다. 곧 이 의론은 큰 계획이기는 하나, 대단히 꺼림칙한 바(碍眼)가 있어, 당분간 없애버리는 것이 좋을 것 같다. 다만 집에 보관할 경우에는 없애 버릴 필요까지는 없다(「中立論」, 319쪽). 그가 「중립론」을 집필해 놓고도, 이것이 공개되기를 '대단히 꺼려한 애안(碍眼)'이 무엇이었는지 확실히 알 수는 없으나, 어쨌든 유길준은 자신의 열강관, 특히 대일 인식과 중립화 방안이 일본 측에 알려지는 것을 꺼리고 있었을 가능성도 있다. 또한 유길준의 이 '메모'가 자기 자신이나 가족 성원에게 남기기 위한 것이었는지, 또는 자신에게 중립화 방안을 검토해 줄 것을 부탁했을 가능성이 있는 한규설 등 조선정부 요인에게 전하기 위한 것이었는지 알 수 없으나, 필자의 추찰로는 후자일 가능성이 크다고 보고 있다.

2. 『서유견문』과 「방국의 권리」론을 통해서 본 유길준의 국제질서관

1) 조선의 개국, 임오군란과 "양절체제"(兩截体制)론의 등장

조선의 "근대"는 서구열강과 일본으로부터의 자주독립이라는 과제 이외에, 전통적 국제관계와의 관련에서 볼 때, 이중의 의미에서의 화이적 질서의 극복과정이었다고 할 수 있다. 하나는 의식차원에서의 화이적 명분론의 극복이었고, 다른 하나는 중국(청국)으로부터의 정치적 간섭 내지는 종속의 극복이라는 현실적 권력정치의 과제였다.

그런데 조선의 개국이 같은 유교문화권에 속해 있던 교린국 일본에 의해 이룩됨으로써, 일본에 의한 개국은, 새로운 국제질서와의 만남(강요)이라는 개국 본연의 의미에서 이해되지 못하고, "三百年來의 旧伝統"을 회복하는 것으로 파악되었다. 달리 말하자면, 일본과의 수교는, 明治以後 書契問題로 인해 단절되었던 교린질서의 회복으로 정리되고, 청국과의 관계에 있어서는 종래의 사대질서를 그대로 온존시킨다는 전제가 지속되고 있었다.[43]

그러나 조선과 일본과의 개국조약 제1관에 "조선국자주지방 여일본국보유평등지권……" 운운한 부분은, 일본 측은 물론 조선의 관점에서 보아도 조선이

---

43) 이 점에 관한한 정치적 리얼리즘 및 "保民"과 "국방상의 배려"의 관점에서 對日修交를 열심히 주창하였던 朴珪壽의 경우도 예외는 아니었다는 주장이 있다. "朴珪壽까지도 日本側이 書契에 「陛下」란 用語를 사용하고 있는 것에 대해 거부적이었다"(原田, 「朝鮮の近代化構想」, 1979, 15쪽). 그 근거로 앞의 논문 註 22에서 大院君宛書簡(五), 『獻齊集』 卷11, 9-10쪽을 들고 있다. 그러나 박규수는 일본이 皇을 칭하는 것에 대해, 이는 日本이 自國에서 오래 전부터 사용해 온 것으로 문제 삼을 바가 못 된다고 하였다.[김용구, 『세계관 충돌과 한말외교사』(문학과지성사, 2001), 178쪽]). 뿐만 아니라, 原田는 박규수도 「倭洋一体」論을 주장했다는 점에서 「倭洋一体」論을 가지고 위정척사파와 개화파를 구별하는 기준으로 삼을 수 없다(原田, 「박규수의 대일개국론」, 104쪽, 주 17)고 주장하고 있다. 형식적으로는 그렇게 말할 수 있을지 모른다. 그러나 위정척사파들이 말하는 「倭洋一体論」은 중화적 가치관에 입각하여 일본도 서구처럼 야만으로 보고 거부하기 위한 쇄국론의 논리적 표현이었던 데에 反해, 朴珪壽의 「倭洋一体論」은 서구와 일본의 (대조선 정책의) 본질은 다 같이 通商 이익을 추구하는 자본주의적 욕구의 표출로 파악하고, 그러한 서구 자본국의 파도를 조선이 거부하기 힘들며, 이를 거부하면 "啓釁"(군사적 충돌)이 발생한다는 對日開國論의 논리적 표현이었다는 점에서 본질적으로 다르다고 보아야 할 것이다. 박규수의 書契受理의 주장도 기본적으로 일본과의 "生釁"(군사적 충돌)을 피해야 한다는 것이었다(『日省錄』 乙亥 五月 十日條 참조).

청국의 속방이 아닌 자주지방임을 주장하는 의미를 내포하고 있었다.

청국으로서는 여간 꺼림칙한 일이 아닐 수 없었을 것이다. 더욱이 강화도 조약 이후 일본의 조선 진출로 인해 일본의 직·간접적 영향력 증대가 급격히 진행되고 있었으며, 그러한 와중에 1879년 일본은 오끼나와를 완전히 일본의 영토로 만들었다. 일본에 대한 청국의 경계심이 고조되는 것은 당연한 일이었다.

청국에서 조선에 대한 "속국화지배론"이 등장하는 가운데, 이홍장은 우선 "以夷制夷"적 세력균형의 관점에서 조선과 구미열강과의 조약체결을 알선함으로써, 일본(및 러시아)의 일방적 영향력 확산을 저지하려 하였다. 또 이 과정에서, 가능하다면 국제사회(구미열강)로부터 조선이 청국의 속방임을 인정받아 조선에서의 청국의 특수 지위를 확립하려 하였다. 무엇보다도 한미조약 체결과정에 나타난 이홍장의 이중적 태도(전략)가 이를 극명히 나타내 주는 것이었다. 그러나 이홍장의 이 같은 의도 중, 후자 곧, 조선에 대한 청국의 종주권 확립은 조선정부의 반발은 물론 미국의 반대로 만족할 만한 성과를 거두지 못하고 있던 상황에서, 조선에서 임오군란(1882.7)이 발생하였다. 임오군란의 발발이야말로 청국의 대조선 내정간섭과 "속국화 지배"를 확립시킬 절호의 계기이자 좋은 빌미가 되었다. 임오군란의 처리과정과 그 직후에 나타난 청국의 대조선정책, 특히 대원군의 납치와 조선의 정치, 경제, 군사 등 각 분야에 고문관을 파견하여 조선의 내정과 외교를 장악케 한 일, 그리고 같은 해(1882)에 체결된 "朝淸商民水陸貿易章程"은, 조선에 대한 속국화전략에서 비롯된 조치들이었다. 청국은 실제로 이 장정의 모두에서 조선이 청국의 속방이라는 점과, 이 장정에 의한 청국과 조선의 특수 관계가 제3국에는 적용될 수 없는 것임을 명기시켰다.[44] 임오군란이 조선 측 주도세력(대원군 등)의 의도와는 달리, 청국의 대조선 '속국화' 정책을 실현시키려는 계기로 작용하였던

44) 〈朝淸商民水陸貿易章程〉의 冒頭에, 「朝鮮久列藩封 …… 此次所訂水陸貿易章程, 係中國優待屬邦之意」라 하였다(中央研究院 近代史研究所 編, 『淸季中日韓關係史料』(臺北, 1982) 第3卷, 光緖8年 9月 初1日[1882.10.12], 軍機處交出 李鴻章 鈔摺).

것이다.[45)]

어쨌든 임오군란 이후 조선은, 일본 및 구미제국과는 서구적 국제질서의 규범인 만국공법에 의한 조약체제(Western Treaty System)에 입각한 외교관계, 곧 동등한 주권국가의 입장에서의 국제관계를 성립시켜 나가는 가운데 반면 청국과의 관계에서는 종래의 사대관계의 양상(조공은 하되 내치와 외교는 자주)을 넘어, 실질적 속국화의 위기에 직면하게 되었던 것이다. 유길준이 비판해 마지않은 "양절체제"(兩截体制)가 대두한 것이다.

2) 「방국의 권리」와 '양절체제'론의 본질-'절충적' 대청자주의식 : '예의'와 '공법' 및 '조공'과 '자주'의 양립론

(1) 「방국의 권리」론의 의도와 요체

유길준이 「방국의 권리」를 집필[46)]한 것은, 조선이 일본 및 서구와는 국제

45) 일부에서는 조선에 대한 청국의 속국화 정책이, 조선정부가 對구미 개국을 종주국인 청국의 영도 아래 추진함으로써, 對淸 사대체제를 더욱 강화시키게 되었다는 점을 강조하기도 한다(原田環, 『朴珪壽の對日開國論』, 『人文學報』 第46号, 1979, 103쪽). 그러나 청국의 대조선 속국화 정책의 추진은, 對구미 제국과의 개국조약 체결과정에 청국의 간섭(알선)이나 대청 사대관계를 청산하지 못했던 것도 간접적 원인이 되었지만, 보다 직접적으로는 임오군란으로 발생한 조선에서의 정치상황의 변화에 따른 청국의 노골적 간섭정책이 큰 계기가 되었다고 보아야 할 것이다.

46) 「國權」 및 「邦國의 權利」의 저작연대에 관해서는 여러 가지 견해가 있다. ① 柳永益: 1883년 주장(「甲午更張以前의 俞吉濬」, 앞의 책, 2쪽); ② 李光麟: 1885년 주장(「유길준의 개화사상」, 앞의 책, 3쪽); ③ 月脚達彦: 1887~1889년 주장(「開化思想の形成と展開―俞吉濬の對外觀を中心に」); ④ 鄭容和: 1888. 2월~1889 晩春(『西遊見聞』이 탈고된 시기) 사이. 그 근거는 「國權」의 일부 문장이 데니(O. N. Denny, 德尼)(1838~1900)의 『淸韓論』 [China and Korea(Changhai: Kelly and Walsh, Ltd. Pienters, 1882. 2]의 그것과 一致한다는 것[「유길준(俞吉濬)의 政治思想 研究」, 서울대학교대학원 외교학과 박사학위논문, 1998. 2]; 5) 金鳳珍은 정용화의 說을 따르면서 나반 그 저작 연대가 1888. 2(『淸韓論의 出版 年月』) 이전으로 소급될 가능성도 있다고 하고 있다(金鳳珍, 「俞吉濬の國際秩序觀―朝貢體系と國家平等秩序の間―」, 『東洋文庫研究紀要』 第137冊, 平成 11年 3月). 필자는 ④의 정용화說이 타당하다고 보고 있다. 집필 시기를 그 以前까지 소급해 올라가는 주장은 증거가 박약하기 때문이다. 데니의 한국 부임은 1886년 3월이나 『청한론』의 出版은 1882년 2월이므로, 『청한론』을 읽은 후 「國權」을 썼다고 보는 것이 무리가 없다. 따라서 유길준은 1888년 2월 이후, 『淸韓論』까지 참고하면서 「國權」을 쓰고, 그 후 1889년까지의 어느 시기에 다시 이를 『서유견문』의 저술방침에 따라 국한문으로 번역하면서 일부 내용을 보완한 것으로 보인다. 그리고 『西遊見聞』(1889年 脫稿, 1895年 出刊) 속의 「방국의 권리」에서는

공법에 입각하여 조약을 체결하여 주권국가로서의 권리를 행사하는 한편, 중국과는 이른바 "속방분내체제"[47]가 강요되어, 전통적인 사대의례(조공)뿐만 아니라 정치적으로 속국화의 양상이 강화되던 이중적 상황에서, 조선의 자주·독립국임을 천명하고 청국의 속국화 정책을 비판하기 위한 것이었다. 따라서 「방국의 권리」는 유길준의 총체적인 국제정치관을 나타내고 있는 측면도 있으나, 일차적으로 그의 대청 자주의식을 나타내고 청국에 대해 조선의 자주독립성을 피력하기 위한 외교정책론으로서의 성격이 강한 글이다. 왜냐하면 「방국의 권리」는, 1880년대 후반 청국이 조선의 사절파견을 방해하는 등 내정간섭이 극에 달한 상황에서 저술되었다는 집필배경으로 보나, 그 내용으로 보아, 청국으로부터의 자주권 선언이었다는 성격이 강하기 때문이다.

유길준은 만국공법을 수용하고 만국공법에서 주장하는 국제평등관을 신뢰하는 입장이었다. 따라서 그에게는 중국과의 사대(증·수공)관계를 공법에서 말하는 국가 평등관과의 관련에서 어떻게 정리할 것인가가 현실적 과제였다. 이 문제를 정리하기 위해, 유길준은 증·수공관계와 〈종주국-속방(속국)〉관계를 구별하고, 贈貢行爲는 약소국의 '自保를 위한 외교적 方便'으로서 독립자주와 양립할 수 있는 것이나, 속국은 독립·자주권이 없는 나라이므로, 관념상 또는 이론적으로는 공법을 수용하고 조·청관계가 사대 종속관계가 아닌 자주 독립관계임을 주장하면 되었다. 그러나 현실적으로는 전통적 사대관계의 모든 측면을 한꺼번에 청산하는 일은, 국제관에 대한 인식 차원에서의 '탈중화'나 사상의 차원에서의 자주 독립의식의 생성처럼 간단한 일은 아니었다. 자칫하면 중국으로부터 더 많은 간섭과 압력을 불러올 위험성이 있기 때문이었다. 그러나 다른 한편, 중국으로부터의 간섭과 지배를 실질적으로 청산하지 않고는 조선의 정치적 자주 독립은 유명무실한 것이 되고 말 것 또한 자명한 일이었다. 이러한 상황에서 유길준이 택한 전략이, 실질적인 속방화만은 결코 용인하지 않되 조공관계는 지

「國權」에서 상세히 언급했던 '中立論'에 관해서는 간단히만 언급하고, 「國權」論에 없었던 '兩截體制論'을 추가하였다. 이로 미루어 보아도 「國權」論을 쓴 이후에 집필한 것만은 확실하다.

47) 이에 관한 자세한 내용은 金壽岩, 「韓國의 近代外交制度 硏究」, 서울대학교대학원 외교학과 박사학위 논문, 2000. 2, 제2장을 참조할 것.

속하여 청국을 무마한다는 발상이었다고 할 수 있다.

유길준은 「방국의 권리」에서 조선이 자주·독립국임을 주장함에 있어, 두 가지 논리적·사실적 근거에 입각하고 있었다. 첫째는 조공을 바치는 증공국과 속국은 만국공법상의 제반 권리면에서 전혀 다른 유형의 국가라는 법리상의 근거이고, 둘째는 조선이 이미 국제법상 주권·독립국가만이 행사할 수 있는 제반권리 — 조약체결권·사절파견권 등 — 를 행사하고 있어, 여타 제국으로부터 독립·주권국으로 인정받고 있다는 사실론에 입각한 것이었다.

첫 번째 논거로서, 그는 국제법의 원칙을 강조하고 있다.[48)]

> 大國도 一國이오 小國도 一國이라 國上에 國이 更無하고 國下에 國이 亦無하야 一國이 國되는 權利는 彼此의 同然한 地位로 分毫의 差殊가 不生한지라.(是以로 諸國이 友和한 意로 平均한 禮를 用하야 約款을 互換하며 使節을 交派하야 强弱의 分別을 不立하고 其權利를 相守하야 侵犯하기 不敢[한다.])(『西遊見聞』, 88쪽)

그러나 현실은 국제공법과 다르다.

> 國의 大小와 强弱을 由하야 其形勢의 不敵함이 生하는 故로, 有時 强大國이 公道를 不顧하고 其力을 自恣하는 지라 弱小國이 其自保하는 道를 위하야 他邦의 保護를 受하니 此는 受護國이오 又或 他邦에 貢物을 贈遺하야 或旧傳하는 約章을 遵하며 或新訂한 條款을 依하야 其侵奪한 土地를 索還하며 後代의 攻伐을 免하니 此는 贈貢國이라(『西遊見聞』, 89쪽)

곧 현실적으로 강대국과 약소국의 힘의 차이와 강대국이 공법을 지키지 않고 그 힘을 자행하는 경우가 있기 때문에, 약소국은 강대국의 침략으로부터 자보(自保)하는 방책을 위하여 "수호국"(受護國)이 되기도 하고 "증공국"(贈貢國)이 되기도 한다는 것이다. 조선이 청국에 전통적으로 조공을 바치는 증

48) 유길준은 독립국가의 구성요소를 아래와 같이 규정하고 있다: "夫邦國은 一族의 人民이 一方의 山川을 割據하야 政府를 建設하고 他邦의 管轄을 不受하는 者니"(『西遊見聞』, 85쪽)라 하여, 먼저 국가의 구성 요소가 ① 人民(國民), ② 영토, ③ 정부와 ④ 주권으로 구성된다는 점을 지적하고 있다. 근대적 국가개념과 그 구성요소를 정확히 명시하고 있는 것이다.

공국이 된 것도 그러한 의미에서였다는 것이다.

그러나 이들 "수호국"과 "증공국", 특히 증공국은 국제법상 여전히 「其國을 自管하는 者」로서, 독립주권국으로서의 제반권리를 향유한다는 점에서, 국제법상 독립국으로서의 권리를 아무 것도 행사할 수 없는 "속국" 또는 "반(半)독립국"과는 전혀 다르다는 것이다(『西遊見聞』, 89-91쪽). 곧 청국에 대한 조공에도 불구하고, 조선이 자주·독립국임은 국제법상으로도 확증되는 사실이다. 유길준의 이러한 논리는, 조선정부의 외무협판(Moellendorff의 후임)에 취임한 바 있는, 미국인 O. N. Denny(한국명 "德尼")의 *China and Korea*(Seoul, Korea, 1888; 일본어 옮김, 『淸韓論』, 東京: 1890)를 참조한 것으로 보인다.[49]

뿐만 아니라, 설혹 "약소국이 급박한 경우를 당하여 그내외사무에 타국의 명령에 복종하며(강대국에) 권력의 사용을 허용한다 하더라도, (이는 약소국

---

49) O. N. Denny는 청국 북양대신 이홍장의 추천으로 1886년 3월 조선의 外衙門 고문으로 부임하였다. 부임 직후, 그는 전년(1885) 가을 부임한 러시아 공사 베베르(Karl. I. de Weber)와 조선 조정과의 밀약사건(1885년 겨울 ~ 1886년 여름의 제2차 조러 밀약사건)과 이를 견제하려 한 원세개의 고종폐위 음모사건(1886년 여름) 등, 엄청난 사건을 목격하였다. 1887년 가을, 데니의 권고를 받아 조선정부는 朴定陽을 주미공사로 파견하고, 趙信姬를 구주 5개국 전권대신으로 파견하였다. 그러나 원세개의 방해로 인해, 조신희는 홍콩에서 귀국하고, 朴定陽은 淸國이 제시한 「영약삼단」(另約三端: 부임 후 청국공사의 지시에 따른다는 등 3가지 약속)의 조건하에 미국에 파견되었다. 그러나 박정양은 영약삼단을 지키지 않고 독자적 행동을 하였다. 청국의 압력이 가중되고, 결국 1889년 봄 박 공사일행이 귀국하고 말았다. Denny가 『淸韓論』을 쓴 것은 바로 박정양 사건이 계기가 되었던 것이다.

『淸韓論』(저작연대는, 박 정양 공사가 파견된 1887년 가을 — 저작이 출판된 1888년 2월 사이일 것이다)에서, 그는 원세개의 고종폐위 기도 사건과 청국의 조선 내정간접을 비판하고, 淸國이 "증수공관계"를 이용해서 조선의 독자외교를 방해하는 것은 국제법상 부당하다는 점을 지적했다. 나아가 朝貢이 자주독립을 부정하는 것이 아님을 역사적 사례를 들어 국제법상의 이론을 통해 설파하고 있다. 곧, 버마도 淸國에 조공을 바치고 있었으나 독립국이었다는 사실이 영국의 버마 영유문제가 발생하였을 때에 명백해졌다는 점과, 19세기 초, 미국이 商船 보호를 위해 回敎國에 조공을 바쳤던 사례를 지적하여, 조공이 자주독립성을 부인하는 것이 아니라는 점을 설파한 것이다. 또한 1638년 병자호란시 「城下의 盟」은 藩屬조약이 아니라는 점을 지적하고, 아울러 袁世凱의 전횡을 비판하고 있다. 조선국민에게 그들을 위협하는 사실상의 위험을 경고할 목적으로 조선 국왕의 승인을 얻어 출판된 서적으로서, 조선의 왕과 정부의 국제적·도덕적 권리선언이었던 셈이다. 또한 O. N. Denny와 유길준은 H. Wheaton의 Elements of International Law, G.G. Wilson. ed.(London: Oxford at the Clarendon Press, 1836), 48쪽 및 『萬國公法』 第一卷 第二章 第14節 「進貢藩屬所存主權」(「進貢之國, 並藩邦, 公法就其所存主權多寡, 而定其自主之分, 卽如歐羅巴浜海諸國, 前進貢於巴里時, 於其自立自存之權, 並無所碍」)에 의존한 것으로 보인다.

이 강대국의 잠식하는 침벌을 공구하는 故로 其明言 혹암지하는 명령을 복종하나) (강대국의) 명령과 (약소국의) 복종이 희활(희활=의견이 맞지 않고 틈이 생겨 있음)한 자니, 此를 由하야는 강대국이 약소국을 통괄하는 권력도 부생하고, 약소국이 강대국에 부속하는 관계도 부기한다(발생하지 않는다)고" (『西遊見聞』, 90쪽) 한다고 하였다. 요컨대, 혹 약소국이 강대국의 지배를 받는 경우라도, 그 지배가 강권(强權)에 의한 것일 경우에는 무효라는 것이다.

그는 한걸음 더 나아가 "설령 약국이 강국의 悖戾한 恐嚇와 暴壓한 逼勒을 因하야 其自保하는 道로 旧無한 屬國의 體制를 一時의 自認이 有하야도 此를 由하야는 其完久한 權利를 不失(93쪽)한다" 하여, 강제와 공하(협박)에 의한 속국화도 무효라고 주장하고 있다. 당시 조선에 대한 청국의 강제적 속국화 정책을 염두에 둔 비난이었다고 보인다.

같은 맥락에서 유길준은, 설사 약소국의 어느 관리가 자국이 어느 강대국의 속국임을 자인한 바 있다 하더라도 그것은 무효라고 주장한다.

> 그것(此)은 其人의 不知하는 妄動이라 憑據도 無하며 準信도 無하니 一國의 權利는 汗漫한 言詞의 動搖하는 者 아닐 뿐더러 千萬人의 共守하는 主權이 一人의 私斷으로 執定하기 不能한[것이다.](『西遊見聞』, 90-94쪽)

요컨대 "邦國의 權利는 위핍과 私斷으로 천동하기 不能한 者"(『西遊見聞』, 94쪽)라 하여, 청국의 조선 속방 주장에 대한 반박과 더불어, 청국의 속방 주장에 호응 또는 이를 수용하는 입장에 있는 조선 내부의 견해[50]에 대해 만국공법의 원론을 빌려 비판하고 있다.

두 번째 근간, 곧 조선이 사실상 국제법상 독립 주권국가만이 행사할 수 있는 제반권리를 이미 행사하고 있으며, 서구제국이 조선과 중국을 대등한 체약국으로 간주하고 있는 점으로 보아, 청국의 속국(속방)일 수 없다는 것이다.

유길준은 '조약체결'과 '사절파견' 등이야말로 독립주권의 명확한 증거로

50) 유길준이 공개적으로 언급하고 있지는 않지만, 조선에 대한 속방화 정책까지를 "兩便"이니 "極好"니 하여 수용하는 김윤식 등도 이에 해당한다.

서(94), "一國이 此를 獲得한 時는 獨立國의 一座를 占居하고 不存한 者는 其約章의 關係를 遵照하야 半獨立國 惑 屬國의 列에 歸"한다(90쪽)는 것이다. 다시 말해, 조선은 조약체결, 사절파견을 행하고 있으므로, 속국도 아니고 반독립국도 아닌 완전독립국임이 분명하다는 것이다.

이러한 조선의 독립국으로서의 지위는 서구제국이 조선과 조약을 체결하고 있는 사실로 보아도 역시 분명하다는 것이다.

> 貢物의 贈受하는 關係로는 邦國의 權利를 不論하는 故로 受貢國(청국……인용자)과 同等의 約을 結하는 諸國이 亦 贈貢國(조선…… 인용자)에 平均한 禮數를 행하야 同等의 約을 結하나니 若無異하니 屬邦같은 贈貢國과 天下에 自重하는 諸國이 尊敬한 同等約을 訂結하기 豈肯하리오(『西遊見聞』, 95-96쪽).

또한 청국은 조선이 속방임을 주장하고 있으나 조선이 이미 일본 및 서구제국과 체결한 諸조약을 어떤 형태로든 무효화시킬 수 없다는 점을 아래와 같이 주장함으로써, 조선이 청국의 속국이 아닌 독립주권국임을 재삼 강조하고 있다.

> 其(受貢國……인용자)勢가 贈貢國을 向하여 諸國(조선과 조약체결 한 국가……인용자)의 同等約을 辭却함이 可할가 日 不可라, 諸國을 懇하야 贈貢國의 同等約을 消抹함이 可할가 日 不可라(『西遊見聞』, 96쪽).

뿐만 아니라, 조선으로부터 조공을 받는 수공국(청국)도 서구제국과의 조약을 무효화할 수 없음을 아래와 같이 설파하고 있다.

> 其自尊하는 地位를 爲하야 諸國의 同等約을 辭絕하고 己派한 使를 遞回하며 開한 港을 閉鎖하야 萬國의 間에 傲然獨處함도 …… 亦不可하니(『西遊見聞』, 97쪽).

국제법상 원리의 관점에서 보나, 조선이 행하고 있는 주권행사의 사실에서 보나, 조선이 증공국이기는 하지만 속국이 아닌 독립주권국임을 이중 삼중으로 설파하고 있는 것이다.

(2) "양절"론(또는 "양절체제"론)의 본질과 대청 자주의식의 특질

유길준은 「방국의 권리」에서, 국제법상 주권국가가 지니는 제반 권리를 설명하고, 이에 비추어, 조선이 자주독립국임을 주장하고, 특히 조선과 중국의 대외관계의 특징, 곧 전통적 조공관례에도 불구하고, 이는 국제법상 조선의 자주독립권을 손상시키는 것이 아님을 밝히고 있다. 아울러, 청국의 조선에 대한 부당한 내정간섭과 속국화 정책을 비판하는 장문의 주장 가운데 '양절'이란 표현을 두 번, "양절체제"라는 표현을 한 차례 사용하고 있다.

아래는 흔히 유길준의 "양절체제"론이라고 주목되어 온 표현이 등장하는 문장이다.

> 受貢國[청국-인용자]이 然則 諸國을 向하야 同等의 禮度를 行하고 贈貢國[조선]을 對하야 獨尊한 體貌를 擅하리니 此는 贈貢國(조선)의 體制가 受貢國(중국) 及 諸他國을 向하야 前後의 **兩截**이오 受貢國(중국)의 體制도 贈貢國(조선) 及 諸他國을 對하야 亦 前後의 兩截이라. 諸國이 受貢國(중국)과 贈貢國(조선)의 **兩截體制**를 一視함은 何故오(「邦國의 權利」, 『西遊見聞』, 97쪽. 강조와 [ ] 안은 인용자)

수공국인 청국이 서구제국(및 일본)과는 동등의 '예도'를 행하면서 증공국인 조선에 대해서는 그렇지 않음으로써, 국제질서에 있어서 양국의 위상이 모순된 두 양상을 드러내고 있다는 점을 지적하고 있다.

위의 문장에서 유길준이 지적한 조선에 대한 청국의 "獨尊한 體貌"라는 것이 구체적으로 무엇을 지적한 것인지는 명백하지 않다. 달리 말해 조선과의 전통적 사대의례(전통적인 증수공 관계)만을 가리킨 것인지, 아니면 증수공 관계를 초월한 정치적 속방 주장을 가리킨 것인지는, 위의 문장만으로는 반드시 명백하지는 않다.

유길준의 "양절"론 또는 "양절체제"란 표현에 제일 먼저 착목하여 그 논의가 갖는 의미를 부각시킨 연구자는 하라다 타마키(原田環)였다.[51] 사용횟수

---

51) 原田環, 「朝鮮の近代化構造-兪吉濬と朴永孝の獨立構造」, 『史學研究』 第143号, 廣島史學研究會, 1979(以下 原田環 1979 ⓐ; 原田環, 「朴珪壽の對日開國論」, 『人文學報』 第46号 京都大

는 모두 합쳐 단 세 번이지만[52], 유길준의 대외인식의 요체를 나타내 주고 있는 개념으로서, 이 표현에 주목하여 그 의의를 규명코자 노력한 하라다의 연구의 의의는 높이 평가될 수 있다.

그러나 유길준이 말하는 "양절" 및 "양절체제"에 대한 하라다의 이해는, 크게 보면 그 취지의 대요(大要)는 옳게 파악하고 있으나, 부정확한 부분이 있다. 두 가지 점에서 그러하다. 첫째, 유길준이 지적한 '양절'(상태)이라는 개념은, "청국과 조선 양국관계를 표현"한 용어가 아니라 조선의 국제관계 전반, 곧 한편에서의 대청관계와 다른 한편에서의 대서양(일본 포함)관계의 모순 및 중국의 국제관계 전반, 곧 한편에서의 대조선 관계와 다른 한편에서의 대일본 및 대서구관계의 모순을 지적한 용어였다는 점이다.

둘째, 일반적으로 조·청 관계를 표현해 온 '종속관계'라는 표현에는, 그 내용면에서 볼 때, 사대외교의 한 방편이었던 종래의 "증공국-수공국" 관계와 정치적 측면에서의 "종주국-속국" 관계라는 두 측면이 있다. 그런데 유길준이 비판한 조선과 중국과의 관계의 양상이 무엇인가 하는 문제, 곧 조공관계와 "종주국-속방·(속국)"관계의 양자 모두를 부정한 것인지, 아니면 조공관계는 인정하되 속국관계는 부인한 것인지 라는 문제와 관련된 것이다.

이 문제는 유길준의 대외인식, 특히 대청인식을 파악함에 있어서 핵심적인 부분이므로, 대단히 중요하다. 하라다(原田)는, 유길준이 '구래의 종속관계'를 부인·비판했다고 지적함으로써, 그 의미가 무엇이었는지, 핵심을 피해가거나 오해의 소지를 남긴 측면이 있다.[53]

學 人文科學研究所, 1979(이하, 原田, 1979 ⓑ.

52) 이외에 유길준의 저작에는 '兩截人'이라는 표현이 보인다. 前後(內外)의 行動이 모순된 사람을 가리키는 말이다. 예컨대, "盖大王의 內治는 至誠無位함이 其外交의 狡詐한 手段에 比하야 判然한 兩截人이니……" 운운한 부분이 그것이다(「普魯士國 厚禮彅益大王의 七年戰史 序」, 『全書』 Ⅲ, 488쪽).

53) "양절"(兩截)이란, 축어적(逐語的)으로는 두 가지가 절단(截斷)되어 있다는 뜻이다. 하라다(原田)는 이에 관해 "ⓐ 유길준이 이 용어를 淸과 조선의 양국관계의 형용에 사용한 것은, ⓑ 조선의 일본 및 구미에의 개국 후에도 청국과 종래의 화이적 명분질서에 의한 從屬관계가 근대 국제법에 의한 새로운 포장 아래 계속되고 있는 것을 비판한 것이다. …… ⓒ 제3국에 대해서는 조선·청국이 같이 주권국가로서 각기 당해국가와 국가주권의 행사로서 대등하게 조약을 체결하면서, ⓓ 조선과 청국과의 관계만은 구래의 종속관계에 있다는 점 때문에 國際法상으로는 同等함에도 불구

그런데 조선과 청국의 국제관계의 '양절'상태(모순된 두 측면)를 지적한 위의 문장 다음에 아래와 같은 문장이 이어지고 있다.

諸國이 受貢國과 贈貢國의 兩截體制를 一視함은 何故오(「邦國의 權利」, 97쪽)

如是한 不一한 偏滯(兩截상태 - 인용자)는 公法의 不行으로 弱者의 自保하는 道니 强者의 恣行하는 驕習을 助成하기 위하야는 公法의 一條도 不設함이라(「邦國의 權利」, 94쪽)

"수공국과 증공국의 양절체제"라든가 「不一한 偏滯」, 곧 양절체제는 「弱者의 自保하는 道」라고 표현한 것으로 보아, 적어도 축어적으로는 유길준이 말하는 "양절"상태 또는 "양절체제"란 조·청 간의 '증수공 관계'에서 비롯된 국제체제의 (모순된) 양상을 가리키고 있는 것으로 해석될 수 있다. 이로 인해 유길준의 양절론 또는 양절체제론의 본질, 특히 대청국인식과 관련하여 많은 오해가 발생하고 여러 견해가 대립되어 왔다.

하고 不平等한 관계에 있다. ⓔ 따라서 前後가 兩截되어 있고, 淸國과 조선의 관계는 "兩截體制"에 있다고 말한 것이다"라고 지적하고 있다(原田 1979 ⓐ, 20쪽의 說 ① 위의 인용 중의 ⓐ ~ ⓔ의 문장 분류와 강조는 인용자).

하라다의 위의 해석 ⓐ ~ ⓔ 중, ⓒ는 유길준의 주장을 거의 정확하게 지적한 것이라고 볼 수 있다. 다만, 이 경우에도 유길준이 비판한 조선과 청국과의 "종속관계" 내지는 "불평등한 관계"의 양상이 무엇이냐에 관해서는, 하라다의 설명으로는 충분치 않다. 왜냐하면, 유길준은 청국과 조선과의 구래의 "종속관계"의 두 측면, 곧 조공관계(贈受貢 관계)와 (정치적·외교적) 속방 관계(종주국과 속방·속국 관계) 중, 후자의 종주국·속방 관계는 부인·비판하지만, 조공관계(증수공 관계)는 수용하려는 것이 「방국의 권리」에서의 그의 입장이었기 때문이다. 따라서 유길준이 조선과 청국과의 사이의 "구래의 종속관계"를 비판하였다고 말할 경우, 유길준의 입론(立論)이 과장되거나 오해될 소지가 있다. 따라서 위의 하라다의 해석 중 ⓑ의 부분도 유길준의 주장에 관한 정확한 이해가 아니며, ⓐ와 ⓔ의 해석도 정확한 이해가 아니다. 유길준이 「방국의 권리」에서 비판하였다는 "양절" 또는 "양절체제"란 용어는 원전의 문맥에서 볼 때, 朝·淸 양국관계가 양절, 또는 양절체제란 의미가 아니고, 조선의 대 청국관계와 대서양관계가 한편은 불평등, 한편은 평등이라는 점에서 양절(모순관계)에 있고, 중국의 대조선 관계와 대서양 관계가 역시 역으로 양절(모순)이라는 지적이었다.

첨언하면, 유길준이 "양절"상태 또는 "양절체제"라고 비판한 것은 조·청 간의 조공관계를 비판한 것이라기보다는, 청국이 구래의 조공관계의 범주를 넘어 조선을 실질적으로 속국으로 예속시켜 감으로써 발생한 조청양국관계와 여타국과의 관계의 모순을 지적하고, 청국의 대조선 속국화 정책을 비판한 것이었다.

그런데 유길준은 「방국의 권리」에서 조청 간의 증·수공 관계는 인정하고 있을 뿐만 아니라, 이러한 관계를 지키지 않는 것은 전통적인 "'旧約을 不遵함' 이며 '旧約章의 違背는 信義를 損毁하야 公法의 不取하는 者'"(「邦國의 權利」, 94쪽)라 하였다. 전통적 신의의 측면에서나 국제공법상으로나, "양국이 會議하야 廢貢하는 約款을 認訂하기 前에는 贈貢國이 其貢을 不贈하면 안 된다" (「邦國의 權利」, 94쪽)고 주장하고 있는 것이다.

따라서 그는 조청 간의 증수공 관계 자체에 관해서는 그 모순성은 지적하면서도, 이를 비판하거나 거부한 것으로 보기는 어렵다.[54] 모순은 있지만 지켜져야 한다는 것이고, 그것은 "공법이 행해지지 않는 상태에서의 '弱者의 自保하는 道'"라는 것이다. 또한 서구제국이 이러한 원리상 모순이 있는 양절체제하의 두 나라를 '一視'(동등하게 보는 것)하는 까닭은, 두 나라의 "형세의 강약"에도 불구하고 '권리'의 동등성을 중시하기 때문이라는 것이다(「邦國의 權利」, 97쪽).

그런데 중요한 것은 유길준이 "양절"상태를 논하고, 이를 "양절체제"라고 명명한 것은, 비록 그가 조·청 간의 조공은 인정하고 있지만, 그로 인해 발생한 "양절체제"의 당위

54) 유길준의 "양절체제"란 표현에 최초로 착목한 原田環은 "양절체제"의 개념에 관해서는 대체로 올바른 설명을 하고 있으나, 양절체제를 朝·淸 간의 관계를 나타내는 개념으로만 파악한 점과, 유길준이 "양절체제"라는 개념을 통해 조중관계의 조공관계까지를 비판한 것처럼 파악하고 있는 문제점이 있다. 특히 유길준이 갑신정변 이후의 朝·淸관계를 '독립파'의 관점에서 비판하여 칭한 것이라고 평가하고 있으나, 이 경우 '독립파'가 누구인지 불분명하다. 만약 김옥균·박용효 등의 급진개혁파를 가리킨 것이라면, 그들은 조공관계까지 거부하는 입장이었다는 점에서 유길준의 양절체제론과 다르다. 청국의 속방화정책에 미온적 수용자세를 보인 김윤식 등의 "兩便論"과의 구별에 관해서도 분석이 부족하다. "양절체제"를 더욱 체계적으로 분석하려고 시도한 정용화의 논문(『유길준의 정치사상연구』, 서울대학교대학원 외교학과 박사학위논문, 1998. 2)의 경우도, 이 점에 관한 한 원전의 한계를 극복하지 못한 것으로 보인다. 정용화도 유길준의 양절(체제)에 관해, "일본 및 구미 각국과 수호조약을 체결한 후에도 청국과의 종래의 화이적 사대질서가 유지되고 있는 조선의 독특한 이중적 국제질서의 현실을 양절체제로 묘사한 것"이라고 했다. 이는 유길준의 양절론, 양절체제론에 관해 오해를 불러일으키기 쉬운 표현이다. '화이적 사대질서'의 의미가 모호하기 때문이다. 유길준이 "양절체제"라고 본 조선과 중국과의 '양절'상태란, 조선이 일본 및 구미 각국과 (수호)조약을 체결한 후에도 청국과는 종래의 화이적 사대질서, 증수공 관계가 유지되고 있는 상태를 가리킨 것이 아니라, 정확하게는 조선이 일본 및 구미 각국과 조약을 체결하여 자주독립국의 위상을 나타내고 있음에도 불구하고, 중국이 조공을 수공하는 권한을 넘어서 조선을 속국으로 다루면서 조선의 자주독립성을 훼손하고 있는 상황을 지적한 것이다.

성이나 정당성을 논하기 위해서가 아니었다는 점이다.

그와는 정반대로, 그가 강조하려 한 것은 다음과 같은 점이었다. 곧 대등한 관계와 조공관계가 병존하고 있는 것은, 어디까지나 "약소국인 조선의 自保策"으로서, 이는 공법상으로는 조선이 독립주권국(청국)과 동일한 국가주권을 누리는 데 아무런 제약이 될 수 없다는 것이다. 따라서 조공관계 때문에 "강자(청국 – 인용자)의 恣行(조선에 대해 멋대로 함)하는 驕習"을 조성하는 것은 公法이 절대 허용하지 않는 바(公法이 一條도 不設)다(「邦國의 權利」, 97쪽). 그럼에도 불구하고 청국이 "自遵하는 체제"를 "妄用"하여, 조선에 대해(증수공 관계 이상의) 부당한 대우와 주권 침해적 행태를 취하고 있다는 점을 비판하려는 것이었다.

字句上으로는 조공관계를 나타낸 듯한 "양절"상태 또는 "양절체제"라는 용어(개념)는, 사실상 조공관계 이상의 "속국화 상태"를 비판하는 개념이었다고 볼 수 있다. 유길준은 이 점을 강조하는 것으로, 그의 「방국의 권리」의 대미를 장식하고 있는 점에 유의할 필요가 있다.

> 有時 受貢國의 人民이 其國의 自遵하는 體貌를 妄用하야 贈貢國을 藐視(모시: 가볍게 봄)하야 其國法을 不法하고 其國禮를 不禮하야 遵奉하는 敬意가 頓無하고 甚者는 其身이 受貢國의 官爵 或 使節의 名号를 帶한則, 贈貢國의 君主에게 同等의 禮를 監行하니 夫强國의 君도 君이오 弱國의 君도 君이라(「邦國의 權利」, 97-98쪽).

임오군란 후 "조청상민수륙무역장정" 등의 체결로 조선에 "속방분내체제"를 강화하면서, 이홍장(李鴻章)이 조선의 군주와 동등권을 행사하고, 조선에 파견된 위안스카이(袁世凱) 등이 조선 군주에 대해서까지 안하무인격의 권력을 휘두르던 상황을 염두에 넣지 않고는, 위의 문장과 같은 受貢國(청국)의 "망준"과 "독준한 체모"에 대한 비판은 나올 수 없었을 것이다.

이와 같이 볼 때, 유길준의 "양절체제론"은 그 진의가 잘못 해석되거나 확대 해석되어 온 경향이 있었다. 그런데 '양절'이란 용어의 특이성[55]과 유길준

---

55) 양절체제론에 관한 해석이 구구한 원인은, 일차적으로는 유길준 자신의 설명에 그 진의가 무엇인

자신이 이 용어를 통해 표현하고자 하는 의미내용의 문맥상의 모호성 때문에, "양절"론의 위상에 관해 대략 두 개의 견해가 대립되어 왔다.[56] 게다가 양절론의 위상이 지나치게 확대 과장되어, 「방국의 권리」 전체의 논지가 지닌 문맥을 떠나, 그 자체의 문맥에서만 해석되는 경향마저 있었다.[57]

그 과정에서, 한편에선 "양절체제"가 마치 유길준이 긍정적으로 주창한 조선의 국제체제인 양 오해되는가 하면,[58] 다른 한편에서는, 유길준이 청국에 대한 조공관계까지를 거부한 개념으로 파악되기도 하고, 또는 "조공관계에 대한 애증의 착종"현상이 나타나고 있다고 보는 등[59] 혼선이 빚어져 왔다. 그러나 필

지 혼선을 빚을 수 있는 요소가 있기 때문이다. 그러나 부차적으로는 '양절'이란 용어가 통상적으로 잘 쓰이지 않는 용어로서, 한국인으로서도 그 뜻을 오해하기 쉬운 용어라는 점도 하나의 원인이 되고 있는 듯하다. 예컨대, 일부 연구자는 '양절'이란, "조공관계에 있는 청국과 조선관계는 종속관계가 아니며, 양국 간의 관계와 기타 국가들 사이의 관계가 두 개로 접혀 있다(양절)는 주장"이라는 모호한 해석을 낳기도 했다(이종은, 「유길준의 국가건설 사상」, 한국·동양정치사상학회 발표논문, 2003, 15쪽).

56) 첫째, 유길준이 "공법에 준거하여 새로운 종속관계를 인정하고 있다"(김희일, 1965)거나, "종속관계 유지를 전제로 한 對淸協助論"(조경달, 1985)으로 보는 견해다. 둘째, "양절론은 종속관계를 타파하려는 독립구상"으로 보는 견해다. 原田(1979), 김봉진(1999), 月脚達彦(1991), 정용화(1998) 등이 그것이다. 필자는 양절론의 총체적인 성격에 관하여는 대체로 후자와 견해를 같이하고 있으나, 다만 이들의 견해 중, 양절론이 "종속관계의 타파를 지향하는 독립구상이었다"고 규정함에 있어, 그 '종속타파'라는 의미가 '증수공 관계'의 타파까지를 의미하는 것으로 해석하는 부분에 관하여는 동의하지 않는 입장이다. 후자의 견해들 중에서도 정용화와 月脚의 견해가 필자의 그것과 가장 접근해 있다. 그러나 그들과 필자의 견해가 다른 가장 중요한 부분은, 그들은 유길준의 국제관이 총체적으로 '현실주의적'(예컨대 정용화, 1998, 140-142쪽)이었다고 보고 있으나, 필자는 유길준의 대청인식과 대응에는 '현실주의적'인 측면도 있으나, 일본 및 서구열강에 대한 인식과 대응은 지극히 '낙관적'인 것이었다고 판단하고 있다는 점이다. 필자가 졸저(『한말내셔널리즘 연구』, 1989)에서, 유길준의 국제정세관이 낙관적인 것이었다고 주장한 것도 바로 그런 맥락에서였다.

57) 유길준의 이른바 "양절체제"론은 어디까지나 "방국의 권리"론을 통한 청국의 대조선 속방화 정책을 비판하기 위한 중간논리(매개 개념)일 뿐, 「방국의 권리」에서의 여러 주장, 특히 조선의 자주독립성 주장과 청국의 조선에 대한 속국화를 비판하는 논리가 "양절체제론"만으로 다 설명될 수 있는 것은 아니다.

58) 예컨대 김수암은 앞의 논문(2000, 207쪽)에서, "조선에서의 상주사절의 파견은 다분히 양절체제론에 기반하여 방국의 권리를 실행에 옮기는 동시에 청의 견제까지도 목표로 하는 균세전략의 일환으로 추진되었다. 청에서도 이러한 의도를 파악하여 속방분내체제라는 명분체제를 내세워 다양한 제약조건을 제시하게 되었다"라고 하여, 마치 "양절체제"는 조선(유길준)이 긍정적으로 원한 체제인 것처럼 파악하고 있다. 김용구도 모호하나마 비슷한 뜻으로 양절체제를 파악하고 있는 것으로 보인다(김용구, 『세계관 충돌과 한말외교사』).

59) 김봉진은 유길준의 증수공 관계유지에 관한 주장에 관해, "조공관계에 대한 애증의 착종"현상이 나타나고 있다고 보고, 이에는 "도덕주의, 상호주의, 균분주의 및 공법 관념 등이 [혼재되어] 나타나고

자는 유길준의 근본목적은, 증수공 관계의 유지에 있었던 것이 아니라, 증수공 관계를 유지하되 그것이 조선과 중국과의 국가로서의 평등성, 곧 조선의 독립주권국가로서의 권리를 침해받는 것이 되어서는 안 된다는 점을 강조하는 데에 초점이 있었다고 해석해야 한다고 본다. 이 점은 아래의 주장을 보아도 명백하다.

> 若 其貢을 受하고 又 其權利를 欲侵하면 此는 亦 受貢國이 約章의 明訂한 大旨를 背棄하고 其强大한 形勢를 自恣함이로되 …… (「邦國의 權利」, 『西遊見聞』, 95쪽)

"국가평등관념이 꼬리를 감추거나, 유보된 것"(김봉진, 위의 논문, 9쪽)이 아니라, 오히려 증수공 관계에도 불구하고 국가평등관념(및 조선과 청국과의 국가평등)을 강조하려 한 점에 그 초점이 있었던 것이다.

유길준의 양절체제론은 그 외형적 논리 구성면에서 보면, '조공관계'와 '조약관계'라는 두 가지 모순된 원리에 입각하고 있는 조·청 양국의 국제관계의 모순성을 나타내는 개념으로 보인다. 그러나 "受貢國(청국)이 然則 諸國(서구열강 – 인용자)을 向하야 同等의 禮度를 行하고 贈貢國을 對하야 '獨尊한 體貌'를 멋대로(擅)하는 것"이 바로 양절이라고 표현한 것으로 보아, 그의 의도는 '屬邦分內應行之體制'론을 내세워, 내정간섭과 "속국화"를 강요하는 청국의 대조선관계는 조선의 서양제국과의 사이의 동등한 "조약관계"와 모순된다는 점을 지적하고, 따라서 청국의 대조선 속국화 정책을 비판하는 개념이었다고 보아야 한다.

이런 의미에서 유길준의 양절체제론은 중국의 속방론을 수용하는 김윤식 등의 "양편(兩便)·양득론"과는 본질적으로 다른 것이었다.

그러나 다른 한편, 그는 사대교린의 외교방법인 증·수공 관계를 지키는 '신의'론을 내세워, 이 신의가 지켜지는 이상 더 이상의 주권침탈이 행해져서는 안 된다고 주장하고 있다. 증수공의 약속을 지키는 것은 사대교린의 외교관행에서 보면 '신의'이고, 이는 국제공법에서도 인정하는 '약속'으로 보았으며, 이를 파기하는 것은 '공법'에도 어긋난다고 해석하였다. 이러한 논리는 증수공의 신

있다. 그러나 국가 평등관념은 꼬리를 감추고 있다(실은 유보하고 있다)"고 해석하고 있다(김봉진, 앞의 논문, 1999, 9쪽).

의론을 국제공법과 연결시킨 점에 특색이 있다. 이처럼 그는 전통과 근대의 두 가지 논리를 모두 내세워 대청 자주독립권을 주장한 것이었다.

이와 같이 볼 때, 유길준의 "국권"론과 특히 「방국의 권리」는 그의 對청국 자주의식이 발현된 주장이었으나, 그 사상적 특징은 근대적 '공법개념의 도입'과 그 활용과정에 전통적 사대관계의 '신의론'이 공존한다는 점이었다. 따라서 그의 공법개념에 입각한 '자주론'은 전통적 조공관례의 지속과 모순 없이 병행되는 '절충적' 특징을 지니고 있었다고 파악할 수 있다. 일부 연구자는 이를 "전통에서 근대로의 복합적 이행"(정용화, 1998)이라고 표현하고 있다. 보다 정확히 표현하자면, '전통과 근대의 복합적 근대화(개화와 독립)전략'이라고 할 수 있다.

(3) 유길준의 양절상태 및 양절체제론에 관한 도식

독자의 이해를 돕기 위해 필자가 파악한 유길준의 "양절"상태(또는 "양절체제")를 도식으로 표시하면 다음과 같다.

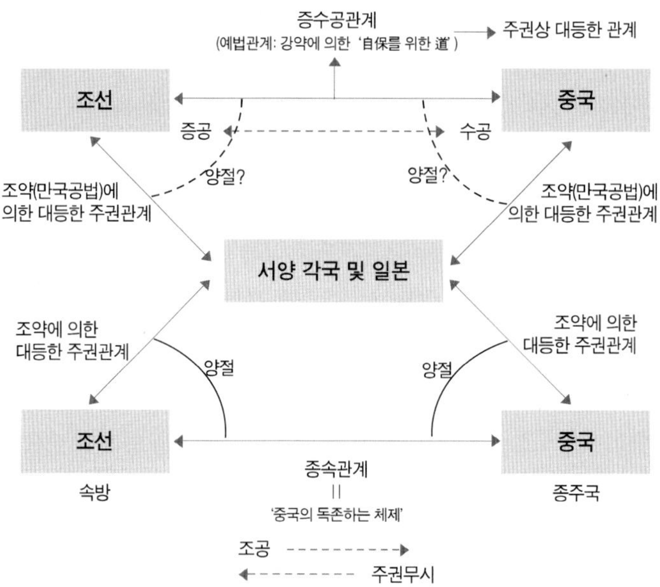

(4) "양절론"의 정치적 위상

그러면, 유길준의 양절론적 국제관, 특히 대청자세는 당시 조선의 국내정치 및 대외정략상 어떠한 정치적 위상을 지니는 것이었는가? 아래에서는 이 물음에 대해, 당시 조선의 여타의 대외정략(대청 정략)과의 비교를 통해 간단히 정리해 두고자 한다. 이에 관한 논의에 앞서 미리 강조해 둘 점은, 유길준의 '양절론'은 반드시 김윤식(金允植) 등의 '양편론'(兩便論과)의 대비를 통해 검토해야 한다는 것이다. 왜냐하면 유길준의 주장은 단순히 개인의 의견을 피력한 것이 아니라, 국가의 대외전략을 둘러싼 당대의 정치적 대립의 와중에서 제시된 것이었기 때문이다. 유길준의 진정한 의도에 대한 오해는 상당 정도 이러한 '상황적' 텍스트 읽기를 소홀히 했기 때문에 나타난 것으로 생각된다.

1880년대의 조선의 대외관계에서의 현실적인 과제는 두 가지였다. 하나는 일본을 비롯한 서구열강으로부터의 통상·외교 압력에 어떻게 대응할 것인가 하는 문제였고, 다른 하나는 조근과 조공이라는 사대적 외교의례로 대하고 있던 청국과의 전통적인 관계를 어떻게 처리(지속 또는 청산)할 것인가 하는 문제였다.

전자의 경우, 곧 일본 및 서구와의 관계는 중화적 질서 속에서의 규범이 아닌 국제공법에 따른 조약체제의 수용 이외에는 달리 방도가 없었으므로, 일단 조약체계를 수용하고, 체결된 조약의 불평등성을 개정해 나갈 수밖에 없었다. 또 하나의 과제는, 서구적 국제질서에 편입된 이상, 청국과의 전통적인 관계를 어떻게 정리할 것인가 하는 문제였다. 특히 1880년대의 조선에게는, 청국이 조선에 대한 속국화정책 내지는 속방화정책[60]을 강화하는 시기여서 이에 어떻게 대응할 것인가 하는 문제가, 현실적으로 조선의 외교전략의 핵심과

---

60) 淸의 강경파는 "속국화론"을 주장하여, 감독관 등을 파견, 전통적 종속관계(조공체제)를 근대적 실질적 지배관계(속국화 = 식민지화)로 전환시키려는 하였고(何如章, 張謇 등의 주장), 온건파는 "속방"론을 주장하여, 서양과 일본에 대한 내치·외교의 자주(주권 동등성)는 인정하면서, 중국에 대해서는 속방체제를 강화하려 하였다. 그러나 후자 역시 근대적 국제체제 속에서는 양립되기 어려운 주장이었고, 조선의 자주독립성을 저해하는 점에서는 속방화정책이나 속국화정책이나 별 다름이 없는 것이었다.

제로 부각되고 있었다.

청국이 조선에 대해 한편에선 서구와의 조약체결, 곧 서구의 근대적 국제질서의 수용을 권고하면서도, 다른 한편 조선에 대해 "속방분내응행체제"를 강요하는 이중적 정략을 구사하는 상황에서, 조선의 외교정략 또한 크게 보아 서로 다른 세 가지 유형의 대응전략이 나타났다. 첫째는 청국과의 전통적인 사대관계를 완전 청산하고 조선이 완전 독립국으로서의 국제적 위상을 확립하는 정략이었다. 둘째는 사대관계를 유지하면서 서구열강에 대해서는 서구적 국제질서를 수용(서구와의 대등한 [조약]관계 체결)하는 정략이었다. 그런데 사대관계를 유지한다는 후자의 입장에도 자세히 살펴보면 실은 본질적으로 다른 두 개의 유형이 나타났다. 그 중 하나는, 사대관계를 의례적 조공관계의 유지뿐만 아니라 그것이 정치적 자주성을 저해하는 속방으로까지 확대되어 외교적 자주성을 저해당하는 것까지를 수용하려는 입장이었다. 셋째는 사대의례는 인정하되 그것과 속방화를 구별하여, 조공관계가 속방으로 해석되는 것을 거부하면서, 조선의 정치적·외교적 자주성만은 유지하려는 입장이었다.

전자는, "양편론" 또는 "양득론"이라는 용어로 표현되었다. 이는 그러한 이중적 자세가 중국이나 조선 양쪽 모두에 편리하고, 득이 된다는 인식에서 나온 것이었다. 이는 김윤식, 어윤중 등이 취한 태도였다.[61)]

---

61) 김윤식은 종속관계의 유지(속방 규정)에 대해, 이를 "양편"(兩便)이니 "양득"(兩得)이니 하여, 조선과 청국 모두에게 '사리에 맞고 편리한 것', '得이 되는 것'이라고 주장한 바 있다(김윤식, 『陰晴史』 上, 한국국사편찬위원회, 1971, 52, 58쪽). 또한 조미조약을 협의하는 과정에서 이홍장이 조약문안에 '屬邦' 조항을 삽입하자고 했을 때, 김윤식은 이에 대해, 「名正言順 事理兩便, 條約中此一款添入 似爲極好」(『陰請史』 高宗18年 12月 27日, 52-53쪽)라 하여 찬성하였다. 조약체제와 속방관계를 "양편"으로 파악하여 이를 규정한 조문삽입을 지극히 좋은 것(極好)으로 평가하였던 것이다. 그런데 김윤식의 대청 속방 수용은 중국에 대한 事大의식의 表出만은 아니었던 측면도 있다. 왜냐하면 김윤식은 주관적으로는, 위의 문안 중 "속방"보다는 "자주"에 더 많은 의미를 부여하였을 가능성이 있으며, 또한 청국과의 종속관계를 활용하여 서구의 충격과, 특히 일본·러시아의 위협으로부터 조선의 안전(안보)을 도모하기 위한 방책으로 여긴 측면도 엿볼 수 있기 때문이다(『陰請史』 高宗 18년 12월 27일, 57-58쪽 참조). 이 같은 발상은 대일수교시, 조선 측 대표였던 申櫶이나 윤자승을 배후에서 지원한 박규수가 청일수호조규 제1조의 (조선이 중국의) 소속방토라는 규정에 의거하여 일본이 조선에 대해 군사적 침략만은 행하지 못할 것이라고 판단했던 발상과 일맥상통한다. 김윤식이 박규수의 문하생이었다는 점을 고려하면 더욱 그러하다.[박규수의 발상에 관해서는, 原田環, 「朴珪壽の對日開國論」, 『朝鮮の開國と近代化』(東京: 溪水社,

후자는, 조공관계는 인정하되, '증공국'과 '속방'은 국제법상으로도 엄연히 구별된다는 점과, 조선이 서구열강 및 일본과 조약을 체결하고 있다는 사실 자체가 국제법상 국가주권을 행사하고 있음을 나타내는 것이므로, 조선은 속방이 아니라 자주독립국이라는 점을 강조하는 입장이었다. 부언하면 조선이 청국의 속방이라는 주장 내지는 속방화 정책은 부당하다는 주장으로서 조선과 청국이 모두 서구제국과는 대등한 관계를 유지하면서 조청 두 나라 관계는 대등하지 않은 속방론 내지는 속방화 정책을 주장하는 것은 청국의 대외관계에서 보나 조선의 대외관계에서 보나, 양쪽 모두에게 모순된다는 논리였다. 앞에서 분석한 유길준의 "양절론"이 바로 그것이었는데, 이는 중국의 속방화 정책을 비판·거부하는 것이었다는 점에서, "양편론"과는 그 정치적 의미가 전혀 다른 것이었다.

다른 한편, 청국의 간섭을 완전히 배제하여 자주적 입장에서 조선의 국제적 위상을 확립하고자 노력했던 대응전략이 있었다. 1884년 12월에 갑신정변을 주도한 김옥균과 박영효 등이 추진한 외교전략이 그것이었다.

갑신정변 직후 발표된 「갑신정강」에서 김옥균, 박영효 등은 국내적으로는 정적(政敵)이었던 대원군을 청국이 납치해 간 것(1882년)에 항의하고, 즉각적인 귀국조치를 요구했으며, 청국에 대한 조공등 허례허식을 청산할 것(갑신정강 제1조)을 주장하였음은 널리 알려진 사실이다. 뿐만 아니라, 김옥균과 박영효가 청국과의 종속관계 전반을 청산하고, 조선의 대외관계에 있어서 청국의 직·간접적인 간섭을 배제하여, 서구열강과 직접 조약을 체결함으로서, 조선의 자주·독립적 위상을 확보하는 방편으로 삼고자 노력했음은, 1883년 조·영(朝·英) 조약의 체결 교섭과정에 극명히 나타나 있다.

이미 1882년 한미조약체결 교섭과정에서 청국이 조약 문안에 "속방조항"

1997), 178-179쪽 및 186-187쪽, 주 65, 77, 79를 참조)
그러나 김윤식의 兩便論은 역시 淸國이 屬邦에 대한 권리를 내세워 조선의 내정과 외교에 간섭해 올 빌미를 줄 수도 있는 것으로서, 그 경우 조선에게는 「得」이 아닌 「失」, 「便」이 아닌 「不便」이 될 위험성을 내포하고 있는 논리였다. 한미조약체결 직후에 전개된 조선의 상황, 특히 임오군란 발발 후 및 갑신정변후의 청국의 대조선정책은 모두 「屬邦」 규정이 조선에게는 중압으로 작용하는 것이었다.

의 삽입을 주장하자, 김윤식은 이를 수용하려는 입장이었다. 그러나 이때 조선이 "自主之邦"임을 표명한 조선 측 원안 작성자가 김옥균·박영효와 정치적 입장을 같이 했던 개화승 이동인(李東仁)이었다는 점을 상기할 필요가 있다. 뿐만 아니라, 한미조약 체결시 조약 원문에 "속방조항"의 삽입에 실패한 청국이, 조선으로 하여금 "속방조회문"을 미국에 보내게 하는 등의 간섭을 자행하여 조선의 자주권이 저해 당하는 양상이 지속되자, 김옥균과 박영효는 다음해(1883년) 영국과의 조약이 영국 측의 불만으로 인해 재교섭을 하는 과정에서, 만약 영국이 청국을 완전히 배제하고 조선과 직접 조약을 교섭·체결하는 형식을 취한다면, 관세율을 영국이 주장하는 쪽으로 양보할 의사가 있음을 영국 측에 제시하였다[김용구, 『세계관 충돌과 한말외교사』(문학과 지성사, 2001), 382-399쪽]. 김옥균·박영효에게는, 관세율의 양보로 빚어질 경제적 손실보다 대외관계에 있어 청국의 간섭을 배제하는 일이 더욱 중대한 국가적 과제였던 것이다. 조약의 체결은 바로 자주를 실현하는 정략이기도 하였던 것이다.

그러나 김옥균·박영효 등에 의해 추진된 대응전략은 1884년의 갑신정변의 좌절로 인해, 상당기간 현실정치의 무대에서 자취를 감추게 되었다.

앞서 살펴본 "중립론"은 제4 유형의 외교전략으로 분류될 수 있겠다. 그러나 유길준의 "중립론"(1885년)은 중립을 자주독립성을 유지·확보하는 하나의 권리이자 방편으로 생각한 점에서는 「방국의 권리」에서의 주장과 같으나, 이 단계에서는 아직 증·수공 관계와 속방을 구별하는 논리가 없다. 또한 조선이 중국의 "속방이나 내치외교는 자주"라는 종래의 논지의 틀 속에서 조선의 자주·독립성을 주장하고, 그 구체적 방안으로서의 중립을 청국의 발의에 의한 국제보장을 통해 확보하려 했다는 점에서, 완전자주론 보다는 양절론적 입장에 더 가깝다고 생각된다.

어쨌든 유길준의 "양절론"은 급진개화파의 대청 완전 자주독립 노선이 좌절되고, 사대파의 친청 "양편론"이 등장한 상황에서, 이를 극복하기 위한 중도적 전략의 성격을 지닌 것이었다. 그것은 국왕 고종의 노선이기도 했다.

3. 『서유견문』과 「방국의 권리」(1888~89)에 나타난 유길준의 국가평등관념과 공법에 관한 인식 : 후쿠자와와의 대비를 통해 본 특징

유길준은 '국권'='방국의 권리'를 두 종류로 분류했다.

> 一曰 內用하는 主權이니 國中의 一切政治 及 法令이 其政府의 立憲을 自遵함이오 二曰 外行하는 主權이니 獨立과 平等의 原理로 外國의 交涉을 保守함이라(「邦國의 權利」, 『西遊見聞』, 85쪽)

> 諸人의 强弱과 貧富는 必然 其差異가 有할지나 各己 一家의 門戶를 立하야 平均한 地位를 保守함은 國法의 公道로 人의 權利를 護함이니 邦國의 交際도 亦 公法으로 操制하야 天地의 無偏한 正理로 一視하는 道를 行한則 大國도 一國이오 小國도 一國이라 國上에 國이 更無하고 國下에 國이 亦無하야 一國의 國되는 權利는 彼此의 同然한 地位로 分毫의 差殊가 不生한지라. 是以로 諸國이 友和한 意로 平均한 禮를 用하야 約款을 互換하며 使節을 交派하야 强弱의 分別을 不立하고 其權利를 相守하야 侵犯하기 不敢하니 ……(「邦國의 權利」, 『西遊見聞』, 88쪽)

위의 인용문에서 보듯이, 유길준은 국내정치에서의 "諸人의 평균한 지위와 人의 權利가 國法의 公道"에 의해 지켜지듯, "諸國間의 交際도 역시 公法이라는 無偏한 正理"에 의해 '同然한 지위'가 보장된다고 보았다. 자연법적 천부인권설에 입각한 평등관이 국내외정치관을 일관되게 관통하고 있는 것이다. 게다가 "하늘은 사람 위에 사람을 만들지 아니하였고, 사람 아래 사람을 만들지 않았다"라는 명제로 유명한 후쿠자와의 『학문의 권장』(學問の勸め 초편, 11쪽)에는 보이지 않는 "大國도 一國이오 小國도 一國이라 國上에 國이 更無하고 國下에 國이 亦無하다"고 국가 간의 당위적 평등을 강조하고 있다. 뿐만 아니라 "諸國이 强弱의 分別을 不立하고 其權利를 相守하야 侵犯하기 不敢한다"는 당위적·낙관적 국제정치관을 피력하고 있다.

이처럼 유길준의 지극히 낙관적인 국제정치관과 공법관은, 이 무렵의 후쿠자와 유키치의 현실주의적 내지는 '마키아벨리언'적 국제정치관 및 공법 인식과 극명한 대조를 이루고 있다.

이미 살펴본 바 있으나, 본 절의 논지를 전개하기 위해 필요한 최소한의 범위에서 후쿠자와로부터의 다른 인용을 덧붙여 검토하기로 하자. 후쿠자와에게도 지극히 짧은 기간이나마, 국내정치관과 국제정치관을 일관되게 자연법적 평등관념에 입각하여 파악하고, 만국공법에 대한 신뢰를 나타낸 적이 있었다. 그러나 그것은 주로 후쿠자와의 사상적 활동의 초기, 곧 그가 『唐人往來』와 『學問의 勸奬』 및 『西洋事情 外篇』 등을 저술했던 1860년대의 일이었다.

곧 후쿠자와의 『唐人往來』 속에는, 萬一 일본의 약소함에 乘하여, 일본을 침략하는 외국이 있다 하더라도, 그런 나라는 "세계의 도리를 위배한 자"이기 때문에, 그런 나라에 대한 전쟁은 도리(근)에 맞는 의전이고, 따라서 반드시 我國을 援助하는 나라가 나타날 것이라고 기대하는 대목도 보이고,(『選集』 제1권, 82쪽) "도리를 지키는 자는 밖으로부터 어찌할(움직일) 수가 없다"(『選集』 제1권, 83쪽)라는 등, 一見 자연법 관념이 지배하는 도리론이 나타나 있다.

또한 후쿠자와가 『西洋事情 外篇』 卷之一을 쓸 무렵(1866년)까지는, 국내정치 차원에서건 국제정치 차원에서건, 무력행사를 '反문명적'인 것으로 파악하고, '부귀이달'의 방법은 '덕행'과 '지식'의 연마를 통한 문명적 행동, 곧 자신의 이익추구가 타인(타국)에게도 이익이 되는 것이어야 함을 강조하고 있었다.

> 富貴利達에 이르는 데에는 두 가지 길이 있다. 그 하나는 他人의 물건을 奪取하는 것이고, 다른 하나는 자기의 힘[능력]을 가지고 새롭게 이를 일으키는 것이다. …… 武를 貴히 여겨서 힘[力]을 겁내는 나라에서는 富貴를 이루려면, 반드시 他人의 물건을 奪取하는 것 이외에는 방법이 없다. …… 전쟁을 일으켜, 함부로 다른 나라를 攻取하고, 도적과도 같은 擧動으로 자기의 富貴를 달성하는 자[나라]가 있다. …… 이와 같이, 天下 武를 貴히 여기고, 서로 앞 다투어 富貴利達을 求하려 하는 것이 人生 相勵 相競의 趣意인 것처럼 보이나, 其實은 時勢의 弊로서, 이를 世上의 繁昌이라고 할 수는 없는 것이다(『西洋事情』 外篇 卷之一, 『選集』 제1권, 178쪽).

이처럼 후쿠자와는 개인 차원에서나 국가 차원에서나 숭무와 권력정치가 정당한 경쟁이 아니며, 문명의 발전에도 도움이 되지 않는다고 보고 있었다.

그리고 영국의 인도지배도 그 근본 원인은 인도 정부 자체의 폭정과 인도인의 자립의식의 부족 때문이라고 보았지만,[62] 강대국이라 하더라도 약소국을 무력으로 병탄하는 것에 대해서는 비판적이었다.

> 故로 兩國의 人民 同意 一致하여 서로 合衆한다면 世界의 幸이라고 하겠지만, 兵力을 가지고 他國을 滅亡시키는 者는, 소위 暴을 가지고 暴에 대신하는 것으로서, …… 오히려 世上에 큰 害가 되는 것이다(『西洋事情』 外篇 卷之一, 『選集』 제1권, 190쪽).

말하자면, 폭력과 무력행사에 대한 일종의 '금욕주의'가 자리 잡고 있었던 것이다. 아울러 이 무렵의 후쿠자와는,

> 世의 文明이 進步함에 따라 一法을 세워, 이를 萬國公法이라고 名하였다. …… 나라로서 이 公法을 어기면 반드시 敵을 만들게 되므로, 各國 모두 이를 尊奉하지 않는 자 없다.

라 하여 일단 공법의 효용성도 인정하고 있다. 그러나 곧 이어 만국공법이 현실적으로는 잘 지켜지지 않는 경우가 많았음을 지적하고 있다.

> 이같이 敵國 사이에서도 스스로 禮義가 있는 것은 文明이 그렇게 만드는 것이지만, 往昔에는 이것이 지극히 어려운 일이어서, 이미 土耳格같은 나라는, 他國과 戰爭에 이르면 먼저 그 使節을 逮捕하는 일이 자주 있었다(『西洋事情』 外篇 卷之一, 『選集』 第1卷, 192쪽).

또한 국가 간 관계의 냉혹함과 만국공법이 전쟁을 완전히 예방해 주는 것이 될 수 없음도 지적하고 있다.

> 모든 文明의 가르침(教)을 받은 자는, 戰爭이 凶事임을 알아, 그것을 避하려고 노력한다고 하지만, 外國과의 交際에 있어서는 [반드시] 그렇지 아니하다. 따라서 方今 歐羅巴의 諸國, 禮義文物을 가지고 스스로 자랑한다 하지만, 그 爭端이 끝나지 않고 있

62) 『西洋事情』 外篇 卷之一, 『選集』 第1卷, 191쪽. 이와 똑 같은 지적이 『西遊見聞』에도 있다. 그러나 유길준의 경우, 이 지적이 독립을 위해서는 문명개화가 중요하다는 점을 강조하기 위한 문맥에서 등장한다.

다. 今日은 文明開化의 樂園이라고 稱하는 것도, 來日은 曝滑流血의 戰場이 된다. (『西洋事情』 外篇 卷之一, 『選集』 제1권, 193-194쪽)

돌이켜 보면, 『唐人往來』에서 후쿠자와가 강조하고 있는 것은 결코 문자 그대로의 '세계의 도리'='도덕정치'는 아니었다. 후쿠자와가 말하는 '세계의 도리의 체현'='서양화'의 내용은, 幕府에 의한 '교역'과 '서양무술'의 移植을 중심으로 한 '부국강병'으로서, 결코 국제사회에 있어서의 '도리의 지배'를 강조하는 것은 아니었다. 다시 말하면, 흔히 '계몽 후쿠자와'를 입증하는 원전으로 이해되어 온 이 『唐人往來』에서의 후쿠자와의 '도리론'이 '권력정치론'과 미묘하게 결합되어 있는 점을 주목할 필요가 있다. 곧, 한편에서 '세계의 도리'가 강조되고, 서양문명이야말로 '세계의 도리'의 체현자라고 간주하면서, 다른 한편 일본이 서양화한다는 것은 '세계의 도리'를 체득함과 동시에 서양과 같은 수준의 군사력을 갖추는 일이어야 한다고 주장하고 있었다. 후쿠자와의 문명론 속에는 이미 '도리론'과 '권력론'이 모순 없이 공존하고 있었던 것이다. 보다 정확히 표현하자면 '도리론'은 일반론이었고, 일본의 과제인 '서양화'에 관해서는 군사력을 강조하는 '권력론'이 구체적 각론이었던 것이다.[63)]

이와 더불어, 앞서 살펴본 바와 같이 후쿠자와가 『唐人往來』에서 "도리를 지키면서 움직이지 않으면 적이 대국이라도 겁낼 것이 없다"는 一見 도리론에 입각한 낙관적 국제관의 배경에는 대국 사이의 '세력균형'이 그것을 가능케 하고 있다는 권력정치의 기능에 착목하고 있었음을 잊어서는 안 될 것이다(『全集』 제1권, 21쪽). 후쿠자와는 권력정치의 상황에서, 그나마 세상에 평화가 유지되는 것은 열강 간의 세력균형 때문이라고 파악하고 있었던 것이다.

歐羅巴 諸大國 사이에 國力의 平均이라고 불리는 것이 있어서, 世의 太平을 지키는 데에 一大助가 되고 있다(「各國交際」, 『全集』 제1권, 193쪽).

---

63) 이 점에 관한 더 자세한 분석은 金榮作, 「福澤諭吉·ナショナリスト」, 『ネイションの軌跡』(東京: 新世社, 2001), 106-110쪽을 참조할 것.

하지만 역시 "각국정부의 부정강폭을 억제하여 이를 완전히 없앨 수 있는 方術은 없"으며,(같은 책, 193쪽) 세력균형을 가지고도 이를 달성할 수는 없다고 보았다.

이 같은 '리얼'한 현실 인식에 기초하여, 후쿠자와가 이 단계에서 목표로 한 것은 전쟁양상의 가혹함을 완화하는 것이었고, 그 역할을 '문명의 가르침'에 기대하고 있었던 것으로 보인다. "문명의 교를 가지고는, 아직 전쟁의 근원을 없애는 데에는 부족하지만, 그 참독을 조금은 완화시켜야 한다"(같은 책, 194쪽)는 것이 그것이다.

요컨대, 이 초기 단계에도 후쿠자와는, 만국공법에 대한 기대와 국제사회에서의 전쟁의 '불가피성'에 대한 인식, 그리고 세력균형정책의 효용성에 대한 인식과 그 한계성 등을 고루 인식하고 있었다. 보기에 따라서는 지극히 현실주의적 국제정치관을 지니고 있었다고도 할 수 있다. 또 관점을 달리하면, 그의 국제정치관 속에는 '현실주의'(Realism)와 '이상주의'(Idealism)가 병존하고 있었다. 어쨌든 이 단계의 후쿠자와는 전쟁의 불가피성은 시인하되, 결코 그것을 바람직스러운 것으로 받아들이지는 않았으며, 국가목표의 달성을 위해 전쟁이라는 방법을 동원할 것을 적극 주장한 후기(1870년대 후반 이후)의 주장과는 달리, '문명의 교를 통해, 전쟁의 참상을 완화'시키려는 소극적 목표를 설정해 놓고 있었다.

요컨대, 세력균형("국력의 평균")을 논하면서도 그것만으로는 안 되고, '만국공법'만으로도 전쟁의 억제가 안 되며, '문명의 교'가 전쟁의 근원을 없애지는 못하나, 그 양상만은 보다 덜 야만적인 것으로 변화시켜 줄 것을 기대하는 온건하고 건전한 '리얼리즘'의 자세를 보이기도 했다.

그러나 후쿠자와가 『文明論之 槪略』을 쓸 무렵(1874~5년)에 이르러서는 그의 국제사회에 대한 인식은, 겨우 2년 전 『學問の 勸奬』의 제3편에서 "나라(國)의 동등함"을 논했을 때의 그것과는 전혀 다른 것이 되어 있었다. 곧, 후쿠자와는 『文明論之 槪略』에서 '문명(독립)'과 '국제법(天地의 公道)'과의 괴리를 지적하고, '만국공법'을 불신하는 '리얼리즘'으로 경도되었다.[64] 더욱이, 유길준이 「방국의 권리」와 「국권」을 저술한 1880년대의 후반에는 후쿠자와의 국제정치관은 무력과 병권에 대한 물신숭배에 가까운 주장을 되풀이하고 있었다. 만국공법에 대한 신뢰나 기대는 추호도 찾아볼 수 없는 양상을 나타내고 있었던 것이다. 곧, 『文明論之 槪略』으로부터 3년 뒤에 집필한 『通俗國權論』(1878년)에는, 이미 『文明論之 槪略』에 나타난 그의 권력정치론과 만국공법에 대한 불신이, 'Might is Right'('힘이 정의다')라는 노골적인 권력예찬으로 변모되어 아래와 같은 강렬한 주장으로 나타났다.

> 화친조약이든 만국공법이든, 매우 아름다운 것 같지만, 오직 외면의 儀式名目만이 그러하고, 交際의 實은 權威를 다투고 利益을 貪내는 것에 지나지 않으며, …… 百卷의 萬國公法은 몇 門의 大砲만 못하고, …… 大砲彈藥은 이로써 있는 道理를 주장하는 [裝]備가 아니라, 없는 道理를 만들어 내는 器機이다(『通俗國權論』, 『全集』 제4권).

뿐만 아니라, 유길준이 게미오대학에 유학을 시작할 당시인 1881년의 『時事小言』에 이르러서는, 후쿠자와는 "만국공법은 실은 구라파 각국의 공법으로서, 동양에 있어서는 꼬리만큼도 작용하지 않는다"(「内は忍ぶべし外は忍ぶべからず」(1874년), 『全集』 제19권, 222쪽)는 종래의 인식을 재확인한 다음,[65] "그들의 "폭력"에는 "폭력으로 항적하는 것" 이외에는 없다"(『全集』 제5권, 255-261쪽)고, 서양에 대한 적극적 대항 자세를 나타내고 있었다. 그런데 이 『時事小言』에서 후쿠자와의 외교론은 그가 종래의 '방어적 내셔널리스트'에서 '팽창적·침략적 내셔널리스트'로 전환하는 것으로서 주목된다. 후쿠자와의 서구열강에 대한 대항자세는 아시아 국가에 대한 보호의 책임을 명분삼은 "일본맹주론"으로 나타났다.

> 方今, 東洋의 列國으로서 文明의 中心이 되어, 他의 우두머리(魁)가 되어, 西洋各國에 對敵해야 하는 것은 日本國民이 아니고 누구이겠는가. 아시아 東方의 保護는 우리의 責任이라고 覺悟해야 한다(『全集』 제5권, 186쪽).

---

64) 이 점에 관하여 더 자세한 것은 金榮作, 上揭 論文, 122-124쪽을 참조할 것.

65) "「萬國公法」, 「權力의 平均」은 「크리스챤 내이션」으로서의 서양세계에만 통용되는 규범과 格率에 지나지 않는다."(『全集』 제5권, 255-261쪽)

그리고 그 방법은,

> 武로써 그들(청국과 조선-인용자)을 보호하고, 文으로써 그들을 誘導하여, 속히 우리 나라의 例에 따라 近時의 文明에 들게 만들지 않으면 안 된다. 혹, 나아가지 않으면 안 될 경우에는 힘으로써 그 進步를 脅迫하는 것도 可하다. 相車相依하고 唇齒相助한다 함은 同等의 나라와 나라 사이에서는 通用된다 하더라도, 지금의 支那와 朝鮮을 향하여, 서로 의뢰하는 것을 바란다는 것은 迂闊하기 짝이 없는 짓이라고 하지 않을 수 없다(『全集』 제4권, 272쪽).

고 하면서, 무력에 의한 협박을 권하고 있었다. 이러한 주장이 드디어, 서양 제국주의 제국의 아시아 진출에 대한 '예방책'으로서,

> 事情이 절박함에 이를 때에는 無遠慮하게 그 地面을 押領하여, 우리 손으로 新築하는 것도 可하다(『全集』 제5권, 187쪽)

라는 주장에 도달하게 된다. 서양제국주의로부터의 보호의 미명 아래 아시아에 대한 침략과 병탄을 촉구하는 주장을 가지고 명치국가 일본의 아시아침략을 선도해 나갔던 것이다.

이러한 주장의 배경에는 초기의 문명론적 관점에서의 중국 = "반개화"라는 명분론적 구실[66]과 더불어, 중국에 대한 경계심과 경쟁심이 작용하고 있었다.

> 만약에 支那政府가 一旦活眼을 열어 立國의 根本이 兵力에 있음을 알게 되고 …… 육해군을 성대히 하면 東洋에 갑자기 一强大國의 출현을 보게 되어, 그 세력은 거의 당할 수가 없게 될 것이다(『全集』 제5권, 306-307쪽).[67]

---

66) "支那는 文明의 敎가 아직 흡족하지 못한 상태로서, 半開半化의 나라라고 하지 않을 수 없다." (『選集』 제1권 173쪽); 그 주된 예증을 중국 여자들의 전족(纏足) 풍속에서 찾고 있다. 이는 "人爲로써 天然을 害치는 것으로, 오늘날 眞實로 文明開化를 주창하는 나라에서는 그처럼 天然을 害침이 甚한 것을 보지 못한다."(上揭書, 173-174쪽) 그가 말하는 '천연의 자유'를 속박하는 것이라는 이유에서였다.

67) 이외에도 후쿠자와는 그의 「兵論」에서 중국에 대한 경각심을 일깨우고 있는 부분이 두드러지게 많다(上揭 資料, 311, 313쪽).

1880년대 초반부터 조선에 대한 청국의 영향력이 강화되는 것을 우려한 대중국 경계론이었다.

위의 인용에 나타난 후쿠자와의 주장은 「脫亞論」(1885년), 곧 흔히들, 조선에서의 갑신정변(1884년)의 좌절로 인해 조선의 문명개화에 대한 기대가 좌절된 것이 계기가 되어 나타났다고 변명하는 바로 그 「脫亞論」보다도, 훨씬 이전인 1881년 무렵의 후쿠자와의 주장이었다는 점에 유념할 필요가 있을 것이다.

사실, 1881년의 『時事小言』에서 1885년의 「脫亞論」에 이르기까지의 사이에, 후쿠자와는 『時事小言』의 주장을 재확인하면서, 「脫亞論」의 주장을 선취하는 형태의 주장을 여러 차례 되풀이하고 있었다. 후쿠자와 자신이, 「消極的 防禦를 떠나 積極的 遠略」(「兵論」, 『全集』 제5권, 313쪽)으로 전환한 것을 인정하고, '禽獸 서로 잡아먹으려는' 세계정세 속에서, 일본은 '잡아먹는 열에 가담'(「外交論」, 『全集』 제9권, 195-196쪽)하여, "支那國 과연 自立하지 못하고 드디어 諸外國의 손에 陷落된다면, 우리 일본인으로서 수수방관할 이유가 없다. 우리도 역시 奮起하여 더불어 中原에서 사슴을 쫓을 뿐이다"(「兵論」, 『全集』 제5권, 313쪽)라고 하였다.

그 이후에도 후쿠자와는, 스스로 "적극적 원략"이라고 규정한 '팽창적·침략적 내셔널리즘'의 길을 한결같이 돌진해 나아갔다. 그리하여 1884년의 조선에서의 갑신정변에 즈음하여서는 조선과 중국에 강경한 출병론을 주장하였고, 정변이 좌절한 1885년 3월에는 기다렸다는 듯이 「脫亞論」을 발표하였다. 「脫亞論」에서 후쿠자와는 일본은 "서양 문명으로 옮겨 왔다"고 평가하고, 그에 반해 조선과 중국의 미개성을 지적하여, 유사시에는 양국을 병탄해야 한다고 주장했다. 조선과 중국에 대한 이 「脫亞論」의 제국주의적 침략론은, 갑신정변의 좌절 때문에 생긴 '갑작스런' 동양정략론이 아니라, 아무리 늦어도, 1870년대 후반과 1880년대의 초반까지에는 이미 완성된 '팽창적 내셔널리즘'의 당연한 귀결이었다. 또한 그것은 후쿠자와가 '계몽 사상가'로 규정되었던 초기의 극히 짧은 기간을 제외하고는 그가 기본적으로 '내셔널리스트'였다는 점을 입증

해 주는 것이라고 생각한다.[68)]

이러한 후쿠자와와는 달리, 유길준은 1880년대 후반에도 아직도 공법에 대한 신뢰와 거기서 비롯되는 낙관적 국제정치관 — 對청국 인식만은 예외였으나, 일본과 서구에 대한 인식과 국제정치 전반에 대한 인식에서는 낙관적 인식 — 을 지니고 있었다. 뿐만 아니라, 일본에 대한 그의 이 같은 낙관적 인식 및 문명론 위주의 접근은 1890년대 말과 조선이 일본에 의해 외교권을 빼앗긴 1900년대 초까지도 지속된다.

이 점에 관해서는 아래의 제4장에서 자세히 살펴보게 될 것이지만, 그 결론의 일부를 미리 지적해 두자면, 그것은 조선이 처해있었던 현실적 국내외 상황에 비추어 볼 때, 지극히 '상황이탈적' 사상이었다는 측면을 부인할 수 없다. 그런 의미에서 유길준의 국제정치관(사상)은 지극히 상황적 사고에 뛰어났던 후쿠자와는 전혀 유형을 달리하는 것이었다고 하지 않을 수 없다.

유길준의 낙관적 국제정치관과 만국공법에 관한 신뢰의 기저에는 이미 일부 연구자가 지적한 바와 같이, 그의 국제정치관과 공법개념 속에, 후쿠자와의 경우와는 달리, 유교의 '도덕주의'적 요소와 '예법'개념이 혼재하고 있었기 때문일 수도 있다.[69)] 그 원인이야 무엇이었던 간에, 문제는 유길준의 그 같은 사상적 특성이 당시 조선의 역사적·정치적 과제를 해결하기 위한 실천적 '이데올로기'로서 유용한 것이었는가의 여부일 것이다.

---

68) 이 점에 관해 상세한 내용은 金榮作, 「福澤諭吉·ナショナリスト」, 103-124쪽을 참조할 것.

69) 김봉진, 1997 및 정용화 1998. 그런데 화이질서는 주자학적인 天理自然(權)과 유교의 均分主義에 기초하여 인간관계로부터 국가 간 관계까지를 규율하는 질서원리였다는 점에서 "階序的이고 불평등한 질서"라기보다는 "階序的이기는 하나, 平均的인 秩序"라고 해석할 수 있다는 주장도 있다(김봉진, 1999. 및 「歐米國際秩序と東アジア國際秩序」, 『北九州大學外國學部紀要』第82号, 1994. 10). 그러나 필자의 견해로는, 화이질서는 "階序的이긴 하나 [내외의 질서를 하나의 원리로 파악하는] 통일적 질서원리"였다고 생각된다. 그러므로 그것을 유교의 균분주의와 연결하여 '평균적인 질서'라고 표현함으로서 일체의 불평등과 무관한 것처럼 파악하는 것은 '화이사상'이 지니는 내외질서의 階序性(hierachical order)와 그것이 지니는 본질에 관한 이해를 저해할 수 있다고 생각된다.

4. 『서유견문』과 「방국의 권리」에 나타난 대청·대일 인식의 괴리 : 국권(위기)의식 = '리얼리즘'과 '아이디얼리즘'의 병존

본절은 위(3절)에서 분석한 유길준의 국제정치관이 현실정치에 어떻게 투영되어 나타났는가를 살펴보는 의미를 지닌다. 약간의 중복이 있겠지만, 그의 대청인식과 대일본인식을 살펴보기로 하자.

1) 「답청사조회」에 나타난 대청 자주의식

유길준의 「답청사조회」(答淸使照會)는 1880년대 후반에 조선과 청국 사이에서 발생한 일련의 외교분쟁 중의 하나인 "영약삼단"(另約三端) 사건을 둘러싼 청국의 압력에 대해, 유길준이 조선정부의 자주적 입장의 타당성을 논리적으로 주장한 글이다. "영약삼단" 사건의 발생과 그 전개과정은 당시 조선이 청국으로부터 자주권을 확립하기 위한 외교적 노력을 이해하는 데에 대단히 중요한 사건이다. 사상사적으로는 특히 유길준의 대외인식과의 관련에서 보면, 그것은 앞에서 살펴본 유길준의 「방국의 권리」에 나타난 국권의식과 대청 자주의식을 현실 외교분쟁에 적용시킨 실천론으로서의 위상을 지니는 글이었다. 따라서 본고에서는 "영약삼단" 사건의 발생경위와 유길준의 "답청사조회"의 핵심만을 간단히 정리해두는 데에 그치고자 한다.

조선의 집권세력(국왕과 민비)이 청국의 내정간섭을 견제하고 '인아책'(引俄策)을 모색하자, 청국은 납치해 갔던 대원군을 귀국시켜, 조선 내 정치세력의 변화를 획책하였다. 뿐만 아니라, 위안스카이는 고종의 폐위까지 기도하였다. 이러한 상황에서 고종이 안출해 낸 새로운 전략 중의 하나가 바로 미국에 상주사절을 파견하는 것이었다.

"양절체제"라는 조선에 강요되고 있던 기이한 국제관계의 특성상, 그리고 경제적·군사적 자강능력이 지극히 미진한 상황 속에서, 조선의 집권층은 정권의 안전보장을 위해 다양한 전략을 모색하게 되었다. 한·러 밀약의 추진과 같은 세력균형정책이나, 조선 중립화 방안은 물론, 상주사절의 파견문제도

(경제적) 실질적 통상업무가 목적이었다기보다는 조선의 자주권의 행사를 통한 안전보장의 방편으로서의 성격을 지니고 있었다.

돌이켜 보면, 유길준이 「방국의 권리」 중 하나로서, 사절파견권을 지적한 것도 對청자주권의 확립을 위한 것이었다는 현실적 의미가 있었다. 왜냐하면 청국과의 전통적인 사대관계에서는 여타 외국에의 상주사절제도가 허용되지 않았기 때문이다.

1887년 8월 28일, 고종은 박정양을 미국 주재 전권대신으로 임명하고, 미국에 통보하였다. 통보를 마친 다음, 9월 24일 박정양 공사일행은 사폐를 마치고 국서를 받들고 남대문 밖으로 출성하였으나, 청국의 항의로 출발이 지연되었다. 청의 간섭으로 지연되던 사절파견문제는 청에서 제시한 삼조,[70] 선행청시, 영약삼단을 수용하는 조건으로 해결되었다.

"영약삼단"이란, 삼조(三條)와는 별도로 세 가지 조건을 제시한다는 것이었다. 내용인즉,

> ① 조선공사가 각국에 도착하면 먼저 청국공사관에 가서 보고하고(先赴具報), 청국공사에 청하여 함께 外部로 간다(挈同赴外部).
> ② 모든 交際에는 조선공사는 청국공사의 뒤를 따라야 한다.
> ③ 중요한 교섭사항에 관하여는, 조선공사가 먼저 청국공사와 상의하여야 한다.

위의 세 가지는 모두 「屬邦分內應行」의 각절로서, 각국과는 전혀 상관이 없다는 것이었다.[71]

11월 12일, 박정양은 고종으로부터 훈유와 위임장을 받고 인천항을 출발

---

70) 三條란 조선국 공사가 청국공사에게 지켜야 할 세 가지 儀節을 가리킨다. ① 청국공사와 교섭할 때 마땅히 呈文(下級기관이 상급기관에 陣請할 때 쓰는 公文)의 형식을 취해야 한다. ② 往來에는 御帖을 사용해야 한다. ③ 中國欽使가 조선공사에게 公用으로 行文할 때는 硃筆(황제가 上奏에 대해 批答할 때 쓰는 양식)을 사용한다. 그리고 속방체제에 부합하기 위해 조선이 應行하는 各節은 타국과 전혀 상관이 없다(『淸日韓關係史料』 第4卷, 文書番號 1262, 光緖 13年 7月 27日, 2343쪽). 이는 조선의 자주의지를 무력화시키고 중국의 속방이라는 점을 각국에 보여 주기 위해 위안스카이가 고안한 건의에 의한 것이었다.

71) 『淸日韓關係史料』 第5卷, 文書番號 1291, 光緖13年 9月 26日, 2379-2382쪽 및 「從官日記」 高宗 24年 9月 25日, 『朴定陽全集』 第2卷, 620쪽.

하였다. 미국에 도착한 박정양은 1월 9일 워싱턴에 도착한 이후, 영약삼단의 제1단을 고의로 지키지 않았다. 청국이 제시한 영약삼단을 무시한 것이다. 곧, 청국공사관에 먼저가지 않고 직접 미국 국무부와 접촉한 것이다. 미국 측에서도 미대통령에게의 국서전달 일시까지 박정양과 합의하고 이를 청국공사관에 통보하였다. 청국공사관의 항의와 문의에 대해 박정양은, 그의 독자적 행동은 정부로부터 영약삼단에 관한 명문[명문 : 인용자] 지시를 받지 못했기 때문이라고 변명하였다(『朴定陽全集』 제4권 389-397쪽). 이로 인해 조·청 양국 간에 (외교)분쟁이 발생하였던 것이다.

유길준의 「답청사조회」는 청국의 항의에 대해, 만국공법에 입각한 통사지권(通使之權)과 자주지권(自主之權)을 내세워, 조선 공사가 삼단(三端)을 준수하지 않았던 행위의 정당성을 주장한 답서였다. 유길준의 「답청사조회」는 국제정치상의 조선의 위상에 관한 그 개인의 인식일 뿐만 아니라 조선정부 측의 인식을 대변하는 것이었다.[72]

첫 번째 조회문은 박정양이 귀국하여 고종에게 복명(復命)한 1889년 8월 20일, 박정양의 조사를 요구하는 위안스카이의 조회에 대한 답서의 형식으로 작성되어, 같은 해 9월 3일 조복(照覆)의 형식으로 발송되었다.

이 답서의 대요는 아래와 같은 세 가지 논점으로 집약될 수 있다.

첫째, “삼단”은 조·청 간의 규율이고 만국공례는 만국공통의 규율인바, 국서의 접체(接遞: 받고 보냄)와 같은 행위는 만국공례에 따라야 한다는 점이다. 그러므로 사절이 해당국에 갔을 경우, 만국공례에 따라 먼저 해당국가의 외부에 가야하며, 그렇지 않을 경우 해당 국가를 경시하는 것이 된다. 또한 각국의 통사지권(通使之權)에는 옛부터 타국 사신과 동행하여 외부에 가야 한다는 규정이 없다. 국서의 부본(副本)을 직접 전하지 않고 대신 전달하는 것도 해국(該國)을 경시하는 것이며, 이러한 예를 무시하면 국서를 접수하지 않게 된다

72) 상주사절의 파견 결정에는 (양절체제에 대한) 유길준의 비판적 인식이 작용하고 있었다. 한규설의 집에 ‘보호성 연금’을 당하고 있었던 유길준은 〈한규설→민영익→고종〉으로 연결되는 인맥을 통해, 때때로 조선정부의 외교정책에 관한 자문에 응하고 있었다(정용화, 1998, 127-128 쪽 참조).

는 점을 지적하였다.

둘째, 국가 간의 관계에는 의례적 명분보다는 국가이익이 더 우선시되어야 한다는 점을 주장하고 있다. 곧 조선군주의 명령이라는 국가이익이 "영약삼단"의 근거인 조령(朝令) 곧 중국천자의 명령보다 우선시되어야 한다는 것이다. 따라서 사신(朴定陽)은 나라를 이롭게 하는 것(利國)을 우선시해야 한다. 군명(君命)을 욕되게 하는 죄는 크고 조령(朝令)을 위반하는 것은 그보다 사소한 것이므로, 박정양은 만국공례와 사신의 권리에 따라 조선 국왕의 명령(君命)을 우선시했다는 것이다.

또한 해당국(미국)의 여론을 파악한 결과, 청국공사와 더불어 가면 국서를 척퇴한다는 설(說)이 확실하였고, 국왕으로부터 삼단에 관한 명문상의 지시를 받지 못한 상태여서 삼단을 준수하지 않았다는 것이다.

셋째, 위의 여러 정황으로 보아 삼단을 지키지 않고 만국공례에 따른 행동을 한 것은 용서받을 만한 이유가 있고, 그렇게 행동하지 않았다면 오히려 중국에게도 누가 되고 모욕을 초래하는 결과가 되었을 것이라는 점을 지적하였다.[73]

유길준의 답서에 대해, 9월 5일, 위안스카이는 조목조목 반박하였다. 모두다 속방분내체제와 영약삼단 이행약속의 위반이라는 논리에 입각한 반박이었다.

"영약삼단" 논쟁의 의의는, 청국은 조선을 「속방분내체제」로 보고, 전통적인 속방의례를 활용하여 근대적인 국제질서에서 조선의 속방화를 내세우는 데 반해, 조선의 고종과 그 참모들은, 대청 "속방"을 兩便으로 보지 않고, 兩截(곧 중국의 속방화 거부)의 입장에서 조선의 자주·독립적 위상을 내세우고 있다는 점이다. 중국의 속방 주장과 이에 대한 조선의 저항이 바로 "영약삼단 논쟁"이었던 것이다.

유길준이 위안스카이의 조회에 대한 답신으로 보낸 "재답청사조회"와 "삼답청사조회"[74]는 청국이 요구한 "영약삼단"이 국제법과 상충되는 여러 문제

73) 「答淸使照會」, 『兪吉濬全書』 Ⅳ-政治·經濟編, 329-331쪽; 「上左相金公」, 『朴定陽全集』 第4卷, 474-481쪽.

74) 각각 『兪吉準全書』 Ⅳ-政治·經濟編, 332-339쪽 및 340-341쪽 所收.

점이 있다는 점을, 그가 「방국의 권리」에서 언급한 「양절체제」의 모순점과 연관시켜 논한 것으로 매우 흥미롭다.

그는 먼저, 조선은 중국에 대해서는 동등하지 않은 체례(體例)지만, 각국에 대해서는 동등한 체례를 지니고 있다고 한 다음, 그러나 조선과 미국과의 조약 제2조에는 (병권)대신을 상호 파견한다는 구절이 있다는 점과, 무엇보다도 조선의 내치외교는 자주라는 점은 중국 스스로 공인한 바라고 꼬집었다. 또한 그는 중국이 활용하는 속방 조회문을 거론하면서 중국 측 해석과는 반대로 조회문 속에 있는 '속방'보다는 '자주'라는 표현의 의의를 앞세우고 있다. 또한 '속방분내응행지각절'은 각국이 이에 간섭할 수 없듯이, (청국이) 타국에 대해서도 "삼단"을 적용하라고 강요할 수는 없는 것이라고 해석하고 있다. 뿐만 아니라, 그는 만약 조선이 "영약삼단"을 지킬 경우, 그것은 국제사회에서 많은 문제를 발생시킬 것이라는 점을 외교사절 간의 석차(席次: 자리 순서)의 관행을 빌려 설명하고 있다.

다음으로 유길준은 "양절체제"의 모순을 국제법에 비추어 구체적으로 지적하고 있다. 곧, 미합중국과 조선은 동등조약을 체결하여 미국의 외부대신과 조선의 사신은 동등한데, 미국과 중국 그리고 조선 대표가 함께 모이는 자리에 중국대신이 조선사신의 상석에 위치하고 조선사신이 미국대표와 같은 위치에 있게 하면, 미국 사신은 이를 부허(不許)할 것이라고 했다. 반대로 그렇다고 해서, 갑자기 조선사신이 합중국 외부(대표)의 아래에 위치하게 되면 조선사신은 합중국사신과의 동등성을 잃어버리게 되어 치욕이 되기 때문에 (조선도) 역시 이를 행할 수 없다는 것이다. 합중국(미국)은 중국이 조선의 외교는 자주라고 인정했기 때문에 조선과 동등조약을 체결하였고, 조선은 이 점만을 행동의 준거로 삼아 미국과의 동등관계를 우선시하겠다는 것이다.

"양절체제"가 지니고 있는 피할 수 없는 본질적 딜레마(모순) 속에서, 조선은 서구 각국과의 동등성만은 포기할 수 없고, 이를 중국과의 조공관계(상하관계)보다 우선시키겠다는 논리였다. 이는 외형적으로 보면, 중국의 상등성을 직접 거부하는 논리는 아니나, 조선의 자주성과 對서구 열강과의 동등성 확보의 필요성을 내세워 영약삼단을 지킬 수 없음을 주장하고, 그럼으로써 조선에 대한 중국의 상위성까지 현실적으로 부인하는 논리였던 것이다.

그 외에도, 유길준은 영약삼단이 국제법상 동등한 조약을 체결한 나라로서는 지키기 어려운 이유를, 국서봉정에서 발생한 문제 및 여타 국제법의 규범과 삼단이 양립될 수 없는 까닭을 조목조목 열거하여 밝히고 있다.

그가 「방국의 권리」에서, "수공국(청국)이 증공국(조선)으로 하여금 (서구)제국과의 동등조약을 폐기시키는 것도 부가"할 뿐만 아니라, "서구 열강으로 하여금 조선과의 대등한 조약을 파기토록 하는 것도 不可"(『西遊見聞』, 97-98쪽)함을 현실적 외교관행을 통해 지적하고 있는 것과 궤를 같이하는 주장이었다. 이는, 유길준이 「방국의 권리」에서 스스로 인정한 중국과 조선과의 증수공 관계도 조선의 대외 활동 면에서는 아무런 구속력을 지니지 못함을 강조한 것이었다.

다만 "군명(君命)을 욕되게 하고 나라를 그르치게 하기보다는 먼저 삼단을 위반"할 수밖에 없었다는 유길준의 자주적이고 현실주의적인 태도는, 여전히 "나중에 중국이 그 실정을 헤아려 용서하여 주는 은혜를 베풀기를 바라고 (박정양이) 삼관을 위반하였다"는 온화한 어법과 유화적 '제스처'를 수반하고 있었다. 그러나 이 역시 그가 「방국의 권리」에서 말하는 조선과 청국과의 현실적 역학관계를 우려한 "弱小한 者의 自保하는 道"였을 뿐이며 그 내심에서는 조선의 자주 독립성을 확보하기 위해 "삼단" 자체를 거부하려 한 것이었다. 이 점은 그 후 조선정부가 삼단 가운데 "설동부외부"(挈同赴外部) 곧, 제3국(외부)에 갈 때는 청국공사를 따라 간다는 一節의 산제(刪除-삭제)를 포함하여 삼단의 개정교섭을 주장하고 나선 점을 보아도 알 수 있다. 하지만 이 교섭은 청국의 강력한 반대로 실현되지는 못하였다.[75]

이는 조선정부가 청국과의 전통적인 관계를 존중하면서도 속방화정책만

75) 그 교섭과정에 관하여는 김수암, 2000, 238-241쪽 참조. 김수암은 양절체제를 유길준(등, 고종을 포함하여 조선의 자주성을 확보하려는 입장에 있었던 사람들)이 만국공법에 입각한 대외행위의 정당성을 주장하기 위한 '중립적 체제관'으로 인식하고 있다(위의 논문, 238쪽).

은 거부하고 자주성을 확보하기 위한 노력이 현실적으로 얼마나 고난에 찬 것이었는가를 상징해 주고 있다.

한편 조선정부가 청국의 강압 속에서 자주성 확보를 향한 의지가 얼마나 강렬했는가는, 청국의 반대로 삼단의 개정이 좌절되자, "삼단"으로 인한 대청 종속적 양상을 피해가기 위해 고빙한 외국 인사에게 국서를 휴대시켜 외국에 파견하여 대외교섭에 임하게까지 하였던 사실[76]에서도 극명하게 나타나고 있다.

이러한 조선정부의 자주의식도 결국 청국으로부터의 정치적 압력 — 현실 권력정치의 제약성 — 을 극복하지는 못하였다. 삼단위약에 대한 청국의 항의와 협박에 못 이겨 조선정부가 박정양의 귀국 후 죄를 논하기로 약속한 것[77]도 그 때문이었다. 조선정부는 삼단의 위약사건의 책임을 박정양 개인에게 돌리고, 청국의 압력과 협박을 회피해 나가려 했다.

그러나 조선정부는 100여 일이나 처벌을 미루는 지연전술을 썼다. 조선정부에게는 박정양을 처벌할 의사가 애당초 없었기 때문이었다. 그것은 조선정부가 박정양을 소환 조치하지 않고, 그의 신병(身病) 주청에 따라 환국하는 형식을 취한 사실로 보아서도 그렇다.[78] 뿐만 아니라, 조선정부는 박정양의 귀국 후 그를 외무독판에 임명하여 자주권을 현시하려는 구상까지 갖고 있었으며, 오히려 위안스카이의 교체를 요구하기까지 하였다.[79] 박정양 스스로 자신의 처벌은 자주국가의 "통사지권(通使之權)에 관련되므로, 수용해서는 안된다고 주장하고 있었다.[80]

박정양 처벌문제는 조선과 청국사이의 줄다리기의 결과, '파직정차'(罷職

---

76) 이 같은 예로는 內務部協辦으로 고빙되었던 르 젠드르(李善得, Charles W, Le Gendre)를 일본에 파견하여 조약개정과 魚採章程의 교섭에 임하게 했던 사실을 들 수 있다. 르 젠드르의 임무와 활동에 관해서는 권석봉, 『청말 대조선 정책사연구』(일조각, 1986)를 참조.

77) 「與閔判書」, 『朴定陽全集』 第4卷, 529-530쪽.

78) 「電報」 高宗25年 9月 7日, 『朴定陽全集』 第4卷, 222, 466쪽 및 494쪽 등 참조.

79) 고종은 이홍장에게 세 차례에 걸쳐 위안스카이의 교체를 요구하고 교섭하였으나, 이홍장의 반대로 실현하지 못하였다(『淸季韓中日關係史料』 第5卷, 文書番號 1411, 光緖 15年 318. 2567쪽 및 송병기, 「소위 三端에 대하여」, 『史學志』 제16집, 1972, 111쪽 참조).

80) 「上左相金公」, 『朴定陽全集』 第4卷, 469쪽, 및 「與閔判書」, 『朴定陽全集』 第4卷, 529쪽.

停差)라는 가벼운 처벌로 타협되는 듯하였다. 그러나 이 과정에서 조선정부가 (1889년 12월 1일) 그를 부제학과 도승지에 임명함으로써, 또다시 문제가 되었다. 조선정부의 이 같은 태도에는 데니(Deney) 등의 권고도 작용하였으나, 기본적으로 조선정부의 자주의지가 작용하고 있었다.

하지만 결국 청국의 항의를 이기지 못하고, 고종은 박정양에게 밀령을 내려 사직상소를 올리게 하고 이를 받아들이는 형식을 취해 그를 면직시켰다.[81] 그러나 이번에도 그의 신병을 이유로 한 파직이었다. 고종은 박정양의 파직을 삼단의 위약과는 연계시키지 않았던 것이다.[82]

박정양의 처벌문제를 둘러싼 조·청 간의 공방은 계속 이어졌다. 속방화와 자주권 확립을 둘러싼 조청 간의 '투쟁'이 얼마나 치열했는가를 상징적으로 나타내는 사건이었으며, 유길준의 "답청사조회"는 「방국의 권리」에 나타난 그 자신의 대청자주의식을 재확인할 수 있는 글이다.

2) 對일 (및 對서구) '낙관론'

유길준의 개화사상은 그 사상의 논리적 구성면에서는 부르주아 계몽사상으로서의 본질을 지니는 것으로서, 그 논리적 귀결로서 국가평등사상의 기저 위에서 강렬한 자주독립사상과 결합되어 있었다.[83] 그리고 그의 국가 평등사상과 자주독립의식의 당면한 현실적 목표가 적어도 1880년대의 후반에 이르러서는, 주로 청국으로부터의 자주독립에 있었다는 점도 「방국의 권리」 속의 아래의 주장을 보아서 명백하다. "弱國正副의 官吏가 如何한 時에 如何한 事로 强國을 向하야 屬邦의 體制를 自認하든지 此는 其人의 不知하는 妄動이라."(『西遊見聞』, 93쪽) 뿐만 아니라 이러한 그의 대청 자주의식은 위에서 이미 살펴본 "영약삼단" 사건에 대한 그의 "답청사조회"문 속에서 유감없이 발휘

---

81) 「請遞都承知 副提學協辦內務府事疏」, 『朴定陽全集』 第4卷 239-240쪽.

82) 위안스카이의 항의에 의해 「番公不進」으로 파직하였지만, 사실은 違章이 원인이라고 구두로 설명하는 형식으로 타협하였다. 그러나 10여 일 후, 전후(前後)의 파산인을 모두 용서하여 前職에 복귀시킨다는 「分揀措置」를 통해 朴定陽을 다시 協辦內務府事에 임명하였다.

83) 이 점에 관하여는 拙著, 1989, 제4장 제3절을 참조할 것.

되었다.

그런데 그의 자주의식은 그 실천과정에 그의 계몽사상의 특성에서 비롯되는 커다란 함정이 있었다. 이 시기에 이르러, 그는 청국에 대한 강렬한 국권의식에 반해 지극히 낙관주의적이고 문명론 위주의 일본관과 서양관을 지니고 있었다. 말년의 대일관에 관해서는 뒤에서 자세히 언급하게 될 것이나, 우선 여기서는 그가 1880년대 후반에 집필하고 1895년에 출간한 『서유견문』에 나타난 그의 對日觀(1880년대 후반~1895년의 갑오개혁기의 대일관)을 살펴보기로 하자.

유길준이 궁극적으로 지향한 '개화사회'의 등급에 비추어 볼 때, 청국은 '未開化한 者'에 속할 뿐만 아니라 조선의 자주독립을 방해하는 세력이었다. 조선의 문명개화를 방해하고 수구파를 옹호하는 세력으로서 '타도의 대상'이라는 임오군란 직후의 청국관이 부활한 것이었다.

이에 반해 일본은 '혁신에 따라야 할' 선진문명국이었다. 그는 『서유견문』 「序」에서 아래와 같이 말하고 있다.

> 余가 東으로 日本에 遊하야 其人民의 勤勵한 習俗과 事物의 繁殖한 景像을 見함이 竊料 하든배 아니러니 …… 以來 歐美諸邦이 約을 訂決한 後로부터 交誼의 敦密함을 隨하며 時機의 變改함을 察하야 彼의 長技를 是取하며 規制를 是襲함으로 三十年間에 如斯히 其富强을 致함이니라(「序」, 『西遊見聞』, 1쪽).

이는 갑신정변 당시의 개화파에서도 볼 수 있었던 일본관으로 그 자체로서는 객관적인 대일 인식이었다고 할 수 있다. 그런데 이것이 유길준에 이르러서는, 그의 계몽 위주의 사상적 특성으로 말미암아 다음과 같은 특이한 일본관과 연결되어 있었다.

> 日本人의 生痲貿求하는 時를 當하야 …… 日本人이 猾計로 卽時 是를 不賣하고 …… 其價를 半減한 然後에 彼의 任意로 衡錘를 重히하야 購買하되 我國人은 敢히 一言도 抗하지 못하고 …… 其害의 深함과 大함이 一筆로 形容하기 不能하나 此는 皆 我國人의 自取라(『西遊見聞』, 371쪽).

일본인들의 간책은 그렇다하더라도 더욱 근본적인 죄는 '商買의 大道'를 알지 못하는 조선인에게 있다는 것이다. 그는 자본주의 열강의 후진지역에 대한 침략 일반에 대해서도 계몽주의적 사관(史觀)에서 파악하였다. 그에 따르면, 영국과 프랑스 등 선진국의 이집트 등의 후진국에 대한 침략의 원인은 국제신의를 지키지 않고 국채반환을 게을리 한 후진국의 미개화(未開化)와 인민의 태만에 있다는 것이다.[84] 자본주의 열강의 침략성을 비난하는 관점을 찾아보기 어렵다.

그의 이 같은 계몽주의 일변도의 국제정치에 대한 이해는 지극히 낙관적인 열강인식 및 국제공법에 대한 신뢰와 표리를 이루고 있었다.

> 世界의 大衆이 各地의 天生 及 人作의 有餘한 者로 他의 不足한 者를 補하고 他의 有餘한 者를 取하야 自己의 不足한 者를 補하는 故로 各國이 約款을 定하며 使節을 派하야 其商買와 人民을 保護하고 且未開한 國을 勸하야 商路를 擴張하나니라(『西遊見聞』, 68쪽).

자본주의 열강과 후진국사이에 체결된 불평등 조약의 본질에 관한 지적이나 인식은 찾아볼 수 없고, 문명국 열강은 오직 후진국의 '商買와 人民의 保護者'이자 '未開한 國을 勸하야 商路를 擴張'해 주는 '開化의 案內者'로 파악되고 있었다.

> 邦國의 交際도 亦公法으로 操制하야 天地의 無偏한 正理로 一視하는 道를 行함이라(『西遊見聞』, 88쪽)

> 夫保國하는 道가 道理를 守하며 信義를 修하야 治民하는 政令과 交隣하는 禮節에 正大함과 誠實함으로 上策을 作할지니라(『西遊見聞』, 223쪽).

> 他邦의 權利를 不敬하면 是는 自己의 權利를 自毁함인 故로 自守하는 道에 勤愼하는 者는 他人의 主權을 不損하는 緣由라(『西遊見聞』, 88-89쪽).

---

84) 예컨대 『西遊見聞』, 228쪽 및 371쪽에서의 주장이 그것이다.

이처럼 그의 공법에 대한 신뢰를 나타내는 표현은 헤아릴 수 없을 만큼 많다. 이같이 그는 당위론으로서 국제공법을 주장하는 데에 그치지 않고, 열강의 제국주의적 권력정치나 세력균형 싸움도 개화된 선진국의 국제공법에 따른 선의의 행동으로 이해하고, 또 현실적인 독립의 보장책으로서 공법을 과다하게 신뢰하고 있었다.[85)]

개화에 앞서있는 서구열강의 변명을 그대로 신뢰하는 태도에서도 자본주의열강의 제국주의적 침략의 본질에 관한 인식의 결여를 발견하게 된다. 천주교와 신교에 대한 그의 인식의 차이 역시 그 한 예가 될 것이다.

> 天主學이라 謂하는 者는 …… 他邦의 土地와 人民을 其宗教의 形勢로 侵奪하는 陰計를 行하니 …… 可히 愼懼할 者가 磋라. 耶蘇教에 至하야는 如彼한 禍害는 斌하다 云하더라(『西遊見聞』, 346-347쪽).

Ⅳ. 갑오개혁 · 청일전쟁 이후 망국 전야의 유길준의 국제정치관과 대일인식

1. 일본의 의도에 대한 '호의적 해석'과 '의리론'에의 기대

유길준의 사상, 특히 그의 국제관과 열강에 대한 인식은, 갑오개혁의 좌절로 그가 일본에 망명하여 10년이 넘는 세월을 보내고, 러일전쟁이 끝나서 귀국한 이후에도 총체적으로 보아 거의 수정되지 않았다. 오히려 일본에 대한 그의 인식은 이전의 그것보다 더욱 '호의적 편향'에 사로잡힌 것이 되어 나타났다. 유길준은 일본인들이 자행한 민비시해까지도 불가피한 것으로 생각하고 있었다. 민비는 "세계역사상 가장 나쁜 여자이고 그녀의 시해는 조선의 문

85) 한편 앞에서 언급하였듯이, 유길준의 공법논의는 이를 청국과의 관련에 보면, 조선에 대한 청국의 속국화 정책을 비판하고 조선의 자주독립성을 주장하기 위한 현실적 방편으로 기능하는 측면이 있었음도 사실이다. 그러나 서구열강 및 일본과의 관련에서 보면, 그의 공법관은 낙관적 국제인식과 이상주의적 국제관의 표출이었다고 해석할 수밖에 없을 것이다.

명화를 위해서는 불가피한 일이었다"는 것이다.86)

이 같은 문명론 위주의 대일 자세는, 망국 전야의 상황에 이르러서도 지속되고 있었으며, 오히려 일본의 조선합방정책을 적극 옹호하고 있었다. 유길준은 러·일전쟁이 발발하기 직전 망명지 일본의 하찌조지마(八丈島)에서, 「보국지책」(保國之策)을 저술했다. 그 주된 요지(要旨)는, 러·일전쟁을 예측하면서, 전쟁이 발발하면 조선은 멸망할 것이므로, 조선으로서는 러·일전을 예방하는 것이 최상책이나, 만약 전쟁이 발발하면, 그 전장을 만주로 옮겨가도록 하고, 일본과 연합하여 일본의 병참역할을 담당해야 한다는 것이었다(「保國之策」, 『全書』 Ⅳ, 260쪽). 여기까지는 나름대로 좋았다.

그러나 유길준은 전쟁에 승리한 일본이, 1905년 을사보호조약을 체결하여 조선의 외교권을 박탈하고, 식민지화를 추진하는 과정에서 발생한 조선인들의 반발에 대하여, 모든 책임은 조선에 있으며, 조선이 일본을 '초치'해놓고 불평과 불복을 주창하는 것은 의리에도 맞지 않는다는 기괴한 의리론을 주장했다.

> 韓國의 事는 皆 韓國 自身의 業이라. …… 日本은 決코 自求ᄒᆞ야 韓國에 手를 出ᄒᆞᆫ 者아니오 止ᄒᆞᆷ을 不得ᄒᆞ야 招ᄒᆞᆷ이라 韓國이 特爲招置ᄒᆞ고 不服을 唱ᄒᆞ며 不平을 鳴ᄒᆞᆷ이 義理에도 不在ᄒᆞ니라 從來 日本策은 皆此筆法을 誤用ᄒᆞ니 日本을 招待하면서 도리여 虐待를 極히 ᄒᆞᆷ과 恰如ᄒᆞᆫ지라 恰如日淸事變까지는 日本이 韓國의 獨立을 認ᄒᆞ야 擁護하더니 邇來幾回變遷ᄒᆞᆫ 後에 今日의 關係된지라 事變의 生ᄒᆞᆫ바는 반다시 日本으로 ᄒᆞ야곰 怒케ᄒᆞ고 事件의 起ᄒᆞᆷ은 반다시 日本으로 ᄒᆞ야곰 惱케ᄒᆞᆷ에 在치 아니ᄒᆞ나87)

1905년 11月의 협약에 관해서도, 그것은 조선이 스스로 취한 것이지 일본이 강제한 것이 아니므로 따르지 않을 수 없고, 폭동항명으로 소란을 일으키

86) 유길준의 "The Reformation We Made"라는 날짜 미상의 Morse 박사의 영문편지, Morse Papers (Peabody Essex Museum Library). 원문은 미출간인데, 일부 번역은 이광린, 「유길준의 영문서한」, 『개화파의 개화사상연구』(일조각, 1989)에 수록되어 있다.

87) 「新協約에 對한 談」, 『漢陽報』 第1卷 第1號, 隆熙 元年(1907) 9月 11日, 『全書』 Ⅳ, 政治經濟編, 345쪽.

는 것은 지극히 위험한 짓이며, 조선이 성심으로 그것을 지켜야만, 일본도 성심으로 협약을 지킬 것이라는 것이었다.[88)]

유길준의 이러한 주장의 배경에는, 조선의 국력이 미치지 못하는 상황에서, 후일의 부강을 기다려 국권을 찾자는 발상이 작용하고 있었다.[89)] 그 점에서는, 유길준의 주장은 을사보호조약 이후부터 전개된 애국계몽운동의 전형을 이루고 있는 것이라고 볼 수 있다. 하지만 이 시기의 그의 주장이 여타의 애국계몽운동과 다른 특이한 점은, 그것이 일본의 의도에 대한 순수한 호의적 해석과 일본의 '의리'에 대한 깊은 기대가 강하게 작용하고 있었다는 점이다.

먼저, 그의 일본의 조선 식민지화 추진정책의 의도에 대한 호의적 해석에 관하여 살펴보자.

보호조약 이후 조선인의 반발사태를 수습하기 위한 방안의 하나로 집필·발표한 「平和克復策」(丁末, 1907)[90)]에서, 유길준은, 일본의 대조선 정책(정략)에 대해, 강화도조약과 갑신정변에의 관련은, 모두 조선의 독립을 위한 것이었으며, 1894년의 출병과 일청전쟁도 조선이 내외의 변란에 직면하여 '자수'하지 못할 것을 우려, 분연히 출병하여 조선의 독립을 돕기 위한 것이었다고 보고 있었다.[91)] 또한, 일본이 조선을 보호국으로 만든 배경에 대해서도, 이는 일본이 청·일, 러·일 이대전쟁(二大戰爭)에서 "십만생령"을 잃고 막대한 경제적 손실을 보았기 때문인데, 그 원인은 모두 조선의 정계에 책임이 있다고 말할 수 있다는 것이었다.[92)]

---

88) 「臨事暴動抗命滋騷, 極爲危險, 故行解散 …… 故前後二約之將, 我棠自取, 非彼之强加於我也. 夫約言一定, 不可以不從我以誠心守之然後, 始可望彼之誠心守之」(「平和克復策」, 『全書』 Ⅳ, 271-272쪽).

89) 예컨대 「謹按協約冒頭之文, 特筆有迄認富强之言, 可見其憂我之本意, 我愛之眞情 …… 勸我以富强之道, 望我以富强之道 待我富强之國, 而將以復之也」(「平和克復策」, 『全書』 Ⅳ, 272쪽)라 한 것이 그것이다.

90) 이 논문은 皇城新聞 제2618호와 제2619호, 隆熙 元年 10월 29일자 및 30일자 雜報欄에 『兪氏의 光復策』이란 제목으로 번역, 게재되었다.

91) 「日本以同族輔齒之近隣者, 昔之爲我之後進者, 今則自居爲先覺, 丙子之約, 与我爲好, 而認我獨立也, …… 甲申之事, 因我有變, 而激我獨立也, …… 若甲午日淸之約, 則彼見我之有內外亂, 而懼我之不敷自守, 奮然出義, 代爲與師以夫我之獨立」(「平和克復策」, 丁末(1907) 『全書』 Ⅳ, 268쪽).

뿐만 아니라, 일본과의 협약을 지키지 않는 것은, 「背于約言, 失信天下」(「平和克復策」, 276쪽)이므로 협약을 지켜야 하고, 일본이 조선에 바라는 것은 조선이 부강해져서 스스로 권리를 회복하는 것이며, 이로써 동양의 영원한 평화를 지키는 데에 있다[93]는 것이며, 일본의 진의는 어디까지나 '평화'에 있으므로 우리도 '평화'로 응해야 한다는 것이었다.[94]

다음으로, '의리론'에 관해서 보면, 그는 조선의 국권유지를 일본의 의리에 의한 조선황실의 유지에 기대하고, 그렇게만 해 준다면 조선인은 이를 일본의 '은덕'으로 생각하고 영원히 잊지 않을 것이라고 까지 했다. 고종에 의한 '헤이그 밀사 파견'도 조선황제의 본심과는 무관한 '사인', 곧 '잡배'들의 소행이었다는 것이다.[95]

한편, 유길준은, 일제가 조선의 식민지화를 마무리해가는 1907년의 「한일신협약」(丁未七條約)에 대해서는 지극히 애매한 이중적 입장을 취하고 있었다. 한편 "日韓 新條約에 對하야 別로 意見이 無한지라, 余의 境遇에는 自然의 勢를 隨할 外에는 他道가 無하거니와"라고 하여 개인적으로는 신조약에 반대할 의지가 없음을 밝히면서, 다른 한편에서는 다음과 같이 말했다.

> 今回의 新協約은 盖國本을 定함에 偉大한 者인데 同時에 多少 騷擾를 免치 못하니 人은 韓國民을 目하야 無氣無力하고 國家心이 無라하나 是는 大不然한지라 國民은 忠義에 富하니 暴徒로써 指目을 被하는 彼等이 實로 忠義한 國民[이다.][96]

---

92) 「(由是觀之) 日本之前後失幾十萬生靈, 糜歲十億帑財才之二大戰爭, 其導火暴發之口, 謂在於漢城政界」(「平和克復策」, 269쪽)

93) 「彼之所望於我者, 在我之自爲富强, 以自復我權, 以保東洋之 永遠平和也」(「平和克復策」, 279쪽).

94) 「固知彼之眞意, 在於平和, 故我亦以平和応之, 外交焉委其代辨, 內治焉聽其指導, 後來我勢之長, 可伍文明之隣以平和之眞意, 收其代辨謝其指導則彼亦當以平和応之, 故臣敢曰惟我光復之道, 一由平和, 而其成就之方亶在富强之策」(「平和克復策」, 277쪽).

95) 「建白書: 日本總理大臣 西園寺宛」, 『皇城新聞』 隆熙 元年 八月 二十一日(『全書』 Ⅳ, 347-348쪽 所收).

96) 「新協約에 대한 談」, 『漢陽報』 第一卷 第一號, 隆熙 元年 九月 十一日(『全書』 Ⅳ, 344-346쪽 所收).

그러나 신협약에 대한 그의 개인적 입장은 이를 수락하는 입장으로서, "朝鮮人은 忠義는 있으나, 頑昧하여 事理에 어둡고 日本을 誤解하고 있어서, **忠義가 暴徒化**되고 있는 것이므로, 일본이 이를 잘 수습하면 '最後段落'을 告하게 될 것"(上揭 자료, 346쪽)이라는 것이었다.

여기서 유길준이 말하는 '최후단락'이 무엇을 지칭하는 것인지 명확치 않으나, 어쨌든 그는 '한일 신협약'에 대한 조선인의 저항이 '충의는 있되 완매함과 일본에 대한 오해'에서 비롯된 것이라면서, 일본이 이를 잘 수습해 주기를 바라고 있었다.

2. 뒤늦은 '리얼리즘'의 부활

유길준에게도 아주 뒤늦게, 국제정치에 관한 권력 정치론적 '리얼리즘이 다시 나타났다. 그 편린들을 지적하면 아래와 같다.

① 夫個人(個人은 一個人을 伝함)相與하는 際에는 德意로서 薰陶하며 法律로서 管箝한則 猶旦 薄弱한 圈限이라도 設하야 其濫越함과 橫逸함을 豫防이나 한다 謂하되 國과 國의 交際에 至하여는 **强力**이 **正義**라 하며 權能으로 實德을 삼는 故로 和好條約이 平時 閑話에 止하며 **萬國公法**이 **紙上空文**에 **不過**하는지라 …… 近世達觀의 士가 云하되 **公法千言**이 **大砲一門**만 **不如**하다 함이 亦此를 慨嘆함이라[97]

② 天下에 …… 暴力橫行하고, 大砲와 艦隊가 國家間의 關係를 後援하고, 各國이 自國의 利害關係에 의해 어제의 **同志**가 **오늘의 敵**이 되어, 언제 우리들을 分裂시키려고 할지 豫測할 수 없는 「**武暴**의 **時代**」로,「公法」을 論할 수 있는 시대가 아니다.[98]

③ 彼詐力이 天下에 行함이 久한지라. **陸砲海艦**이 **政略**의 **上乘**이며 交道의 後援이니 今日에 各其利害의 關係로 我를 助ᄒᆞ야 彼를 功ᄒᆞ는 者가 明日에 亦其利害의 關係로 彼와 協同하야 我를 分裂치 아님을 質言하기 難한지라. 利害의 機는 預度치 못하

---

97) 兪吉濬 譯述, 『普魯士國 厚禮斲益大王의 七年戰史』, 兪吉濬의 「序」(1908年 5월 발행), 『全書』 Ⅲ, 483-484쪽. 강조는 인용자. 인용자가 한글 맞춤법을 현대문으로 고침 — 이하 同.

98) 兪吉濬 譯述, 『英法露土諸國의 哥利米亞戰史』, 『全書』 Ⅲ, 132-133쪽.

나니 今此武暴時代에 公法의 正理는 座談할 者 아닌 則, 國家의 獨立을 固守하고 他邦의 侵索을 欲排하는 者는 土耳基人에 鑑하는 바가 有할지어다.[99)]

국내정치와 달리, 국제사회에서는 '强力이 正義'이고 '어제의 同志가 오늘의 敵'이 되어 싸우는 것이 국제정치 현상의 공리이며, 오늘의 국제사회는 '萬國公法은 紙上空文'에 불과한 武暴의 시대로서 '陸砲海艦이 最高의 政略'이라는 것이다.

위의 인용문에 나타난 유길준의 국제정치에 대한 권력론적 '리얼리즘'과 만국공법에 대한 불신은 1889년경의 「국권」, 「방국의 권리」 등에 나타난 유길준의 낙관적 국제관 및 만국공법에 대한 신뢰와는 전혀 다른 것이었다.

그러나 이는 조선이 일본에 외교권을 빼앗기고 난 이후인 1908년(융희 2)에 집필한 저술에서의 인식일 뿐이다. 또한 위의 인용문 ①에서 유길준이 '近世達觀의 士'라고 명명한 사람이 후쿠자와 유키치를 지칭한 것임은 인용문의 내용으로 보아 명백하다. 그런데 후쿠자와가 '百卷의 萬國公法은 數門의 大砲에 미치지 못한다. …… 大砲彈藥은 이를 가지고 있는 道理를 主張하는 備가 아니라, 없는 道理를 만들어 내는 器機이다.'라는 국제정세에 관한 '리얼리즘'을 피력한 것은 1878년(『通俗國權論』)의 일이었고, 유길준이 후쿠자와의 '리얼'한 국제정세관을 인용한 것은 1907년(융희 2), 곧, 조선이 일본에 외교권을 빼앗기고 난 2년 뒤이자, 합방이 눈앞에 다가 온 시점에 이르러서였다. 유길준이 후쿠자와의 리얼리즘을 뒤늦게 깨달은 것은 후쿠자와가 '리얼리스트'로 전향한 때로부터 무려 30년이 지나서였다는 이야기가 된다. 그 이전의 유길준에게 후쿠자와로부터의 사상적 영향이 있었다면, 그것은 후쿠자와의 초기사상, 곧 1860년대의 자연법적 계몽사상이었다. 인생의 대부분을 'Pragmatist' 또는 '리얼리즘에 입각한 내셔널리스트'로 일관한 후쿠자와와, 선진문명사회에 대한 낙관적 인식과 공법에 대한 기대로 사상활동의 대부분을 보낸 유길준과의 상이점이 너무나도 분명하다.

이 점을 다시 한 번 확인하면서, 이미 1881년 「時代小言」 이후 그 형태가

---

99) 『英法露土諸國의 哥利米亞戰史』 「序」, 132-133쪽.

확정된 「脫亞論」에서의 후쿠자와의 대조선관을 재확인해 두자. 「脫亞論」에서 그는 조선과 중국은 "數年 以內에 亡할 것"이라고 예측하였다. 이에 일본이 취해야 할 進路는 "我國은 隣國의 開明을 기다려 더불어 아시아를 일으킬 猶豫가 없"으며, "그 아시아 東方의 惡友를 謝絕하고 …… 西洋과 더불어 奮起하여 더불어 中原의 사슴을 쫓아야 한다"는 것이었다(「脫亞論」, 『全集』 제10권, 239-240쪽).

위에서 살펴본 유길준의 대일 인식은, 아마도, 러·일전쟁이 일본의 승리로 끝난 상황에서의 그의 현실적응주의 내지는 현실 타협적 자세를 반영한 것이기도 하고, 다른 한편 유길준류의 개화사상이 '내셔널리즘'으로서의 좌절을 앞둔 상황에서 그 마지막 역할을 일본의 '호의'와 '신의'에 기대하고 있었음을 보여 주는 것이었다고도 생각된다. 유길준 자신이 얼마만큼 그 기대가 실현될 수 있는 것이라고 생각하고 있었는지는 알 수 없으나, 그의 기대는 망국의 좌절로 나타났다. 그 좌절이 전적으로 유길준 개인의 책임만은 아니지만, 유길준류의 개화사상의 실천적 '내셔널리즘'으로서의 한계성과 좌절을 의미하는 것이었음에는 틀림이 없을 것이다. 망국을 맞아 유길준이 할 수 있었던 일은 일제가 한일 합방에 공헌한 조선인들에게 수여한 작위(爵位; 男爵)를 거절하고, 또다시 먼 후일의 독립을 위한 계몽활동에 종사하는 일뿐이었다. 그가 1909년 12월, 합방 전야에 일진회가 추진한 합방건의에 대해 한성부민회장의 명의로 '반박문'을 발표한 것[100]과 합방 후 일제가 수여한 '작위를 거절'한 것을 보면, 합방(망국)이 그의 뜻은 아니었던 것 같고, 일본의 '의리'에 의지하여 조선왕조의 마지막 명맥을 유지해 보겠다는 그의 기대가 꽤나 진지한 것이었는지도 모른다. 유길준의 말년의 역사상은, 이 또한 후쿠자와의 그것, 곧 청일전쟁에서의 승리에 즈음하여 "유쾌하다고 해야 할까 고맙다고 해야 할까 무어라 표현해야 좋을지 모르겠다. 목숨이 붙어 있으니 이런 기쁜 일을 보고 듣고 하는 것이다" (『福翁自傳』 제7권, 259쪽)라면서, 감격의 눈물을 흘렸다는 후쿠자와의 경우

100) 「一進會의 合邦建議에 대한 反駁文」, 『大韓每日申報』 1909년 12월 15일 雜報(『全書』 Ⅳ, 349쪽 所收)

와는 너무나도 극적인 대조를 이루는 것이었다. 물론 그것이 유길준과 후쿠자와 개인의 사상적·정치적 결말의 차이만이 아니었고, 조선과 일본의 근대사의 명운의 갈림길이었음은 지적할 나위도 없다.

V. 맺음말

이미 본론 각장의 말미마다 맺음말에 해당되는 내용의 상당 부분을 요약해 두었기에 내용의 요지를 되풀이하는 것은 생략하고, 여기서는 다른 시각, 곧 첫째, 유길준의 대외관에 관한 또 다른 학설에 대한 비판적 검토와, 둘째, 「문명론」과 「독립론」과의 관련양상에 나타난 유길준과 후쿠자와와의 사상을 비교하는 것으로 맺음말에 대신하고자 한다.

1. 兪吉濬의 思想에 대한 見解와 평가 : 기존의 학설에 대한 비판적 검토

유길준의 사상 및 국제정치관이 갑신정변을 전후하여 변화하였다는 주장이 있다. 곧 유길준의 개화사상은 갑신정변 이전의 急進(變法) 개화사상에서 갑신정변 이후에는 '개량적 개화사상으로 변화하였고, 조선의 국가발전과 관련된 그의 전략적 발상도 '대국주의 내셔널리즘'에서 '소국주의 내셔널리즘', 곧 중국과의 종속관계를 유지하면서 중립국화를 모색하는 방향으로 전환되었다는 것이다.[101]

101) 趙景達, 「朝鮮における大國主義と小國主義の相克」. 조경달의 논지의 배경에는, 조선근대사에 있어서의 내재적 발전 가능성을 일제비판과 결부시키고자 하는 의도가 있는 것으로 보인다. 메이지 정부적 코스를 비판하면서 갑신정변은 평가하는 것으로 보아 그렇다. 만일 그렇다면, 아베식의 '명치 = 절대주의국가관'에 입각하여, 메이지 정부적 코스의 대내적 측면과 대외적 측면 모두를 비판하기보다는, 그 중 대외노선에 대한 비판에 역점을 두어야 타당성이 있을 것이다. 왜냐하면 조선과 중국의 경우도, 독립을 위한 방편과 국가 발전 코스를 부국강병과 근대화(서구화)에 설정하고 있었던 점에서는, 명치정부의 그것과 다를 바 없다. 그러나 조선의 발전 코스의

그러나 이러한 규정에는 많은 문제점이 있다고 생각된다. 첫째, 그의 개화사상의 유형분류와 유길준의 개화사상가로서의 위상설정에 많은 문제가 있으나, 이 점에 관해 자세한 것은 다른 기회에 언급하기로 한다. 본고에서는 유길준의 '내셔널리즘' 사상과 운동을 "대국주의적 '내셔널리즘'에서 소국주의적 '내셔널리즘'으로의 변천"이라고 파악하는 견해의 문제점에 관해서 살펴보기로 하겠다. 이는 유길준과 후쿠자와의 '내셔널리즘'을 비교하는 하나의 방법이 될 수 있다. 그러나 우선 "대국주의적 '내셔널리즘'"과 "소국주의적 '내셔널리즘'"과의 분류 기준이 모호하며, 무엇보다도, 유길준이 초기에 "대국주의적 '내셔널리즘'"의 사상을 지녔다거나 그러한 정치적 입장을 취했다고 볼 수 있는 사실적 근거가 박약하다.

유길준이 초기에 "대국주의적 '내셔널리스트'"였다는 주장의 유일한 근거로 제시되고 있는 것은, 「競爭論」(1883년)의 말미를 장식하고 있는 유길준의 아래와 같은 견해다.

> 勤按我朝鮮이 久來 鎖閉하야 外國의 交通을 謝絶하고 其所競爭이 僅僅 一國內 同胞兄弟에 止하였더니 現今 時勢의 變遷을 際하야 外國과 交際하는 道를 漸開한 則 …… 此는 我兄弟의 競爭區域을 擴張하고 文明富强할 緖緖를 開하는 者니…… 上下同心하야 競爭精神을 活潑하게하야 其異한 자를 異라 하는데 止하지 말고 進하야 其得失을 察하며 …… 一國의 文明을 進하며 一國의 富强을 成하야 國威로 하야곰 萬世에 震轟하며 國光

설정은 방어적 '내셔널리즘'이었던 데에 반해,—결과적으로 그나마 좌절하였지만— 일본의 그것은 국내적 집중화와 근대화 코스가 '방어적 내셔널리즘'에 머물지 않고, 근대화를 기반으로 하여 대외적 팽창, 곧 제국화의 코스로 연결되었다는 점에 있었기 때문이다. 조선에서의 내재적 발전 가능성에 관한 주장 역시, 明治정부의 대내적 근대화 노선에 대한 비판이기보다는 대외적 제국주의화를 정당화하는 '식민지 근대화론'에 대한 비판이어야 할 것이다.

일본이 서구화를 지향하고 자주 독립을 위해 부국강병을 추진한 것이 문제가 아니라, 팽창적 제국주의화의 길에 나선 것이 문제였던 것이다. 혹 일본의 관점에서는 일본의 제국주의 코스로의 선택이 당시의 제국주의적 사조에서는 '필연'이었다던가, '불가피한 선택'이었다고 주장할지 모르나, 적어도 근린 아시아 제국의 입장에서는 그 부분(제국주의적 팽창과 침략)에 대한 비판만은 당당히 할 수 있을 것이다. 그렇지 않고, 조선 역시 발전 코스로 설정했던 서구화(문명개화와 부국강병 코스) 자체를 비판하려 한다면 '패자의 결과에 대한 항변'으로 밖에 비추어지지 않을 것이다. 뿐만 아니라, 서구 선진국의 발전 패턴을 염두에 두고, 근대화와 산업화에 성공한 해방 후의 발전전략에 대한 긍정적 평가도 어려워 질 것이다. 개화적 '내셔널리즘'이 반드시 제국주의적 발전 코스를 긍정적인 가치로 인정하는 것은 아니지 않은가!

으로 하야곰 四海에 照耀함을 余等이 希願하노라(「競爭論」, 『全書』 Ⅳ, 59-60쪽).

이에 의해 조경달은 "歐美列强의 資本主義 侵略과 弱肉强食的 世界를 積極的으로 否定함이 없이, 오히려 어쩔 수 없는 當爲로 是認함으로써 스스로도 구미화(歐美化)하려는 '내셔널리즘'이었다"고 그 의의를 부여하고 있다.[102)]

그러나 위의 문장은 유길준이 문명의 발전과 국가의 부강을 위해서는 경쟁심을 기를 필요가 있으며, 개국통상의 시대를 맞이하여 경쟁영역을 확대할 필요가 있다는 점을 강조한 것으로서, 스스로 구미화하려는 '내셔널리즘'이라고 할 수는 있으나 자본주의적 침략과 약육강식적 세계를 어쩔 수 없는 당위로 인정한 것은 아니었다. 아마도 "一國의 富强을 成하야 國威로 하야곰 萬世에 震轟하며 國光으로 하야곰 四海에 照耀함을 余等이 希願하노라"는 부분이 '대국주의' 지향적 발상이라는 주장인 것 같으나, 이는 어디까지나 경쟁의 효능을 강조하고 조선인이 종래의 폐쇄성을 극복하여 경쟁심을 적극 길러나가야 한다는 점을 강조하기 위한 수사학적 표현(rhetoric)으로 파악하는 것이 타당할 것이다.

굳이 「경쟁론」을 포함한 이 무렵의 유길준의 조선인식과 대외지향성을 '내셔널리즘'이라는 문맥에서 파악하자면, 그것은 "대국주의적 '내셔널리즘'" 이라기보다는 부국강병에 앞서 있는 서구열강 및 일본에 비해 문명과 국력이 뒤떨어져있는 조선의 위기상황을 극복하기 위한 "방어적이고 동시에 소국주의적 '내셔널리즘'"이었다고 파악하는 것이 합당할 것 같다. 어쨌든, 유길준의 경우, "대국주의적 '내셔널리즘'에서 소국주의적 '내셔널리즘'으로" 변화한 것이라기보다는, 갑신정변 직후(1885년)부터 청국이 주도하는 '중립'을 구상하기도 하고(「중립론」), 조공을 시인한 기저위에서 자주독립을 구상하는 등 (「양절체제론」, 1888년 전후), "방어적이고 소국주의적 '내셔널리즘'"으로 일관하였다고 할 수 있다.

또한 유길준은 서구열강과 일본에 대한 문명의 선진국 위주의 인식, 그리고 도덕주의적 신의론의 잔영 등으로 인해, 서구열강의 자본주의적 침략성과

102) 趙景達, 上揭 論文.

약육강식적 세계를 적극적으로 부인하는 성향이 미약했던 것은 사실이지만, 이를 어쩔 수 없는 당위로 시인하지는 않았다. 그가 저작의 이곳저곳에서 당시 국제사회의 약육강식적 현상과 국권 유지와 군사력과의 관계에 관해 그 중요성을 간헐적으로 지적하면서도, 서구열강과 일본에 대한 경계심이나 약육강식적 국제정세에 대한 비판의식이 약했던 이유는, 그것을 당위로 시인했기 때문이 아니라, 오히려 서구국제사회와 만국공법에 대한 낙관적 기대를 버리지 않았기 때문이었다. 이 점이 바로 갑신정변기의 개화파의 '리얼'한 약육강식적 국제인식과 갑오개혁기의 유길준의 열강(일본)인식과의 차이점이자, '병권'의 중요성을 강조하는 후쿠자와의 '권도주의' 및 '마키아벨리즘'과 극명한 대조를 이루는 부분이라고 생각한다.

요컨대 당시의 국제사회와 열강에 대한 유길준의 대응은 갑신정변 전후를 막론하고 "소국주의적 '내셔널리즘'"이라고 규정할 수는 있겠으나, "대국주의적 '내셔널리즘'에서 소국주의적 '내셔널리즘'으로" 변화되었다고는 말하기 어렵다. '부국강병'의 필요성을 고취하는 유길준의 주장 가운데, 설사"國威로 하야곰 만세에 震轟하며, 國光으로 하야곰 四海에 照耀함을 希願한다"는 표현이 있었다 하더라도, 그러한 수사적 표현만으로 '대국적 내셔널리즘'이라 규정하는 것은 다음의 이유에서도 합당치 않다.

어느 사상가 또는 어느 나라의 '내셔널리즘'을 '대국주의'라고 규정하기 위해서는, 그 사상이 내용면에서나 특히 정책면에서 '대국주의'라고 규정될 만한 명확한 특징을 발견할 수 있어야 한다. 예컨대, '부국강병'을 도모하여 자국의 독립을 수호하는 데에 그치지 않고, 후쿠자와의 경우에서 보는 바와 같은 타국에의 진출(침략)을 통해 영토확장을 시도하거나, 지역패권을 획책하는 등의 의도와 정책적 지향성이 발견되어야 할 것이다.

그러나 유길준의 경우, 1883년 「경쟁론」을 집필한 무렵에나 그 후 어느 시기에도 그 같은 '대국주의적 내셔널리즘'의 성향을 발견할 수 없다. 그는 같은 논문에서, 영국에 의한 인도 침략을 가치적으로 정당화하고 있지 않다. 사실을 지적하고, 조선에 대한 경종을 울리는 것이 주된 목적이었다는 점에서,

그의 주장은 약육강식적 세계를 '당위'로 인정하였다고 하기보다는, 오히려 그에 대한 '간접적 비판'이었다고 보는 것이 타당할 것이다. 이로부터 불과 2년 후인 1885년의 그의 「중립론」이 "소국주의적 내셔널리즘"의 전형이었음은 지적할 나위도 없다. 이는 비단 유길준의 경우뿐만 아니라, 유길준에 비해 훨씬 약육강식적 국제인식에 투철하여 문명개화의 목적을 서구문명 그 자체의 수용이나 전파에 두기보다는 국권수호를 위한 '부국강병'에 두고 있었던 갑신정변기의 개화파(김옥균, 박영효 등)의 경우에도 마찬가지였다고 생각한다. 그들의 '내셔널리즘'은, 풍전등화격인 조선의 운명을 구하기 위한 약소국의 독립유지를 위한 "방어적·소국적 '내셔널리즘'"이었던 것이다.[103)]

"유길준의 국제관계관은 결코 낙관적인 것은 아니었다"는 주장은 대개의 경우 유길준의 대청의식만을 근거로 한 주장인 경우가 많다. 또 "(유길준은) 만국공법에 관한 견해와 국제적 신의에 관해 낙관적 자세를 취하고는 있었으나, …… '자주독립을 방위하는 길(道)은 공법의 타당성과 실효성을 믿는 이외에 달리 방법이 없었다고 생각하고 있었다'(전봉덕, 앞의 논문, 247쪽)는 식의 피상적인 것은 아니었다"라는 유길준에 대한 변론도(츠키아시, 1997, 135쪽) 필자의 견해로는 이를 뒷받침할 만한 객관적 근거가 박약하다. 유길준의 국제관계 인식은, 앞서 지적한 바와 같이, 대청국인식과 대서양인식(대일 인식 포함)사이에 괴리를 나타내고 있었으며, 청국의 대조선정책에 관하여는 속국화의 위험에 대한 현실적 인식이 있었고, 유길준이 만국공법과 신의론을 주장한 것은 청국의 내정간섭과 속국화 정책의 부당성을 비판하고 조선의 자주독립성을 확보하기 위한 방편으로 활용하기 위한 것이었다. 그러나 그의 대서구인식과 대일인식은 역시 문명의 선진국에 대한 신뢰와 국제공법의 기능에 대한 기대가 주축을 이루고 있었음을 부인하기 어려울 것이다.

필자는 앞에서 인용된 유길준의 '수사학적 표현'은 그가 적극적인 '문명개화론자'였음을 나타내는 것임에는 틀림없으나, 그의 사상은 어디까지나 "대국주의적 '내셔널리즘'"이 아닌 "소국주의적 '내셔널리즘'"이었고, 그의 개화사상이

103) 1886년 김옥균이 이홍장에게 보낸 서한에 나타나는 조선중립화 주장 역시 그러하다.

지닌 위로부터의 개혁과 개량주의적 성격 및 서구 국제사회와 일본에 대한 낙관적 인식, 그리고 국제공법에 대한 신뢰 등으로 인해, 다른 한편에서의 대청 자주적 입장에도 불구하고, '내셔널리즘'으로서의 그의 사상은 상당부분 '공동화'(空洞化)되지 않을 수 없었던 것으로 파악하고 있다.[104]

이 점 1870년대 후반(1878년의 『福翁自傳』 이후)부터 후쿠자와의 사상활동에 나타난 "대국주의적 '내셔널리즘'" 및 문명론자로서 보다는 '내셔널리스트'로 일관한 후쿠자와와 좋은 대조를 이룬다. 이 점에 관해 이미 본론에서 많은 것을 언급하였으나, 아래에서 후쿠자와가 얼마나 철저히 "문명론"과 "독립론"을 연결시키고 있었는가의 분석을 통해 다시 한 번 확인해 보기로 하자.

2. "문명론(계몽사상)"과 "독립(내셔널리즘)"의 관련 양상

1) '계몽사상가'로서의 유길준과 '내셔널리스트'로서의 후쿠자와

일반적으로 후쿠자와의 사상의 본질이 '계몽사상'이라는 주장의 원전으로 알려진 『文明論之概略』은 역설적으로도 후쿠자와의 '계몽사상'이 '내셔널리즘'을 위한, '내셔널리즘'의 틀 속에서의 '계몽사상'이었음을 나타내주는 서적이라고 할 수 있다.

본론에서 언급한 바와 같이, 막말기에 이미 세 번에 걸친 구미외유를 통해 일본의 독립이 최대의 과제라는 '내셔널리즘'에 촉발된 후쿠자와는 『文明論之概略』의 마지막 장 「自國의 獨立을 論함」의 冒頭에서, 아래와 같이 고백하고 있다.

> 西洋諸國과 日本의 文明의 由來를 論하고, 그 전체의 양상을 고찰하여 이를 비교하면, 일본의 문명은 서양의 문명보다 뒤떨어져 있다고 말하지 않을 수 없다. 문명에 뒤떨어져 있는 자가 앞서가는 자에게 제압당하는 理致까지도 알게 될 때에는, 그 人民

---

104) 拙著, 『한말내셔널리즘연구』 제4장 3절의 4) 및 제6절을 참고할 것.

의 마음에 제일 먼저 느끼게 되는 것은, 自國의 獨立 如何 라는 한 가지 일일 수밖에 없다(『文明論之槪略』, 岩波文庫, 263쪽).

그런데 주지하는 바와 같이, 『槪略』에서 후쿠자와는, 한편에서는 "서양문명을 목적으로 할 것"(제2장)을 주창하면서, 다른 한편에서는 "나라(國)의 獨立이 目的이고 文明은 手段"이라는 점을 몇 번이고 되풀이 강조하고 있다(제10장). 종래부터 『槪略』의 본지(本旨)에 관해 상반된 두 견해가 대립되어온 연유이기도 하다. 그 하나는 『槪略』의 제8장까지의 내용을 중시하여, "문명론"으로서의 의의를 강조하는 견해[105]이고, 다른 하나는 제10장의 내용을 중시하여 "독립론"으로서의 의의를 강조하는 견해[106]다. 제3의 견해로는, 후쿠자와에게는 "문명"과 "독립" 양자가 조건적인 명제로서, 그가 "'나라의 독립이 목적이고 문명은 수단'이라고 말할 때, 그것은 어디까지나 당시의 역사적 상황에 의해 규정된 당면의 목표를 말한 것에 지나지 않다"[107]고 한 마루야마 마사오(丸山眞男)의 견해가 있다. 물론 후쿠자와는 일반론으로서 어느 시대 어느 국민에게나 항상 "문명론"보다 "독립론"이 중요하다고 말하고 있는 것은 아니다. 그런 의미에 한해서라면, 마루야마의 지적은 타당성을 지닌다고 할 수 있다. 그러나 중요한 것은, 그렇다고 해서 당시의 후쿠자와에게 "문명론"과 "독립론"이 같은 비중으로 중요성을 지니는 것은 아니었다는 사실이다. 마루야마가 스스로 지적하고 있듯이, 후쿠자와의 사유방법의 특질은 "상황적 사고"에 뛰어났다는 점이고, 따라서 그의 시론의 주장을 옳게 이해하기 위해서는 바로 그러한 "상황적 사고"에 입각하여 파악하는 것이어야 한다는 것이 필자의 후쿠자와 이해방법인 것이다. 뿐만 아니라 후쿠자와 스스로 이 점에 관해, 당시의 독자(일본 국민)들에게 누누이 당부하고 있다. 곧, 후쿠자와가 강조하고 있었던 것은, 물론 당시의 일본에게 있어서, 무엇보다 중요한 것은 "나라의 독립"이고,

105) 예컨대 相澤弘陽, 「解說」, 『文明論之槪略』(岩波文庫)에서의 견해.

106) 佐志伝, 「『文明論之槪略』 硏究(上)」, 『史學』 47卷 1, 2号(1975) 및 上同(中), 『史學』 47卷 3號(1976).

107) 丸山眞男, 「福澤諭吉の哲學—とくにその時事批判との關連」, 『丸山眞男全集』 第3卷, 173-174쪽.

"문명화" = "서양화"는 그 수단이라는 점이었다.

필자는 이를 후쿠자와의 "문명론의 독립사상선언"이라고 규정하고 있다. 그리고 이 점이야말로, "상황적 사고"를 특징으로 하는 후쿠자와의 사상내용의 근간이었다고 이해하고 있다. 후쿠자와 자신, 당시의 일본국민들에게 자기의 "문명론"과 "계몽사상"을 그러한 '콘텍스트' 속에서 이해하고 수용해 줄 것을 몇 번이고 되풀이 강조(『槪略』, 301-302쪽 등)하고 있었다. 일반론으로서는 보완관계에 있고, 아니, 오히려 "문명에 비해 瑣瑣한 一个條 에 불과한 일"(『槪略』, 264쪽)이라고 스스로 규정한 "자국의 독립을 도모하는 일"이 당시의 일본에게는 "문명"보다 더 중요하다고 되풀이 강조했던 것이다. 왜 그랬을까? 아래의 인용은 "문명"과 "독립"과의 관계에 관한 후쿠자와의 사상을 선명히 정식화시킨 것이라고 생각된다.

> 나라의 독립은 곧 문명이다. 문명이 아니고서는 독립을 지키지 못한다. 독립이라고 하건 문명이라고 하건 더불어 구별이 없는 듯하지만, 독립이라는 문자를 쓰면 일의 想像에 한층 한계를 분명히 해주고, 了解하기 쉬워지는 편리함이 있다. 오직 문명이라고만 말할 때에는 혹 자국의 독립이나 문명과 무관한 문명이란 것이 있고, 심한 경우에는 자국의 독립과 문명을 해치면서도, 문명 비슷한 것(사이비 문명)이 있다(같은 책).

후쿠자와는 마치 민주주의의 두 기본가치인 "자유"와 "평등"이 현실정치 과정에서는 갈등적이고 대립적 기능을 하듯이, "자국의 독립"과 무관한 문명 그 자체는, 말하자면 "사이비 문명"으로서 "자국의 독립"과 "문명" 그 자체를 해치는 것이라는 인식을 지니고 있었다고 보인다.

후쿠자와에게는 이같이 "문명"과 "독립"과의 관계를 당시의 일본의 상황에 맞게 설정하고 이해하는 것이야말로, 그가 『文明論之槪略』의 冒頭 부분에서 강조한 "'議論의 本位'를 올바로 정하는 것"이라고 생각했을 것이다.

"문명"과 "독립"과의 불가분의 관계를 논한 점에 계몽사상가로서의 후쿠자와의 면모가 있는 것도 사실이지만, 그의 계몽사상도 "독립론"의 '콘텍스트' 속에서만 비로소 의미를 지니는 것이었다는 점에 그의 '내셔널리스트'로서의 본질이 있었다. 그가 계몽서『文明論之槪略』의 제1장에서 제8장까지 "문명론"을 논한 다음, 제10장의 "자국의 독립을 논함"에 들어가기에 앞서, "독립"을 위한 수단으로서 보편적 문명의 정신과는 무관한 "편파심"을 "보국심"과 동일시하여 강조하고,(같은 책, 275쪽) "양이심" 그것도 "암살"과 같은 비합리적인 것까지도 "문명(독립)의 방편"으로 활용해야 한다고 주장한 점,(같은 책, 303-304쪽) 그리고 "一國에 私하는" "편파심"과 더불어 일본적 특수주의의 "모럴 타이"에 국민적 독립의 추진력을 구하고 있었다는 사실(같은 책, 265쪽)은, 모두 그가 얼마나 "문명론"보다 "독립론"을 중시하고 있었는지를 나타내 주는 증거라고 할 수 있다.

"'내셔널리스트'·후쿠자와"야말로 후쿠자와에게 처음부터 끝까지 변함없이 지속된 그의 사상활동을 관통한 특징이었고, "시민적 자유주의자·후쿠자와", "국권론자·후쿠자와" 그리고 "자연법적 국제관의 보유자·후쿠자와", "'리얼리스트'('프래그머티스트')·후쿠자와", "'마키아벨리안'·후쿠자와" 등은 모두가 그때그때의 상황에서 '내셔널리즘'의 목표를 달성하기 위한 수단으로서의 그의 사상적 편린들이었다고 필자는 판단하고 있다. 더구나 "민권론자·후쿠자와", "계몽사상가·후쿠자와"의 단면들은, 시간의 경과와 더불어 "국권주의자·후쿠자와" 속으로 사라져 갔고, 아울러 "계몽주의적 국제정치관의 소유자·후쿠자와" 역시 대단히 빠른 속도로 "'마키아벨리'적 권력론자·후쿠자와"로 전환되어 갔다. 그만큼 후쿠자와는 明治國家 일본의 '내셔널리즘'의 목표에 충실한 사상가였던 것이다.

이를 후쿠자와의 '조락'이라고 보거나 '좌절'이라고 보는 것은, 그러한 견해를 가진 연구자들의 진보적 의도는 이해할 수 있으나, 결코 후쿠자와에 관한 객관적 파악이라고는 생각되지 않는다. 후쿠자와를 연구자 자신의 진보적 입장에서 지나치게 높이 평가하는 일은, 그 주관적 의도에서는 국권론자로서의 후쿠자와를 높이 평가하는 것과는 전혀 다른 동기에서 일 것이다. 그러나 그것은, 객관적으로는 "영웅·후쿠자와"상을 형성하는 점에 있어서는 후자의 입장 못지않은 과오를 범하는 일일 수도 있다고 생각된다. 만일 명치국가 일본의 내외의 진로 속에 빛의 부분과 더불어 어두운 그림자의 부분이 있다면, 이를 옳게 극복하는 일은 후쿠자와를 올바로 극복함으로써 비로소 가능해질 것이다.

조선의 개화사상가 유길준에게는, 후쿠자와에게서 보는 바와 같은 "문명"과 "독립" 사이의 "상호보완 속의 긴장관계"에 관한 인식이나 조선의 상황에서의 "독립론"을 "문명론"보다 앞세우는 주장을 발견하기 쉽지 않다. 물론 유길준에게도 "문명에의 계몽"이 언제나 거의 자동적이었다고 하리만큼, "독립"을 위한 것이라는 전제가 깔려있었다고 할 수 있다. 그러나 후쿠자와의 계몽사상 속에서의 "문명"과 "독립"과의 관계가, 당시로서는 "'독립'은 목적이고 '문명'은 수단"이라는 명제로 명확히 설정되어 있었던 데에 반해, 유길준의 경우는 양자의 관계를 일반론으로서는 연관짓고 있으나, "독립론"보다는 "문명에의 계몽"에 역점을 둔 "계몽사상가"로서의 역할에 역점이 두어져 있었다고 보인다. 오해를 두려워하지 않고 정식화한다면, "후쿠자와 =독립론 〉 문명론 = '내셔널리스트'"였다면, "유길준 = 문명론 〉 독립론 = 계몽사상가"였다. 후쿠자와의 표현을 빌리자면, 그것이 양인의 저작 속에 나타난 「의논(議論)의 본위」이자 그들의 실천적 행위의 특징이었다고도 할 수 있을 것이다. 아래에서 다시 요약하는 유길준의 국제관과 공법관이 이를 입증하고 있다고 필자는 판단하고 있다.

유길준은 1880년대 후반에도, 아직도 공법에 대한 신뢰와 거기서 비롯되는 낙관적 국제정치관을 지니고 있었다. 다만 대청국 인식은 몇 차례의 상황적응적인 변천을 거듭하였다. 「양절체제론」도 그 변천의 한 양상이다. 1882년의 임오군란 직후, '야만국' 청국관과 '반청자세'로부터 일단 1885년의 「중립론」에서는 매우 우호적인 대청인식과 '청국 의존적' 자세를 취했던 유길준이, 「방국의 권리」(1888~1889)에서는, 또다시 청국견제론과 청국비판으로 기울어져 갔다. 이는 청국의 내치간섭이 강화된 것에 대한 반발이었다는 점에서 당연한 일이기도 했다. 그러나 일본관과 서양관은 역으로 선진 문명국관(개국~1882)에 입각한 호의적 인식에서, 1883~1885의 세계대세론과 「중립론」에서는 문명국관과 권력정치론에 입각한 '경계론'이 혼재하던 상황으로 바뀌었고, 1888~1889년의 「방국의 권리」에서는 만국공법에 기초하여 대등한 조약관계를 맺고 있는 나라로 파악되는, 낙관적 기대론이 지배하게 되었다. 따라서 이 무렵 유길준의 대외인식과 자세를 종합해 보면, 한편에서의 대청 자주독립 의식(현실주의)과 다른 한편에서의 서구열강 및 일본에 대한 문명론 위주의 낙관주의적 국제인식이 혼재되어 있었다고 할 수 있다. 대청자주의식이 내정간섭에 대한 정치적 반발이었음은 물론이나, 그것 역시 서구문명에 경도된 그의 문명관과 무관하지 않았을 것이다. 뿐만 아니라, 일본에 대한 그의 이 같은 낙관적 인식 및 문명론 위주의 접근은 1890년대 말과 조선이 일본에 의해 외교권을 빼앗긴 1900년대 초까지도 지속된다.

그것은 조선이 처해있었던 현실적 국내외 상황에 비추어 볼 때, 지극히 '상황이탈적' 사상이었다는 측면을 부인할 수 없으며, 그런 의미에서 유길준의 국제정치관(사상)은 지극히 상황적 사고에 뛰어났던 후쿠자와는 전혀 유형을 달리하는 것이었다고 하지 않을 수 없다.

국내정치사상의 측면에서도 부분적으로 그러하지만, 특히 국제정치사상의 측면에서는 유길준이 후쿠자와로부터 받은 사상적 영향은, 후쿠자와의 주장이나 사상을 그때그때의 역사적 시점에서 동시대적으로 영향을 받은 것이거나 또는 상황 적응적으로 수용한 것이 아니다. 유길준은 후쿠자와는 이미 전혀 다른 유형의 사상, 곧 권력정치론으로 변신을 이룩한 시점에서, 그 이전 시기의 후쿠자와의 초기사상, 곧 자연법적 국제정치관과 만국공법에 대한 신뢰를 나타내고 있었던 시기의 후쿠자와의 사상을 조선에서 재현시키고 있었다고 하지 않을 수 없다. 물론 유길준이 만국공법을 강조하고 이에 대한 신뢰를 나타낸 것은, 그것이 청국의 내정간섭과 속국화를 거부하는 유용한 수단이었다는 점 때문이기도 하였다. 그런 의미에서 보면, 유길준의 만국공법에 대한 신뢰는 대청 견제책이라는 측면에서는, 하나의 '현실주의적' 정략으로서의 의미를 지니는 것이었다고 인정할 수도 있다. 그러나 다른 한편, 그의 만국공법에 대한 신뢰는 그의 대일본관과 대서양관 그리고 국제정치 전반에 관한 인식과의 관련에서 파악해 보면, 역시 낙관적 국제정치관과 문명론 위주의 열강인식이라는 함정에 빠져있었음을 부인하기 어려워 보인다.

유길준도 스스로 조선이 서구를 수용함에 있어서 취해야 할 자세는 "其國의 '처지와 시세'에 합당케 하여야만" "실상개화"가 될 수 있다고 지적한 바 있었다(『見聞』, 380쪽). 그러나 그의 "처지와 시세"론을 그의 대외인식 및 외교론과의 관련에서 보면, 「중립론」(1885)과 1880년대 후반의 대청자세에서는 나름대로 현실에 투영되고 있었다고 보이나, 서구의 국제정세 전반과 대일인식에서는 위에서 언급한 공법에 대한 과대한 신뢰 및 일본에 대한 낙관적 기대로 인해 "공동화(空洞化")·허구화(虛構化)되었다고 하지 않을 수 없다.

유길준의 낙관적 국제정치관과 만국공법에 관한 과도한 신뢰의 기저에는 이미 일부 연구자가 지적한 바와 같이, 그의 국제정치관과 공법개념 속에, 후쿠자와의 경우와는 달리, 유교의 '도덕주의'적 요소와 '예법'개념이 혼재하고 있었기 때문일 수도 있다(김봉진, 1997; 정용화, 1998). 그 원인이야 무엇이었던 간에, 문제는 유길준의 그 같은 사상적 특성이 당시 조선의 역사적·정치적 과제를 해결하기 위한 실천적 '이데올로기'로서 유용한 것이었는가의 여부일 것이다.

본론에서 살펴본 바와 같이, 만약 우리가 유길준의 개화사상, 특히 1880년대 후반의 개화사상을 '사유형식(思惟形式)의 내적(內的) 진전(進展)' 내지는 계몽사상의 체계화와 관련된 사상사의 발전과정이라는 관점에서만 파악한다면, 그것은 갑신정변 당시의 개화사상을 '심화'시킨 것이라고 말할 수 있을지도 모른다. 천부인권설과 사회계약론 및 사회발전의 동인으로서의 개화에 관한 인식의 체계화[108] 등이 그 증빙이 될 것이다. 그러나 반면, 이 시기의 유길준에게서는 갑신정변 당시의 초기 개화파에서 볼 수 있었던 "오늘의 세계가 '춘추전국'과도 같은 '약육강식적' 세계"라는 '리얼'한 국제정치관[109]은 찾아보기 어렵다. 흥미로운 것은, 갑신정변 뒤에 개화사상을 한층 체계화한 박영효의 경우, 1886년에 집필한 조선국왕에게 올린 「조선내정개혁을 위한 건백서」에서 보듯이, 유길준과 마찬가지로 부르주아 계몽사상에 의거하면서도 그 국

108) 이 점에 관하여는 拙著, 1989, 제4장 제3절, 251-266쪽을 참조할 것.
109) 이에 관한 자세한 내용은 拙著, 1989, 124-126쪽의 '개화론자의 국제관'을 참고할 것.

내정치관과는 달리 국제정치관에서는 '만국공법'이나 '균세공의'(均勢公義)라는 것이 전혀 믿을 만한 것이 못되며, 서양열강은 대부분 입으로는 '공법'과 '공의'를 논하지만, 실제로는 '심회호랑(心懷虎狼)'[110]이라고 하는 갑신정변 당시의 '리얼'한 국제정치관을 계승하고 있었다. 이에 반해, 유길준에게는 국내정치관과 국제정치관 사이에 아무런 괴리가 없었다. 유길준은 국내정치와 국제정치를 계몽사상 본래의 논리적 틀 속에서 통일적으로 파악하여 지극히 낙관적인 국제정치관을 나타내고 있었던 것이다.

그러고 보면, 이 또한 흥미로운 것이, 오히려 유길준이 아닌 박영효가 이 시기의 후쿠자와의 사상과 보다 유사성을 지니고 있었다고 볼 수 있다. 굳이 유길준의 사상 속에 후쿠자와로부터의 영향을 지적하자면, 그것은 동시대 후쿠자와의 사상이 아니라, 후쿠자와가 권력론과 '마키아벨리안이즘'으로 전환하기 훨씬 이전인 초기 사상의 영향이었다. 곧, 마루야마 마사오(丸山眞男)가 "個人的 自由와 國民的 獨立, 國民的 獨立과 國際的 平等이 완전히 같은 원리에 의해 관통되어, 훌륭한 '밸런스'를 유지하고 있다"(丸山眞男, 前揭 「解題」, 415쪽)고 극찬을 하면서도, 의미심장하게도 그 극찬에 바로 이어 "(그러나)그것은 후쿠자와의 '내셔널리즘', 아니 일본 근대 '내셔널리즘'에 있어서 아름답지만 박명한 고전적 시대였다"(丸山眞男, 前揭 「解題」, 415쪽)고 의미심장한 조건부의 규정을 하고 있는 1860년대의 지극히 짧은 초기 한 때의 사상에 나타난 공법에 대한 신뢰에 불과한 것이었다. 그런데 유길준은 1880년대의 후반에는 물론 청일전쟁이 끝나고, 조선에 대한 열강의 제국주의적 각축 특히 일본의 조선침략이 본격화한 1890년대 후반에 이르러서도 후쿠자와(일본)에 대한 신뢰를 계속 주창하고 있었던 것이다.

부연하자면, 유길준은 계몽사상가로서의 논리적 일관성은 지니고 있었으

---

110) 朴泳孝, 「建白書」, 『日本外交文書』 第21卷 所收, 296쪽. 또한 박영효와 유길준 사이의 이러한 국제정치관의 차이가 얼마만큼 양인이 같이 참여한 갑오개혁에 현실적으로 나타났는가는 명확하지 않다. 그러나 제2차 갑오개혁 때에 入閣한 박영효가 일본에 대하여 자주적 입장을 자주 주장함으로써, 유길준 등과 대립하게 된 것도 본문에서 밝힌 국제관의 차이와 무관하지는 않을 것이다. 이에 관하여는 拙著, 1989, 제4장 제5절을 참조할 것.

나, 거기에는 한편에서의 대청자주의식과 나름대로의 대청국 '현실주의'와는 달리, 국제정치 전반과 일본에 대한 현실주의적 인식이 결여됨으로써, 자신이 전제로 삼고 있던 애국주의와 자주독립사상을 공동화하고, '내셔널리즘'의 실천적 '이데올로기'로서는 지극히 공허한 것이 되지 않을 수 없었다. 뿐만 아니라, 항상 법과 교육의 선행을 요구하는 그의 위로부터의 개혁사상은 농민대중의 밑으로부터의 개혁 주장이나 자발적 운동과는 항상 대립할 가능성을 내포하고 있어서, '내셔널리즘'의 또 하나의 현실적 목표인 '국민적 통합'을 이루어 내는 데에도 중대한 결함을 지니고 있었다. 그가 주도한 1894년의 '갑오개혁'이 밑으로부터의 '내셔널리즘'운동인 '동학·농민운동'과 대립되어, 이를 일본의 군사력을 빌려 탄압하고, 결국 '갑오개혁'이 일반 민중의 눈에는 '친일'로 비치고, 그 스스로가 "완고한 수구주의", 곧 "개화의 수적"보다도 더 빨리 나라를 위태롭게 만드는 것이라고 비판해 마지않던 '개화의 병신' 내지는 '개화의 죄인'[111]이 되어 비극적 결말을 맞이하게 되는 것도, 위에서 살펴본 바와 같은 그의 사상 내부의 '결함이라고 할 수밖에 없는 '탈상황적 사상' 때문이었다고 보아야 할 것이다.

조선의 경우, 내셔널리즘의 사상과 운동에 나타난 자주의식이 각기의 운동주체가 지니고 있던 가치관(문명관)으로 인해, 한편의 열강(중국)으로부터의 자주가 다른 한편의 열강(일본과 서구제국)으로 '종속'되고 마는 '딜레마'[112]를 유길준의 경우도 전형적으로 나타내고 있었다고 볼 수 있다.

앞서 지적한 바와 같이 명치일본의 "빛"의 부분의 계승과 함께 "어두운 그림자"를 올바로 극복하는 길이 그 '이데올로그'였던 후쿠자와를 올바로 극복하는 데에 있다면, 근대조선의 명운을 결정한 하나의 요인이었던 "근대성(문명론) 속의 자주성의 결여"를 극복하는 길은 유길준을 올바로 극복하는 데에 있다고 생각한다.

111) 『西遊見聞』, 382-383쪽. 유길준은 "외국의 경황을 稱道하야 자기의 國을 慢罵하는 者"를 '開化의 罪人'이라하고, "외국문물이면 무엇이든 무용지물이라 하는 자"를 '開化의 讎敵', 그리고 외국모방주의자를 '開化의 病身'이라고 규정하였다.

112) 이 점은 拙著, 『한말내셔널리즘연구』의 결론 중의 한 부분이다.

2) “사상”과 정치적 실천주체의 문제 : 유길준과 후쿠자와의 사상행위의 조건

다만 본고를 마치기에 앞서, 유길준을 위한 ‘변명 아닌 변명’을 한마디 해 둘 필요가 있을 것 같다. 그것은 일본에 의한 조선의 식민지화에 상징되는 사상가로서의 후쿠자와의 현실정치세계에서의 ‘성공’ — 적어도 후쿠자와의 주관적 관점에서의 ‘성공’ — 과 유길준의 ‘좌절’은, 지적할 나위도 없겠으나, 후쿠자와와 유길준 두 사상가의 사상내용의 차이에서 비롯된 것만은 아니라는 점이다. 후쿠자와의 ‘성공’과 유길준의 ‘좌절’의 보다 근본적인 원인은 두 사상가의 정치적 역사적 위상을 규제하고 있었던 두 가지 차원에서의 상황의 차이에서 비롯된 측면이 더 크다고 할 수 있다. 그 하나는, 사상가의 주장과 이를 실천해 나갈 정치주체 특히 국가권력과의 관계이고, 다른 하나는 그 사상가가 몸담고 있는 국가의 지정학적 존재 구속성의 문제다.

먼저 사상가의 주장과 이를 실천에 옮겨줄 국가의 실천능력과의 관계에서 양자의 차이를 보면, 후쿠자와의 ‘성공’은 — 그 ‘성공’ 속에는 빛의 부분과 어두운 그림자의 부분이 함께 존재하는 것이지만 — 명치국가의 국가경영이 후쿠자와의 주장을 실천해 나가는 방향에서 추진되어 나갔다는 사실에 기인하는 것이었다. 고이즈미가 지적한 바와 같이, “후쿠자와는 그 생애에, …… 두 개의 해방을 원했고, 그것이 성취되는 것을 보는 기쁨을 안고 죽었다.”(小泉信三, 『福澤諭吉』, 岩波新書, 1966, 6쪽) ‘두 개의 해방’이란 “봉건적 속박으로부터의 개인의 해방”(一身獨立)이 그 하나이고, “일본 국민의 강대한 외국으로부터의 해방”(一國獨立)이 다른 하나였으며, 이 두 가지 해방이 각각 “폐번치현”(廢藩置縣)과 “일청전쟁에서의 승리”에 의해 달성되었다고, 고이즈미는 해석하고 있다(같은 책). 이를 야스가와(安川壽之輔)의 표현으로 바꾸어 놓으면, 후자의 “일국독립”에 관한 후쿠자와의 희망은 시민적 사회를 기반으로 하는 근대국민국가의 수립이 아닌, “탈아 일본”이, 제국주의시대의 국제환경 속에서 식민지 수탈국의 지위에 오르는 것이었다(安川, 전게서, 184쪽). 어쨌든 후쿠자와는, 그가 “이런 성사를 보았으니 이젠 죽어도 좋다”(1871년의 폐번치현의 경우)고 기뻐할 만큼 그의 주장을 실현시켜 나간 정치주체가 있었다.

유길준의 계몽사상 속에는 본론에서 지적한 바와 같은 약점에도 불구하고, 당시의 조선에 유익한 많은 주장이 담겨있었다. 그러나 유길준의 조선에는 후쿠자와의 일본에서와 같은 그런 정치주체가 형성되어 있지 못했다. 갑신정변의 좌절 후 10년 만에 스스로 갑오개혁의 주체가 되었으나, 그 개인은 물론 그가 몸담은 정부도 이미 개혁 속에 침투해 오는 일본의 침략 야욕을 저지할 만한 능력을 갖추지 못하고 있었다.

그러나 이러한 점을 충분히 고려한다 하더라도, 갑오개혁에 침잠된 일본의 침략야욕에 대해 밑으로부터의 '내셔널리즘' 곧, 동학·농민운동이 저항에 나섰을 때, 유길준이 이를 '무식한 군중의 폭동'으로 규정하고, 그의 정부가 일본군의 힘을 빌려 이를 폭력으로 탄압한 끝에, 결국 조선민중으로부터 그 스스로가 비판해 마지않은 "개화의 죄인"이 되고 만 것을 보면, 그의 사상자체에도 스스로의 '좌절'을 초래할 요인이 있었음을 지적해 두지 않을 수 없는 것이다.

다음으로, 조선이 처해 있던 지정학적 위치랄까 국제정치적 위상이 미친 영향은 유길준의 대외인식과 외교론을 이해하는 데에 크게 고려되어야 할 사항일 것이다.

조선의 경우, 일본과는 달리 중국 대륙에 인접해 있었고, 전통적으로 중국과의 사대관계를 유지하는 가운데 '내치와 외교의 자주'를 유지해야만 했다는 '전통의 속박' 때문에 '중화'를 극복한다는 것이 일본만큼 그리 간단한 일이 아니었다. 의식과 사상의 차원에서 '탈중화'가 나타난 이후에도 이를 현실적 국제관계의 역학 관계의 측면에서 '탈중화'를 실행하기 위해서는 엄청난 노력과 힘이 필요했다. 유길준이 1880년대의 중반에, 청국을 맹주로 한 열국회의를 통해 "조선의 중립화"를 모색하기도 하고, 「방국의 권리」에서 대청자주독립을 주창하면서도 조공관계의 지속을 논하는 등 전후 다양한 대청자세를 나타내 보인 것도 바로 그러한 이유에서였다.

또한 「답청사조회」에 나타난 그의 대청자주의식과 자주외교론이 실현되지 못한 것도 유길준의 사상과 외교론의 방향이 잘못 설정되었기 때문이 아니라, 조선과 청국과의 역학관계 때문이었다. 이러한 사정이 후쿠자와의 거침없는 대청강경론과 「脫亞論」을 가능하게 했던 일본의 지정학적 위상과 조선의 그것과의 차이이자 유길준과 후쿠자와 두 사람의 '내셔널리즘'의 양상을 달리하게 만든 요인이기도 하였던 것이다.

그러나 유길준과 후쿠자와 두 사상가의 대외인식을 비교 분석하는 것을 목적으로 하는 본고에서는, 조선의 경우, '내셔널리즘'의 사상과 운동에 나타난 자주의식이 각기의 운동주체가 지니고 있던 가치관(문명관)으로 인해, 한편의 열강(중국)으로부터의 자주가 다른 한편의 열강(일본과 서구제국)으로 '종속'되고 마는 '딜레마'를 유길준의 경우도 전형적으로 나타내고 있었다는 점을 지적해 두지 않을 수 없는 것이다.

앞서 지적한 바와 같이 명치일본의 "빛"의 계승과 더불어 "어두운 그림자"를 올바로 극복하는 길이 그 '이데올로그'였던 후쿠자와를 올바로 극복하는 데에 있다면, 근대조선의 명운을 결정한 하나의 요인이었던 "근대성(문명론) 속의 자주성의 결여"를 극복하는 길은 '유길준을 올바로 극복하는 데'에 있다고 하지 않을 수 없다.

21세기 한일 관계의 바람직한 방향성도 거기서 찾아야 할 것이다.

제2부

'아시아'와 '동양'

'아시아' 개념의 수용과 변용
지리학에서 지정학으로

미타니 히로시

I. 문제 제기

'아시아'라는 말은 오늘날 어떠한 통합성을 가진 지역을 지칭하는 지역적 개념으로 사용된다. 그 대부분은 유럽이나 미국의 외부에 있으면서 그들과 다른 특징을 공유하는 지역이라는 이미지다. 또한 20세기 전반의 일본으로 거슬러 올라가면, 거기에는 '서양'의 세계 지배에 맞서기 위해 '동양' 혹은 '아시아'는 단결하자라고 하는, 보다 긴밀한 지역적 '연대'를 외치는 정치적 주장이 있었다.[1] 그러나 실은 19세기 전반까지 '아시아'라는 말에 그와 같은 통합성을 시사하는 의미는 없었다. 유럽에서 생긴 이 말이 동아시아에 들어올 당시에는 유럽에서 바라 본 동방 전역을 가리키는 잔여 개념(殘餘槪念)으로 쓰였고, 한자 문화권 사람들은 그것이 공허한 개념이기 때문에 받아들인 것에 불과했던 것이다.

'아시아'라는 말의 지역적인, 나아가 이데올로기적인 용법은 19세기 후반 메이지 유신 직후의 일본에서 생겨났다. 중국을 비롯한 다른 지역에서의 용법은 검토하지 않았으나, 일본인들이 이러한 용법으로 쓰기 시작했을 때 중국의

1) 예를 들어, 大川周明, 『復興亞細亞の諸問題』(明治書房, 1922).

지식인들이 반드시 그것을 받아들인 것은 아니었다는 사실을 보면,[2] 일본에서의 어의(語義) 변화가 중국에서의 어의 변화보다 앞서고 있었던 것은 아닌가 생각된다.

왜 당시의 일본인들은 그전까지 제각각이던 나라나 지방을 한데 모은 것에 불과한 '아시아'라는 말에 좀 더 통합성이 강한 의미를 부여하여, 전 세계와 국민국가 사이에 위치하는 지역(region)에 상당하는 개념을 만들어 낸 것일까? 이 연구의 과제는 그것을 살펴보는 것이다.

Ⅱ. 전근대의 '세계' 분절

우선 17세기에 유럽으로부터 '아시아'라는 개념이 수입되기 이전의 '세계' 분절법을 살펴보자. 주지하는 바와 같이, 당시 지구상에는 복수의 '세계', 정확히는 자기 완결적인 세계상을 갖는 복수의 지역이 존재했다. 그것은 중화세계, 인도세계, 이슬람세계, 기독교세계이다. 여기에서는 그중 중화세계, 인도세계, 기독교세계의 세계 분절방식과 아울러 일본의 경우를 우선 살펴보고자 한다.

1. 중국적인 세계상

우선 중국인의 세계상을 요약해 보자. 한자·대승불교·유교를 공유한 중화 세계에서는 '중국'(中國)인들이 자신을 중심에 둔 동심원적인 세계 질서상(像)을 갖는 한편, 주변 나라사람들은 그것을 의식하면서 독자적인 세계상도 함께 갖는, 이중 구조의 질서상을 만들어 내고 있었다.[3]

---

2) 본 논문 Ⅳ-2-2)를 참조.

〈그림 1a〉

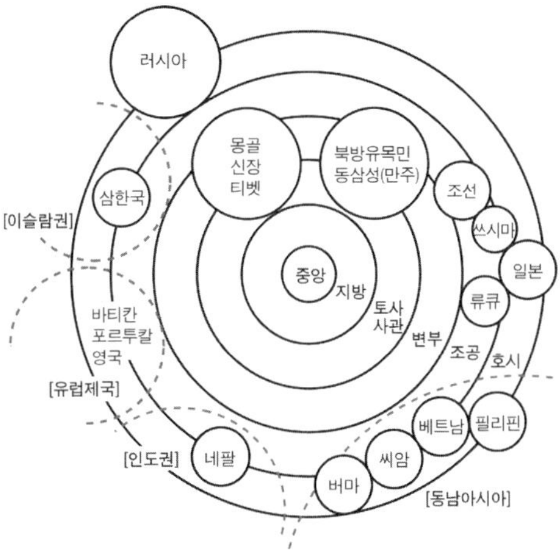

〈그림 1b〉

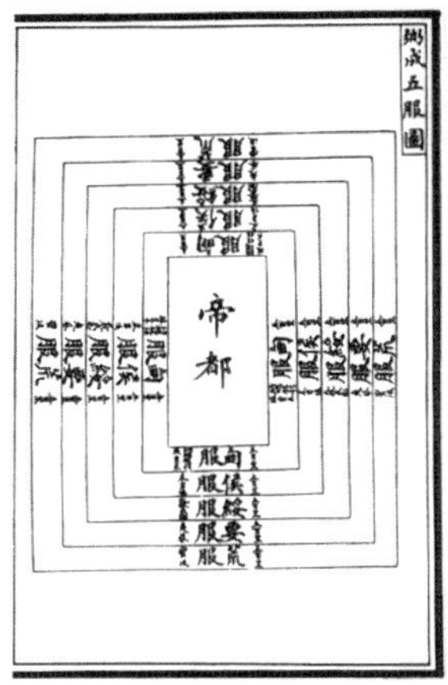

중국인들의 세계상은 유일한 중심과 그것을 둘러싼 주변으로 이루어져 있었다(그림 1 a・b).[4] 중심에는 '천명'을 받은 황제가 있어, 지식인 관료의 보조하에 유교를 통한 전 인류의 교화라는 사명관(使命觀)에 입각해 통치를 했다. 황제가 직접 지배하는 '중원'에 사는 사람들은 스스로를 '화'(華)라 하고, 주변부 사람들을 '인륜'을 알지 못하는 '이'(夷)라고 멸시했다. 이러한 '화이'(華夷)의 차이는 지리 관념에도 투영되어, 중심에서 주변으로 갈수록 문명의 도(度)는 동심원적으로 점차 감소하는 것으로 관념화되었다. 이러한 질서상 아래에서는 중국을 유일한 정점으로 하는 방사상의 계층관계만이 존재하여, 그 외의 다른 지역적인 관계에 대한 상상력은 어떠한 형태로도 존재할 수 없었다.

한편 중국의 주변 국가들은 '중국' 중심의 계층적인 질서상을 대체로 받아

---

3) 三谷博・山口輝臣, 『19世紀日本の歴史』(放送大學教育振興會, 2000), 제2장.

4) Joseph Needham and Wang Ling, *Science and Civilization in China,* Vol. 3 (Cambridge University Press, 1959), p. 502; 濱下武志, 『近代中國の國際的契機 朝貢貿易システムと近代アジア』(東京大學出版會, 1990).

들이고 있었다. 중국에 조공하고 책봉을 받고 있던 조선이나 베트남의 경우는 물론, 멀리 바다 가운데에 떨어져 있으며 한번도 중화제국에 의한 정복을 경험한 적 없었던 일본에서도 중국의 정치적·문화적인 탁월함은 당연시되고 있었다. 그렇지만 주변 국가들은 한편으로 자국을 중심으로 하는 또 하나의 세계상도 만들어 내고 있었다. 그것은 각국이 문화적·경제적인 발전을 이룬 근세에 현저히 나타났다. 베트남은 국내에서 중화제국과의 대등성을 말하고, 또한 주변의 궁정(宮廷)을 자신을 중심으로 조직하여, 중화질서를 재생산했다.[5] 조선의 경우, 원래는 멸시의 대상이었던 만주족이 '중원'을 제패한 후에 본래의 '중화' 문명이 조선으로 이동했다는 이야기를 만들어 내, 자국을 세계의 중심으로 상정하기 시작했다.[6] 일본에서는 조공하는 일이 드물었기 때문에 중화세계상은 희박한 모습으로 수용되는 것에 그쳤다. 그것은 중국을 '중국'(中國)이라 부르지 않고, 지속적으로 '당토'(唐土), '한토'(漢土, から,[7] もろこし) 혹은 '진단'(震旦, しんたん)이라고 불러온 점에 잘 나타나고 있다. 그리고 근세에는 일본에서도 자국을 중심으로 하는 세계상이 유력해졌다. 중화세계의 주변부는 각각 '소중화'(小中華)라는 세계상을 만들어냈지만, 중심부인 중국과 마찬가지로 여러 나라를 대등하게 잇는 지역적인 통합체라는 상상력은 역시 생겨나지 않았다.

2. 불교적 세계상

일본의 경우는 중화세계상보다 불교의 세계관이 강한 영향력을 가졌다. 기타바타케 치카후사(北畠親房)의 유명한 역사서 『신황정통기』(神皇正統

5) 古田元夫, 『ベトナムの世界史 中華世界から東南アジア世界へ』(東京大學出版會, 1995), 제1장.
6) 姜在彦, 『朝鮮の開化思想』(岩波書店, 1980) 제1장; 岸本美緒 · 宮嶋博史, 『明清と李朝の時代』(中央公論社, 1998), 제6장.
7) '카라'(から)라는 호명은 조선반도 국가를 말한다. 이 경우에 사용하는 한자는 한(韓)이다. 成澤光, 『政治のことば意味の歴史をめぐって』(平凡社, 1948).

〈그림 2〉

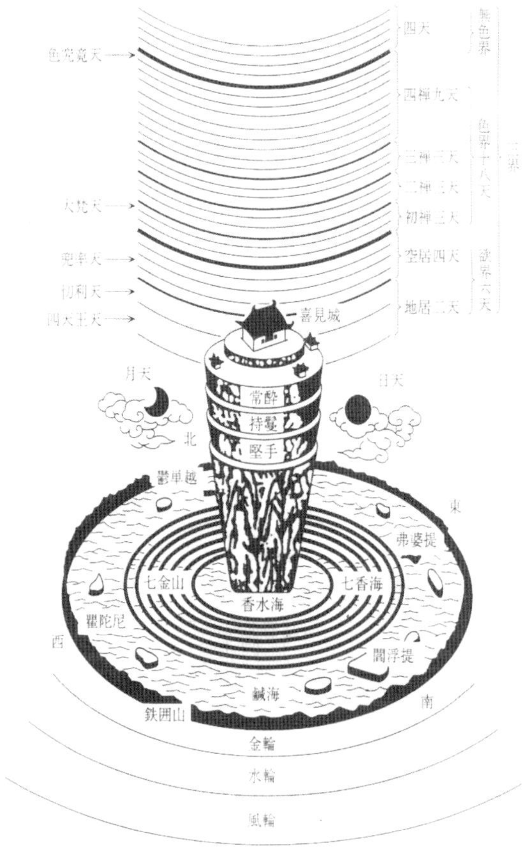

자료 : 『岩波佛教辭典 第2版』, 岩波書店, 2001.

記)(1339년)[8]에서 그것을 볼 수 있다. 이것은 남북조 내란 중에 남조의 고다이고 천황(後醍醐天皇)의 계통이 정통임을 주장한 책으로, 신화에 근거하여 일본이 세계의 중심이라는 세계관을 적고 있는데 그 전제로 불교의 시공관(時空觀)을 서문을 통해 누누이 설명하고 있다. 일본 중심관은 새롭고 기이한 설이어서, 그것을 설득시키기 위해서는 우선 부정할 대상을 확인해야 할 필요가 있었던 것이다. 당시의 일본 지식인들이 얼마나 불교적 세계상에 물들어 있었는지를 잘 엿볼 수 있다.

기타바타케가 근거로 한 경전은 4세기에 세친(世親, vasubandhu)이 저술한 『구사론』(俱舍論)이었다. 그것에 따르면 세계에는 10억 개의 우주가 있어, 각각을 한 사람의 부처가 통치하고 있다. 인간이 살고 있는 우주는 원반 형태로, 그 한가운데에 수미산(須彌山)이라는 거대한 산이 있다〈그림 2〉. 그 주위에는 금으로 된 일곱 겹의 둥근 반지 형태를 띤 산맥, 즉 금륜산이 있고 그 사이에 여덟 개의 바다가 있다. 이 우주의 바깥 둘레는 철로 된 산맥 즉 철위산(鐵圍山)으로 둘러쳐져 있고 그 바로 안쪽에 있는 바다의 동서남북에는 대륙이 하나씩 떠올라 있다. 우리 인류가 사는 곳은 그중 남쪽 대륙으로 남첨부주(南瞻部州) 또는 염부제(閻浮提)라 불린다.

염부제는 남쪽이 뾰족한 알 같은 모양을 하고 있고 여기에도 중심에 감람산(橄欖山)이라는 높은 산이 있는데〈그림 3〉,[9] 인도아대륙(印度亞大陸)과 히말라야를 가리키는 것이라 생각된다. 감람산 주위에는 각각 사람이 사는 거주지가 있어 남부의 천축(天竺)에는 다섯 나라가 있고, 서쪽으로는 페르시아, 동쪽으로는 진단(震旦)이 있다. 진단이란 고대제국인 진(秦)에 유래하는 치나스타나(Cina-sthana)의 한자어 표현이며, 후에 유럽으로 전해져 차이나(China)가 됐다. 물론 불교의 세계관에서는 세계의 상대적인 중심은 천축에 있으므로 중국은 결코 중국이라고 불릴 일이 없다.

이 세계상 아래에서 일본은 동해상에 있는 '속산변토'(粟散邊土)에 불과했

8) 『神皇正統記 · 增鏡』(日本古典文學大系 87권)(岩波書店, 1965).
9) 永原慶二 編, 『慈円 · 北畠親房』(日本の名著 9), 中央公論社, 342쪽.

〈그림 3〉 天竺之圖 寛延2 (1894)

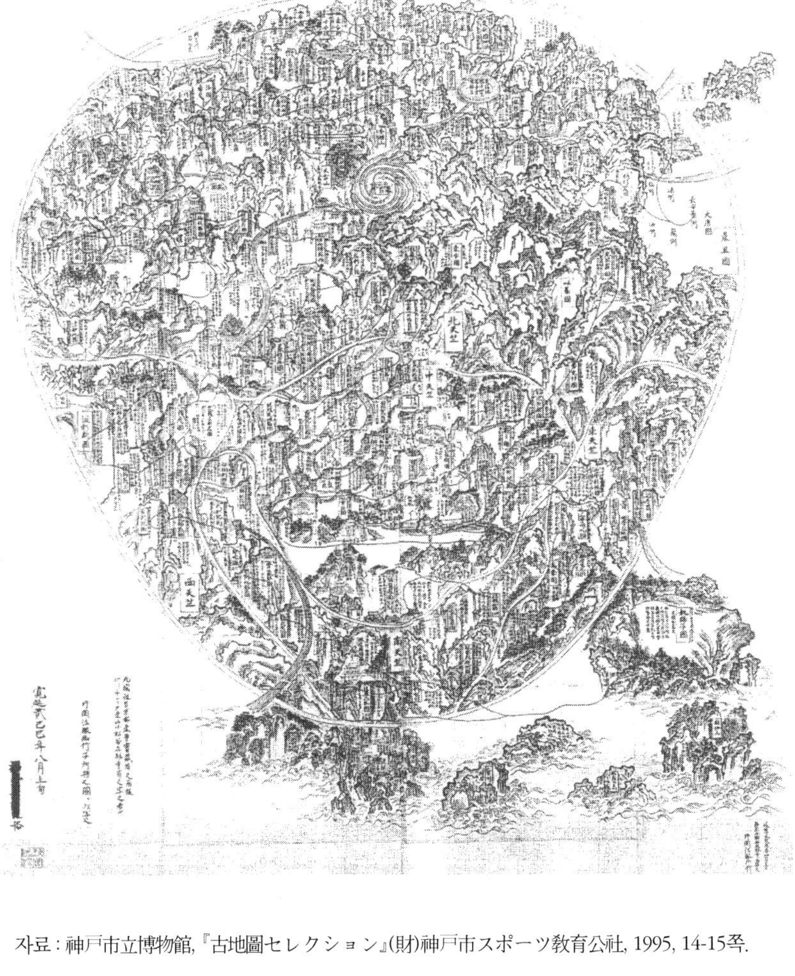

자료 : 神戸市立博物館, 『古地圖セレクション』(財)神戸市スポーツ教育公社, 1995, 14-15쪽.

다. 중세의 일본에서는 그것이 부처에 의한 구제로부터 공간적으로 일본인이 격리되어 있음을 가리키는 것으로 받아들여졌다.[10] 시간적으로도 그렇게 생각되고 있는데, 11세기부터 13세기까지 유행한 말법(末法) 사상의 유행이 그것을 보여주고 있다. 『구사론』은 우주의 장대한 생멸(生滅)의 순환을 그려, 그 큰 사이클 안의 작은 사이클의 종국(終局)으로 석가불의 교(敎)·행(行)·증(証) 모두가 사라지고, 인류가 일단 절멸의 근처에까지 달하는 말법의 세상을 상정하고 있는데, 당시 일본 지식인들은 이것이 조만간 일어날 것으로 해석했던 것이다. 그러나 이러한 극단적인 비관론은 점차로 약해져 갔다. 하나는 천태종 속에 본각론(本覺論)이라는, 우주의 존재 전부를 긍정하는 사상이 태어난 것,[11] 또 하나는 기타바타케 치카후사가 시도했던 바와 같이 일본신화를 기초로 하여 태양신의 자손이 통치하는 일본이야말로 세계의 중심이라고 하는 세계상이 만들어졌기 때문이다. 인도를 중심에 두는 불교의 세계 지리상은 그 후 근세까지 계승되어 왔다.[12] 여기에는 비관적 요소는 없어졌지만, 일본이 세계의 주변부에 위치한다는 이미지가 완전히 불식된 것은 아니었다.

3. 일본의 '삼국(三國)'관

일본인의 세계상은 중국과 인도라는 두 개의 문명세계와 자국을 단순히 병렬시킨 '삼국'관으로 정착했다. 그 초기의 예를 『금석물어집』(今昔物語集)(11세기)[13]에서 볼 수 있다. 이 설화집은 불교설화나 세속설화를 천축·진단·본조(本朝)의 3부로 나눠 정리하고 있다. 그중에 '본조'란 '이 나라'라는 의미이지, 세계의 중심이라는 의미가 아니다. 한편 당시의 일본인에게 있어 '천축'은 인간에게 가장 중요한 구제의 가르침이 탄생한 땅이었으나, 자국민 중

10) 成澤光, 앞의 책.
11) 末木文美士, 『日本の佛教史』(新潮社, 1992).
12) 주 9와 같음.
13) 『今昔物語集』(日本古典文學全集 21-24)(小學館, 1971~76).

누구도 그곳에서 귀환한 적이 없는, 격리되고 단절된 세계라는 의미도 가지고 있었다. 이에 비해 '진단'은 보다 가까운 땅으로, 문자도 정치제도도 예술도 대부분은 거기에서 배운 것이었다. 무역도 이루어졌고, 그곳에 다녀 온 사절이나 지식인은 일본사회에서 중요한 역할을 했으며, 중국승은 대단한 환영을 받았다. 일본이 '진단'을 '대국'으로 받아들여 조공함으로써, 중화세계의 일원이 된 것은 14세기부터 15세기에 걸친 수차례에 지나지 않았지만,[14] '진단'을 원(元)의 내습 때에 국한하지 않고, 정치상 가장 주의해야 할 외국으로서 의식한 것은 일관하고 있었다.

'천축', '진단', '본조' 혹은 '천축', '당토', '본조'라고 하는 세계 구분은 두 개의 문명 원천(文明源泉)을 병렬시키고 그 외부에 일본을 둠으로써, 일본이 변경이기도 하지만 나름대로 자족하는 세계이기도 하다는 유연한 세계상이었다. 그 흔적은 지금도 가끔 접할 수 있는데 결혼식 때 신부를 '삼국 제일의 신부'라고 부르는 경우이다. 현대 일본에서 이 '삼국'이 어디를 가리키는지 알고 있는 사람은 이미 드물어졌지만, '세계 제일'이라고 하는 의미일 것임은 듣는 사람도 알고 있을 터이다.

17세기에 유럽의 세계상이 전해지기 이전, 중화문명권과 일본에서의 세계상은 대략 이상과 같은 형태를 취하고 있었다. 다음에는 유럽의 세계상을 역시 간단히 살펴보자.

4. 유럽의 세계 분절

유럽에서는 고대 지중해 세계에서 동서를 축으로 세계를 이분하는 사고법이 발생한 뒤, 기독교화된 이후 예루살렘을 세계의 중심에 두고 세계를 삼분절하는 세계상이 생겨났다. 대항해를 통한 지구 전체의 탐사는 그것을 한편으로는 '오대륙'으로 확장시킴과 동시에, 다른 한편으로는 동과 서의 두 개의 '인

14) 田中健夫, 『中世對外關係史』(東京大學出版會, 1975).

〈그림 4a〉

자료 : Shirley, "The Mapping of The World", *The Holland Press*, 1984.

〈그림 4b〉

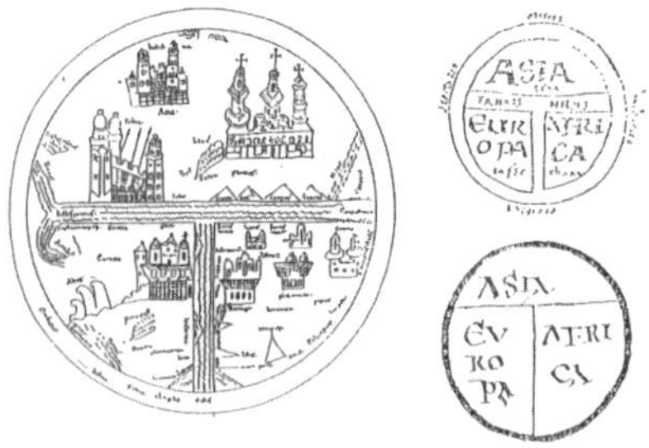

자료 : 織田武雄, 『地圖の歷史』, 講談社, 1973.

도'라는 분절도 만들어 냈다.15) 이 두 가지 중 중화 문명권에 수용된 것은 전자였다.

1) 동서의 이분할

고대 지중해 세계에서는, 세계가 오케아누스(Oceanus)라는 대해(大海)로 둘러싸인 대지(Terra)라고 상상했고, 나아가 그것은 태양 운동을 기준으로 하여 동서로 분할됐다. 태양이 뜨는 땅으로서의 오리엔스(Oriens)와 태양이 지는 땅으로서의 옥시덴스(Occidens)이다. 이것이 오늘날 빈번히 사용되고 있는 '동'(The East)과 '서'(The West)라는 이분할의 원천이 됐음은 의심할 여지가 없다.

---

15) 織田武雄, 『地圖の歷史』(講談社, 1973).

2) 기독교적 세계상 : TO도(圖)

중세 기독교 유럽에서는 오늘날 TO도라고 불리는 세계지도가 유포됐다〈그림 4 a · b〉.[16] O는 대륙을 둘러 싼 오케아누스, T는 그 대륙을 삼분하는 바다와 하천을 의미한다. 이 세계지도는 상하를 동서축과 겹쳐서 표현하고 있는데 한가운데 위치한 지중해로 육지가 좌우로 나뉘며, 왼쪽을 유럽, 오른쪽을 리비아 또는 아프리카라고 부르고 있다. 지중해의 상단에는 왼쪽으로 타나이스라는 강(현재의 돈강), 오른쪽으로 나일이라는 큰 강이 직교하며, 그 위쪽의 육지는 아시아라고 불렀다. 이 세계상(世界像)에서 흥미로운 것은, 지도를 제작한 사람들이 사는 유럽이 아니라 가치상으로 높은 위치인 상부에 아시아를 두었다는 점이다. 그것은 기독교의 성지인 예루살렘이 T자 교점의 바로 위인 아시아에 있었기 때문이었다. TO도는 기독교도의 세계상을 표현한 것이기 때문에 예루살렘을 세계의 중심에 두었고, 그 때문에 아시아에는 높은 위치를, 유럽에는 낮은 위치를 부여한 것이다. 실제로 TO도 중에는 아담과 이브의 낙원을 예루살렘의 위쪽인 아시아의 끝에 그려 넣은 것도 있다.

3) '오대륙'으로의 확장

TO도의 세계 삼분할은 15세기 유럽인들이 대항해에 나서서 '신대륙'을 '발견'함에 따라 오대륙으로 확장됐다. 아메리고 베스푸치에 연유한 아메리카와 마젤란에 연유한 마젤라니카이다. 후자는 나중에 탐험을 통해 호주와 남극대륙으로 나뉘어 있는 것이 밝혀졌다.

16세기 이래 지구의 실지 답사를 기초로 빈번히 출판된 세계지도에서는 이전과 달리 그림의 상하가 지구의 자전축(남북)에 맞추어서 그려지게 되었다.[17] 아시아는 성지와 연관된 연상이 없어지고 단순한 지리 명칭에 가까워

---

16) Rodney W. Shirley, *The Mapping of the World: Early Printed World Maps 1472~1700* (The Holland Press, 1983), p.XX, p.1; 織田武雄, 앞의 책, 48-56쪽.

17) 주 9, 16과 같음.

져 갔지만, 기독교적인 의미가 전부 사라져 버린 것은 아니다. 그것은, 아시아와 유럽의 육지가 이어져 있음에도 불구하고 확연히 분리되어 있는 것으로 계속 그려진 점을 보면 잘 알 수 있다. 그러나 기독교적인 세계관이 보다 강하게 각인된 것은 또 하나의 세계 분절이 이뤄진 다음시기에서였다.

4) '동서' 분할의 재등장과 '인도'

대항해의 결과, 고대의 '동서' 분할이 새로운 의미를 가지고 재등장했다. 그것을 단적으로 보여주는 것은 1494년 포르투갈과 에스파냐가 맺은 토르데실리아스(Tordesillas)조약이다.[18] 이 조약은 대서양 위의 자오선(子午線)을 기준으로, 동반구는 '포르투갈의 정복에 속하는 토지', 서반구는 '에스파냐의 정복에 속하는 토지'로 정했다. 이 세계 분할, 즉 디마케이션(demarcation)은 대략 동시대의 '동인도'(Indias Orientales) 및 '서인도'(Indias Occidentales)라는 말에 해당한다. '인도'는 원래는 현 파키스탄 남부의 신드(Sind) 지방을 가리키는 말이었지만, '아시아'와 마찬가지로 여기서는 의미가 대폭 확장되어 있다. 기독교도나 이슬람교도, 즉 '계전(啓典 : 계시를 전수한 책 - 역자주)의 백성(民)' 이외의 사람들이 사는 토지, 나아가 기독교를 포교하여 주민의 마음과 몸을 모두 함께 정복해야 할 대상이라는 의미를 내포하고 있는 것 같다. 인도아대륙뿐만 아니라 아메리카도 '인도'에 속해 있었다. 현지민이 '인디언'이라고 불리게 된 사실에 그것이 잘 나타나 있다.

이 동서 '인도'라는 세계 분절은 네덜란드인이나 영국인, 프랑스인에게도 계승됐다. 예를 들면 네덜란드가 근세 일본의 나가사키(長崎)에 두었던 상관(商館)은 '연합동인도회사'(VOC: De Vereenigde Oost-Indische Compagnie)의 지점이었다.[19] 다른 국가들도 '동인도회사'나 '동인도총독', '동인도함대'를 가지고 있었다. 이후 세계에서 유럽인의 활동을 보면, 19세기까지는 '아시아',

---

18) 高瀬弘一郎, 『キリシタンの時代』(岩波書店, 1977).
19) 永積昭, 『オランダ東インド會社』(近藤出版社, 1971).

'아메리카'보다 '인도'라는 말이 더 많이 사용됐던 것 같다. 즉 유럽인의 관점에서는 바이블을 신봉하는 세계 바깥은 '인도'이며, '인도'는 종교적·경제적·정치적으로 '아시아'보다 내용이 짙은 세계 분절이었던 것이다.

III. 중국문명권에 있어서 '아시아' 개념의 도입

16, 17세기에 유럽인의 지구지리에 접했을 때, 중국인이나 일본인은 자기들이 사는 지역이 포함되어 있는 지역(region)의 명칭으로 '인도'가 아닌 '아시아'를 택했다. 그 이유는 확실하지 않지만, 그중 한 가지로는 유럽인이 지도에 한해서는 동(東)'인도'보다 '아시아'를 자주 사용했고, 동시에 '인도'를 인도아대륙과 동남아시아에 한정하여 쓰고 있었던 것, 따라서 중국 중심적인 세계상을 지지하는 사람들에게는 스스로를 '인도'의 연장선상에 두는 것보다, '아시아'라는 내용이 빈약한 개념 속에 넣는 편이 쉽게 받아들일 수 있었기 때문이 아닌가 생각된다. 일본의 경우도 스스로를 '천축'과 동일한 카테고리에 넣는 것에는 큰 저항이 있었을 것으로 생각된다.

1. 중국의 경우

명말기인 1607년 예수회 선교사 마테오 리치(利瑪竇, Matteo Ricci)가 『곤여만국전도』(坤輿万國全圖)를 간행함으로써 중국문명권 사람들은 '아시아'라고 하는 말을 접하게 되었다.[20] 이 세계지도는 당시의 유럽인이 알고 있었던 지구지리를 유럽과 대서양이 아닌, 중국과 태평양을 중심으로 재배치하여 지명을 한자로 써넣은 것이다. 네 구석에는 지구의 반구도와 프톨레마이오

---

20) 利瑪竇, 『坤輿萬國全圖』(복각)(臨川書店, 1997).

스의 천동설에 근거한 우주관의 설명도가 놓여 있고, 지상의 세계는 '유럽', '리비아(현 아프리카)', '아시아', '아메리카', '마젤라니카'의 오대륙으로 구분되어 있다. '아시아'라는 지명은 북서 시베리아로부터 말레이반도에 걸쳐서 표기되어 있다. 마테오 리치는 지도의 오른쪽 끝에 우주와 세계의 형상을 간단히 적어 설명하고 있는데, 그 속에서 '아시아'는 "남은 수마트라와 루손, 북은 스바르발과 북해(북빙양), 동은 일본과 대명해(태평양), 서는 타나이스강·아조프해·서홍해·소서양으로 이어져 있다"(괄호 안은 인용자)고 설명하고 있다. 여기에 종교적·문화적·정치적·경제적인 설명은 일체 없다. '아시아'라는 말은, 기독교 유럽의 외부임에는 틀림없지만 그 동방에 있는 광대한 지역이라는, 오히려 자연 지리적인 세계 분절로서 중국문명권에 등장했던 것이다.

이 세계지도에 있어 또 하나 흥미로운 점은 '동양'과 '서양'이라는 말의 사용법이다. 여기에는 후세와 같은 '동양'(=Orient or The East), '서양'(=Occident or The West)이라는 등식은 없다. 지도를 보면, 일본의 앞 바다에 '소동양', 멕시코의 앞 바다에 '대동양', 포르투갈의 앞 바다에 '대서양', 지금의 아라비아해에 '소서양'이라는 문자가 기재되어 있다. 즉 리치는 중국어의 용법에 충실해 동에 있는 대양이라든가, 서에 있는 대양이라는 의미로 '동양'이나 '서양'을 쓴 것이다.

그렇지만 이 중 '서양'에 관해서는, 그 후 곧 유럽과 등치시키는 용법이 생겼다. 리치의 후배인 지우리오 알레니(艾儒略, Giulio Aleni)가 『곤여만국전도』의 보주(補注)로서 저작한 지리서인 『직방외기』(職方外紀)(1623년)에 채용한 용법이다.[21] 단지 여기에서는 '동양'을 오리엔트(Orient)나 아시아, 중국문명권과 등치시키는 용법은 볼 수 없다. 그 후 중국에서 어떻게 됐는지는 아직 조사하지 않았으나, 일본의 주요 지리서를 살펴본 바에 따르면 그로부터 훨씬 뒤인 약 200년 후에 야마무라 사이스케(山村才助)가 네덜란드 서적의 서명(書名) 번역에 쓴 것이 일본에서의 초출인 것 같다. 현재는 당연한 대칭어로 생각되고 있는 말이 역사적으로는 이와 같이 불균등한 형태로 사용되고 있

21) 艾儒略, 『職方外紀』. 단, 필자가 본 것은 도쿄대학 종합도서관 소장의 일본인에 의한 필사본뿐이다.

었다는 사실은 매우 흥미롭다고 할 수 있을 것이다.

알레니의 『직방외기』는 유럽인의 지리지식을 중국인의 중화세계관에 맞추어 기술한 점에도 그 특징이 있다. 그는 유럽어인 'cina'가 아닌, '중국'이라는 문자를 사용하여 그 긴 역사와 높은 문명 그리고 번영 등을 칭찬했다. 또한 '아시아' 일반에 대해서도, 아담과 이브와 같은 최초의 인류를 낳아 수많은 위대한 지식인=지도자, 즉 성인을 탄생시킨 지역으로서 높이 평가하고 있다. 그 반면 이 지리지(地理誌)는 전 지구에 대한 지식을 망라하고 있지는 않았다. 중국의 주변 지역에 관해서는 중국에서 간행된 정사(正史)나 지리지가 이미 충분한 지식을 제공하고 있다고 판단했기 때문이다. 따라서 여기에는 일본에 관한 기술도 존재하지 않는다.

중국의 지리학 도입은 유럽으로부터 들어온 선교사에 의해 이루어졌다.[22] 그들은 중국어를 배워 유럽의 서적을 한문으로 번역했지만, 반대로 중국의 유교 지식인들이 서양말을 배워 번역한 예는 지극히 적다. 이 후에 대청(大淸)이 자국의 영토를 정확히 실측한 지도를 만드는 대사업을 수행했지만, 그 경우에도 선교사들에게 명하여 시행하고 있다. 이 점은 현지 지식인들이 스스로 서양의 지리지식에 접하면서 서양 말도 배우게 된 일본과의 중요한 차이점이었다. 전통적인 세계상에 있어서 스스로를 세계의 중심에 놓는가, 아니면 주변에 위치시키는가의 차이가 이 갈림길의 배후에 있었던 것으로 생각된다.

2. 일본의 경우

유럽의 세계지리와 '아시아'라는 말은 두 가지 경로를 통해 일본으로 들어왔다. 하나는 리치의 『곤여만국전도』를 중심으로 한 중국 간행의 지도와 지리서, 또 하나는 포르투갈이나 네덜란드 등 유럽으로부터의 직접 도입이다.[23]

---

22) 주 4, 15와 같음.

23) 鮎澤信太郎 · 大久保利謙, 『鎖國時代日本人の海外知識』(乾元社, 1953).

여기서는 일본의 특징이면서, 보다 영향력이 강했던 후자를 중심으로 하여 대표적인 지식인들의 저술을 살펴보자.

1) 니시카와 조켄(西川如見, 1648~1724)

우선 근세초기의 지리서로, 나가사키의 지방관리의 집에서 태어난 니시카와 조켄의 저작을 보자.[24] 그는 1700년에 『일본수토고』(日本水土考)를 출판하여 '아시아' 속의 '일본'에 대하여 칭찬을 했으나, 1709년에는 『증보 화이통상고』(華夷通商考)를 출판하여 보다 포괄적인 세계 지리지를 세상에 내놓았다. 이 지리지는 근세 초기의 잡다한 지식을 나가사키 초닌(町人: 도시 상공업자-역자주) 특유의 관점에서 집성한 것이다.

『화이통상고』라는 제목은 '중화'와 '이적'(夷狄)의 통상관계를 의미한다. 즉, 대청을 중화로 하여 그 주변의 이적과의 관계를 중심으로 서술한 저술인 듯 하다. 그러나 전 5권 중 처음 두 권에서 '중화'의 지리지를 자세히 서술하고, 다음으로 네덜란드와 통상관계를 가진 나라들을 기술한 뒤, 마지막에 잡다한 나라들에 관해 '당인'(唐人, 중국인)이나 네덜란드인으로부터 들은 것을 적고 있다. 즉 여기에는 '중화세계상'의 영향이 강력히 보이는 한편, 나가사키와 외국과의 통상관계를 축으로 세계 여러 나라가 정리되어 있는 것이다. 그 모든 것이 나가사키 사람다운, 즉 다른 지역 사람에게서는 찾아보기 어려운 인식법이 아닐까?

「중화십오성」(中華十五省)의 기술을 끝낸 뒤, 니시카와는 「지구만국일람지도」(地球万國一覽之圖)를 통해 그 외부 세계 기술에 들어간다. 이 지도는 태평양을 중심에 두면서 대륙과 바다의 형상을 간략히 기입하고 대강의 지명을 써넣고 있다. 『일본수토고』에서는 유라시아·아메리카·마젤라니카라는 '삼대계'(三大界)가 있다고 한 후, '아시아'(아사이아로 읽게 한다), '유럽', '리

24) 西川如見, 『日本水土考 · 水土解弁 · 增補華夷通商考』(岩波文庫, 1944); 西川忠亮 編, 『西川如見遺書』 제4편(增補華夷通商考 전5권) 1899.

비아', '아메리카', '마젤라니카'의 '오대주'(五大州)로 구분하고 있으나, 여기서는 그 큰 틀은 유지하면서, 각각을 '주'(州)가 아니라, '…제국'(諸國)이라 부르고, 나아가 남북 아메리카를 구별하고 있다. 대체로 리치의 지도를 기초로 한 것으로 보인다. 이 지도에는 따로 '당토'(唐土)와 '천축'(天竺)이 들어가 있는데, 본문 속에서는 각국의 위치관계가 이 두 지역을 중심으로 동서남북에 있다고 하는 형태로 표현하고 있다. 전통적인 '삼국'관이 독자를 유도하기 위해서 이용되고 있는 것이다. 단지 '천축'은 인도아대륙을 지칭하는 것이 아니라, 표기되어 있는 장소로 볼 때 '당토'의 서쪽, 즉 오늘날 말하는 중앙아시아 근처를 가리키고 있다. 더욱이 이 지도상에는 러시아 북서에 '소인'(小人)국, 지중해 동해안에는 '여인'(女人)국, 남미의 서남단에 '장인'(長人)국 등이 표기되어 있다. 사실관계와는 별도로 다른 지역의 '괴이함'에도 그는 큰 관심을 가지고 기술했던 것이다.

니시카와의 지리지에서는 '오대주'라는 분절이 중요시되고 있지 않다. 앞서 기술하지 못한 각국을 전 5권의 마지막 권에서 '아시아', '유럽', '리비아', '아메리카', '마젤라니카'의 순으로 보충하고 있을 뿐이다. 그의 세계 분절은 우선 통상관계의 유무를 기준으로 했으며, 이어서 '중화'와의 친분관계를 문제삼고 있다. 즉, 제3권에서 '중화'의 외부를 쓰기 시작할 때, 그는 우선 '중화'와의 문화적 거리에 따라 '외국'(外國)과 '외이'(外夷)를 구분하고 있다. '외국'이란 "당토의 바깥이라고는 하나, 중화의 명(命)에 추종하며, 중화의 문자를 사용하고, 삼교(三教)에 통달한 나라"로서, 조선, 류큐(지금의 오키나와 - 역자주), 대원(大寃, 타이완), 베트남이 이에 해당한다. '외이'란 "당토와 달리 모두 가로문자를 쓰는 나라"로, 참파(현 인도지나 반도 남부), 캄보디아, 파타니, 샴(현 타이), 말레카, 무굴제국, 자카르타, 자바, 반탐, 네덜란드가 이에 해당한다. 이들은 '당인'이 상업을 위해 왕래를 하거나, 나가사키에 그 나라 배가 입항하는 것을 기준으로 선별된 것이며, 그 후에, '네덜란드인'이 상업상 왕래하는 나라, 그 다음으로 그 밖의 나라, 마지막으로 '금제(禁制)의 나라', 즉 마카오·루손·에스파냐(카스텔라와 포르투갈)·에게레스(영국 - 역자주)를 들고 있다.

니시카와의 세계 지리지는 이와 같이 전통적인 '삼국'관, 리치 경유의 서양 지리학, 중국의 역사와 지리지, 그리고 네덜란드인으로부터 들은 것 등을 정보원으로 하여, 그것들을 나가사키의 무역관계자라는 관점에서 '중화'를 강력히 의식하면서 종합한 것이었다고 말할 수 있을 것이다.

2) 아라이 하쿠세키 (新井白石, 1657~1725)

니시카와의 세계 지리지는 널리 유포됐던 것 같기는 하나, 보다 견실한 지식을 후세에 전해준 것으로서는 18세기 초두의 대표적인 유생, 아라이 하쿠세키가 쓴 것을 들 수 있다. 그는 백과전서적인 저작가로 유교 경전의 주석뿐만 아니라, 일본의 역사나 의례(儀禮) 연구, 화폐론 등 넓은 분야에서 방대한 저작을 남기고 있다. 일본의 유학자로서는 드물게 쇼군(將軍) 이에노부(家宣)의 정치 고문이 되어 정사에 관여했고, 그 때문에 조선과의 외교에서도 중요한 역할을 했다. 그의 세계 지리 연구도 정치에의 관여가 계기가 되었는데, 그 특색은 오로지 '서양' 사람의 세계상을 재현하여 이해하려고 한 점에 있었다.[25]

1705년 이탈리아인 예수교 선교사, 시도티(Giovanni Battista Sidotti)가 큐슈 남방의 야쿠시마(屋久島)에 잠입했다. 곧 붙잡힌 그는 심문을 받기 위해 에도(지금의 동경 - 역자주)로 보내졌고, 이에노부의 명령으로 하쿠세키가 심문의 책임을 맡게 됐다. 시도티는 간단한 일본어 회화를 습득하고는 있었지만 충분하지 못하여, 양자의 대화는 주로 나가사키에서 불러온 네덜란드 통역사를 사이에 두고 이루어졌다. 심문은 물론 잠입의 경위나 기독교회의 활동 상황을 듣는 것이 목적이었다. 그러나 그것을 위해서는 세계 지리가 필수 불가결한 전제였고, 또한 그다운 호기심도 작용하여 하쿠세키는 이것을 유럽인이 세계를 어떻게 파악하고 있는지를 조사할 좋은 기회로 삼았다. 참고가 된 지도는, 하나가 『곤여만국전도』였고, 또 하나가 이전에 수입되어 도쿠가와 공의

25) 新井白石 著 · 宮崎道生 校注, 『新訂 西洋紀聞』(平凡社, 1968), 『采覽異言』(『新井白石全集』 第4)(國書刊行會, 1977).

(公儀, 이른바 막부 - 역자주)가 소장하고 있었던 요안 블라우(Joan Blaeuw)의 세계지도(1648년 네덜란드 라이덴 간행)였다. 그 성과가 두 개의 세계지리지, 『채람이언』(采覽異言)(1713년경)과 『서양기문』(西洋紀聞)(1715년경)이다. 후자는 심문의 경과와 내용을 한자와 가나의 혼합문으로 적은 책으로 메이지 시대까지 아라이 가문에 비장된 채로 끝났지만, 한문으로 기록된 전자는 유출되어 18세기 후반의 지식인들에게 널리 읽혀졌다.

『채람이언』은 시도티의 심문과 리치의 세계지도, 그리고 정기적으로 쇼군에 대한 외교의례를 위해 에도에 상경한 네덜란드의 데지마(出島) 상관장인 코넬리스 라르딘(Cornelis Lardijin)에 대한 질의, 거기에 중국의 원사(元史)나 명사(明史) 등으로부터 얻은 지식을 종합한 것이었는데, 알레니의 저작은 참조하지 않고 있다. 이 속에서 하쿠세키는 유럽인의 세계 오대륙 분절을 기본적인 틀로 채용하고 있다. 비판적으로 연구하는 것을 자랑으로 삼았던 그는, 마젤라니카는 그 존재 근거가 부족하다고 생각하여 제외하고 그 대신에 아메리카(亞墨利加)를 남북 아메리카(南北亞墨利加)로 나누어 오대륙으로 했다. 또한 각국에 대한 기술은 로마로부터 시작하고 있다. 이 사실은, 이 책이 유럽인의 세계관을 인식·기술하려고 한 것이지, 자신=일본인의 입장에서 세계를 표현하려고 한 것은 아님을 가리키고 있다. 하쿠세키가 깊은 관심을 가지고 있었던 조선이 빠져 있는 이유도 카톨릭 선교사의 포교활동이 아직 조선에 미치지 않고 있었던 것을 생각하면 잘 알 수 있다. 그는 또 이 두 개의 저서에서 '서양'을 유럽, '서인'을 유럽인의 의미로 썼다. 이 용법은 18세기 중에 지식인들 사이에서 일상적으로 쓰이게 된다. 그러나 하쿠세키에게는 알레니와 마찬가지로 '동양'과 '아시아'를 등치시키는 용법은 보이지 않는다. 이 점은 주목할 만한 가치가 있다.

3) 야마무라 사이스케(山村才助, 1770~1807)

1802년 난학자인 야마무라 사이스케가 『정정증역(訂正增譯) 채람이언』을 완성했다.[26] 이것은 하쿠세키의 저서를 보완·정정한다는 서명에서 알 수 있듯이 그 구성은 유지하고 있지만, 내용은 난학의 성과를 근거로 하여 대폭 갱신되어 있다. 야마무라는 네덜란드어의 지리서나 지도뿐만 아니라, 포르투갈어나 프랑스어, 라틴어의 사전을 구해 지명을 고증하는 데 이용했다. 하쿠세키와 달리 한문이 아니라 한자와 가나의 혼합문으로 표기했지만, 지명 표현에는 가나의 음운 구조가 너무 단순하다고 생각하여 이것을 피해 일부러 중국어를 쓰고 있다.

야마무라의 저서는 세계를 표현하는 틀에 새로운 면을 부가시켰다. 그것은 '동양'을 오리엔트라는 의미로 쓴 일이다. 본문에서는 그와 같은 용법이 거의 보이지 않지만, 문헌목록에는 네덜란드 상관장 '우요우텔 스코텐스'의 기행문 책 제목을 『동양제국기행』(東洋諸國紀行)으로 번역하고 있다.[27] 중국·조선에서의 용례는 검토하지 않았으나, 동아시아 세계에서는 가장 초기의 예로서 기억해도 되지 않을까?

야마무라의 지리지는 그 뛰어난 네덜란드어 능력과 비판적 방법을 통해 보다 정확하고 풍부한 세계 지식을 19세기 전반의 일본 지식인들에게 공급했다. 이 책은 도쿠가와 공의(公儀)에게 헌상됐으나 공식적으로는 간행되지 않았다. 그러나 사본이 세상에 널리 유포됐다는 것은 대표적인 국학자의 한 사람인 히라타 아츠타네(平田篤胤)가 1824년에 그의 강의에서 이것을 지극히 유용한 서적으로서 추천·장려하고 있다는 사실에서도 분명히 알 수 있다.[28] 당시 일본에서는 천문대(天文臺)의 다카하시 가게야스(高橋景保)를 중심으로 최신의 세계 지도를 유럽으로부터 수입하여 그것과 일본인 스스로 행한 일본 본토와 북방에 대한 실측의 성과를 종합하는 시도가 있었는데, 야마무라의 저서는 그들에게 풍부한 발판을 제공했다고 말할 수 있을 것이다.

---

26) 山村才助, 『訂正增譯 采覽異言』 전2권(青史社, 1979).

27) 단, 야마무라(山村)는 이 직후의 역서(Joan Nieuhof, 『新譯 東西紀游』)에서는 '동양'을 별도의 분절로 사용하고 있다. 그 중의 '동양기유'(東洋紀游)는 희망봉이나 세인트 헬레나(St. Helena)를 취급하고, 몽골(莫臥児國)·베트남(安南國)·바타비아(Batavia) 등은 지나국(支那國)과 동시에 '지나기유'(支那紀游)에 포함시킨 것이다. '동양'의 범위가 아직 확정되지 않고 있던 것을 알 수 있다. 鮎澤信太郎, 『山村才助』(吉川弘文館, 1959), 181-189쪽.

28) 위의 책, 269쪽.

IV. '아시아' 개념의 의미전환 : 19세기 후반의 일본

1. 세계지리 인식의 틀 전환

19세기 후반 메이지 유신 이후의 일본에서는 '아시아'를 하나의 지역(region)으로서 파악하기 시작했는데, 그에 앞서 세계 인식의 틀에 큰 전환이 일어나고 있었다. 그것은 세계 각국이나 인구 집단을 명확한 기준에 따라 계층적으로 차별하여 인식하는 지적 습관이 도입된 일이다. 그중에 먼저 생긴 것은 각각의 나라가 '독립'되어 있는가 아닌가라는 기준이며, 그 다음이 동시대 유럽을 기준으로 한 '문명'화의 정도였다. 양자 모두 거대한 정치 환경의 변화, 즉 전자는 아편전쟁에 의한 대청의 패배, 후자는 메이지 유신의 충격하에 일어난 것이었다.

1) 미쓰쿠리 쇼고(箕作省吾, 1821~1847)

아편전쟁(1839~1842) 직후, 난학자인 미쓰쿠리 쇼고는 세계 지도인 『신제여지전도』(新製輿地全圖)(1844)와 지리지인 『곤여도식』(坤輿図識)(1845)[29]을 간행했다. 이 둘은 일본인의 세계지리 연구에 새로운 차원을 도입한 것이었다. 첫째로 그가 가능한 한 새로운 정보에 의거하려고 한 점이다. 18세기 말 이래 일본에서는 세계지리 연구가 착실히 진행되었지만, 그 정보는 오래된 것과 새로운 것이 혼재되어 있었다. 그것을 잘 보여주는 일은 1827년에 난학자 아오치 린소(靑地林宗)가 네덜란드어로 된 대작 지리서, 요한 휴브너(Johan Hubner) 부자의 『지오그라피』(*Geographie*)를 완역한 것이다.[30] 그것은 18세기 중반 이후 최종판이 간행된 때로부터 60년쯤이나 지난 뒤의 일이었으며, 7년전쟁이나 나폴레옹전쟁에 의한 대변동 이후의 세계를 이해하기에는 아주 신뢰할 수 없는 것이었다. 미쓰쿠리는 이 점에 유의하여, 아무리 오래된 것이

29) 箕作省吾, 『坤輿圖識』 1845年.
30) 주 21과 같음.

라도 15~16년전까지의 네덜란드어 자료로 출전을 한정했다. '오대륙'의 틀을 유지하면서 남북 아메리카를 재통합하고, 대신에 오스트레일리아를 포함시킨 것도 당연하다고 말할 수 있을 것이다. 페리가 도래하기 10년 전부터 일본의 지식인은 도쿠가와 공의의 관허(官許)를 얻어 출판된 신뢰할 수 있는 세계 지리서를 한자와 가나의 혼합문으로 읽을 가능성을 얻은 것이었다.

그러나 미쓰쿠리는 세계 인식의 틀에도 변화를 가져 왔다. 그 첫째는 세계에 대한 기술을 '황국'(皇國)으로부터 시작한 일이다. 당시 유수의 난학자가, 서양이 아닌 일본을 세계의 중심에 두는 국학자의 용어와 질서관을 공유하게 됐던 것은 주목할 가치가 있다.[31] 둘째로, 더욱 중요한 것은 그가 세계 각국을 의식적으로 '독립'된 나라와 '부속'된 나라로 나눠, 후자를 전자보다 한 글자 내려서 기술하기로 한 점이다. 그가 동시대 서양의 주권국가 개념을 의식하고 있었는지의 여부는 알 수 없다. 그러나 그가 18세기 말 이래 일본 지식인들의 주요 관심사가 됐던 서양에 의한 세계 지배 추세를 깊이 의식하고, 일본이 그것을 피해 '독립'을 유지하는 것을 긴요한 과제로 보고 있었던 것은 분명하다. 미쓰쿠리는 그것을 내용뿐만 아니라, 새로운 기술방식으로 표현했다. 그것이 결과적으로 중화문명권에서의 번속국(藩屬國)을 열등시하는 견해를 구조적으로 내재화시켰다고 말할 수 있을 것이다.

『곤여도식』에서는 '황국'이 중심에 있기 때문에, 그것을 포함하는 '아시아'(アジヤ)가 제일 먼저 기술된다. '황국'은 이름만 있고, 바로 다음에 '한토'(漢土)가 이어진다. '중국'(中國)은, 물론 정식 국호인 '대청'도 쓰고 있지 않지만, 나라 자체에 대한 평가는 직전에 있었던 아편전쟁에서의 패배에도 불구하고 높은 점이 있다. 그 다음에는 '대타타르'(大韃而靼)의 여러 나라가 등장한다. 거기에는 '지나타타르'(支那韃靼)와 '러시아타타르'(魯西亞韃靼)가 있고, 전자에는 조선과 몽고 등이 포함된다. 그 다음에는 '독립타타르'(獨立韃靼), 즉 '티베트'(圖伯特), '대불가리'(大仏加里), '터키스탄'(都爾格斯坦) 등 일곱 가지가 나온다. 그 다음으로 '아라비아'(亞剌比亞), '페르시아'(百兒西亞) 등

31) 渡辺浩, 『東アジアの王權と政治思想』(東京大學出版會, 1997) 참조.

이 위치한다. 미쓰쿠리는 오스만제국을 아시아에 넣지 않고, '터키'(都兒格)를 유럽으로 간주하고 있다. 이어서 '천축'이 나온다. 이것에서는 아메리카를 '서인도'라 부르는 데 대하여 '일명(一名) 동인도'라고 참조로 기록하고 있다. 그 내부는, 인도아 대륙은 '전(前) 인도', 동남아시아 대륙부는 '후(後) 인도'라고 유럽으로부터의 원근을 기초로 하여 분류하고 있다. 마지막에 나오는 것은 '인도해중유명제도'(印度海中有名諸島)인데, 그것은 세이론(Ceylon)뿐만 아니라 루손(Luzon)까지를 포함한다. 미쓰쿠리는 지역 분절로서는 '아시아'를 채택했지만, 부분적으로는 동시대 유럽인의 '인도'라는 견해를 받아들였다고 말할 수 있을 것이다.

다음으로 내용을 보면, '독립'을 상실한 반면교사로서 인도와 자바가 묘사되고 있는 것이 눈길을 끈다. 그는 인도아대륙의 각국이 손쉽게 서양에 의해서 정복되거나 종속당했다고 말한 뒤, 그에 저항했던 마라타(滿剌甸)나 시크조차도 문제가 있었다고 지적한다. '데스카아텐'은 "40년 전에는 병사의 위세가 상당히 강성했으나, 근 20년 사이에 마라타와 '시크'에게 심하게 침식(侵蝕)당해 지금은 사방 2천여리, 인구 4만에 이르렀다. 혹자는 말한다. 마라타와 '시크'의 두 통치자가 연합하여 영국인을 치지 않고, 도리어 같은 종족을 멸망시켜, 결국은 자신의 병세(兵勢)를 줄여버렸다. 지극히 어리석음이 아니겠는가." 이것은 물론 인도처럼 몇 개의 나라로 나뉘어져 있던 일본에 대한 경고였다. 『곤여도식』은 권두에 도쿠가와 공의의 유학자인 고가 도안(古賀侗庵)의 서문을 싣고 있다. 고가는 거기에서 국제관계를 계속 거부하거나, 군비를 게을리하는 나라는 앞으로는 존속할 수 없다고 밝혀 두고 있다. 미쓰쿠리나 고가는 배가 들어오기 약 10년 전에, 이미 일본의 지식인들에게 서양과의 교제를 위한 마음가짐을 신뢰할 수 있는 해외정보와 함께 제공하고 있었던 것이다.

2) 후쿠자와 유키치(福澤諭吉, 1835~1901)

왕정복고 직후 메이지 신정부는 공식적으로 개국정책을 선언하고, 도쿠가와 정부가 서양 각국과 맺은 조약을 계승하겠다는 방침을 밝혔다. 이것은 세계 지리에 관한 실질적 지식의 수요를 환기시켰다. 이에 재빨리 응한 것이 후쿠자와 유키치다. 그는 다음 해인 1869년에 두 권의 지리서를 간행했는데,[32] 그것은 일본인의 세계상에 '독립'성의 유무 외에 또 하나의 중요한 분절 기준을 부여하게 됐다. 동시대의 유럽이 설정하고 있었던 '문명'이란 기준을 받아들여, 그것에 따라서 세계 각국·각 종족의 서열을 매기는 것이다.

후쿠자와가 먼저 간행한 것은 『장중만국일람』(掌中万國一覽)이다. 이것은 일본식으로 철한 작은 책자(和綴じ本)로 통화의 환율이나 각국의 군비 등 실제적인 데이터를 정리한 것이었다. 다음으로 그가 간행한 것은 『세계국진』(世界國盡)이라고 하는, 계몽가로서의 면목을 유감 없이 발휘한 서적이었다. 머리말에 의하면, 그는 일본의 장래를 위해 아이를 키우는 어머니들에게 우선 세계 지리를 가르치고자 했다고 한다. 그는 각 페이지를 상하 2단으로 나눠, 하단에는 일본으로부터 서쪽으로 항해하여 미국을 지나서 돌아오는 여행의 도정을 암기하기 쉬운 7, 5조로 적고, 상단에는 그것과 관련된 경치나 인물상, 풍속이나 산물 등의 기사를 써넣었다. 권말에는 천문학이나 자연 지리, 인문 지리의 기초를 요령 있게 잘 정리하여 기록하고 있다.

이 두 권의 책에서는 동시대의 양서(洋書)를 참고로 인류가 다양한 기준으로 분류되어 있다. 그것은 다섯 가지 인종(백·황·적·흑·갈), 860개의 언어 집단, 세 가지 혹은 다섯 가지 정치체제(군주제·귀족제·민주제 혹은 제국·왕국·후작령·백작령·민주국) 등인데, 그중에서도 특히 동시대에 빠르게 유포되어 일본인의 사고 틀에 큰 영향을 준 것은 '문명'의 단계라는 기준이었다. 그는 인류사회를 '혼돈', '번야'(蕃野), '미개', '개화문명'의 4종으로 나누어 이들을 일직선상에 배치하고, '개화문명'을 유럽에서만 볼 수 있는 것으로 한 뒤에 일본을 중국이나 터키, 페르시아와 함께 '미개'에 분류한 것이다. '미개'라는 것은 앞으로 '개화'해야 할 것이라는 의미로, 나중의 『문명론 개략』(文明論之槪略)에서는 '반개'(半開)로 표기되게 된다. 이러한 인식틀은 같은 시대에 간행되기 시작한 신문에도 수용되어, 순식간에 일본의 모든 지식인들에게 퍼졌다. 그

32) 『福澤諭吉全集』 제2권(岩波書店, 1959).

중에는 유교 도덕이나 일본의 독자적인 가치관을 근거로 반발하는 사람도 있었지만, 압도적인 다수파는 될 수 있는 한 빠르게 '반개'의 위치로부터 탈출하여, 유럽 사람들에게 '개화'한 것을 인정받고 싶다고 초려(焦慮)하게 됐던 것이다.

이상과 같이 메이지 유신을 전후한 약 30년 동안에, 일본인의 세계관은 일본의 외계에 관한 구체적 지식을 흡수함과 동시에, '독립'과 '문명'을 가치기준으로 세계를 분류하여, 다른 나라들을 뒤로 제치고 어떻게 해서든지 참된 '독립'과 '문명'을 갖춘 인류 최상위의 지위에 다다르고 싶다고 하는 틀 쪽으로 변화됐다. 그렇다면 그때까지는 단순히 국가들의 모임에 불과하던 '아시아'라고 하는 지역(region)이 왜 이러한 세계상에 등장한 것일까? 그것이 다음 과제다.

2. '아시아' 개념의 정치화(政治化)

19세기 중반 서양에 대한 '개국'을 단행했을 때, 일본 정부는 어떤 의미에서도 지역 국가의 집합체라고 하는 상상력을 갖고 있지 않았다. '대청'과의 국교는 없었고, 조선통신사의 예빙(禮聘)은 1811년을 마지막으로 없어지고 있었다. 일본은 근린 각국과 외교관계를 사실상 갖지 않았으며, 완전한 고립 속에서 서양 각국의 국교통상 요구에 직면했던 것이다.[33] 단독으로 서양의 압력을 회피하려고 했을 때, 일본정부는 '이(夷)로서 이(夷)를 제(制)한다'는 정책으로 나갔다. 제2차 아편전쟁의 동맹국이었던 영국과 프랑스를 주된 위협으로 보고, 이들을 억제하기 위해서 전통적으로 관계가 있었던 네덜란드에 더하여, 특히 미국과 러시아를 같은 편으로 삼으려고 했다. 가능한 또 하나의 수단으로서 근린 각국에 동맹자를 구하는 방법이 있었지만, 막부 말기에는 전혀 고려되지 않았다. 정부의 외교정책에서도, 지식인 정치가의 논의에서도 '아시아'라는 단위는 없는 것과 같았던 것이다.

---

33) 三谷博, 『ペリ-來航』(吉川弘文館, 2003).

메이지 신정권이 도쿠가와 막부의 '개국'정책을 계승했을 때, 당초의 관심은 오로지 서양 각국과의 관계 쪽으로 향하고 있었다. 그러나 그 후 조선·대청이란 주변 각국과 관계가 생겨났다. 우선 조선과의 사이에서 국내 개혁의 수단으로서 정한론(征韓論)이 일어났고, 국교 갱신의 실패를 계기로 그것은 외교정책상에서도 진지한 검토의 대상이 됐다. 그와 더불어 한편에서는, 이 분쟁의 해결을 위해 조선의 종주국인 대청과의 국교수립이 시도됐다. 메이지 정권은 서양에 이어, 처음으로 근린과의 외교관계를 갖기에 이른 것이다.[34] 그러나 그것은 지역적인 질서를 상정한 것이 아니었다. 중화제국 질서라는 계층적인 지역 질서의 존재를 인식하고, 특히 초기에는 그것에 대한 배려를 게을리하지 않았지만, 기본적으로는 역시 서양에 대해 했던 것과 같이, 개별적인 양국관계의 묶음으로서 국제관계를 파악하고 있었던 것이다.

한편, 메이지의 아주 초창기에는 신문이라는 완전히 새로운 사회장치가 탄생했다.[35] 그것은 세계에 관한 최신정보와 그 인식틀을 정부 내외에 고르게 공급하고, 동시에 정부 밖에서 지식인들로 하여금 '여론'(與論)을 형성하게 하여 정부의 외교를 좌우하도록 기능하기 시작한 것이다. 신문이 제시하는 세계상은 정부 내외의 독서인들의 인식틀을 형성하는 데 결정적인 역할을 하게 됐다. 그런 의미로 이하에서는 메이지 초기에 대해서 그 주요 변화를 살펴보고자 한다. 주로 『요코하마마이니치신문』(橫浜每日新聞)과 『조야신문』(朝野新聞)의 논설기사를 사용할 것이다.

미리 개요를 말하면 다음과 같다. 메이지 초기의 일본에서, '아시아'는 서양으로부터는 멸시당하고, 일본으로서는 이탈하고 싶은 대상이라는 성격을 갖고 있었지만, 그 지리 범위 내에 있는 각국에 어떠한 통합성이 상정된 것은 아니었다. 그것이 변화되기 시작하는 것은 왕정복고 후 10년이 지난 때부터이다. 그 연원은 중앙아시아를 둘러싼 러시아·영국·대청의 대립과, 영국계 신문에 의한 러시아 경계론에 있었던 것 같지만, 결정적인 것은 류큐 병합과 관련

34) 주 3과 같음. 小風秀雅, 「華夷秩序と外交: 琉球・朝鮮をめぐって」, 明治維新史學會, 『明治維新とアジア』(吉川弘文館, 2001).
35) 稻田雅洋, 『自由民權の文化史』(筑摩書房, 2000).

된 일본 자신의 청국과의 대립이었다. 중국과의 심각한 대립을 완화시켜 미래에 있을 전쟁을 막기 위해서 '흥아'(興亞)론에 의한 청일 대립의 완화가 시도된 것이다. '아시아'라는 통합성 있는 지역적인 상상력은 1880년, 나중에 서술할 '아시아주의'의 탄생과 동시에 명확한 형태를 띠었던 것이다.

1) 서양식 시선의 수용 : '아시아'의 열위(劣位)와 일본의 이탈

초기 신문들의 세계 인식을 관찰하면, '일본' 내지 '황국'을 서양이나 '지나'와 비교하여 그 우열을 논한 것이 눈에 띤다. 그리고 그러한 문맥에서 '아시아'라는 지역은 우선 서양에서 볼 때 뒤떨어진 지역이며, 일본은 그 동류로서 분류되고 싶지 않은 범주로 평가되고 있었다. 후쿠자와가 지리서에서 제시한 '문명'의 단계, 그중에서 '일본'의 '반개'(半開)성, 그리고 그것으로부터의 탈출이라는 틀과 거의 같다.

일본 최초의 일간신문인 『요코하마마이니치신문』(橫浜每日新聞)(1871년 창간)에서는 '황국'의 우위를 강조하거나 재일(在日) 서양인의 무례를 지적하거나 하는 기사도 섞여 있었지만,[36] 대부분은 서양의 우위를 전제로 하면서 그들과의 관계 속에서 '일본'의 위상을 될 수 있는 한 높이려 하는 기사였다. 예컨대 1871(메이지 4)년 8월 23일에는 다음과 같은 미국 신문 기사 초역을 전재(轉載)한 글이 있다.

> 一, 황조(皇朝)의 서정개혁(庶政改革)은 선미(善美)를 다한다는 풍설, 대단히 좋다. 박람회의 물품은 매우 뛰어나다는 평판이 있음.
> 一, 대일본국민은 잘되고자 노력하고 있으니, 그 번영은 머지 않아 기필코 유럽인종과 어깨를 나란히 하게 될 것이라는 의심할 여지가 없는 증거가 허다하게 있다. 우선, 지금 그 위세는 아시아주내(亞細亞洲內)에서 일찍이 보지 못한 진보를 이루어, 일상생활에 없어서는 안 될 공예를 연습하고, 여러 학과에 대한 연구 및 교육에서는 가능한 구주제국(歐洲諸國)과 어깨를 나란히 하고자 한다. 지나·샴·아라비아·버어마(지금의 미얀마 - 역자주)·조선·힌두스탄·아프가니스탄 등의 각국은 모두 구래의 학문을

36) 『橫浜每日新聞』, 메이지 4년 8월 13일자 등.

중요시하고, 선조의 풍속공예에 자족하고 있으나, 홀로 일본은 그와 다르다. …… 지나는 가장 공부한 나라이기는 해도, 스스로 자만하여 마침내 아주 어리석게도 태만해진데다, 게다가 구주(歐洲) 및 미주에서 발명한 공예는 전부 천하다고 경시한다. 만약 그 어리석음의 폐해를 제거하지 못한다면 3만만(원문그대로)의 인민에게 머지않아 빈궁함이 닥쳐 올 것이다.

이것은 필라델피아 만국박람회에 관계된 기사로 생각되는데, 유신 직후 일본의 서양학문이나 기술의 도입을 예찬하고, 아시아에 속하는 각국의 수구성과 대비하여 일본의 '진보'를 높게 평가하여, 언젠가 구미와 같은 문명의 경지에 달할 것이라고 예측하고 있다. 당시의 일본 신문은 구미나 개항지에서 발행된 외국문자 신문에서 이러한 일본의 평판에 관한 기사를 종종 번역·전재하고 있었다. 일본인이 얼마나 서양의 눈을 의식하며, 좋은 평판을 받기에 급급하고 있었는지를 잘 알 수 있다. 그때 그들은 서양인의 눈으로 세계를 바라보고, 스스로를 높이 자리매김하기 위해서 다른 '아시아' 각국과의 차이를 이야기한 것이다.

그러나 일본의 상대적인 우위는 결코 자명한 것도 안정된 것도 아니었다. 아시아에 대한 서양의 멸시와 차별은 일본으로도 향하고 있었기 때문이다. 1872(메이지 5)년 8월 5일의『요코하마마이니치신문』에는 미국에 간 일본인 유학생이 요코하마의 친구에게 보낸 다음과 같은 편지가 게재되어 있다.

지나·조선·천축 등의 사람은 마치 흑인 노예처럼 취급 당해, 서양인과 그들 사이의 교제는 지난 날 일본에서 에타(穢多, 천인 - 역자주)와 백성 간에 큰 차별이 있었던 것과 같다. 우리가 이것을 보고 들을 때마다 가슴이 고통스러움으로 가득 차옵니다. 숙고해 보면 가난과 무능과 무지하기에 받는 멸시라고 생각됩니다. 그러므로 함께 힘써 노력하여 면학하지 않으면, 그와 같이 멸시 받을지어니…….

여기에서는 '아시아'라는 개념이 아직 일반적이지 않고, 명확한 윤곽을 획득하지 못했음을 간파할 수 있다. 그러나 한편으로는 서양에게 일본을 동등한 문명국으로서 인지시키려고 했을 때, '아시아'와 동일한 범위의 지역이 이탈 대상으로서 참조된 것도 확실하다.

단지 아시아와의 차별화라고 해도, 결코 한결같지도 고정적이지도 않았다. 예컨대 '지나'에 관해서는 당시 일본인의 판단은 결코 정체된 나라라는 이미지 안에 고정되어 있었던 것은 아니다. 1872(메이지 5)년 7월 18일의 기사에는 다음과 같은 요코하마 항에 관한 뉴스가 있다.

> 어제 아침 입항한 미국 우편선에 8, 9세에서 15세 정도의 지나인 남자 50명이 내항했다. 그들은 학문 수행을 위해 곧 출항하는 우편선에 승선하여 미국으로 갈 것이다. 그리고 또한 이후 매달 50명씩 파견될 것이다. 과연 지나국도 이제까지 구습의 땅에 학교를 세워 수업(修業)하는 것보다, 직접 개화의 땅에 가게 하는 쪽이 빠르다는 것을 깨닫게 된 것 같다. 과연 대국다운 견식은 타국보다 탁월한 바가 있다. 과업을 이루는 날에는 구미를 압도하는 기회에 이르게 될 것이다.

이것은 리훙장(李鴻章)에 의한 시찰·학생단 파견에 관해서 말한 것일 것이다.[37] 마침 일본도 이와쿠라(岩倉) 사절단을 구미에 파견하고 있는 중이었다. 이와쿠라 사절단이 가진 목적과 동일한 '개화'에의 정열을 중국에서 읽고, 크게 공감하여 장래에 대한 기대를 말한 것이다. 정체한 나라라 얕보지 않고, 그렇다고 해서 중국의 '개화'를 두려워하고 라이벌시하지 않는 사람도 있었음을 알 수 있다. 이에 대해 중국인이 일본의 '개화' 노력을 비판한 경우에는 격렬한 중국 비판과 모멸이 표명됐다. 1873(메이지 6)년 4월 17일의 기사는 중국의 신문이 일본의 단발령을 비판하고, 예악형정(禮樂刑政)을 유지하면서 군사나 교통통신관계의 기술만 도입하자고 주장한 것에 대하여, 다음과 같이 비판하고 있다.

> 무릇 우리나라 입국(立國)의 법은 널리 지구상 만국의 율령을 조준(照準)하여, 광범위하게 그 좋은 점을 취하고, 짐작(斟酌)하여 우리의 율령으로 했다. 그리하여 국위를 크게 일으키게 됐다. 그 빠른 진보는 다른 나라가 따라올 바가 없었다. 아주(亞洲) 중의 영국이라고 칭찬되어도 옳지 않은가? 어찌 쇠퇴한 청국의 풍속 따위에 관련되겠는가. 청국의 풍속은 예로부터 스스로 중화라 존칭하여 상국이라 부르고, 법은 공자 외에는 일체 알지 못한다. 얼마나 도량이 협소한가. 그러므로 상국이라 자만하여 타국을 만이

---

37) 『橫浜每日新聞』, 메이지 6년 2월 22일자 참조.

(蠻夷)라 하여 금수와 같이 보았으나, 일단 영국의 공벌(攻伐)을 받자, 영토는 할양되고 화친을 구하여, 당당한 대국으로서 도리어 치욕을 당하는 것은 무엇이란 말인가. 지극히 불쌍하고 가소롭기가 그지 없다.

'중화' 자존에 대한 비판은 19세기 전반부터 종종 있었지만, 왕정복고로부터 6년이 지난 즈음에는 일본의 '개화'를 중국의 무력함과 대비하면서 '아시아' 중에서의 '영국'임을 영광으로 생각한다라는, 이후 빈번히 사용되는 표현법이 탄생하고 있었던 것이다. 메이지 초기의 일본인이 중국에 대해 갖는 태도는 '개화'에 대한 기대와 수구성에 대한 멸시라는 양면을 가지며, 사람에 따라 시기에 따라 그리고 중국과의 관계 자체에 따라 동요되고 있었던 것으로 생각된다.

2) '아시아' 내 연관으로부터 '아시아' 연대로

『요코하마마이니치신문』은 원래 개항지에서 상업 정보를 제공하기 위해 발간된 신문이었다. 그곳에 게재되는 해외 정보는 무역관계로부터 시작하였으며, 대상지역은 통상관계가 많은 중국이나 유럽 · 북미 각지가 중심이었지만, 점차로 전쟁을 비롯하여 국제관계를 다룬 것도 많아졌다. 초기에는 1870년 보불전쟁의 후일담이나 독일의 대두(擡頭),[38] 이와쿠라 사절단의 방문지에서의 평판,[39] 요코하마에서 발생한 마리아 루스호 사건을 계기로 하는 청국· 페루 그리고 서양 열강의 사정,[40] 러시아에 의한 서터키스탄의 히바한국(Khiva Khanate) 정복,[41] 동남아시아에서의 아체와 네덜란드의 전쟁[42] 등 세계 각지를 포괄하고 있었다. 그러나 1874(메이지 7)년의 타이완 출병 이후, 일본 자신의 청국· 조선과의 관계가 긴밀해짐에 따라 근린 양국에 관한 기사가 큰 비중을 차지하게 됐다. 또한 그에 따라 뉴스의 출처로도 요코하마의 영

38) 『橫浜每日新聞』, 메이지 4년 8월 5일자.
39) 『橫浜每日新聞』, 메이지 5년 2월 5일자.
40) 『橫浜每日新聞』, 메이지 5년 6월 6일자 이하, 메이지 6년 9월 15일자까지.
41) 『橫浜每日新聞』, 메이지 6년 2월 21일자 이하, 같은 해 6월 27일자, 12월 26일자 등.
42) 『橫浜每日新聞』, 메이지 6년 5월 13일자 이하, 같은 해 8월 20일자 등.

자 신문에 덧붙여, 상하이·홍콩의 한자지(漢字紙)가 추가되고 있다.

이러한 경향 속에서, 다소라도 지역적인 틀로 쓰인 기사는 세계의 정세를 거시적으로 파악하고자 하는 경우에 보였으며, 그것은 특히 러시아의 동향을 주시하는 경우에 현저했다. 이 경향은 일본 자체의 러시아와의 직접적 관계, 즉 사할린(樺太) 문제에 기인하는 것은 아니다. 오히려 청국이 안고 있었던 동 터키스탄을 둘러싼 러시아와의 대립, 또한 영국의 인도·중앙아시아를 둘러싼 러시아와의 대립에 관한, 영국계 정보원(情報源)의 영향을 받았던 것 같다. 그 초기의 예로써는 메이지 5년 4월 24일에 다음과 같은 『상하이신보』(上海新報)의 인용이 있다.

> 지구상 가장 큰 나라로는 중국 이외에 영국·러시아·미국을 생각할 수 있다. 그리고 러시아는 그 중에서 가장 거벽(巨擘)이다. 그 밖의 강국으로는 프로이센의 흥기를 가장 높이 칠 수 있다. 신속하게 오늘날의 대세를 살펴보면 구주(歐洲)의 전 국면을 유지하는 것은 프로이센뿐이다. 그리고 사주(四洲)의 안위에 관계되는 것은 러시아뿐이다. 프로이센과 러시아가 함께 움직이면 천하를 횡행할 것이다. …… 프로이센·러시아가 근년에 동방에 뜻을 두어 자신들의 웅대한 기도를 마음대로 하고자 병탄(併呑)을 시도하려고 한다. 즉 자신들의 뜻을 구주에만 두고 있지는 않는다. 그리하여 러시아는 호시탐탐 역외(域外)의 상황에 눈을 돌리고 있다. 아마도 구주에 일이 생기면 러시아는 반드시 자신의 뜻을 동방에 펼칠 것이다. 그리하여 그 때 동방은 홀로 그 폐해를 입게 된다. 이는 크게 우려해야 할 것이다. 그렇다면 어떻게 대응할 것인가. 말하자면, 중·외가 협력하여 러시아를 막는 길밖에 없다. 능히 러시아를 막을 자는 중국이 우선이고, 영국이 그 다음이며, 일본·고려(조선 - 역자주)가 그 다음이고, 또 그 다음은 오스트리아와 미국이다. 혹은 말한다. 이들 나라들은 모두 흩어져 각지에 있으므로, 아마도 협력·동심·연성·합세하여 러시아와 대항할 수 없다. 러시아를 막아야 할 이유를 모르는 것은 모두 다른 나라라고 생각하지 않고 자기 나라만을 지키려고 하기 때문이다. 또한 역시 무조건 러시아와 흔단을 일으키려고 하는 것은 아니다. 원래 영토를 획정하여 스스로 지켜서 불변의 국면으로서 유지하고자 할 뿐이다. 아아, 천하의 일이 오늘에 이르러 그 변화가 극에 달했구나.

이와 같은 러시아의 세계 전략에 대한 경계라는 틀은 1873(메이지 6)년 12월 8일 『요코하마마이니치신문』이 게재한 『메일』(mail)[43]의 초역(抄譯)에서도 볼 수 있다.

러시아 정부는 키바(新附)국에 인접한 투르크맨, 독립터기스탄의 원주민을 정복할 것을 결정했다. 또한 사할린 섬에는 국민 중 범죄자를 이주시켜 식민지를 건설한다고 한다. 러시아가 아시아 남부에 군침을 흘린 지가 오래다. 중부에서는 먼저 키바를 정복하고, 지금 또 다시 터키스탄을 침범하려고 한다. 동남쪽의 사할린섬으로 백성을 옮긴다고 하며 거역하면 취하고 순종하면 다독임으로 상대의 대응에 따라 실행한다. 누가 이를 우려하지 않겠는가. 하늘은 어느 때에 한 사람의 풍씨(걸어서 큰 강을 건너려는 무모한 사람)를 내어 동방을 점하려는 호랑이를 치게 할 것인가.

러시아의 세력 확장을 사할린과 관련시킨 것은 이 기사가 처음이다. 정한론 정변 직후라는 시기를 생각하면, 물론 당시 일본국내의 정치 상황, 즉 정한(征韓)에 대한 사할린=러시아 문제의 우선성이라는 맥락에서 전재됐다고 추측하는 것도 불가능하지는 않다.

러시아의 팽창정책을 중심에 놓고 세계 정치를 보는 것은 당시 일본인에게는 친숙한 것이었다. 막부 말기 이전에 유일한 군사충돌을 경험한 상대국이었을 뿐만 아니라, 그것을 염두에 두고 쓰여진 아이자와 세시사이(會澤正志齋)의 『신론』(新論)(1825년)은 그야말로 이 러시아의 세계 지배 전략에 어떻게 맞설 것인가라는 과제를 핵심으로 다루고 있다.[44] 일본 내부에는 영국계 신문이 호소하고 있었던 대러시아경계론을 수용하려는 소지(素地)가 존왕양이론(尊王攘夷論)의 대표적인 문헌을 통해 이전부터 갖추어져 있었던 것이다. 그렇다고는 하나 사할린 문제는 치시마사할린교환조약(千島樺太交換條約)에 따라 일본이 양보함으로써 해결되어, 당분간 러시아와의 분쟁은 피할 수 있게 됐다.[45] 그러나 러시아의 동향에 대한 관심은 사라지지 않고 있었다. 여러 신문에서는 청국의 판도인 동터키스탄과 이리지방(新疆省의 한 지방 - 역자주)에 관한 기사가 계속되고, 1877(메이지 10)년 흠차대신(欽差大臣) 좌종당(左宗棠)이 야굽 벡(Ya'qūb Beg, Muhammad)을 토벌한 후에는 청국의 러시아에 대한 이리지방 반환 교섭에 대한 보도가 계속됐다. 또한 같은 해에

43) 이 『메일』(Mail)이 어떤 영자신문인지는 지금 모른다. 요코하마의 경우는 *The Japan Mail*이었다. 稻田雅洋, 주35) 앞의 책, 20쪽.

44) 三谷博, 『明治維新とナショナリズム』(山川出版社, 1997), 제2장.

45) 秋月俊幸, 『日露關係とサハリン島』(筑摩書房, 1994).

발생한 러터전쟁이나 다음해에 시작된 아프간전쟁은 러시아나 영국의 세계정책에 대한 관심을 더욱 집중시켰다. 러시아의 확장운동은 그와 국경선을 접하고 있는 아시아 주요국과 대립을 낳았고, 나아가 인도에 사활적인 이해관계를 갖는 영국과도 세계 규모의 대립 관계를 야기했던 것이다. 일본인의 아시아 주요 지역에 대한 폭넓은 관심은 이전부터 있었던 러시아의 동향에 대한 관심이 영국계 미디어에 의해 증폭되어 생긴 것은 아닌가 생각된다.

이와 같이 일본인은 세계 정치와 아시아 전역의 여러 나라·지역에 대한 관심을 동시에 갖기 시작했지만, 메이지 10년쯤이 되면, 아시아 내부의 상호연관에 대한 인식에 부가하여, 서양의 지배에 대항하는 '아시아'의 제휴·연대를 주장하는 사람도 나타났다.

메이지 초기의 신문에서 '아시아' 지역이라는 타국의 운명에 깊은 관심을 보인 기사로서는 1877년과 그 다음 해에 터키나 인도에 관한 것이 가장 빠른 예이다. 러터전쟁 발발 직전인 1877년 1월 11일의 『도쿄니치니치신문』(東京日日新聞)은 구보타 간이치(久保田貫一)의 「터키의 위급은 강 건너 불이 아니다」라는 논설을 싣고 있다.[46]

> 터키제국(帝國, 오스만제국)의 현 상황은 위급하여 존망의 시기라고 말하지 않을 수 있겠는가. 반적(叛賊)이 안에서 봉기하고 강국이 밖에서 웅시(雄視)하여, 그 위급함이 계란을 쌓아놓은 듯하고, 그 형세는 썩은 밧줄과 닮았다. …… 보라, 보라. 러시아의 국세를 보라. 그 방역(邦域)은 유럽과 아시아의 사이에 걸쳐 있어, 일찍이 먹이를 찾는 독수리의 화심(禍心)을 품고 온 세계를 노려보다가, 일단 시기를 얻으면 바로 웅장한 독수리의 양 날개를 퍼득여 '산타소히야'의 첨탑을 거머쥐고, 동쪽 바다로 진출하려고 하는 것이 아닌가. …… 터키가 오늘날에 러시아를 막는 울타리의 역할을 하는 것은 오로지 유럽을 위해서일 뿐만 아니라, 더불어 우리 동양을 위해서라고 말하지 않을 수 있겠는가. …… 터키의 내란은 마침내 터키와 러시아의 갈등을 환기시키고, 터키와 러시아이 갈등은 실로 유럽과 아시아에 전면적인 쟁란을 야기하여, 마침내 세계전체의 재난을 조성하기에 이를 것이다. 우리 일본제국은 멀리 동양의 한구석에 있다고는 하나 결코 이 요분(妖氛, 나쁜 氣로 전란이란 의미 - 역자주)의 여독에 감염되는 우환이 없다고 하여 안심해서는 안 된다. …… 논자가 목전의 이해를 논하는 데 급급하여 이 긴급한 동방론(東邦論)을 논의하는 바가 매우 드문 것은 도대체 무슨 일인가.

46) 芝原拓自·猪飼隆明·池田正博 編, 『對外觀』(岩波書店, 1988), 101-103쪽.

구보타는 '동방론'(東邦論)을 서구 각국에서 본 '동방문제'(Eastern Question)의 의미로 쓰고, '동양'에 대해서는 오늘날의 '동아시아'에 해당하는 지역의 호칭으로서 쓰고 있다. 이 논설의 포인트는 터키에 대한 응원에 있었던 것이 아니라, 그 국제정치상의 지위가 동아시아에서의 일본의 운명과도 무관한 것이 아니라고 경고함으로써 일본의 자조 노력을 촉구하려는 것에 있었다. 이러한 원격지에 있는 국가의 지정학적인 의미부여는 새로운 것이 아니다. 일찍이 『신론』(新論)은 러시아의 침략을 막는 수단으로 적의 적은 우군이라는 논리를 이용하여 터키와의 제휴를 시사하고 있었다. 그러나 구보타는 아이자와처럼 가상적으로 논의한 것이 아니고, 오스만제국 각지의 독립운동과 이스탄불에서의 정권투쟁, 그리고 입헌개혁의 시도와 같은 구체적이고 새로운 정보를 기초로 논하고 있다.[47] 일본의 지적 세계가 여전히 일반적으로 이것을 강 건너 불 보듯 하고 있었음은 의심할 여지 없지만, 근린의 동아시아를 초월한 지역에 대해서 생생한 관심을 갖기 시작한 것이었다.

이어서 다음 해인 1878(메이지 11)년에는 여러 계기로 인해 소위 '아시아주의'적인 언설도 등장했다. 예컨대 『조야신문』에는 영국 지배로부터의 인도 독립론이 게재되기 시작하고 있다. 1월 16일에는 히로베 데쓰잔(廣部鐵山)이라는 인물이 '아시아론'이라는 논설을 투서하여, "아시아 동주(同洲)의 사람"이 인도의 독립을 주선해야 한다는 것, 청과 일본이 순치(脣齒)의 관계에 있다는 것에 대한 주의를 촉구했는데, 4월 28일에는 리부홍(里父弘)이라는 인물이 아프간을 둘러싼 영국과 러시아의 전쟁을 예감하여 보다 적극적으로 인도 독립의 주장을 투서하고 있다.

> 논자는 말하기를 인도의 흥망은 우리와 관계가 없다고 한다. 이 얼마나 심각하고 잘못된 생각인가. 시험삼아 두 눈을 뜨고 아시아 전주(全洲)의 현상을 보라. 그 곳은 대체적으로 백인에게 잠식되어, 그 백성은 거의 소나 말 취급을 받고, 그 추태는 차마 보지 못할 지경이다. 겨우 두세 나라가 독립을 칭하고는 있다고 하나, 역시 모두 백인에게

47) 당시의 오스만제국 내부의 사정에 관해서는 다음을 참조. 新井政美, 『トルコ近現代史 イスラム國家から國民國家へ』(みすず書房, 2001); 鈴木董, 『オスマン帝國の解体』(ちくま新書, 2000).

협박당해 독립의 이름은 있으나 독립의 실재는 없다. 아시아의 기운은 그와 같이 쇠퇴했다. 지금 이 쇠운(衰運)을 만회하지 못한다면 우리 동양 각국의 인민은 마침내 백인의 노예가 됨을 면하지 못할 것이다. …… 고로 우리들은 우리의 동포인 인도인민의 흥망을 결코 도외시해서는 안 된다. 하루라도 빨리 그 속박으로부터 벗어나 인생(人生) 고유의 권리를 회복하여, 행복을 얻게 되기를 간절히 바라마지 않는다. 그리고 그 행복은 단지 인도에만 멈추지 않고, 아시아 전주(全洲), 즉 우리 모두의 행복이기도 하다.

앞의 구보타와 달리 '아시아' 전역을 '백인'과 대립하는 '우리 동포'가 사는 지역으로 간주하고, 나아가 그 '백인'의 지배로부터 독립을 주장하고 있다. 구체적인 방책으로는 영국과 러시아의 전쟁을 계기로 인도 각지의 인민이 주변국의 인민과 손을 잡고 일제히 봉기하기를 기대할 뿐, 일본인의 관여나 원조까지는 언급하고 있지 않지만, 일본의 개별적인 이해관계에서 나온 세계 정치와의 연관이라는 인식을 넘어, 인종주의적 연대라는 틀을 제기한 점에서 획기적인 것으로 생각된다.

아프간전쟁에 대한 관심은 영국의 인도 지배의 부당성이나 그 공격성에 대해 주의를 환기하는 한편,[48] 러시아에 대한 경계심도 다시 한번 불러 일으켰다. 『조야신문』의 사원인 다카하시 기이치(高橋基一)는 11월 29일에, 아프간 다음은 '지나 서북부', 나아가 "한 길 물 건너 조선"에 러시아가 주목할 것이라고 예상하며 다음과 같이 주장했다.[49]

우리 일본국의 경우는 동방 아시아의 해중(海中)에 고립하여, 현재 아프가니스탄의 분요, 지나 서북부의 갈등은 그 통양(痛痒)이 곧 바로 우리에게 미치지는 않을 지라도 후일의 득실을 깊이 고찰하면, 역시 우려하지 않을 수 없다. 우리나라를 위하여 도모함에 있어 힘써 아시아의 각국과 우의를 맺고, 동맹하여 일치된 힘으로 강한 러시아의 남하로 인한 재난을 장차 방어하도록 노력하지 않으면 안 된다. 그런데 이 대계(大計)를 시행치 않고, 아시아 지방에서 같은 종족끼리 서로 다투게 된다면, 아아 이를 뭐라 말하겠는가.

48) 『朝野新聞』, 1878년 11월 20일자. 이하 다른 언급이 없으면 이 신문의 논설에 의거한다.
49) 『朝野新聞』, 1878년 11월 29일자.

다카하시는 러시아에 대한 대항을 축으로 '아시아'의 '같은 종족'은 '우의'(友誼)를 돈독히 해야 한다고 주장했다. 원격지와 달리 근린 지역에서는 직접적인 제휴나 협력이 제기된 것이다. 후세에서 말하는 '아시아주의'는 '아시아' 전체에 대한 백인의 억압, '아시아' 각지의 인적·문화적 공통성과 상호 의존이라는 인식에 더하여, 저항과 만회를 위한 '아시아' 연대의 제창을 요소로 하는데, 여기에 거의 그것들이 다 갖추어지게 된다. 그렇기는 하나 이 시점에서는 그것들이 긴밀히 통합되기까지에는 이르지 못하고 있다.

다른 한편, 같은 시기에 중국에서도 아시아 각국의 제휴라는 주장이 제기됐다. 1879(메이지 12)년 1월에는 홍콩의 『순환일보』(循環日報)가 역시 조선을 둘러싼 중일간의 제휴를 제창하고 있다.[50)]

> 대체로 동(東, 일본)·중 양국이 동심 협력하여 고려를 보존한다면 외적이 생심을 내지 않고, 영토를 요탕(搖蕩)할 우려가 없다. 만약 다소나마 뜻이 다른 데 있어 혹시라도 러시아인이 이 틈을 타 마음대로 영토를 탈취한다면, 곧 중국 동쪽 삼성(三省)의 땅은 장차 심각하게 타인의 침략을 우려해야 할 것이다. 그리고 일본 역시 반드시 베개를 높이 하여 편안하게 누울 수는 없을 것이다. 그러므로 함께 근심이 없어야 한다. 중국과 일본에 있어서의 고려는 마치 유럽에서의 터키와 같다. 터키가 존립하면 유럽이 평온할 것이며, 터키가 멸망하면 유럽은 위태로울 것이다. …… 만약 일본과 고려가 흔단을 일으키는 형세가 된다면 해결할 길이 없다. 러시아가 어찌 옆에서 팔짱을 끼고 앉아서 성패를 관망하랴. ……

여기에는 인종론은 없고, 근린관계를 순수하게 정치역학적인(power-politics) 관점에서 파악하여 합종연형(合從連衡)의 필요성을 논하고 있을 뿐이지만, 『조야신문』의 기자는 이것에 동종론을 가미하여 일본과 지나의 제휴를 주장하는 사설, '인방가상원론'(隣邦可相援論)을 썼다. 이 논설은 『순환일보』의 논설을 칭찬하면서, 동아시아의 현상은 정반대라고 지탄하고 있다. 영국과 러시

---

50) 「隣邦可相援論」 수록, 『朝野新聞』, 메이지 12년 1월 23일자. 이하, 한자 신문의 인용에서는 원문 한자를 일본 식으로 읽으려 한다. 원문과 현대어 번역의 병기가 바람직하지만, 필자에게는 그만한 능력이 없다. 당시 메이지 시대 사람들도 같은 식으로 읽었다고 생각되기 때문에 양해를 바라고 싶다.

아의 '아시아' 침략의 각축 속에서 '아시아 동부'의 삼국이 '협동일치'하기는커녕, "이웃 간에 오히려 적대시하여, 같은 인종이 서로 시의(猜疑)한다."라고 지적하고, "일본과 지나로 하여금 항상 순치보거(脣齒輔車)의 형세를 이루게 하는 것"이 급선무라고 논한 것이다. 같은 견해는 1월 31일의 「문청민분항강노유감」(聞淸民奮抗强魯有感)이라는 아사노 겐(淺野乾)의 논설에서 보다 강력히 주장되었다. 이리 분쟁 문제를 둘러싼 청국정부의 대러시아 강경 외교에 관해서, "우리는 실로 우리의 인방(隣邦) 동종의 인민이 자치 독립의 정신을 떨쳐, 리의(理義)를 위해 매우 강폭한 호랑이나 이리일지라도 그를 피하지 않으려는 지기(志氣)를 감탄(感歎)해 마지않는다."라고 노골적으로 칭찬하며, "오늘에 이르러 러시아의 위병(魯衛)의 위치에 있는 자가 어찌 하루라도 베개를 높이고 편안히 누울 수 있겠는가. 분발하고 힘써 자치 독립의 정신을 발휘하고, 항상 근방(近邦) 이웃의 약소한 혹은 미개의 국민을 원조하고 장려하여 함께 힘과 마음을 합하여 저 한없이 탐욕스러운 강적을 막아내지 않으면 안 된다."라고 소리 높여 주창한 것이다. 여기서는 일본을 비롯한 '동종' 각국 국민의 자조 노력이 강조되는 한편, 개화를 향해 한 걸음 앞서가고 있는 일본인이 뒤처진 근린 국민에 대하여 적극적으로 원조의 손을 내밀어야 한다고 주장한 것이다.

1879년에 이러한 일지제휴론(日支提携論)이 대두된 배경에는 청국과 일본의 항상적 외교관계의 개시가 있었던 것으로 생각된다. 즉 청국은 1877년에 도쿄에 공사관을 개설하였고, 12월에는 초대 공사 하여장(何如璋)이 부임했다.[51] 그리고 다음 해인 1878년 봄에 화북(樺北)지방에서 기근이 발생하자, 시부사와 에이치(澁澤榮一)등의 실업가들의 주창에 따라 일본의 민간인을 대상으로 의연금을 모금했고, 서남전쟁 직후의 피폐에도 불구하고 3만 엔의 구원금을 청국으로 보냈다.[52] 양국은 일찍이 1874년에 타이완 출병을 둘러싸고 일촉즉발의 위기를 경험했었지만, 도쿄에 청국공사관이 설치된 당초에는 쌍

51) 張偉雄, 『文人外交官の明治日本』(柏書房, 1999).

52) 『朝野新聞』, 1878년 3월 5일-9월 24일. 참조, 1879년 1월 4일의 연두논설에서는 이 의의를 특필하고 있다.

방 모두 우호관계 수립에 신경썼던 것으로 보인다. 앞의 『순환일보』 논설은 이러한 측면에서 보면 흥미로운 점이 있다. 당시 일본과 조선 사이에는 조선 정부가 수출입의 세액을 정한 바, 부산 주재 일본 상인이 너무 고액이라고 하여 폭력적인 집단 항의에 나섰기 때문에 상당한 긴장 상태가 발생하고 있었다.[53] 『순환일보』는 재도쿄 공사관의 의향을 대변하여, 일본과 조선 간의 대립을 조정하려는 의지를 표명한 것으로도 읽을 수 있는 것이다.

그렇지만 그 직후 일본이 단행한 류큐 병합은 청국 측으로 하여금 현저한 악감정을 낳게 하였고, 양국관계는 단숨에 냉각됐다. 일본 국내에서는 정부도, 신문의 다수파도 병합을 국내 조치로서 옹호했지만 청국의 관민(官民)은 이에 격렬히 반발하여, 양국의 일부에서는 전쟁이 있을 것이라는 소문마저 나돌게 됐던 것이다. 그 때 일본 측에서는 이 중일 대립을 어떻게든 완화시키기 위해서, 동문동종론(同文同種論)에 근거한 일지제휴론(日支提携論)을 한층 더 강력히 주장하는 사람이 나타났다. 그 결과가 1880(메이지 13)년 3월의 '흥아회'(興亞會)의 설립이다. 그러나 중일 대립의 영향은 아시아주의 단체의 설립으로 끝나는 것이 아니었다. 정부 차원에서도 긴장 완화의 노력이 이루어져, 아시아에서 처음으로 한·중·일 삼국의 정책 협조가 성립됐다. 조선의 개혁을 종주국인 청국이 촉구한다는 아이디어가 나와, 조선 정부가 받아들이게 된 것이었다.

3) '흥아' 이데올로기와 삼국 협조정책의 동시 생성 : 중일 대립의 계곡으로부터

1879(메이지 12)년 4월 4일 일본정부는 류큐번을 폐하고 오키나와현을 설치했다.[54] 주지하는 바와 같이 류큐는 15세기에 대명으로부터 책봉을 받은 때부터 정비된 왕국을 형성하여, 그 후 17세기 초두에 사쓰마(薩摩)에 의해 정복된 이래 중일 양국에 속하는 관계에 있었다. 메이지 정부는 1872년에 류

53) 『朝野新聞』, 1878년 10월 30일, 11월 21일, 1879년 7월 17일자.
54) 安岡昭男, 『幕末維新の領土と外交』(清文堂, 2002).

큐 국왕을 번왕으로 책봉하여, 종전의 사쓰마와의 관계를 일본정부와의 관계로 대체하는 동시에 지배를 강화하려고 했다. 막부 말기에 맺어진 미국·프랑스·네덜란드와 류큐와의 조약을 일본과의 조약으로 변경하기로 하는 방침을 내세워, 열국의 승인을 얻은 것도 지배강화책의 하나이다. 1874년에는 류큐민 보호를 구실로 타이완에 출병했는데, 그때 대청으로부터 '의거'라는 언질을 얻은 것을 이용하여, 다음 해에는 대청에 대한 류큐의 조공을 금하고 장차 내국화시킬 방침을 확정했다. 류큐 왕부(王府)는 이에 강한 불만을 품고, 그 관리가 도쿄(東京)의 정부·대사관이나 대청(大淸)에 탄원운동을 반복했다. 이러한 움직임에 대하여 대청은 번속국을 상실하게 될까 염려하면서 당장은 조용히 관찰을 계속했지만, 1878(메이지 11)년 10월 전권공사 하여장(何如璋)이 도쿄에 부임한 후 1년 가까이 지났을 때, 일본정부에 대하여 강경히 항의했다.[55] 그러나 일본정부는 이것을 내정에 대한 부당한 개입이라 보고, 다음 해 류큐 왕국의 역사에 종지부를 찍은 것이다.

이 류큐 처분에 대한 대청의 반대는 청일수호조규(淸日修好條規, 1871년)를 전통적인 중화질서 관념에 의해서 해석하는 것에 근거를 두고 있었다. 그 제1조에는 "이후 대일본국과 대청국은 점차 화의(和誼)를 돈독히 하여 천지와 더불어 무궁할 지어다. 또한 양국에 속한 봉토도 각각 예(禮)로써 서로 대하여, 조금이라도 침월(侵越)하는 바 없이 영구히 안전을 얻게 해야 한다."라고 되어 있다.[56] 일본 측은 서양의 국제법을 준거로 하면서, 류큐를 근세 이래 사실상 지배하고 있었다는 사실에 따라서 국내의 배타적 영토로 간주했지만, 대청 측은 "예로써 서로 대한"다고 한 것처럼 자신의 '봉토'로서 예부(禮部)가 담당하는 류큐·조선·베트남 등의 번속국을 포함해서 생각하고 있었던 것이다.[57] 그 항의의 말을 보면, 중국은 번속국을 하나의 나라로 간주하여, 그 작

55) 외교상의 경위에 관해서는, 신문에서는 청일 양국의 조정을 담당했던 전 미국대통령 그랜트(Ulysses Simpson Grant)의 측근 기록이 *The New York Herald*에 게재된 것이 일본 각 신문에 번역전재되어, 자세한 내용이 공표됐다. 단지, 양국정부가 일단은 합의했던 류큐의 분할과 사키시마(先島)에의 류큐왕국 재흥안은 비밀에 부쳐진 채였다. 『郵便報知新聞』, 1879년 10월 14일-10월 27일자.

56) 外務省藏版, 『大日本外交文書』 제4권, 1938, 204쪽.

은 나라에 자애를 베푸는 일은 있어도, 내정에 개입하는 일은 없다. 일본은 이러한 '봉토'가 그 종주국을 따르는 조공을 금했을 뿐만 아니라, 제도의 개폐(改廢)까지 꾀하고 있다. "지금 류큐에 모만능욕(侮謾陵辱)을 가하고, 멋대로 옛 법제를 변경하면 각하(閣下)는 청국에 무슨 면목이 서겠는가. …… 지금 각국이 서로 화친하여 예양을 중요시하는 때에 조약의 의무를 이행하지 않고, 이치에 어긋나게 소국을 업신여긴다면, 이것을 인정에 비추고, 이것을 만국공법에 물어도 어느 누가 가볍게 간과하겠는가."[58] 이러한 분개는 류큐 폐번 이후 한층 더 격화되어, 도쿄공사관뿐만 아니라 공친왕(恭親王)을 비롯한 북경 중추부도 일본에 대하여 강한 항의를 되풀이했다. 청국개항지의 한자신문도 마찬가지여서, 『조야신문』 6월 22일자에 의하면 샹하이·홍콩 신문에는 일본이 근린 전체에의 침략정책을 채택하여, 끝내는 청국과의 전쟁까지 꾀하고 있다고 보고, 정부를 부추겨 강경책을 요구하는 것까지 있었던 듯하다.

> 우리나라가 류큐번을 폐하고 조선과 교제를 맺음으로써 그 강토를 침탈하여 그들의 부용(附庸)을 바란다고 하거나, 우리 제국이 강한 러시아처럼 지나에 군침을 흘린다고 상상하거나, 심한 경우에는 류큐 처분에 대해 음으로 지나에 도전하여, 병단을 여는 구실을 구한다고 단언하여, 그 정부를 위해서 일본을 예방하는 계략을 획책하는 것마저 나오게 됐다.

이에 대하여 『조야신문』은 류큐 처분은 어디까지나 국내 조치라고 한 뒤에, 일본은 청국령을 침범하거나 전쟁을 통해 해결할 의지가 없음을 제시하고, 일본과 지나는 '동문동종'이며, '순치보거'(脣齒輔車)의 관계에 입각해야 함을 보다 강력히 호소하기 시작했다. 8월 1일에는 일본정부 내에 청국의 항의를 거부하고 먼저 전쟁을 시작해야 한다는 강경론과 어디까지나 온화하게 응대하여 일본 측으로부터의 개전은 피해야 한다는 신중론의 두 파가 있는데, 그 중 후자를 선택해야 한다고 주장하고, 나아가 같은 달 7일에는 중일 간 전

57) 原田環, 『朝鮮の開國と近代化』(溪水社, 1997), 제2장.
58) 『郵便報知新聞』, 1879년 10월 16일자.

쟁은 증오의 악순환을 낳아 장래에 큰 폐해를 가져온다고 말하며 정부에 신중한 대처를 요구하고 있다.

> 양국 사이에 한 번 불화가 생기면 승패가 귀착하는 점이 어느 곳이 되든, 그 때문에 점점 시의(猜疑)·기질(忌嫉)하는 염려(念慮)가 증가되거늘, 어느 때를 기다려 서로 교제를 돈독히 하고, 서로 신의를 맺어, 보거(輔車)가 되고, 순치가 되어, 동양의 정략을 정립할 수 있겠는가. 그리고 민정(民情)이 서로 통하지 않는 이상은, 전도에 중대한 목적을 가진 양국의 무역도 역시 하루 아침에 창성(昌盛)에 이르기를 바랄 수 없게 된다. 전함·탄환의 힘을 빌어 일시의 공명을 취하더라도, 백년의 대계를 잘못하면 어찌한단 말인가. …… 육투(陸鬪)·해전에서 우리에게 전승의 전망이 서고, 추호도 내국에 손해를 입히지 않을 것을 보증할 수 있다고 해도, 이를 뒤에 올 이익과 비교하여 계산한다면, 어찌 오늘에 병(兵)이란 한 글자를 양국 사이에 말할 수 있겠는가.

이러한 주장은 아시아주의적인 '백년의 대계'에 의해 뒷받침되고 있었다. 반복을 꺼리지 않고 인용해 보자.59)

> 우리나라와 지나는 이웃나라이다. 동문(同文)의 나라이다. 그 인종이 같고, 그 풍습을 함께 하여 서로 보거가 되고 순치가 되어 이해가 일치하고 희비를 더불어 하는 국세(國勢)·국상(國狀)이다. 그러므로 동양의 정략을 논하는 사람은 말한다. 일본과 지나 양국은 교제를 돈독히 하여 신의를 맺어 협력 일치하고 동양 각국의 권형(權衡)을 유지하여, 구미의 인민으로 하여금 아시아의 동방에서 마음대로 날뛰지 못하게 해야 한다고.

이렇게 구미를 주요 적으로 보는 장기 전망은 1년쯤 전부터 급속히 늘어났지만, 류큐 처분을 계기로 더욱 강조된 것이다. 이에 대하여 청국측은 약간 다른 각도에서 대응했다. 청국 관민이 류큐 처분에 대해 격분한 하나의 이유는 야쿱 벡이 주도한 동터키스탄의 독립운동을 괴멸시켜, 신장(新疆) 회복의 전망을 얻은 직후에, 다른 방면에서 '봉토'를 잃었다는 사실 때문이었던 것 같다. 그러나 그것은 다른 면에서 이리 지방의 회복을 위해 러시아와의 교섭에

---

59) 『朝野新聞』, 1879년 8월 1일자.

전력을 쏟지 않으면 안 되는 상황도 만들어내고 있었다. 주지하는 바와 같이, 청국정부 내에는 동터키스탄을 중요시하는 새방파(塞防派)와 동해를 중시하는 해방파(海防派)가 있었다.[60] 리훙장(李鴻章) 등 해방파는 서양이나 일본의 위험성을 주장하고 해방(海防)을 위한 재정 투입을 요구하여, 군함구입이나 병사훈련을 시작하고 있었지만, 청국 정부로서는 이미 착수하여 성공을 거두고 있던 신장 회복 쪽이 우선 과제였음은 의심할 여지가 없다. 따라서 청국정부는 류큐 문제에 관해서 일본의 잘못을 계속 알리는 한편, 그 해결을 마침 그때 방문 중이었던 미국 전 대통령 그랜트(Grant)의 조정에 전부 맡기기로 했던 것이다. 그랜트가 다음 방문지인 일본에서 정부 수뇌와 회담을 거듭하여, 류큐를 삼분할해, 사키시마(先島)에 쭈잔왕부(中山王府)를 재흥시키는 조정안을 내세워, 일단 청일 쌍방이 납득한 것은 잘 알려져 있는 대로이다.

류큐 문제가 그랜트의 중재에 맡겨져 있었을 때, 청국에서는 러시아를 주적으로 하여, 중일 연합을 주창하는 주장이 다시 나타났다. 11월 5일의 『조야신문』은 『순환일보』의 다음과 같은 기사를 전재하고 있다. 「일본은 중국과 함께 연락하여, 아주(亞洲)의 대국(大局)을 보존해야 함을 논함」이 그 표제이다.

> 옛날의 이를테면 지용(智勇)을 갖춘 군주는 반드시 심모원려(深謀遠慮)하는 마음이 있어, 우방(友邦)과 화목한 우의를 돈독히 하고, 뿔을 세운 소의 형세로 강한 인국(隣國)의 침략을 막는다. 참으로 대국(大局)을 고려(顧慮)하는 사람은 작은 꺼림(小嫌)에 구애되지 않고 …… 저 아시아 각국 중에 중원이 크고 일본이 그 다음으로 크다. 조선은 한구석을 스스로 지킬 뿐이다. …… 러시아와 서로 대항하고자 하면 중화가 아니면 일본이고, 일본이 아니면 중화이다. 그러므로 일본이 중화와 갈라서면 러시아인이 두려워하지 않고, 일본과 중화가 합하면 러시아가 계책을 행하기가 어렵다. 저 러시아의 경우 …… 그 군주는 큰 것을 좋아하고, 공적(功績)을 기뻐하여, 원략(遠略)에 힘쓰며, 그 신하는 공을 세우기를 서둘러, 이(利)를 꾀하고, 오로지 전쟁을 숭상한다. 그 마음을 미루어 보면, 장차 아구(亞歐) 이주(二洲)의 땅을 모두 휩쓸어 버리지 않고서는 그치지 않으려 한다. …… 어찌 일본인이, 그 술책에 빠져 이(利)만 생각하고 지(智)가

60) 坂野正高, 『近代中國政治外交史』(東京大學出版會, 1973); 濱田正美, 「中央アジアと清王朝」, 小松久男, 「ロシアと中央アジア」, 間野英二 編, 『アジアの歷史と文化 8: 中央アジア』(同朋舍·角川書店, 1999); 佐々木揚, 『淸末中國における日本觀と西洋觀』(東京大學出版會, 2000), 제1장.

어두워짐을 깨닫지 못하겠는가. 금자(今慈, 올해를 뜻함) 일본이 류큐에 행한 것을 구실로 삼아 러시아가 도리어 일본에 그와 똑같은 행동을 행할 뿐이다. 진실로 생각이 여기에 이르면 외변(外變)을 멀리하려 하고 반드시 내화(內和)를 우선으로 하려 할 것이다. 따라서 중국과 우호를 맺어 순치와 같이 의존해, 조선을 어루만져 편하게 하여, 병번(屛藩)과 같이 지킨다면, 저 러시아가 교활하다고 해도 결단코 중화와 일본의 친교를 끊을 수 없고, 러시아가 강하다고 해도 역시 중화와 일본의 군대를 당할 수 없을 것이다. ……

여기서는 공통의 적으로서 러시아의 위협을 지적하고, 일본이 타이완 출병을 비롯하여 류큐 처분에서도 보였던 것 같은 무단적인 강경정책을 계속하면, 러시아도 같은 방식을 일본에 적용할 것이라고 경고하고 있다. 구체적인 제언이 빠진 것을 보면, 일본 국내의 주전론을 완화시키는 것이 목적이었던 것으로 보인다. 또한, 류큐에 관해서 일본 측을 비판하는 점에 변함은 없지만, 그것보다도 조선으로 주의를 옮기고 있는 것이 흥미롭다. 관심의 이동이 일어나기 시작하고 있는 것 같다.[61)]

한편 중국 일부에서는 서양식의 군비확장론도 제창되었던 것 같다. 9월 4일의 『조야신문』에 따르면, 일본에 주재하던 청국인으로부터 요코하마의 『재팬 가젯트』(Japan gadget)에 투서가 있었다. 일본의 호전성을 지적하며, 청일간은 조만간 전쟁을 면하지 못한다고 하고, 그에 대비하기 위해서 갑철함 12척, 육군 20만의 육해군을 만들자고 제언한 것이다. 육군은 독일인, 해군은 영국인을 고용하지만, 중국인 장교를 양성하기 위해서 적어도 200명의 학생을 유럽에 보낸다. 그 전 단계인 군사학교의 조직은 영국식으로 하지만, 언어는 중국어를 쓰는 것이 좋고, 교사와 교과서 번역을 위해 중국어를 할 수 있는 외국인을 고용하도록 제안하고 있다. 그 비용은 정제 아편 및 담배, 주류에 간접세를 부과하여 충당한다는 구상이었다. 『조야신문』은 이 투서가 청국인이 아

61) 『循環日報』의 주필이던 왕도(王韜)는 이 해 봄 일본을 방문하고 있다. 나미키 요리히사(並木頼寿)의 가르침에 의하면, 그는 5월 1일에 나가사키에 도착하여, 8월 29일에 상하이를 향해 나가사키를 출발하고 있다(『扶桑遊記』). 마침 류큐 병합 직후이므로, 그가 도쿄에서 주일공사관의 멤버나 일본지식인들과 무슨 이야기를 했는지 알고 싶은 부분이다. 이 논설은 혹은 하여장 등의 의향을 대변하는 것은 아니었을까.

닌, 요코하마의 구미 무기상인이나 청국정부에 고용되기를 희망하는 구미인의 것이라 의심하고 있지만, 청국 내부 특히 해방론자들 사이에서 같은 내용이 구상되고 있었던 것은 사실이며, 얼마 후 이것이 앞의 일지제휴론(日支提携論)의 한 부분과 합류하게 된다.

한편, 일본 측에서는 류큐 문제의 수습 과정에서 그때까지보다 한 걸음 더 나아간 '아시아' 제휴의 주장, 그를 위한 운동단체와 어학교의 조직이 추진됐다. 1880(메이지13)년 3월 9일 흥아회의 창립이다.[62] 그 설립운동의 중심에 있었던 소네 도시토라(曾根俊虎)는 청일수호조규(淸日修好條規)의 비준서 교환사절의 수행원으로서 청국에 간 이후, 중국과 깊은 관계를 갖게 됐다. 타이완 출병에 즈음하여 해군으로서 강남(江南)지방에서 정보수집을 맡았으나 그 과정에서 중일 간의 친화의 필요성을 통감하기에 이르렀다고 한다. 1877년 청국에서 귀국 후, 동지들을 꾀하여 진아사(振亞社)라는 단체를 결성했지만, 그 후 소멸된 것 같다. 다른 한편 정부 수뇌 중에도 오쿠보 도시미쓰(大久保利通)를 비롯하여, 타이완 출병 후의 청일위기 경험을 되돌아보며 청일 제휴의 필요성을 통감한 사람이 있었고, 하여장(何如璋) 부임 후 쌍방 사이에서 도쿄에 어학교를 열어, 중일 양국의 학생에게 서로의 언어를 배우게 할 계획이 세워졌다고 한다. 오쿠보의 죽음으로 이것은 중단됐지만, 류큐 처분 후에 생긴 두 번째의 중일 위기를 기회로 이것이 다시 기도된 것이다. 소네가 기초한 「흥아회설립서언」(興亞會設立緖言)은 다음과 같이 말하고 있다.[63]

> 가만히 생각해보니, 지금 아시아 전 주(全洲)의 대세, 국가간은 서로 의지하지 않고, 사람들은 서로 돕지 않아, 위축되고 박정(薄情)하며, 구차하게 스스로 안주하고 있다. 이 때 전 주의 지사로서 누가 분개하지 않겠는가. 저 구미 제주(諸洲)가 융성한 것은 그들이 서로 간에 언어가 상통하고, 사정(事情)에 익숙하여, 완급에 따라 서로 유지해야 하기 때문이다. 아아, 우리 아시아 전 주 제국(諸國)이 그렇게 한다면 쇠퇴에서 떨치고 일어나 구미 제주만큼 융성하게 되기가 어찌 어렵겠는가.
>
> 아시아 각국 중에 기강을 세워 독립을 유지하는 나라는 단지 본방과 지나이다. 조선·

62) 並木頼寿, 「明治初期の興亞論と曾根俊虎について」, 『中國硏究月報』 47권 6호, 1993.
63) 『朝野新聞』, 1980년 3월 11일자.

베트남·샴(타이)등은 명목상으로는 독립해 있지만, 비교해 보면 회나라(檜: 춘추시대의 국명)보다도 못하다. 그리고 버어마(미얀마)·천축 등은 직접 구주 각국의 제어(制馭)를 받고 있다. 어찌 통탄하지 않을 수 있겠는가. 이것이 흥아회를 신속히 설립하지 않으면 안 되는 까닭이다.

대체로 우리나라가 지나·조선과 친교를 맺는 것은 또한 이미 오래됐다. 그리고 베트남·샴·챰파·루손(呂宋) 각국은 또한 구교(舊交)이다. 그 통신·무역의 제무(諸務)상 관계가 중대한 것은 원래 구미 제방과 비교가 될 바가 아니다. 그러나 지나·조선 양국과 교제는 그 정세가 지금에 이르러 아직 분명하지 못하다. 하물며 그 외의 나라에 있어서야.

오늘의 급무는 아주 제방(亞洲諸邦)의 사(士)와 연대하고, 협합(協合)·공모(共謀)하여 정도(正道)를 일으키는 것에 있다. 그리하여 쇠퇴를 구하기 위해서는 우선 그 정세를 알지 않으면 안 되고, 그 정세를 알기 원한다면 먼저 그 언어에 통하지 않으면 안 된다. 본방에 구미 제방의 말을 잘 하는 사람은 있다. 그러나 지나·조선 및 아시아 각국의 말을 잘 하는 사람은 매우 적다. 왜인가. 교사(校舍)의 설립이 아직 완비되지 않았기 때문이다. 어찌 유감스럽지 않겠는가.

지금 특히 한 학교를 도쿄에 창립해, 유지를 소집하여, 지나 어학을 가르치고, 또한 공보국을 도쿄에 마련하여, 더불어 통신원을 아시아 추요의 지역에 두어, 자세하게 해당 주(洲)의 관계 요무 및 회중(會中)의 정황을 그 공보에 실어 회사(會士)에게 알리려고 한다. 장차 또 다시 한 학교를 청국의 상하이 및 조선의 부산 등에 마련하여 널리 삼국의 사(士)를 모아, 언어를 전하고, 정세를 통하게 하여, 크게 강구(講求)하는 바가 있을 것이다. 그런 후에 점차 여러 나라에도 미치게 될 것이다.

지사(志士)는 원대한 생각을 가지고 가깝고 작은 일을 버리는 것을 한시라도 아쉬워하지 않고, 순수하게 기꺼이 달려와 본회에 동맹하고, 그 사업에 찬성하여, 아직 제대로 못한 것을 바르게 한다면, 아시아 전주의 대세가 머지 않아 진흥할 것이다.

이 설립 취지서는 중일관계를 기축으로 하여 아시아 전체의 진흥을 꾀하려는 전망하에, 그 구체적 방책으로서 어학교와 통신기관의 설립을 제안하고 있다. 그 때까지의 아시아연대론이 국가간의 외교정략이나 이데올로기 레벨에 멈춰있었던 것에 비하여, 관민을 막론하고 종래에는 서로 먼 거리에 있었던 한·중·일 삼국민들 사이에 직접적인 대화의 길을 열어, 그것을 다른 관계의 기초로 하려고 한 점에서 획기적인 것이라고 말할 수 있다. 흥아회는 그 후 한문을 주로 하는 『흥아회보고』(興亞會報告)를 출판하여 회원에게 배포했고, 그것은 아시아협회로 개칭한 후에도 계속됐다.

이 일본 측에서 일어난 아시아주의운동에 대하여 중국 측은 처음에는 소극적이었다. 소네는 흥아회 창립 직후 청국공사관을 방문하여 하여장에게 회원이 될 것을 권유했지만, 그는 소극적인 태도를 보였다.[64] 그것은 물론 류큐문제로 쟁의 중이었기 때문일 것이다. 일본측은 류큐 문제에 대한 중국측의 원칙에 이해를 표명하지 않고, 그 대신에 제휴론을 제의한 것이다. 당황하는 것이 당연하지 않았을까? 또한 흥아회 간부 중에는 소네를 비롯하여 중국에서 첩보활동을 했던 경험이 있는 사람이 적지 않았다. 이 점도 일본 측의 의도를 경계하는 또 하나의 원인이 되었던 것 같다.

그렇지만 하여장을 비롯한 청국공사관 멤버들은 결국 흥아회에 입회함과 동시에 이러한 일본 측의 새로운 움직임을 파악하면서, 당면의 과제를 조선을 번속국으로서 확보할 것으로 전환시키고 류큐문제를 뒷전으로 미루었다. 이 결단은 단기적인 미봉책이 아니라, 오히려 동아시아 최초의 지역외교구상이라고도 할 수 있는 획기적인 정책이었다고 보아야 할 것이다. 이 정책은 하여장의 명령으로 공사관 참찬(參贊)인 황준헌(黃遵憲)이 저작하여, 그 해 여름 방일한 두 번째 조선수신사 김홍집(金弘集)에게 증정한 『조선책략』(朝鮮策略)으로 완성됐다.[65]

『조선책략』은 조선 정부에 대한 권고로 쓰여진 것으로, 러시아를 동아시아 삼국 공통의 위협으로 설정한 다음, 그것을 막기 위해서 조선의 외교노선을 '친(親)중국·결(結)일본·연(連)미국'으로 바꾸고 '조선자강'(朝鮮自强)을 위해 조약통상과 부국강병책을 채용하도록 권한 것이다. 조선 내부에서는 조일수호조규(朝日修好條規)를 맺은 후에도 쇄국수구론(鎖國守舊論)이 뿌리깊게 남아 있었지만, 그것을 근본적으로 전환하도록 충고한 것이다. 그 중 '친중국'은 종래의 종속관계를 심화하자는 주장이므로, 중국으로서는 지극히 당연한 제안이지만, '결일본'과 '연미국'에 대해서는 설명을 필요로 할 것이다. 중국은 일본과 류큐문제로 격돌 직전이었기 때문에 그다지 일본의 편을 들 필요가

64) 並木頼寿, 앞의 논문.

65) 平野健一郎, 「黃遵憲'朝鮮策略'異本校合: 近代初頭アジア國際政治における三つの文化の交錯について」, 日本國際政治學會, 『國際政治』, 129호, 2002.

없었다. 또한 조선에게 있어서 미국은 8년 전에 강화도 부근을 습격한 나라이기에 그와 제휴하는 것은 부자연스러웠다. 그럼에도 불구하고 하여장과 황준헌은 '결일본'과 '연미국'을 주장한 것이었다.

이것은 때마침 류큐문제에 관한 미국 전 대통령 그랜트의 조정이 진행 중이었으므로, 이것에 국면을 타개할 가능성이 있음을 파악했었기 때문이 아닐까. 당시의 중일관계는 상당히 험악했었지만 양쪽 모두 전쟁을 일으킬 수 없는 사정이 있었다. 중국은 러시아와 이리지방 문제로 교섭이 진행 중이었던 상황이었다. 갓 되찾은 동터키스탄을 확보하는 것이 일본과 류큐문제로 싸우는 것보다 훨씬 더 중요했었던 것이다. 그리고 일본 측은 서남내란 후 2년밖에 지나지 않아, 그로 인한 피폐 때문에 국내에서는 전쟁을 싫어하는 목소리가 가득 차 있었다. 양쪽 다 꼼짝달싹 못할 지경이었던 것이다. 청국의 재도쿄 공사관은 이 어쩔 수 없는 상황에 착목하고, 류큐문제로부터 조공체계가 장기적으로 위기를 겪을 것임을 알아차려, 가장 밀접한 번속국이었던 조선의 확보를 주요한 과제로 전환시킨 것이 아닐까 생각된다.

한편 『조선책략』이 드러낸 '친중국·결일본·연미국'이라는 지역구상은, 당시의 일본정부로서도 동의가 가능한 것이었다. 중국의 지도하에 조선이 개국하여 근대화정책을 개시하는 것, 그것은 사실 일본정부가 2년 전에 하여장에게 시사했던 정책이었다.

1878(메이지 11)년 4월 30일에 외무성을 방문한 하여장에게 외무경 데라시마 무네노리(寺島宗則)는 다음과 같이 발언했다.[66]

> 러시아가 최근에 두만강에 둔병(屯兵)을 두고 개간(開墾)하며 날로 남하하여, 이에 귀속하는 조선 유민이 약 2~3만 명에 이른다. 그들이 생각하는 바를 헤아릴 수 없다. 우리는 조선과 통상을 체결하고 또한 그것을 빌어 스스로를 보존하는 계책으로 삼으려 한다. 달리 의도하는 바가 있는 것이 아니다. 중국은 마땅히 사신을 파견하여 조선에 주재시켜 조선을 염려하고 곧바로 대응하려고 하는 것을 보면 번속국을 보호하려는

66) 中央研究院近代史研究所, 『清李中日韓關係史料』, 台北, 中華民國 61년, 404쪽. 이 사료집은 연대를 1880년으로 하나, 당시의 일본외무경은 이노우에 가오루이기 때문에 잘못되었다. 사료에서 천성함을 조선에 파견한 것에 대한 언급이 있기 때문에 1878년이라 생각된다.

의도라고 생각되어 진다. 게다가 때에 따라 병선을 보내 유순(遊巡)시켜 물길(水道)을 익히게 하면 만일의 사태에 준비가 될 것이다. 그렇지 않으면 조선을 잃게 되고 아주의 대국(大局)에 심대한 우려가 될 것이다.

데라시마 외무경은 일본이 조선에 야심을 갖고 있지 않다고 밝힌 뒤에, 러시아가 한반도를 엿보는 것은 자국의 안전상 소홀할 수 없다고 말하고, 조선 방어를 청국의 주도하에 실현했으면 어떨까라고 시사했던 것이다. 이것은 일본정부가 나중과는 달리 조선의 청국으로부터의 '독립'을 요구하지 않고, 거꾸로 청국의 조선에 대한 종주권을 명확히 승인하며, 나아가 내정개혁에의 개입까지 인정하고 있었다는 것을 나타낸다. 그렇기 때문에 하여장의 대답은 긍정적인 것이었다. '생각하니 귀하의 생각이 지극히 타당하다. 우리 정부도 또한 이것에 대한 계획을 세워야 한다.'[67] 『조선책략』이 저술되었을 때 외무경은 이노우에 가오루(井上馨)로 바뀌어 있었지만, 이노우에는 류큐문제에 대해서 데라시마보다 더 타협적이었다.[68] 일본정부는 청국공사관의 이러한 움직임을 알지 못하고 있다가 나중에 조선에 주재하고 있던 일본 외교관들이 사본을 몇 종류 입수한 후 처음으로 『조선책략』의 존재를 알았다. 하지만 항의는 물론이며 부정적인 발언을 행한 흔적도 없다. 예전에 일본이 종용한 것처럼 중국 주도의 조선개혁·개국은 여전히 지지할 만한 것이었다고 생각된다. 종주국 대청의 영도하에 이루어진 세계로의 개국이란 정책은 고종이 친림하는 조선 정부에게도 받아들이기 쉬운 것이었다. 조선 정부는 2년 후인 1882(메이지 15)년에 조미수호통상조약(朝米修好通商條約)을 맺어, 그것을 실행에 옮긴다.

이상과 같이 1877년경 러터전쟁과 아프간전쟁, 그리고 동터키스탄 문제에 관한 뉴스를 접한 뒤, 일본 내부에서 생긴 '아시아'의 정치적 상호의존성이

67) 하여장은 영국공사 팍스(Parkes, Sir Harry S.)로부터도 러시아에 의한 조선의 병합을 막기 위해, 서양각국과의 통상조약을 체결할 것을 권유받고, '고려의 우환은 일본에 있는 것이 아니라 러시아에 있다'고 기록하고 있다. 平野健一郎, 주65) 논문과 같음.

68) 이노우에 가오루가 1879년 9월 10일에 데라시마와 교체된 것은 류큐문제를 둘러 싼 데라시마와 하여장의 대립을 완화시키고 때마침 미국의 전 대통령 그랜트의 중개로 진행되고 있었던 류큐분도에 의한 중일타협을 쉽게 하기 위한 조치였던 게 아닐까라고 생각된다. 『世外井上公傳』 제3권(內外書籍, 1934), 396쪽 이하. 外務省 編, 『日本外交文書』 제13권, 쇼와 25년, 369-399쪽.

란 인식은, 류큐 처분을 둘러싼 청일 충돌 위기를 계기로 중일관계를 중심으로 한 '아시아' 진흥이란 주장으로 고양됐고, 1880년에는 흥아회라는 운동단체를 만들어냈다. 그 과정에서는 정부와 저널리즘이라는 두 차원에서 중일 간에 강한 상호작용이 생겼고, 1880년대 초기에는 러시아를 공통의 가상적(假想敵)으로 하여, 조선의 개혁을 대청이 지도한다고 하는 정책이 한·중·일 삼국간에 공유되었다. 이데올로기 차원과 외교정책의 두 차원에서 동아시아에 최초로 정합적인 지역적 틀이 설정된 것이다.

그렇지만 이 틀은 결코 안정적인 것은 아니었다. 개국정책을 취하기 시작한 조선에서 보수파에 의한 임오군란이 일어난 것을 계기로 조선 내정과 청일 양국과의 관계가 급격히 긴밀해진 것이 한 가지 이유이다.[69] 또 하나는 중일 간의 상호 불신이 점차 커진 점이다. 청국 측에서는 류큐 문제의 후유증 때문에 일본의 야심에 대한 우려가 계속됐고, 다른 한편으로는 일본의 서양화와 민권론의 발흥에 대해 현저한 혐오감을 표현하게 되었다. 흥아회 창립 후 소네는 입회를 권유하기 위해 홍콩으로 가 『순환일보』의 주필인 왕도(王韜)를 방문했는데, 왕도는 일단은 흥아의 취지에 찬동했지만, 그 기사에서는 일본의 민권론을 존황의 대의에 위배되는 풍속퇴폐(風俗頹廢)의 극으로서 지탄하고, 중국에 온 일본인 유학생이 참된 윤리를 배워 가서 일본을 정도(正道)로 돌이킬 수 있도록 기대하고 있다고 썼다.[70] 리홍장이나 하여장, 황준헌도 그 점에서는 같았고, 유교윤리를 신봉하는 관민의 지식인에게는 중국의 부강을 위해 서양의 산업이나 군사기술은 도입해야 하는 것이었지만 민권론은 배척하지 않으면 안 되는 것이었다.[71]

---

69) 原田, 앞의 책, 제10, 11장. 岡本隆司, 『属國と自主のあいだ—近代清韓関係と東アジアの命運』(名古屋大學出版會, 2004).

70) 並木, 앞의 논문, 15-16쪽.

71) 단 황준헌(黃遵憲)은 그 후 미국과 영국에 부임한 결과 일본이 제국의회를 열었던 무렵에는 일본의 개화를 높이 평가하는 쪽으로 변화했다. 1880년에 출판된 『일본잡사시』(日本雜事詩)를 개정한 정본(定本)의 서문(1890년)에는 그것이 적혀져 있다. 黃遵憲 著, 實藤惠秀 · 豊田穰 譯, 『日本雜事詩』(平凡社, 1968). 중국의 개화파 지식인들이 일본에 주목하여 '동문'(同文)이라 여기고 일본어로 된 서적을 대량으로 번역하게 되는 것은 청일전쟁 후의 일이다. 참조로 山室信一, 『思想課題としてのアジア』(岩波書店, 2001). 단, 필자는 '아시아'라고 하는 틀이 애초부터 존재했

이에 대하여 일본의 지식인들은 맹렬히 반발였다. 민권파의 경우는 특히 심했다. 예를 들어 스에히로 시게야스(末廣重恭)는 '흥아회에서 순환일보를 논박하는 연설'에서 아시아 각국이 유럽과 비교하여 위축되어 위세를 떨치지 못하는 것은 아시아 각국이 전제정체에 안주하고 있기 때문이며, "인민이 정치에 대한 사상을 갖고, 애국정신이 투철하고, 사회의 사물에 활발하고 용위(勇偉)해지지 않는 이상은 결코 그 국세를 일으켜, 아시아의 한 강국이 되기를 바랄 수는 없다."라고 단언하고 있다.[72] 극단적으로 청국은 이미 붕괴직전에 있기에 제휴 상대로 생각할 필요가 없다고 말하는 사람도 있었다. 흥아회 간사 중 한 명이며, 『조야신문』 사원인 구사마 도키요시(草間時福)가 그 예이다. 그는 "지나의 국세는 이미 약을 구할 수 없는 액운에 이르러, 토붕와해(土崩瓦解)하여 머지 않아 정부에 혁명의 변이 일어날 기세와 같다."라고 말하여, 태평천국과 같은 혁명이 5~7년 안에 일어난다 해도 이상할 것이 없다고 예상했다.[73] 이 때문에 그의 경우는 '동양연형'(東洋連衡)에서 일지제휴(日支提携)는 논외가 되고, 단지 일본만이 '동양연형'의 지도자, '동양의 맹주'로 간주되고, 다른 각국에는 고작 구원의 대상으로서의 위치가 부여되게 됐다.[74]

그러나 당시로서는 이것은 소수 의견이었다.[75] 여론의 다수 의견은 연합하여 구미와 겨루기 위해서는 중국과 조선도 일본처럼 '개화'하지 않으면 유효치 않다 하여, '아시아'를 '개화'로 유도하는 것이 일본의 사명이라고 주장하고 있었다. '개화'의 가망성이 있다면 아시아 연대는 가치가 있으니, 현지의 지식인들을 적극 원조하지 않으면 안된다는 것이었다. 주지하는 바와 같이, 사람에 따라서는 혹은 현지에 깊이 관여한 경우에는 현지인에 의한 개혁의 장래성이 희박해 보이면, 일본인이 현지인을 대신하여 개혁의 실마리를 제공해야 한다고 생각하여 개입하기에 이른 경우도 있었다. 거꾸로 현지의 개혁이 절망적

었다고 말하는 듯한 山室의 인식에는 동의할 수 없다.

72) 『朝野新聞』, 1880년 6월 15 · 17 · 18일자.

73) 草間時福, 「支那の國勢を論ず」, 『朝野新聞』, 1880년 1월 22일자.

74) 草間時福, 「東洋連衡論」, 『郵便報知新聞』, 1879년 11월 19일자.

75) 앞의 책 「對外觀」 참조.

이면, '아시아'라는 지역적인 틀을 버리고, 메이지 초기와 같이 일본 단독으로 개화의 길을 돌진해 나아가면 된다고 하는 논리도 세워진다. 후쿠자와 유키치의 조선 개혁에의 관여와 그 포기는 그와 같은 동요의 전형적인 예라고 보는 것이 좋을 것이다.[76]

V. 맺음말을 대신하여

후쿠자와 유키치가 1885(메이지 18)년 3월에 공표한 '탈아론'(脫亞論)은 오늘날 너무나 유명하다. 그 일본단독의 '개화'라는 주장이 흥아론의 출현 이전에는 흔했던 것임을 아는 우리들은 왜 이 논설이 현재 유명한 것인지 이해하기 어렵다. 필자에게는 오히려 '탈아론'이 나오기 십수 년 전, 유신 직후의 일본에 그 탈출 대상인 '아시아'라고 하는 지역적인 상상력이 존재하지 않았던 사실이 더 중요한 것으로 생각된다. '아시아'는 원래 서양의 지도나 지리서에 연유하는 공허한 지리 개념으로, 후쿠자와가 사용한 것과 같은 어떠한 공통성이나 정치연합이라는 지정학적 의미를 지니지 않았던 것이다.

본고는 이 '아시아'라고 하는 개념의 의미 변화를 줄곧 좇아 보았다. 그 발견을 요약하면 다음과 같다. 중화문명권에 서양지리학이 들어왔을 때, 현지인이 동서 '인도'가 아니고, 오대륙 중의 '아시아'라고 하는 개념을 지리 명칭으로서 고른 것, '서양'=유럽이라는 용법은 17세기부터 존재했지만, 그것과 쌍이 되어야 할 '동양'=아시아 혹은 오리엔트라는 용법은 그로부터 약 2백년 후인 19세기 초두가 되어서야 처음으로 등장한 것, 유신 전후의 일본에서 세계의 각국을 '독립'인가 아닌가, 또는 '개화'하고 있는가 아닌가라는 기준으로 분류하는 습관이 생겨, 일본을 '독립'과 '문명'의 나라로 바꾸려는 노력이 철저하게

---

76) 坂野潤治, 「『東洋盟主論』과 『脫亞入歐論』」, 佐藤誠三郎 · R. ディングマン 編, 『近代日本の對外態度』(東京大學出版會, 1974).

추구되기 시작한 것, 유신 후 10년 정도 지난 때쯤 주로 영·러의 각축과 그것의 중국과의 관계가 계기가 되어, '아시아' 각국의 정치적 의존관계가 강하게 의식되기 시작했고, 나아가 백인에 대한 대항이라는 인종주의적인 틀이 쓰이기 시작한 것, 1880년경 류큐 처분을 계기로 한 심각한 중일대립 이후, 일본에 흥아회라는 아시아주의 단체가 결성되어, 우선 근린의 한·중·일 사이에서 구체적 연대를 창출하려는 시도가 시작된 것, 그때는 일본과 중국의 저널리즘 사이에 상당한 상호작용이 발생했지만 쌍방의 인식틀이 상당히 어긋나고 있었던 것, 더욱이 이때 역사상 처음으로 한·중·일 3국 사이에 외교상의 공통정책 혹은 공유된 지역정책이 성립한 것. 총괄하여 말하면, 오늘날 우리들이 쓰고 있는 것과 같은 '아시아'라는 지역 개념은 19세기의 마지막 분기에 들어설 무렵의 일본에서, 서양이나 근린각국과의 관계가 긴밀해진 것을 계기로 급격하게 형성된 것이었다고 하는 것이 본 연구가 밝혀낸 지견(知見)이다.

일본 야당 정치가, 언론인의 한국관

'동화주의'와 관련하여

모리야마 시게노리

Ⅰ. 머리말

필자는 제1기 연구에서 메이지 정부를 구성한 일본 정치 지도자들의 한국관을 거의 청일전쟁까지의 시기에 관해서 검토했다. 또한 그 때 그들에게서 일정한 한국관이 공통적으로 나타났음을 지적하고, 그 한국관을 '한국객체관'이라고 명명했다. 나아가 이 '한국객체관'은 정치 지도자 차원뿐만 아니라, 여러 가지 경로를 거쳐 민중 차원에까지 도달했고, 더구나 재생산됐음도 고찰했다. 그리고 그 재생산의 메커니즘을 분석하기 위해서는 결국 일본의 정치구조를 검토하지 않을 수 없다고 전망했다.[1)]

그러면 이 '한국객체관'은 정부를 구성한 사람들뿐만 아니라, 야당 지도자, 언론인이라고 불리는 사람들(이하, 비구성원들이라 약칭한다) 사이에서도 볼 수 있는 것인가? 그들의 '한국객체관'의 내용은 정부 구성원들의 그것과 다른 것인가, 같은 것인가? 그리고 그들의 '한국객체관'은 어떠한 기능을 한 것인가?

그들과 정부 구성원들의 관계에 관해서 일반적으로 지적할 수 있는 것은,

---

1) 森山茂德,「明治期日本指導者の韓國認識」, 宮嶋博史·金容德 編,『日韓共同研究 叢書 2 : 近代交流史と相互認識 Ⅰ』(慶應義塾大學出版會, 2001).

우선 정부 구성원들의 경우는 정치·외교를 현실적으로 담당하기 때문에 직접적으로 그리고 명확히 한국관을 드러내지 않는 경우가 많은 데 비하여, 비구성원들은 의견서 등의 여러 가지 형태로 한국관을 표현할 기회가 있기 때문에 그들의 의견을 파악하기 쉽다는 것이다. 비구성원들은 야당 정치가로서 동시에 언론인으로서 행동하는 경우가 많아, 특히 신문관계자의 경우에는 사설이라는 형태로 의견을 발표하는 것이 일상적이어서, 한층 더 의견을 파악하기 쉬운 것이다. 또한 그들 사이에 의견의 차이가 있는 경우, 특히 논쟁에서는 그것이 보다 선명하게 나타난다고 할 수 있을 것이다.

그런데 그들이 정부 구성자가 아닌 이상, 그들의 다양한 한국관 및 정책의 선택지가 실제로 어느 정도나 정부의 대한정책에 반영된 것인지는 명확히 할 수 없다. 아마 극소수의 의견서가 반영됐을 터이지만, 대부분은 정부가 참고조차 하지 않았을 것이다. 특히 서로 대립하는 의견이 나와 논쟁이 된 경우에는, 한쪽 편에 정부가 가담한다는 것은 생각하기 어렵기 때문에, 그것들은 단순한 의견으로 끝났을 가능성이 높다고 하겠다.

그러나 미디어라는 매체의 성질상, 정부 구성자보다 비구성원들의 의견이 직접적으로 민중 차원에 침투했을지도 모른다. 단지 이 경우 정부 구성자는 명령이라든가 다른 행정적 수단을 통해 간접적으로 그들의 의향을 민중 차원에 침투시킬 가능성이 있다는 것에 주의할 필요가 있다. 교육칙어나 군인칙유 등은 그 전형적인 예라고 할 수 있다.

따라서 중요한 것은 정부 구성원들과 비구성원들 사이에 의견이 같은지 다른지에 따라서, 민중 차원에 영향을 끼치는 방법 및 그 영향력에 차이가 있는가라는 문제이다. 잘 알려져 있는 바와 같이, 근대 일본 외교에서 하나의 통설은 비구성원들은 대개 반정부적인 혹은 야당적 입장이었기 때문에, 정부의 '연약한 외교'를 비판하는 경우가 많았다는 것이다. 이 경우 정부 구성원들과 비구성원들은 의견이 다르기 때문에 민중 차원에서도 의견이 분열되어, 어떤 의견이 다수파인지 용이하게 판단하기 어렵게 될 것이다. 또 하나의 통설은 대외적인 위기의 경우에 거국 일치적인 상황이 생겨난다는 것이다. 이 경우

정부 구성원들과 비구성원들 사이에 의견의 대립이 없어지기 때문에, 민중 차원에서도 의견의 일치가 이루어지기 쉽고, 어떤 의견이 다수파인지 판단하기 쉽게 된다.[2)]

이렇게 생각하면, '한국객체관'의 재생산 메커니즘에 관해서 이런 가설을 만들 수 있다. 우선, 정부 구성원들과 비구성원들과의 의견이 일치하지 않는 경우, 한국관에는 선택지 혹은 변종이 생겨, 그 내용이 풍부하게 되는 한편, 민중 차원에서는 어떤 변종도 상대적으로 영향력이 약화되어, 결과적으로 이전의 '한국객체관'이 그대로 온존·계승될지 모른다. 다음은 반대로 의견의 일치가 존재하는 경우, 일치한 내용을 갖는 '한국객체관'은 영향력이 강화되어, 민중 차원에 더욱 침투할지도 모른다. 즉 어느 경우이든 한국관의 새로운 선택지 혹은 변종은 영향력을 갖기 어렵고, 민중 차원에 침투하기 어렵다.

그러면 이 가설은 옳은 것일까? 이하에서 비구성원들의 한국관의 내용, 선택지 혹은 변종, 그것들의 기능 등을 검토한다. 이것이 본고의 첫째 과제이다.

다음에 검토해야 할 것은 '한국객체관'은 실제로 일본이 수행한 식민지 통치 정책과 어떠한 관계에 있었던가 하는 점이다. 물론 본고가 대상으로 삼는 시기는 메이지 유신 이후부터 청일전쟁까지이므로 직접적으로는 이 관계는 대상 외이다. 그러나 식민지 획득 이후에 통치 정책이 수행됐다고 해도, 획득 이전에 그것이 구상되어 있지 않았던 것은 아니다. 이것은 식민지 통치기의 '한국객체관'을 검토하는 데 전제가 되어야 할 것이며, '한국객체관'의 재생산 메커니즘을 검토하는 데 불가결하다고 할 수 있을 것이다.

이 때 주의해야 할 점은 종래의 통설에 의하면 일본 식민지 통치 정책의 가장 큰 특징이 '동화주의'에 있었다고 되어 있다는 것이다.[3)] 그런데 정의는

---

2) 酒田正敏, 『近代日本における對外硬運動の研究』(東京大學出版會, 1978).

3) 이 지적은 헤아릴 수가 없다. 예를 들어 오래 된 것으로는 旗田巍 編, 『シンポジウム · 日本と朝鮮』(勁草書房, 1969), 13쪽 및 새로운 것으로는 糟谷憲一, 「朝鮮總督府の文化政治」, 若林正丈 編, 『岩波講座 · 近代日本と植民地』 제2권(岩波書店, 1992) 참조. 또 여기서의 '동화주의'의 정의에 관해서는 이하를 참조. 旗田巍, 『日本人の朝鮮觀』(勁草書房, 1966); 宮田節子, 『朝鮮民衆と 「皇民化」政策』(未來社, 1985); 山本有造, 『日本植民地経済史研究』(名古屋大學出版會, 1992); 駒込武, 『植民地帝國日本の文化統合』(岩波書店, 1996); 小熊英二, 『單一民族神話の起

여러 가지가 있겠으나, '동화주의'를 한국인을 '일본인화'하는 것이라고 한다면, '한국객체관'에 의해서 지금까지 자신들보다도 낮게 보아, 자주성이 없다고 생각했던 한국인을 '동화주의'에 의해서 '일본인화'하는 것은 적어도 일본인에게는 장애가 됐던 것은 아닐까 하는 의문이 생긴다. '한국객체관'의 재생산이 계속된다면, '동화주의'는 성립하는 것인가? 즉 '한국객체관'과 '동화주의'와는 논리적으로 양립하는가라는 점이다.

그런데 일본인의 한국관이나 일본인의 한국 멸시 등을 지적한 종래의 연구는 대부분이라고 해도 좋을 만큼 이 점에 관해서 언급하지 않고 있다. 한편 '동화주의'에 관한 연구 또한 일본인의 한국관이나 일본인의 한국 멸시 등, '동화주의'가 어떠한 관계에 있었던 것인지 언급하고 있지 않다.[4)]

그런데 최근 이 관계에 관해서 흥미 있는 연구가 나타났다.[5)] 이 연구는 '일본민족기원론'에 주목함으로써 민족의 범위가 어떻게 규정되어 왔는가를 논하고 있다. 또한 '동화주의'에 관해서도 일본인이라는 경계가 어떻게 설정되어 왔는지에 주목함으로써, 포섭과 배제라는 관점에서 논하고 있다. 그런 의미에서 이 연구는 '한국객체관'을 직접적으로 다룬 것은 아니지만, '한국객체관'과 '동화주의'의 논리적 관계에 귀중한 시사를 제공하고 있다. 그러므로 본고는 이 연구를 참고로 하여, '한국객체관'과 '동화주의'는 논리적으로 어떠한 관계에 있는 것인지에 관해서 특히 비구성원들의 '한국객체관'을 검토한다. 이

源〈日本人〉の自畫像の系譜』(新曜社, 1995); 小熊英二, 『〈日本人〉の境界』(新曜社, 1998); 石田雄, 『記憶と忘却の政治學』(明石書店, 2000); 山中速人, 「朝鮮『同化政策』と社會學的同化」上·下, 『關西學院大學社會學部紀要』 제45, 46호(1982, 1983) 등. 특히, 駒込, 『植民地帝國日本の文化統合』, 11-24쪽.

4) 위의 주, 기재문헌 및 旗田巍, 『朝鮮と日本人』(勁草書房, 1983); 朴春日, 『增補 近代日本文學における朝鮮像』(未來社, 1985); 梶村秀樹 著作集 刊行委員會 · 編集委員會 編, 『梶村秀樹 著作集』제1권(明石書店, 1992); 中塚明, 『近代日本の朝鮮認識』(研文出版, 1993); 古屋哲夫 編, 『近代日本のアジア認識』(綠蔭書房, 1996); 岡本幸治 編著, 『近代日本のアジア觀』(ミネルヴァ書房, 1998); 古屋哲夫·山室信一 編, 『近代日本における東アジア問題』(吉川弘文館, 2001); 山室信一, 『思想課題としてのアジア』(岩波書店, 2001); 南富鎭, 『近代日本と朝鮮人像の形成』(勉誠出版, 2002) 등 참조. 또한 今西一, 「帝國'日本'の自畫像: 1920年代の朝鮮'同化'論」; 西川長夫·渡辺公三 編, 『世紀轉換期の國際秩序と國民文化の形成』(柏書房, 1999). 수록에서는 小熊 전게서에 대해 언급하여 새로운 경향을 지적하고 있지만, 한국관에 관한 언급은 없다.

5) 小熊, 『單一民族神話の起源』, 『'日本人'の境界』 및 石田, 『記憶と忘却の政治學』.

것이 본고의 두 번째 과제이다. 그 때 본고에서는 비구성원들을 개별적으로 검토하는 방법을 취하지 않고, 우선 주요한 신문의 논설을 주된 자료로써, 그 사설에 나타난 '한국객체관'을 검토한다. 그것들에 관해서 개별적으로 주목한 연구는 많이 있으며,[6] 그 중에서 흥미 있는 견해를 찾아낼 수도 있지만, 본고에서는 '한국객체관'의 재생산 메커니즘 구명을 목표로 하기 때문이다. 다만 비구성자 중에서도 대표적이거나 전형적인 인물에 대해서는 최소한으로 언급하기로 한다.

이하, 신문별로 사설 내용을 차례로 검토하고, 대표적·전형적 인물에 대해서도 언급하며, 마지막으로 '한국객체관'과 '동화주의'와의 논리적 관계에 관해서 정리하고자 한다.

---

6) 주요 업적에 관해서는 園部裕之, 『近代日本人の朝鮮認識に關する研究文獻目錄』(綠蔭書房, 1996) 참조. 또 본고에서는 특히 이하를 참조했다. 坂野潤治, 『明治·思想の實像』(創文社, 1979); 姜東鎭, 『日本言論界と朝鮮 1919-1945』(法政大學出版局, 1984); 中村尙美, 『明治國家の形成とアジア』(龍溪書舍, 1991); 富田正文, 『考証 福澤諭吉』 下卷(岩波書店, 1992); 石坂浩一, 『近代日本の社會主義と朝鮮』(社會評論社, 1993); 『岩波講座 近代日本と植民地』(岩波書店, 1993~94); ドウス他 編, 『帝國という幻想』(青木書店, 1998); 井口和起, 『日本帝國主義の形成と東アジア』(名著刊行會, 2000); 山本茂樹, 『近衛篤麿：その明治國家觀とアジア觀』(ミネルヴァ書房, 2001); 高坂盛彦, 『ある明治リベラリストの記錄: 孤高の戰鬪者竹越與三郎傳』(中央公論新社, 2002); 古野誠, 『明治維新と征韓論　吉田松陰から西郷隆盛へ』(明石書店, 2002); 山田昭次, 「自由民權期における興亞論と脫亞論」, 『朝鮮史研究會論文集』 제6호(1969/6); 姜德相, 「日本の朝鮮支配と民衆意識」, 『歷史學研究』 別冊(1981/11); 宮田節子, 「'內鮮一体'の構造」, 『歷史學研究』제503호(1982/4); 長谷川直子, 「壬午軍亂をめぐる自由民權派の朝鮮論」, 『津田塾大學國際關係學研究』제16호 별책(1989); 頴原善德, 「日淸戰爭期日本の對外觀」, 『歷史學研究』제663호(1994/10); 山田昭次, 「近代日本の朝鮮觀ーその研究課題と方法ー」, 『立敎大學·史苑』제55권 제2호(1995/3); 里上龍平, 「近代日本の朝鮮認識ー朝鮮保護政治期の雜誌·出版物にみる日本人の朝鮮觀ー」, 岡本 編著, 『近代日本のアジア觀』 수록 등.

Ⅱ. 비구성원들의 '한국객체관'

1. 신문사설에 보이는 '한국객체관'

우선 처음에 지적해야 할 것은 비구성원들의 다수가 '한국객체관'을 공유하고 있었다는 것이다. 그들의 '한국객체관'의 특징은 아래와 같이 정리할 수 있다. 첫째, 한국 및 한국민이 자립할 수 없는 존재라는 것, 둘째, 한국을 그대로 방치하면 일본의 안전에 위협이 된다는 것, 셋째, 일본은 한국의 독립을 유지하도록 행동해야 한다는 것 등이다.[7] 이하, 우선 신문 사설에 나타난 '한국객체관'에 관해서 대표적인 신문을 차례로 살펴본다.

1)『요코하마마이니치신문』(横浜每日新聞)

우선,『요코하마마이니치신문』을 검토한다. 이 신문은 1875(메이지 8)년 쯤부터, 한국관에 관한 사설을 가장 체계적으로 게재하고 있는데, 차례로 내용을 소개하면 다음과 같다.

> 조선이 실로 빈곤하다고는 하지만 어찌 우리 삼군(三軍)의 병사가 의거할 만한 양식이 없겠는가. …… 계림(雞林, 한국의 옛 명칭 - 필자)이 작다고는 하나 또한 여전히 한 왕국이며 게다가 자국이 주조한 통화가 있어, 우리가 희망하는 전액대로 내놓을 수는 없어도, 역시 우리 경비의 얼마쯤을 보상케 하는 데는 무슨 문제가 있겠는가.[8]

이것은 정한론이 신문에서 시끄럽던 시기의 것인데, 한국은 '한 왕국'으로서 통화는 있지만, 이미 빈곤하다는 인식이 나타나 있다. 이 인식은 다음과 같이 발전한다.

---

7) '한국객체관'의 내용에 관해서는 森山,「明治期日本指導者の韓國認識」및 里上,「近代日本の朝鮮認識」, 292-94쪽.
8)『横浜每日新聞』, 1875(메이지 8)년 10월 11일 사설.

조선과 같이 그 나라가 작고 약함이 우리에 가깝고 …… 그 나라는 빈곤하고 작으며 그 인민은 적고 약하므로 그 형세를 빨리 알아차려 타국에 의뢰하지 않을 수 없어 …… 우리는 그가 알아차리도록 하여 그를 열고 인도함으로써 동양제국을 개화하는 데 도움을 줄 뿐 …… 조선을 굴복시키는 것은 우리의 이익이 되지 않고 상권(商權)으로 조선을 교란시키는 것도 우리의 이익이 되지 않고 …… 우리의 이익을 보존하고자 한다면 조선의 친교를 얻는 것보다 나은 것이 없으며, 조선과 친교를 유지하려 한다면, 빨리 그를 교화하는 것보다 나은 것은 없다.9)

이어서 일본의 안전을 위해 한국의 독립을 유지해야 한다는 인식이 보인다.

우리나라가 조선과 통교하는 것은 조선을 병탄하기 위해서가 아니고, 그를 유도하여 그 독립을 유지케 함으로써 우리를 이롭게 하기 위함이다. …… 우리나라의 영원한 이익은 무엇인가? 우리나라의 독립된 지위를 안전하게 하고 우리 무역을 번창케 함으로써 일본의 미래에 부강함을 이루도록 하는 것 이외에는 없다.10)
우리가 조선을 대함에 있어서는, 조선을 훈도하여 문명의 조류를 주입시켜, 한편으로는 한국으로 하여금 외국의 원조를 빌리는 졸책(拙策)을 버리게 하고, 다른 한편으로는 강국으로 하여금 한국의 일에 용이하게 입을 놀리지 못하도록 기해야 할 것이다. 이것이 일본제국의 이익을 영원히 보전하는 대한책(對韓策)이다.11)

여기에 일본의 대한정책의 목적이 명확히 미개국 한국의 독립을 유지하는 것으로 나타난다.

우리가 조선을 부식(扶植)하는 목적은 그 문화를 계발하여 그 독립을 공고히 하여, 타국의 침략·병탄을 면하도록 하는 데 있고 …… 대저 봉쇄하여 스스로 안주하는 미개국으로 하여금 오랜 세대에 걸쳐 인습해 온 누습(陋習)을 소탕하고, 일신(日新)의 문화를 취하여, 열국교제의 반열에 서게 하고자 한다. …… 그러므로 오늘의 조선에 대하여 우리가 마땅히 베풀어야 할 수단은, 한편으로는 당동벌이(黨同伐異)하여 오로지 작은 이익을 경쟁하는 폐단을 억제하고, 알력의 단서를 장차 근절시키는 데 있음은 물론이지만, 다른 한편으로는 공고하여 움직이지 않을 경영의 방침을 확정하여, 영원한 장계(長計)를 획정하지 않으면 안 된다.12)

---

9) 앞의 신문, 1879(메이지 11)년 5월 9일 사설 「朝鮮交際の目的」.
10) 앞의 신문, 1885(메이지 18)년 1월 9일 사설 「第二對韓政略」.
11) 앞의 신문, 1894(메이지 27)년 7월 7일 사설 「朝鮮保護の目的」.
12) 앞의 신문, 1895(메이지 28)년 7월 18일 사설 「朝鮮治安策(其一)」.

여기에서 한국개혁 및 경영의 방침이 다음과 같이 도출된다.

조선 개혁의 요점은 많지 않다. 다만 안녕을 도모하는 것에 있을 뿐이다. 안녕을 도모하는 길은 두 가지가 있는데, 경찰의 설비와 권력의 일치가 바로 이것이다. …… 교육이나 식산흥업 같은 것은 근본이 먼저 서고 난 후에 시행해야 한다.[13)]
이를 위해서는 무엇을 해야 하는가? 말하건대 두 가지 길이 있다. 하나는 철도·전신을 깔아 물질적 문화를 촉진시키는 것이다. 다른 하나는 학교·병원을 설치하여 사회적 감화를 널리 시행하는 것이다.[14)]
학교 설립이 풍화(풍속교화)에 도움이 되는 것은 원래 논할 것까지도 없다. …… 마땅히 그것을 권고하여, 신속히 실행해야 하고, 그 비용을 댈 수 없다면 의당 자본을 빌려주어 수행시켜야 할 뿐이다. 이것은 아마도 보호자의 지위에 서는 자가 면할 수 없는 의무일 것이다.[15)]

이상과 같이 『요코하마마이니치신문』은 '한국객체관'을 거의 완벽하게 서술한다. 그렇다면 다른 신문 사설은 어떠할까? 이하, 적절히 순서에 따라 제시하겠다.

2) 『도쿄니치니치신문』(東京日日新聞)

『도쿄니치니치신문』도 또 이하의 여러 사설과 같이, 한국이 자립할 수 없는 이유를 말한 뒤, 일본이 한국의 독립을 유지하는 것이 일본의 대한정책이라고 주장한다.

조선 문명의 퇴보는 실로 놀랄만한 상태이다. …… 그 나라의 빈약함과 고루한 상태를 족히 알 수 있다. …… 그 문명이 퇴각한 원인은 무엇인가? 안으로는 조선국민의 덕의(德義)가 쇠퇴한 것, 밖으로는 그 해항(海港)을 폐쇄한 지 오래되어 타국과 교통하지 않은 것, 이 두 가지가 그것이다. …… 조선 문명의 진퇴는 그다지 우리와는 관계가 없다 할지라도, 동양의 정략(政略)을 생각하면 결코 기뻐할 것이 아닐 뿐만 아니라 오히려 동양의 대국(大局)을 위해 우려해야 할 것이다. 그렇다면 이후로 조선을 문명으로

13) 앞의 신문, 1894(메이지 27)년 10월 30일 사설「朝鮮改革の要」.
14) 앞의 신문, 1895(메이지 28)년 7월 18일 사설「朝鮮治安策(其一)」.
15) 앞의 신문, 1895(메이지 28)년 7월 19일 사설「朝鮮治安策(其二)」.

나아가도록 하는 것은 곧 조선을 위해서뿐만 아니라 또한 우리 동양을 위해서라는 것에 우리 국민도 항상 마음을 쏟아야 하는 것이다.[16)]

위로는 무한의 위력이 있고 아래로는 추호의 권리도 없는 것이 서로 비슷하다. 안으로 정사의 기강이 문란하고 밖으로 강국이 핍박하는 것이 서로 비슷하다. 온 나라가 거의 일신(日新)의 문물을 이해하지 못하는 것이 서로 비슷하다. …… 이러한 여러 점에서 일본과 서로 비슷한 조선이 30년 후에 일본이 될 수 있을까?[17)]

먼저 이익의 관계가 이미 깊어져 권리가 그에 따라 발생한 우리에게서 다시 조선을 남에게 주거나 혹은 타인의 관리 보호에 두어서는 안 되는 것은 결단코 명백하다. 우리는 조선이 개혁에 성공하여 독립국으로서 우리와의 관계에서 친밀한 우방이 되는 것을 바라는 바는 이전과 다름이 없지만, 조선 정부가 또 다시 우유부단하여 이 중요한 시점에서 미혹된다면 반드시 어찌할 수 없는 후회를 남기게 될 것을 예고하지 않을 수 없다.[18)]

조선에 대한 제국(帝國)의 정략은 전혀 침략에 있지 않고, 또한 결코 그 국토에서 얻을 수 있는 이익을 독점하는 데 있지 않다. 그 국토를 보전하여 그 독립을 유지함으로써 문명의 길로 나아가도록 할 수 있다면 제국의 목적은 충족된다.[19)]

제국의 조선에 대한 정책은 어느덧 제2기 정책으로 옮기지 않을 수 없다. 언제까지나 독립을 돕겠는가. 더구나 독립국으로서 조언하여 독립의 성과를 거두게 하자는 공허한 소리에 스스로 기뻐하는 것은 좋다. 원래 개혁을 이뤄 독립을 이룰 자료가 극히 빈약한 조선이 스스로 점차 부패해 무너지고 사방으로 갈라져 거의 수습할 수 없는 처지에 이름을 어찌하겠는가. 이 때를 당하여 제국이 스스로 그 권리·이익 및 거류민 보호를 위해 실책이 없이 조치를 취해야 함은 말할 것도 없고, 그 결과 마침내 방임(放任)할 수 없는 처지에 이른다면, 제국은 제3국의 권리·이익에 해를 끼치지 않는 한 별도의 단호한 조치를 취하지 않으면 안 된다.[20)]

3) 『조야신문』(朝野新聞)

『조야신문』은 메이지 25년에 연재된 「대한책」(對韓策)에서 거의 같은 주장을 하고 있다.

---

16) 『東京日日新聞』, 1882(메이지 15)년 9월 15일 사설 「朝鮮の文明」.
17) 앞의 신문, 1894(메이지 27)년 호외 「渡韓以來の所見(上)」.
18) 앞의 신문, 1894(메이지 27)년 12월 20일 사설 「朝鮮問題」.
19) 앞의 신문, 1894(메이지 27)년 6월 28일 사설 「朝鮮問題の結局」.
20) 『東京日日新聞』, 1895년(메이지 28) 10월 29일 사설 「朝鮮獨立の問題」.

> 대저 조선의 운명은 풍전등화와 같다. 졸지에 존립을 유지할 수 있는 까닭은 실로 동양에서 추요(樞要)의 위치를 점하고 있기 때문일 뿐이다. 즉 동양 문제에 관계를 갖는 여러 나라가 서로 경계하여, 화란(禍亂)의 싹이 트기 전에 잘라버리는 데 급급하기 때문일 뿐이다. …… 요컨대 조선의 멸망은 지금부터 대충 10년의 뒤를 넘지 않는다. 그러니 우리나라와 조선과의 교통이 오래고, 예로부터 외교적으로 관계가 가장 밀접하며, 일찍이 우리나라 문명의 선도자였던 일로 보아도, 멸망에 처함을 방관하는 것은 의(義)로서 차마 견디기 힘들 뿐만 아니라, 그 여파가 미쳐 동양에 대파란을 일으킬 것이니, 이 약소국의 장래에 어찌 큰 관심을 갖지 않을 수 있겠는가.[21]

> 일본의 안전을 꾀하려면, 조선을 유도·개발하여 그 자립의 힘을 키우는 것보다 나은 것이 없으며, 조선이 오늘에 참으로 빈약하기는 하나 …… 만약 문명의 공기를 수입하여 그 국풍(國風)을 일변시키고, 인민을 교육하고, 식산(殖産)을 일으켜, 무역을 번성시키고, 정령(政令)을 고치고 병기를 일신하면, 또한 동양 일개의 독립국이 될 것이다. 그렇지만 조선이 오늘의 비참한 경지에 빠지게 된 까닭은 그 원인이 이미 오래고, 병이 고맹(膏盲)에 들어가고 독이 폐간을 범했다. 가령 하늘이 이 나라에 영웅을 내려 보낸다 해도 한 사람의 힘으로 도저히 어찌 할 수는 없다. 단지 밖에서 자극하여 유도·개발하는 한 길만이 있을 뿐이다. …… 즉 우리나라는 일찍이 오늘의 조선과 같은 처지를 경과해 온 나라로서, 미개국이 문명국에 대한 감정, 문명국이 미개국에 대한 감정, 타국 사물의 취사 등에 충분한 경험을 가지고 있다. …… 조선을 유도·개발하는 임무에 적합한 이유가 여기에 있다. 하물며 우리나라와 조선과는 겨우 일의대수(一衣帶水, 좁은 강)를 끼고 떨어져 있을 뿐, 인종은 서로 동일하고 문자는 서로 같아 예로부터의 교의(交誼)도 또한 두터운 바에야 더욱 그렇지 아니한가.[22]

4) 『오사카마이니치신문』(大阪每日新聞)

『오사카마이니치신문』도 다음과 같이 한국 자립의 곤란함과 일본의 목적을 말한 점은 동일하다.

> 조선은 가령 야만의 상태를 벗어나지 못하고, 빈국의 경계를 면하지 못해도, 종주국의 이름만이 있고 지금까지는 각별한 간섭을 하지 않은 청국을 섬겨 안일을 즐기는 것이야말로 오히려 행복일 것이다.[23]

---

21) 『朝野新聞』, 1892(메이지 25)년 7월 21일 사설 「對韓策(1)緒論」.
22) 앞의 신문, 1892(메이지 25)년 8월 6일 사설 「對韓策(十四)將來の對韓政略」.
23) 『大阪每日新聞』, 1885(메이지 18)년 4월 8일 사설 「朝鮮は我國の禍根なるか」.

우리 국방을 공고히 하기 위해서도, 동양의 평화를 유지하는 데 있어서도, 마땅히 조선을 우리의 번병보장(藩屛保障)으로 하지 않으면 안 된다. 그리고 조선을 우리의 번병보장으로 하려 한다면 마땅히 조선을 우리의 보호하에 두게 하여.[24]
우리 정부와 우리 국민 전체가 어디까지나 조선을 보호하여 그 독립을 도와 조선 국민을 교회(敎誨)하여 문명의 □(확인 불가능한 부분)에 향하도록 힘쓰고 있다.[25]

그리고 일본이 한국을 보호하는 근거를 다음과 같이 말한다.

대저 우리나라와 조선은 같이 동양의 표면(表面)에 있고, 함께 동일한 인종에 속하며, 함께 동일한 문자를 사용하여 2천여 년 이래 함께 동일한 가르침을 받들고, 특히 양국 사이에는 하나의 바다를 두고 있을 뿐, 서로가 바라 볼 수 있을 정도로 근접하여, 양국 인민이 서로 왕래 무역한지가 벌써 오래됐다.[26]

5) 『유빈호치신문』(郵便報知新聞)

나아가 『유빈호치신문』도 일본의 한국 간섭을 긍정하여 다음과 같이 말한다.

한인(韓人) 스스로 폐정혁신의 임무를 수행할 수 없다면, 우리나라는 근린 우방의 의(義)에 따라 한국을 위해 수고할 것을 결심해야 한다. 거의 방관적인 입장에 서서 구구한 의견서를 제시한다면 혹시 타국의 내정에 간섭한다는 비방을 면할 수는 있다. 그러나 조선의 빈약은 마침내 구원할 기대가 없어지게 될 것을 우려한다.[27]
우리 국시(國是)로서 조선을 대하는 도(道)는 결코 여러 가지가 있지는 않을 터, 그 독립을 보전하여 우리의 서쪽 이웃의 방비를 강고히 하는 일 한 가지뿐.[28]

그리고 그 유력한 방책으로서 한국에서 온 유학생을 움직이게 하는 것을 중시한다. 이것이 『유빈호치신문』의 특징이라고 할 수 있을 것이다.

---

24) 앞의 신문, 1894(메이지 27)년 9월 10일 사설 「將來の東洋を論ず(附朝鮮問題)(承前)」.
25) 앞의 신문, 1895(메이지 28)년 10월 2일 사설 「朝鮮に於ける日本人 印度に於ける英國人」.
26) 앞의 신문, 1882(메이지 15)년 5월 9일 사설.
27) 『郵便報知新聞』, 1894(메이지 27)년 10월 10일 사설 「朝鮮を奈何せんとする」.
28) 앞의 신문, 1895(메이지 28)년 7월 11일 사설 「對韓の道」.

몽매함을 계몽하는 데는 물질적 문명주의를 주입하는 것보다 빠른 길은 없다. 이것은 원래 교육계에서 없어서는 안 될 것이나, 조선의 유학생에 대해서는 우리들이 특히 정신적 문명주의를 아울러 주입할 것을 바라지 않을 수 없다. 조선의 독립을 보전하여 제국(帝國)의 보거(輔車)가 될 것을 원한다면, 조선으로 하여금 진정한 독립적 국민의 기상을 품게 하지 않으면 안 된다.[29]

6)『요미우리신문』(讀賣新聞)

이 신문도 다른 신문과 마찬가지로 한국의 개화도가 낮아 일본이 개혁을 해야 한다고 주장하여, 그 방법으로서 국부 증가, 생활 개선과 지덕(智德) 육성을 제시한다.

조선의 개화는 일본의 개화에 뒤지기를 1,300년, 신정부가 만약 조선을 개화하여, 일약 일본의 개화와 대등하게 되고자 한다면, 용맹히 결단을 내려 크게 성취하지 않으면 안 된다.[30]

조선은 미개하여 상공업이 흥하지 않고, 그 세입의 재원을 모두 토지에서 취한다.[31]
조선의 개혁은 반드시 일본의 손을 빌리지 않을 수 없다.[32]
인민의 개신(改新)을 도모하는 데는 역시 두 길이 있다. 즉 물질적 문명을 수입하여 그 부를 늘려, 생활을 향상시키는 것이 그 하나다. 정신적 문명을 수입하여 그 지(智)를 연마하고 덕(德)을 함양하는 것이 두 번째 길이다. 게다가 양자는 또한 경중·완급의 구별이 없어서는 안 된다.[33]

7)『니혼』(日本)

이것도 한국은 자립불가능하기 때문에 일본이 개혁을 해야 한다고 단적으로 주장한다.

29) 앞의 신문, 1895(메이지 28)년 5월 11일 사설「朝鮮の留學生」.
30)『讀賣新聞』, 1894(메이지 27)년 8월 20일 사설「朝鮮の開化日本に後るゝ千餘年」.
31) 앞의 신문, 1894(메이지 27)년 10월 17일 사설「朝鮮改革私見(其一)」.
32) 앞의 신문, 1895(메이지 28)년 1월 2일 사설「日韓兩國の融合」.
33) 앞의 신문, 1894(메이지 27)년 12월 9일 사설「對韓永遠の策(其一)」.

조선은 동부아세아의 터키이다. 그렇기는 하나 터키는 여전히 자위·자치의 힘을 지녔으나, 조선은 이미 스스로 지킬 수 없다. 즉 지세에 있어서는 양자가 거의 서로 같지만 나라의 상태를 보면 터키의 상태는 결코 서부아세아에서의 조선이라고는 말할 수 없다. 세계 열국의 관섭(關涉)의 관점에서 본다면, 터키 문제는 다만 강약의 문제이나, 조선 문제에 이르면 즉 존망의 문제가 되지 않을 수 없다.[34]

대한책(對韓策)의 정신은 그들 1,100만의 불행한 백성을 사당원쟁(私黨怨爭)의 도탄으로부터 구출하여 인간 당연의 행복을 부여하고, 더불어 제국(帝國)이 인접국을 보호하여 안녕을 유지케 하는 것에 있다.[35]

8) 『오사카아사히신문』(大阪朝日新聞) 및 『도쿄아사히신문』(東京朝日新聞)

양 신문은 한국 자립의 곤란함과 일본의 개혁안을 다음과 같이 논하고 있다.

생각하건대 조선 국민은 무지무능하고 인심이 부패하여 완전히 독립의 기상을 망실했으니, 인심의 귀추를 고쳐 광명한 길로 이끄는 것은 처음부터 지난의 일이리라.[36]

조선국이 미래를 지향하여 심도있게 기도하는 바가 있기를 바란다면 도저히 교육의 힘에 의하지 않고는 그 근저(根底)를 공고히 하지 못한다는 것을 알아야 한다.[37]

이상과 같이 시기를 한정하여 보더라도 알 수 있듯이, 주요 신문의 한국에 관한 사설은 어느 것이나 같은 인식과 판단을 보이고 있어, '한국객체관'을 정착시키는 데에 큰 역할을 했다고 할 수 있다. 즉 정부 구성자의 '한국객체관'과 신문 사설의 그것과는 거의 중복되어, 민중 차원으로 그것이 증폭·확산되어 가는 것은 당연했던 것이다.

---

34) 『日本』, 1895(메이지 28)년 12월 3일 사설 「朝鮮と日露」.

35) 앞의 신문, 1895(메이지 28)년 7월 13일 사설 「對韓政策の强弱」.

36) 『大阪朝日新聞』, 1894(메이지 27)년 9월 29일 사설 「朝鮮內政改革今如何」.

37) 『東京朝日新聞』, 1894(메이지 27)년 8월 8일 사설 「朝鮮國內政革新に感あり」.

2. 대표적 내지는 전형적인 인물의 한국관

그들의 한국관을 검토하는 데에 있어서 주의해야 할 것은 그들 대부분이 서명 혹은 무서명으로 신문 사설을 쓰고 있다는 사실이다. 그러나 한편으로 무서명 혹은 별명의 경우는 판단이 곤란하며, 누가 썼는지 결정적 증거가 없는 경우도 많다. 이하에서는 서명 기사와 같이 명확한 증거가 있는 경우는 상기 사설과의 중복을 될 수 있는 한 피하겠지만, 명확히 할 수 없는 경우는 본인의 한국관과 신문 사설과의 그것이 겹치는 것도 있을 수밖에 없다.

우선 야당 정치가의 대표라고도 할 수 있는 오쿠마 시게노부(大隈重信)의 한국관은 어떠한 것이었을까? 그가 한국관을 명료히 말한 문서는 적지만, 이하 대표적인 것을 소개해 두자.[38] 1894(메이지 27)년의 「대조선책」(對朝鮮策)에서는 구체적 방책으로서 서울에 일본 은행을 설립하여, 천만 엔의 기업(起業) 자금을 한국 정부에 제공하여 철도 부설 및 식산흥업을 추진하고, 그 저당으로서 해항을 확보하는 것 등을 제언하고, 만약에 한국정부가 반대하면 괴뢰정권을 만들라고 말하고 있다. 이 주장은 상기의 신문 사설의 주장과 대동소이하며, 괴뢰 정권 수립에 이르러서는, '한국객체관'을 노골적으로 나타내고 있다. 또한, 1897(메이지 30)년의 「대조선책」에서는 한국의 현상에 대해서 배외운동은 일본의 유신 전의 상황과 유사하다고 보고, 구미 열국과의 '친밀함'을 전제로 '독립부익'(獨立扶翼)의 강경 방침을 취하는 한편, 한일 양국인의 대립을 억제해야 한다고 주장하고 있다. 나아가 1903(메이지 36)년의 보호정치기에 쓰여진 「대조선책」에서, 오쿠마는 이토 히로부미(伊藤博文)의 통감정치를 대체로 성공적이라고 평가하여, 한국인에 대하여 '일시동인'(一視同仁)의 방침을 취해야 한다고 말하고 있다. 이러한 주장의 근저에서는 다른 일본인과 같이 문명화가 일본의 사명이라고 하는 인식을 볼 수 있다. 후술하는

38) 大隈侯八十五年史編纂會 編, 『大隈侯八十五年史』제2권(同會 1926), 679-81쪽; 佐藤能丸, 「大日本文明協會史試論」, 早稻田大學大學史編集所 編, 『大隈重信とその時代一議會 · 文明を中心として一』(早稻田大學出版部 1989) 수록.

바와 같이, 그는 이 인식에 근거하여 문명 사업을 추진했던 것이다.

또한, 그와 함께 정치 활동을 한 사람들도 공통적으로 한국에 대한 간섭을 주장했다. 예컨대, 1882(메이지 15)년의 이누카이 쓰요시(犬養毅), 오자키 유키오(尾崎行雄), 미노우라 가쓴도(箕浦勝人) 등에 의한 「조선정책에 관한 의견의 사서(私書)」에서는 "이번의 변(임오사변)에 편승하여 그들이 우리에게 가한 무례과 손해를 다그치고, 나서서 그들의 내정에 간섭하여, 이로써 그를 병략(併略)할 것"이라고 주장하고 있다.[39] 그들이 후에 '대외경파'(對外硬派)로서 활약하는 것은 주지의 사실이며, 누구나 신문 사설에서 볼 수 있는 것과 같은 한국관을 보이고 있다. 여기서는 사설 이외의 언설을 살펴보기로 한다.

예를 들면 이누카이 쓰요시는 1894(메이지 27)년 5월의 제 6의회 연설에서 이토내각의 조약개정 자세가 연약한 것을 비판하기 위해 다음과 같이 말한다.[40] "전 세계에서 가장 약한 나라, 가장 미력한 나라를 말하자면 조선이다. 그 조선을 향해서조차 그에 상당하는 힘을 펼치지 못하는 이토백(伯)이다. 세계에서 가장 사람들이 비하하는 것이 지나이고, 조선이다. 이를 향해서조차 힘을 펼치지 못한다." 또한 그는 1884(메이지 17)년부터 『유빈호치신문』 특파원으로서 내한(來韓)한 경험을 「조선특보」(朝鮮特報)나 「계림견문기」(鷄林見聞記)로 적고 있다. 「조선특보」에서는 "한인은 인심이 동요할 지라도 저항할 기력이 없음은 물론"이고, 또 「계림견문기」에서는 "조선은 빈국이라 해도 천연적으로 빈곤한 땅이 아니다. 인민이 근면하지 않음에서 연유한 것이리라 …… 인민이 일반적으로 근면의 마음을 상실하여, 고작 양식을 얻으면 그 밖의 것을 구하려는 생각이 없다. …… 그러므로 조선의 문명을 진보시키려 한다면 우선 세법을 개혁하지 않으면 안 된다. 무거운 세금이 인민을 괴롭히는 것이 또한 심하지 않은가"라고 말하고 있다.[41] 이와 같이 이누카이 쓰요시는 한국이 변화할 수 있는 가능성을 인정하면서도 '한국객체관'을 표명한다.

---

39) 國立國會圖書館憲政資料室所藏, 『井上馨關係文書』, 서류부분.

40) 1894(메이지 27)년 5월 18일의 중의원본회의질문, 木堂先生伝記刊行會·鷲尾義直 編, 『犬養木堂伝』 上卷(1968 復刻板, 原書房), 706-08쪽.

41) 『郵便報知新聞』1885(메이지 18)년 1월 18, 24일 기사, 위의 책, 286, 98-99쪽.

또한 오자키 유키오의 경우에는, 보다 명료하게 한국의 자립이 곤란한 것과 일본의 지도, 보호, 간섭의 필요성을 주장한다. 예컨대 임오사변(壬午事變) 때에는 다음과 같이 말한다.[42] "우선 조선 정부가 폭도를 진정시켜야 한다. 조선이 만약 미약하여 그를 진정시키지 못하고, 우리에게 원조를 요청하면 우리들은 그에 응하여 먼저 폭도를 진정시키고, 그 다음에 죄를 묻는 담판을 열지 않을 수 없다. 오로지 내정에 관여한다는 비난을 꺼려하여 이를 방관하려는 자는 피아의 관계를 알지 못하는 자이고, 동양의 대계(大計)를 변별하지 못하는 자이다." 또한, 갑신정변을 당해서도 많은 의견을 발표하여, 예를 들면 「지금 조선의 독립을 확정하지 못하면 우리의 향후 안녕을 기하지 못할 것이다」라는 표제 하에, 한국에 대한 간섭을 공공연히 주장했다.[43] 나아가 청일전쟁에 즈음해서는 다음과 같이 말하고 있다.[44] "정령을 간이하게 하고, 은혜와 위엄을 함께 행하며, 물질적 문명의 이익을 전파하여, 전 국민의 이목을 새롭게 한다. 이것이 조선에서의 정치개혁의 골자가 되어야 한다." "[동학진압에 관해서] 조선조정의 힘이 능히 그를 할 만하지 못하다면, 그에 충고하여 신속하게 결행토록 해야 한다. 만약 그 힘이 약하여 그를 행하기에 족하지 않다면, 우리가 병마를 빌려 주어 그를 행하도록 해야 한다."

이상과 같이 오쿠마 및 그 동지들은 모두 한국에 대한 문명적 간섭이 필요하다고 여기고, 그것이야말로 한국을 구하는 길이라고 생각하고 있었다. 여기에는 사람에 따라 약간의 차이는 있지만, 정부 구성원들과 같은 '한국객체관'을 볼 수 있다고 하겠다.

다음으로, 같은 야당 정치가인 이타가키 다이스케(板垣退助)는 1895(메이지 28)년에 이토 히로부미에게 「조선국개혁의견서」(朝鮮國改革意見書)를 보내고 있다. 그것에 의하면 그는 "평등박애주의에 의거하여 개혁을 단행"하면, 한국은 "우리나라에 은혜를 느껴" "우리 나라를 친애하게 될 것"이며, 그 결과 "동양의 혁신을 촉진하는" 것이 된다고 말한다.[45] 이와 같이 그의 막연한

42) 尾崎行雄, 『尾崎咢堂全集』, 제1권(1956, 公論社), 357쪽.
43) 위의 책, 제2권(위와 같음), 177쪽. 또 「對淸對韓論策」은 78-187쪽.
44) 위의 책, 제4권(1955, 위와 같음), 295-96쪽.

내용의 개혁론에서 볼 수 있는 한국관은 『지유신문』(自由新聞)의 개혁 논조와 보조를 맞추고 있다. 즉, 『지유신문』은 1884(메이지 17)년의 갑신정변을 계기로, 그 때까지의 한국 내정간섭 부정·현상유지론으로부터 무력을 배경으로 한국의 친일파 지도자로 하여금 정권을 장악케 하여, 청국을 추방하게 하는, 간섭긍정론으로 그 주장을 완전히 일변시키고 있었다.[46] 다음해인 1885(메이지 18)년의 오사카 사건은 그 방침 전환의 표시였다. 아마도 자유민권파 지도자들에게는 한국 개화파 관료와의 연대와 일본의 지도가 용이하게 성립할 수 있을 것이라는 생각이 있었을 것이다. 그리고 그 근저에는 역시 '한국객체관'이 있었다고 말할 수 있다.

그런데 한국 보호의 방책으로서 내정 개혁의 필요성을 가장 명확히 주장한 사람은 『지지신보』(時事新報)에 의거하여 많은 의견을 표명한 후쿠자와 유키치(福澤諭吉)였을 것이다. 그는 이미 1881(메이지 14)년의 『시사소언』(時事小言)에서 한국이 구미 열강의 손에 떨어지면 일본의 독립이 위태롭다는 관점에서, 한국의 국사(國事)에 간섭하여 한국을 '근시(近時)의 문명'으로 이끌 것을 주장했다.[47] 또한 그는 문하생인 이노우에 가쿠고로(井上角五郎)를 한국에 파견하여, 한국 최초의 신문 『한성순보』(漢城旬報)를 발행하게 하고, 또 갑신정변 때에는 김옥균 등 개화파를 지원하는 등, 실제로도 적극적으로 한국의 정치에 간섭했다.[48] 그런데 그는 갑신정변이 실패하자, 메이지 18년에 『탈아론』(脫亞論)을 저술하여 한국 스스로의 이니셔티브에 따른 개혁론과는 절연했다. 즉 그는 친일파가 한국 정부에서 일소됨에 따라, 이후는 한국 문제를 완전히 권력정치의 차원에서 다루어야 하며, 한국 및 중국으로부터 탈아해야 한다고 주장한 것이다.[49] 나아가 후쿠자와는 1887(메이지 20)년에는

---

45) 1895년(메이지 28) 4월 3일자 伊藤博文宛板垣退助書翰, 伊藤博文關係文書研究會 編, 『伊藤博文關係文書』 제3권(塙書房, 1975), 40쪽.

46) 『自由新聞』 1884(메이지 17)년 4월 18일 사설과 12월 18일 사설을 대조. 또, 이 점에 관해서는, 坂野, 『明治·思想の實像』, 72-82쪽 참조.

47) 時事新報社 編, 『福澤諭吉全集』, 제5권(國民圖書, 1926), 353-55쪽. 또, 이하의 서술은, 졸저, 『近代日韓關係史研究』(東京大學出版會, 1987), 12-15쪽 참조.

48) 石河幹明, 『福澤諭吉伝』, 제3권(1932, 岩波書店), 293-300쪽.

한국을 일본의 번병(藩屛)으로 할 것을,[50] 또 1892(메이지 25)년에는 한국이 장래 혼란해졌을 때 일본에 의한 보호의 필요성을[51] 각각 말하고 있다. 이러한 일련의 논의의 정점을 이룬 것이 메이지 27년 갑오개혁 직전의 「조선의 문명사업을 조장시켜야 한다」라는 논설이었다. 이 논설에서 후쿠자와는 일본의 지도 하에서 한국 통치기구의 개혁과 법률 제정, 무역에서의 일본 이권의 보호, 철도·전신의 부설 등의 필요성을 역설했던 것이다.[52]

또한 앞서 기술한 이노우에 가쿠고로도 1887(메이지 20)년에 「조선내정개혁의견서」(朝鮮內政改革意見書)를 작성했다. 그는 한국 정치의 폐해로서 중앙정부의 명령이 지방에서 불철저하게 시행되는 것, 정부 수입의 부족, 지방관의 수탈에 의한 인민의 곤궁 등을 들고, 그에 대한 개혁안으로서 중앙정부로의 조세권 집중, 행정구획 개편 등에 의한 중앙정부의 지방통제 강화, 그리고 그것들에 의한 지방관의 수탈 억제 등과 같은 구체적인 정책을 제안했다. 그리고 이것은 갑오개혁에 임하는 이노우에 가오루(井上馨)에게 제출됐다.[53]

이와 같이, 후쿠자와 및 문하생인 이노우에 가쿠고로의 주장은 자유민권파와는 달리 명확하고 또한 구체적이었으니, 이것을 단순히 '한국객체관'에 기반하는 것이라고는 말하기 어렵다. 그러나 거기에는 일본의 지도·간섭이 당초부터 예정되어 있고, 특히 갑신정변 후에는 한국의 의향이 거의 무시되고 있어, 역시 '한국객체관'이 강화됐다고 할 수 있겠다.

이상으로 대표적인 혹은 전형적인 비구성원들의 한국관을 검토했다. 그들이 강조하는 바는 다르지만, 신문 사설에서와 마찬가지로 '한국객체관'을 표명했다. 그렇다면 '한국객체관'은 한국 식민지화와는 어떠한 관계가 있는 것일까?

---

49) 『時事新報』1885(메이지 18)년 3월 16일 사설 「脫亞論」.
50) 앞의 신문, 1887(메이지 20)년 1월 6일 사설.
51) 앞의 신문, 892(메이지 25)년 10월 1일 사설.
52) 앞의 신문, 1894(메이지 27)년 6월 17일 사설.
53) 井上角五郎君功勞表彰會 編, 『井上角五郎君略伝』(同會, 1919), 44쪽 및 井上角五郎先生伝記編纂會 編, 『井上角五郎先生伝』(同會, 1943), 116쪽.

Ⅲ. '한국객체관'과 '동화주의'

'한국객체관'과 '동화주의'의 논리적 관계는 일본의 대한정책의 연장으로서 일본이 한국을 식민지화할 것을 생각해 내기까지는 심각한 문제가 되지 않았다. 앞장에서 보았던 것과 같이, 한국에 대한 간섭이 당연시되면서, 그 결과 일본의 객체인 한국을 '일본화'하는 것이 한국을 일본과 동등하게 하지는 않는가 하는 위구도 거의 보이지 않았다. 예컨대 『요코하마마이니치신문』은 청일전쟁 수행 시에 「한인의 일본화(일본어를 수입해야 한다)」라는 사설에서 다음과 같이 말하고 있다.[54)]

> 정치적 개혁이 한국을 위해서 목전의 급요인 것은 논할 필요도 없다. 그렇기는 하나 한인을 일본화하지 않는다면 온갖 시설·경영은 오래지 않아 한인 고유의 기풍과 맞지 않아 충돌하여, 또 다시 문란하고 파괴되어 마침내 구제할 수 없는 지경에 이를 것이다. 그러므로 한국이 영원한 계책을 이루려 한다면, 우선 기풍을 일변시켜야 한다. 기풍을 일변시키고자 한다면, 비록 철도전신의 설치가 일변시키는 데 간접적인 영향을 미친다고는 해도, 가장 절실하고 주요한 것은 우리 언어 문장을 수입하는 것보다 나은 것은 없다. 원래 한국에 고유의 언어가 없는 것은 아니지만 교육하는 것은 지나문이니, 따라서 지나문이 국내 일반의 통용문이 됐다. 이것이 숭청사대(崇淸事大)의 기풍을 양성하는 원인이므로, 조선을 일본화하려 한다면 지나문을 대신하여 일본문으로 하는 것만큼 유효한 것은 없다. 생각건대 언어의 변천에 의하면 한인은 얼마간 일본고대의 인종에 가까운 점이 있다. 중고(中古)에 지나의 감화를 받아, 그로 인해 국세가 위축되어 떨치지 못하게 됐기는 해도 이제 유도계개(誘導啓開)하여 일본적 교육을 시행한다면, 그 발달진보를 반드시 기약하기 어렵지는 않다. …… 우리나라 메이지 연간의 교육을 보라. …… 하물며 한인이 일본어에 쉽게 숙통(熟通)하는 것은 종래의 경험으로 이미 증명됐으니 더욱 그러하지 않은가. 이것은 한일의 인종이 습관이 서로 가깝고 본성에 서로 같은 소지를 갖고 있기 때문이다. 그렇다면 일본어를 한국의 통용어로 한다고 해도 또한 무슨 어려움이 있겠는가. 일본어를 한국의 통용어로 하는 것은 한인의 기풍을 일변시키는 방법이며, 한인의 기풍을 일변시키는 것은 한국에 영원한 기초를 건설하는 방법이다.

---

54) 『横浜毎日新聞』, 1894년(메이지 27) 11월 10일 사설 「韓人の日本化(日本語を輸入すべし)」.

또한 『요미우리신문』도 거의 같은 시기에 다음과 같이 말하고 있다.[55]

> 그 위치로부터 논하거나, 그 관계로부터 논하거나, 혹은 다시 국정(國情)·풍속·역사상으로부터 논하여도, 조선을 이끌어 개명의 경지에 오르게 할 자, 일본 문명을 차치하고 다시 무엇이 있겠는가. 그리고 일본의 문명을 조선에 부식(扶植)하는 것은 바로 한일 양국을 점점 융화시키는 것이 아닌가. 문명의 성질을 동일하게 하는 것은 바로 양국의 성질을 동일하게 하는 것이다. 양국의 성질을 동일하게 하는 것은 바로 양국을 서로 융합시키는 것이다. 여기에 이르러 어찌 다시 조선의 완명(頑冥)을 우려하랴.

이와 같은 이른바 한국 혹은 한국인 개조론의 근거에는 주지하는 바와 같이 '동문동종'(同文同種)관이 있었다. 예를 들어 『오사카마이니치신문』은 다음과 같이 말하고 있다.[56]

> 우리나라와 조선은 같이 동양의 표면에 있고, 함께 동일한 인종에 속하며, 함께 동일한 문자를 사용하여, 이천여 년 이래 함께 동일한 가르침을 받들고, 특히 양국 사이에 하나의 바다를 두고 있을 뿐, 서로가 바라볼 수 있을 정도로 근접하여, 양국 인민이 서로 왕래 무역한 지가 벌써 오래됐다.

이상과 같이 청일전쟁기에는 '동문동종'관에 의거하여, 일본어를 가르치면 한국인은 일본인화한다, 혹은 한일 양국의 융합이 실현된다는 것이 솔직하게 그리고 순진하게 이야기되고 있다. 이러한 논의는 『국민신문』의 수회에 걸친 사설에서 극에 달했다. 즉, 이 신문은 한국의 '일본화'에서 더 나아가, 때로는 일본인의 한국으로의 귀화를 설파했던 것이다.

> 조선에 대한 당장의 급선무는 정부를 개조하는 동시에 국민을 개조하는 데 있다.[57]
> 진정한 한민(韓民)을 만드는 법으로는 청년, 소년의 보통교육이 가장 급한 것이다. 우선 조선으로 하여금 학제를 고쳐, 우리나라의 보통교육제도를 작량(酌量)하여, 곧 바로 그 나라에서 보급시켜야 할 뿐이다. 한일 간의 관계가 이미 친밀하고, 앞으로 점점

55) 『讀賣新聞』, 1895(메이지 28)년 1월 2일 사설 「日韓兩國の融合」.
56) 『大阪每日新聞』, 1882(메이지 15)년 5월 9일 사설 「朝鮮の事を論す」.
57) 『國民新聞』, 1894(메이지 27)년 8월 7일 사설 「朝鮮國民の改造」.

친밀해질 것이므로, 한민이 일본어를 사용할 필요가 점점 커질 것이며, 따라서 한국의 보통교육은 전부 우리 오키나와현(沖縄縣)의 교육과 같이 해야 할 뿐이다. …… 혁신 후의 보통교육은 마땅히 문명적이어야 한다. 즉 일본적이어야 한다. 즉 대일본제국의 가나혼합문과 대일본제국의 언어는 조선의 보통문, 보통어로 해야 한다. 그렇게 하여 교육이 3~5년을 지나면 그와 같이 하여 새롭게 만들어진 한민은 조선의 독립을 희망하고, 조선의 독립을 부지(扶持)하는 한민이다. 만약 속성으로 한민을 만들려고 한다면, 뜻을 가진 우리 일본 국민이 신속하게 조선에 귀화하여, 마침내 자바에 귀화한 미국처럼 되겠다는 신념을 가져야 한다. 자바에 귀화한 미국인이 자바 정권을 장악했듯이, 조선의 대정신, 대활력은 귀화 한인인 일본인에 의하지 않으면 안 된다는 것을 믿는 것이다. 우리는 많은 일본인이 조선에 이주하기를 바란다, 그렇지만 조선에서 큰 일을 하려는 사람은 협애한 할거적 사려를 버리고 세계적 큰 관념을 가지고 조선에 귀화하기를 바라지 않을 수 없다. 만약 이들 귀화인이 조선 전국 온갖 지역을 채워, 유사시에는 장수가 되고 대장이 되고, 무사시에는 스승이 되어 문명, 진보, 자유의 선도자가 되고, 지방관청에 대혁신을 일으킬 뿐만 아니라, 한민의 심정사상에 대혁신을 가하기에 힘써 그치지 않는다면, 조선은 이들 귀화인의 조선이 되고, 조선은 진정한 독립국이 되어, 반쯤 망한 조선국이 함께 비로소 흥기하겠구나.58)

더욱 길어지나, 같은 신문으로부터의 인용을 계속하겠다.

조선을 개혁하든 청국 영지를 점령하든, 한시도 잊어서 안 되는 것은 가능한 신속하게, 가능한 근본적으로 조선을 일본화하는 것이다. 일본화한다는 것은 풍속, 사회, 제도, 사상을 일본적으로 한다는 것을 말한다. 조선을 개혁한다 하면서, 겨우 관제의 개혁 정도로 멈춘다면, 복고적인 운동이 일어나지 않기를 언제 담보할 수 있겠는가. 일본의 병력이 있고, 일본에 대한 감사의 기억이 있다고 치더라도, 조선이 표면상 독립국의 체면을 유지하는 이상은, 어느 나라의 사신과도 서로 변통할 자유와 경우는 불가결한 것이다. 그들을 순전하게 일본화하지 않는다면, 그들이 타국의 유혹에 걸리지 않을 것을 누가 알겠는가. …… 그러므로 청·한 양국에 대하여는 하루도 일본화하는 것을 잊어서는 안 될 것이다.59)
여하튼 조선에 대한 제일의 긴급 사건은 조선을 '일본화'하는 데 있다. 그 인종을, 풍속을, 상업을, 교육을 일본식으로 변화시키는 데 있다.60)
천 마디의 공언(空言)도 한 가지 실행만 못하니, 조선의 개혁, 조선의 교육, 조선의 전도(傳道)를 외치며 천언만어(千言万語)하는 것은, 처음부터 하나를 실행함만 못하다.

58) 앞의 신문, 같은 해 8월 16일 사설「朝鮮の新人民」.
59) 앞의 신문, 같은 해 10월 12일 사설「日本化」.
60) 앞의 신문, 같은 해 10월 20일 사설「一日も日本化するを忘るゝ勿れ」.

> 실행이란 무엇인가. 조선의 읍과 큰 도시에 일본인의 새 고향을 만드는 것이 바로 그것이다. 만일 도처에 일본인이 있어, 일본적인 지방자치를 시작하고, 일본인적인 권리를 주장하며, 일본인의 경찰을 행하고, 일본인적인 교육을 행한다면, 이를 견문하는 한인이 교화·감화되지 않으려 하지는 못할 것이다. …… 만약 조선의 읍과 큰 도시의 도처에 일본인의 새 고향을 세운다면 조선 전국의 인민이 바다를 건너 일본에 유학한 것과 같아, 그 인민이 교화·감화되지 않으려 하지는 못할 것이다.[61]
>
> 어떻게 하여 조선에 일본인의 새 고향을 세울 수 있는가. 우선 일본인에게 조선의 토지를 소유할 권리를 주어야 할 것이다. …… 만약 토지소유권을 주어, 그 풍요로운 땅에 일본인의 손이 닿는다면, 산업이 일어나고 문명이 일어날 것이다. …… 옛날 삼한인(三韓人)인 우리에게 투하하자, 우리는 그들을 후하게 대우하며, 토지를 부여하여 안치시켰다. 그들의 문명은 도처에서 모방했다. …… 우리 인민에게 토지를 주고 문명을 받아들이는 것은 그들에게 있어서는 우리에게 보답하는 것이고, 우리에게 있어서는 그들에게 보답하는 것이다.[62]

이상과 같이『국민신문』은 당시로서도 특이한 주장을 하고 있다. 이러한 주장은 완전히 '한국객체관'과 충돌한다. 더구나 전혀 고려되고 있지 않다. 이것이 청일전쟁까지의 한국관의 특징이었음도 또한 사실이다. 그러나 이 주장은 시간이 지나면서, 일본인에 대한 특권 부여 및 한국인에 대한 일본어 교육이라는 측면이 강조되고, 일본인이 한국인으로 귀화한다고 하는 측면은 전혀 주장되지 않고, 또한 평가받지도 않게 된다. 그 이유는『국민신문』에 관해서는, 아마 도쿠토미 소호(德富蘇峰)라는『국민신문』발간자의 사상적 변화, 즉 '평민적 평화주의', '대일본팽창주의'로부터 '국권주의', '제국주의'로의 변화에 의한 것이겠지만,[63] 그것뿐만이 아니다. 청일전쟁에서 일본이 처음으로 타이완이라는 식민지를 얻어, 그것을 실제로 통치하게 된 것, 더구나 거기서 일본의 통치 정책을 확정하지 않을 수 없었던 것이 영향을 주고 있을 것이다.

그런데 이 점에서 주목해야 할 것은 앞에서 기술한『국민신문』의 사설이 "한국의 보통교육은 전부 우리 오키나와현에서와 같이 해야 한다"고 하여, 오

61) 앞의 신문, 같은 해 12월 15일 사설「朝鮮に於ける日本人の新故鄕」.

62) 앞의 신문, 같은 해 12월 15일 사설「日本の勢力を土着ならしめよ」.

63) 中村尙美,「德富蘇峰の"アジア主義"」,『早稻田大學社會科學討究』 제37권 2호(1991/12); 鹿野政直,「國家主義の擡頭」, 橋川文三·松本三之介 編,『近代日本政治思想史 I』(有斐閣, 1971), 참조.

키나와의 예를 내걸고 있는 점이다. 즉, 오키나와는 '일본화'의 성공한 선례로서 인용되고 있으며, 『국민신문』은 이 점에서 정부 구성원들의 인식과 지극히 비슷한 인식을 갖고 있었다고 말할 수 있다. 훗날의 일이지만, 타이완 총독부의 관료가 다음과 같이 말하고 있기 때문이다.64)

> 현재 오키나와인은 우리 국민과 이미 조화를 이루었지만, 겨우 메이지 25, 26년경까지만 해도 마음속에서는 지나와 일본 양쪽에 복속된 상태였다. 그러나 우리의 국운이 팽창 발전함에 따라 완전히 동화되고 말았던 것이다. 또한 본국의 경우도 사천 오백 만의 동포가 결코 단순한 것이 아니다. 아이누, 말레이, 다카마노하라(高天原) 인종 등이 서로 섞여서, 야마토혼(大和魂)의 주형(鑄型)에 의해 단결됐던 것이다. 그러므로 동인종인 조선인이나 지나인은 장차 동화될 수 있을 것이다.

그런데 타이완에서는 오키나와를 선례로 하는 '동화주의' 혹은 소위 '내지연장주의'(內地延長主義)가 통치 당초에는 채용되지 않았다. 우선 타이완의 교육정책 책임자였던 이자와 슈지(伊澤修二)가 기도한, 오키나와 교육정책과 유사한, 소위 '일본인화 교육론'(='동화론')은 주로 타이완의 재정 상태라는 제약에 의해서 좌절되었다.65) 그러나 일본어 교육에 관해서는 과연 타이완에서 '동화'정책이 가능한지 어떤지가 실은 문제시되어 '동화론' 비판도 있었다. 더구나 그 과정에서 '동문동종'이 근거로서 유효하지 않은 것도 명확해졌던 것이다.66) 이렇게 해서, 타이완에서의 교육은 절충적인 것이 됐다.

다음으로 타이완 사무국 위원으로서 하라 다카시(原敬)가 작성한 『타이완문제이안(臺灣問題二案)』의 '내지연장주의' 주장도 타이완 통치를 실제로

---

64) 1904(메이지 37)년 8월, 대만교육회보통총회에서의 대만총독부학무과장 持地六三郎의 연설, 石田, 『記憶と忘却の政治學』, 80-81쪽. 또한 吉盛清, 『日本植民地下の台湾と沖縄』(沖縄あき書房, 1990)에서 인용.

65) 駒込, 『植民地帝國日本の文化統合』, 42-44쪽; 小熊, 『'日本人'の境界』, 93-109쪽, 「崩壊する日本語ー台湾統治初期における日本語教育論議ー」; 西川他 編, 『世紀轉換期の國際秩序と國民文化の形成』 수록, 弘谷多喜夫臺灣の植民地支配と天皇制」, 『歷史學研究』증간호(제547호, 1985/10); 戴國煇, 『臺灣と臺灣人』(研文出版, 1979).

66) 駒込, 『植民地帝國日本の文化統合』, 51-71쪽; 小熊, 『'日本人'の境界』, 105-09쪽; 石田, 『記憶と忘却の政治學』, 87-92쪽.

담당한 총독부 측에 의해 부정됐다.[67] 이리하여 타이완에서는 '육삼법문제'(六三法問題)에 나타난 것처럼, 법제적으로는 절충주의가 채택되어, 타이완에 '일본'으로서 위치를 부여하면서도, 타이완인에게는 일본법이 적용되지 않았던 것이다.[68]

이념적으로는 어쨌든, 실제로 타이완에서 '동화주의'가 채용되지 않았던 것은 타이완의 치안·경제의 안정과 동시에, 일본으로부터의 '분리독립'이 지향됐기 때문이며, 이 정책을 추진한 것이 민정장관 고토 신페이(後藤新平)의 생각이었다. 고토는 다음과 같이 말하고 있다.[69]

> '조야유치(粗野幼稚)한 인민'인 타이완인에게 '문명의 제도'나 '문명적 법령'은 부적당하다. 오히려 '소박하고 아동과 같은 토착민의 마음에, 도저히 이해하여 소화할 수 없는 개인의 권리와 같은 진기의 사상을 주입하는 것에 지나지 않다', 잘못하면 '관권(官權)에 반항하는 생각을 조장'할 뿐이다.

이 고토의 주장은 지금까지 언급해 온 여러 인물들의 한국관으로부터 유추해 말하자면 '타이완객체관'(臺灣客體觀)이라고도 할 수 있다. 즉 타이완의 경험, 적어도 고토의 인식·판단과 실제 통치 정책과의 관계로부터는, '타이완객체관'을 갖는 한, 타이완에 '동화주의'를 적용할 수는 없다. 그렇다고 한다면 이것과 마찬가지로 '한국객체관'을 지닌 한, 한국에 '동화주의'를 적용하는 것은 불가능한 것이 된다. 그러면 지금까지 보아온 비구성원들은 이것을 어떻게 생각하고 있었던 것일까.

여기서 주목해야 할 것은, '한국객체관'이란 발상이 일본 민족론 중 '국체론'(國體論)과 친근성을 갖고 있다는 것이다. 주지하는 바와 같이, '국체론'은 일본 국민이 단일순수 기원인 하나의 민족으로 구성되어 있는 것을 전제로 하

---

67) 駒込, 『植民地帝國日本の文化統合』, 32-34쪽; 石田, 『記憶と忘却の政治學』, 84-87쪽; 小熊, 『'日本人'の境界』, 116-26쪽.

68) 駒込, 『植民地帝國日本の文化統合』, 35-42쪽; 小熊, 『'日本人'の境界』, 110쪽; 淺野豊美, 「日本帝國の統治原理, 『內地延長主義』; 帝國法制の構造的展開」, 『中京大學社會科學研究』 제21권 제1·2호(2001/3); 山本, 『日本植民地経濟史研究』, 4-13쪽.

69) 小熊, 『'日本人'の境界』, 131-40쪽.

고 있다. 그러므로 일본이 식민지를 보유하지 않는 경우에는 '국체론'은 유효했지만, 이민족의 토지를 식민지로 했을 때 그것은 모순된다. 만약에 식민지 통치에서 '동화주의'가 채택되면, 단일순수 기원의 한 민족이라는 구성 요소는 성립하지 않게 되기 때문이다.[70] 이러한 '국체론'에서의 논리 구조는 '한국객체론'에서의 논리 구조와 유사했다. 즉, '국체론'을 포기하듯 '한국객체관'을 포기하면, 한국에 '동화주의'를 적용할 수가 있다. 반대로 '국체론'을 유지하듯 '한국객체관'을 유지한다면, 타이완과 같이 한국에 '동화주의'는 적용할 수 없고, 권력 지배가 미치게 되는 것이다. 그러나 청일전쟁 때도 그 후도, 일본은 한국에 대한 간섭을 '한국의 독립 유지'를 위해서라고 하여, 구미 열국에 정당화해 왔다. '한국객체관'을 강고히 유지하면서 권력 지배를 하는 것은, 종래의 대한정책과 모순되는 것이 분명했다. 이 점이 타이완 통치와의 큰 차이였다. 실제로 보호정치에 있어서 '통제정책'과 병행이기는 했지만, '문화정책'과 '자치육성정책'이 추구된 것은 권력 지배만을 관철할 수 없었던 것을 보여주고 있다.[71]

그러나 '한국객체관'을 포기하는 것은 정부 구성원들이나 비구성원들이나 실제로는 불가능했다. 그렇다고 한다면, '한국객체관'을 유지하면서 '동화주의'도 적용할 수 있는 새로운 논리가 필요했다. 그것이야말로 '혼합민족론'(混合民族論)과 '일선동조론'(日鮮同祖論)이었다. 청일전쟁 전인 1890년대에 역사학에 등장한 '일선동조론'에 공통된 전제는 일본과 한국 사이에는 고대로부터 상호 교류가 있었다는 것이었다. 그리고 교류의 결과, 한일 두 민족은 혼합됐다는 점에서 이 이론은 '혼합민족론'으로 이어졌다.[72] 더욱이 같은 시기에 언어학에서도 일본과 한국의 언어적 동일성이 주장됐고,[73] 역사학과 언어학에

70) 小熊, 『單一民族神話の起源』, 제3장 「國体論とキリスト教」 참조.

71) 森山, 『近代日韓關係史研究』, 제2부 제1장 및 『日韓併合』(吉川弘文館, 1992), 제2, 3장, 참조.

72) 小熊, 『單一民族神話の起源』, 87-96쪽; 小熊, 『'日本人'の境界』, 161-66쪽, 또, '일선동조론'에 관해서는 이하를 참조. 旗田, 『シンポジウム · 日本と朝鮮』, 5, 8, 12-14쪽; 上田正昭, 「『日鮮同祖論』の系譜」, 『季刊三千里』제14호(1978/2).

73) 小熊, 『單一民族神話の起源』, 96-98쪽; 安田敏朗, 「日本語論の中のアジア像」, 西川他 編, 『世紀轉換期の國際秩序と國民文化の形成』 수록; 三ツ井崇, 「日本語朝鮮語同系論の政治性をめ

서의 '일선동조론' 그리고 '혼합민족론'이야말로 '한국객체관'과 '동화주의'를 결합시켰다. 그리고 그것들이 청일전쟁 이후, 신문·잡지 등을 통해서 주장된다. 그런 의미에서 비구성원들이야말로 그것들을 민중 차원에까지 침투시킨 것이다.

그렇기는 하나, '일선동조론'과 같은 형태는 아니지만, '한국객체관'의 내용 중 하나인 한국의 자립성 결여 등과 같은 결점 내지 '악덕'을 부정하며, 한국상(韓國像)을 변경하려는 시도가 서서히 시작되고 있었다.[74] 신문 사설에서도 이하와 같은 예를 들 수 있다.

예를 들어 『요코하마마이니치신문』은 이미 언급한 「한인의 일본화」라고 하는 사설에서 일선동조적인 기술에 이어서 "한인이 일본어에 능통하기 쉬운 것은 종래의 경험으로 이미 증명됐다"고, 그 특성을 말하고 있다.[75] 또한 『도쿄니치니치신문』도 이미 메이지 15년 시점의 사설 「조선의 문명」에서 다음과 같이 말하고 있다.[76]

> 원래 조선 고대의 문명이 어떠했는지를 살펴보니, 우리 일본의 문명은 조선에서 그 연원을 발한 것으로, 이미 고전에도 신라는 진보(珍寶)가 많은 나라라고 했듯이, 우리나라보다 부유한 나라였다. 이것은 우리나라에 아직 역사가 없었던 때이므로 우리는 일용의 기구를 비롯하여 무릇 문명이 앞선 바의 것은 오로지 조선에서 빌렸다는 것은 다툴 수 없이 명백한 증거가 매우 많다.

더 나아가, 한국의 상태가 악화된 것은 소위 '양반정치' 등의 '악정'(惡政)에 의한 것이며, 그러므로 '선정'(善政)을 베풀면 한국의 상태는 개선될 수 있다는 주장도 이미 일찍부터 볼 수 있었다. 예를 들어 『니로쿠신보』(二六新報)는 메이지 28년 2월부터 3월에 걸친 사설 「조선의 병원(病源)」에서 '정폐'(政弊)로서는 '사대'(事大) 등을, '교폐'(教弊)로서는 '과거' 등을 들고 있다.[77] 또

ぐる諸様相」, 『朝鮮史研究會論文集』제37호(1999/10). 또, 일본의 조선어 연구에 관해서는 旗田, 『シンポジウム・日本と朝鮮』, 88-103쪽 참조.

74) 南, 『近代日本と朝鮮人像の形成』, 36-45쪽.

75) 『横浜毎日新聞』, 1894(메이지 27)년 11월 10일 사설 「韓人の日本化」.

76) 『東京日日新聞』, 1882(메이지 15)년 9월 15일 사설 「朝鮮の文明」.

한 앞에서 기술한 『도쿄니치니치신문』의 사설 「조선의 문명」에서는 '조선 문명'이 '퇴보'한 이유를 많은 내란에 덧붙여, 안에서의 '덕의(德義)의 쇠퇴'와 밖에서의 쇄국이라고 하고, 이것을 개선하기 위해 "문명으로 나아가게" 해야 한다고 말하고 있다.[78]

어쨌든 청일전쟁 이후, '일선동조론' 그리고 '혼합민족론'이 비구성원들에 의해서 빈번히 주장된다. 그 대표적 예로서, 이미 언급한 오쿠마 시게노부(大隈重信)의 보호정치기의 「대한의견」(對韓意見)을 보도록 하자.[79] 오쿠마는 우선 한국인의 "선조는 우리들과 같"고, "골상학(骨相學) 상으로 말해도, 한인은 일본인과 동일하다"고 '일선동조론'을 말한다. 또한 한국인은 "원래 '단결력'이 있고, '매우 인내력'이 있으며, '공공심'과 '저축심'도 있다"고 한다. 나아가 옛날의 "한국은 …… 일본보다 문명의 정도가 높았기 때문에, 그 문명을 일본에 옮긴 적이 있"으나, "정치가 나빠 타락"했다, 그러므로 "정치만 좋아진다면, 한인은 일본인과 동등하게 발전할 수 있는 운명을 갖고 있다." 그리고 일본이 교육 등에 의해서 "자유의 정치 하에서 지배"하여 유도해 나가면, 한국은 문명개화의 길을 밟을 수 있다고 결론짓는다. 이렇게 해서, 오쿠마는 한국에 대하여 '동화주의'를 적용할 수 있다고 설득한 것이다.

그러나 주의해야 할 것은 오쿠마가 한국인을 선천적으로 열등하다고는 하지 않았던 것이다. 만약에 열등하다고 하면, 선조가 같은 일본인도 또한 선천적으로 열등한 것이 되어버리기 때문이다. 그러나 오쿠마는 일본인과 한국인 사이에 명확히 능력의 차이를 보고 있다. 오쿠마는 말한다.

---

77) 『二六新報』, 1895년(메이지 28) 2월 27일(緖言)~3월 9일(結論)사설 「朝鮮の病源」, 앞의 책 南, 『近代日本と朝鮮人像の形成』, 53-64쪽; '조선해체론'에 관해서는, 이하를 참조; 앞의 책 旗田, 『シンポジウム·日本と朝鮮』, 14-15쪽; 앞의 책 旗田, 『朝鮮と日本人』, 姜尙中 「福田德三の『朝鮮停滯史觀』」 『季刊三千里』 제49호(1987/2); 宮嶋博史 「日本における, 『國史』の成立と韓國史認識 ―封建制論を中心に」; 앞의 책 宮嶋他 編, 『日韓共同硏究叢書2 近代交流史と相互認識 I』 수록.

78) 『東京日日新聞』, 1882년(메이지15) 9월 15일 사설 「朝鮮の文明」.

79) 주(38) 인용문서 참조. 또, 이것에 관해서는 小熊, 『單一民族神話の起源』, 101-03쪽; 南, 『近代日本と朝鮮人像の形成』, 40-41, 48-53쪽을 참조.

아무리 해도 일본인 쪽이 지혜도 있고 경험도 있으며 부유해질 힘도 있으니까 …… 조선인은 아무리 해도 일본인의 수하가 되어 일하지 않으면 안 된다" "일본인은 지주가 되고, 자본가가 되고, 조선인은 상점 지배인, 중간 종업원, 판매원이 되며, 제조업이라면 노동자로, 농업이라면 소작농과 같은 상태가 될 것이라고 생각한다.

이렇게 해서 오쿠마는 '한국객체관'을 유지하면서, 한국에 대해 '동화주의'의 적용을 주장할 수가 있었다. 그것은 비구성원들의 '한국객체관'이 다다른 하나의 결론이었다. 그러나 여기에도 문제는 남아 있다. 그것은 지금까지 일본이 한국의 독립을 유지하기 위해 행동해 왔음에도 불구하고, 병합=식민지화라는 정책을 채용한 것에 대한 정당화 문제이다. 더구나 주의해야 할 것은 이 경우 병합 그 자체를 역사적·언어적으로 정당화한다고 하는 의미가 아니고, 독립을 왜 상실하지 않으면 안 되는지에 관한 정당화 논리이다. 바꿔 말하면, '독립불능론'(獨立不能論)이 어떻게 주장됐는가 하는 것이다.

그런데 이 점에 관해서는 신문 사설에도, 또한 비구성원들의 의견에도 명확한 주장은 거의 보이지 않는다. 신문 사설에서는 예를 들면, 『도쿄니치니치신문』이 "조선인에게 자치 능력이 확실히 있다면, 병합의 필요성은 생기지 않는다"고 말하고 있고,[80] 또한 『요로즈조호』(萬朝報)는 병합은 한국의 지배층이 '자각'하여 "일본을 통해 안전을 유지하고, 존엄을 유지하는 것 이외에는 없음을 알"고, 그들은 "주권 영토를 완전히 우리 천황폐하에게 봉납하는 것이 오히려 조선의 이익이 됨을 안" 결과라고 말했다.[81] 그러나 그 밖의 『요미우리신문』에서 다치 사쿠타로(立作太郎)가 병합을 '평화적 수단'에 의한 '평화적 병합'이라고 한 것 이외에, 이 문제는 논의되고 있지 않다.[82] 그리고 비구성원들도 이 문제에 관해서는 의견을 거의 표명하지 않고 있다. 오쿠마도 또한 한국이 "일찍이 독립한 적이 없어"라는 의견을 말하여, 병합 그 자체를 정당화한 것에 지나지 않았다.[83]

80) 姜東鎭, 『日本言論界と朝鮮』, 12-14쪽.
81) 위의 책, 15-16쪽.
82) 위의 책, 35-36쪽.
83) 위의 책, 63쪽, 吉岡吉典, 「『朝鮮併合』と日本の世論」 上下, 『朝鮮研究』 제65, 72호(1967/9,

이와 같이 병합에 관한 비구성원들의 의견은 종래 '한국객체관'의 주장에 비하여 너무나 빈약하다. 그러므로 병합 그 자체가 '한국객체관'으로 볼 때 당연시되는 것인지 아닌지, 혹은 합리적인지 아닌지 하는 논의는 전혀 전개되지 않았다. 보호정치를 비판하는 논의가 병합 전에 있었고, 또 병합의 필요성이 외쳐지고 있던 것을 생각하면,[84] 이것은 이상하다. 이로부터 도출할 수 있는 추론은, 비구성원들은 병합에 관해서 정부의 조치를 추인할 뿐이며, 학문적으로 논의된 것을 빌어 정당화하는 것 이외에, 한국의 독립을 부정하는 것에 관한 언설은 아무 준비도 할 수 없었다는 것이다. 그들은 기성 사실을 추종하여, 그것을 추인하고, 또한 스스로가 개발한 것이 아닌 논리에 의존하여, '한국객체관'과 '동화주의'의 결합이라는 결과를 향수한 것에 지나지 않았다. 따라서 그것은 비구성원들이 '한국객체관'에 아무것도 새로운 요소를 덧붙일 수 없었음을 의미하는 것이다. 비구성원들이 '한국객체관'에 관해서 한 기능이란 다름 아닌 바로 그것이었다.

그런데 정부 구성원들의 경우에는 사정이 약간 달랐다. 예컨대 이노우에 가오루(井上馨)는 갑오개혁에 개입했을 때, 개혁 특히 '법전정략'(法典政略)의 모델을 일본으로 하고 있었다. 즉, 이노우에는 한국의 법률을 '일본화'하려 했고, 그것이 동시에 '문명화'라고 생각하고 있었던 것이다.[85] 여기에서는 '문명화'와 '일본화'가 대립한다고 하는 심려가 전혀 느껴지지 않는다. 이노우에에게는 조약 개정에 진력한 결과, 그것이야말로 일본에게 바람직하다는 확신이 있었던 것이다.[86] 또한 이토도 보호정치에서 전개하는 정책에는 시기적인 착오는 있었지만, 이노우에와 같이 '문명화'와 '일본화'가 대립한다고는 생각하지 않았다. 이토는 오히려 한국민이 보호정치에 심복하지 않는 것과 구미 열국이 한국에 간섭할 위험성을 걱정하고 있었다.[87] 나아가, 초대 총독 데라

1968/4); 里上, 「近代日本の朝鮮認識」, 254-55쪽 참조.

84) 森山, 『近代日韓關係史研究』, 218-19쪽, 森山, 『日韓併合』, 172-75쪽.

85) 앞의 책, 31, 39-43쪽; 森山, 『日韓併合』, 5256-58쪽.

86) 森山, 『近代日韓關係史研究』, 30-32쪽.

87) 앞의 책, 225, 227-28, 242-43, 246-47쪽 및 里上, 「近代日本の朝鮮認識」, 270-72쪽 참조.

우치 마사타케(寺內正毅)도 또한 "동화가 우리에게 유리하다면 동화시키고, 우리에게 불리하다면 동화시키지 않으면 그만이다"라고 말하고 있다.[88] 더구나 데라우치의 통치 정책의 골자는 한국을 육군의 "정치적 독립 영역"으로 하는 것으로, 그가 '한국객체관'을 갖는 한, 그에게는 '동화주의'를 적용하려는 의도는 없었다. 데라우치는 교육에 있어서는 한국민의 종속화를 추진하고, 다른 분야에서도 권력 지배적 통치를 행했다.[89] 한국에 타이완과 같이 헌법을 적용하지 않은 것도 그 때문이며, 한국인에게 일본인과 같은 대우를 하지 않는 것에 대해서는 무관심했다.[90] 이렇게 보는 한, 정부지도자들은 '한국객체관'과 '동화주의'를 어떻게 결합할까에 대하여 고민하지 않았다고 할 수 있을 것이다. 상황이 변하면 정책도 변하는 것이고, 가능한 한 선택의 폭은 넓은 쪽이 좋았다. 권력 지배 양상은 통치인 이상 어느 국면에서든 나타날 수밖에 없으며, 그 정당화의 상대는 오로지 구미 열국이었다. 그러한 한 그들의 '한국객체관'이 변화할 일은 없었다.

Ⅳ. 맺음말

야당 정치가 및 언론인 등 본고에서 비구성원들이라 칭한 사람들의 '한국객체관'은 정부지도자 혹은 정부 구성원들의 그것과 큰 차이가 없었다. 그것들은 대체로 한국의 자립의 결여, 일본의 안전상의 필요, 한국의 독립 유지라는 내용을 가졌으며, 신문 사설 및 개인의 의견이라는 형태로 표명됐다. 그리고 정부 구성원들과 비구성원들 사이에서 의견에 큰 차이가 없었던 것은 한국

88) 앞의 책 小態, 『'日本人'の境界』 154쪽 [青柳綱太郎, 『總督政治史論』 上卷(京城新聞社 ,1928) 263쪽에서 인용].

89) 森山茂德, 「日本の朝鮮統治政策(1910~1945年)の政治史的研究」, 『新潟大學法政理論』 제23권 3·4 병합호(1991).

90) 駒込, 『植民地帝國日本の文化統合』, 95-100쪽; 小熊, 『'日本人'の境界』, 201쪽.

관에 새로운 선택지 내지는 변종을 거의 부가시킴이 없이, 그대로 계승됐음을 의미했다.

그러나 그들의 '한국객체관'에 전혀 문제가 없는 것은 아니었다. 최대의 문제는 '한국객체관'을 계속 유지할 경우, 식민지 통치에 '동화주의'가 적용될 수 있는가 라는 것이었다. 결국, 그들은 '일선동조론' 및 '혼합민족론'이라는 역사학 및 언어학에서 개발된 논리를 응용하여, 이 문제의 해결을 꾀하지 않을 수 없었다. 여기서도 그들은 정부 구성원들을 비판하지 않고, 한국관에 새로운 선택지 혹은 변종을 부가하는 일도 없었다. 이렇게 해서 그들은 한국 병합이라는 기정 사실을 추종한 것이다. 이윽고 그들은 한국이 육군의 '정치적 독립 영역'으로 되어 있는 것을 비판하며, 국내와 같은 비군사화를 요구한다.[91] 그에 따라 한국관에는 새로운 선택지 내지는 변종이 등장한다. 그러나 그것이 새로운 한국관을 가져올 것인가는 정부지도자들과의 관계 여하에 달려 있었다. 그리고 이 관계는 본고에서 밝힌 바와 같이 그들의 존재를 규정한 정치구조 및 그것이 직면한 상황의 성격에 의해서 결정될 것이다. 따라서 금후의 과제는 여전히 '한국객체관'을 재생산시킨 메커니즘을 해명하는 것으로, 다름 아닌 일본의 정치구조, 즉 포섭과 배제의 구조, 그리고 그것과 상황 변화와의 관계를 해명하는 것이다.

91) 森山,「日本の朝鮮統治政策(1910~1945年)の政治史的研究」.

근대 일본의 역사상과 조선

함동주

I. 서론

근대 일본은 메이지 정부의 수립 후 20년 남짓 지난 1889년에 헌법을 제정하고, 1895년에는 청일전쟁에서 승리를 거둠으로써 근대국가로서의 기틀을 확립하였다. 이러한 일본의 근대국가 건설의 이면에는 다양한 요소들이 복잡하게 얽혀 있었다. 본 연구는 그 중에서 근대적 역사상이라는 요소에 주목하고자 한다. 근대국가를 국민국가로서의 성격을 중시하는 일련의 연구에서 지적하고 있듯이, '과거에 대한 기억'으로서의 역사의 공유하는 것은 근대국가의 공통된 특징이다. 근대국가가 분산된 인민을 국민으로 통합하는 과정에서 역사적 기억을 공유하게 되는 것이 중요한 역할을 했다.[1] 근대 일본의 경우도 천황의 '만세일계'(万世一系)라고 하는 역사적 관념이 국가통합의 구심점으로 결정적인 역할을 했다.[2] 그렇지만, '천황'만으로 근대 일본의 역사상 전체를

1) Benedict Anderson, *Imagined Communities : Reflections on the origin and spread of nationalism*(Verso, 1991)[윤형숙 옮김, 『상상의 공동체 : 민족주의의 기원과 전파에 대한 성찰』(나남출판, 2002)]; Eric Hobsbawm, Terence Ranger (eds.), The Invention of Tradition (Cambridge University Press, 1983)[최석영 옮김, 『전통의 날조와 창조』(서경문화사, 1995)]; 西川長夫, 「日本型國民國家の形成」, 『幕末·明治期の國民國家形成と文化變容』(新曜社, 1995).

2) 宮地正人, 「日本的國民國家の確立と日清戰爭一帝國主義的世界體制成立との關連において一」, 『黑船と日清戰爭』(未來社, 1996); 安田浩, 「近代日本における民族觀念の形成」, 『思想と現代』

설명할 수는 없다. 근대 일본의 역사상은 천황 이외에도 다양한 요소들로 구성되었다. 그 중에서 본고의 관심은 '조선'과 관련된 역사적 기억의 존재와 역할을 살피는 데 있다.

조선은 식민지로서 일본 제국의 중요한 축을 이루었다. 그러나 조선이 근대 일본에서 차지한 위치는 식민지로서의 지배와 약탈이라고 하는 현실세계에만 머물지 않았다. 일본인들의 조선관은 열등한 '조선'의 존재를 통해 자신들의 우월한 위치를 확인 받는 오리엔탈리즘적 성격을 지녔다. 그러한 인식의 한 가지 근거는 현재적 시각에 따른 것으로, 문명의 발전 정도에 따라 '조선'의 낙후성을 강조하는 후쿠자와 유키치(福澤諭吉)의 문명론적 사고가 있다. 또 하나의 방식은 과거에 바탕을 둔 역사적 기억을 통한 것이었다. 구체적으로, 근대의 일본인들은 '조선의 과거'에 대해 특정한 기억을 지녔는데, 그 주된 내용은 '진구황후(神功皇后)의 삼한정벌'과 '도요토미 히데요시(豊臣秀吉)의 조선정벌'이라고 하는, 일본에 의한 정복의 기억들이었다.[3)] 본고의 관심은 후자의 방식에 있다.

조선에 관련된 근대 일본의 역사적 기억은 새로이 만들어지기보다는 근대 이전부터 전해져 온 것에 바탕을 둔 것이 많았다. 새로운 것은 기억의 내용 자체가 아니라 그 영향의 방식과 범위에 있었다. 근대 일본인들은 조선에 대한 역사적 기억들을 빈번하고 폭넓게 언급하였다. 나카츠카 아키라(中塚明)는 근대 일본의 '조선사상'(朝鮮史像)이 왜곡된 채로 정착되었음을 지적하며, 그 과정에는 "조선에 대한 침략정책, 교육=교과서의 내용, 일본인의 체험, 학계, 특히 역사학회의 동향 등의 상호관계 위에서 고찰"해야 한다고 한 바 있다.[4)]

31號, 1992, 68-69쪽.

3) 일본 최초의 근대적인 한국사 통사인 『朝鮮史』(1892)를 쓴 하야시 타이스케(林泰輔)도 「序文」에서 이 점을 다음과 같이 지적하였다. 즉, "진구황후가 정토(征討)하여 봉명납공(奉命納貢)한 이후 남방 일대는 우리의 경략(經略)에 속하였다. 부(府)를 세우고 장수를 두어 통치를 더욱 부지런히 하였다. 이때에 당하여 학술공예가 계속 들어와서 우리의 문화를 도운 것이 적지 않았다 …… 몽고가 우리를 침략했을 때 그 나라가 사실상 그것을 이끌었다. 豊臣氏가 병사를 보내고 팔도를 유린하여 들에 살아있는 풀조차 없었다. 길고 긴 3천 년 동안 그 서로 관계됨이 이미 이와 같다." 林泰輔, 『朝鮮史』, 1892, 1쪽.

4) 中塚明, 『近代日本の朝鮮認識』(研文出版, 1993), 178쪽.

그의 지적은 정확하지만 '왜곡된' 조선사상이 어떻게 일본 정부뿐 아니라 일본인들에 광범위하게 수용될 수 있었는지를 설명하지 못하고 있다. 여기서는 이러한 역사상(歷史像)이 일본 사회에 폭넓게 자리 잡아 가는 과정을 살피기 위해 메이지의 각종 출판물에 주목하고자 한다.

근대 일본인들이 조선에 대한 특정한 기억을 폭넓게 공유할 수 있었던 것은 근대적 매체의 발달에 의해 가능했다. 베네딕트 B. 앤더슨이 지적한 것처럼 근대국민국가의 성립에는 출판자본주의가 중요한 역할을 하였다. 근대의 출판자본주의는 시장을 통해 광범위한 계층을 독자로 통합함으로써 이들에게 '공동체의 일원'이라는 상상을 갖게 하였다. 일본의 경우도 근대적 출판업의 성립에 따라 대량 생산된 출판물이 일본인들의 세계관을 균질화하는 데 중요한 역할을 하였다.[5] 일본은 메이지 초기에 서양 인쇄기의 수입에 의해 출판사업은 기계생산·대량생산 시대로 접어들었다.[6] 1870년대부터 서양의 양식 활판인쇄의 보급, 양면 인쇄가 가능한 양지(洋紙)의 사용, 양식 제본술의 도입과 같은 기술적 발전이 진행되었다.[7] 일본의 출판계는 기술적 발전을 통해 근대적 대량체제를 갖추었을 뿐 아니라, 출판물의 내용에서도 사회적 변화가 반영되었다. 근대적 출판업의 성립에 따라 출간된 다양한 출판물들은 일본 사회에 나타난 조선사상의 변화상을 집약적으로 보여 준다. 이들 출판물은 판매를 목적으로 한 것이기 때문에 당시의 사회적 요구와 동향을 반영하였을 뿐 아니라, 그 자체가 특정한 견해와 인식을 대중에게 전달하는 매체이기도 하였다. 따라서 여기서는 근대 초기 일본의 역사 관련 출판물들을 중심으로 조선사상

---

5) "활자 미디어가 세계와 일본의 이미지를 싣고서 뇌리에 들어갔다. 아직 본 적이 없는 긴자와 니혼바시의 연와가(煉瓦街)의 성황이 가스등과 램프 빛의 눈부심이, 우시나베의 달콤하게 솟아오르는 국물의 김의 냄새, 세이요오켄의 서양요리에서 나오는 브랜디와 와인의 향기가, 마차와 기차의 소란스러움과 스테이션의 혼잡이 …… 服部撫松의 『東京新繁昌記』(명치 7년)에 의해, 仮名垣魯文의 『牛店雜談 安愚樂鍋』(명치 4년)에 의해, 加藤祐一의 『文明開化』(명치 6~7년)에 의해, 혹은 개화금회(開化錦繪)와 개화대진회절(開化大津繪節)에 의해 외따른 시골에도 전해지고 음독(音讀)되고 회독(回讀)되어서 이미지를 형성해 간다" 山室信一, 「國民國家形成期の言論とメディア」, 『日本近代思想大系 11 言論とメディア』(岩波書店, 1990), 486쪽.

6) 岡野他家夫, 『出版文化史』(室町書房, 1954), 6쪽.

7) 木戸雄一, 「明治期'ボール表紙本'の誕生」, 國文學研究資料館 編, 『明治の出版文化』(臨川書店, 2002), 3쪽.

의 전개과정과 특징을 살피고자 한다.

Ⅱ. 근대적 세계사상의 성립과 조선

1. 근대적 '세계사' 속의 조선

근대 일본의 역사상은 단일한 요소와 과정을 통해 형성된 것이 아니며, 그 바탕에는 다양한 요인들이 작용하고 있다. 그렇지만 일본의 역사상이 근대적 성격을 띠는 데는 서양으로부터 들어온 새로운 '세계사상'이 결정적인 계기가 되었다. 다시 말해 메이지 초기의 일본에 서양사 중심의 '세계사'가 성립되어 중국사 교양을 중심으로 하는 전근대적 세계 인식을 근본적으로 변화시켰다.

일본에 서양에 대한 지식이 소개된 것은 도쿠가와 시대(德川時代)의 일로서, 서양지리서 등은 일본의 지식인들이 서양에 대한 이해를 얻는 데 중요한 역할을 하였다. 그러나 당시의 영향은 매우 제한되어 있었으며 본격적으로 서양에 대한 지식이 수용된 것은 개국을 계기로 서양에 대한 관심이 고조된 결과였다. 서양에 대한 관심이 확대되면서 개국 이후 일본 젊은이들 사이에 서양으로 '양행'(洋行)이 유행하였다.[8] 개항 이후 고조된 서양에 대한 관심을 반영한 서적들이 1860년대 중반을 넘어서면서 본격적으로 나타나기 시작하여, 『만국종람』(萬國綜覽), 『만국공법』(萬國公法), 『서양사정』(西洋事情) 외에

---

8) 예를 들어, 막말기 존왕양이파의 대부였던 요시다 쇼인(吉田松陰)은 1853년 6월 페리내항 얼마 후인 9월에 나가사키에 들어온 러시아 군함을 타고 해외시찰을 위한 밀항을 하려고 했지만 실패한 후, 다음해 다시 내항하여 시모다에 정박 중이던 미국 군함에 올라가서 외국에의 밀항을 간청했지만 실패하여 처벌을 받았다. 근대 일본의 사상적 아버지로 일컬어지는 후쿠자와 유키치는 25세가 되던 1860년 1월에서 5월까지 막부의 견미사절단의 일원(奉行 木村喜毅의 종복의 명목)으로 견문하였고, 이듬해인 1861년 12월부터 1년간은 견구사절단(遣歐使節團)의 수행원으로 佛英蘭獨露葡 등을 방문하였다. 또한 1867년 1월에서 6월 사이에는 막부의 군함 수취위원의 일행으로 참가하여 미국을 방문하였다.

도 『서양여안내』(西洋旅案內), 『서양의식주』(西洋衣食住), 『조약십일국기』(條約十一國記)[9] 등이 출간되었다. 후쿠자와 유키치는 처음 미국에 갔을 때 일본 최초로 웹스터 사전을 구입해서 『(증정) 화영통어』((增訂) 華英通語)를 간행한 이후 『서양사정』을 비롯한 다수의 서양 관련 서적들을 저술하였다.

서양 지식에 대한 사회적 요구는 메이지유신 이후 한층 확대되면서 1870년대 문명개화기가 되면서 서양 관련 서적의 출판으로 이어졌다. '세계사'는 이러한 서양에 대한 지식 수용의 일환으로 소개되었다. 1869년도에 발표된 출판목록을 보면, 전체 239개의 서적이 출간된 중에 69개가 서양 관련이었다. 그 내용은 서양의 과학기술, 군사제도 및 병법, 정치제도, 법률, 영어사전 및 문법과 같은 실용적 성격의 서적이 중심이었지만 서양 역사 관련 서적도 『만국역사』(萬國歷史), 『만국사략』(萬國史略), 『태서사감』(泰西史鑑), 『외국연표』(外國年表), 『영국사』(英國史), 『서사감요』(西史鑑要) 등이 포함되어 있었다.[10] 또한, 1866년에 출간된 후쿠자와의 『서양사정 초편』은 서양의 각종 문물과 함께 주요 서양국가의 역사 및 정치·경제적 상황을 기술하였다. 즉, 미국(合衆國)을 비롯한 서양의 7개국을 소개하였는데, 그 항목을 '사기'(史記), '정치', '해육군'(海陸軍), '전화출납'(錢貨出納)으로 구성하였다. 야노 후미오(矢野文雄)가 서양 서적의 번역서들을 소개한 『역서독법』(譯書讀法), 1883)에도 역사서는 앞부분에 소개된 점에서 서양의 역사지식에 대한 지식인들의 관심도를 엿볼 수 있다.[11]

새로운 역사지식 중에서 일본의 세계인식에 가장 큰 변화를 가져온 것은 이른바 '문명사'들이었다. 대표적인 기조와 버클의 저서는 여러 경로를 거쳐

9) 岡野他家夫, 『出版文化史』, 3쪽

10) 大學에서 출판한 「新刻書目一覽」(1869년 12월)에 따른 것으로, 여기에는 당시 몇 년간 출간된 서적이 일람되어 있다. 小林善八, 『日本出版文化史』(日本出版文化史刊行會, 1938), 870-875쪽.

11) 矢野는 번역서의 종류를 크게 身上에 관한 것과 身外에 관한 것으로 구분하고, 신상에 관한 것은 다시 사회에 관한 기록과 一身에 관한 기록으로 나누었다. 이 중에서 사회에 관한 기록에 해당하는 서적의 분류를 순서대로 보자면 ① 지리서 ② 역사서(만국사, 각국사, 만국근세사) ③ 수신서 ④ 종교서 ⑤ 교리서 ⑥ 정체서 ⑦ 법리서 ⑧ 법률서 ⑨ 경제서 ⑩ 예의서다. 加藤周一, 丸山眞男, 『日本近代思想大系 15 飜譯の思想』(岩波書店, 1991), 273-276쪽.

일본에 소개되어 그 영향을 짐작할 수 있다. 각각의 번역본을 보면, 버클의 *History of Civiliation in England*(1856~61)는 1874년에 『명륙잡지』(明六雜誌), 『신문잡지』(新聞雜誌) 등에 초역으로 처음 소개된 후, 『백극이씨 영국개화사』(伯克爾氏 英國開化史 總論 卷一, 大島貞益 옮김, 1875), 『영국문명사』(英國文明史, 土居光華·萱生奉三 옮김, 1879)로 번역되었다. 기조의 *Histories de la Civilisation en Europe*(1828)은 『서양개화사』(西洋開化史, 室田充美 譯, 1875)로 처음 번역되었으며, 헨리(Henry, 1842)와 헤이즐릿(Hazlitt, 1846)의 영역본이 소개되었으며, 이 중 헨리 본(本)을 중역한 『구라파문명사』(歐羅巴文明史, 永峯秀樹 옮김, 1874~77)는 가장 대중적으로 성공한 것으로 평가되며, 『태서개화사』(泰西開化史荒, 木卓爾, 白井正夫 공역, 1874)가 또 다른 번역본으로 출간되었다.[12] 그리고 양서의 초역이 『구미대가소견집』(歐美大家所見集, 土居光華 편)에 수록되기도 하였다.[13] 이들의 저서가 이처럼 관심을 모은 것은 그 속에 담긴 새로운 역사인식 때문이었다. 이들의 저서는 철저한 서양 중심적 역사인식을 갖고 있었다. 특히, 문명발전단계론 혹은 문명의 진보관에 따라 모든 문명은 진보과정에 있는데, 그 차이에 따라 문명과 야만, 개화와 미개의 차이가 있다고 보았는데,[14] 이는 서구화를 모색하던 일본 사회의 요구에 적절한 것이었다.

그렇다면 새로운 세계상 속에서 조선은 어떠한 위치를 차지하고 있었는가? 먼저, 후쿠자와 유키치가 편역한 지리서인 『세계국진』(世界國盡)을 보자. 목차를 보면, 세계는 크게 아세아주, 아프리카 주, 구라파 주, 북아메리카 주, 남아메리카 주와 대양주로 구분되어 있다. 이 중에서 아세아주에 대한 기술을 보면, 오대주 중에서 가장 면적이 크다는 점과 함께 다양한 인종이 거주하고 있으며, 기온이 열대에서 한대에 걸쳐 있음을 지적하였다. 그 다음에는 각 국

12) 『飜譯の思想』, 416-417쪽.

13) 大久保利謙, 「明治初年の史學界と近代歷史學の成立」, 『明治文學全集 77 明治史論集』(筑摩書房, 1965), 411쪽.

14) 咸東珠, 「근대일본의 형성과 역사상 : 전구묘길의 '일본개화소사'를 중심으로」, 『역사학보』 174집, 2002년 6월 참조.

가별 기술을 하고 있는데, 가장 먼저 중국을 시작으로 인도, 페르시아, 아라비아, 터키, 러시아의 시베리아에 대한 지리적·역사적 설명을 볼 수 있다.[15] 이러한 기술내용에서 주목할 점은 조선에 대한 기술이 누락되었다는 점이다.

이 점은 메이지 초기 일본에 소개된 대부분의 지리서에 공통된 것이다. 먼저, 메이지 초기의 대표적 지리서였던 『여지지략』(輿地誌略, 大學中博士 內田正雄纂輯, 1870)은 아세아주의 구획을 일본(日本), 중국(支那), 시베리아(西比利亞), 인도차이나(後印度), 인디아(前印度), 투르크스탄(土耳其斯坦), 아프가니스탄(亞加業坦), 발루치스탄(皮路直坦), 페르시아(比耳西亞), 아시아투르크(亞細亞土耳其), 아라비아(亞剌比亞), 동인도제도(東印度諸島)로 나누었다. 조선에 대한 언급이 없었던 것은 아니지만, 독자적 영역이 아닌 중국에 조공하는 속국이라고 기술하였다. 즉, 중국을 지나본부, 지나달단, 속국으로 나누고, 이 중에서 류구와 조선을 속국으로 기술하였다.[16] 1877년에 간행된 사범학교 편집의 『만국지지략』(萬國地誌略)은 앞서의 『여지지략』과 마찬가지로 지나를 세 부분으로 나누었다. 다른 점은 첫 번째의 지나본부 다음에 지나달단이라고 칭하는 고려, 만주, 몽고, 이리(伊犁)의 속국지방을 구분하고, 세 번째로 서장(西藏)이라고 하는 서부의 소관지(所管地)로 나누었다는 점이다.[17] 한편, 1875에 출간된 『계몽만국지지략』(啓蒙萬國地誌略, 松浦武四郎 역)도 아세아주의 국가로 아프가니스탄을 비롯한 중앙아시아 제국과 함께 지나, 일본을 제시하였지만 조선에 대한 언급은 없었다.

이러한 조선의 지리적 위상은 메이지 초기의 세계사상에도 그대로 반영되었다. 메이지 초기에 소개된 외국사 서적들은 대부분 서양의 역사 경험을 서술한 것으로, 조선뿐 아니라 중국·일본의 역사는 배제되어 있었다. 앞서 본 야노 후미오의 『역서독법』(1883)에 소개된 각국사 관련 번역서를 보면, 『희랍사략』(希臘史略), 『라마사략』(羅馬史略), 『일이만국사』(日耳曼國史), 『구씨불국사』(具氏佛國史), 『영사』(英史), 『미국사략』(米國史略), 『노국연혁사』(魯

15) 慶応義塾編, 『福澤諭吉全集』 제2권(岩波書店, 1968), 591-600쪽.
16) 內田正雄纂輯, 『輿地誌略』 卷2, 1870, 20쪽.
17) 松浦武四郎譯, 『啓蒙萬國誌略』, 1875, 2쪽.

國沿革史)와 같은 유럽의 주요 국가사에 국한되었다.[18] 따라서 번역 역사서에 의해 형성된 세계사상은 서구적 편향이 강하게 나타났다. 이러한 편향성에 대해 가토 슈이치(加藤周一)는 아시아, 아프리카, 라틴아메리카의 국가들이 배제된 것에 대해 "'양학'은 구미에 대한 강한 지식욕의 표현임과 동시에 중국·조선을 제외한 구미 이외의 세계에의 호기심의 부재의 표현이기도 하다"[19]라고 지적하였다. 그렇지만 일본의 호기심에서 제외된 것은 '중국·조선을 제외한 구미 이외의 세계'뿐 아니라 조선도 마찬가지였다.

한편, 메이지 초기부터 서양의 역사서를 직접 번역하는 대신에 약간의 가필이나 수정을 한 편집본이 다수 출간되었다. 이들 서적은 '만국사'(萬國史)라는 제목을 많이 사용하였으며 기존의 서양 역사서를 편집한 것이기 때문에 고대 메소포타미아문명에서 그리스·로마 문명으로 이어지는 유럽 역사를 중심으로 하는 구성이나 내용상 유사한 경우가 대부분이었다. 그러나 앞서의 번역본들과 비교할 때 중요한 차이점이 있다. 이들 대부분은 일본과 중국의 역사를 기술에서 제외하였지만, 일본과 중국의 역사는 별도로 취급하거나 이미 많이 알려져 있기 때문에 생략했다고 밝히고 있다.[20] 이러한 언급은 서양 중심의 역사서술에 대한 문제의식의 표현임과 동시에 일본과 중국의 역사가 이들 편찬자들에게 서양적 역사와는 다른 의미와 무게를 지니고 있었음을 의미하는 것으로 이해할 수 있을 것이다. 그렇지만 서양과 구분된 일본과 중국의 역사에 대해서는 분명한 인식이 있었던 것과는 달리 조선에 대해서는 그러한 인식이 없었다. 만국사의 구성에서 조선에 대한 기술이 생략되었음을 언급할 필요를 느끼지 않고 있었던 것이다.

메이지 초기의 역사서 중에는 서양의 역사뿐 아니라 아시아의 역사까지를 포괄하여 기술한 것도 있다. 예컨대 문부성에서 편찬한 세계사 교과서들은 서

18) 『飜譯の思想』, 274쪽.

19) 『飜譯の思想』, 355쪽.

20) 예를 보면 다음과 같다. ①"此書萬國史略ト 題號スト雖トモ本邦及ヒ支那ノ史ハ一切之ヲ略ス."(西村茂樹編纂, 「例言」, 『校正萬國史略』) ② "我國及ヒ支那ノ歷史ハ既ニ世ニ梓行セルモノ多ケレハ姑ク之ヲ省ケリ."(久松義典編纂, 「凡例」, 『萬國史略』, 1880, 集英堂 藏版) ③ "日本支那ノ部ハ別ニ編輯スルヲ以て此編中ニ置カス."(田中義廉, 「凡例」, 『萬國史略』, 1876).

양의 역사서술에 누락된 아시아 역사 부분을 보완하여 서술되어 있다. 세계사 교과서 중에서 1872년에 편찬된 『사략』(史略)은 문부성에서 간행한 것으로, 1877년경까지 문부성에서 13만 부 이상 번각(翻刻)된 점에서 그 영향력을 짐작할 수 있다. 그 구성은 황국(19매), 지나(18매), 서양 상(48매), 서양 하(32매)였으며, 편집자는 각각 황국, 지나 편의 기무라 마사코토(木村正辭), 서양 상하편의 우치다 마사오(内田正雄)이었다.[21] 『만국사략』의 경우는 『사략』을 수정 보완한 세계사 교과서로 지나 부분과 서양을 합친 것이다. 내용은 아시아, 유럽, 아메리카의 3대륙의 구분에 의해 역사를 구성하였는데, 이 중에서 아시아는 한토, 인도, 페르시아, 아시아 터키의 4개국의 역사를 기술하였다.[22] 그렇다면, 이러한 세계사 속에서 조선은 어떻게 서술되었는가? 『사략』의 경우 일본과 중국의 역사는 간략하기는 해도 독립된 부분으로 기술된 데 반해 조선은 일본사 서술 속에서 기술된 부분을 제외하면, 명말(明末)의 상황을 설명하기 위해 임진왜란 때 명의 조선파병 사실이 언급된 것이 전부였다.[23] 『만국사략』의 경우도 『사략』과 별 차이가 없어서, 한무제의 정벌 관련 내용과[24] 임진왜란의 명원군 파병[25]의 내용이 언급되었다.

이상과 같이 근대 초기 일본은 서양의 역사지식을 수용하면서 근대적 세계사상을 수립하였지만, 그 과정에서 조선의 존재는 배제되어 있었다. 조선은 세계적 역사발전의 흐름 속에 언급되지 않았고, 그 결과 조선의 역사는 문명개화기 일본의 '근대 지식' 범주에서 소외되었다.

---

21) 海後宗臣編, 『日本教科書大系 近代編 第18巻 歴史(1)』(講談社, 1963), 722쪽.

22) 위의 책, 724-725쪽.

23) 明 憲宗에 대한 기록에 다음과 같이 기술되어 있다. "我豊臣秀吉諸將を遣し朝鮮を陥る. 明師朝鮮を援て大に敗ず." 위의 책, 23쪽

24) "北ハ匈奴、東ハ朝鮮、并に南粤、西に西域尊を征伐シ..." 위의 책, 66쪽

25) "我豊臣秀、大軍を以テ朝鮮ヲ征シ、明軍之ヲ援ケテ大敗ズ." 위의 책, 74쪽

2. 근대 일본의 조선사 서술과 조선사상

조선이 근대적 세계사상 속에서 제외되기는 했지만 근대의 일본인들은 조선에 대해 결코 '무지'했던 것이 아니다. 근대 일본의 조선에 대한 관심이나 정보가 결코 부족하지 않았음은 여러 가지 사례를 통해 알 수 있다. 예컨대 1870년대와 1880년대에는 조선과 관계된 정한론, 강화도사건, 임오군란, 갑신정변 등의 사건들이 일본국 내에도 큰 반향을 일으키면서 일본인들의 조선에 대한 관심을 불러일으켰다. 이 사건들은 주요 신문에 집중적으로 보도되었으며,[26) 각종 서적의 형태로 출판되었기 때문에 조선에 대한 정보는 매우 풍부하게 제공되었다. 그런데 이러한 조선 관련 서적들은 대부분은 일본과 관련된 특정 사건[27)이나 조선의 지리나 풍물을 포괄하는 지지(地誌) 등이 중심이었다.[28) 반면에 조선의 역사 자체에 대한 서적은 『계몽조선사략』(啓蒙朝鮮史略)이 거의 유일했다.[29) 이러한 상황은 1890년대까지도 계속되어서 조선의 역사에 대한 출판물은 극히 적었다. 그렇기 때문에 하야시 타이스케(林泰輔)가 1892년에 최초의 근대적 조선사 통사인 『조선사』(朝鮮史의) 서문에서 자신의 집필 이유가 일본과 서양의 역사서는 셀 수 없이 많은데 반해 조선의 경우는 제대로 된 사서가 없기 때문이라고 밝힌 것은 당시의 상황을 잘 반영한 것이었다.[30)

---

26) 北原マス子ほか編, 『資料新聞社說に見る朝鮮』 전6권(綠蔭書房, 1995) 참조.

27) 특히 임오군란에 대한 다수의 서적이 출판되었다. 예컨대, 『朝鮮平和談判圖』(橋本眞義 畫, 1882); 『朝鮮異聞』(小林清親編, 1882); 『朝鮮事實』(小林清親 畫, 1882); 『朝鮮變報錄』(渡邊義方編; 稻野年恒畫, 1882); 『朝鮮暴動記』(歌川盆太郎畫, 1882); 『(朝鮮)暴徒防禦圖』(歌川國松畫, 1882); 『(繪入)朝鮮變報錄』(渡邊文京編輯, 1882); 『(朝鮮變報)激徒暴發之圖』(橋本直義畫, 1882); 『朝鮮變動記』(宮田伊助編; 永島虎重畫, 1882); 『朝鮮和議上告之圖』(新井周次郎畫, 1882); 『(電報)朝鮮事件. 1-2』(水谷新八編, 1882); 『朝鮮近情』(根村態五郎編, 1882); 『朝鮮變報』(林吉藏編, 1882); 『朝鮮暴徒細目圖』(加藤富二郎編, 1882); 『朝鮮變報錄』(楊洲周延畫, 1882); 『朝鮮報知錄』(內田由兵エ編, 1882)

28) 1870년대 『朝鮮事情』(染崎延房編, 1874); 『啓蒙朝鮮史略』(官原龍吉編, 1875); 朝鮮軍記(多田直繩輯, 1875); 朝鮮見聞錄(佐田白茅輯, 1875); 『朝鮮事情』(シアーレル・ダレー著, 榎本武揚重譯, 1876); 朝鮮地誌(板根達郎 著, 1880); 朝鮮國誌 (關根錄三郎 訓點, 1883)

29) 菅原龍吉, 1875, 卷數 和裝 7卷, 356쪽.

30) 원문은 "內外之史 著譯上梓者 汗牛充棟 指不暇屈 獨至朝鮮之史 卽寥寥無聞 豈非盛世之闕典耶," 「序」, 『朝鮮史』, 1쪽

그런데 1870년대부터 조선과 관련된 서적들 중에는 적은 양이지만 조선의 역사를 언급한 부분들이 있다. 먼저, 이 시기의 유일한 조선사 통사인 『(계몽)조선사략』(管原龍吉 編, 1875)은 한국 측 사서에 근거하고 있는 것으로 보인다. 조선의 고대사(「삼한기」 제1편)의 기술이 단군, 기자, 위만, 삼한, 삼국의 순서로 기술되어 있으며, 특히 단군에 대해 "조선 최초의 君長"이라고 하면서 관련 설화를 자세히 소개하고 있다. 단군을 조선의 시조로 본 점 외에도 당시 일본의 일반적 서술과는 달리 진구황후의 조선정벌 기사를 언급하지 않고 있다.[31)]

그와 비슷한 시기에 출간된 『조선사정』(朝鮮事情, 染崎延房 編, 1874)은 지리지의 성격을 띤 것이지만 조선의 역사도 「역세」(제1집 卷之上) 부분에서 간략하게 소개하고 있다. 여기서도 고대사의 전개과정을 단군, 기자, 위만, 삼한, 삼국으로 보고 있고, 진구황후에 대한 언급이 없었다. 또한 도요토미 히데요시의 임진왜란에 대한 평가에서도 "임신의 역에서 일본에 의해 신(信)이 손상되었다. 지금 겉으로는 신(信)을 보이지만 안으로는 수(讐)를 품고 있을 것이다"라고 하여, 신의의 문제라고 하는 조선 측의 시각을 반영한 점이 눈에 띈다. 이것과는 다른 각도에서 조선의 역사를 서술한 것으로 『조선국지』(朝鮮國志, 關根錄三郎 訓點, 1883)가 있다. 「예언」(例言)에 밝혀져 있듯이, 이 책은 중국인이 편찬한 서적을 소개한 것이기 때문에 조선의 역사를 중국 중심적 시각에서 서술하고 있다. 즉, 조선의 연원에 대해서 기자조선에서 위만조선으로 이어지는 중국에 의한 지배과정으로 기술하고 있다.[32)] 진구황후 정벌과 같은 것들이 언급되지 않은 점에서 일본 사회의 역사상과도 차별화됨을 볼 수 있다.

이상과 같이 1870~80년대의 조선 관련 서적들은 부분적으로 조선의 역사

31) 진구황후의 이름이 나오는 것은 다음과 같이 연호를 확인하는 경우에 한정되어 있다. 즉, "백제의 肖古王 薨, 재위 49년. 아들 仇首 立(神功皇后 갑오년)", "고구려의 왕 延優 薨, 재위 31년. 이를 山上王으로 함. 태자 優位居 立(神功皇后 섭정 27년)."

32) "周가 箕子를 이곳에 봉했고, 전국시대에는 燕에 服屬하였고, 秦은 요동의 外徼로 삼았으며, 한초에는 거듭 燕國에 복속했다. 연왕 盧綰 때 흉노가 반란을 일으켜 쳐들어 와서, 燕人인 衛滿이 무리를 이끌고 망명하여 箕準을 쫓아내고 왕검에 도읍을 정했다." 『朝鮮國誌』, 卷之一, 1쪽.

를 소개한 경우가 있기는 했지만, 그 양은 매우 적었다. 그렇지만 이들은 대개 조선 측 사서의 기록을 편역했기 때문에 단군조선의 중요성을 인정하고 진구황후의 정복 기사를 언급하지 않는 등, 이후에 나온 조선사 서술과 비교했을 때 조선 측의 시각을 많이 반영하고 있다. 그런데 이러한 서술방식은 1890년대가 되면서 크게 바뀌게 된다. 1890년대가 되면서 진구황후의 한반도 지배설을 중심으로 하는 조선사상은 일본사 서술 속에서뿐 아니라 조선사 자체의 서술에서도 분명해지기 시작하였다.

일본에서 조선사에 대한 근대적 기술이 등장한 것은 동경제국대학에 1887년에 사학과, 1889년에 국사학과가 각각 설치되면서부터였다. 이때부터 시작된 근대적 역사 연구는 조선사 연구에 있어서도 중요한 영향을 미쳤다.[33)]

이 시기의 조선사상을 가장 잘 보여 주는 것이 하야시 타이스케의 『조선사』다. 그는 1892년에 고대에서 고려 말까지의 역사를 서술한 『조선사』를 출간하였고, 1901년에는 조선에서 청일전쟁까지를 다룬 『조선근세사』(朝鮮近世史)를 저술하였다. 하야시 타이스케의 특징은 조선의 중국에의 종속성과 함께 일본과의 관계에서는 진구황후와 도요토미 히데요시의 조선정벌을 강조한 데 있다. 먼저, 그는 조선의 역사를 개관하면서, 조선의 중국과의 관계에서 대해 "조선은 거의 중국의 속국과 같았다"[34)]라고 규정하였다. 조선의 역사적 전개과정을 중국과 같은 외세의 영향을 중심으로 기술하였다. 즉, 조선의 역사서술을 기자조선, 위만조선으로 이어지는 중국의 지배에서 시작하였으며, 삼국시대를 거쳐 고려시대에 이르기까지 거란, 여진 등의 침공과 몽고의 지배 부분에 큰 비중을 두었다. 또한, 조선왕조에 대해서는 조선왕조가 명에 복사(服事)하였으며, 선조 때 도요토미 히데요시의 침략을 받았을 때 명의 구원으로 겨우 사직을 회복했을 뿐 아니라 만청의 공격에 항복하여 조공의 예를 바

33) 1890년대 들어서 본격화된 한국관련 연구성과들을 보면, 1889년에 창간된 『史學會雜誌』(이후 『史學雜誌』로 변경) 1890년 4호의 久米邦武의 「豊太閤의 雄略」, 1891년에는 管政友의 「三韓文學の原始及歷史考」,「高麗好太王碑銘考」, 吉田東伍의 「古代半島諸國興廢槪考」, 林泰輔의 「加羅の起源」, 1892년에는 坪井九馬三, 「古朝鮮三國鼎立形勢考」 등이 발표되었다.

34) 『朝鮮史』 第一卷, 5쪽.

쳤으며, 이후 당파 시대를 지나서 서양 세력과 일본, 러시아의 갈등의 대상이 된 것으로 설명하고 있다.[35] 한편, 『조선사』 제7장의 제목은 「지나 및 일본의 관계」로서, 진구황후의 정벌에 따라 한반도가 일본에 복속하였다는 내용을 기술하였다.[36] 『조선근세사』의 제6장은 「임진의 란」으로서, 당시 조선의 상황이 동서분당이 본격화되고 사회기강이 무너지면서 무비(武備)가 약화되어 있었다고 하면서 임진왜란의 경과에 대해 자세하게 기술하였다. 그리고 임진왜란의 결과, 조선에 커다란 타격을 주어서 모든 것들이 파괴되고 기근여역(饑饉癘疫)이 유행하였으며, 명군이 수십의 병사를 잃고 수백만 명의 군량미를 쓰면서 도와주었다고 보았다.[37] 이러한 하야시 타이스케의 조선사 기술은 조선의 대외 의존성을 강조하는 식민사관의 전형으로서, 20세기 전반 일본의 조선사상에 모델이 되는 등 커다란 영향을 끼쳤다.[38]

III. 근대적 일본사상의 성립과 조선

1. 근대적 일본사 서술의 전개와 조선

근대 초기의 일본에는 서양적 세계사의 수용과 함께 일본사 서술에 대한

---

35) 『朝鮮史』 第一卷, 5-7쪽.

36) 예컨대, 백제에 대해서는 "근초고왕 때 우리의 진구황후가 신라를 정복함에 따라 처음으로 일본에 복속하였다. 누차 方物을 바치고 조공이 끊이지 않았다"(28쪽)라고 하였으며, 신라에 대해서는 "진구황후가 크게 병사를 일으켜 그곳을 공격하였다. 왕의 힘이 대적할 수 없어서 복속하였다"(30쪽)라고 하였다.

37) 『朝鮮近世史』 卷上, 68-115쪽.

38) 예컨대 수험생용 참고서인 『新撰東洋歷史問答』(1902)년의 조선관련 기술을 보면 다음과 같이 『朝鮮史』의 영향을 볼 수 있다. 먼저, 임나에 대해 "이 나라는 약하여 신라 백제의 사이에 있어서 스스로를 지탱할 수 없어서 일본에 원조를 청했다. 이것이 우리의 崇神천황 때였다. 이후 39대 欽明天皇 때까지 임나는 일본의 영토였다.....진구황후가 신라를 정복하고 속국으로 삼자 백제 고려도 와서 항복했다"(194쪽)고 하는 진구황후의 정벌 기사를 삼국시대의 가장 중요한 사실로 제시하였다. 조선왕국시대의 중요한 事蹟은 왜구의 奪略, 일본의 征畧, 청군의 침공, 日淸戰爭(195쪽)으로 제시하여, 외세의 영향을 강조하였다. 松原岩五郎, 『新撰東洋歷史問答』(博文館, 1902).

관심도 고조되었다. 특히, 문명개화기를 거치면서 막말기의 근왕론적 역사상에 대한 비판이 제기되면서 새로운 일본사를 모색하려는 움직임이 전개되었다. 이러한 변화과정은 1870년대 후반에 등장한 문명사에 의해 본격화되면서 전개되었다.

근대적 역사상의 성립은 일본사 관련 서적의 출판 및 유통과 밀접한 관련을 가지면서 전개되었다. 그 중에서도 지식인들을 중심으로 많이 읽힌 일본사 저서들은 시대적 흐름을 대변하는 것이라는 점에서 주목할 필요가 있다. 메이지 초기의 영향력 있는 일본사 서적의 출판 상황을 살펴보면 다음과 같다. 먼저, 메이지 정부 수립 직후의 출판계에는 여전히 화한적(和漢籍)과 같은 전통 서적류가 큰 영향을 미치고 있었다. 특히, 일본사의 출판물 중에는 『일본서기』(日本書紀), 『고사기』(古事記)와 같은 고사류(古史類)와 함께 유교적 명분론을 강조한 『대일본사』(大日本史), 『일본외사』(日本外史)나 『일본정기』(日本政記)와 같이 근왕론적 역사인식에 바탕을 둔 것들이 중요한 부분을 차지했다.[39] 한편, 1870년 무렵부터 서양 관련 서적의 출판이 본격화되었는데, 일본사의 경우는 문명개화의 풍조가 자리 잡은 1870년대 중반부터 문명사가 유행하였다. 그 시작으로 후쿠자와 유키치는 1975년의 『문명론지개략』(文明論之概略)의 5장에서 「일본문명의 유래」를 문명사적 시점에서 기술하였고, 1877년에는 본격적인 일본문명사인 다구치 우키치(田口卯吉)의 『일본개화소사』(日本開化小史)가 출간되었다. 이들 서적은 상업적으로도 매우 성공적이었다. 후쿠자와의 경우, 1869년에 후쿠자와야유키치(福澤屋諭吉)라는 출판사를 세워 출판업자로 성공을 거두었는데, 『문명론지개략』의 경우 30만 부 이상 판매되었다.[40] 다구치 우키치의 『일본개화소사』가 큰 성공을 거둔 후 1878년에 관직을 사임하고 1879년 1월에는 『동경경제잡지』(東京經濟雜誌)의 발간을 시작하면서 영향력 있는 인사로 자리를 잡았다.[41]

---

39) 小林善八, 『日本出版文化史』, 870-895쪽의 「新刻書目一覽」 참조.

40) 長尾政憲, 「福澤屋諭吉の生成過程について」, 『法政史學』 25, 1973; 「福澤屋諭吉の發展轉換過程」, 『法政史學』 26, 1974.

41) 그 외의 문명사로는 渡邊修次郎의 『明治開化史』(1880), 藤田茂吉의 『文明東漸史』(1884), 三

근대적 출판업의 성립에 따라 대량으로 출판되어 유통되는 일본사 서적이 출판되었다는 사실은 일본인들이 자신들의 과거에 대해 공통된 기억을 공유하게 되어갔음을 의미한다. 그런데 이러한 기억은 일본 자체에 대한 것으로만 구성된 것이 아니라 '조선'과 관련된 내용을 포함하고 있었다. 특히, 근대의 일본사 서술은 조선에 대해 몇 가지의 제한된 '史實'의 반복적 주장을 통해 '조선사'에 대한 특정한 견해를 수립하는 데 결정적인 역할을 하였다. 조선의 존재는 일본사의 중요 부분에 끊임없이 등장하면서 일본인들의 기억 속에 특정한 형태로 고정되어갔다. 구체적으로 "진구황후의 삼한정벌"은 고대 한일 관계를 결정짓는 사건으로 가장 중요한 위치를 차지했으며 그와 함께 도요토미 히데요시의 '조선정벌'도 정복전쟁으로 규정되면서 중시되었다.[42]

이러한 조선사상은 전근대 일본에 이미 자리 잡고 있었다. 도쿠가와 시대의 지식인들은 유교적 교양의 한 부분으로 중국의 주요 사서를 읽었을 뿐 아니라 이웃한 조선의 사서를 출간하기도 하였다. 도쿠가와 후기인 1822년에는 조선의 사서인 『해동사략』(權近等撰, 최기현 편)을 『관판조선사략』(官版朝鮮史略)을 출판[43]하는 등, 중국 사서뿐 아니라 조선 사서도 일본 내에서 출간되고 읽혀졌다. 그렇지만, 일본인들의 조선사상에 결정적인 영향을 미친 것은 조선 측의 사서가 아니라 『일본서기』와 같은 일본 측 사서에 담긴 조선 관련 기사들이었다.[44] 그 속에 담긴 일련의 역사의식은 일본서기가 저작된 시대부터 고대·중세를 통하여 존속했으며, 도쿠가와에는 18세기 국학자들에 의해 한층 강하게 주장되었다.[45] 나아가 이러한 의식은 도쿠가와 시대의 일반 대중 사이에도 상당히 확대되었던 것으로 보인다.[46]

宅米吉의 『日本史學提要』(1886), 嵯峨正作의 『日本史綱』(1888)이 있다.

42) 中塚明, 앞의 책, 179-183쪽.

43) 江戶昌平坂學問所, 1822.

44) 예컨대 『日本書紀』 神代 卷1에 담긴 관련 내용은 다음과 같다. 즉, 素戔嗚尊이 처음 조선의 신라에 내려왔다가 다시 일본의 出雲國으로 옮겼으며, 그 후손인 稻飯命이 신라에 가서 그 국왕이 되었다고 하여, 신대부터 이미 일본의 신이 한국에 가서 국왕이 되었다고 기술하였다. 그 후, 그 자손인 天日槍가 일본에 귀복하였으며, 진구황후가 신라를 정복했다고 하였다.

45) 矢澤康祐, 「江戶時代における日本人の朝鮮觀について」, 『朝鮮史硏究會論文集』 6, 1969.

46) "국학자뿐만 아니라 유학자까지도 『日本書紀』를 전제로 진구황후 전설에 기울어가는 것이 문제

이러한 전근대의 조선사상은 라이 산요(頼山陽)의 저작을 통해 막말기와 메이지 초기 일본에 커다란 영향을 미쳤다. 진무(神武)천황에서 후양성(後陽成)천황까지의 편년체 사서인 라이 산요의 『일본정기』(日本政記)는 고대 일본의 한국 지배에 대한 기사가 큰 비중을 차지하고 있다. 중애 천황조의 기사에 진구황후의 신라정벌과 그에 따른 고구려·백제의 귀속을 기록한 이후 한반도와의 종속 관계와 관련된 기사가 다수 보인다. 그러한 기사가 가장 집중적으로 나타난 시기의 하나였던 응신 천황조의 기사를 보면, 먼저 삼한의 조공 및 처벌에 관한 기사가 진구황후 섭정 기간인 기유년, 정묘년, 기사년에 각각 있으며, 응신 천황 3년, 7년, 15년, 28년 등에도 나타났다. 또한, 한반도로부터의 문물 전래에 대한 기사도 보이는데, 16년에는 "왕인이 와서 논어 10권을 재헌(齎獻)했다"는 기사가 있고 37년에는 "이에 앞서 백제가 직봉(織縫), 양주(釀酒), 야공(冶工)을 헌(獻)하였다"라고 하여 일본에 대한 조공의 일환으로 보았다. 또한, 도요토미 히데요시의 조선정벌에 대해서는 무가의 역사를 서술한 『일본외사』(1827)[47]의 '권 15 도쿠가와씨 전기 도요토미씨 중'(巻 15 德川氏 前記 豊臣氏中)에 상세하게 기록하였다. 이들 서적의 영향을 강하게 받은 메이지 초기의 사족들은 조선과의 관계를 진구황후나 도요토미 히데요시를 통해 인식하는 모습을 보였다.[48]

전근대 일본의 메이지 초기에도 여전히 영향을 미쳤지만, 1870년대 중반에 등장한 문명사의 경우는 일정한 차이를 보여 주고 있다. 일본의 문명사는 천황 중심의 근왕론적 역사서술에 비판적이었다. 다구치 우키치는 객관주의

일 뿐만은 아니다. 민중 레벨에 있어도 진구황후상이 급속히 보급 확대를 보이는 것이 또한 18세기 후반으로, (中井)竹山과 (本居)宣長도 사실은 그러한 대세 속에서 사고하고 있었던 것이다." 飛鳥井雅道, 「征韓論の前提」, 近代日本における東アジア問題(吉川弘文館, 2001), 46쪽.

47) 이것은 도쿠가와 시내 무사들의 내표적 역사교과서였을 뿐 아니라 막밀기에서 메이지 초기에 이르기까지 널리 읽힌 대표적인 사서다.

48) 예컨대, 외무경 澤宣嘉는 1870년의 의견서에 "한국에는 상고에 素尊이 친히 정벌한 靈跡이 있다. 列聖祖께서 綏撫한 나라로서, 그 국맥의 소장 여하는 우리나라의 안위에 관련되는 바이다"라고 하였고, 또 다른 정한론 주창자였던 佐田白茅는 건백서에서 "조선은 應神천황의 삼한정벌 이래 우리의 부속국이다"라고 하였다. 또한, 1876년에 사족반란을 일으켜 체포된 前原一誠는 "神功이 삼한을 정벌하고, 豊太閤이 정한역을 일으킨 것은 모두 그 不逞을 문책함에 있다"라는 발언을 하였다. 旗田巍, 『일본인의 한국관』(일조각, 1983), 18-19쪽.

적 방법론과 자유주의적 정치관을 통해 일본사를 서술하고자 하였다. 그는 근왕론적 역사인식의 토대가 되는 천황관에 대해 일정한 비판을 가하면서 사회 발전의 원동력을 일반 인민 속에서 찾고 있다.[49] 이러한 특징은 조선 관련 기술에도 반영되고 있다. 다구치 우키치의 『일본개화소사』는 진구황후의 삼한정벌에 대해 "900년대 무렵에 이르러서는 신의(神意)를 거스를 경우 엄벌이 있는 일을 상상하여, 츄아이천황(仲哀天皇)의 죽음을 신명(神命)을 어긴 벌로 여겼다. 진구황후가 삼한을 정벌하고, 아국(我國)에 신종(臣從)시킨 것도 또한 신려(神慮)에 따른 것이었다"[50]라고 하였다. 여기서 진구황후의 삼한정벌이 사실로 인정되기는 했지만 그것을 천황과 국가적 위세의 증거로 기술하는 기존의 일본사 서술과 달리 문명의 발전에 따라 신 관념이 성장해 하는 과정을 설명키 위해 언급하였을 뿐이다. 또한, 그는 고대 일본의 한반도 지배를 사실로 인정하면서도 한반도와의 교류가 일본에 도움이 되었다고 기술하였으며,[51] 임진왜란에 대해서도 도요토미 히데요시가 "그 말년에 이르러 실망이 극에 달해 결국 정한의 군사를 일으켜 천하를 혼란에 빠뜨렸다"[52]고 비판적으로 보고 있다.

한편, 사가 쇼사쿠(嵯峨正作)의 『일본사강』(日本史綱)(1888)은 『일본개화소사』보다 진구황후 관련 사실을 상세히 기술하며 강조한 점에서 『일본외사』와 같은 막말기 사서와 동일하다. 그러나 그는 단순히 진구황후의 삼한정벌 사실만을 기술하는 것에 그치지 않고, 그 배경과 결과에 대해도 분석적인 설명을 덧붙이고자 했다.[53] 그뿐 아니라 삼한정벌의 성과에 대해 부정적 평가를 보였다. 즉, 삼한이 끊임없이 반란을 일으켰다는 사실을 지적하면서, 오히

49) 咸東珠, 「근대일본의 형성과 역사상」 참조.

50) 田口卯吉, 「日本開化小史」, 『鼎軒田口卯吉全集』 제2권(復刊)(吉川弘文館, 1990), 12쪽.

51) 위의 책, 11쪽.

52) 위의 책, 72쪽.

53) 그는 삼한정벌에는 일본보다 발달된 문명을 지닌 곳을 종속시켜서 그에 따른 이익을 얻는 것과 규슈의 구마소와 같은 반란세력을 배후에서 지원하는 것을 차단하는 데 있었으며, 그 결과 구마소를 정벌하여 일본의 사회적 결합을 높이고 중앙권력을 강화했으며, 일본의 문명을 진전시키면서 각종 선진문물을 받아들였다고 하였다. 嵯峨正作, 『日本史綱』, 26-28쪽.

려 삼한에 대한 지배를 그만두고 평화로운 관계를 통해 그들로부터 장점만을 받아들여 일본에 사용하는 것이 이익이라고 하였다.[54] 한편, 그는 도요토미 히데요시에 대한 기술에서도 내정을 안정시키는 데 힘쓰지 않고 외정을 일삼았을 뿐 아니라, 명군의 개입에 따라 별다른 공적을 쌓지 못한 채 사망하였기 때문에 천하가 다시 혼란에 빠졌다고 하였다.[55] 이상과 같이, 문명사 계열의 일본사는 진구황후나 도요토미 히데요시의 조선정벌을 중요한 역사적 사건으로 다루기는 했지만, 그것을 국위와 연결시키는 시각이 약할 뿐 아니라, 그 결과에 대해 비판적 시각을 담고 있었다.

그런데 이러한 태도는 1890년대가 되면서 커다란 변화를 보였다. 1890년대의 일본 사회는 근대국가체제를 확립했을 뿐 아니라 문화적으로도 그 이전과 다른 양상을 보이게 된다. 입헌제 실시에 따라 서구적 근대화의 목표가 일단락되었다는 자신감은 일본 사회의 관심을 다른 방향으로 옮겨가게 하였다. 특히, 이때부터 청일전쟁까지의 일본 사회는 이전까지의 메이지 정부 주도의 서구화 정책에 대해 비판적 분위기가 확산되면서 평민주의와 국수주의라고 하는 새로운 사조가 지배하였다. 평민주의와 국수주의의 중심에는 각각 민우사와 정교사라는 지식인 단체 겸 출판사가 있었으며, 여기에서 출간된 『국민지우』(國民之友)와 『일본인』(日本人)은 당시의 여론을 주도하는 매체로 커다란 영향을 미쳤다. 그런데 이들의 활동에서 주목할 점은 그 표현방식의 차이에도 불구하고 일본의 '국민' 형성을 놓고 고민했다는 공통점에 있다. 다시 말해, 1890년대 전반 일본의 최대 화두는 '국민'에 있었으며, 그 과정에서 근대적 일본 국민상이 정립되었다.[56]

그렇다면, 이러한 움직임에 역사학은 어떠한 역할을 하였는가? 이 시기 일본사 서술의 중심은 민우사 계열의 민간사학과 수사관 출신의 고증사학에 있

---

54) 위의 책, 31쪽.

55) 위의 책, 66-67쪽.

56) 安田浩, 「近代日本における民族觀念の形成」, 『思想と現代』 31號, 1992; 本山幸彦, 「明治二〇年代の政論に現れたナショナリズム」 坂田吉雄(編), 『明治前半期のナショナリズム』(未來社, 1958); 宮地正人, 「日本的國民國家の確立と日清戰爭一帝國主義的世界體制成立との關連において一」, 『黑船と日清戰爭』(未來社, 1996).

었다. 1890년대의 일본사 출판을 보더라도, 먼저 야마지 아이잔(山路愛山), 다케코시 요사부로(竹越與三郎) 등의 '사론사'(史論史) 계열의 서적들이 중요했다. 이들은 정부에 대한 정치적 비판을 특징으로 하였으며, 민우사가 그 중심에 있었다. 한편, 1890년에 제국대학에서 간행된 『국사안』(國史眼)은 동경대학 교수였던 시게도 야스츠구(重野安繹), 구메 쿠니타케(久米邦武), 호시노 츠네(星野恒)가 저술한 것으로, 전통적 역사인식에 바탕을 둔 수사관 계열의 고증사학을 대표하는 통사였으며, 동경대학의 교과서로 사용되어 1890년대의 대표적 일본사 통사가 되었다.

이 두 그룹의 역사인식은 커다란 차이를 지닌다. 민간사학이 정부에 대한 비판적 입장을 견지하는 현실 참여적 성격을 지닌 데 반해, 고증사학은 세밀한 역사지식을 추구하며 현실로부터 거리를 두었다. 따라서 이들의 일본사 서술은 주제나 방식에 있어서 커다란 차이를 지닌 것이 사실이다. 그러나 이러한 차이에도 불구하고 이들의 '일본사상'에는 중요한 공통점이 있었으며, 그 대표적인 것이 진구황후의 삼한정벌에 대한 서술이었다.

먼저, 1891년에서 출간된 『국사안』은 기전체와 기사본말체를 혼합한 전통적 서술방식을 취하였으며, 기사의 분류도 황통계승을 우선으로 하고 있다는 점에서 아직 전근대적 성격을 벗어나지 못하고 있다. 따라서 진구황후나 도요토미 히데요시와 관련된 기술도 도쿠가와 이래의 내용을 수용하고 있다. 예컨대, 전체 7권 중에서 제1권은 모두 6기로 구분했는데, 제3기의 제목이 '한토복속(韓土服屬)의 세(世)'로서 진구황후의 삼한정벌에 대해 기술하고 있다. 특히, "신라와 백제 등 제국에 관사를 설치하고, 임나일본부가 그곳을 총할"하였으며 여기에 고구려가 조공을 바쳐서 "한반도의 전체가 판도에 들어왔다"고 하여 임나일본부설을 명확히 언급하였다.[57] 한편, 민간사학은 대개 인물이나 주제를 중심으로 저술되었기 때문에 통사로는 1896년에 출간된 다케코시 요사부로의 『이천오백년사』(二千五百年史)가 대표적인 것이다. 그런데 청일전쟁 직후에 출간된 이 책의 저술 목적에 대해 저자는 국민의 생활, 사상, 본성,

---

57) 重野安繹, 久米邦武, 星野恒, 『稿本國史眼』 1권, 17쪽

이상 등을 그리는 것[58]이라고 밝히는 등, 민간사학으로서의 비판적 성격보다는 '국민'의 역사로서의 성격이 두드러졌다. 진구황후 관련 내용을 보면, 제3장 '대화조정(大和朝廷) 권세의 확장'과 제4장 '외국 문명의 감화'에서 집중적으로 다루어졌다. 진구황후의 삼한정벌에 대해서는 기존의 설을 수용한 점에서 별다른 차이가 없으며, 1890년대 들어 제기되고 있던 일선동조론에 동의하여 "진구황후가 삼한을 정복한 것은 그 선조의 영토였던 토지를 회복한 것"이라고 동의하였다.[59] 이처럼 다케코시 요사부로의 진구황후에 대한 서술에서는 문명사 단계에 보였던 분석적 비판정신을 찾아볼 수 없다. 민간사학의 현실 비판정신은 적어도 '조선'과 관련된 부분에서는 존재하기 않았던 것이다.

2. 근대적 역사교과서의 성립과 조선

일본의 근대적 역사상 형성에서 역사교과서의 출판과 보급을 빼놓을 수 없다. 근대 일본은 1872년에 학제를 반포하면서 근대적 교육제도를 실시하였다. 이 중에서 소학교 교육은 근대적 국민양성의 기초가 된 것으로, 가장 폭넓은 영향을 미쳤다. 학제의 실시에 따라 여러 종류의 역사교과서가 출판되었는데 특히 소학교용 일본사 교과서는 대량으로 간행(번각)되어 일본의 근대적 출판업이 자리 잡는 데 큰 역할을 하였고, 나아가 일본 '국민'의 기초적 역사관을 수립하는 토대가 되었다.[60]

문명사 저작들이 서구적 지식을 바탕으로 한 지식인들에게 주로 영향을 미쳤다고 한다면 소학교 교과서는 보다 넓은 대중에게 영향을 미치는 것이었다. 특히 소학교용 일본사 교과서의 목표는 어린 학생들에게 일본사에 대한 기초 지식을 전달하는 데 있었기 때문에 그 속에 기술된 내용은 일본인들이

58) 위의 책, 1쪽.

59) 越與三郎, 『二千五百年史』, 1896, 47쪽.

60) 稻岡勝, 「明治前期教科書出版の實態とその位置」, 『出版研究』 16, 1985; 「明治前期文部省の教科書出版事業」, 『研究紀要(東京都立中央図書館)』 18, 1986.

〈표〉 메이지기 소학교 주요 역사교과서의 조선 관련 기사 분석표

서명	편·저자	출판년도	神功皇后	문화의 전래	삼한반란	몽고의 침입	豊臣秀吉
新編日本略史	笠間益三	1881	정한의 역	불경 최초로 들어옴		원구를 四海에서 참함	조선의 역
小學國史 紀事本末體	椿時中	1883	神功 삼한을 정벌함	백제 佛을 獻함	삼한의 叛服	胡元 入寇	조선의 전역, 조선의 후역
校正日本小史	大槻文彦	1885	神功 삼한을 정벌함	문학 전래됨, 불법 학술 전래됨	누차 삼한과 싸움, 蝦夷肅愼三韓을 벌함	몽고 來寇함	조선을 伐함
小學校用 日本歷史	山縣締三郎	1888	神功皇后의 조선정벌	문학 및 불법의 도래		北條時宗, 元寇.	조선정벌
高等小學歷史	神谷由道	1891	삼한			몽고 來寇	조선정벌
帝國小史甲号	山縣締三郎	1893	神功皇后			몽고의 入寇	도요토미 히데요시
小學校用 日本歷史前篇	金港堂	1893	神功皇后	불교, 聖德太子		元寇. 北條時宗	도요토미 히데요시
小學日本歷史	育英舍	1893	神功皇后	불법의 전래		弘安의 役	秀吉 조선을 征함
小學內國史	新保磐次	1901	神功皇后	삼한, 聖德太子			豊臣秀吉의 정한
小學校用 修正日本歷史	普習舍	1901	神功皇后	불교, 聖德太子		北條時宗	

가장 일반적으로 공유한 기억으로 구성되었다.

소학교의 일본사 교과서에 담긴 조선상은 다음의 표를 통해 엿볼 수 있다. 이 표에 따르면 조선은 첫째로 진구황후와 도요토미 히데요시에 의한 정벌의 대상으로서, 둘째로 고대 일본의 대륙문화를 전달자로서, 셋째는 몽고 침략의 조력자라는 세 가지 형태로 일본의 역사 속에 등장한 것을 확인할 수 있다. 그런데 이들 중에서 몽고 침략 문제는 그 주체가 몽고(원)였기 때문에 조선의 존재는 부수적인 것이었으며, 조선에 관해서는 언급조차 안 된 경우가 많다. 또한 고대의 문물 전파에 대해서도 진구황후의 정벌에 따른 '조공'의 일부로 보았다.[61] 다시 말해, 진구황후와 도요토미 히데요시의 조선정벌이 일본사 교

과서에서도 중요한 항목으로 다루어졌음을 알 수 있다.

그렇다면 메이지 일본의 역사교과서 속에 담긴 진구황후와 도요토미 히데요시는 어떤 모습이었으며, 그 내용은 어떠한 변화를 보였는가? 앞서 보았듯이 진구황후와 도요토미 히데요시의 조선정벌은 전근대 이래로 일본 사회에 자리 잡고 있었다. 데라코야에서 일반 민중들을 위해 사용했던 각종 왕래물들 속에도 이러한 내용이 담겨 있다. 여러 가지 형태의 왕래물 중에서 천자문의 형태로 쓰여진 두 종류를 선택하여 볼 경우 다음과 같다. 먼저, 1783년에 간행된 『본조천자문』(本朝千字文)은 진구황후[62]와 임진왜란[63]이 언급되었다. 시대가 좀 늦은 메이지 7년(1874)에 간행된 『신천자문』(新千字文)에는 진구황후에 의한 조선정벌[64]이 언급되었는데, 반면에 몽고 침략과 도요토미 히데요시에 대한 기술[65]에서는 조선의 관련성이 거론되지 않고 있다. 이처럼, 왕래물들은 조선정벌에 대해 기술하기는 해도 그 내용이 구체적이지 않았을 뿐 아니라 별다른 역사적 의의 부여도 하지 않았다. 그런데 근대의 역사교과서 단계가 되면 내용과 평가가 훨씬 구체화되기 시작하였다.

먼저, '진구황후' 기술을 살펴보면 메이지 초기에서부터 변화되어 가는 모습을 볼 수 있다. 학제 반포 직후인 1872년에 최초의 근대적 교과서로 문부성

61) 예를 들어, "제16대 應神天皇: 백제왕 그 나라의 박사 왕인에게 冶工인 卓素, 吳服의 西素 등을 이끌고 入朝하게 하고, 論語와 천자문을 獻했다." 『日本略史』(『日本教科書大系』 18권, 123쪽; "제6장 문학 및 불법의 도래 : 왕인이 와서 論語 10권, 천자문 1권을 獻했다. 백제왕이 使를 파견하여 금동석가불상과 幡蓋, 經論 등을 獻하고 上表하여 그 공덕을 크게 찬술하였다." 山縣悌三郎, 『小學校用日本歷史』, 1888.

62) "息長帶姬 征伐三韓 : 진구황후. 仲哀천황의 후비. 중애가 삼한을 정벌할 뜻이 있었지만 붕어하셨기 때문에 황후가 뜻을 이어서 삼한을 정벌하였다." 石川松太郎, 『日本教科書大系 往來編 歷史』(講談社, 1970), 460쪽.

63) "高麗頻襲 鼶塚尙存 : 고라이는 조선을 이른다. 문록 원년 대군 20여 만을 이끌어 조선을 공격했던 일이다. 조선 정복시, 일본이 크게 승리하여 당인의 귀, 코를 잘라서 갖고 돌아와서 都의 대불 앞에 耳塚을 세웠다." 위의 책, 484쪽.

64) "功后討西 絕域納贄 : 진구황후 서쪽의 신라를 토벌하시니 고려, 백제의 모든 영역에서도 모두 두려워서 贄를 받쳤다." 위의 책, 519쪽.

65) 예컨대 도요토미 히데요시에 대한 기술은 "濃公經略 豐閣弘濟: 濃公, 천하의 난을 다스리고자 해아여 먼저 경략 했지만 중간에서 망하고, 풍합이 그 뒤를 이어 널리 民의 塗炭을 구제하였다." 위의 책, 522쪽.

에 의해 편집·출판된 『사략』의 일본사 부분에 "제15대 진구황후라고 부른다. 중애천황의 황후이다. 천황이 붕어하고 어자(御子)가 아직 탄생하지 않았으므로 황후가 섭정하여 천하를 다스렸으며, 또한 삼한을 벌하여 종속시켰다"[66] 라고 간략하게 기술되어 있다. 여기에는 진구황후 개인에 대한 영웅화의 시점은 두드러지지 않지만 삼한정벌은 분명한 사실로 단정하는 입장을 보였다. 『사략』의 경우 사무적이면서 인물과 거리를 유지하는 서술 태도를 지녔다고 한다면, 그 이후의 교과서들은 진구황후의 '치적'에 대해 감정이입을 해 가는 것을 볼 수 있다. 첫 번째 예로 1875년에 정부가 소학교용으로 출판한 『일본약사』(日本略史, 사범학교 편집, 문부성 간행)는 진구황후의 개인적 지도력에 대해 훨씬 구체적인 기술을 하고 있다. 즉, 중애천황에게 신라정벌을 먼저 주장하였으며, 천황이 사망하자 그 사실을 감추고 신라정벌을 단행하였다는 것이다. 또한, 신라정벌 상황에 대해 "결국 신라를 정벌하였다. 신라의 왕이 나와서 항복하고 금은·견백을 선(船) 수십 추에 실어서 바쳤다. 이것을 조공의 정액으로 하였다. 이에 고려(고구려)·백제의 두 국왕도 또한 항복하였다. 이를 삼한이라 이른다. 지금의 조선국이 이것이다"[67]라고 기술하였다. 즉, 기술 내용이 훨씬 구체화되면서 일본의 삼한 전체에 대한 지배 사실을 명시하고 있다. 이처럼 『일본약사』의 기술은 진구황후 개인의 지도력과 책략을 높이 평가하여 영웅화하고 조선정벌과정에 대해서는 신라뿐 아니라 고구려·백제가 두려워하면서 스스로 조공을 약속했다는 두 가지로 구성되었다.

『일본약사』의 진구황후상은 이후에 등장한 다른 교과서들의 모델이 되었다. 이후의 교과서들은 대부분 『일본약사』의 기술태도와 큰 차이를 보이지 않았다. 예컨대 1881년의 『신편일본약사』(新編日本略史)의 가사마 마스조(笠間益三 編纂)는 『사략』의 진구황후 기술과 크게 차이가 없으며, 오히려 진구황후의 지략과 강인한 모습을 한층 강조하여 직접 남장을 하고 무기를 잡고 군사를 인솔했다는 기술을 추가했으며, 정벌의 양상에 대해서는 "신라왕이 조

66) 『日本教科書大系 近代編 歷史(1)』, 11쪽.
67) 위의 책, 122-123쪽.

공을 약속하였고, 고려·백제도 두려워 스스로 관(款)을 납부하였고 그곳에 술병(戍兵)을 설치"했다고 하였다.[68] 또한, 『소학교용 일본역사』(小學校用 日本歷史, 山縣悌三郎, 1888)의 단계가 되면 진구황후에 대한 기술이 매우 자세하고 길어졌을 뿐 아니라,[69] 그 역사적 의의에 대해 "당초에 황후의 거사는 밖으로는 황위를 해외에 빛나게 하여 영원히 외국의 능모를 막고, 안으로는 反賊을 위복시켜 다시 움직일 수 없게 한다. 그 영략위공(英略偉功)은 진실로 진무천황(神武天皇)과 야마토 타케루(日本武尊)를 잇는 것이라고 해야 할 것이다"라고 하여, 일본의 국위를 빛낸 것이라고 규정하고 있다. 따라서 1870년대에서 1880년대까지 주요 교과서를 통해 진구황후상은 강인한 지도자상의 구축과 더불어 정복과 지배의 대상으로서의 조선사상을 고착화하는 방향으로 전개되었다.

진구황후상과 더불어 교과서에서 강조된 것은 도요토미 히데요시의 조선정벌 기사였다. 『사략』의 경우 "히데요시는 조선을 벌하고 크게 명병을 격파하였다. 명주가 화해를 꾀하였다. 화의가 깨져서 다시 조선을 공석했다. 그때 히데요시는 병이 들어 사망했다. 이에 병사를 해산하고 제장을 소환하였다"[70] 라고 하여 간략하게 기술했지만, 그 속에는 일본이 전쟁 기간 내내 군사적 우위를 지킨 데 반해 조선은 종속적 위치에 있다는 것이 전제가 되고 있다. 이러한 시각은 이후의 교과서에 그대로 반영되면서 점차 자세한 내용이 덧붙여져 갔다. 예컨대, 『일본약사』는 조선정벌의 목적에 대해 "히데요시는 이미 해내를 평정하고 또다시 무위를 해외에 떨치고자 하였다"하고 설명하며, 그 준비과정에 대해 상세하게 기술하고 있다. 도요토미 히데요시를 국위와 연결시키는 시각은 『소학교용 일본역사』에서 한층 구체화된다. 즉, "히데요시(秀吉)가 처

68) 위의 책, 327쪽.

69) "국왕 波沙寐錦(하사미긴)은 大兵이 도달한 것을 보고 크게 놀라서 말하길, 내가 듣기에 동으로 신국이 있어서 일본이라고 부른다. 聖主가 있어서 천황이라고 부른다라고. 이것이 필경 그 나라의 神兵일 것이니, 어떻게 그것에 대항할 수 있을 것인가라고. 곧바로 백기를 세우고 스스로를 결박하고 나와서 배의 앞에 엎드리며 머리를 숙여서 말하길, 원하옵기에 오랫동안 일본의 飼部가 되어서, 매년 공물을 바치겠다고."

70) 『日本教科書大系 近代編 歷史(1)』, 15-16쪽.

음 군사를 일으키고부터 6년이 경과하였고, 그 공을 끝내지 못하고 죽었다고 해도, 그들이 국위를 해외에 떨쳐서 이후 수백 년간 왜구의 환이 없게 한 것은 진실로 히데요시의 힘이었다"는 것이다.

이상과 같이 메이지 초기 소학교 역사교과서에 기술된 진구황후와 도요토미 히데요시의 조선정벌 기사는 1872년의 『사략』의 간략한 내용에서 1888년 단계의 교과서(『소학교용 일본역사』)에 이르면 일본의 "황위를 해외에 빛나게 하여 영원히 외국의 능모를 막고"(진구황후), "국위를 해외에 떨쳐서 이후 수백 년간 왜구의 환이 없게 한 것"(도요토미 히데요시)이라는 등 대외적 의의를 강조하는 방향으로 나아갔다.

한편, 1890년대 들어 본격화된 '국민' 형성을 둘러싼 일본 사회의 관심은 소학교 역사교과서에도 영향을 미쳐서 국가에 의한 역사상의 통합 움직임이 진행되었다. 그 과정을 보자면, 1886에 소학교 교과서 검정제도가 결정되어 교과서에 대해 문부성의 일정한 규격, 내용, 정가를 요구하기 시작했다. 그런데 검정제도 후에 출간된 교과서를 보면 기존의 것들을 약간 손질한 것이 대부분이기 때문에 내용에 중대한 변화를 가져왔다고 하기는 어렵다. 오히려, 1891년에는 제정된 「소학교 교칙 대강」(小學校 敎則 大綱)을 계기로 새로운 내용과 형식의 교과서들이 본격적으로 출간되었다. 이 대강에 따르면 역사교과서의 편찬 목적은 "일본역사는 본방(本邦) 국체(國體)의 대요(大要)를 알게 하여 국민으로서의 지조(志操)를 양성하는 것을 요지(要旨)로 한다"[71]고 하여, '국민 양성'을 중시하고 있다. 이러한 변화는 유명한 역사교과서 저자였던 야마가타 테이자부로(山縣悌三郎)가 1888년에 출간한 『소학교용 일본역사』와 1893년에 출간한 『제국소사』(帝國小史)를 비교해 보면 알 수 있다. 『소학교용 일본역사』는 집필 목적을 "아방건국(我邦建國)의 체재(体裁)로부터 나아가 금일(今日)의 개화(開化)에 이르게 된 까닭을 알게 하는 것"이라고 한데 비해, 『제국소사』는 "소학교 교칙 대강(小學校 敎則 大綱)의 지취(旨趣)에 따라 우리 국체(國体)의 대요(大要)를 알게 하며, 그리하여 국민으로서의 지조

---

71) 海後宗臣, 『歴史教育の歴史』, 86쪽.

를 양성하는 것을 목적으로 한다"고 밝히고 있다.

그런데 이러한 집필 목적의 차이가 실제 내용에 어떻게 반영되었는지를 단언하기는 쉽지 않다. 다만, 「소학교 교칙 대강」 이전과 이후의 기술 내용을 비교해 볼 경우, 고대 한일 관계 전반을 진구황후를 중심으로 통합해 가는 것을 볼 수 있다. 1880년대까지의 일본사 교과서는 대부분 진구황후의 삼한정벌에 대해 정벌의 전개과정과 삼한의 복속 사실을 중심으로 기술하였다. 고대 한일 관계의 주요한 축이 되는 문물 교류는 진구황후가 아닌 다른 천황의 기록에 분산되어 기술되었다. 그런데 1890년대의 교과서들을 보면 진구황후의 기록 속에 삼한정벌 및 한반도 지배, 문물의 도래와 같은 사항들을 일괄적으로 기술하는 것을 볼 수 있다.[72] 그 결과, 진구황후는 고대 일본의 대외적 발전을 상징하는 존재로서의 위치가 한층 분명해졌다고 할 것이다. 한편, 도요토미 히데요시에 대한 평가도 한층 정형화되는 것을 볼 수 있다. 앞서 보았듯이 조선정벌의 과정에 대한 기술에서 크게 벗어나지 못하던 1880년대까지의 교과서들과 달리 1890년대의 교과서들은 대부분 도요토미 히데요시가 미천한 신분에서 시작하여 국내를 평정했을 뿐 아니라 해외에 이름을 떨친 영웅(혹은 호걸)이라고 하는 평가를 덧붙이고 있다.[73]

이상과 같은 사실은 진구황후와 도요토미 히데요시에 대한 기술이 역사교과서 속에서 보다 통일되었고, 그에 따라 그들의 역사적 이미지 또한 훨씬 정형성을 띠게 되었음을 의미한다. 그 과정에서 '조선'의 역사적 이미지 또한 단순화·정형화되어 갔다.

---

72) 그 예로는 『小學史談』(金港堂, 1892); 『帝國小史甲號』(山縣悌三郎著, 1893); 『新撰帝國史談前篇』 1-3卷(學海指針社, 1898); 『小學國史』 卷1-3(普及舍, 1900).

73) "히데요시는 비천한 民에서 일어나 결국 천하의 정권을 잡고, 威名을 지나, 조선에까지 빛나게 한 것은 정말로 고금에 둘도 없는 영웅이 아니겠는가." (帝國小史甲号, 山縣悌三郎, 1893, 『日本教科書大系 近代編 歷史(2)』, 221쪽); "히데요시는 미천한데서 일어나 해내를 통일하고 武를 해외에 빛낸 것은 정말로 불세출의 호걸이라고 해야 한다." (『新撰帝國史談前篇』 1-3卷, 學海指針社, 1898, 같은 책, 306쪽); "히데요시, 농민의 子에서 일어나 천하를 평정하고 조정을 尊하며, 국위를 해외에 빛낸 것은 실로 고금에 둘도 없는 영웅이 아니겠는가"(『小學國史』, 普及舍, 1900, 같은 책, 355쪽).

Ⅳ. 결론

근대 일본은 메이지 초기에 수용된 서양 지식을 바탕으로 외부 세계를 바라보는 '세계사상'과 내부를 향한 '일본사상'을 만들어 갔다. 그 중에서 '세계사상'은 주로 서양의 역사적 지식을 수용한 것인데 비해 '일본사상'은 전통적 역사상을 새롭게 재편하여 만들어진 것이었다. 이렇게 구성된 근대 일본의 역사상은 근대적 출판업을 매개로 하여 광범위한 영향을 미치면서 일본 '국민'의 역사상으로 자리 잡았다.

그런데 근대 일본의 역사상 속에서 '조선'은 이중적 성격을 지니고 있었다. 근대의 일본인들에게 조선의 역사는 익숙한 것이 아니면서도 결코 낯설지 않은 것이었다. 한편으로, 메이지 초기에 형성된 '세계사상' 속에 조선은 제대로 언급되지 않으면서 제외되었고, 근대적 역사 지식 탐구의 대상이 되지 못하였다. 반면에 근대적 일본사상이 형성되는 과정에 조선의 존재는 빠짐없이 등장하면서 일본사의 일부로 자리 잡았다. 특히, 진구황후와 도요토미 히데요시의 조선정벌에 대한 기사는 일본사의 불가결한 구성요소로 자리 잡아 갔다. 이처럼, 근대의 일본인들에게 조선에 관한 역사적 기억은 외국으로서의 조선의 역사가 아닌 일본 자체의 역사적 흐름 속에만 존재하게 되었다. 조선은 역사적 기억에서도 일본의 일부가 된 것이었다. 한편, 일본사의 일부로 기억된 조선의 역사는 그 의미에 있어서도 점차적으로 하나로 통일되어 갔다. 특히, 1880년대까지를 보자면, 문명사는 진구황후와 도요토미 히데요시에 대해 비판적 시각을 견지하고 있었으며, 역사교과서의 경우는 그러한 비판 정신을 찾아볼 수 없었지만 서술 방식에 어느 정도의 다양성을 갖고 있었다. 그런데 1890년대가 되면 이전보다 훨씬 통일적인 서술과 평가방식이 자리 잡으면서 일본 국민의 '조선사상'도 획일성과 정형성을 띠게 되었다. 그리고 이러한 과정을 통해 성립된 근대 일본의 조선사상은 일본사회에 폭넓게 자리 잡으면서 근대 일본의 조선관을 구성하는 핵심적 요소가 되었다.

제3부

분쟁과 통합

율곡 이이의 붕당론: 비교붕당론사를 위한 하나의 시론 **야마다 에이코**

'교'(敎)와 음모: 국체(國體)의 한 기원 **와타나베 히로시**

메이지 도쿄와 광무 서울: 근대도시로의 지향성과 개조 성과 비교 **이태진**

율곡 이이의 붕당론

비교붕당론사를 위한 하나의 시론

야마다 에이코

Ⅰ. 머리말

붕당론(朋黨論)은 한국사에서 가장 논쟁적인 주제 가운데 하나였다. 여기에는 한국의 역사 인식을 둘러싼 중요한 논점(論點)이 포함되어 있기 때문이다.

한국에서 붕당론 및 붕당사(朋黨史)의 고전적 저작으로 간주되는 이건창(李建昌, 1852~1898)의 『당의통략』(黨議通略)은 선조(宣祖) 5년(1572) 붕당을 둘러싼 이준경(李浚慶)과 이이(李珥)의 대립에서 시작해 영조(英祖) 연간의 탕평책 시행까지 180년간에 걸친 '붕당' 논쟁을 서술하고 있다.[1] 이 책에서는 이 기간 동안 붕당의 수많은 변화와 다양한 붕당간의 격렬한 투쟁을 서술

1) 『당의통략』은 이건창이 부모의 복상(服喪)기간에 집필했다고 하므로 1885년에서 1893년 사이에 집필됐다. 처음에는 필사본으로 전해졌는데 1912년에 간행됐다. 1948년 이민수와 이병식의 번역본이 나온 이후, 1972년 이민수의 번역본, 1998년에는 이덕일과 이준영의 세 번역본이 간행됐다. 이민수의 번역본에 해제를 썼던 강주진은 "조선시대 당쟁에 관한 저술은 적지 않다. 그러나 『당의통략』은 비록 저자가 소론의 입장을 그대로 반영하고 있지만, 공정을 기하면서 체계적으로 서술했다는 점에서 그 유례를 찾을 수 없다. 이 점에서 그 가치를 높게 평가해야만 한다"고 했다[이건창 저, 이민수 역, 1972, 『당의통략』(을유문화사) 3-4쪽]. 이 글에서는 1998년에 원문과 한글 번역을 함께 실어 자유문고(自由文庫)에서 간행한 『당의통략』을 이용했다. 이건창과 『당의통략』에 대해서는 『李建昌全集』과 각 한글 번역본에 실린 해제, 그리고 이연섭, 1994, 「『黨議通略』 小攷」, 『季刊書誌學報』 13 등을 참조하라.

했다. 동시에 부록으로 수록된 「원론」(原論)에서, 이처럼 격렬한 붕당 논쟁을 초래한 원인으로 "도학이 너무 지나친 것[道學太嚴]" "명분과 의리가 지나치게 엄한 것[名義太嚴]" "문사가 지나치게 번잡한 것[文詞太繁]" "형벌과 옥사가 너무 지나친 것[刑獄太密]" "대각(臺閣)이 너무 높은 것[臺閣太峻]""관직이 너무 맑은 것[官職太淸]" "벌열이 너무 성대한 것[閥閱太盛]" "평화가 너무 오래 지속된 것[昇平太久]"을 들었다. 이 여덟 항목에 이르는 당쟁 원인론은 붕당을 둘러싼 대립이 관직체계나 형벌제도만이 아니라, 사상과 문화, 사회제도와 같은 다양하고 복잡한 배경을 갖고 형성됐다는 것을 지적한 것이다.[2] 이건창이 제기한 문제가 이처럼 깊이가 있는 이상, 그 이후 한국 붕당사를 둘러싼 논의 자체가, 복잡하게 얽혀 있는 사실을 둘러싸고 큰 곤란에 직면하지 않을 수 없었던 점은 당연한 일일 것이다.

그러나 붕당을 둘러싼 논쟁의 성격에는 그 이상의 것이 포함되어 있다고 생각된다. 이건창 스스로 이처럼 장기간에 걸친 붕당간의 당쟁을 "그 득실은 피차가 같은 것"이라 했고, "사정(邪正)과 역순(逆順)을 구분하는 것에 명언(明言)과 정론(定論)이 없"으며, "지극히 크고 오래며 어려운 말"이 아닐 수 없다고 술회했을 정도로,[3] 붕당간의 논쟁에는 관점의 여하에 따라 해석이 크게 달라지는 복잡한 요인들이 얽혀 있었다. 그러나 기존에 이루어진 다양한 해석은 크게 다음과 같은 두 가지 방향으로 나뉠 수 있다고 생각된다.[4] 첫 번째는 당쟁을 "주의를 가지고 서로 대립하는 공당(公黨)이 아니라 이해를 가지고 서로 배제하는 사쟁(私爭)"[5]으로 간주하고, 한국 역사를 그러한 이념 없는 "사쟁"으로 점철된 역사로 묘사함으로써 한국사의 정체성(停滯性)을 설명하려는 관점이다. 이러한 정체성으로부터 외압적인 식민지 통치를 정당화하기도 했고, 내발적인 '민족개조'(民族改造)의 필요성을 이끌어 내기도 했다. 그 점에

2) 이건창, 『당의통략』, 375-396쪽 참조.

3) 이건창, 위의 책, 396쪽.

4) 이하에서 서술하는 붕당론 해석 동향에 대해서는, 이태진, 『朝鮮王朝社會と儒教』(法政大學出版局, 2000), 제2부 제8장 「黨派性論批判」에 의거했다.

5) 이태진, 위의 책, 161쪽. 원문은, 幣原坦, 『韓國政争誌』, (三省堂, 1907),(龍溪書舍, 1996년 復刻版), 31-32쪽.

서 이 둘 사이에는 큰 차이가 내포되어 있다고는 해도, 양자 모두 붕당사를 전면 부정적으로 평가한다는 점에서는 공통적이다.

이에 반해 최근 붕당사에 관한 정치한 연구 성과들이 축적되면서 두 번째 해석 방향으로서 다음과 같은 주목할 만한 관점이 제기됐다.[6] 다양한 붕당이 서로 투쟁하면서도 늘 복수로 공존했던 사실에 주목하고 그 안에서 "상호 견제하고 대립하는 것이 실은 상호 공존하는 방법"이었음을 지적하는 것이다. 아울러 더 적극적으로 "붕당정치의 본질적인 취지는 바로 1당이 권력을 독점하는 것을 막는 데 있었다. 이러한 원리는 현대의 민주정치에서도 똑같이 작용한다"라고까지 평가하고자 했다. 역사에서 정체를 초래했다고 한다면 그것은 "당쟁" 그 자체가 아니라, 그 "취지"를 부정한 "일당 또는 일부세력의 독재"가 원인이라는 것이다.[7]

이 글은 붕당사를 둘러싼 이러한 해석 방향에 대해 판단을 내리는 것을 목적으로 한 것은 아니다. 다만 일본에서 '붕당론'에 관한 사상사적 고찰을 시도했던 경험에 입각하면[8] 그 속에는 무엇보다 이제까지 충분히 고려되지 않았다고 생각되는 관점이 있다는 것, 또 그러한 관점을 고려함으로써 '붕당'을 둘러싼 논쟁을 '한국사'에 국한하지 않고 좀 더 넓은 시야에서 '비교'하는 것이 가능하지 않을까 하는 문제제기를 하려는 것이다. 여기에서 말하는 아직 시도되지 않았던 관점이라는 것은, 동아시아(조선·중국·일본)에 있어 이중의 의미

---

6) 이태진, 위의 책, 제2부 제7장 「朝鮮性理學の歷史的機能」(初稿 1974년), 제8장(초고 1987년), 제10장 「朋黨政治成立の歷史的背景」(초고 1988년), 제11장 「士林と書院」 (1978년)과 『朝鮮後期의 政治와 軍營制 變遷』(韓國研究院, 1985) 서장 2절 「士禍와 黨爭의 기본성격」 등 일련의 저작은 이와 같은 시각을 가지고 논문을 작성한 선구적인 것들이다. 이 글을 구상하는 데 이들 논문으로부터 많은 시사를 받았다. 이 외에도 예를 들어 吳洙彰, 「仁祖代 政治勢力의 動向」 『韓國史論』 13, (1985) 서울大 國史學科와 같은 논문이나 崔異敦, 『朝鮮中期 士林政治 構造研究』(일조각, 1997) 특히 제4장 「明宗·宣祖朝 言官 및 郎官의 政治力의 성장과 朋黨政治」도 이와 같은 관점에 입각한 연구이다.

7) 박영규, 『朝鮮王朝實錄』(新潮社,1997) 191쪽. 이러한 견해에 대해, "논자에 따라서는 사림파에 의한 당쟁을 한 당파의 독주를 견제하는 「政黨」의 선구적인 형태라고 하는 것처럼 긍정적으로 파악하는 견해도 있다. 그러나 이는 朋黨과 政黨의 차이를 혼동하는 논의"라고 하는 주장도 있다(강재언, 『朝鮮儒教の二千年』, 朝日新聞社, 2001, 369쪽).

8) 일본의 '정당'론 수용과 '붕당' 문제에 대해서는 山田央子, 『明治政黨論史』(創文社,1999) 참조.

에서 문화 접촉 문제이다.

첫째, 붕당론의 등장은 조선에서 유학, 특히 주자학의 수용과 병행해서 나타났다는 사실이다. 이건창을 비롯한 많은 논자들이 지적하는 것처럼, 조선에서 본격적인 붕당 논쟁은 선조 연간에 이준경(李浚慶)의 유소(遺疏)에 대한 이이(李珥)의 비판이 단서가 됐고,[9] 나아가 동인(東人)과 서인(西人)의 대립에 대한 이이의 비판을 둘러싸고 전개됐다. 그리고 율곡 이이(1536~1584) 자신이 퇴계(退溪) 이황(李滉 1501~1570)과 서로 길항 관계에 있는 조선의 주자학자였다는 것은 결코 우연이 아니었다고 생각된다. 이이의 붕당론이 주자의 「붕당론」의 틀을 전제로 하고 있었을 뿐 아니라, 이이 이후에도 붕당을 둘러싼 논쟁에서는 주자나 구양수(歐陽脩)의 '붕당론'이 의거해야만 하는 '전거'(典拠)로 지속되어, 그것들과 병행하여 전통적인 유학의 언설 또한 붕당 논쟁에 동원되어 왔다. 게다가 그것은 결코 한 가지 의미로 해석할 수 없는, 그 해석 자체가 논쟁의 주제가 될 수 있는 것이었다.

주자나 구양수의 주장은 송대(宋代) 중국에서의 붕당 논쟁의 경험을 배경으로 한 것이었다. 또 전통적인 유학의 '붕당'언설은 한당시대(漢唐時代)의 당고(黨錮)의 항쟁에도 이용됐다. 그러나 그것은 유학의 기본적인 가치 개념인 '군자'(君子)이념과 깊이 관련되어 있었기 때문에, 시공을 달리한 곳에서 그들이 직면한 고유의 문제에 의미를 부여하고 해결 방향을 찾는 데에 활용될 수 있었다. 문화 접촉 혹은 사상 수용의 문제로 '붕당 논쟁'을 고찰할 필요와 근거가 여기에 있다.

둘째, 근대에 있어서의 붕당론의 계승에는, 근대 서구에서 성립한 '정당' 개념의 수용이라고 하는 문제가 작용하고 있다. 서구정치제도에 대한 새로운 시야가 열린 조선말부터 대한제국 초기의 정치 논설에는 근대정치에 불가결한 정치제도로서의 의회와 그 안에서의 정당의 의미를 둘러싸고 다양한 고찰이 이루어졌다.[10] 그 중에서 '정당의 득실'을 고찰할 때에는, 다시 '김효원(金

9) 예를 들면 이건창, 위의 책, 21쪽; 황운룡, 「栗谷 李珥와 黨論」, 『東亞論叢』 23, 1986, 42-43쪽.

10) 19세기 말에서 20세기 초에 걸쳐 개화파들에 의해 다양한 잡지와 신문이 간행되었으며, 그 안에는 국가 정치에 관한 다양한 논점이 거론되고 있다. 또 박영효가 일본 망명중이던 1888년에 저술

孝元)과 심의겸(沈義謙)', 즉 선조 연간의 동인과 서인의 대립으로까지 소급되면서 '붕당'과 '정당'을 동일시하려는 시도까지 나타났다.[11] '정당'과 '붕당'의 이화(異和)와 연속(連續)의 균형은 양자의 구체적인 이미지여하에 좌우되는 것이지만, 특히 '붕당'에 대한 이해여하가 '정당' 수용을 크게 규정했다. 그러한 의미에서 '붕당론'에는 근대 서구와의 문화 접촉 혹은 사상 수용의 문제가 내포되어 있다고 할 수 있다.

그러므로 유교의 수용과 서구정치사상의 수용이라고 하는 이중의 문화 접촉으로서 '붕당' 논쟁을 위치 지어보면, 그것이 결코 조선사에 고유한 문제가 아니라는 것을 알 수 있다. 다시 말해 그것은 동아시아에서 유교를 수용하고 아울러 '서양의 충격'(Western Impact) 속에서 근대정치제도를 수용하려 했던 나라에서 공통되는 역사적 경험이었다. 이러한 위상에서 문제를 다시 볼 때 개별 국가의 경험이 갖는 역사적 의미는 상호 비교를 통해 좀 더 깊이 이해할 수 있을 것이라고 생각된다.

이 글은 물론 이러한 문제제기를 한국과 일본의 역사적 경험의 전면적인 비교 검토를 통해 행하려는 것은 아니다. 다만 이러한 문제제기가 어느 정도까지 의미를 가질 수 있는가를 살펴보는 수준에서 최소 한도의 필요 작업으로서 다음과 같은 과제를 다루고자 하는 것이다.

첫째, 조선의 붕당 논쟁에서 다양한 입장들로부터 '전거'로 이용됐던 유학의 '붕당' 언설(言說), 특히 『논어』나 『서경』 등에서 보이는 언설과 구양수(歐陽脩)나 주자(朱子)의 '붕당론'을 살피고, 다양하게 해석할 수 있는 전제가 됐다고 보이는 논리 구조를 검토한다.

둘째, 조선에서 붕당 논쟁의 '단서'가 됐던 이이의 언설, 특히 주자 '붕당론'의 정당성에 대한 확신과 '붕당' 언설의 현실적 유포 형태에 대한 철저한 비판이라고 하는 그의 붕당론의 특징을, 가능한 한 내재적으로 검토한다.

셋째, 이이 사후에 전개된 붕당을 둘러싼 논쟁 속에서 이이의 언설이 어떻

했던 「建白書」에도 「政黨」 및 「朋黨」에 대한 언급이 보인다(「朝鮮國內政に關する朴泳孝建白書」 『日本外交文書』 第21卷 수록).

11) 예를 들면, 鄭喬, 「政黨의 得失(續)」 『大韓協會會報』 第1卷 第4號, 1987년 7월.

게 언급되고 계승되어 갔는가에 대한 검토를 통해서 이이 '붕당론'의 역사적 역할에 대해 미약하게나마 고찰해 본다. 이를 통해 근대에 있어서의 '정당'론 수용을 둘러싼 비교 사상사적 고찰에 대한 시사점을 찾는다.

Ⅱ. 유교 붕당론(朋黨論)의 양의적(兩義的) 구조

유교에서 연원하는 전통적 관념인 '붕당'에는 원래 두 가지의 서로 다른 문맥이 포함되어 있다. 즉 '붕당'을 '당'(黨)과 '붕'(朋)이라고 하는 두 개의 단어로 나누어 각각의 유교적 의미를 살펴보면, 이 두 단어에는 현저한 차이가 보이기 때문이다. '당'에 대해 말한다면, "군자(君子)는 편들지 않는다[君子不黨]"라고 하는 『논어』 술이편(述而篇)의 구절, "치우치지 않고 편들지 않으니 왕도는 탕탕하고 편들지 않고 치우치지 않으니 왕도(王道)는 평평하다[無偏無黨 王道蕩蕩 無黨無偏 王道平平]"고 하는 『서경』(書經) 홍범(洪範)에 나오는 구절이 단적으로 보여주는 것처럼, 분명히 부정적인 의미가 있는 말이었다. '불편부당' 혹은 '일시동인'(一視同仁)은 '군자'가 가져야만 하는, 없어서는 안 되는 덕이었다. '당'은 '소인'에 대응하는 행동양식으로 비판의 대상이었다. 한대(漢代)의 이른바 '당고'(黨錮)를 전형으로 하는 '당'이 출현할 때마다 『논어』가 되풀이해서 인용되면서 당에 대한 비난의 근거가 됐던 까닭도 그 때문이었다. 이와는 대조적으로 '붕'은 군신(君臣), 부자(父子), 부부(夫婦), 형제(兄弟)와 함께 오륜(五倫)의 하나였고, '신'(信)이라고 하는 덕의에 의해 유지되어야 하는 중요한 인간관계로서의 의미를 갖고 있었다. 『논어』에서도 "붕우(朋友)와 교제함에 신(信)이 있었는가" 하는 물음은 매일 반성해야 하는 '삼성'(三省)의 하나라고 했다[『논어』 학이편(學而篇)].

'붕당'은 이처럼 전통적인 유교적 관념에서 이미 양의적(兩義的) 의미를 갖는 두 개의 단어로 이루어진 개념이었다. 물론 '붕당'이라고 하는 하나의 단어로 사용될 때에는 부정적인 의미가 강조되는 경우가 압도적으로 많은 것도 사실이다. 그러나 '붕당'이 유교적 지식인 사이에서 논의될 때, 긍정적인 의미를 의식적으로 강조하는 사례가 결코 없었던 것은 아니다. 송대에 나타난 두 가지의 '붕당론', 즉 구양수의 '붕당론'과 주자의 '붕당론'(정확히는 『주자문집』 권 28에 실린 「여유승상서」[與留丞相書])은 그 단적인 예라고 할 수 있다. 이들의 주장은 '붕당'을 둘러싼 논쟁에 결정적인 영향을 주었다고 해도 과언이 아니다. 이하에서 간단하게나마 그 논지를 살펴보겠다.[12)]

『당송백가문』(唐宋百家文)에 수록된 구양수의 「붕당론」[慶曆 4년(1044)]은 널리 알려져 있으며, '붕당'을 '소인 붕당'과 '군자 붕당'으로 나누었다. 그리고 전자는 '이'(利)를 같이 하는 자들이 만든 것임에 반해 후자는 '도'(道)를 같이 하는 자들이 만든 것이라고 했다. 결국 구양수는 "군자는 의(義)를 취하고 소인은 이(利)를 취한다"라고 하는 『논어』 이인편(里仁篇)에 나오는 '군자 소인'의 구별론과 결부시킴으로써, '붕당'에 일정한 존재 근거를 주었다고 할 수 있다. 이 논리를 좀 더 천착해 보면, '이'는 일시적으로 사람들을 결합시킬 수 있지만 '이'의 선후나 다과를 둘러싸고 필연적으로 다툼이 일어나고, 그렇게 되면 또 '소인의 붕당'은 서로 한층 더 심각하게 대립한다. 때문에 구양수는 "소인에게는 붕(朋)이 없다. 잠깐 동안 붕을 만들지만 그것은 거짓이다"라고 했다. 또 구양수는 '군자 붕당'의 역사적 선례를 주(周)나라에서 찾았다. 주나라에서는 "신하가 3천 명으로 하나의 대붕(大朋)"을 이루었고, 군주가 그들을 임용했기 때문에 융성할 수 있었다고 평가했다. 이처럼 구양수의 붕당에 관한 의견은 신하 측에서 '붕당'에 대해 적극적인 자기주장을 시도하고자 했던 것이었다. 이때 간과하지 말아야 할 것은 구양수가 복수의 '붕당'의 경쟁적 공존을 인정하려고 한 것은 아니라는 점이다. 그는 오히려 "군주는 마땅히 위붕(僞朋)

12) 여기에서 서술한 내용은 대부분 주 8)의 논저에서 서술했던 것이지만, 일본의 '붕당'과 '정당'을 둘러싼 논의에서는 이와 같은 주자(朱子)의 '붕당론'은 언급되지 않았다. 근세 일본에서 송학(宋學)을 수용하는 과정에서 주자의 '붕당론'에 대한 관심은 전혀 없다고 해도 과언이 아니며, 또 이이에 대한 관심도 상대편 논객이었던 퇴계 이황에 비하면 훨씬 약했다. 이러한 대조 자체가 중요한 것으로 이 글에서 사용하는 「比較朋黨論史」라고 하는 시각으로 보아도 조선에서의 주자 '붕당론'의 수용은 검토할 가치가 있는 흥미로운 문제이다.

을 물리치고 군자의 진붕(眞朋)만을 등용해야만 한다"라고 하는 것처럼, '붕당'의 '진위'를 명확히 할 필요와 책임을 군주에게 설파하고 있는 것이다.[13] 역으로 말하면 구양수의 '붕당' 긍정론은 신하 측에서 군주를 움직여 자기 당이 '진붕'임을 인정받고자 하는 능동성을 갖고 있는 것이라고 말할 수 있을 것이다. 그것은 어떤 의미에서는 붕당의 대립을 한층 심각하게 할 수도 있었다. 이 점을 좀 더 전면에 내세웠던 것이 주자의 '붕당론'이었다.

주자의 '붕당론'으로 이야기되는 것은 주자가 당시 재상이었던 유정(留正: 시호 忠靖公)에게 보냈던 일련의 편지 중 소희(紹熙) 2년(1191) 4월 24일에 보냈던 것으로, 주자가 62세 때 쓴 것이다. 주자는 여기에서 '붕당'이라는 명목으로 상대방을 비난하는 폐단을 이야기하고, 유정에 대한 중상모략을 비난하는 것과 함께 유정에게 의연한 태도를 취할 것을 요구했다.[14]

> 옛날에 붕당을 미워하여 없애고자 했던 자는 종종 사람을 망칠 뿐 아니라 나라까지 망하게 한다.

라고 하여, 종래의 붕당관을 완전히 바꾸는 말을 한 주자는, '붕당'은 말할 것도 없이 '고금의 통병(通病)'이라고 하면서도, 그것을 지나치게 배척하는 것은 도리어 해로움이 있다고 강조했다. 왜냐하면 현명하고 충성스러운지 여부를 살피지 않고 한갓 붕당을 없애는 데만 힘쓴다면 소인들은 교묘히 자신의 음모를 감추고 행동하는 것에 반해, 군자들은 자신의 '공정하고 올바른 도리'를 믿고 도리어 공공연하게 행동한다. 그 결과 도리어 군자를 배격하고 소인을 중용하게 된다는 것이다. 때문에 주자는 중요한 것은 '군자와 소인의 분(分)'을 명확히 하는 것임을 강조하고, 다음과 같이 권장하고 있다.

---

13) 淸水茂 編, 『唐宋八家文』 2 (朝日新聞社, 1978), 216-232쪽.

14) 이 편지를 둘러싼 경위에 대해서는, 간략하지만 束景南, 『朱熹年譜長編』 卷 下, (華東師範大學出版社, 2002), 1029-1030쪽 참조.

현능(賢能)한 자를 받아들이고 간사하고 위험한 자를 물리치며, 천하의 모든 사람을 아우르고 천하의 모든 일을 경영하는 것이 재상의 직무이다. 어찌 반드시 당이 없으면 옳고 당이 있으면 잘못이겠는가? 무릇 승상이 오늘날 처신하는 바가 한 곳에 치우치지 않았다면 곧 당이 없는 것이다. 소인의 도가 날로 커지고 군자의 도가 날로 위축되어 천하의 근심이 이루 말할 수 없이 많아진다면 승상이 어떻게 그 책임을 면하겠는가? 나와 같이 어리석은 자도 그것을 걱정한다. 원컨대 승상께서는 우선 현명하고 충성스러운가 여부를 분별하는 것을 자기의 임무로 생각하라. 그리고 과연 충성스럽고 또 현명한 자라면 그를 높은 관직에 등용하라. 다만 그의 당이 많지 않아 더불어 천하의 일을 도모하지 못할까만 걱정하라. 만약 간사한 자라면 확고하게 그를 내쫓아야 한다. 다만 그러한 자를 완전히 쫓아내지 못해 현인을 등용하는 공(功)에 해를 끼칠까 걱정하라. 군자가 당을 만드는 것을 미워하지 말아야 할 뿐 아니라 스스로 기꺼이 그 당에 들어가야 하며, 그 당에 기꺼이 들어갈 뿐 아니라 나아가서는 군주를 이끌어 그 당에 들어오게 해야 한다. 이렇게 한다면 천하의 일은 가망이 있을 것이다.[15]

조선의 붕당론에서 자주 나오는 '군주를 이끌어 그 당에 들어오게 한다[引君爲黨]'라고 하는 말은 이와 같은 주자의 언설을 근거로 한 것이었다.

구양수의 '군자 붕당'론이나 주자의 '인군위당'(引君爲黨)론은 신하 중에 선각자들이 스스로의 능동성을 어떤 형태로든 정당화하고자 하는 강한 동기를 내포하고 있다. 그러나 그 때문에 붕당 긍정론은 유교 내부에서 새로운 붕당에 대한 경계심을 품게 만들었다. 그러한 경계심을 선명히 보여주는 것이 군주였다. 붕당이 신하들 사이에 심각한 대립과 반목을 낳은 것은 물론이려니와, '인군위당'의 장력(張力)에 끌려 들어간 군주 자신이 그러한 경계심을 품게된 것도 당연한 일이었다. 청나라의 옹정제(雍正帝)가 집필한 「어제붕당론」(御製朋黨論)[옹정 2년(1724)]에서 구양수의 「붕당론」을 정면으로 비판했던 이유도 거기에 있었다.[16]

"논어에서 말하기를 군자는 편들지 않는다"는 것을 어디까지나 성인(聖人)이 남긴 교훈으로 관철하고자 했던 「어제붕당론」에서도 '붕우'가 갖는 긍정적인 의미는 부정하지 않았다. "무릇 붕우(朋友)는 또한 오륜의 하나이다.

15) 朱子, 「與留丞相書」 『朱子文集』 卷 28, 19-23쪽.

16) 이하의 「어제붕당론」의 인용은 宮崎市定 編, 『中國文明選』 11(朝日新聞社, 1971) 228-254쪽.

붕당은 없어져야 하지만 '붕우'의 도는 없어서는 안 된다." 그러나 동시에 '붕우'는 철저히 사적인 차원으로 제한됐고 '공의'(公義)의 영역까지 침투하는 것은 용인되지 않았다. 즉 다음과 같이 단언하고 있다. "군신(君臣)은 공의이고 붕우는 사사로운 정이다. 신하는 마땅히 공을 위해 사적인 것을 없애야 한다. 어찌 사소한 사정(私情) 때문에 공의를 어길 수 있느냐? …… 하물며 붕(朋)이라는 이유로 그들의 당을 좇을 수 있겠는가?" 결국 옹정제는 같은 유교의 기본 범주인 '공사'의 구별을 원용하여, '붕당'의 존재 근거를 부정했다고 할 수 있다. 물론 이것은 군주의 전제성(專制性)을 변호하기 위해 쓴 것은 아니었다. '불편부당'해야 하는 군주가 의지해야 할 기준은 천하가 공인하는 옳고 그름이어야 했고, 그를 위해서는 "군주의 마음을 비우고 널리 중론(衆論)를 따르는 것"이 요청됐기 때문이었다. 여기서 '붕당'을 비판하는 것은 붕당이 오히려 군주와 중론 사이에 개재하여 사적이고 치우친 견해로 지극히 공정한 의견을 가로막기 때문이었다.

그리하여 「어제붕당론」에서는 구양수를 지목하여 비판하며 다음과 같이 말했다.

> 송나라 구양수는 붕당론에서 처음 이설(異說)을 만들어 말하기를, '군자는 도를 같이 하는 것으로 붕(朋)을 만든다'라고 했다. 대저 군주를 속이고 사적인 행동을 하는 데 어찌 도(道)라고 할 수 있겠는가? 구양수가 말한 도라는 것 또한 소인의 도일 뿐이다. 그런데 구양수가 이런 주장을 함으로써 소인 붕당을 하는 자들이 모두 도를 같이 한다는 명분을 내세우면서 실제로는 이익을 같이 차지할 수 있게 됐다. 짐이 생각하기에는 군자에게는 붕이 없고 오직 소인만이 붕이 있는 것이다.

이처럼 유교적 전통에서 '붕당'은 원래 두 개의 다른 위상을 지니고 있었다. 한편에서는 '붕당'을 전면적으로 부정하고, 다른 한편에서는 '군자 붕당'을 적극적으로 긍정하는 것이었다. 나아가 전자의 경우 '불편부당'(不偏不黨)해야 한다는 요청은 '중론'에 비추어보아야 함을 수반했고, 또 후자의 '붕당의 진위'를 분별해야 하는 문제는 '위당'(僞黨)을 없애야 한다는 배제론을 수반했다. 그리고 여기에서 비롯된 역사적 문맥을 넘어서, 유교의 수용과 함께 그 내부

사회의 집단 항쟁의 논거로서 사용될 때, 애초에 붕당이라는 개념에 포함되어 있던 양의성(兩義性)은 그러한 매개적 계기를 거쳐 구체적으로 어떻게 나타나는 것일까? 바로 이것이 붕당을 둘러싼 비교사상사적 고찰에서 중요한 연구과제인 것이다.

Ⅲ. 이이(李珥)의 붕당론

이이는 이 글의 문제의식을 이루는 붕당론의 맥락과는 별도로, 일반적으로는 이황과 함께 조선 주자학의 쌍벽을 이루는 사람으로 알려져 있다. 성리학 중에서 주자의 '이기이원론'(理氣二元論)의 입장에 서서 '이'(理)를 중시하는 '주리'(主理)적 학설을 정립한 이가 이황이었다. 반면 이이는 "기가 드러나고 이는 그를 조종한다[氣發而理乘之]"라고 하여 오히려 겉으로 드러나는 것은 '기'(氣)라고 하는 '주기'(主氣)적 학설을 정립했다. 이황은 철저한 자기 반성을 출발점으로 하여 원론적인 도와 이에 관심을 집중시킨 반면 이이는 오히려 기, 즉 현상계에 대한 관심이 강했던 것이 그 배경이었다고 이해되고 있다. 그 후 각각의 문하생들은 이황을 지지하는 영남학파(嶺南學派)와 이이의 계열에 섰던 기호학파(畿湖學派)로 나뉘어 조선의 주자학 세계를 양분했고 아울러 그 학통이 당파의 대립을 낳기도 했다.[17] 그러나 이이가 살아 있을 때에는 그러한 학통에 기반한 학파간의 대립은 생기지 않았다. 또 이이의 붕당론 자체가 그러한 학통 대립에 직접 기인한 것도 아니었다.

이이의 경력을 대략 살펴보면, 29세에 문과에 장원 급제하여 호조 좌랑(戶曹佐郎)으로 관계에 들어온 이후 49세로 급서(急逝)할 때까지 중앙 정계에서

17) 주자학에서 이황과 이이의 위치에 대해서는, 이태진, 위의 책, 黃雲龍 제7장「朝鮮性理學の歷史的機能」, 154-156쪽 및 강재언, 위의 책, 제14장「朱子學一辺倒と性理學論爭」, 284-287, 292-294쪽 참조.

여러 요직을 역임했다. 선조가 즉위한 것은 이이가 32세 때였다. 16세로 즉위한 선조는 이이의 학식·인품을 매우 높게 평가하고 중용했다. 그에 따라 30대 말에는 사간원 대사간이 됐다. 40대에는 언론 기관인 3사의 장과 행정 기관의 장 등의 요직을 맡는 외에, 경연(經筵)에서 자주 선조에게 진언(進言)했다.[18] 그가 관직에서 자주 교체됐던 것은 지위에 연연하지 않고 여러 차례의 상소와 경연석상에서의 직언을 통해 국가의 위기 상황을 호소하고 다양한 정책을 제언하다가 받아들여지지 않으면 사직하는 태도를 취했기 때문이었다.[19] 이이는 관직에 있으면서 심한 비난과 최대의 칭찬을 받는 극도의 상반된 평가를 받았다. 그럼에도 선조는 그를 깊이 신뢰했으며, 또 그 때문에 그에 대한 비방이나 칭찬이 더 강해지기도 했다. 동인과 서인이 대립할 때에는 시종일관 중재자를 자임하여 격렬한 붕당 논쟁의 한가운데에 처하기도 했는데, 이는 이이의 생애에서 가장 고통스러운 경험이었을 것이다.

이이를 이러한 논쟁의 한가운데로 이끌었던 계기는 선조 5년(1572) 이른바 이준경의 유소사건(遺疏事件)이었다. 오랜 기간에 걸친 조선 붕당 논쟁사의 발단이 됐던 이 사건에 대해 간단히 살펴보겠다.[20] 선조 5년 이준경이라는

---

18) 조선 왕조의 정치 기구와 관직 중 중요한 것을 열거하면 다음과 같다. 議政府 : 백관을 통솔하고 庶政을 다루는, 국가를 다스리는 행정부의 최고기관이다. 관직으로는 국가 정책 결정권을 가진 영의정(領議政), 좌의정(左議政), 우의정(右議政)(이상을 三公이라 함)과 그 아래에 우찬성(右贊成), 좌찬성(左贊成) 등이 있었다. 육조(六曹)는 중요한 국무를 처리하던 6개의 중앙 관청이조(吏曹)·호조(戶曹)·예조(禮曹)·병조(兵曹)·형조(刑曹)·공조(工曹)으로 이루어졌고, 각각 판서(判書)를 장으로 하여 육경(六卿)·참판(參判)·참의(參議)·정랑(正郞)·좌랑(佐郞) 등의 관직이 이었다. 언론기관으로는 사헌부(司憲府), 사간원(司諫院), 홍문관(弘文館)이 삼사(三司)로 통칭됐다. 사헌부: 시정(時政)의 득실을 논하고 백관을 규찰 탄핵한다. 무고한 죄를 해명하거나 허위로 말을 꾸며내는 것을 금지하는 일 등을 맡았다. 대사헌(大司憲)이 수장이다. 사간원: 왕에게 간언하고, 정치의 잘못을 논박하는 직무를 맡았다. 대사간(大司諫)이 수장이다. 홍문관: 궁궐안의 서적을 관리하는 등, 왕의 자문에 응하는 임무를 맡았다. 관직은 영사(의정이 겸임했다). 대제학(大提學), 제학(提學), 부제학(副提學)과 직제학(直提學) 이하의 관직이 있다(박영규, 위의 책, 부록 등을 참조). 16세기 이들 기관 사이의 권력 관계에 대해서는 이태진, 위의 책, 2000, 68-69쪽을 참조하라. 그리고 경연(經筵)은 국왕에게 경서를 강의하는 것을 말한다.

19) 이이의 경력에 대해서는 沈成燮, 『栗谷全書』 1, 「解題」, (韓國精神文化硏究院,1996) 참조. 이이의 정치사상에 관한 논문으로는 황운룡, 앞의 논문과 이원술, 「李栗谷의 政治思想硏究」 『社會科學硏究』 第14輯 第1卷, (영남대학교, 1994) 등을 참조.

20) 당시 조선의 상황에 대해서는, 이태진, 강재언, 박영규의 책 외에 朝鮮史編修會, 『朝鮮史』(東京大學出版會, 1986 復刻) 第4編 第8, 9卷과 文玉柱, 『朝鮮派閥鬪爭史』(成甲書房, 1992) 등을

고위 관료가 죽음에 임박해서 소를 올렸다. 그 안에는 조정과 국가의 위기를 호소하는 네 가지 제언이 있었다. 네 가지란 임금이 학문에 힘쓰고 신하에게 위의(威儀)를 가지고 대하라는 것과 함께, '군자와 소인을 구별'하는 것의 중요함, '붕당의 사적인 성격을 없앨' 필요성 등이었다. 상소를 올린 이준경은 중종(中宗), 인종(仁宗), 명종(明宗) 연간에 정계에 새롭게 진출한 사림세력과 훈구파의 대립(이른바 4대 사화)을 겪으면서도 결국에는 명종대에 최고의 관직인 영의정이 됐으며, 후에 명종의 유명(遺命)을 받아 선조를 옹립한 인물이었다.

이준경은 상소에서 '붕당의 사적인 성격을 없애야 한다'고 하면서 대략 다음과 같이 서술했다 : 지금 사람들은 잘못한 과실이 없고 또 사리에 어긋나지 않아도 자기와 한마디만 서로 맞지 않으면 서로 배척하여 용납하지 않는다. 그리고 자신의 행동을 조심한다든가 독서하는 데에 힘쓰지 않으면서 '고담대언(高談大言)으로 붕당을 맺는 것'을 매우 고상한 것처럼 여겨 마침내 허위(虛僞)의 풍조가 생겨났다. 지금은 군주인 선조가 공평하게 듣고 살펴서 이런 폐단을 없애는 데 힘써야 할 때이며, 그렇게 하지 않으면 마침내 국가를 구하기 어렵게 하는 환란이 될 것이다.[21)]

임종에 즈음해 올린 상소에 서술된 경고, 특히 '붕당의 사적 성격'에 대한 것은 선조를 놀라게 했을 뿐 아니라, 조정에도 큰 파문을 일으켰다. 그러나 훗날 이준경의 유소에 대한 평가는 중신(重臣)으로서의 직언이었다는 것에 그치지 않았다. 전형적인 '붕당' 비판이면서 동시에 후일의 붕당 대립을 예언한

참조하라.

21) 『宣祖實錄』 卷 6, 宣祖 5년 7월 庚寅(6) [전거 맨뒤의 ( ) 안의 숫자는 목판본 해당 책의 쪽수를 가리킨다. 즉 실록 6권의 6번째 쪽이라는 의미이다. 이하 같다]. 이 유소(遺疏)는 『宣祖修正實錄』 卷 6, 宣祖 5년 7월 甲申(2-3)에도 수록되어 있다. 조선왕조실록은 『宣祖實錄』 외에 『宣祖修正實錄』이 있다. 그것은 『宣祖實錄』의 편찬 작업이 광해군대에 이루어졌기 때문에 당시 집권당이었던 북인 세력(동인이 남북으로 갈리며 생겨난 일파)을 칭찬하는 한편, 다른 당파에 속한 인물에 대해서는 비판적으로 평가하여 역사서로서의 균형을 잃은 측면이 있었다. 때문에 서인이 재집권하면서 그것을 개정하여 『宣祖修正實錄』을 편찬했다. 따라서 서인으로 간주됐던 이이의 상소 등은 『宣祖實錄』에는 거의 보이지 않고 거의 『宣祖修正實錄』에 실렸다. 이 글에서는 양 실록 외에 『栗谷全書』에 실린 상소문을 사료로 활용했다(본문의 인용문은 『國譯 栗谷全書』(한국정신문화연구원, 1996)의 한글 번역본을 따른 것이다. 각주에 표기한 쪽수는 한문 원전의 쪽수이다).

것이라고 평가되었다. 예를 들면 『당의통략』의 저자인 이건창은 이준경이 유소를 올린 지 "몇 년 후에 그 말이 사실로 드러났다"고 했다.[22] 또 『조선 문명사』(朝鮮文明史)의 저자인 안확(安廓)은 "동고(東皐) 이준경(李浚慶)은 붕당의 기미를 미리 알고 그 결말을 예언하는 유소를 올렸다"라고 서술했다.[23] 사실 이 유소를 올리고 3년 뒤에 사림 내부의 대립이 '동인'과 '서인'의 형태를 취해 나타났고, 이이의 조정에도 불구하고 당쟁은 격화됐다.

그러나 이 발단이 의미하는 바는 이준경과는 반대되는 측면에서도 고찰할 필요가 있다. 이 사건을 기록한 『선조수정실록』에서는 "때문에 후세 사람들이 이준경에게 선견지명이 있어 그것을 예언했다고 한다"고 하면서도, "그러나 그 전말은 상고해서 알아보아야 한다"라고 유보하고 있는 것이 시사하는 것처럼,[24] 여기에는 모든 예언이나 예견이 포함하고 있는 '자기실현성'에의 숨겨진 커미트먼트(commitment)가 은연중에 자리하고 있었다고도 말할 수 있기 때문이다. 실제 이 유소에 대한 최대 반론자였던 이이가 문제시했던 것도 이 점이고, 여기서 문제의 복잡성을 볼 수 있다. 물론 이이가 유소를 심하게 반박했던 주된 이유는, 이준경이 암묵적으로 혁파해야 할 붕당으로 지목한 대상이 이이를 중심으로 한 사림세력이었기 때문이라는 것은 부정할 수 없다.[25] 그러나 이이의 붕당론은, 이 시기의 「논붕당소」(論朋黨疏)에 국한되지 않고, 단순히 자파(自派)를 변호하려는 것이라고 단정하기에는 상당히 복잡한 의미를 지니고 있었다고 생각된다.

앞에서 서술했던 것처럼 붕당론의 와중에서 이이에 대한 훼예포폄(毁譽褒貶)은 복잡한 양상을 띠었다. 첫 번째로는 이준경의 유소가 암시하는 것처럼, 이이는 훈구파에 대립하는 사림파로서 그 '붕당의 사적 성격'을 의심받았다. 두 번째로 좀 더 강한 비난은 이준경의 유소 이후 3년 뒤에 발생한 사림 내

22) 이건창, 위의 책, 21쪽.

23) 安廓, 1923, 『朝鮮文明史 一名朝鮮政治史』(『自山安廓國學論著集』 2, 驪江出版社, 1994년), 460-461쪽.

24) 『宣祖修正實錄』 卷 6, 宣祖 5년 7월 甲申(6).

25) 예를 들어 이건창은 "이준경의 말은 이이 등을 지목한 것이었다"라고 했다(위의 책, 21쪽).

부의 대립을 조정하는 과정에서, 이이가 한쪽 편에 참여했다는 판단을 적어도 반대파는 내리게 됐다는 것이다. 일의 발단은 외척[명종비 인순왕후(仁順王后) 심씨(沈氏)의 동생]이면서도 명종 말년에 사림을 옹호하고 도와주었던 심의겸(沈義謙) 등의 이른바 '전배'(前輩)와 순수한 사림인 김효원(金孝元)을 지지하는 '후배'(後輩)가 인사권을 가진 이조전랑직(吏曹銓郎職)을 둘러싸고 격하게 대립한 것이었다. 이 대립을 완화하고 사태를 진정시키고자 했던 이이는 두 사람을 일단 외직(外職)에 임명하는 방책을 진언했다. 그런데 정작 김효원의 부임지가 심의겸보다 훨씬 멀고 불리한 지역이었다. 때문에 후배들의 격한 비판이 속출했고, 이이의 의도와는 달리 사림 내부의 대립을 격화시키는 결과를 초래했다.[26] 이것이 이른바 동인과 서인이 대립하는 계기가 되는 사건이었다. 이후 김효원 등을 '동인', 심의겸 등을 '서인'이라고 부르면서 첨예하게 대립했고, 이때의 일 때문에 이이는 "동인을 누르고 서인을 도왔다"고 하여 서인에 속하는 것으로 간주됐다. 그뿐만이 아니었다. 세 번째로, 이이와 '붕당'의 관계에서 주목할 만한 한 구절이『당의통략』에 기술되고 있다. 그 중에는 선조가 다음과 같이 이야기한 내용이 나온다.

> 임금이 자주 전교를 내려 이이와 성혼(成渾)을 높이고 장려하며 말하기를, "이이는 진정한 군자다. (이이와 같다면) 당이 있는 것이 걱정이 아니라, 오히려 당이 적은 것이 걱정이다. 나 또한 주희의 말대로 이이와 성혼의 당에 들어가고 싶다" 했다.[27]

원래 이이의「연보」(年譜)와「행장」(行狀)에는 "이이가 당을 만든다"고 말해 선조를 동요시키려고 한 일파(一派)에 대해 선조가 스스로 주희의 '붕당론'에 따라 이이와 성혼의 당에 들어가, "지금 이후 너희들은 과인을 이이와 성혼의

---

26) 이것이 선조 8년의 이른바 乙亥黨論이라고 불리는 사건이다. 동인과 서인이 대립하게 된 계기에 대해서는, 강재언, 위의 책, 280-281쪽, 文玉柱, 위의 책, 62-66쪽, 朝鮮史編修會,『朝鮮史』第4編 第9卷, 91-92, 95쪽 참조. 또 이이 스스로 자신의 의도와 다르게 전개되는 사건에 대해 선조 12년 5월에 올린「辭大司諫兼陳洗滌東西疏」에서 그 당시의 경위에 대해 설명하고 있다[『栗谷全書』卷 7, 疏箚 5(3~4) ;『宣祖修正實錄』卷 13, 宣祖 12년 5월 乙巳(3~4)].

27) 이건창, 위의 책, 38쪽.

당이라고 해도 좋다"고 기술되어 있다.[28] 주희의 설을 따른다는 것은 '인군위당'(引君爲黨)을 받아들인 것이었다. 즉 임금 스스로 '군자의 당'에 들어가는 것을 의미했다. 그리고 여기에서 "이이와 성혼의 당에 들어간다"는 것은 선조가 '군자와 소인의 구별'을 전제로 한 주자의 '붕당론'을 인정하는 것과 함께, 이이와 성혼을 중심으로 한 집단을 '군자의 당'이라고 단언한 것이었다. 선조의 이 말은 훗날 이이의 제자인 이귀(李貴)가 인증하고 나아가 『당의통략』의 위의 구절이 널리 사람들 입에 오르면서 '이이와 성혼의 당'='군자의 당'이라는 인상이 생겼다고 추측된다.[29] 이처럼 붕당을 둘러싼 이이의 언행에 대해서는, 전통적인 '붕당의 사적 성격'의 주모자라는 비난부터 주자의 '붕당', 즉 '인군위당'(引君爲黨)의 실천자라는 평가에 이르기까지 매우 상반된 평가가 내려져 왔다고 할 수 있다.

이와 같은 상반된 평가의 배경에는 물론 동인과 서인의 대립 그 자체가 복잡한 사정을 갖고 있다는 점이 작용했다. 그렇지만 2장에서 지적했던 '붕당'을 둘러싼 유교 내부의 신구 두 가지 사고방식이 서로 섞여 있는 사상사적 정황도 시각에 넣을 필요가 있을 것이다. 여기에서는 '붕당'의 시비(是非)가 다시 문제가 되기 때문이다. 그러나 그 이상으로 주목하지 않으면 안 되는 것은 이이의 붕당론 언설들의 특징이 결코 '붕당'으로서의 자기를 변명하는 데 있지 않았다는 점이다. 오히려 이이는 각각의 입장에서 나온 모든 붕당에 대한 비판, 붕당에 대한 비난 그 자체가 갖고 있는 문제를 냉정하게 분석하려는 자세를 취했다. 이 글에서 새삼스럽게 이이의 '붕당'에 관한 논의를 다루면서 거기

---

28) 『栗谷全書』 卷 34, 附錄 2, 「季譜」 下(43). 『栗谷全書』 卷 35, 附錄 3, 「行狀」(42).

29) 이귀의 언급은 『仁祖實錄』 卷 20, 仁祖 7년 閏4월 乙丑(24~25). 또 그 이후 安廓, 앞의 책, 463쪽 외에 최근의 붕당 연구로는 이태진, 앞의 책, 223-224쪽과 최이돈(崔異敦), 앞의 책, 198-199쪽 등에서 붕당관의 수용기반이 정리되어 있다.
다만 여기에서 특기하고 싶은 것은 이 문장이 최초로 기록된 것은 『宣祖實錄』 卷 17, 宣祖 16년 9월 辛巳(46)에서였고, 『宣祖修正實錄』에는 기록되어 있지 않다는 것이다. 이미 서술했던 『宣祖實錄』의 편찬 경위와 전후 맥락 등을 통해 추측해 보면, 적어도 『實錄』 편찬자는 "이이와 성혼의 당에 들어간다"라고 하는 선조의 발언이 이이의 붕당을 군자당으로 인정하는 것으로 판단하지 않았다. 또 선조의 발언은 이이를 비판한 김홍민(金弘敏)에 대한 반론이었고, 이이에게 말했던 것이 아니었다. 이이에게는 후술하는 검토를 통해 추측하는 것처럼 당파를 만들고자 하는 의지가 없었다고 생각된다.

에 포함된 독자적인 정치적 주장에 주목하고자 하는 것도 이러한 측면에 주목했기 때문이다. 이하에서는 이준경의 유소에 대한 이이의 비판을 살피면서 그 논지를 검토해 보고자 한다.

이준경의 상소가 들어오자, 선조는 "만약 붕당이 있다면 조정이 어지러워질 것이다"라며 크게 놀라면서 대신들에게 하문했다. 그러나 대신들은 선조의 오해를 푸는 데 급급했을 뿐 아니라, 시종일관 각각 자기를 변호하는 상소를 올려 이준경의 실언을 공격했다. 그 와중에 당시 홍문관 응교(弘文館應敎)로 재직 중이던 이이는 장문의 소를 올려 이준경을 비판했다. 그러나 거기에 그치지 않고 이이는 '붕당'에 관한 자신의 견해를 유교적 정치관을 전제로 하되 당시 현실에 대한 인식을 결부시켜 광범하게 논했다. 이것이 「논붕당소」(論朋黨疏)라고 불리는 것이다. 여기에서 이이는 다음과 같이 단언했다.

> 붕당의 이론이야 어느 시대인들 없었습니까. 오직 그들이 군자인가 소인인가를 살피는 것이 중요할 따름입니다. 진실로 군자라면 곧 천 명이나 백 명이 붕당을 이룬다고 하더라도 많을수록 더욱 좋겠습니다만, 진실로 소인이라면 곧 한 사람이라 하더라도 용납해서는 안될 것입니다. 하물며 붕당을 이루게 해서야 되겠습니까. 만약 사악하고 바른 것을 불문하고 언제나 붕당에 대하여 의심하고 그것을 깨뜨리려 한다면 곧 동한(東漢) 때의 당고(黨錮)의 화난(禍難)과 백마역(白馬驛)에서의 청류(淸流)들의 참화(慘禍)가 반드시 일어나지 않는다고 할 수 없을 것입니다.[30]

'붕당의 사적 성격을 없애라'고 한 이준경의 진의가 어디에 있었는가와는 상관없이, "붕당의 이론이야 어느 시대인들 없었습니까", 즉 어느 시대나 붕당을 비난하는 논의가 있었다고 하는 이이의 말은 이준경의 주장을 정면으로 반박하는 것이었다. 다시 말해 이준경은 '붕당의 사적 성격'을 비난하는 것 자체가 정당한가를 전혀 의심하지 않고 그것을 목전의 사태에 적용하고자 했던 것에 반해, 이이는 그러한 '붕당 비판'의 정당성 자체를 문제시하고자 했던 것이었다.

이와 같은 이이의 '붕당'관은 구양수나 주자가 주장했던 송대의 새로운 붕

---

30) 『栗谷全書』 卷 4, 疏箚 2, 「論朋黨疏」(36); 『宣祖修正實錄』 卷 6, 宣祖 5년 7월 甲申(4).

당론에서 영향을 받았다. 이는 그가 앞의 인용문 바로 다음에 구양수와 주자를 거명하면서, "예로부터 붕당을 논한 것 중에 구양수(歐陽修)의 붕당론보다 잘 분변한 것이 없고 주자(朱子)가 유정(留正)에게 답한 편지보다 더 절실한 것이 없다"라고 하면서 그 획기성을 특필하고 있는 데서 잘 알 수 있다. 오랜 기간 동안 유교적 영향하에 있던 조선에서 『논어』 이래의 '붕당'에 대한 부정적인 평가는 거의 의심할 여지가 없는 것이었다. '붕당'이 '사적인 것'이고 나쁜 것이라면 '붕당의 사적인 성격을 없애라'는 언행의 정당성은 절대적이었을 뿐 아니라, 정치적으로 공격하기 위한 언설로서는 매우 큰 힘을 발휘할 수 있었다. 따라서 그러한 언설의 주도권을 쥐기 위한 정쟁도 매우 치열하게 전개될 수밖에 없었다. 그러나 과연 '붕당'은 절대악인가. 이이에게 주자의 붕당론은 '붕당 비판'의 정당성을 자명화하는 것에 반론을 제기할 수 있는 근거를 주었다고 할 수 있다. 그것은 어떠한 경우에 붕당을 비난해야 하는가, 또 어떻게 그 비난을 정당화할 수 있는가, 구체적으로 무엇이 타당하고 무엇이 타당하지 않은가를 분명히 하는 것이었다. 이를 통해 주자의 붕당론은 다시 붕당을 비난한 자에게 그 근거를 제시할 책임을 요구하는 것이었다. 「논붕당소」에서 휘두른 필봉이 예리하다는 것은 실은 이러한 주자의 주장을 바탕으로 자명성 위에 안주해왔던 붕당 비판의 근거를 하나하나 깨뜨리는 논의가 시작됐다는 데 있다고 할 수 있다.

이이는 결국 이준경이 암암리에 붕당으로 지탄하고자 했던 것의 정체를 다음과 같이 지적했다.

> 다만 오늘날의 일을 두고 얘기한다면, 이준경의 이른바 붕당이란 것이 어떤 사람을 가리키는 것인지 알지 못하겠습니다. 지금은 권간(權姦)들이 이미 없어졌고 나머지 도당들은 기식(氣息)조차 죽었으니, 비록 소인이 없다고 말하는 것은 안될는지 몰라도 감히 공연히 여럿이 합쳐서 남을 비판하는 일이 없고 무리를 모아 함께 악한 짓을 하는 흔적도 없으니, 본시 붕당이라 지목할 수가 없는 것입니다. 행렬을 따라가고 대열을 뒤쫓으며 여러 사람과 함께 나아가고 여러 사람과 함께 물러나는 사람들은 얼마나 되는지 알지 못할 정도이지만, 각기 그의 몸을 위하고 각자 그의 녹(祿)을 보전하려 하고 있다면 더욱이 붕당이라 지목해서는 안되는 것입니다. 오직 임금을 사랑하고 나라

를 걱정하며 공(公)을 위해 봉사하고 사사로움을 막는 사람은 손을 꼽아 보아도 몇 명 없지마는 공론(公論)은 그들에 의지하여 얼마간 행세할 수 있게 되는 것이니 이준경의 이른바 붕당이라는 것은 바로 이런 사람들을 가리키는 것이 아니겠습니까.[31)]

즉 이이에 의하면, 이준경이 '붕당'으로 지목하고 소멸시키고자 했던 사람들은 오히려 소수이지만 "임금을 사랑하고 나라를 걱정하며 공(公)을 위해 봉사하고 사사로움을 막는 사람", 다른 말로 표현하면 "모두가 한때의 청망(淸望)을 자부하고 공론(公論)을 주장하던 사람들"[32)]이라고 하는 것처럼, 나라를 걱정하고 사를 억누르는, 순수하게 공에 봉사하고자 하는 사람들이었다. 따라서 그들은 '붕당'으로 지목할 만한 집단이 아니라는 것을 은연중에 주장하는 것이었다. 그 안에는 "붕당에 관한 언설이 어느 시대라고 없었겠는가"라고 단언하면서도, 동시에 청망을 받으며 국사에 진력하는 사람들을 '붕당'이라는 틀과는 다른 것으로 파악하고자 하는 시각이 엿보인다. 물론 이러한 언설은 붕당이라고 은연중 비판받던 이이의 교묘한 자기 변명이라고 간주할 수도 있다. 그러나 「논붕당소」만이 아니라, 그것을 전후한 이이의 저술들을 함께 살펴본다면, '붕당'에 대한 비판이나 비난이 특정 상황에서 정의의 실현을 앞당기기는커녕, 다양한 병폐를 낳는다는 것에 주목했던 이이의 인식이 차츰 깊어지고 하나의 독자적인 정치적 견해를 만들기에 이르렀음을 확인할 수 있다고 생각된다.

이이는 이에 대해 일찍부터 언급했다. 선조 2년 그는 왕도정치의 이상에 대해 정치철학과 현실 문제를 결부시켜 논하는 가운데, '군자와 소인'의 구별을 어떻게 확인할 것인가를 설명하고 '붕당'에 대해 다음과 같이 서술했다. 그것은 소인이 군자를 공격할 때는 반드시 "다른 명목을 만들어 그것으로 임금을 현혹시키는" 것에 주의를 환기시키는 것이었다. 군자의 언행에 대해, 예를 들면 성리학에 힘쓰면 그것을 '위학'(僞學)이라고 하고, 이륜(彝倫)을 밝히고

31) 위와 같음. 여기에서 인용한 두 자료는 내용상 약간의 차이가 있다. 본문에서는 『栗谷全書』에 의거해 인용했다.

32) 『栗谷全書』 卷 4, 疏箚 2, 「論朋黨疏」(40); 『宣祖修正實錄』 卷 6, 宣祖 5년 7월 甲申(5).

자 한다면 그것을 '위선'(僞善)이라고 비난하는 것과 같은 맥락에서 다음과 같이 말했다.

> 동지를 추천하여 함께 국사를 다스리려고 하면 붕당(朋黨)을 조성한다고 지목을 하고, 선을 좋아하고 악을 미워하며 혼탁한 것을 배격하고 맑은 것을 찬양하면 자기와 다르니까 배척한다고 지목을 한다.[33]

즉 이이에 의하면, '붕당'이라는 말은 군자가 힘을 합쳐 국사를 처리할 때 소인이 그것을 비난할 목적으로 특별히 만든 명목이었다. 다시 말해 허위로 비난하는 말에 다름 아니었다.[34] 구양수나 주자의 붕당론이 출현한 뒤에도 '붕당'이라는 주장이 갖는 그러한 정치적 기능은 후퇴하지 않았다고 할 수 있다.

이러한 '붕당'이라는 언설이 갖는 위험성은 「논붕당소」에서 더욱 심각한 문제를 낳는 것으로 새삼 인식됐다. 이때 조정의 불화(不和)를 논한 이이는 "그래도 오직 믿는 것"으로 군주의 "제왕으로서의 자질"과 "인망을 받는 한두 명의 신하"를 들면서, 여기에 가까스로 '공론'이 시행될 가능성이 있다는 것을 강조했다. 그럼에도 불구하고 그에 대해 '붕당'을 운운한다면

> 어찌 붕당의 이론으로 하여금 그러한 의지할 곳을 공격케 함으로써 사기가 꺾이어 무너지고 공론이 위축되어 소멸하게 할 수가 있겠습니까[35]

라고 하여, 그 약간의 가능성마저 막아버릴 수 있음을 지적했다. 이처럼 '붕당'이라는 개념은 그 자체가 유교적 전통에서는 어디까지나 부정적인 단어에 속했다. 하지만 이이는 단순히 붕당이 존재하는 것 자체가 위험한 것이 아니라, 다른 사람을 비판하면서 '붕당'이라는 언설을 사용했을 때 군자에 의한 바람직

---

33) 『栗谷全書』 卷 15, 雜著 2, 「東湖問答」 宣祖 2년(1569) (19).

34) 이이는 그처럼 허위로 명목을 만들어 비난하는 방법에 대해, "정자(程子)조차도 행실이 그르다는 탄핵(彈劾)을 받았고 주자도 위학(僞學)이라는 비방을 받았으니[『栗谷全書』 卷 4, 疏箚 2, 「論朋黨疏」(42)]"라고 하여 정자나 주자와 같은 사람도 공격 대상이 되는 것을 피할 수 없었다고 예시했다.

35) 『栗谷全書』 卷 4, 疏箚 2, 「論朋黨疏」(38).

한 정치마저 사라지게 될 가능성이 있음을 문제시했던 것이다. 이이는 정파간의 대립은 조정할 수 있지만, 거기에 '붕당'이라는 언설이 덧붙여짐으로써 조정이 불가능한 상태로 빠지게 된다고 판단했던 것이다. 구양수나 주자가 행한 '군자의 당'과 '소인의 당'의 구별이 그들의 의도와 달리 상대를 배격하는 논리가 될 수 있는 것처럼, '붕당'이라는 말은 원래 부정적인 인상을 갖고 있었기 때문에 그것이 정치적인 의도를 가지고 사용될 때 일어날 수 있는 위험성도 예측됐다. 바로 그 때문에 이이는 역으로 "붕당이란 명목으로 남을 참해(讒害)하는"[36) 구실을 만들려는 것에 대해 철저한 비판을 했고, 이를 통해 붕당이라는 용어가 갖는 부정적인 연쇄 반응을 끊으려고 했던 것이다.

'붕당' 언설이 갖는 그러한 정치적 기능에 대한 위기감에서 나온 이이의 비판적 언설은 이른바 동인과 서인의 대립이 점점 분명해지자 더욱 첨예해졌다. 예를 들면 선조 16년에 지어진 "동인과 서인의 대립을 진정하고 조화하게 하며 묵은 폐단을 혁파할" 목적으로 지어진 상소에서는, '붕당' 주장에 내재해 있는 부정적 흡인력을 다음과 같이 분명히 묘사했다.

> 근일 의견을 말씀드리는 자가 혹 조정 벼슬아치를 두고 편당(偏黨: 한 당파에 치우침 - 역자주)한다고 지적하는 사람이 있을 경우에, 전하께서 그를 통촉하지 못하시고 마침내 신하를 의심하여 다 붕당(朋黨)으로 여기시면, 아마도 사림(士林)의 무궁한 누가 될 듯하므로 …… 예로부터 소인이 진실로 붕당이 있는 것입니다만, 군자도 같은 유끼리 협심합니다.
>
> 만약 사정(邪正)을 따지지 않고 당(黨)만을 미워하면 마음이 같으며 덕이 같은 선비도 조정에 용납되지 못하지나 않겠습니까. 이러므로 예로부터 붕당의 폐해는 다만 벼슬아치의 흠이 되었을 뿐인데, 붕당을 미워하여 그를 제거하려는 자는 남의 나라를 망치는 데에 이르게 하지 않은 자가 없습니다.[37)

"사림의 무궁한 폐난"이라는 말은 이선의 사화(士禍)를 연상케 하는 경구였다. 이이는 그러한 구체적인 역사적 선례를 들어, 조정에 불화가 있는 문제를 충고하는 것처럼 하는 붕당 비판 언설에 대항하고자 했다. 즉 붕당 비판 언

---

36) 『栗谷全書』 卷 4, 疏箚 2, 「論朋黨疏」(43).
37) 『栗谷全書』 卷 7, 疏箚 5, 「陳時事疏」(43); 『宣祖修正實錄』 卷 17, 宣祖 16년 4월 壬子(7~8).

설에 현혹되어 '붕당'이라는 것만으로 붕당을 배척하기만 한다면 사태가 화평하는 방향으로 진행되기는 커녕 역으로 화란이 반복될 것임을 강조했던 것이다. 시비(是非)와 사정(邪正)을 불문하고 "만약 간사함과 올바름을 따지지 않고 당이라고 하여 미워한다면 마음과 덕을 같이하는 선비들까지 조정에서 용납 받지 못할 것"이라는 '붕당' 언설이 갖는 역설적 기능의 최종 귀결은 "붕당을 미워하여 제거하려고 했던 자는 나라를 망치는 데에 이르렀다"라고 하는 주자의 한 구절에 다름 아니었다.

앞에서 서술했던 것처럼 김효원의 동인과 심의겸의 서인이 격렬히 대립하고 반목하는 와중에서 이이도 심한 비난과 칭찬을 받았다. 그 와중에 이이가 올린 이들 일련의 상소는 그가 대립의 당파화가 초래할 폐해에 대해 냉정하게 분석하고 있음을 알 수 있다. 이이는 "동인·서인의 이름이 한 번 나오고부터 조정에는 온전한 사람이 없게 되었으니"[38)]라고 그 위기감을 단적으로 말하고, 동서 두 글자가 나타나면서 생겨난 폐해로 다음의 세 가지를 들었다.

첫째, 동서 분당이라는 시각이 고정화함에 따라 모든 정치적 사건을 그러한 당파 대립의 틀로 설명하려는 경향이었다. 이이는, 예를 들면 수뢰 혐의로 처벌받아도 주변에서는 서인을 공격하려는 의도이지 뇌물이 횡행하는 것을 바로 잡으려는 것이 주목적은 아니었다고 인식함을 지적했다. 또 동인이 서인을 공격하려는 의도였음을 밝히고자 성급하게 일을 일으키면 그것은 그것대로 중용의 도리를 잃어 사림의 격분을 야기하고 마침내 큰 소란을 빚게 되는 것을 지적했다.[39)] 그리고 그것이 결국은 동인과 서인이라고 하는 대립축을 더욱 강고하게 한다는 것을 간파했다.

둘째, 정치 현실에 당파와 같은 집단이 존재하면서 "동(東)·서(西)로 분류된 뒤로 당파의 색목이 이미 형성되자 왕왕 당색이 같고 다름에 따라 좋아하고 미워하게 됨을 면치" 못하여, 당파를 같이 하는가 아닌가가 토론의 전제가 되는 현상이었다. 당파가 생기면 「당고전」(黨錮傳)에 전하는 「당동벌이」(黨

---

38) 『栗谷全書』 卷 7, 疏箚 5, 「辭大司諫兼陳洗滌東西疏」(4); 『宣祖修正實錄』 卷 13, 宣祖 12년 5월 乙巳(4).

39) 위와 같음.

同伐異), 즉 같은 당이라는 것만으로 서로 돕는 이유가 되고, 당이 같지 않다는 것만으로 용서 없이 공격하는 현상이 필연적으로 초래될 것을 염려했다.

셋째, 문제가 장기화되면서 나타나는 폐단으로 신진 사류에 대한 당파성의 영향이 지적됐다. 즉 모든 정치가 "어질고 어리석음과 재주가 있고 없음을 따지지 않고 오직 동인이냐 서인이냐를 분변"하여 "동인이 아닌 사람은 억제하고 서인을 배척하는 사람은 찬양"하게 된다면, 젊은이로 조정에서 빨리 출신하기를 바라는 자는 서인을 공격하는 것을 출세 길로 여기게 되고, 그 결과 토론은 견강부회하게 되고 인재를 비난하고 중상모략하기만 하며 유교 도덕을 체현해야 하는 선비의 풍습도 무너뜨릴 것이라는 걱정이었다.[40]

이이가 동인과 서인이 대립하는 현실을 체험하고 거기서 찾아 낸 문제점은 이처럼 당파라고 하는 대립축을 설정함으로써 대립이 고정되고 강화되는 것, 그리고 그 안에서 파생하는 「당동벌이」적 폐습(弊習), 나아가서는 뒷세대까지 그 여파가 미친다는 것이었다. "아! '동서'(東西) 두 글자는 본디 민간의 속된 말에서 나온 것이므로 신이 일찍이 믿을 수 없다고 웃어버렸더니, 오늘날에 와서 더욱 심한 근심거리가 될 줄이야 어찌 생각이나 하였겠습니까"[41]라는 구절은 이이가 문제를 심각하게 인식했음을 시사하고 있다.

붕당을 고발하고 비난한 대가로 초래된 병폐에 대한 일관된 비판은 이이의 정치 언설의 큰 특징이었다. 그리고 그러한 언설이 주자의 '붕당론'을 수용함으로써 전통적인 붕당론을 비판하는 성격을 갖고 있었음도 이상의 검토를 통해 분명해졌다고 생각된다. 그러나 붕당에 대한 이이의 언설이 갖는 특징은 여기에서 그치지 않았다. 오히려 그의 언설의 가장 큰 특징은 주자나 구양수의 붕당론이 의거했던 '군자와 소인의 구별' 그 자체에 대한 대담한 재해석을 통해 붕당간의 '조제'(調劑)가 가능하다는 근거를 제시하는 정치 언설을 만들려고 했다는 점이다.

「논붕당소」의 모두(冒頭)에서 이이가 "붕당의 이론이야 어느 시대인들 없

---

40) 『栗谷全書』 卷 7, 疏箚 5, 「陳時事疏」(42); 『宣祖修正實錄』 卷 17, 宣祖 16년 4월 壬子(7).
41) 위와 같음.

었습니까. 오직 그들이 군자인가 소인인가를 살피는 것이 중요할 따름입니다"라고 했던 것처럼, 붕당을 비판하는 것이 자명하다는 논리를 의심하는 근거는 '군자 소인의 구별'을 중시하는 것과 표리 관계에 있었다. 물론 '군자와 소인의 구별'은 유교 사상에서도 가장 기본적인 테제(these)이고 이이의 독특한 생각은 아니다. 또 구양수의 '붕당론'이나 주자의 '붕당론'도 붕당을 긍정적으로 평가할 때는 반드시 '군자의 당'이라는 것을 강조하고 있다. 이미 2장에서 소개했던 것처럼 구양수의 '붕당론'은 '군자와 소인의 구별'을 설명하면서 "도를 같이하는 군자의 붕(朋)을 진붕(眞朋), 이익을 같이 하는 소인의 붕을 위붕(僞朋)"이라고 하고, 군주는 '위붕'을 배척하고 '진붕'을 임용해야 한다고 주장했다. 주자도 충성스럽고 현명하다면 "그 당이 수가 적어 더불어 천하의 일을 도모하지 못할까 걱정할 뿐"이라면서 '군자의 당'이 커져야 한다는 것, 그리고 간사한 자라면 분명하게 쫓아내야 한다는 것을 주장했다.

조선의 사림 중에도 이런 사고방식을 그대로 받아들여 '군자의 당'이라는 견해를 내세운 경우가 있었다. 예를 들어 이이와 뜻을 같이 했던 성혼은 다음과 같이 말했다.

> 정자(程子)가 말하기를, "공정하면 하나로 뭉쳐지고 사사로우면 만으로 갈라진다고 했다. 신하된 사람이 자기 일신을 돌보지 않은 채 단지 공무에 봉사하고 국가를 걱정하면 천만 사람을 한 마음으로 묶을 수 있다. 그러나 만약 사사로이 자신만을 아낀다면 사람마다 마음을 각기 갖게 될 터인데 어떻게 하나로 묶을 수 있겠는가? 이른바 무왕(武王)의 신하는 3천 명인데 오직 한 마음이었으나 상주(商紂)의 신하는 억만인데 억만의 마음이었다고 한 것이 바로 이것이다."[42)]

여기에서 보이는 것은 '이일만수'(理一萬殊)론의 개념을 차용하여 다양하게 서로 다른 '사'(私)를 억제하고 모든 사람들이 하나가 되는 '공'(公)에 수렴해 갈 때, 다시 말해 '이'(理)가 하나인 것처럼 '공'도 단지 하나이고 모든 사람이 '공'을 지향한다면 저절로 천만 인이라도 한 마음이 된다라고 생각하는 것이

42) 『宣祖修正實錄』 卷 15, 宣祖 14년 4월 甲午, 「成渾이 時政의 得失을 극언한 상소」(14).

다. 그것은 사람들이 서로 다른 '사'를 제거하고 '공'을 실현하기 위해 노력한다면 반드시 하나의 붕(朋)을 형성한다는 의미에서의 낙관론이고, 궁극적으로는 '이일만수'(理一萬殊)에 대한 기대를 전제로 한 '군자의 당'론이었다.

'군자와 소인', '공과 사'가 원래 구별되지 않는다면 이러한 이상(理想)도 불가능하다. 그러나 실제 붕당이 대립하는 상황에서 '군자의 당'임을 증명하는 것은 저절로 이루어지는 것이 아니라, 오히려 당쟁을 통해 '진위'를 다투는 형태의 절대적인 대립을 빚는다. 이이가 직시했던 것은 바로 이러한 문제였다. 이이도 군자와 소인의 구별의 필요성은 강조했지만, '군자의 당'이나 '소인의 당'과 같은 표현은 사용하지 않았다. 오히려 다음과 같이 말하고 있다.

> 군자고 소인이고 같은 무리끼리 어울리는 법이니, 그 누가 붕당(朋黨)을 이루는가를 어떻게 알 수 있겠습니까. 훌륭한 계책과 사악한 이론이 뒤섞이어 함께 아뢰어질 것이니, 그 누가 나라를 그르치고 있는가를 어떻게 알 수가 있겠습니까. 이렇게 되면 사악하고 올바른 것을 분별하기 어렵고, 옳고 그른 것을 판단하기 어렵게 됩니다.[43]

이이는 이처럼 군자와 소인을 구분하는 것을 중시했음에도 불구하고, 군자와 소인 모두 집단을 이루게 되고 그 사이의 시비와 사정을 분별하기 어렵다고 서술했다. 그는 정치적 집단으로서의 '붕당' 그 자체의 대립에 '군자 소인'의 구별을 더하는 것은 애매하고 곤란하다고 인식했다. 이러한 인식은 동인과 서인을 구분하는 것이 분명해지고 상호간의 배타성이 강해짐에 따라 다음과 같이 표현됐다.

> 이른바 조절한다는 것은 둘 다 사류이므로 서로 화합할 수 있는 것입니다. 만일 하나는 군자이고 하나는 소인이라 한다면 물과 불이 한 그릇에 있을 수 없고, 향기나는 풀과 냄새나는 풀이 한 떨기에서 날 수 없는 것입니다. 예로부터 시금에 이르기까지 어찌 군자와 소인이 함께 조절하여 나라를 보전한 일이 있겠습니까.[44]

---

43) 『栗谷全書』 卷 5, 疎箚 3, 「萬言封事」(31); 『宣祖修正實錄』 卷 8, 宣祖 7년 正月 丁丑(11).
44) 『栗谷全書』 卷 7, 疏箚 5, 「辭大司諫兼陳洗滌東西疏」(6); 『宣祖修正實錄』 卷 13, 宣祖 12년 5월 乙巳(5).

이때 이이의 관심은 양쪽 모두 사류, 즉 신진 사림파인 한 서로 화합할 수 있다는 데 있었다. 동인과 서인의 대립은 결코 물과 불, 향기 나는 풀과 냄새 나는 풀과 같이 서로 용납할 수 없는 관계는 아니라는 관점에 서 있었다. 그렇다면 '군자의 당'과 '소인의 당'으로 구분하는 것은 대립하는 양 정파를 물과 불처럼 절대적·배타적인 형태로 구별하는 것이 된다. 따라서 이이는 '군자 소인의 구별'이라고 하는 가치규범에 서서 정치집단의 한 쪽을 군자, 다른 쪽을 소인이라고 하는 구별을 거부했다. 만약 그렇다면 양자를 조화시키는 것이 애초에 이루어질 수 없고 나라까지 망하게 된다는 위기감 때문이었다. 이이가 자기의 임무를 "다만 양쪽을 조제(調劑)하여 국사를 함께 하려 한"[45] 것이라 하는 데서도 알 수 있는 것처럼, 이이에게 있어 구양수나 주자의 '붕당론'은 '붕당'을 기피하는 관념을 부정하는 유효한 근거가 됐지만, 두 정파를 '군자의 당'과 '소인의 당'으로 구별하는 것은 역으로 이이가 중재하고자 했던 대립을 도리어 심화시키는 발단이라고 생각했던 것이다.

그러나 이이가 주자의 '붕당론'을 직접 원용하지 않고 유보하는 태도를 취했던 것은 단순히 현실적인 배려 때문만은 아니었다. 그는 '군자 소인론'을 뒷받침하는 평가 근거 그 자체까지 파고들어, 그러한 '조제'를 지지하는 논거를 찾아내고자 했다. 그러한 근거의 하나로 들고 있는 것이 이른바 '양시양비'(兩是兩非)라는 사고방식이다. '양시양비'론은 이이의 건의로 심의겸과 김효원 두 사람을 모두 외직에 임명한 뒤에도 여전히 정쟁이 지속됐을 뿐 아니라 양 정파 모두 이이의 조치에 반발하자, 이에 대해 이이가 자신이 왜 그렇게 했는가를 설명하면서 사용했던 말이다. 이이는 이때의 대립에서 서인으로 지목됐지만, 서인들이 김효원에 대해 일을 그르치는 소인이기 때문에 조심하라고 충고한 것에 대해 "소인이 아니라 이름 내기를 좋아하는 선비일 뿐"이라고 반론했다.[46] 또 역으로 그 뒤에 동인과 서인의 대립 가운데 세력을 키운 동인들이 서인을 '사당'(邪黨)이라 하고 심의겸을 '소인'이라고 공격하는 것에 대해서는

45) 『栗谷全書』 卷 7, 疏箚 5, 「陳時事疏」(42); 『宣祖修正實錄』 卷 17, 宣祖 16년 4월 壬子(7).
46) 『宣祖修正實錄』 卷 10, 宣祖 9년 2월 乙丑(3).

이이는 김효원과 심의겸 모두 "그 사람됨을 논한다면 모두 쓸 만한 사람이요, 그 과실을 말한다면 둘 다 잘못되었다 하겠습니다"라고 반박했다. 어느 경우나 일관하고 있는 것은 두 사람 모두 잘한 것과 잘못한 것이 있기 때문에, "한 사람은 군자요, 한 사람은 소인이라 한다면 신은 그 말을 믿지 않습니다"[47]라고 하여 양자를 '군자 소인'으로 결정하여 구별하는 것을 거부하는 자세였다.

이러한 이이의 태도에 대해 반대파들이 "모호(模糊)하게 둘 다 옳다 하여 시비가 명백하지 않다"[48]고 비난했던 것은 어떤 의미에서는 당연했다. 그러나 그러한 비난에 대해 이이가 거듭하며 반박했던 것은 '양시양비'라는 사고방식이었다.

> 천하에 진실로 둘 다 옳고 둘 다 그른 것도 있다. 백이(伯夷)·숙제(叔齊)가 서로 나라를 사양한 것과, 무왕(武王)과 백이·숙제가 서로 뜻이 합하지 않은 것은 둘 다 옳은 것이고, 춘추전국(春秋戰國)시대에 의(義)로운 전쟁이 없었던 것은 둘 다 그른 것이다.[49]

> 무왕(武王)이 주(紂)를 토벌할 때 백이(伯夷)가 말을 잡고 간(諫)한 것은 둘 다 옳은 것이요, 또 양편이 다 그른 것도 있는 것이니, 전국(戰國)시대에 제후(諸侯)가 서로 싸운 것은 둘 다 그른 것입니다.[50]

이이의 발언은 모두 예시하는 데 그쳤지만, 그 의미하는 바는 중요하다. 즉 여기에서 예로 들었던 주나라 무왕이 은나라의 폭군 주왕을 멸망시킨 고사는 '폭군방벌'(暴君放伐)의 예로 종종 거론됐다. 하지만 이것을 '군신의 의'라는 측면에서 본다면 의라고 인정할 수 있는가 여부는 여전히 쟁점이었다. 한편 백이가 말고삐를 잡고 간했던 사례는 백이가 주왕을 정발하고자 하는 무왕에 대해 "신하가 그 군주를 죽이는 것"은 '인'(仁)이라고 할 수 없다고 하면서 무

---

47) 『栗谷全書』 卷 7, 疏箚 5, 「辭大司諫兼陳洗滌東西疏」(5); 『宣祖修正實錄』 卷 13, 宣祖 12년 5월 乙巳(5).
48) 위와 같음.
49) 『宣祖修正實錄』 卷10, 宣祖 9년 2월 乙丑(3).
50) 『栗谷全書』 卷 7, 疏箚 5, 「辭大司諫兼陳洗滌東西疏」(6); 『宣祖修正實錄』 卷 13, 宣祖 12년 5월 乙巳(5).

왕의 말을 잡았던 고사이고, 공자를 비롯한 많은 유자들은 백이의 행동을 높고 깨끗한 지조로서 칭찬하고 덕의 극치라고 여겼다.[51] 이이가 여기에서 거론한 두 행위는 유교에서도 그 행위에 대한 해석에서 극히 상반된 평가를 전제로 한, 이른바 양자택일의 판단을 요하는 고사이다. 그만큼 이에 대해 둘 다 옳다고 단언한 이이의 발언은 상당한 긴장감을 초래할 수 있었다. 여기에서도 이이의 결의를 엿볼 수 있다. 한편 양비에 대해, 『맹자』에 나오는 "춘추시대에 의로운 전쟁은 없다"는 구절을 예로 든 것은 절대적인 대의를 누군가 독점할 수 없는 상황에 대한 상상력을 환기시키려는 것이었다고 할 수 있다. 여기서는 맹자가 말했던 것처럼, 부득이하게 "다만 저쪽이 이쪽보다 선하다고 할 만한 것이 있다."[『맹자』(孟子) 진심편(盡心篇)]는 상대적 평가만이 가능한 경우였다. 이이는 자신의 '양시양비'론을 유교에 내재하는 원리로 정립하고자 꾀했던 것이었다. 이이의 '양시양비'론은 이처럼 그의 기본적인 사상체계와 관련된 주장이었고, 그것은 개별적이고 구체적인 사례에 관해서 전면적인 긍정과 전면적인 부정에 빠지기 쉬운 경향을 억제하는 복안적 사고의 필요성을 제기했다고 말할 수 있을 것이다.

'조제'의 가능성을 뒷받침하는 이이의 또 다른 논거는 '군자'의 개념에 관한 관용성이다. 이미 보았던 것처럼 '군자와 소인의 구별'은 정치적 판단의 궁극적인 근거가 됐다. 군자와 소인 사이의 '조제' 가능성을 부정한 이이는 '조제'가 이루어질 수 있는 근거를 가능한 한 '군자'에 대해 지나치게 엄격한 기준을 적용하지 않는 데서 찾았다.

> 사람들 중에 선(善)을 행하는 자가 있으면 털을 불어 헤치며 흠집을 찾고 상처를 씻어 내어 다친 곳을 지적해 내듯이 반드시 그의 비웃음거리를 찾아내고 있습니다. 사람이 저마다 요순(堯舜)이 아닐진대 매사에 다 잘할 수는 없는 것이거늘, 한 번이라도 실수하는 일이 있으면 여러 사람들이 다투어 비방하며 그의 선행까지도 아울러 버리게 하고 있습니다. 그러므로 선을 행하는 자는 그 몸이 위태롭습니다.[52]

---

51) 『史記列傳』 1, 「伯夷列傳 第一」(岩波文庫, 1996)을 참조.
52) 『栗谷全書』 卷 4, 疏箚 2, 「論朋黨疏」(38).

이이는 '군자'의 조건으로 덕의 체현자로 완성되어 있을 것을 요구하지 않았다. 역으로 요순과 같은 이상적인 상을 기준으로 실재의 인간을 평가하는 것에 신중했다. 요순과 같은 이상적인 상을 절대화하는 것은 거기에서 조금만 벗어나도 공박하고, 결국 그 인물을 그 착한 행동과 함께 제거하는 정치적인 무기로 사용될 가능성이 높았다. 반면 그러한 이상적인 상이 악을 행하는 인간에 대해서는 매우 다르게 작용하는 것을 이이는 알았다. 즉 악을 행하는 인간은 보통 사람이기 때문에 그런 악행을 한다고 여겨 "그것을 괴이하게 생각하지 않고 …… 깊이 미워하지 않는" 풍조가 있다고 보았다. 때문에 선을 행하는 자는 신변이 위태로운 한편, 악을 행하는 자는 편안하게 지낸다는 인간 평가의 역설을 분명하게 묘사했다.[53] 이러한 통찰을 통해 이이는 완성된 '군자'를 구하는 대신, 심의겸과 김효원을 '양시양비'로 평가했던 데서 보이는 것처럼 오히려 각 사람의 결점과 함께 그가 가진 장점에도 눈을 돌려 그것을 적극적으로 활용하고 등용해야 한다고 생각했던 것이다. 그리하여 이이의 '조제'론은 '군자'가 되는 것이 어렵다는 것을 자각함으로써 형성된 관용적인 인간관과 그러한 인간관에 바탕하여 개별적이고 구체적인 판단이 갖는 상대성을 인정하는 데서 그 근거를 갖고 있었다고 할 수 있다.[54]

이상의 논의를 요약하면 이이의 붕당관 및 그와 관련된 정치관은 붕당을 둘러싼 격렬한 정치적 대립의 와중에서 그 정치적 통합을 확보하기 위한 정치 언설을 유교에 내재하는 원리로 정립하고자 했던 것에서 성립했다. 그러나 그의 '양시양비'적이고 폭넓은 사고는 "모호하게 둘 다 옳다 하여 시비가 명백하지 않다"는 비난을 받았던 것처럼, 그것만으로는 정치론으로서 완결성을 가졌다고 하기 어렵다는 것도 부정할 수 없다. 이이는 그러한 자신의 정치 언설을 보완하기 위해 두 가지 방향에서 해결을 기대했다고 생각된다. 첫 번째는 '군주'에 대한 기대였다. 이준경의 유소에 대한 반론에서 이이는 다음과 같이 말했다.

---

53) 위와 같음.
54) 인간관에 있어서의 민완성에 대한 관용과 구체적인 가치판단에 있어서 상대성을 고려한 폭넓은 사고가 이이의 경학(經學)에서 기를 중시하는 경향과 어느 정도 내적 관련이 있을 것이라는 문제는 매우 흥미롭지만, 이 글의 논의 수준을 넘어서는 것이다.

지금 전하께서 진실로 현명한 사람들을 구하여 그들에게 벼슬도 높여 주고 또 그들의 말을 채용하여 그들로 하여금 공부한 바를 널리 펴게 함으로써 뛰어난 인재들을 널리 불러들여 여러 벼슬자리에 벌려 앉게 한다면 곧 한 사람의 군자로써 충분히 여러 군자들을 끌어들이게 되고 붕당이란 명목으로 남을 참해(讒害)하는 자들이 입을 벌릴 수 없게 될 것입니다. 조정이 안정되지 못하고 화기(和氣)가 조성되지 않는 것이 어찌 걱정이 되겠습니까.[55)]

"붕당이라는 명목으로 다른 사람을 비방할 구실을 여는" 것을 미연에 방지하는 역할이 군주의 인선에 달려 있다는 것이었다. 이이가 '붕당'에 대해 "붕당이라는 명목으로 다른 사람을 비방할 구실을 열고" 뛰어난 통치를 할 수 있는 약간의 가능성마저 막을 수 있다고 강하게 경계했던 것은 이미 서술했지만, 그 임무를 맡을 수 있는 것은 군주 일인의 능력이었던 것이다. 예를 들면 이상적인 군주의 모습을 말한 상소에서 이이는 다음과 같이 말했다.

이른바 '정성된 마음을 개방함으로써 여러 신하들의 충정(衷情)을 얻는다'는 것은 이런 뜻입니다. 성스러운 제왕이나 명철한 임금은 사람들을 대하고 일을 처리함에 있어 한결같이 지극한 정성으로써 합니다. 상대가 군자라는 것을 알면 곧 그를 임용함에 딴 마음을 먹지 아니하며, 상대가 소인이라는 것을 알면 곧 그를 내침에 의심을 지니지 않습니다. 의심이 나면 임용하지 아니하고 임용을 하면 의심하지 않습니다.[56)]

이와 같이 선조(宣祖)에게 지성으로 아랫사람을 대하고, 신하를 믿을 수 있다면 절대 신임하여 의심하지 않는 의연한 태도로 임할 것을 진언했다. 이이가 '조제'하기 위해 진력했음에도 여전히 나아지지 않는 조정의 불화는, 그에 따르면 그 원인이 "전하께서 정심·성의(正心誠意)의 학문이 지극하지 못한 바가 있으시고 용사·거조(用捨擧措)명령이 합당하게 되지 못한"[57)] 데 있다고까지 말했다. 모든 정치적 사건에 대한 최종 판단을 군주가 내리는 한, 정치적 안정은 군주의 성명(聖明)에서 얻어질 수 있는 것이었다. 정치적 사건에

55) 『栗谷全書』 卷 4, 疏箚 2, 「論朋黨疏」(43).
56) 『栗谷全書』 卷 5, 疏箚 3, 「萬言封事」(30); 『宣祖修正實錄』 卷 8, 宣祖 7년 正月 丁丑(11).
57) 『栗谷全書』 卷 7, 疏箚 5, 「陳時事疏」(42); 『宣祖修正實錄』 卷 17, 宣祖 16년 4월 壬子(7).

대해 절대성이나 보편성을 추구하지 않고, 다양성을 인정하고 상대화하려고 했던 이이의 현실적인 정치 지향이 여기에서는 지나칠 정도로 '군주'의 절대적인 판단력을 기대하는 형태로 나타났던 것이다.

그러나 당시 조선왕조의 정치적 특징을 고려하면, 군주의 정치적 판단이 최종적으로는 절대성을 갖는다고 해도 그 판단을 내리기 위한 정보나 군주를 설득하는 논의가 공개적으로 행해졌다는 것을 간과해서는 안될 것이다. 그러한 정치적 관행이 있었기 때문에 훗날 '당쟁'이라는 부정적인 단어로 표현되는 격렬한 논의가—비록 그것이 올바른 정치적 쟁점을 둘러싼 것인지, 아니면 사소한 비방이나 모략에 빠졌던가는 논외로 하더라도—군주 앞에서 삼공(三公)만이 아니라 삼사와 정치적 요직에 있는 자에 의해 공공연하게 이루어졌고, 유생들 또한 상소의 형태로 그러한 논의에 참가할 수 있었다. 그러한 정치의 존재 형태가 유교 문화에서 오랫동안 기피됐던 '붕당'을 둘러싼 논의나 고찰을 활성화시키고 또 치밀하게 했던 것이다. 이이가 자신의 정치 언설을 보완하기 위해 기대했던 또 다른 하나도 바로 이러한 정치 문화의 존재 형태와 관련이 있었다고 할 수 있다. '공론'(公論)에 대한 기대가 바로 그것이었다.

동아시아에서 '공론'이라는 관념이 언제 어떠한 형태로 언급되기 시작했는가에 대해서는 앞으로의 연구에 맡길 수밖에 없다. 다만 선조 연간의 조선에서는 '공론'이 정치상에서 중요한 개념으로 자주 논의 과정에 언급되고 있다.[58] 이미 소개했던 인용문 중에서도 예를 들어 "오직 임금을 사랑하고 나라를 걱정하며 공(公)을 위해 봉사하고 사사로움을 막는 사람은 손을 꼽아 보아도 몇 명 없지마는 공론(公論)은 그들에 의지하여 얼마간 행세할 수 있게 되는 것이니"(「논붕당소」)라는 것처럼, '공론'은 정치를 행할 때 근거하는 것으로 이야기하고 있다. 다양한 대립 속에서 "임금을 사랑하고 나라를 걱정하며 공(公)을 위해 봉사하고 사사로움을 막는 사람"이 담당했다고 할 때 '공론'은 정치의 정당성을 획득하는 근거였던 것이다. 이준경이 시작한 '붕당'을 비난하는

58) 최이돈, 앞의 책, 제4장 및 제5장 「宣祖朝 公論政治의 강화」는 선조 연간에 붕당이 상호 공존을 모색하는 중에 '공론'을 기초로 한 새로운 정치 운영 방식이 정립했다고 분석했다.

언설이 이이에게는 이러한 '공론'의 형성을 저지하는 것이었기 때문에 심각하게 문제시했던 것이었다.

이이는 '공론'에 대해 다음과 같이 단적으로 정의했다.

> 인심이 함께 옳다 하는 것을 공론이라 하며, 공론의 소재를 국시라 합니다. 국시란 한 나라의 사람이 의논하지 아니하고도 함께 옳다 하는 것이니 이익으로 유혹하는 것도 아니며, 위엄으로 무섭게 하는 것도 아니면서 삼척동자(三尺童子)도 그 옳은 것을 아는 것이 곧 국시입니다.[59)]

즉 '공론'이 바로 통치의 기본 원칙인 "국시"이지만, 그것은 저절로 "인심이 다 같이 그렇게 여기는 것"일 뿐 아니라, 다소 극단적인 표현이지만 "삼척동자도 그것이 옳다는 것을 알" 정도로 명백한 것이었다. 그 때문에 이이는 "아! 조정은 전하의 조정이고 관작은 국가의 공기(公器)이다. 마땅히 공론에 의거하여 당대의 인재를 다 등용해야 한다"라고 하여 군주조차도 공론에 따라야 할 의무가 있다고 했다.

그러나 붕당의 대립은 그러한 '공론'의 자명성을 해치는 기능이 있었다. 이이에게 있어 붕당간의 '조제'는 원래 대립의 와중에서 '공론'을 회복하려는 시도이기도 했다. 그럼에도 불구하고 위와 같은 발언이 있고 나서 4년 뒤에 동인과 서인의 대립은 한층 격렬해졌고, 양파의 대립 때문에 '공론'이 행해지지 않는 상황에 직면했다. 이러한 상황에서 이이는 '공론'의 형성에 대해 다음과 같이 말했다.

> 성지(聖旨)를 밝히 이르시어 이윽고 동인·서인을 가르는 풍습을 고치고, 선인을 등용하고 악인을 벌하여 일체 공도(公道)를 따르며, 의혹과 당파를 말끔히 씻어버리고 진정 조화(鎭定調和)하도록 하소서. 그렇게 한 뒤에도 만약 고집을 부리고 깨닫지 못하는 자가 있으면 제재하여 억누르고, 사정을 품고 굳이 변명하는 자가 있으면 배척하여 멀리함으로써 반드시 인심이 다같이 인정하는 공시(公是)와 공비(公非)로 하여금 일

---

59) 『栗谷全書』 卷 7, 疏箚 5, 「辭大司諫兼陳洗滌東西疏」(7); 『宣祖修正實錄』 卷 13, 宣祖 12년 5월 乙巳(6).

시의 공론(公論)이 되도록 하면 사림이 심히 다행이겠습니다.[60]

여기에서는 "동인·서인을 가르는 풍습을 고치고" 인심에 이미 존재하는 "공시공비"를 이끌어 내어 "일시의 공론"으로 승인하는 것의 필요성을 역설하고 있다. 당시는 이미 꾀하지 않아도 옳은 일을 같이 하는 공론이 작위적인 행동이 없어도 이루어지는 것이 아니라, 공론의 형성을 향해 군주 쪽에서 적극적으로 대처하는 것이 요청됐다.

그러나 '군주'의 도덕적 능력에 대한 지나친 기대나 '공론'에 비춰 결정하는 데에는 '붕당' 비판이나 '군자와 소인을 구별'하는 것과는 다른 형태의 어려움이 있다는 것을 부정할 수 없다. 물론 '군주'의 능력에 대한 지나친 기대는 안정적이어야 할 인사 문제가 흔들리는 원인이 될지도 모른다. 선조의 절대적인 신임을 받았던 이이도 예외는 아니었다. 그러나 그 이상으로 어려운 문제는 '공론'을 과연 누가 어떠한 방법으로 인식하며 체현하고 실행하는 것인가 하는 문제였다. 실제 이이의 만년(晩年)인 선조 16년, 동인에 속한 삼사의 관원들은 이이가 '나라를 그르치는 소인'이라고 탄핵했다. 이에 무엇이 '공론'인가를 둘러싸고 논쟁이 일어났다. 이는 진정 '공론'이라는 상징의 중요성과 그것을 차지하기 위한 투쟁의 존재 형태를 이야기하고 있다. 이이를 신뢰했던 선조는 삼사에서 이이를 '나라를 그르치는 소인'이라고 탄핵한 것을 보고 다음과 같이 말했다.

> 대간을 귀하게 여기는 것은 공론을 담당한 신분이기 때문이다. 그런데 만약 몰래 개인적인 욕망을 이루려고 배척하거나 모함하는 계책을 쓴다면, 대간이 된 도리가 어디에 있는가.[61]

대간(臺諫), 즉 삼사의 직임은 '공론'을 분명히 하는 데에 있었다. 따라서 대간은 대간으로서 취해야 할 '도리'에 따라 탄핵 근거를 명확히 해야만 하는 것이

60) 『栗谷全書』 卷 7, 疏箚 5, 「陳時事疏」(43); 『宣祖修正實錄』 卷 17, 宣祖 16년 4월 壬子(8).
61) 『宣祖修正實錄』 卷 17, 宣祖 16년 6월 辛亥(19).

고, 만약 그렇지 못한다면 그들 삼사의 관원이야말로 '공론'에 의거함이 없이 다른 사람을 공격하는 '소인'이라고 힐문하는 것이었다. 이에 대해 동인이었던 도승지(都承旨) 박근원(朴謹元)은 당시 일반적인 '공론' 개념을 들어 다음과 같이 반박했다.

> 삼사(三司)는 공론을 맡고 있는 곳이니, 나라의 원기(元氣)가 매어 있는 곳이다. 권간(權姦)이 권력을 장악하여 사주하지 않았는데도, 그 논의를 낼 때 의논하지 않고도 같게 됐다면 그것을 공론이 아니라고 할 수 있겠는가.[62]

이 주장에 의하면 조선왕조에서는 언론기관으로서의 삼사 제도 자체가 공론이 있는 곳으로 인정받았고, 권간이 선동하지 않는 한 삼사가 내놓은 논의는 원래 '공론'이라는 것이었다.

이와 같은 '공론'은 '삼사'라는 제도에 따른다는 박근원의 주장에 대해, 제도를 뛰어넘은 '공'(公)을 언급하면서 반박했던 이가 왕자의 사부(師傅) 하락(河洛)이었다. 하락은 "아! 삼사는 임금의 이목(耳目)이요, 공론이 있는 곳"이라고 하여 그 제도를 인정했다. 그러나 그런 큰 임무를 맡은 인재가 "누군가에게 (억울하게) 대악(大惡)의 혐의를 가하려"고 한다면, 하늘에 호소하는 소리가 저절로 생겨난다고 했다. 부당한 탄핵에 대해 서인뿐 아니라 유생들이 반론을 폈던 것이 그 예였다. 하락에 의하면 "이른바 삼사의 공론"이라는 제도가 있다고는 해도, 그것이 잘못 사용된다면 반드시 그와는 다른 또 하나의 공론이 생긴다는 것이었다.[63] 앞에서 인용했던 것처럼 '공론'이 형성되는 제도적 장치인 대간에 의심을 가졌던 선조는 하락의 주장을 좀 더 심화하여 다음과 같이 단언했다.

> 대체로 공론이 인간에게 있는 것은 물이 땅 속에 있는 것과 같다. 따라서 대간의 말이라고 하여 꼭 옳은 것만도 아니고 나무꾼의 말이라고 해서 꼭 그른 것만도 아니다. 오

62) 『宣祖修正實錄』 卷 17, 宣祖 16년 7월 庚辰(24).
63) 『宣祖修正實錄』 卷 17, 宣祖 16년 7월 庚辰(31).

직 그 사람이 공정하면 그 말도 공정한 것이다.[64]

선조는 '공론'이 반드시 대간에게 있지 않다는 것을 어디에나 있는 지하수의 예를 들어 말하고 있다. 중요한 것은 제도상의 '공'(公)의 소재가 아니라 논핵하는 이의 '공'이며, 비유라고 하지만 그 근원은 유학자에 한정되는 것이 아니라 나무꾼으로까지 확대될 수 있었다. 이는 군주의 통치를 뒷받침하는 정치적 정당성의 근거를 확대할 수 있는 가능성마저 시사하는 것이라고 할 수 있다.

이처럼 만년의 이이에 대해 삼사가 행했던 비난은 얄궂게도 이이가 기대했던 궁극적인 정당성의 근거로서의 '공론'을 둘러싼 논쟁을 일거에 분출시켰다. 그러나 이러한 '공론'을 둘러싼 논쟁 그 자체가, 서로 상대편 붕당을 고발하고 비난하는 일련의 행위가 초래하는 정치적 불모성의 근본 원인을 절개하여 거기에 관용적인 인간관과 가치판단의 상대성에 근거한 정치적 행동을 위한 언설을 독자적으로 개척하고자 했던 이이의 시도가 초래한 촉발력이 얼마나 컸던가를 가장 웅변적으로 보여주는 것이라고 생각된다.

Ⅳ. 이이(李珥) 붕당론(朋黨論) 이후

주자와 구양수의 새로운 붕당론의 수용을 계기로 전개된 이이의 '붕당론'이 이후 조선에서 어떻게 이어졌으며 또 수정됐는가는 따로 철저한 논증이 필요한 과제이고 이 글의 과제 밖에 있는 것이다. 그러나 이러한 '첫 번째 문화 접촉'을 통해 촉발된 조선에서의 붕당론 전개가 '두 번째 문화 접촉'에 어떠한 영향을 미치는가를 고찰하기 위해서는 이이 이후의 붕당론 전개 과정에서 이 글에서 지적했던 것처럼 새로운 정치적 정당성의 근원으로서의 '공론'과 '붕당'을 둘러싸고 두 가지 대조적인 방향이 나타나고 있음을 지적해 두는 것은

---

64) 『宣祖修正實錄』 卷 17, 宣祖 16년 8월 庚戌(33).

어느 정도 의미가 있다고 생각된다.

이이가 수용한 주자의 '붕당론'에 대해서는 인조 연간에 군주 측에서 전면적인 비판이 이루어졌다. 주자의 말을 따라 스스로 이이와 성혼의 당에 들어가겠다고 말했던 선조와 대조적으로 인조는 "당(黨)이라는 그 글자가 비록 주자의 말일지라도 나는 듣기 싫다"[65]고 하여, '붕당'에 대해 굉장한 적의를 드러냈다. 인조반정으로 즉위하자마자, 인조는 다음과 같이 말했다. "붕당이 오늘날의 고질적 폐단이라 나 또한 걱정하는 바이다. 비록 착하지 못한 무리라한들 어찌 쓸 만한 인재가 없을 것이며, 착한 자라 일컬어진들 어찌 다 쓸 만한 사람들이겠는가. 동서(東西)의 전장(銓長)이 한결같이 공평한 도리로 마음을 쓰면 자연 붕당의 폐단이 없어질 것이다."[66] 또 "붕당을 미워한 나머지 올바른 사람들까지 의심하지 말라는 것은 무슨 뜻이겠는가. 내 생각에는 정인(正人) 군자라면 필시 편당하지 않을 것이니, 지금의 분당(分黨)은 군자의 당이 아니다"[67]라고 했다. 이처럼 인조는 '군자부당'(君子不黨) 그것에서 자신의 '공'(公)의 근거를 찾고자 했다. 이는 물론 앞에서 살폈던 옹정제의 「어제붕당론」의 논리가 여기에서도 이미 군주 측에서 제출되었음을 말해주고 있다.

한편 이와 같은 군주의 입장에서 나온 '붕당' 비난에 대항하는 과정에서 이이의 정치 언설은 새롭게 계승됐다. 유백증(俞伯曾), 조익(趙翼) 등의 상소가 그것이었다. 그런데 그들의 논리에서는 이미 주자의 '붕당론'을 그대로 긍정하지 않았다. 오히려 그들이 공유하고 있는 것은 '군자의 당'과 '소인의 당'의 명백한 구별이 아니라, "현명한 것과 간사한 것이 섞여 있다" "우열이 서로 섞여 있다" "맑고 더러운 것이 뒤섞였다"라는 현실을 인정하고 그 위에서 조화와 보합을 요청하는 것이었다. 이러한 인식의 전제가 됐던 것은 "지금의 붕당은 이와 다르다"라고 하여 주자가 상정했던 '군자의 당'이 조선에서는 이미 존재하지 않는다고 하는 현실 인식이었다.

65) 『仁祖實錄』 卷 20, 仁祖 7년 閏4월 丁卯(25).
66) 『仁祖實錄』 卷 1, 仁祖 원년 3월 壬子(25).
67) 『仁祖實錄』 卷 8, 仁祖 3년 2월 辛卯(23).

> 지금의 붕당은 이와 다르다. 처음이야 그들에 대해 시비를 논할 수도 있었겠지만 동서(東西)로 분당된 이후 50여 년이 지난 지금에 이르러선 사정이 다르다. 아무리 손자가 할아버지의 실마리를 계승하고 아들이 아버지의 의논을 답습했다 하더라도 군자의 후예라고 해서 꼭 모두가 현인이라고 할 수도 없고 소인의 후손이라고 해서 꼭 모두 악하다고 할 수 없다. 청탁과 우열이 혹 서로 뒤섞여 있게 됐다.[68]

장기간에 걸친 붕당의 세습이 '정사'(正邪), 혹은 '군자 소인'을 둘러싼 최초의 쟁점을 형해화시킨 현실을 이 상소에서는 솔직하게 인정하고 있다. 이는 단순히 현실을 인정하는 데 그치는 것이 아니라, 그러한 인식을 전제로 하여 '공론'의 소재를 분명히 하기 위해 붕당끼리 공공연하면서도 솔직한 논의가 필요하다는 것이었다. 앞의 인용문에 이어 유백증은 다음과 같이 말하고 있다.

> 가능한 한 조화하게 하고 보합(保合)시켜야 한다. 그러나 반드시 시시비비를 가려 그 사이에 공론(公論)이 행해지게 한 뒤에야 조정이 안정되어 동인(同寅)의 의(義)가 이루어질 것이다. 만일 그렇지 않고 시비를 가리는 일에 대해 당파를 구분해 배척하려는 것으로 생각하신 나머지 시비를 가리지 않은 채 오직 진정시키려고만 하신다면, 공론이 행해지지 못하고 현부(賢否)가 구분되지 않아 취사(取捨)한 것들에 대해 인심이 승복하지 않고 국시(國是)도 정할 수 없게 될 것이다. 그런데 전하께서는 뜨거운 국물에 혼이 나 냉수도 불어 마시는 격으로 굽은 것을 교정하려다 바른 것까지 잘못되게 하여 오류를 범하고 계시다. 그리하여 간혹 탄핵이라도 있게 되면, 곧 의심하여 배격하고 매번 일을 말하는 신하에게 실정에 벗어난 분부를 내림으로써 사람들의 입에 재갈을 물려 감히 논열(論列)하지 못하게 한다. 그래서 보합하여 조정하려는 뜻만 있을 뿐 곧은 사람을 등용하여 그른 사람을 바로잡는 효과는 없는 실정이다.[69]

여기에서는 붕당을 위험시하여 "시비를 가리지 않고" 단지 배격하기만 한다면 설령 조화하고 보합하려는 의도에서 행했다고 하더라도 그 결과는 "사람들의 입에 재갈을 물려 감히 논열하지 못하게 하"는, 바꿔 말하면 언론을 통제하는 가운데 강제로 하나를 만들어 내는 것에 불과하다는 것을 시사하고 있다. 그래서 이이가 기대했던 새로운 정치적 정당성의 근거인 '공론'의 관점에서 역으

68) 『仁祖實錄』 卷 22, 仁祖 8년 3월 丙午, 俞伯曾 「上疏」(21).
69) 『仁祖實錄』 卷 22, 仁祖 8년 3월 丙午, 俞伯曾 「上疏」(21).

로 '붕당'의 존재와 그들 붕당간의 '시비'를 둘러싼 자유로운 논의가 요청됐던 것이다.

그렇다고 해서 붕당간의 대립이 저절로 '공론'을 만들어낸다고 말할 수는 없다. "유선(儒先)은 백세의 사표(師表)이고 공론은 국가의 원기"라고 하는 '공론'에 대한 기대는 붕당간의 논의에서 일정한 규칙을 만들 수 있으리라는 생각을 수반했다. 영의정 윤방(尹昉)과 우의정 김상용(金尙容)은 당론이 나뉜 이래 사람들이 다른 견해를 갖고 있는 이상, "따로 한 무리를 지어 맞서서 진소(陳疏)하여 못할 말이 없이 성현을 마구 헐뜯기까지 하는" 것을 매우 경계하면서 다음과 같이 말했다.

> 억지로 일치시킬 수는 없다. 그러나 많은 선비들이 협의를 거쳐서 성현을 존숭하자는 상소를 올리고자 한다면 비록 견해가 같지 않은 자가 있더라도 자기의 견해를 피력하고 그 논의에 참가하지 않으면 그만이다.[70)]

이처럼 이견을 개진하는 것과 결론에 동의하지 않는다는 의사를 표시하는 것을 적극적으로 인정했다. 이러한 견해는 이들 두 정승에 국한되지 않았다. 사간원에서도 다음과 같이 주장했다.

> 옳고 그른 것을 아는 마음은 사람이 다 가졌다. 따라서 뜻이 같지 않아 구차히 같이 할 수 없는 것을, 억지로 같이 하게 하는 것은 옳지 않다. 무릇 논의할 때에 크게 다른 것이 있으면 극진히 말하고 힘껏 다투어 각각 소견을 말하는 것이 당연한 형세인데, 어찌 대석(臺席)에서 어물어물 넘겨 구차하게 동조할 수 있겠는가?[71)]

공론을 형성하기 위한 위와 같은 주장은 이견이나 다양성을 인정할 뿐 아니라, 자기의 의견을 적극 개진해야 할 필요가 있음을 말하고 있다. 같지 않다는 것을 당연한 것으로 인정하고 그 차이를 철저하게 논의하는 과정에서 근거할 만한 '공론'이 만들어질 것이라는 이들의 태도는 앞에서 살폈던 이이의 가치판

70) 『仁祖實錄』 卷 31, 仁祖 13년 5월 辛酉, 尹昉·金尙容 「上箚」(28).
71) 『仁祖實錄』 卷 35, 仁祖 15년 6월 甲寅, 「諫院啓」(5).

단에 있어서의 상대성, 즉 '양시양비'론과 통하는 지향을 읽을 수 있다.

그러나 붕당의 현실을 전제로 한 이러한 사고가 등장했던 반면, 붕당이 대립하는 현실에서는 '공론'형성이 매우 어렵다는 인식도 심화됐다. 예를 들면 이이를 스승으로 섬겼던 이귀(李貴)는 돌아가신 스승 이이에 대한 당시 사람들의 무망(誣罔)을 고발하면서, 이이의 언행과 의도, 그리고 동인과 서인이 대립하게 된 경위를 밝힌 장문의 상소를 올렸다. 거기에는 "돌아가신 스승 이이는 평생 붕당을 만들지 않고, 오직 사류의 조제 보합에 힘을 다했"고, "초연히 홀로 서서 동인과 서인의 당파에 물들지 않은 사람 오직 이이뿐이었다"고 누누이 말하고 있다.[72] 그리고 이귀는 동인과 서인의 설이 나온 이후 "서인"으로 지목된 대상이 네번 바뀌었다고 했다. 첫 번째는 심의겸의 동료였고 두 번째는 서인을 도우려 했던 자였다. 세 번째는 "동인도 서인도 아니고 중립을 지켜 치우치지 않는 자", 즉 "이이와 같은 사람들"이 여기에 포함됐다. 네 번째로 이이가 사망한 이후였던 당시에는 "사림으로 이이와 성혼을 높일 줄 아는 자" 또한 서인으로 불리고 있음을 지적했다. 이귀는 이러한 현상을 다음과 같이 표현했다.

> 이이는 공론을 하다가 간사한 사람에게 편당한다는 이름을 얻었고 성혼은 이이를 구원하다가 사적으로 구호한다는 이름을 얻었으며, 중외(中外)의 수많은 선비들은 이이와 성혼을 구원하다가 서인의 이름을 얻었다. 백대의 공론은 속일 수 없지만 일시의 억울함을 당한 것은 어찌 통분하지 않겠는가?[73]

이를 통해 '붕당'간의 대립이 한번 시작되면, 그 대립이 직접 붕당에 관련하지 않은 사람이나 심지어 그러한 대립에 비판적인 사람마저도 적대자의 편으로 간주하고 비난하는 대상이 되는 구조가 있음을 분명히 알 수 있다. 이귀는 스승이었던 이이의 경험을 통해 무엇이 '공론'이며, '공론'이 형성되는 과정에 대해 애매함과 어려운 점이 있을 뿐 아니라 '붕당'이 개재함으로써 그 사이에 커

---

72) 『宣祖修正實錄』 卷 21, 宣祖 20년 3월 庚寅, 趙光玹·李貴等 「上疏」(1~2).
73) 위와 같은 상소(17).

다란 왜곡이 일어난다는 것까지 깊게 꿰뚫어 보았던 것이다. 그러한 이귀가 동인과 서인을 없애자는 이이의 주장을 언급하면서, "붕당이 이미 나뉘어진 뒤에는 만약 같은 당여가 잘못이 있어도 서로 이를 비난하지 않는다"[74]라고 하여 붕당의 존재야말로 '공론'이 형성되는 데 필요한 솔직한 논의의 장을 협애화시키는 요인이 된다는 것을 지적했던 것도 당연하다.

그런데 '붕당'의 시비를 둘러싸고 인조 연간에 이루어졌던 논의가 시사하는 것은 '공론'이 붕당 논쟁에서 새로운 정치적 정당성으로 정착했음을 부정할 수 없다는 점이다. 머리말에서 다뤘던 『당의통략』의 저자는 일찍이 애통해 하는 심정으로 붕당사를 회고하면서 다음과 같이 서술했다. "그 득실은 피차가 같은 것이다. 나는 한쪽 당을 위하여 말하는 것이다. 나는 확고히 말하지만, 사정(邪正)과 역순(逆順)의 구분은 명언(明言)과 정론(定論)이 없는 것이다. 내가 확고히 말하는 뜻은 지극히 크고 오래며 어렵다는 말이라는 것이다."[75] 붕당을 둘러싼 격렬한 역사 속에서, 양의적 가능성을 읽어내고자 했던 저자 이건창의 견식이 어디까지 꿰뚫어보고 있었는가와는 별도로, 본고의 지금까지의 검토는, 그 구체적인 사상사적 함의의 일단을 분명하게 한 것은 아닌가라고 생각한다.

동아시아에서의 '공론'에 대한 관념을 비교 검토하는 것은 앞으로 중요한 연구과제 중 하나일 것이다. 단지 이 글과 관련해서 말한다면 '붕당'을 둘러싼 치열한 논쟁 과정에서 일찍부터 '공론'에 대한 관념이 상승됐던 조선의 사례는 적어도 일본의 붕당 관념의 역사와는 뚜렷한 대조를 보인다는 것이다. 후쿠자와 유키치(福澤諭吉)는 『문명론의 개략』(文明論之槪略)에서 "서양제국(西洋諸國) 중의(衆議)의 법"과 비교하면서 일본 문명의 특징 중 하나를 다음과 같이 지적했다.

74) 『仁祖實錄』 卷 5, 仁祖 2년 3월 乙亥(26).
75) 이건창, 위의 책, 396쪽.

서양제국 중의의 법도 수십 수백 년 전부터 대대로 관습으로 이루어진 것이라면, 오늘에 이르러서는 의식하지 못하는 사이에 자연스럽게 하나의 체재(體裁)를 이룬 것이리라. 아시아의 여러 나라는 그렇지 않다. …… 폭정부(暴政府)라는 경향 때문에 도당을 금지하는 법을 만들어 사람들의 집의(集議)를 막았고, 백성들도 그저 무사하려는 욕심 때문에 도당과 집의를 구별하려는 생각 없이 그저 정부에 의지할 뿐 국사에 관심이 없었다.'[76]

이 글에서 이제까지 검토했던 조선에서의 '붕당'과 '공론'을 둘러싼 논의가 후쿠자와가 말했던 "서양제국 중의의 법"에 어느 정도 대응하는가는 별도로 검토할 필요가 있다고 생각된다. 그러나 후쿠자와가 '서양의 여러 나라'와의 대비를 통해 일괄해서 표현했던 '아시아의 여러 나라'에서 '중의의 관습'이 창출되는 것을 고찰하는 데, '붕당'과 '공론'의 상극을 둘러싸고 지속적으로 전개됐던 조선의 경험에서 배울 수 있는 것은 결코 적지 않을 것이다. 그 안에 내재한 곤란·제약·문제점을 포함하여 이들 경험을 공유하는 것은 후쿠자와가 지적한 일본 문명의 '무의(無議)의 관습'을 다른 각도에서 조망해본다는 의미에서도 우리에게는 커다란 과제라고 할 수 있을 것이다.

---

76) 福澤諭吉, 『福澤諭吉全集』 第4巻 (岩波書店,1970), 79쪽.

역주 1) 동경 당고의 화 : 당고 : 후한(後漢)의 환제(桓帝) 때 진번(陣蕃)·이응(李膺) 등 우국지사가 환관(宦官)의 발호를 미워하여 대학생(大學生)들을 거느리고 환관을 공격했다. 그러나 환관들이 도리어 이들을 당인(黨人)으로 지목하여 종신 금고(終身禁錮)에 처했다. 그 뒤 영제(靈帝) 때에 두무(竇武)·진번 등이 환관들을 죽이려고 꾀했으나 보의가 누설되어 도리어 이들 1백여 인이 다 죽었다. 이를 당고의 화라 한다.

역주 2) 백마역(白馬驛) 청류(淸流)의 참극 : 당(唐)나라 애제(哀帝) 때에 주전충(朱全忠:뒤에 후량 태조(後梁太祖)가 됨)이 장정범(張廷範)을 태상경(太常卿)으로 삼는 것을 배추(裴樞)가 반대하다가 좌천되어 활주(滑州)로 향했다. 주전충이 백마역(白馬驛)에 사람을 보내어 배추를 죽여 시체를 황하(黃河)에 던져 넣게 했던 일을 말한다. 당초에 주전충의 좌리(佐吏) 이진(李振)이 "이들은 스스로 청류(淸流)라 하니 황하에 던져 영구히 탁류가 되게 해야 하겠습니다."라는 말이 그 발단이 됐다.

‘교’(敎)와 음모

국체(國體)의 한 기원

와타나베 히로시

Ⅰ. ‘기축’(機軸)

1. 이토 히로부미의 연설

1888(메이지 21)년 6월 18일 「대일본제국헌법」 초안을 심의하기 위해 개최된 추밀원의 제1회 회의를 시작하며 초안의 기초자이며 회의의 의장이기도 했던 이토 히로부미[伊藤博文, 1841(덴포天保12)~1909][1]는 다음과 같이 연설했다.

> “이미 여러분이 아시다시피 유럽에서는 헌법 정치를 행하지 않는 나라가 없으나 이는 오랜 역사의 연혁 속에서 성립한 것으로 그 기원이 아주 오래 되지 않은 것이 없다. 이에 반해 우리나라(=일본)에서는 완전히 새로운 일이다. 그러므로 지금 헌법을 제정함에 있어 먼저 우리나라의 기축을 찾아서 확정해야 한다. 기축 없이 정치를 인민의 망의(妄議)에 맡기게 되면 정치는 기강을 잃고 국가는 망할 것이다. 만약 국가가 국가로서 생존하고 인민을 통치하려면 깊이 고려하여 통치의 효용을 잃지 않도록 해야 할 것이다. 원래 유럽(歐洲)에서는 헌법 정치의 기원이 있은 지 천년이 넘어 인민이 제도를

1) 본고에서는 일본에서 서력이 채용되기 이전에 대해서는 일본력(和曆=음력)과 서력을 병기한다.

숙지하고 있을 뿐만 아니라 또한 종교가 그 기축을 이루고 있으며 깊이 인심에 침투해 있어 인심이 이에 귀일돼 있다. 그러나 우리나라는 종교가 미약하여 국가의 근간이 될 만한 것이 하나도 없다. 불교는 한 때 세력을 떨쳤으나 상하의 인심을 이어 주기에는 이미 늦었고 신토(神道)는 선조의 유훈에 기초하여 설법하나 종교로서 인심을 모아주는 힘이 약하다. 우리나라에서 기축이 될 만한 것은 바로 황실뿐이다. 이로써 헌법 초안에서는 바로 이 점을 중시하여 군권을 존중하고 가능한 한 속박하지 않도록 애썼다."[2]

유럽에서는 기독교라는 '종교'가 '국가의 기축'을 이루고 있다. 즉 인심을 '귀일'(歸一), '귀향'(歸向)시키는 구심력이 되고 있다. 이것이 '헌법 정치'에 수반되는 민선의원이 갖는 원심력을 상쇄시켜 정치가 '통기'(統紀)를 잃고 국가가 폐망에 이름을 막아 준다. 그러나 일본은 '종교'가 약하여 '기축'이 될 수 없다. 그래서 '황실'을 기독교의 대체물로 하지 않으면 안 된다. 그것이 헌법 초안이 '군권'을 최대한 존중하고 '주권분할'이나 '군권민권 공동'의 제도를 취하지 않은 이유라는 것이다.

왜 이토는 이같이 생각했던 것일까? 왜 일본 근대사에 중대한 영향을 미친 이 같은 종교관과 국가관을 가졌던 것일까? 미타니 다이치로(三谷太一郎)는 다음과 같이 설명하고 있다.

이 같은 문제의식을 이토가 갖게 된 데에는 그가 1882(메이지 15)년에서 83년에 걸쳐 유럽에 가서 헌법 기초를 위해 조사를 할 때 강의를 통해 영향을 받은 프로이센의 공법학자 루돌프 폰 그나이스트[3]의 권고에 의한 부분이 큰 것으로 생각된다.[4]

그리고 미타니는 『그나이스트 씨 담화』[1885년에 후시미노미야 사다나루(伏見宮貞愛)가 들은 기록으로 이토에게 제출된 것이다]의 다음의 일절을 인용하고 있다.

---

2) 『樞密院會議議事錄』 1(東京大學出版會, 1984), 156-157쪽.

3) Rudolf von Gneist(1816~95): 베를린대학 교수(1858~), 독일 제국의회 의원(1867~84), 프러시아 상급 행정재판관원(1875~).

4) 이토 아히코(伊藤彌彦)도 이렇게 말하고 있다. "헌법 조사를 위해 유럽에 간 이토 히로부미가 서구 각국의 헌법 체제의 안정성이 기독교라는 사회 윤리에 의해 유지되고 있음을 알고 일본을 돌아보아 그에 필적할 만한 사회 관습으로서 '황실'을 발견하고 헌법의 기축을 삼은 것은 너무나도 유명하다"(『維新と人心』, 東京大學出版會, 1999, 165쪽).

> 인간 자유의 사회를 만들기 위해서는 무언가 하나로 사람들을 묶어 주는 것이 필요하다. …… 즉 종교라는 것이 있어 사람들이 서로 사랑하고 서로 지키는 도를 가르쳐 인심을 일치시킬 수 있는 것이다. …… 종교 중에서 자유로운 인민에게 좋다고 생각되는 것은 가능한 한 보호하고 민심을 유도하고 사원을 일으켜 신의 계율을 설교하고 깊이 종교의 뜻을 인민에게 침투시키지 않으면 실로 강고한 국가를 이룰 수 없다. …… 병사가 죽음을 두려워하지 않고 나라를 위해 몸을 희생함도 바로 이와 관계가 있다. 찬찬히 유럽의 부강한 나라를 살펴보라. 먼저 사원을 일으키고 종교를 일으켜야 한다. 모두 종교에 의해 나라를 세워야 함을 알아야 할 것이다.[5]

강고한 국가 통치를 위해서는 '민심'을 '유도'하여 "깊이 종지(宗旨)를 인심에 넣지" 않으면 안 된다. 그래야만 병사들도 죽음을 두려워 않고 싸우는 것이라고 '문명'의 땅 유럽의 권위 있는 어느 지식인이 이렇게 말했던 것이다.

그것은 이토 등에게 강한 인상을 남겼을 것이다. 이토 자신도 1883년 1월 8일 베를린에서 보낸 편지에 "대체적으로 대륙제국의 입헌정치의 정신을 탐지해 보면 그 세력 모두가 상등사회, 즉 귀족에 있다. 그리고 귀족 상등사회의 군권을 주장하는 자, 십중팔구는 모두 종교를 믿는 자이다. 그 뇌리의 허실은 잘 모르겠으나 정신방략과 함께 신민을 통치할 필요 도구로서 거의 밀착하여 떨어지지 않는 것과 같다"라고 썼다.[6]

확실히 그나이스트의 권고가 '황실'을 '국가의 기축'으로 한 직접적 이유(의 적어도 하나)일 것이다.

또 보다 직접적이고 대국적으로는 도쿠카와(德川) 체제의 타도가 '존왕'을 기치로 행해졌으며 메이지 정부의 수립이 '왕정복고'로서 이루어졌음을 감안할 때 '황실'이 통합의 중심으로 강조됐던 것도 당연하다 할 것이다.

---

5) 三谷太一郎, 『近代日本の戰爭と政治』(岩波新書, 1997), 198-199쪽.
6) 芝原拓二 외 校注, 『對外觀(日本近代思想大系 12)』(岩波書店, 1988), 55쪽.

2. 의문

그러나 이토의 연설에 몇 가지 의문을 던지고 싶다. 예를 들면, 첫째, 유럽에서 종교, 즉 기독교가 '국가의 기축'이 되어 있다는 것은 무엇을 의미하는 것인가? 이토 등이 참조한 당시의 프로이센 헌법이 "기독교는 종교의 행사와 관계 있는 국가의 시설에서는 제12조에서 보장한 종교의 자유를 해치는 일 없이 기초가 돼야 한다(제14조)."[7]라고 명시하는 등 "19세기에 새롭게 헌법을 만드는 경우 현재 참조할 수 있는 기존의 헌법에서는 국교 규정이 두어져 있었던 것이 오히려 보통이었다[야마구치 데루오미(山口輝臣)]."[8]라는 주장은 사실일 것이다. '신교의 자유'의 승인과 어떤 특정 종교를 정부와의 관계에서 특권적인 지위를 인정하는 것은 모순되지 않는다는 생각이 당시로서는 널리 받아들여졌던 것도 사실일 것이다. 그러나 이토는 여기에서 '국교' 규정의 유무나 '국교' 규정을 두어야 함을 주장한 것은 아니다. 그와 관계없이 기독교가 국민통합에 중요한 역할을 하고 있다고 말하고 있는 것이다.

그러나 그것은 자명한 사실일까? 그도 유럽에서 종교가 장기에 걸쳐 비참한 전쟁과 살육의 원인이었음을 모르지 않았을 것이다. 그리고 그 때문에 유럽에서는 오히려 '종교의 자유'를 승인함으로써 통합의 실현을 확보하는 방향으로 나아갔음도 전혀 모르고 있지는 않았을 터였다. 당시 프랑스는 제3공화정으로 정교분리(laicité: 국가의 비종교성. 국가의 통치, 행정 권한의 모든 것이 종교단체의 간섭을 받지 않고 또 종교 문제에 관여함 없이 세속적 기관에 의해 치러지는 원칙[9])가 점차 실현되고 있던 시기였다(1882년 3월 28일 법, 1886년 10월 30일 법 등). 정교분리가 "국가가 반종교적이어야 함(laicisme)을 의미하는 것은 아니다[10]"라고 해도 19세기 말에 특히 종교 특히 기독교의 '국가의 기축'으로서의 기능에 착안하는 것은 유럽사의 흐름으로 보아 너무나

---

7) 高木八尺 外編, 『人權宣言集』(岩波書店, 1957), 190쪽.

8) 山口輝臣, 『明治國家と宗教』(東京大學出版會, 1999), 146쪽.

9) 山口俊夫 編, 『フランス法辭典』(東京大學出版會, 2002), 325쪽.

10) 山口俊夫 編, 앞의 책.

도 시대착오적인 것은 아닐까. 항상 서양의 최첨단 동향에 민감했던 메이지 정부의 지도자들이 왜 이 같은 일을 굳이 한 것일까?

둘째, 이토에 따르면 의회제는 '인심'을 수람(收攬)하여 국민 통합을 실현하기 위한 교묘한 장치가 아니고 오히려 정치의 기강을 잃게 하는 쪽으로 작용하는 것이다. 역으로 종교는 '인심'을 '귀일'시키는 것이다. 게다가 '군권'이 그 '종교'의 대체물이라고 한다. 그러나 의회가 '인민의 망의'에 의해 공공연히 대립하고 격화시키는 역할을 한다 해도 오히려 일찍이 후쿠자와 유키치(福澤諭吉)가 제안하고 있듯이 '군권'을 강화하는 것이 아니고 '제실'을 정치적 당파성을 초월한 "일본 인민의 정신을 수람하는 중심" "정치결사 밖의 존재"로 만드는 것이 온당하지 않을까? 그 편이 '종교'를 대신하여 '인심'을 통합하기에 적절치 않을까? "독재정치체제는 군주가 모든 정치를 직접 백성에 행하나 입헌국회의 정체에서는 정부가 전국의 질서를 유지할 뿐으로 정신적인 부분이 결여되어 있으므로 제실에 의뢰할 필요가 있다"고 하는 편이 적어도 논리적일 것이다(福澤諭吉, 『帝室論』,[11] 1882) 의원의 일부에 가담하여 다른 일부와 대결하려는 '군권'에 어찌 '인심'이 '귀일'함을 기대할 수 있겠는가.

물론 이토가 '군권'을 중시하는 이유를 문장 그대로만 해석하여 논할 정도의 의미는 없을지도 모른다. 요컨대 '민권파'에 장악당하기 쉬운 의회의 권력을 약화시키고 '황실'의 이름으로 자신들의 메이지 과두정치의 엘리트들의 실권을 유지하기 위한 강력한 구실에 지나지 않을 수도 있다. 이 연설에 대해 어떤 질문도 하지 않았던 추밀원 회의 출석자들도 그렇게 암묵적으로 동의했을지도 모른다.

그러나 그의 발언을 보다 긴 안목의 일본 사상사의 문맥에서 파악하는 것도 가능할 것이다. 그것은 적어도 당시로부터 2세기를 거슬러 일본의 '교'(教), '도'(道)의 개념과 서양 기독교의 이해에 관련된 장대한 문맥이다. 본고는 이 문맥을 시도하여 약술함을 목적으로 한다. 개개의 논점의 대부분이 이미 알려져 있음은 주지하는 바이다.

---

11) 『福澤諭吉全集』 第5卷(岩波書店, 1959), 265, 261, 267쪽.

Ⅱ. '도'(道)

1. 도덕과 정치

먼저 유학의 '도'와 '교'에 관한 기본적인 사고를 확인해 두겠다. 일반적으로 유학에서는, 적어도 중국 송대에 확립하여 그 후 특히 명대, 청대의 중국과 조선에서 압도적 권위를 가진 정통 학설로 군림한 주자학에서는 사람의 '도'와 그 '도'를 행할 것, 즉 도덕과 실천, 및 도덕과 정치의 관계에 대해 기본적으로 다음과 같은 사고를 취한다.

사람이 사람인 이상 사람답게 도덕적으로 살아야 한다. 금수와 같이 가족도 만들지 않고 약육강식의 무질서에서 사는 것은 인간답지 못하다. 그리고 인간답게 살도록 배려하고 지도하는 것이 통치자이다. 통치자는 당연히 다른 사람보다 인간다운 사람, 즉 도덕적으로 뛰어난 사람이지 않으면 안 된다. 유덕자(有德者, 그 중에서 완전한 인격자를 '성인'이라 한다)여야 한다. 반대로 또 유덕자는 타인으로부터 흠모를 받고 그(여성은 고려되지 않았다)를 지도자로 따를 터이다. 즉 정치적 통합이란 (몽테스키외가 '민주정', '공화정'에 대해 논한 것[12]과는 다른 의미에서) 덕에 의한 통합이며 통치 또한 덕을 발휘하는 것에 의해 이루어진다는 것이다. 무엇보다 인간으로서 모범을 보임으로써 얻어지는 감화와 학교를 통한 교육이 중요하다. 즉 통치란 본질적으로 교육이다. 사람이 사람인 이상 진실로 인간답게 살 자질, 도덕적 완성 가능성을 갖고 있는 것이며 이를 발휘하는 것이 통치의 목표인 것이다. 그 때문에 왕왕 오해를 받는 『논어』의 "民可使由之, 不可使由之"(「泰伯」 第八)도 통치에 관계된 비밀을 지키면서 민을 다만 묵종시키기 위해 쓴 말은 아니다. 통치자는 민을 '理之當然'하게 해야 하나 그 '이'(理)가 '所理然'(그러한 연유)까지는 충분히 이해시키기 어렵다는 단순한 사실, 즉 괴로운 체념을 얘기한 데 지나지 않는다(주희, 『논어집주』). 주희는 이 해석에서 그의 선구자인 정자의 다음 문장

12) Montesquieu, *De l'ésprit des Loi*, Livre III, Chapitre IX Du Principe de la Démocratie.

을 인용하고 있다.

> 聖人設教, 非不欲人家喻而戶曉也. 然不能使之知, 但能使之由之爾. 若日聖人不使民知, 則是後世朝三暮四之術也. 豈聖人之心乎.
> 성인의 가르침을 말할 때 사람의 집집마다 비유하고 가정마다 알게 함을 원하지 않는 것은 아니다. 그러나 사람으로 하여금 알게 할 수는 없고 다만 사람으로 하여금 그렇게 된 연유를 알게 할 뿐이다. 만약 성인은 백성에게 알리지 않는다 함은 이는 후세에 조삼모사의 술책이다. 어찌 성인의 마음이겠는가.[13]

"결과적으로 백성이 행복해진다면 좀 속여도 되지 않은가. 그것은 질 높은 거짓말이라는 것이다"라고 보통 유학자는 생각지 않는다. '조삼모사' 등의 교묘한 말로 민을 속이는 것은 '성인'의 통치관에 가장 반하는 것이다.

그런데 도덕이란 인간다움이므로 도덕에 특별히 목적은 없다. 바른 것은 바르기 때문에 행하고 나쁜 것은 나쁘기 때문에 하지 않는다. 이것은 인간으로 당연하다는 것이다. 그 때문에 유학자의 입장에서 보면 내세의 지옥 극락에서의 응보를 바탕으로 선을 권하는 불교는 실로 천한 것이다. 원래 유학자는 내세의 상벌 등은 믿지 않는다. 그들에게는 내세 같은 것은 존재하지 않기 때문에. 그 같은 허위 위에서 이해를 따져 유도하는 것 자체가 고결한 도덕에 반하는 것이다. 명대에 기독교를 포교한 가톨릭 선교사 마테오리치도 그의 저서 『천주실의』[14]에서 다음과 같이 중국 유학자의 기독교 비판을 예로 들고 있다.

> 夫因趣利避害之故, 爲善禁惡, 是乃善利惡害. 非善善惡惡正志也. 吾古聖賢教世, 弗言利, 惟言仁義耳. 君子爲善無意. 況有利害之意耶.
> 그 이를 취하고 해를 피하기 위해 선을 행하고 악을 금함은 이는 이를 선이라 하고 해를 악으로 보는 것이다. 선을 선이라 하고 악을 악이라 하는 바른 뜻에 있는 것이 아니다. 내가 옛 성현의 세상을 구함은 다만 인의를 말할 뿐이다. 군자는 선을 행함에 뜻이 없다. 하물며 이해의 뜻이 있겠는가.

---

13) 괄호 안은 와타나베(渡辺)에 의한 주. 이하도 같다.
14) 後藤基巳, 『天主實義』(明德出版社, 1971), 179쪽.

단 유학자도 선악과 이해가 전혀 관계없다고 보는 것은 아니다. 선과 행복, 악과 재앙이 관계 있음은 당연하다(실제로는 반드시 그렇지도 않으나) 고 본다. "天道福善禍淫"(천도는 선에 답하고 음함에 화를 입힌다)(『書經』 湯誥)라 했고 응보가 집안에 미친다 하여 "積善之家, 必有余慶. 積不善之家 必有余殃"(선을 향하는 집은 반드시 경사가 있을 것이요. 선을 행치 않는 집은 반드시 재앙이 있을 것이다)(『易經』 文言傳)라고 했다. 그러나 어디까지나 복을 구하여 선을 행하고 화를 피하기 위해 악을 하지 않음은 본말이 전도된 것으로 생각하는 것이다.

2. 소라이학

그런데 18세기 초 일본에서 이 같은 통상적인 유학 사상의 전제를 뒤엎은 특이한 사상이 출현했다. 그것은 유학 경전에 대한 해석학의 형식을 취하며 그 주장자도 유학이라 칭한 의미에서는 유학이었다. 오규 소라이[荻生徂來 1666(간분寬文6)~1728(교호享保13)]의 사상이다. 게다가 그의 사상은 이상한 이단설로 배격 당하거나 무시되지 않고, 매우 많은 독자를 획득하고 이후의 일본의 사상사에 심대한 영향을 미치게 된다.

오규 소라이에 따르면 '도'란 "천하 국가를 통치하는 방법"[15]이다. 인간의 인간다운 삶의 방법이 아닌 통치의 방법이다. 구체적으로는 고대 중국에서 오랫동안 이어졌던 하·은·주 3왕조의 창시자 등 "천하 국가를 통치하는" 데 탁월한 지혜와 실적을 보인 성인들이 만든 치국평천하를 위한 여러 제도 '예락형정'(禮樂刑政) 자체를 이른다. 주자학에서는 이를 '교'라 부르고(『中庸章句』), 이들 제도의 근저에 '도'가 있다고 한다. 그러나 소라이는 여러 제도 자체가 '도'라는 것이다. 그러한 의미에서 그는 통상의 유학에서 인간의 생과 통치의 쌍방의 전제인 '도'의 개념을 폐기해 버린 것이다. 그에게 있어 통치는 덕에 의한

15) 『徂來先生答問書』, 島田虔次 編, 『荻生徂來全集 1: 學問論集』(みすず書房, 1973), 479쪽.

통합이 아니고 교묘한 통치의 수단으로서의 '도', 즉 제도에 의한 통치를 의미한다. 사람들은 규범에 감화되거나 교육으로 설득되는 것이 아니고 다만 정교하게 고안되고 조합된 사회제도, 정치제도에 따라 행동하는 사이에 무의식적으로 왕조의 영속에 맞는 생각을 하게 되고 치국평천하가 실현된다는 것이다.

그렇다면 어떻게 사람들이 이 제도를 따르게 할 것인가. 그는 설득으로 사람을 움직이기는 어렵다고 생각한다. 폭력에 의한 위협도 권하지 않는다. 그리고 통치자의 명령의 권위화·신비화를 통한 외경에 의존할 수밖에 없다고 단언한다.

"先王之道, 莫不本諸敬天敬鬼神者焉"(선왕의 도는, 이를 하늘을 공경하고 귀신을 공경하는 것에 근본을 두지 않음이 없다)(『辯道』[16])가 그것이다. 그리고 다음과 같이 말한다.

> 書曰, 天秩有禮. 是堯舜之制禮, 奉天道以行之. 所以神其敎也. 如三代天子, 出一政, 興一事, 亦皆祀祖宗配之天, 而以天与祖宗之命出之, 以卜筮行之. 古之道爲爾.
> (경)서에 말하기를 천하의 질서에는 예가 있어 이는 요순의 예를 말하며 천도를 받듦으로써 이를 행한다. 그 가르침을 신이라 하는 까닭이다. 3대의 천자가 정치를 하고 일을 흥하게 했듯이 모두 조종(祖宗)을 받들어 이를 천으로 돌리고 이리하여 천과 조종의 명으로 정치를 하고 점을 쳐 이를 행한다. 옛 도리가 그러했다(『辯名』).[17]

'천'이라는 숭고한 것을 받들고 여기에 외경할 만한 왕조의 조상('귀신')을 나열하며 일체화시키고 그 위에 법령 모두를 그것의 계시라 하고 나아가 점을 쳐 이를 확인한다(는 형태를 취한다). "가르침을 신으로 한다", 즉 신비화하고 그에 의해 사람들이 '도'를 따르게 하는 것이다. 소라이에 따르면 "성지(聖智)한 사람이 행하는 음모는 흔적을 보이지 않고 사람들이 음모임을 알지 못 한다"는 것이다. 이것도 치국평천하를 위함이며 결국은 백성을 위함이기도 하다.

---

16) 吉川幸次郎 外 校注, 『荻生徂來(日本思想大系36)』(岩波書店, 1973), 206쪽.
17) 吉川幸次郎 外, 앞의 책, 220쪽.

> 우민(愚民)은 어리석음으로 인해 도리를 들려 주어 의심하지 않게 하기가 어렵다. 그대로 들려 주는 도리는 의심의 씨가 된다. 때문에 귀신·점복·길흉의 술(術)로 우민의 마음을 일치시켜 의심 없도록 하여야 한다(『鈐錄』).[18]

이전부터 지적했듯이 이 같은 신비화의 권고는 마키아벨리의 그것과 유사하다. 마키아벨리에 의하면 고대 로마에서 누마왕은 "종교가 사회를 유지시키는 데 필요하다고 생각해 종교를 기초로 국가를 세워 군대를 지휘하거나 평민에게 활력을 주고 선인을 권하고 악인을 창피주기 위해 종교의 힘"을 이용했다.

사실 어떤 입법자(législateur)도 신의 힘을 빌지 않고 비상시 입법을 제정한 적은 없었다. 그렇지 않으면 신(新)입법은 아무래도 받아들여질 수 없었을 것이다(『政略論』 第1卷 第11章).[19]

그리고 장 자크 루소가 말하는 '입법자'와 소라이의 통치자는 닮은 점이 있다. 사회계약을 맺고 새로운 정치체제를 시작하기 위해 기본 제도의 안(案)을 사람들에게 제시하고 받아들이게 하는 예지의 인물이다. 루소에 의하면 제도에 의해 배양된 사회적 정신이 없으면 그 제도의 훌륭함을 이해하고 수용할 수 없다. 그러한 의미에서 받아들일 수 있기 위해서는 "결과가 원인이 될 필요가 있는" 곤란함이 있다. 그래서 입법자는 "힘도 논리도 쓸 수가 없으므로 다른 차원에 속하는 권위에 의지하지 않으면 안 된다. 그것은 폭력 없이 이끌고 설득 없이 납득시키는 권위이다." 그 때문에 모든 시대의 건국의 아버지들은 하늘이나 신에 의지했다고 한다(『社會契約論』).[20]

오규 소라이는 인민을 이성적으로 설득하여 이끌 가능성에 대해 마키아벨리나 루소와 페시미즘 혹은 리얼리즘을 공유하고 있다. 그 때문에 기묘할 정도로 유사한 주장을 하고 있는 것이다.

---

18) 今中寬司 外編, 『荻生徂來全集』 第6卷(河出書房新社, 1973), 443쪽.

19) 永井三明 譯, 『マキアベリ (世界の名著 16)』(中央公論社, 1966), 208, 210쪽.

20) Jean-Jacques Rousseau, Du Contrat Social ou Principes du droit politique, Livre II, Chapitre VII Du Législateur. 덧붙여 요네하라 겐(米原謙)는 국체론은 루소의 religion civil과 비교하여 비슷하다고 논하고 있다. 米原謙, 『近代日本のアイデンティティと政治』(ミネルヴァ書房, 2002), 第1章 「國體論と市民宗教のあいだ: ナショナリティをめぐって」.

그러나 통치자가 '도'를 제작하고 그것을 신비화하여 사람들을 추종시킬 때 그 '도' 자체의 정당함은 통치의 성공에 의해서만 증명된다는 것이다. 그에게 있어 '도'의 정당성·타당성이란 결국 유효성이기 때문에 실제로 소라이에 의하면 고대 중국 '3대'의 '도'의 타당성의 증거는 무엇보다 '3대'의 왕조가 오래 계속된다는 '사실'인 것이다. 그러나 가령 그렇다 해도 역으로 성공한 통치는 소라이 류의 '도'에 의한 것이 되지 않을까? 그렇다면 결국 '도'의 내실 등은 아무래도 상관없어지지 않을까? 사실 그러한 주장이 나타나기 시작했던 것이다.

Ⅲ.「속이는 수법」

1. 가쿠메이와 히로타리

이치카와 가쿠메이(市川鶴鳴)[=다쓰마로 匡麻呂, 1740(겐분元文5)~1795(간세이寬政7)]는 오규 소라이의 제자인 오우치 유지(大內熊耳)에게서 배운 유학자이다. 그는 소라이의 학설을 염두에 두면서 일본의 고대에 쓰여진『일본서기』,『고사기』의『신대』에 관한 여러 전설을 설명하려 했다(『末賀乃比禮』, 1780).

그는 우선 고대의 천황은 소라이가 말한 예락형정의 제작자, 성인에 해당한다고 생각한다. 중국에서 온 '성인의 길'을 배우고 따르는 통치자인 것이다. 이 때문에 그의 이해로는 그 때 쓰여진 책도 작위에 의한 수단에 지나지 않는다. "옛날의 고사는 후대의 천황의 뜻에 따라 만든 비사(秘事)"이다. 즉 "세상을 다스리는 방법 등"이다. 결국 '일본'의 건국과 관련된 신대·상대의 신화는 통치를 위해 후대의 천황이 작위한 가르침인 것이다.

"신대 부분의 대강은 일본을 근본으로 보고 다른 여러 나라를 가지로 보고 있는 것"이다. 즉『일본서기』등에 쓰여진 신화는 일본을 세계의 근본으로 그리고 사람들을 복종시키려 한 것으로 "이 큰 뜻은 당시의 천황의 뜻에 의한 것"이다. 또 "신조(神祖)가 나라를 만드는 운운"도 "후대 천황의 뜻에 의한 고사로 고사가 비사"이다. 요컨대 일본은 위대하고 장엄하게 그려낸 신화들은 모두 통치의 신비화를 위한 음모였다고 가쿠메이는 말하고 있는 것이다. 그에 의하면 불교도 마찬가지였다. "그 불교도 인도에서는 세상을 다스리는 법이다"라고 그는 말한다.[21)]

이치카와 가쿠메이는 소라이가 말한 의미의 '성인의 도'를 믿는다. 그 때문에 '교' 그 자체의 진리성은 문제 삼지 않는다. 백성에게 받아들여지고 안정된 통치를 실현하는 데 도움에 된다면 기기(記紀=고사기, 일본서기를 말함: 역자 주)신화라도 좋고 불교라도 좋은 것이다. 그러한 의미에서 그는 '신대'(神代)에 관한 황당무계한 옛 전설도 열심히 호의적으로 해석해 보였던 것이다.

단 기기를 과거의 사실의 기록으로 믿어 '신대'의 실재를 믿는 국학자 모토오리 노리나가(本居宣長)는 당연히 격렬하게 이에 반발했다. 가쿠메이를 비판한 저작인 『갈화』(葛花)[1803(교와享和3)년 간행]는 그의 끓는 듯한 분노와 조소로 가득한 책이다.

그러나 노리나가의 손자 제자에 해당하는 나카지마 히로타리[中島廣足, 1792(간세이4)~1864(분큐文久4)]는 오히려 이치카와 가쿠메이의 시사를 받아 이를 더욱 진전시켰다. 노리나가처럼 특히 『고사기』의 기술을 그대로 사실로 믿고, 예를 들면 하늘에 빛나는 태양이 곧 아마테라스 오미카미이고 말도 할 수 있다고 믿는 것은 도쿠가와 시대의 사람들에게도 그리 용이한 일은 아니었다. 한편 국학자들은 주자학적인 보편적 '도리'에 대한 진지한 신념도 갖고 있지 않다. 오히려 그들의 위선성을 지적하고 조소하려 한다. 아마 그 때문에 국학의 '도'를 옹호하고자 할 때 국학자는 특히 노골적인 솔직함으로 '사실'(事實)에 집착하는 것이다. 나카지마 히로타리에 의하면 대체로 '도'란 통치를 위한, 그 중에서도 위기 시의 통합을 위한 '술'(術)이었다.

그에 의하면 "모든 도의 본뜻은 그 나라의 인민을 회유해서 이끄는 방법"

---

21) 大久保正 編, 『本居宣長全集』 第8卷(筑摩書房, 1972), 183, 184, 191, 199쪽.

이다. 일반적으로 '도'란 정교한 통치 수단인 것이다. 보다 상세하게 말하면 "모든 도의 본뜻은 천하 사민(士民)의 마음을 정직하게 하고 다만 오로지 나를 갈고 닦아 큰일이 있을 시 나를 위해 죽음을 영광으로 알도록 함"이다(『童子問答』).[22] 바로 20년 뒤 그나이스트에 의한 "병사가 죽음을 개의치 않고 나라를 위해 자신을 희생할 수 있도록" 하기 위해서는 종교가 필요하다는 메이지 정부 요인에 대한 충고를 마치 예견이라도 한 것처럼 이 국학자는 모든 '도'는 '천하 사민'을 믿게 하고 '큰 일'이 있을 시에 군주를 위해 기꺼이 죽도록 하기 위한 '방법'이라고 단언한 것이다.

그리고 이 같은 것으로서 그는 '황국', 즉 일본의 '도'를 긍정한다. '황국'에서 "위급할 때에 성심에서 우러나 목숨을 버리고 황국을 위해 충성을 바치고 천하를 위해 죽게"하는 방법이 '황국의 도'이다.

> 우리 고학(古學)의 요체는 황국이 만국에서 뛰어나 신토가 다른 종교보다 뛰어나 존귀함을 떨쳐 다른 나라를 따르려는 세인의 마음을 본국으로 끌어 들여 일본 혼을 견고히 하는 것이다. 우리나라가 매우 뛰어남을 알 때에는, 또한 지금은 현재의 공의의 제도에 힘쓰고 그 외에는 그다지 행할 도가 없으나 유사시에는 우리나라를 위해 죽음을 영광으로 여기는 그 마음에 있음을 명심하여야 한다[『敏鎌』, 1851(가에이嘉永4)].[23]

그는 비꼬거나 조롱하기 위해 말하고 있는 것은 아니다. '도'는 '술'인 이상 민에 대해서는 '비사'인 것이다. 외국에서도 사정은 마찬가지이다.

"천축은 천축, 네덜란드는 네덜란드, 러시아는 러시아, 그 외 만국 모두 각각의 도가 있어 나라가 유지되는 것이다" "서양의 제국은 궁리학(窮理學) 외에 각 국민을 이끄는 도가 따로 있는데 그것이 즉 국민의 마음을 일치시키는 술(術)"(『童子問答』)[24]인 것이다.

그래서 "노리나가의 학설 등을 만약 네덜란드 말로 써서 네덜란드인들에

---

22) 彌富破摩雄 外 校訂, 『中島廣足全集』 第2編 (大岡山書店, 1933), 363, 364쪽. 이해를 돕기 위해 일부 표기를 바꾸었다. 히로타리의 문장의 인용에 대해서는 다른 것도 마찬가지이다.

23) 위의 책, 394쪽.

24) 위의 책, 『中島廣足全集』, 364쪽.

게 보인다면 필시 웃을 것이다"라는 지적에 대해 히로타리는 다음과 같이 답한다.

> 외국인이라 할지라도 생각이 있는 자는 과연 이 도로 일본은 일본식으로 민심을 바로 잡아 나라를 다스리는 법도가 뛰어남이 있다고 생각할 것이다(『敏鎌』, 1851).[25]

그리고 기독교에 대해 그는 다음과 같이 웅변하고 있다.

> 서양국이라 해도 인민이 모두 궁리학을 하는 것은 아니다. 하민은 어디라도 마찬가지로 학문 없는 우민일 뿐이다. …… 그 우민이 즉 나라의 근본으로 천하를 채운 존재이므로 그 민심을 동요하지 않도록 일치시킴이 교법이라고 하는 것이다. 백성은 어린아이 같으므로 잘 타이르고 회유하는 것이 좋다. 회유하는 법은 도리를 연구한 궁리로서는 안 되고 단지 지옥 극락과 같은 부녀자들을 현혹시키는 술수야말로 우민들은 모르는 것이다(지금 우리나라의 민심이 불교에 현혹돼 있음도 알아야 한다). 그렇다면 서양 제국의 가르침도 우민의 마음을 일치시키는 방법이며 근본임을 깊이 생각하여 백성을 속이는 방법을 생각하여 교법을 만들어야 한다. 그런데 이것을 백성을 속이는 방법이라고 백성에게 알려서는 안 된다. 그 법을 가르치는 쪽은 그 법을 엄격히 지켜 기정 사실로 만들어 교로 이끌어야 한다. 그 가르침에 따라 민심이 굳어지고 죽음까지도 불사할 정도가 되면 그 종문의 비술을 성취하게 되는 것이다. 일치된 민심으로 일치되지 않은 백성을 강제함은 너무나 간단한 일로 예를 들면 장수와 병사가 일치하여 일치하지 못한 적을 물리침과 같다. 이 술책으로 타국의 우민까지 속여 사방으로 따르게 하여 타국을 빼앗을 비술로 삼아야 할 것이다(『敏鎌』, 1851).[26]

백성은 "도리 맞는 궁리"로는 움직이지 않는다. 그렇기 때문에 속여서 따르게 할 수밖에 없다. 이 소라이학의 기본적인 인식은 속이고자 한다면 '교'의 내용이 도리에 맞는 지의 여부는 문제가 되지 않는다는 결론에 쉽게 도달한다. 그리고 이와 같이 고사기의 신화도 기독교도 모두 '속임수'로서 수긍하는 입장이 이미 메이지 유신 이전에 탄생해 있었던 것이다.

---

25) 위의 책, 361, 363-364쪽.

26) 위의 책, 365-366쪽. 괄호 안은 원문 그대로.

2. 세이시사이와 쇼난

기독교에 대해서는 미토(水戸)학자들도 비슷한 해석에 도달했다. 미토학[水戸學=막부 말기 미토번(水戸藩)에서 융성한 국학의 일종으로 특히 구분하여 미토학이라 함 - 역자 주]은 오규 소라이의 '유학'[27]과 모토오리 노리나가의 '국학'의 양쪽으로부터 영향을 받아 전 세계에 진출하려는 서양에 대항하기 위해 천황을 축으로 하는 통합의 강화를 주장했던 미토의 도쿠가와가[德川家=쇼군(將軍) 집안의 일족]에서 성립된 사상이다. 그리고 나카지마 히로타리와 달리 그들의 저작은 광범한 독자층을 확보했고 에도 시대 말기에 강한 영향력을 행사했다. 예를 들면 세계 정세의 분석과 대항책을 제시하려 했던 아이자와 세이시사이(會澤正志齊)의 『신론』(新論)(1825년)을 들어 보자. 이 책은 기독교에 대해 다음과 같이 말하고 있다.

> 西夷之跋扈海上, 幾三百年矣. 而土疆日廣, 意欲日滿者, 是其智勇有大過絕人歟, 禮樂刑政莫不脩備歟, 抑有神造鬼設非人力之所能爲者歟. 而皆非然也. 彼其所恃以逞技倆者, 獨有一耶蘇教而已. 夫彼所謂教法者, 邪僻淺陋, 固無足論. 然其歸易簡, 而其言猥瑣, 易以誑誘愚民, 巧言繁辭, 誣天以爲敬天, 滅裂人道, 以爲曉倫理, 時行小惠, 以市仁聞, 因誇張其說, 鼓舌眩世, 誕妄迂怪, 足以濫耳. 故世之好異者, 道聽途說, 時雖士大夫, 亦往往有不免於沾染者於頑乎其不可解, 是狡夷之所用以售其術也.
>
> 서쪽 오랑캐가 해상에서 발호한 지 거의 300년이 됐다. 그리하여 영역은 날로 넓어졌고 의욕은 날로 커져 지용(智勇)이 크게 활발해졌으나 예락형정(禮樂刑政)이 다 구비되지는 않았다. 원래 신을 만들고 귀신을 만드는 것은 인력으로 잘 하지 못하는 바가 아닌가. 그러나 모두 그런 것은 아니다. 그 중 가장 기량이 탁월한 것은 오직 예수교뿐이다. 그 교법은 사벽천루(邪僻淺陋)이어서 논함에 족함은 없다. 그러나 결론은 간결하여 쉽게 우민을 유도하고 교묘한 말로 하늘을 속임으로써 하늘을 받든다 하고 인도를 그르치면서 윤리를 밝힌다 한다. 때로 작은 은혜를 베풀어 인심을 얻고 그 설을 과장하여 혀를 휘둘러 세상을 어둡게 한다. 때문에 다른 것을 애기하는 자에게는 계속 말하여 비록 사대부라 할지라도 왕왕 전염되는 경우가 많다. 마음과 의지가 약하고 풀려나올 수가 없다. 이것이 오랑캐의 도구를 쓰는 까닭이다.[28]

---

27) 尾藤正英, 「水戸學の本質」(今井宇三郎 外 校注, 『水戸學 (日本思想大系 53)』(岩波書店, 1973), 578-579쪽.

즉 아이자와에 의하면 기독교는 일종의 '술'(術)이다. 그 내용은 '사벽천루'(邪僻淺陋)이나 오히려 그 얕음 때문에 속된 사람들의 귀에 들어가기 쉽고 민심을 현혹하여 자신들을 따르게 하는 것이다. 서양의 세계 진출을 가능케 한 것도 이것이다.

> 欲傾人國家, 則必先因通市而窺其虛實. 見可乘則擧兵襲之. 不可則唱夷教, 以煽惑民心. 民心一移, 簞壺相迎, 莫之得禁也. 而民爲胡神致死, 相欣羡以爲榮, 其勇足以鬪. 傾資産以奉胡神, 其財足以行兵. 以誘人之民傾人之國, 爲副胡神之心, 仮兼愛之言, 以逞其呑噬, 其兵雖云貪, 而足以衒義兵之名. 其併國略地, 莫不皆由此術也.
> 다른 국가를 타도하려 하면 반드시 시장을 통해 그 허실을 살펴야 한다. 그리고 기회를 틈타 거병하여 이를 습격한다. 그것이 불가능하면 오랑캐의 종교로서 민심을 선동한다. 민심이 옮겨지면 서로 맞이하여 가까워진다. 그리하여 백성들은 오랑캐의 신을 위해 죽음을 바치고 이를 영광으로 알게 된다. 신을 위해 자신을 바치니 이 재물로 병을 일으키기에 족하다. 인민을 꾀어 타국을 침략하는 것이 신의 뜻이라 하고 사랑의 말을 빌려 설명하고 그 병사는 탐욕해도 의병 소리를 듣게 된다, 다른 나라를 병합하고 땅을 빼앗을 때는 모두 이 술책을 쓰지 않으면 안 된다.

기독교를 믿으면 민은 생명도 재산도 모두 '신'을 위해 바쳐도 아깝지 않다. 게다가 그 '신'과 인류애의 가르침이 침략을 정당화한다. 서양인은 언제나 이 '술'을 사용한다는 것이다. 기독교는 단순히 서양에서 그 민을 통합하는 '술'일 뿐만 아니라 서양의 세계 진출을 가능케 하고 있는 가장 교묘한 '술'인 것이다.

그리고 이 같이 말한 『신론』은 도쿠가와 시대 말기에 많은 독자를 얻었다. 메이지 유신 전후에 정치적 관심을 갖고 활동한 많은 사람들은 이 같은 기독교 해석에 익숙해 있었다.

서양에 호감을 가진 경우에도 유사한 해석이 행해졌다. 중국의 옛 '성인'의 '도', 특히 '인'(仁)이나 '공'(公)이 당시의 중국이나 일본보다도 오히려 당시의 서양에서 실현되고 있다고 믿고 있던 주자학자 요코이 쇼난[橫井小楠, 1809(분카文化6)~1869(메이지2)]도 다음과 같이 말했다.

---

28) 今井宇三郎 外 校注, 『水戸學』, 398쪽.

부처와 예수 등은 원래 하위에 있어 우리에게 어리석은 남녀(愚夫愚婦)를 교화시키는 마음에서 나온 것으로 천당지옥설을 주장하고 방편을 갖추어 사람들로 하여금 믿기 쉽게 만듭니다. 근래에 이르러 서양에서도 사대부들이 예수를 신앙하지는 않고 별도로 일종의 경륜 궁리의 학문을 발명하여 이를 예수교에 붙인 것입니다. 그 경륜 궁리의 학문은 민생의 일용에 이로움이 커 성인의 작용을 할 수 있습니다(『沼山對話』).[29]

'우민'에게는 예수의 가르침이 있다. 그러나 통치자는 이를 마음속으로부터 믿고 있는 것은 아니고 '일종의 경륜 궁리의 학문'을 부가하여 통치하고 있다는 것이다.

3. 술(術)

왜 '교'(敎)를 '교'로서 정면으로 비판하지 않고[30] 이처럼 통치나 침략을 위해 백성을 믿게 하는 '술'로서 해석한 것일까? 왜 이같은 이해가 유력했던 것일까?

먼저 거기에는 앞서 말한 바와 같이 소라이학의 영향이 있을 것이다. 예를 들면 주자학자인 아라이 하쿠세키(新井白石)는 기독교의 교의를 나름대로 이해하고 그 위에 비판을 시도했다[『西洋紀聞』 上卷, 1715(쇼도쿠正德5)]. 그러나 소라이학적인 사고로는 '교'는 바로 그 정치적 효용 면에서 보기 쉬운 것이다.

두 번째로 기독교가 세계 침략의 도구라는 것은 16세기 말 17세기 초두에 일단 일본에 세력을 점한 것으로 보였던 가톨릭(=기독교)을 배격할 때에도 썼던 오래된 해석이었다. 서양은 기독교의 나라로서 경계를 계속해 온 도쿠가와 정치체제에서 2세기 정도 경과하여 이것이 다시 강하게 부활했던 것이다.

세 번째로 도쿠가와 시대에 사고의 탈주술화와 비종교화가 특히 유학자나 무사 사이에 진행된 것이 중요한 배경일 것이다. 그 사실과 원인에 대해서는 메이지 시대 사람들 사이에서도 다양하게 논의되고 있었다. 예를 들면 후쿠자

29) 山崎正董 編, 『横井小楠遺稿』(日新書院, 1942), 901, 903쪽.

30) 기독교의 교의를 정면에서 비판하려는 시도가 없었던 것은 아니다. 예를 들면 安井息軒[1799(간세이10)~1876(메이지9)]의 『辯妄』을 참조.

와는 다음과 같이 지적하고 있다.

> 우리나라에서 귀신 유령의 망설은 대개는 불자(佛者)들이 말하는 바로 사회에 유행했으나 300년 이래 유학의 도가 점차 왕성해져 불자와 대항하고 이것이 지나쳐 끊임없이 유명(幽冥)의 설을 반박하여 결국 자기 고유의 음양오행설까지도 말하기를 꺼려하기에 이르렀다. 예를 들면 유학자가 역경을 강의해도 오직 그 논리만 말할 뿐 점을 치는 것을 창피하게 여김과 같다. 불교를 반격함에 너무나도 유학자적이나 이 사론(私論)의 결과로 현혹에서 벗어남은 유연한 다행이라 하겠다(『時事小言』, 1881).[31)]

불교에 대한 대항 때문에 여러 '유혹과 탐닉'으로부터 벗어날 수 있었다는 것이다.

야마지 아이잔(山路愛山)은 또 다른 해석을 하고 있다.

> 원칙적으로 사상의 자유를 인정하지 않는 막부의 정책은 더 한층 당시의 사상계에 영향을 미쳐 학문 있는 계급으로 하여금 종교를 단순히 교화의 도구로 삼고 이를 정치의 한 방편으로 보게 하기에 이르렀다. 이른바 신토를 보면 그들의 종교에 대한 태도를 잘 보여 주는데 그들은 이 이상 종교에 요구하는 것도 없고 원하지도 않는다(『現代日本教會史論』, 1906).[32)]

도쿠가와 정부의 사상 통제가 '종교'에 대한 냉담한 태도를 확산시켰다는 것이다. 도쿠가와 시대에는 '종교'라는 용어는 보통 사용하지 않는다. 이는 religion의 번역어로 메이지 이후 통용된 말이다. 그러나 대체적으로 종교에 해당되는 '종문'(宗門), '종지'(宗旨)를 '우민'들의 것, 정치에 있어서는 기껏 일종의 '술'이라고 왕왕 해석되고 있었다. 그 때문에 기독교도 그런 부류의 것이라고 그들은 간단하게 이해했던 것이다.

---

31) 『福澤諭吉全集』 第5卷(岩波書店, 1959), 185-186쪽.

32) 山路平四郎 校注, 『基督教評論·日本人民史』(岩波書店, 1966), 8쪽.

Ⅳ. 문명과 가면

1. 문명국의 기괴함

메이지 유신이라는 거대한 혁명이 일어났다. 신정부는 서양제국의 '문명'을 배워 일본에도 '문명개화'를 도입함으로써 서양에 대항하는 노선을 취했다. '부국강병'을 위해 다양한 기술을 배울 필요에 대해서는 의심의 여지가 없었다. 그 때문에 대학을 세우고 교육을 진흥시킬 필요에도 의견이 일치했다. 게다가 언젠가는 민선 의원을 설치해야 한다는 데도 대체적인 합의가 이루어졌다. 그것들은 서양화라기보다 문명화이고 인류로서 당연히 해야 할 일로 이해됐던 것이다.

그러나 매우 다루기 어려운 문제가 생겼다. 그것은 '종교'이다. 스스로는 '종교'를 믿지 않는 신정부의 지도자들도 서양에는 기독교라는 '종교'가 있음은 잘 알고 있었다. 그리고 도쿠가와 시대 이래 메이지 초년까지 금지당해 왔음이 서양인의 혹평을 사고 있음도 잘 알고 있었다. '종교'에 대해 서양과 어떤 관계를 취할 것인가의 방침이 잘 서지 않았다.

1871(메이지 4)년에 요코하마를 출발하여 약 2년간 미국과 유럽을 순방한 정부 요인들[이와쿠라(岩倉)특명전권대사사절단]의 당황한 모습은 일행의 한 명이었던 사람의 다음 회상에서도 잘 나타나 있다. 일행이 요코하마를 출발해 샌프란시스코로 향하는 뱃전에서 그들에게 기독교에 대해 말을 건 서양인이 있어 그 때문에 일행이 휴게실에 모였을 때 종교 이야기가 화제가 됐다고 한다.

> 개중에는 전권대사의 일행인지라 메이지 이전에 서양에 건너갔던 후쿠치(福地)나 지금 외무대신인 하야시(林), 또 다나베 다이치(田邊太一)와 그 외에도 서양 경험자가 몇 명 있었으나 아메리카에서 처음으로 서양인을 만나면 종교를 질문 받게 된다. 그럴 때 어떻게 대답할 것인가. 생각 없이 대답해서는 안 된다 하여, 그렇다면 불교라고 답하겠다는 자가 있었으나 불교 신자라고는 아무래도 말이 안 나오고 불교는 잘 알려져 있지 않으니 불교는 힘들다. 모든 서양은 종교를 믿지만 우리는 그런 건 믿지 않는다. 거짓말을 하지 말고 유교다 충효 인의라고 하면 한편에서 유교는 종교가 아니다. 이는

일종의 정치기관의 교육과 같은 것이라고 한다. 그러면 우리는 일본인이니 신토를 믿는다고 하는 것이 맞다고 한다. 그것은 옳지 않다. 물론 우리나라에는 신토가 있으나 세계적으로 신토는 아직 알려져 있지 않으며 경전 하나 없어 신토라 해도 세계가 종교로 인정해 주지 않기 때문에 할 수 없다. 이러한 논의로 신유불(神儒佛)이 모두 안 되니 차라리 종교는 없다고 하자는데 서양 경험자들이 그것은 안 된다 한다. 서양에서 종교가 없는 사람이 어떻게 인식될지 아는가. …… 인간이라는 존재는 성악(性惡)하다 하나 악한 정도가 아니라 매우 악하여 지혜를 가진 늑대와 같은 것을 그냥 두[면 어떤] 나쁜 짓을 할 지 모른다고 [생각하고] 있다. 그래서 종교를 묻는 것이다. …… 만약 늑대 호랑이 같은 무종교인이란 소리를 들으면 어떤 나쁜 짓을 할 악인으로 생각하기 쉬우니 무종교라고 답할 수 없다. 점차 이런 이야기로 발전하여 모두 고민에 빠졌다 [久米邦武「神道の話」, 1908].[33)]

문명화됨에 따라 사회는 세속화되고 비종교화된다는 생각이 있다. 그러나 이 때 일본인들이 조우한 사태는 반대였다. 그들은 '문명국' 사람들이 '문명'에서 뒤쳐진 자신들이 지금까지 '우민'의 것으로 무시해 온 '종교'를 믿고 있는 것 같다는 데 당황해 하고 있었던 것이다. 환언하면, '반개'의 일본이 비종교화라는 의미에서는 서양의 '문명국'보다 '진보적'이었다. 구메는 이어 다음과 같이 회상하고 있다.

여기에서 이와쿠라 공(岩倉公)이나 기도(木戶), 오쿠보(大久保) 들의 생각이 어떠했는가 하면 그렇게나 종교를 믿고 있는가라는 투로 조금은 냉소적이었고 파크스[34)]도 이를 믿고 있는지는 미묘하다는 모양으로 이때까지는 역시 종교를 믿는 것이 바보 같다고 생각하면서도 그와 함께 종교라고 하는 것은 이유가 있는 것일 거라는 생각으로 바뀌어 갔던 겁니다(久米邦武, 「神道の話」, 1908).[35)]

같은 의문은 국내에 있던 지식인들도 품고 있었다.

---

33) 『東亞之光』 第3卷 第5號, 1908, 11-12쪽. 이 문장은 다음 논문을 통해 알게 됐다. 山崎渾子, 「岩倉使節團における宗教問題」, 田中彰 外編, 『米歐回覽實記の學際的研究』(北海道大學圖書刊行會, 1993).

34) Harry Smith Parkes(1828-1885). 1865년부터 영국의 주일 공사. 사절단의 영국 체재 중 그들의 안내역도 맡았다.

35) 『東亞之光』, 13-14쪽.

오늘날에 이르러 옛날처럼 법황의 발을 핥거나 하여 제왕처럼 하지는 않으나 각기 제 신명을 아까워하지 않고 그 법을 따르며 부자 형제 친구를 개의치 않고 뇌리에 각인된 노예 습관이 강하다. 문명국이며 정신 담력이 담대하다는 나라가 이럴진대 어찌 이상하고 괴상치 않겠는가. 그래도 예로부터 이학가(理學家)는 왕왕 이를 논박하여 …… 이학가들은 많은 사람이 그 노예 습관을 악으로 보고 우려했다. 아니면 중인 이상은 도리의 노예가 되고 중인 이하는 종교의 노예로 되는 것이 좋은가. 중인 이상인 이학가도 종교의 효과를 논하는 자가 많으면 종교의 노예로 되는 것이 좋은가(阪谷朗廬, 「天降說」, 1875).[36]

도리를 믿을 터인 철학자와 종교가 어떠한 관계에 있는가에 대해 고민했던 것이다. '문명국'의 종교의 내용이 당시 일본 지식인들이 이해하고 납득하기 쉬운 것이었다면 이야기는 훨씬 간단했을 것이다. 그러나 '문명국'의 '종교'의 내용은 그들에게는 아무래도 어리석은 미신으로밖에 여겨지지 않았던 것이다. 이와쿠라 사절단의 공식 보고서인 구메 구니타케(久米邦武) 『특명전권대사구미회람실기』(特命全權大使米歐回覽實記)는 그 당황스러움을 다음과 같이 전하고 있다.

서양의 인민은 각기 문명으로 경쟁하고 그들이 존중하는 신구약성서는 우리가 볼 때는 일부 황당한 담론일 뿐이다. 하늘에 소리가 있고 죽은 자가 부활하고 그들은 이단이라 불러 십자가에 못 박힘으로써 천제의 아들이라 하고 통곡하여 우러른다. 그 눈물이 어디서 나오는지 의심스럽다. 유럽의 각 도시에는 가는 곳마다 붉은 피가 많이 보이고 십자가에 못 박힌 그림이 벽화로 그려져 있다. 사람으로 하여금 묘지를 지나 형장으로 향하는 마음을 들게 한다. 이것이 기괴하지 않으면 무엇이 괴이한가.[37]

2. 해석

그러나 사절단은 미국과 유럽을 직접 접하고 일본과 달리 '문명국'에서는 '종교'가 매우 활발한 것에 다시 한 번 놀랐다. 그것이 전혀 무의미한 것은 아

---

36) 『明六雜誌』 第36號, 1875년 5월, 4-5쪽.

37) 久米邦武, 『特命全權大使米歐回覽實記』 第1册(岩波書店, 1977), 343쪽.

닐 터였다. '문명'을 위해 뭔가 역할이 있을 것이다. 그래서 점차 다음과 같은 해석이 나타났다.

첫 번째는 '인심'의 단결이라는 효용이다.

> 세계 각국의 인민은 종교의 신앙으로 인심을 단결시킬 것. 세계 각국의 인민은 종교의 경향으로 인심을 단결시킴이 강고한 성과 같다. 그 관계는 인민들 간의 교제 및 정치 군사력에 영향을 끼친다. 다소의 세력 있는 자 동아시아의 도덕 정치에서 성장한 사람은 도저히 상상하기 어려울 것이다. …… 그 외 서구의 전쟁을 보라. 민심을 일치시키는 힘은 항상 종교에 있고 종교 전쟁에서 민심의 분노함은 맹수의 포효와 같다.[38)]

두 번째로 도덕 유지의 효용이다.

> 인민이 신을 숭배하는 마음은 힘씀의 근본이고 품행의 방정함은 치안의 원소(元素)이다. 나라의 부강도 여기서 나온다. 종교는 형상과 논설로 논쟁하기 힘들고 이른바 실행이 어떠한가만을 돌아볼 뿐이다.[39)]

'종교'가 인민의 도덕성의 기초인 것이다. 그리고 돌아보면 일본 인민의 도덕성에는 의문도 있었다.

문제는 윤리적 '실행'이다.

> 입교(立教)의 미악은 차치하고 품행의 정도를 논하면 (일본은) 세계 최하등에 있다 해도 과언이 아니다. 기독교는 기괴한 점도 많다. 내가 만약 논리로 이를 굴복시키려면 그들은 답을 잃을지도 모른다. 단지 그 실행의 돈독함에 있어서는 깜짝 놀랄 만하다.[40)]

> 백성이 종교를 가지면 득도 있고 실도 있다. 승려의 무리가 나라에 이익을 준 것과 폐를 끼치는 것은 늘 상반되게 있는 것으로 인지가 개발됨에 따라 실소를 금치 못할 일이 많다. 그래도 인간의 의식을 유도하여 품행을 선으로 이끌고 생명 이익을 제처놓고 지키는 바 감히 범하지 못함이 있어 교문(教門)의 유지에 의하지 않을 수 없다.[41)]

---

38) 위의 책, 第3册, 1979, 245쪽.
39) 위의 책, 第1册, 343쪽.
40) 위의 책, 第1册, 344쪽.
41) 위의 책, 第2册, 1978, 43쪽.

종교는 그 내용 여하에 관계없이 '문명국'에서 통합과 도덕을 유지하는 도구로서 중요한 역할을 담당한다는 것이다.

단, 그 미신적인 교의를 '문명국'의 지도자 자신이 진정으로 믿고 있다고는 보지 않았다. 도저히 믿어지지 않았던 것이다. 그리하여 그들은 다음과 같은 설명으로 자신들을 납득시켰다.

> 법교(法教)(=religion 번역어의 하나 - 필자주)가 국민에게 긴요한 관계를 가지는 것은 동양 도덕정치의 나라에서 실로 생각하기 힘든 세력이 있는 것으로 …… 이것을 대체적으로 종교가 인민에 침투함이 깊고, 군주가 정사를 시행하거나 병비를 확충하고 상공업을 살리고 농정을 개간함도 모두 사람을 시킴에는 항상 종교가 크게 관여한다. 유럽 상류사회의 사람들은 돈독하게 종교를 믿는 외면을 가지나 내면을 살펴보면 대개 인심을 모으고 법률을 지키게 하는 도구로서 권모를 씀과 같다. 프로이센의 왕 프리드리히 2세가 말하기를 종교의 효험은 국민의 영지(靈智)를 황폐하게 하는 것 외에는 없다고 했다. 이 격렬한 논쟁을 제기한 것은 프리드리히 한 사람이나 각국의 군주 재상들이 안으로 정치하고 밖으로 교제함이 다양하고 권모를 쓰는 모양을 보면 종교는 완전히 도구이며 그 가면으로 우민을 사역할 뿐이다.[42]

'종교'는 "사람들의 인기를 모으고 규율을 지키게 하는 도구"이며 "상등사회의 사람"이 믿고 있는 것은 아니다. "어리석은 백성을 지배하는 권모이며" '가면'인 것이다. 이것이 정부 요인을 망라한 대사절단의 공식적인 보고서에 기재된 '문명'에서의 '종교'에 대한 의미의 해석이었다.

그것은 이 책의 편자인 구메 자신의 개인적인 견해는 아니었다. 예를 들면 사절단의 한 사람인 사사키 다카유키(佐々木高行)의 사적인 일기에는 다음과 같이 쓰여 있다.

> 합중국 인민은 각각 맡은 바에서 나날이 개화 진보 …… 또한 교법(教法)도 왕성하여 교법으로 풍속을 유지함이 대단하다. '일요일'에는 반드시 대통령과 부대통령이 장관들과 교회에 가서 설교를 듣는다. 궁리학자들은 종교를 믿지 않는 자가 있으나 모든 인민을 유지하는 도구로서 장관들도 진지하게 설교를 들음이 일본에서 진종(眞宗)의

---

42) 위의 책, 第4册, 1980, 73쪽.

설법을 부녀자들이 신앙하는 것과 다름이 없다(메이지 5년 1월 21일, 미국 워싱턴 체재 중).[43]

여기에서 사사키는 자신을 '궁리학자' 쪽에 두고 있다. 실제로 사사키는 이전에 밍스로우라는 미국인 '궁리학자'와 대화하고 그의 "당시 문학 진보에 따라 종교론은 각국에서 없어져야 한다"는 말에 크게 동감하고 있다.[44] 그러면서도 종교가 "일체 인민을 유지하는 도구"로서 갖는 효용에 주목하고 "대통령과 부대통령을 비롯해 도열한 임원"들이 설교를 듣는 '진지함'에 감탄하고 있는 것이다. 그것은 의식적이든 무의식적이든 굉장한 '가면' 연기에 대한 감탄과 놀라움이었다.

3. 서구에서

이상은 도쿠가와 사상사가 낳은 기묘한 통치론 하에 있던 '반개'(半開)국 지식인들의 불길한 오해였을까. 당시나 지금이나 신심 깊은 크리스천 가운데는 그렇게 생각하는 사람들이 있을지도 모른다. 그러나 당시 서양에서도 도덕 유지나 민심 단결을 위한 종교의 효용성과 유용성에 주목한 사람들도 적지 않다.

순교자 토마스 모어는 '유토피아'의 사람들에 대해 이렇게 묘사하고 있다.

그 때문에 그들은 사후에 악덕함을 벌 받고 미덕은 복 받는다고 생각한다. 이를 부인하는 자에 대해서 그들은 인류의 일원으로 생각지 않는다. 자신의 존엄한 영혼을 썩은 짐승과 같이 비천한 차원에 두기 때문이다. 하물며 그 같은 자를 시민의 일원으로는 여기지도 않는 것이다. 처벌에 대한 두려움조차 없으면 모든 법과 사회의 관습을 태연히 부정하기 때문이다. 법 외에는 두려운 것이 없고 사후의 생의 희망을 갖지 않은 자가 사욕을 채우기 위해 조국의 법을 교묘하게 피하거나 혹은 폭력으로 이를 파괴하기 위해 무슨 수를 쓸지 누가 알겠는가. 그 때문에 그 같은 생각을 가진 자는 어떠한 영예

43) 『保古飛呂比 佐々木高行日記 5』(東京大學出版會, 1974), 293쪽.
44) 위의 책, 272-274쪽.

도 주어서는 안 되며 어떠한 관직에도 임명해서는 안 되며 어떠한 공적 책임도 지워서는 안 된다. 모두 비열하고 둔감한 자로 취급받는다(『유토피아』, 1516).[45]

철학적 입장이 전혀 다를 터인 볼테르도 이렇게 말한다.

서약은 신성하지 않으면 안 되고 위약은 벌 받는다고 믿고 있는 사람들이 벌도 받지 않는다고 믿는 사람보다 신용할 수 있음은 분명하다. 문명화된 도시에서 비록 나쁜 것일지라도 하나의 종교가 존재하는 편이 없는 것보다는 훨씬 유용함은 이론의 여지가 없다. …… 그 때문에 군주에게도 인민에게도 지고의 존재 즉, 창조하고 통치하고 심판하는 자의 관념이 정신에 깊게 뿌리 박혀 있는 것이 절대로 필요하다(『철학사전』, 1769).[46]

가톨릭 순교자와 이 18세기의 철학은 신앙과 도덕의 관계에 대한 이해에서는 견해를 같이하고 있다. 그가 "신이 존재하지 않는다면 발명하지 않으면 안 된다"라고 말한 것[47]도 무리가 아니다.

또 루소는 알다시피 『사회계약론』의 끝장에서 국가 종교의 필요를 말하고 있다. 그에 의하면 본래의 기독교는 너무나 피안적이어서 사람들로 하여금 특정 국가의 시민으로서의 의무를 기꺼이 수행하게 할 수가 없다. 그래서 국가에는 독자적인 국가 종교가 필요한 것이다. 신앙 조목은 첫 번째로 전지전능하고 자비 깊은 신이 존재할 것, 두 번째로 내세의 존재, 세 번째로 내세에서 의인의 축복과 악인의 징벌이 행해지는 것, 그리고 네 번째로 사회계약과 법이 신성할 것들이다.[48] 내세에서의 상벌을 믿지 않는 자는 자신에게 이로울 때만 약속이나 법을 지킨다. 그러한 자는 국가의 일원일 수가 없고 루소는 결국 모어나 볼테르처럼 그렇게 믿어 그것을 막으려 하고 있는 것이다.

또 칸트가 제1비판(『순수이성비판』)에서 신의 존재를 논리적으로 증명할

45) George M. Logan et al, eds, *Thomas More Utopia* (Cambridge University Press, 2002), p.95.
46) Voltaire, *Dictionnaire philsophique* (Éditions Garnier, 1967), pp.41-43.
47) 도스토예프스키, 『카라마조프의 형제』 제5편(池田健太郎 譯, 『世界の文學』 17, 中央公論社, 1966, 304쪽에도 인용되어 있다).
48) Jean-Jacques Rousseau, *Du Contrat social ou Principes du droit politique,* Livre IV, Chapitre VIII De la Religion civile.

수 없다면서 제2비판에서 도덕 성립을 위한 논리적 요청으로 영혼은 죽지 않으며, 신이 존재하지 않으면 이 세상의 질서의 존립을 위해 신이 존재할 것, 혹은 적어도 신이 존재한다고 널리 믿을 필요가 있음은 19세기에도 광범위한 합의가 이루어져 있었던 듯하다. 토크빌(1805~1859)은 "종교를 진리라고 믿지 않는 무신론자도 종교를 유용하다고 생각하고 있다"고 지적하고[49] 플로벨(1821~1880)은 그의 유고 『문절형(紋切型) 사전』에서 '종교'에 대해 "이것 또한 사회의 기반 중 하나이며 민중에게는 필요한 것"이라는 설명을 하고 있다.[50] 종교에 대해 이렇게 말하는 것이 적어도 자신을 '민중'의 일원으로 생각하지 않는 사람들에게는 꽤 맞는 말일 것이다.

그것은 때로는 명확하게 '가면'의 양상을 보였다. 오웬 차드윅은 19세기 유럽의 종교 사정을 논한 연구에서 "19세기의 중산 계급은 여전히 대개의 경우 하인들 앞에서는 무신론자임을 숨겼다"고 지적하고 다음과 같은 일화를 인용하고 있다.

> 메리메는 디너 좌석에서 쿠쟁에게 말했다. "그래, 분명 당신은 미사에 가지. 그러나 당신은 위선자야. 당신은 나처럼 신앙심 따윈 없잖아?" 쿠쟁은 말했다. "쉿! 하녀 신경 좀 써. 윗사람에게 시니컬한 것은 좋으나 아랫사람 앞에서는 안 되네. …… 여자 가정교사, 요리사들에게 내 철학의 도덕성을 이해시킬 수 있다고 생각하나? 그들과 같은 신앙을 갖고 있다고 여기게 하는 쪽이 편해. …… 그 신앙 덕분에 그들은 나에게 솔직하고 열심히 충성하는 것을 도덕적이라고 생각하는 것이라네."[51]

이처럼 현재 서양인 자신이 때때로 종교를 순수한 신앙이 아닌(마치 인간 때문에 신이 존재하는 것처럼) 이 세상의 질서를 위한 효용에서 평가하고 나

---

49) Alexis de Tocqueville, *De la Démocratie en Amérique*(1835), Euvres complètes, Tome I(Gallimard, 1961), p. 313.

50) Gustave Flaubert, *Le Dictionnaire des idées reçues*, 小倉孝誠 譯, 『紋切型辭典』(岩波書店, 2000), 125쪽.

51) Owen Chadwick, *The Secularization of the European Mind In the 19th Century* (Cambridge Uneversity Press, 1975), p.10. 메리메는 소설가 Presper Mérimée (1803~70), 쿠쟁은 철학자이자 교육부 장관인 Victor Cousin(1792~1867)이다. 메리메와 차드윅도 시니컬한 관점이 특징이나 완전히 허구로 지어낸 말은 아닐 것이다.

아가 그 효용에만 가치를 찾으려는 입장을 취하고 있는 것이다. 나카지마 히로타리나 구메 구니타케 그리고 이토 히로부미의 기독교 이해를 단순히 피상적인 오해라고 여길 수 있겠는가?

Ⅴ. '국민도덕'

1. 인심의 유지

한편 메이지 초기 일본에서는 어떻게 도덕을 유지할 것인가가 정치 지도자나 지식인들의 관심사 가운데 하나였다. "혹은 군신의 뜻이라 하고 혹은 선조의 유서라 하고 혹은 상하의 명분이라 하고 혹은 본말의 차별이라"하는 지금까지의 "종신토록 품행을 유지하는 그물", 즉 "서양어로 하자면 이른바 '모럴 타이'(moral tie)인 것"(福澤諭吉, 『文明論之概略』, 1875년 간행)[52]이 한꺼번에 융해돼 버렸던 것이다. "요즘 사람들의 소업을 부박(浮薄)하다 하고 지금의 인심을 경박하다"고 우려하는 소리가 높아졌던 것이다. 그렇다면 "지금의 인심을 유지하고 품행을 고상하게 이끄는 방법"(같은 책)[53]은 무엇인가?

첫 번째, 『문명론의 개략』(文明論之概略)보다 3년 전에 사사키 다카유키도 이 문제를 생각하고 있었다. 앞서 인용한 일기에서 "일체의 인민을 유지하는 도구"로서 기독교에 착안한 그는 같은 날 이어서 다음과 같이 쓰고 있다. (메이지 5년 1월 21일)

> 일본의 오늘날은 공맹도 바보라서 교로 삼기에 부족하고, 석가도 마찬가지다. 더 심한 것은 대신궁(大神宮)으로 아무 생각이 없다. 예수교는 물론 이단이라 할 수 있으나 미국에서는 예수 신교(개신교)가 중심이고 인정에 잘 맞으나 일본에는 고유의 신토를 기

52) 『福澤諭吉全集』 第4卷(岩波書店, 1959), 184쪽.
53) 위의 책, 187-189쪽.

초로 이를 돕는 공맹의 도를 갖고 있으나 사람들이 성실하지 못할 때에는 모두 제멋대로가 되어 인간의 의무를 다하지 않게 된다.[54]

즉 사사키의 해답은 신토와 유학의 혼합이었다.

두 번째, 같은 이와쿠라 사절단의 기도 다카요시(木戸孝允)도 이 문제를 우려하고 있었다. 보스턴 체재 중의 서간에서 그는 "우리나라는 지금 개화하고 있어 명리(名利)에 치우쳐 친구나 지기도 옛날을 잊고 근본을 잃[고] 경박[해진] 상황이다. 다들 아무 의심도 없는 것이 일반적이다. 이들은 유학도 부처도 예수도 없고 지엽적인 이익에 빠져 의미 없는 것에서 나온 바이니 십년 후엔 어찌 될지 걱정이다"라고 쓰고 있다.[55] 지금은 아무것도 믿지 않는 '경박'한 자기 이익 추구만이 있어 이래서는 나라가 서지 못한다는 것이다.

> 본국이 개화함에 있어 다만 명리와 권세만을 구하고 있어 앞일이 걱정이다. 그러나 그들의 종교는 아주 독실하여 시골에 이르기까지 잘 전파되어 있다. 그럴진대 우리나라는 유학도 불교도 예수교도 모두 소용없어 개화는 명리에만 빠져 있는 개화임을 어찌 겠는가. 실로 위험하여 걱정만 앞선다…….[56]

> 본국의 지금의 형세는 다만 명리만으로 개화다 개화다하고 유행하는데, 인심을 유지하는 데에는 아무 소용이 없는 공론에 불과하니, 서구에서는 시골에까지 종교의 실천이 잘 행해짐과 비교할 때 하늘과 땅만큼의 차이가 있다 하겠다.[57]

단 기도는 그렇다고 해서 '유럽'의 '교도', 즉 기독교를 그대로 도입하려고 생각하지는 않았다. 유교·불교·기독교 등의 진흥도 생각하지 않았다. 그는 아마 사태의 원인인 '경박'한 개화의 진행 속도를 늦출 수밖에 없다고 생각한 듯하다.

---

54) 앞의 책, 『保古飛呂比』, 293쪽.

55) 메이지 5년 7월 2일, 杉孫七郎 앞 서간, 『木戸孝允文書』 第4(日本史籍協會, 1930), 374쪽. [ ] 안은 알기 쉽도록 보충했다.

56) 메이지 5년 7월 1일, 柏村信 앞 서간, 같은 책, 366쪽.

57) 메이지 5년 7월 1일, 杉山孝敏 앞 서간, 같은 책, 369쪽.

일본이 개화로 달려가는 것보다 러시아가 백년에 걸쳐 서서히 진보로 나아간 것을 칭찬하는 논설이 가끔 신문에도 나옵니다.[58]

세 번째, 한편 후쿠자와의 해답은 오히려 반대였다. 후쿠자와는 『문명론의 개략』 제10장에서 순서대로 그 후보를 검토하고 있다. 우선 "신대의 옛날에서 증거를 찾아 국체론을 주장하고 이것으로 민심을 잡으려는 황학(皇學)은 우리나라 인민은 수백 년간 천자가 있음을 모르고 다만 이것을 전해들은 것"뿐이므로 그다지 도움이 되지 않는다. 두 번째로 '예수의 종교'는 "영원무궁 일시동인 사해형제"의 가르침으로 "너무 광대하고 너무 선량하고 너무 고상하여 너무 공평하므로 타국에 대해 자타의 차별을 만들어 자국은 자국으로서 스스로 독립하려는 보국심(報國心)이" 필요한 현재의 상황에는 맞지 않는다(본래의 기독교에 대한 루소의 의문과 비슷하다). 세 번째로 유학은 지금 세상과는 맞지 않는다. 그렇다면 어떻게 해야 할까. 후쿠자와의 해답은 모든 것은 '자국의 독립'을 위한 것으로 이를 강조하고 이를 위해 "일본의 인심을 유지한다"는 것이었다. 그리고 그것을 위해서는 문명을 진행시킬 수밖에 없다는 것이다.

그러나 진정으로 '종교' 없이 그냥 '문명'만 진행시켜서 되는 것일까?

네 번째, 정부의 중추에 있던 이노우에 고와시(井上毅)는 적어도 한 때는 불교의 이용을 주장한 듯하다. 그는 1884년 이렇게 쓰고 있다.

무릇 세상에 종교가 없을 때에는 할 수 없으나 이미 종교가 있을 때에는 정부는 어느 정도 이 종교의 힘을 빌려 치안의 도구로 삼지 않으면 안 된다. …… 영웅은 종교를 빌려 치국의 도구로 삼을 뿐 아니라 공략의 도구로 삼기도 한다. 때문에 영웅적인 정치가는 종교를 농락하여 이를 치안과 공략의 도구로 삼는 데 비해 용렬한 정치가는 종교 때문에 나라를 잃고 노예가 되기에 이른다 . 이는 종교의 옳고 그름의 여하에 관계없는 것이며 통치의 도를 얻느냐 얻지 못하느냐에 있을 따름이다. 종지(宗旨)로써 치안의 도구로 삼기 위해서는 국민 다수가 믿는 종지를 사용해야 한다. 종지로써 정략과 화합시키려면 가능한 한 외국의 중심이 되는 종교를 사용치 말고 국내에 익숙한 종교를 이용해야 한다. 이 점에서 보면 지금은 아직은 불교를 배척할 때가 아니고 오히려 불교를 농락하여 사용하는 편이 더 좋을 시기일 것이다(「教導職廢止意見案」).[59]

---

58) 위의 서간.

다섯 번째, 유신 전에 유학과 난학을 배우고 유신 후 정부에서 일했던 니시무라 시게키(西村茂樹)의 해답은 또 달랐다(『日本道德論』, 1886).

니시무라도 당시의 일본에는 "인심을 단결할 공력(功力)"을 보이는 것이 없다고 한다. 도덕으로만 보더라도 우리나라는 세계에서 특별한 나라이다. 세계 어느 나라를 보아도 '세교'(世教) 혹은 '세외교'(世外教)로 도덕을 유지하지 않는 나라가 없으나 우리나라만 유독 도덕의 표준이 되는 것을 잃어버렸기 때문이다. '세교'란 "도리를 주로"하여 현세를 논하는 "중국의 유도(儒道), 유럽의 철학" 등을 말하고 '세외교'란 "신앙을 주로"하여 "미래의 응보와 사후 영혼의 돌아올 바"를 말하는 '인도의 불교', '서양의 예수교' 등을 말한다. 그에 의하면 "모두 인심을 단결하고 또 사람으로 하여금 악을 멀리하고 선을 행하게 하는" 것이다. 그리고 "서양 제국은 많은 세외교로 중등 이하의 인심을 단결하고 세교(=철학)로 중등 이상의 인지를 개발"하고 있다. 즉 "문명의 본가인 구미 제국은 모두 종교를 가지고 그 국민 도덕을 유지"하고 있다는 것이다. 그렇다면 일본에서는 어떻게 하면 좋은가.

오늘날 세외교는 하등 사회의 백성만 이를 믿고 상등 사회의 믿음을 얻을 수는 없다. 따라서 '세교'에 의지할 수밖에 없다. 단 유교도 아니도 철학도 아니고 하물며 불교와 예수교도 아니나 또한 유교·철학·불교·예수교 가운데서도 취할 바가 있다"는 절충안이 니시무라의 답이다. '국민의 품질'로서는 근면, 절약, 강건, 인내, 신의, 진취의 기, 애국심의 일곱 가지가 바람직한 덕목이다. 단 니시무라는 "우리 일본에는 특별히 덧붙여야 할 여덟 번째 덕목이 있는데 이는 일본 고유의 국민 도덕이다. 이는 황실을 숭배하는 것이다.

무릇 민심이 향하는 바가 일정하면 그 나라가 견고하고 민심의 향방이 일정치 않으면 나라가 강고해지지 않는다. 서양 제국의 정부가 종교를 존중함은 대개 민심의 향방을 일성케 하는 데 있고 우리나라에는 이미 지극지존의 황실이 있고 민심을 황실에 귀향시키면 나라의 강고함과 안전은 저절로 이루어질 것이니 어찌 종교의 힘을 빌지 않겠는가.

---

59) 井上毅傳編纂委員會 編, 『井上毅傳史料編』 第1(國學院大學圖書館, 1966), 390, 391-392쪽.

이렇게 "인심을 단결하고 민심의 향방을 일정"하게 하기 위한 수단의 모색은 결국 종교의 대용물로서 '황실숭배'(皇室尊戴)로 귀결되는 것이다. 이것이야말로 본고의 첫머리에서 밝혔던 이토 히로부미의 결론이었다.

2. 교육칙어

이렇게 '대일본제국헌법'은 불교도 유교도 신토도 아닌 다만 '황실'을 "인심을 결집시키는 것", 기독교에 대신하는 "국가의 기축"으로 정했다.

그러면 그 통치권은 어떠한 근거에 의한 것인가. 물론 "인민의 위탁"은 아니다. '천명'도 아니다. 헌법 전문은 "국가 통치의 대권은 짐이 조종(祖宗)으로부터 이어받아 이를 자손에 전할 것이다"라고 설명하고 있다. 그렇다면 나아가 이 '조종'은 어디에서 이 대권을 취득한 것인가? 전문 앞에 놓인 축사 형식의 '고문'(告文)이 이를 설명하고 있다.

> 황실은 천지간의 무궁함(天壤無窮)의 굉모(宏謨)에 따라 오직 신으로부터 부여받은 천황의 보위(=寶祚)를 계승하고 옛날의 구도를 지켜 유지하고 망하게 하거나 잃어버림이 없다.

즉 '천양무량'(天壤無窮)의 조칙, 즉 『일본서기』 신대의 권에서 아마테라스 오미카미가 그의 자손에게 주었다고 하는 다음의 '칙'(勅)이 천황 통치권의 정통성의 근거인 것이다.

> 葦原千五百秋之瑞穗國, 是吾子孫可王之地也. 宜爾皇孫, 就而治焉. 行矣. 宝祚之隆, 當與天壤無窮者矣.
> 아시하라(葦原)의 끝없이 이어져온 미즈호[성한 벼가 자라는 곳. 일본의 미칭(美稱) - 역자 주] 나라는 나의 자손이 왕이 되는 땅이다. 지금 황손이 납시어 다스림을 행하니. 보위(=寶祚)의 이어짐은 하늘과 땅과 더불어 무궁하리라.[60]

60) 坂本太郎 外 校注, 『日本書記』 1(岩波書店, 1994), 132, 458쪽.

이렇게 1889년 곧 20세기를 맞이하려는 때 천수백년 전에 왕권을 설명한 태양의 여신에 관한 신화가 '근대 국민국가'의 통치권에 정통성을 부여하기에 이른 것이다. '군권'이 태양의 여신에 의해 무기한으로 위탁됐다면 이를 제한할 논리를 구성하기는 쉽지 않다.

게다가 다음해 이른바 교육칙어가 발포됐다. 그것은 헌법과 쌍벽을 이루며 이번엔 도덕을 천황에게 부여한 것이었다. 거기에는 "부모에게 효도하고 형제간에 우애 있고 부부는 서로 화합하고 붕우는 서로 믿고 검약하며 이웃에게 박애하고 배움에 힘쓰는" 등 모든 덕목의 실행이 "천양무궁의 황운(皇運)"을 돕기 위한 것으로 인식되어 있었다. 일단 유사시에는 의용봉공(義勇奉公)할 것도 물론 강조되어 있다. 그리고 그것들의 실행이 "단지 짐의 충량한 신민이 될 뿐 아니라 또한 조상의 유풍을 떨치는" 것이기도 하다고 말하고 있다. 즉 거기서 도덕을 지키게 함은 '신'의 말과 '내세'의 상벌 신앙이 아니다. 천황의 칙어와 과거의 조상으로부터 미래의 자손으로 계속 이어지는 '신민'으로서의 생존 자체가 '국민 도덕'의 준수를 피할 수 없는 의무로 받아들이게 했던 것이다.

교육칙어는 드디어 초등교육에서 전 국민이 암기하고 암송해야 할 것으로 강요되기에 이른다. 마치 '주기도문'처럼. 그것은 소학교의 공식 의식 석상에서 교장에 의해 공손하게 낭독(봉독)됐다. 마치 미사를 주재하는 사제의 의무처럼. 그리고 그것은 초등교육에서 '수신'(修身)이라는 과목의 중심적인 교육 내용이 됐다. 마치 「교리문답서」처럼.[61] 이것은 실로 기묘한 광경이었다. 이리하여 "학교교육은 대리 종교, 국교의 역할을 담당했던 것이다"(이토 야히

61) 덧붙여 『理事功程』 卷之一(文部省, 1875)은 프로이센의 교육에 대해 "프로이센에서는 국민으로 하여금 의무적으로 학교에 가게 해 독서·산술·지리학·독일사 및 종교 등 보통 생활에 필요한 것을 가르치는 국법이 있다"고 지적하고(復刻, 臨川書店, 1974, 339쪽) 나아가 사범학교에서는 '신학'을 가르치는 것을 설명하며 다음과 같이 말하고 있다. "소학교의 교원은 학생을 가르칠 때 경신예의의 본의를 중심으로 천신의 진리를 알게 해 죄인(마음의 죄를 말함)을 구할 수 있는 도리를 배우고 이 교리로 언행을 지도한다. 생도를 가르침에 바넨(인명)의 『교리문답』 및 예수교 신도의 가르침을 널리 실천하고 신봉해 온 인물의 전기 및 선교자의 노력 등을 가르친다(같은 책 9권, 文部省, 1875, 復刻 301쪽)."

코).[62]

통합과 도덕의 기초 작업, 이전에 이와쿠라 사절단이 '발견'한 기독교의 두 가지 역할을 이렇게 일본에서는 천황이 한 몸에 담당하게 된 것이다. 그러한 의미에서 '국체'론과 그 교육은 형태를 바꾼 기독교였다. 그리고 실로 이 때문에 기독교는 바로 '국체'론에 있어서 가장 경계해야 할 잠재적 대항자가 됐다[예를 들면 교육칙어 발포 후에 일어난 우치무라 간조(内村鑑三)의 '불경'사건이나 "교육과 종교의 충돌" 논쟁을 상기 할 것].

태양의 여신의 신화는 황당무계하다. 이토 히로부미도 그렇게 생각했을 것이다. 그러나 그들은 마음속으로 "그러나 예수 이야기만큼 황당무계하지는 않을 거야!"라고 생각하고 있었을지 모른다.

황실 숭배는 초기 메이지 정부의 지도자들에게 있어서는 아마 '가면'이었을 것이다. 의식적인 국민 통합과 국민 도덕을 위해 "그 나라의 인민을 이끄는 술책"(나카지마 히로타리)이었다. 그 때문에 특히 외국인 앞에서는 오히려 긴장을 풀고 그 가면을 벗을 수가 있었던 것 같다. 도쿄대학 의학부에 근무하고 황실의 어의도 지낸 독일인 의사 어윈 베르츠(Erwin von Bälz)는 1900년 5월 9일 일기에 다음과 같이 쓰고 있다.

> 그저께 (황족인) 아리스가와노미야(有栖川宮) 저택에서 황태자(東宮)의 결혼식에 관해 또 회의가 있었다. 그 석상에서 이토의 대담한 발언에는 내 자신도 놀랐다. 반쯤 아리스카와노미야 쪽으로 몸을 돌려 이토가 말하기를 "황태자로 태어나는 것은 아주 불운한 일이다. 태어나자마자 예식의 족쇄가 채워져 크고, 커서는 측근자가 부는 피리에 맞춰 춤을 추지 않으면 안 된다"라고. 그렇게 말하면서 이토는 꼭두각시 인형이 춤추는 흉내를 내 보였던 것이다.[63]

"천황숭배"(Mikado-worship)와 "일본숭배"(Japan-worship)를 "새 종교의 발명"(The Invention of a New Religion)이라는 제목 하에 논한(1912년) 챔벌레인(Basil Hall Chamberlain)은 당시의 지배층의 태도를 "우리들은 그것

62) 伊藤彌彦, 『維新と人心』, 233쪽.
63) Erwin Bälz, 菅沼龍太郎 譯, 『ベルツの日記』(上)(岩波書店, 1979), 204쪽.

이 진실이 아님을 알면서도 믿고 있는 겁니다"라고 평했다.[64] 아마 그럴 것이다. 그것은 기독교와 '문명'의 관계를 필사적으로 이해하려 하고, 그로부터 나온 해답에 따라 정확하게 실행에 옮긴 메이지 정부 지도자들의 진지한 냉소주의였다.[65]

3. 마치 ~인 것처럼

이 '음모'는 어떤 의미에서는 대단한 성공을 거두었다. '민선 의원'을 둘러싼 정쟁이 있었던 반면에 '국체'의 신앙은 널리 침투하여 비서구에서는 유일한 '국민국가'를 신속하게 성립시켰다는 의미에서. 그리고 "위기상황에서는 진심에서 목숨을 버리고 황국을 위해 충성을 다하고 천하를 위해 몸을 바치게"(나카지마 히로타리)하는, 즉 "일단 위급 시에는 의용봉공(교육칙어)하게 한 점에서.

그러나 동시에 '음모'를 믿는 것, 즉 믿는 척을 하게 함을 강제한 근대 일본의 정신에 이것은 깊은 상처를 남겼다. 이전에 오규 소라이는 인민에게는 최소한의 도덕만을 가르치고 그 이상의 학문은 시키지 않고 어리석은 상태로 두도록 설파했다.

> 그 외의 학문은 사람이 사악한 지혜를 키우도록 해 좋지 않다. 민에게 사악한 지혜가 붙으면 통치하기 어렵게 된다. 이것이 통치의 술이다(『太平策』).[66]

소라이의 입장에서는 그럴 것이다. 그 의미에서 학교 교육을 보급시키고 '개명', '개지'(開智)를 꾀함과 동시에 실로 그 학교에서 신화를 가르쳐 믿게 하

64) Basil Hall Chamberlain, *Japanese Things* (Charles E. Tuttle Co. 1971), p. 54.

65) 이를 기독교 대신 '孔教'(공자교)를 '국교'로 하라는 캉유웨이의 주장과 비교하는 것은 실로 흥미깊은 연구주제일 것이다. 예를 들면 島田虔次, 「辛亥革命期の孔子問題」(島田虔次, 『中國思想史の研究』, 京都大學學術出版會, 2002) 참조.

66) 앞의 책, 『荻生徂來(日本思想大系36)』, 485쪽.

는 것은 근본적인 모순이 있었던 것이다.

예를 들면 모리 오가이(森鷗外)의 단편소설 『(마치 무엇)인 것처럼』(1912년)[67]은 '신화'를 믿을 수 없고 더구나 '가면'을 쓰는 것에도 저항하려 하여 끊임없이 강인한 자기 설득을 도모한 근대 일본 지식인의 통렬한 내면을 잘 보여 주고 있다.

작품속에서 (필자인 모리와 같이) 제국대학을 졸업하고 독일에도 유학한 젊은 지식인 고조 히데마로(五條秀麿)는 아버지에 대해 이렇게 생각한다.

> 설마 아버지도 그 옛날에 한 국민이 만든 신화를 그대로 역사라고 믿고 계시지는 않겠지만 어쩌다 신화가 역사가 아니라고 말해 버리면 인생의 중대한 것이 무너지기 시작해 배 밑에 구멍이 나 물에 빠지는 것처럼 물질적 사상이 쳐들어 와 배를 침몰시킬 것이라고 생각하시는 것은 아닐까? 그렇게 생각하면서 알게 모르게 완고한 인물이나 가면을 쓴 사상가와 같은 구덩이에 빠져 있는 것은 아닐까?

라고.

그렇다면 완고와 가면을 피하기 위해서는 어떻게 하면 좋은가. 그것은 『(마치 무엇)인 것처럼』의 철학이다. 히데마로는 최근의 독일철학 한스 바이힝거(Hans Vaihinger, 1852~1933)의 『(마치 무엇)인 것처럼』(Die Philosopie des Als-ob, 1911년 간행)의 저작을 원용하여 물질의 존재를 비롯하여 모든 사실이나 이상의 근본은 결국 증명 불가능이나 마치 그것이 존재"하는 것처럼" 마치 당연한 "것처럼" 전제하여 살아갈 수밖에 없다고 주장한다.

> '(마치 무엇)인 것처럼'이 없으면 학문도 예술도 종교도 없다. 인생의 모든 가치 있는 것은 '(무엇)인 것처럼'을 중심으로 되어 있다. 옛날 사람들이 인격 있는 단수의 신이나 복수의 신의 존재를 믿어 그 앞에 머리를 조아린 것처럼 나는 '~인 것처럼'의 앞에 겸허하게 머리를 숙인다. 그 존경의 정은 열렬하지 않으나 투명하고 순결한 감정이다. …… 나는 인간의 앞길에 광명을 보고 나아간다. 조상의 영이 있'는 것처럼' 뒤를 돌아보고 조상 숭배를 할 의무가 있'는 것처럼' 덕의의 도를 지키고 앞의 불빛을 보고 나아간다. 그렇게 보면 나는 사실상 아주 몽매하고 극히 순종적인 산중의 백성과 아무 다

67) 唐木順三 編, 『森鷗外集(明治文學全集27)』(筑摩書房, 1965), 112-126쪽.

른 점이 없다. 다만 머리가 멍해 있을 뿐이다. 아주 완고하고 극히 독실한 경신가(敬信家)나 도학 선생과 아무 차이도 없다. 단지 머리가 더벅머리가 아닐 뿐이다. 자네, 이처럼 안전하고 위험하지 않은 사상은 없지 않은가?

즉 '국체'의 '신화'까지도 결국은 인간의 지식은 허구에 기초해 있다는 논리에 의지함으로써 냉정하게 수용하고 존중해 가는 것이다. 그러나 이 주인공도 필자인 모리 오가이도 진정으로 자신을 설득했을지는 의문이다. 이 소설의 끝 부분에서 "신화와 역사와의 한계를 확실히 하지 않고는 글을 쓸 수가 없다"며 일본의 역사를 쓰려고 하는 자신을 히데마로는 다음과 같이 한탄하고 있는 것이다.

나는 직업 선택이 나빴다. 멍하게 하거나 거짓말을 하면서 하면 괜찮으나 솔직하게 진지하게 하려 들면 사방이 막혀 버리는 직업인 것을 나는 불행하게도 선택해 버렸던 것이다.

『(마치 무엇)인 것처럼』이 발표되기 37년 전 그 명민한 후쿠자와 유키치(福澤諭吉)는 '왕실'을 "인심을 유지하는" 도구로 함이 무엇을 초래할 것인지를 예견하고 다음과 같이 경고하고 있었다.

유신의 업이 달성되어 천하의 정권이 왕실에 돌아가 일본 국민으로서 이를 존중함은 당연한 직무이나 인민과 왕실과의 사이에 있는 것은 오직 정치상의 관계일 뿐이다. 그 교정(交情)에 대해서는 결코 만들어야 하는 것은 아니다. 억지로 이를 만들려 들면 그 목적을 달성하지 못하고 오히려 세상에 가짜 군주를 만들어 더욱 인정을 경박하게 이끌 수 있다(『文明論之概略』).[68]

어리석은 것도 광신적인 것도 피하려 하면 '가면'을 쓴 '가짜 군주'가 되지 않을 수 없고 그 같은 상황이 진지함에 대한 냉소적인 분위기를 양성해 사람의 정신을 '경박'하게 하는 것이 된다는 것이다.

"솔직히 진지하게 하려고 들면 사방이 막히게" 되고 '불행'해진다. 그러지 않으려면 '경박'하게 사람을 속이고 자신을 속일 수밖에 없다. 이 정신적 골목

68) 앞의 책, 188쪽.

에서 어느 정도 일본인이 탈출할 수 있었던 것은 결국 중일전쟁과 태평양전쟁의 패배에 의해서였다. 그 때까지의 과정에서 국내외에서 얼마나 많은 피를 흘렸는지를 누가 잊을 수 있겠는가!

메이지 도쿄와 광무 서울

근대도시로의 지향성과 개조 성과 비교

이태진

I. 서언

1990년대 중반, 베이징(Beijing), 서울(Seoul), 도쿄(Tokyo)를 아우르는 베세토(Beseto)라는 명칭이 등장했다. 동아시아 3국의 유대 강화를 꾀한 당국자들의 의지의 한 표시였다. 이런 시도는 국가 단위의 쟁패의 아픈 역사를 청산·극복하는 하나의 자세로서 바람직하다. 국경을 넘어 인터시티의 개념이 일상생활 속에 들어올 때, 진정한 국제화가 실현될 수 있을 것이기 때문이다.

그런데 이런 목표의 실현을 위해서는 세 도시 각기의 역사와 그 속에서 형성된 특성에 대한 이해를 높일 필요가 있다. 특히 근대도시로서의 발전이 어떻게 진행되고, 어떤 성과와 특성을 지니게 되었는지를 파악할 필요가 있다. 경험과 지식의 나눔은 새로운 발전을 위한 큰 자산이 될 것이기 때문이다. 이 글은 메이지 도쿄와 광무(光武, 1897~1907) 서울(漢城)의 근대적 도시로의 전환과정과 성과를 비교함으로써 동아시아 도시사 연구에 대한 새로운 전망을 모색하는 한 기회로 삼았다. 두 도시는 모두 수도로서, 근대화 과정에서 다른 어느 도시들보다 근대성 부여가 가장 빨리 시도된 공통점을 가지고 있기 때문에 이런 비교연구가 가능하다.

1882년 도쿄 거리(신바시～니혼바시)에 철도마차(鐵道馬車)가 달리기 시작한다. 철도마차는 철궤 위에 올려진 승합차량을 두 마리의 말이 끄는 낭만적인(?) 교통수단이다. 전기가 발명되기 전인 19세기 중반에 뉴욕, 런던 등지에 처음 출현한 것인데, 30여 년 뒤, 일본 도쿄 거리에도 새로운 대중교통의 총아로 등장한 것이다. 그리고 2년 뒤인 1884년에는 니혼바시(日本橋) 근처의 내각 인쇄국(內閣 印刷局)에 백열전등이 켜졌다. 미국 에디슨 램프회사가 설립되어 전기의 상품화가 시작한지 얼마 되지 않은 시점이다. 같은 해 서울의 조선왕조 왕실에서는 국왕의 주 거처인 건청궁(乾淸宮)에 전기시설을 하기 위해 이 회사에 시설 주문을 냈다. 이 궁에도 3년 뒤인 1887년에 백열등이 켜졌다. 두 나라 수도에 3년을 격하여 19세기 최첨단 문명의 이기인 백열등 시설이 이루어진 것은 두 나라의 개화 곧 서양 기계문명 수용의 적극적 자세를 읽을 수 있는 한 단면이다. 다음 차례는 이 시대 신문명의 다른 한 총아인 궤도전차의 시설인데, 이는 서울이 도쿄보다 3년이 빨랐다. 1898년에 서울에 전차가 달리기 시작하였고, 도쿄에는 1902년에 비로소 궤도전차가 철도마차를 대신했다. 서울이 더 빨랐던 것은 도쿄보다 도로 확장문제가 훨씬 더 쉬웠기 때문이었다.

지금까지의 서술 가운데 서울에 관한 부분은 독자들로 하여금 의아심을 자아내게 했을 것이다. 그 내용이 일반적으로 알려져 있는 근대 한국의 역사상과는 아주 다르기 때문이다. 근대 한국이 자력 근대화의 능력이 없어 일본의 식민지가 되었다는 역사인식은 아주 보편화 되어 있지만, 유감스럽게도 이는 역사의 진실과는 거리가 먼 것이다. 그것은 일본 식민주의의 한 산물에 불과한 것이다. 광무 연간의 서울의 황성(皇城) 만들기 사업은 근대 한국의 자력 근대화의 한 중요한 예였다.

두 도시의 근대적 변신에서 도쿄가 시간적으로 앞서는 것은 말할 것도 없다. 그러나 이런 시간적 선후에 못지않게 중요한 것은 그 지향성이다. 현재까지 파악되기로는, 두 도시는 모두 제 전통을 유지하면서 서구적 요소를 받아들이는 것을 지향했다. 두 경우 모두 '바로크 도시계획'의 요소를 수용하는 것에 대한 관심이 높았다. 그러나 구체적으로는 도쿄 쪽이 파리, 베를린 등 유럽 도시에 많은 관심을 두었던 반면, 서울 쪽은 시종 워싱턴디씨를 모델로 삼은 차이가 있다. 다 같이 새로운 국가의 중심으로 중앙 집중주의를 추구하면서도 도쿄 쪽이 관료적·군사적 시설에 대한 배려가 높게 나타난 반면, 서울 쪽은 황제와 민의 접촉 관계에 대한 공간 배려가 더 많이 가해진 차이도 나타난다. 이런 차이점들이 무엇을 의미하는지는 양국의 근대화 의식의 차이로서 중요한 문제일 수가 있다. 이 글은 역사학적 견지에서 바로 그러한 각기의 지향성이 가지는 시대적 의미를 읽는 것도 잊지 않겠지만, 일차적으로는 진행과정에 나타나는 차이를 파악하는 데 역점을 두고자 한다. 서울의 변화에 대해서는 나 자신의 연구성과에 주로 의존하지만, 도쿄에 대해서는 일본학자들이 쌓은 중요한 성과들을 빌리지 않을 수 없다. 이 차용이 지나치게 편의적이거나, 선택적이지 않게 되도록 최대한 노력하였다.[1]

Ⅱ. 도시개조사업의 경위 비교

1. 인구·입지 조건의 차이

도쿄와 서울은 현재 인구와 면적의 규모에서 큰 차이가 없다. 두 도시 모두 1,000만 명 전후의 인구수에 수백 평방킬로미터에 달하는 면적을 가지고 있는 거대 도시들이다.[2] 그러나 근대도시로의 변신이 모색되던 시기의 두 도

1) 메이지 도쿄에 대한 저술로서 가장 많이 참고가 된 것은 藤森照信의 『明治の東京計劃』(岩波書店, 1982)였다. 이 밖에도 다음 저서들을 참고했다. 寺西弘文, 『東京都市計劃史論-明治·大正·昭和·平成-』(東京都市計劃社, 平成 6); 石塚裕道·成田龍一, 『東京都の百年』(山川出版社, 1986); 御廚貴, 『首都計劃の政治-形成期明治國家の實像-』(山川出版社, 1984); 森銑三, 『明治東京逸聞社』(平凡社, 1969); 越澤明, 『東京の都市計劃』(岩波新書, 1991).

2) 서울의 인구는 2002년 12월 31일 기준으로 10,280,523명(인구밀도 : 16,978명/㎢), 면적은 2002년 기준으로 605.52㎢다. 도쿄도의 23구는 2002년 현재 인구가 약 829만, 면적 621.45㎢다.

시의 인구와 면적에는 차이가 많았다.

도쿄의 도시적 발달은 도꾸가와 바꾸후(德川幕府)의 제1대 장군 도꾸가와 이에야스(德川家康)가 1590년에 에도(江戶)에 들어가 이곳을 교우죠(御城)로 삼으면서 시작되어, 인구수는 1713년(정덕 3)에 100만 명을 넘고, 명치유신 직전에 150만 명에 달했다. 시의 공간도 당초의 2킬로미터 권역이 18세기 초반에 5킬로미터 권역으로 확대되어 런던·파리와 함께 세계 최대 도시의 반열에 들었다.[3] 인구수는 명치유신 당시는 바꾸후 지지세력의 '사도'(捨都) 현상으로 60만 명으로 급감하였다가, 1884년 현재 인구 88만5,445명으로 다시 회복세를 보였다. 그래서 시구개정 입안자들은 '계획인구'로 200만 명을 상정했다.[4]

서울은 1394년에 조선왕조의 도읍지로 택정되어 인구 10만 명이 생활할 수 있는 공간으로 출발했다. 도성 바깥의 거주인구가 있었지만 수천 명에 불과했다. 서울의 인구는 17세기 후반에 20만 명 선에 육박하고, 18세기에는 20~30만 명에 이르렀다.[5] 이농인구가 도성으로 몰려와 성내의 밀집도가 높아지는 한편 성외가 발달하였다. 한강과 그 지류 주변의 성외 지역에 생업 근거를 확보한 인구가 늘어나, 성내와 맞먹거나 더 많아졌다. 상공업이 발달한 결과였다. 그런데 서울의 인구수는 19세기에도 최대 30만 명 안팎으로 이 규모에서 크게 벗어나지 않았다.[6]

서울은 한강이라는 대강을 남쪽에 두고, 사방의 산세에 의지해 세워진 성곽도시였다. 오늘날의 1,000만의 인구는 한강의 남쪽을 개발하여 수용한 것으로 이 지역은 1970년대가 될 때까지 서울의 권역이라는 의식이 매우 박약했다. 18세기 후반의 전국 인구를 1,700만 명으로 잡으면 수도의 인구 30만 명은 적은 것이라고 할 수는 없다. 그러나 같은 시기 일본의 전국 인구 2,000여

---

3) 東京의 圈域 확대에 대해서는 寺西弘文, 『東京都市計劃史論-明治·大正·昭和·平成-』(東京都市計劃社, 平成 6), 3-4쪽 참조.

4) 藤森照信, 앞의 책, 1쪽, 203쪽.

5) 高東煥. 「朝鮮王朝 서울의 인구추세와 도시문제 발생」(『역사와 현실』 28, 1998년 6월)은 18세기 영조·정조 시대의 서울인구를 30만 명을 넘는 것으로 보고 있다. 이것은 현재 높게 평가하는 예다.

6) 위와 같음.

만 명에 대한 도쿄 인구 120만 명의 밀집도에 비하면 떨어지는 것이다. 같은 시기에 일본 쪽의 도시 상공업 발달의 정도가 더 강세였다는 한 증거가 될 것이다. 도쿄는 바다를 낀 점이 서울과 달랐다. 그리고 산세가 거의 없다시피 한 점도 공간적 확장에 유리했을 것으로 짐작된다.

2. 도쿄 : 긴 시간, 적은 소득

1869년 3월 메이지(明治) 천황은 교토(京都)에서 에도로 천도하고, 이듬해 3월 에도죠(江戸城)를 도쿄죠(東京城)로 개칭하였다. '제도'(帝都)로서의 도쿄의 역사는 여기서부터 시작한다.

1869년 3월 천황이 에도로 천도하였을 때 이 도시는 주민의 3분의 2가 빠져나간 상태였다. 1867년 10월의 토막(討幕)의 밀칙이 내려서부터 1868~69년의 무진전쟁(戊辰戰爭)을 거치는 사이에 바꾸후를 옹호하다가 패자가 된 무사들이 이 도시를 버리고 지방으로 내려갔기 때문이었다.[7] 많은 빈 공간은 당장에는 황량한 감을 주었을 것이지만, 이 도시가 제도로서 모습을 새로 갖추는 데는 공간적 여유를 제공해 주었다.

도쿄죠에 실시된 최초의 도시사업은 1869년 8월 20일부터 시행된 상차정책(桑茶政策)이었다. 이는 야마노데(山の手) 지역의 주요한 무가(武家)의 가옥들에 딸린 서원(書院), 축산(築山) 등을 헐어 밭을 만들어 뽕나무(桑)와 차(茶)나무를 심도록 한 정책이다. 당시 어려운 재정난을 타개하기 위해 강구된 식산흥업정책의 하나였다.[8] 이어 1871년(메이지 4)에는 "삼리도"(三厘道, 유료도로) 정책이 취해졌다. 이것도 새로운 간선대로(高輪에서부터 筋違橋 =현 萬世橋)를 만드는 데 소요될 경비 확보를 위한 것이었다. 각종 통행 수레들에 대해 차임(車賃)의 3리(100분의 3)를 내게 해서 붙은 명칭이다.[9] 그러나 이것

7) 註 4와 같음.

8) 藤森照信, 앞의 책 1-2쪽.

9) 앞의 책, 2쪽.

들은 본격적인 도시개조사업에 해당하는 것은 아니었다.

근대적 도시사업이라 할 만한 것은 1872년 3월에 시작해 1877년에 종료한 긴자(銀座)지구의 “연와가계획”(煙瓦街計劃)이 최초였다.[10] 도쿄 시 남단에 위치한 긴자지구는 에도시대 소상인과 직인(職人)의 거리였지만, 국제항 요코하마(横濱)로부터 오는 철도역이 이곳에 생기고, 외국인 거류지가 근처에 설정되면서 신문명의 현관으로 부상하였다. 그런데 1872년 2월 26일에 이 지역 북쪽에서 화재가 발생하여 이 일대가 거의 전소되었다. 이의 재건사업으로 이루어진 것이 곧 “연와가계획”으로, 1872년 3월 2일 부령(府令) 공포(公布)로 사업이 착수되었다.

메이지 정부의 대표적 서구화 주의자인 유리 키미마사(由利公正), 대장대교(大藏大輔) 이노우에 카오루(井上馨) 등이 주도한 이 사업은 1874년(메이지 7)에 첫 모습을 나타나기 시작해 1877년에 종료하였다. 이 사업은 에도시대에 8칸(14.6미터)이 최대이던 도로폭을 15칸(27.3미터), 10칸(18.2미터), 8칸(14.6미터) 세 종류로 나누어 개정하고,[11] 거리에 가스등을 세우고, 죠지아 스타일의 연와가(벽돌집)를 세워 “문명개화의 거리”가 되었다. 설계자는 영국인 제임스 워터스(James Waters)였다.[12] 그러나 긴자의 연와가는 제한된 지역의 건설사업으로, 도쿄 전체에 대한 어떤 마스터플랜 아래 이루어진 것은 아니었다.

도쿄 전체를 대상으로 한 것은 1880년(메이지 13) 11월에 부지사(府知事) 마쯔다 미치유키(松田道之)가 제시한 “동경중앙시구갱정지문제”(東京中央市區更定之問題)가 처음이었다.[13] 그러나 이것도 세상에 의견을 묻는 수준의 것이었다. 그리고 이렇게 시작된 논의는 우여곡절 끝에 1888년(메이지 21)의 “동경시구개정조례”(東京市區改正條例)로 일단락 지워진다. 이에 소요된 9년이라는 시간은 결코 짧은 것이 아니었다. 그런데도 이것도 실상은 어디까지나

---

10) 以下 煙瓦街計劃에 관한 서술은, 藤森照信의 앞의 책, 4-44쪽에 의거한다.

11) 당시 미국의 워싱턴디씨의 중심 거리의 폭은 24間(43.7m), 런던은 25間(45.5m)였다고 한다.

12) 제임스 워터스의 경력과 업적에 대해서는 藤森照信의 앞의 책, 9쪽에 비교적 자세히 소개되었다.

13) 藤森照信, 앞의 책, 79쪽.

확정안으로, 실행은 별개의 문제로 남았다. 도쿄의 "시구개정" 사업은 이렇게 긴 시간의 논의를 거친 것이 하나의 특징이다.

부지사로서 시구개정 문제를 처음 제기한 마쯔다는 1882년 7월 19일에 급서하였다. 그리하여 공부(工部)에 재직하던 요시까와 아끼마사(芳川顯正)가 내무소보(內務少輔) 겸 부지사로 취임하여 논의를 유지시켰다. 그는 그동안의 논의가 축항 계획에 비중이 두어진 것을 고쳐, 시구개정을 중심으로 하는 형태로 방향을 잡아, 약 2년간의 측량사업을 마친 다음, 1884년 11월 14일에 "시구개정의견서"(市區改正意見書)를 성안하여 내무경(內務卿) 야마까다 아리또모(山縣有朋)에게 상신하였다. 이를 흔히 시구개정 요시까와안(芳川案)이라고 하며, 오늘날 보통 생각하는 도시계획은 이것에서 비롯하는 것으로 평가한다.[14)]

도쿄에는 메이지 원년(1868년)부터 도시 안에 설치된 많은 '벽'들을 해체하는 작업이 시작되었다. 1868년에 町木戶(町의 유지관리 시설)를 철거하여 통행의 자유를 허용하고, 1872년(메이지 5)까지 내곽 지역의 주간 통행 허용, 외곽의 21개 문의 문비 철거 등을 단계적으로 실행하여, 일단 통행이 자유로운 거리를 만들었다. 이후 1884년(명치 17)까지 10여 년간 철교, 석제 아치교 등 새로운 다리들을 건설하여 교통망 개량을 추진하고, 마차철도(馬車鐵道)의 개통까지 이루어졌다. 요시까와안은 이런 시대적 변화를 배경으로 등장한 것으로, 교통에 역점을 둔 것이 특징이다. 제도(帝都) 도쿄를 "닫친 도시로부터 열린 도시"로 만드는 것이 요시까와안이 목표한 것으로 분석된다. 이 안은 철도, 환상도로, 종관도로(縱貫道路), 방사도로의 네트워크를 추구하여 구 에도의 거체(巨體)를 압도할 수 있는 힘을 갖춘 것이라는 평가를 받는다.[15)] 그러나 이것은 어디까지나 안이지 모두가 실행된 것은 아니다.

요시까와안은 어느 한 건축가의 작품이 아니었다. 내무성(內務省)의 특정한 방침 아래 토목기사, 행정관, 기업가, 위생학자, 군인 등의 실무가들이 모

14) 앞의 책, 110쪽.
15) 이상의 가로 통행 정비 등에 관한 서술은 藤森照信 앞의 책, 126-131쪽 참조.

여 토론을 거쳐 만들어 낸 것이었다.[16] 당시의 내무성은 제1대 내무성(內務卿) 오꾸보 도시미찌(大久保利通)의 내실 제일주의를 견지하였다. 이와꾸라 겐가이(岩倉遣外) 사절단(1871.11~1873.9)의 실질적인 대표자였던 오꾸보 도시미찌는 출발 당시는 "국체정속"(國體政俗)을 모두 서구식으로 바꾸는 것이 제일이라고 생각했지만, 돌아올 때는 서구화는 말(末)에 불과하고 대본(大本)은 "식산흥업"(殖産興業)이라는 것을 깨닫고 있었다. 그리하여 귀국 후 자신이 창설하다시피 한 내무성도 권업관계를 중심으로 하는 체제로 만들었다.[17] 내무성에서 이루어진 요시까와안이 "내측으로부터의 탈피"를 우선적으로 추구한 것은 바로 그 정신을 잇는 것으로 평가된다. 그러나 이 안은 중도에 상업도시화, 구화주의 등의 입장으로부터 강한 도전을 받는 시련을 겪는다.

요시까와안은 1884년 11월 14일, 부(府)로부터 내무성에 상신되어 시구개정심사회(市區改正審査會)의 검토에 붙여진다. 이 심사회 검증 과정에서 상공업계 인사들의 입김으로 축항 중심의 상업도시화로 목표가 수정되는 변질을 겪는다. 그 심사회안은 1885년 10월 18일, 태정관(太政官)에게 상신되어 천황의 허락까지 받지만, 칙령이 바로 내려지지 않은 가운데 태정관의 책상 위에서 1887년까지 2년간 잠자게 된다.[18] 이 지체는 외무성으로부터의 도전 때문이었다.

1872년부터 1877년까지 대장성(大藏省) 대보(大輔)로서 긴자 연와가계획을 주도했던 이노우에 가오루는 1882년에 외무경이 되었다. 그에게 부여된 가장 큰 임무는 조약개정(條約改正)이었다. 그는 서양 열강국들이 한결같이 일본의 반(半)문명 상태를 빙자하여 개정 요구를 들어주지 않는 데 분노하면서 이번에는 서양풍의 무도회장으로 로꾸메이깐(鹿鳴館) 건축을 발의하여 낙

---

16) 藤森照信은 앞의 책, 136-137쪽에서 "요시까와 안은 누구의 계획인가"라는 물음을 설정하고, 그 주체가 內務省이란 답을 구하고 있다. 그리고 같은 책, 255쪽에서 이 안을 만들어 낸 팀의 구성원을 이렇게 표현했다. 이 안을 대표하는 芳川顯正은 洋學에 능통하고 1870~1871년 伊藤博文과 함께 미국을 다녀오고, 1879~80년에는 英國 출장을 다녀와 서양 사정에 밝은 인물이었다. 『朝日日本歷史人物事典』(朝日新聞社, 1994) 참조.

17) 藤森照信, 앞의 책, 257쪽.

18) 藤森照信, 앞의 책, 188-189쪽.

성시켰다. 그러나 이것도 별로 효력이 없자 “로꾸메이깐의 도시판”으로 “관청집중계획”(官廳集中計劃)을 수립하였다.[19] 이 계획은 당시 서양의 대도시들에서 많이 채택하고 있던 “바로크 도시계획”을 도쿄에 직접 도입하여 ‘문명국’을 과시해 조약개정을 성공시키려는 의도를 가진 것이었다. 그는 자신과 같은 죠수(長州) 출신으로 정치적 운명을 같이 하다시피 하던 이또 히로부미(伊藤博文)가 첫 내각(內閣) 총리대신(1885년 12월)이 된 것을 기회로 이용하여 이 계획을 내놓았다.

1885년 10월 현재로 내무성과 외무성의 경합은 후자의 승리로 돌아갔다. 이노우에를 겸임총재로 하는 임시건축국(臨時建築局)이 승인을 받고, 내무경이 건의한 시구개정국(市區改正局)은 취소되었다. 이노우에 가오루의 임시건축국은 내무성의 시구개정의 권한을 모두 이양 받아, 독일인 건축가 엔데(Hermann Ende), 베크만(Wilhelm Böckmann) 등의 양인으로부터 설계도를 받기까지 하였다.[20] 그런데 이변이 생겼다. 1888년 이노우에 가오루를 전권대신으로 하여 반복되었던 조약개정 교섭의 담판이 끝내 결렬되었다. 이노우에는 외무대신을 사임하고 내각을 떠나야 했다. 리더를 잃은 임시건축국은 무력해지고, 요시까와 아끼마사 쪽이 힘을 회복했다.[21]

1888년(메이지 21) 8월, 내각은 “동경시구개정조례”를 발표하면서 시구개정위원회를 구성토록 하고 내무차관 요시까와가 위원장이 되었다.[22] 위원회는 이해 10월 5일부터 이듬해 3월 5일까지 5개월간, 총 28회의 토의를 거쳐 “시구개정위원회안”(市區改正委員會案)을 내놨다. 이 안은 1889년(메이지 22) 3월에 입안되고 5월 20일에 법령으로 공시되었다.[23] 1879년 5월 마쯔다의 “동경중앙시구획정지문제”(東京中央市區劃定之問題) 이후 10년의 세월이 흐

19) 藤森照信, 앞의 책, 189쪽.

20) 두 건축가의 이력에 대해서는, 藤森照信, 앞의 책, 228-230쪽에 “비스마르크의 건축고문관 來日”이라는 항목에 상설되어 있다.

21) 앞의 책, 190쪽.

22) 앞의 책, 197쪽. 위원회는 官에서 15명(내무 3, 대장 2, 육군 2, 농상무 2, 체신 2, 경시청 2, 동경부 2) 東京府會 약간 명, 東京商工會의 2명(涉澤榮一, 益田孝), 鐵道技師 2명 등으로 구성되었다.

23) 위와 같음.

른 시점이었다. 위원회안은 마지막으로 자문기구인 원로원(元老院)에 회부되어 반대에 부닥치기도 했지만, 내상(內相) 야마까다가 이를 무시하고 강행을 결정하여 8월 16일, 반포 절차를 밟았다.[24] 일본 최초의 도시계획 법안은 이렇게 탄생했다.

도쿄 시구개정이 오랜 기간 난항을 거듭한 것은, 개정의 방향에 대한 서로 다른 의견이 많았기 때문이었다. 내무성의 견해, 외무성의 지향, 상공업계의 입장 등이 서로 힘을 겨루는 가운데 많은 시간이 소요되었던 것이다. 그런데 이렇게 어렵게 이루어진 결정안도 예산부족으로 거의 실행되지 못하는 상황에 빠진다. 도쿄 시구개정은 메이지 일대에는 결국 논의에 비해 거둔 성과가 극소한 형국이 되고 만다.

메이지 정부는 다 알듯이 1880년대 초반부터 서남전쟁(西南戰爭) 수행을 위한 군비확장에 많은 국고 예산을 투입하기 시작해 도쿄 도시개조사업 같은 것에 돌아갈 예산은 거의 없다시피 했다. 1889년에 실행에 들어간 시구개정 사업에 허용된 예산의 상한은 '자주재원(自主財源)' 50만 엔으로, 이것으로는 본격적인 시행은 거의 불가능하였다. 그래서 1899년까지 10년간 기반사업으로 상수도 사업밖에 하지 못했다. 그리고 이듬해 1900년 5월 7일, 위원회는 도로건설에 들어가면서 당초 계획 300여 개 중 주요노선 29개(本)만을 선정하여 5개년에 걸쳐 1,500만 엔을 집중 투하하기로 결정하고, 이에 필요한 재원의 증액을 의회에 자문했지만 부결당하였다.[25] 이 무렵 러시아와의 전쟁을 예상하고 국가예산의 많은 액수를 계속 군비확장에 투입했기 때문에 도시사업은 안중에 없었다.

1902년 2월에는 드디어 계획 자체를 조정하는 상황이 닥쳤다. 1년간의 조정 끝에 1903년 3월 31일 "시구개정신설계"(市區改正新設計)가 공시되었는데 이것은 계획의 대폭적인 축소였다. 도로는 "구설계"(위원회안)에서 316개(本)나 되었는데 88개만 남겨졌다. 교꼬(皇居) 주변이나 시가지 중심가로 정

24) 앞의 책, 195쪽.

25) 앞의 책, 216쪽.

도가 남고, 중심가에서 먼 주변부의 도로는 격을 낮추거나 삭감되었다. 1등2류는 2등으로, 2등은 3등으로 일률적으로 강등되고, 최하의 5등 170개는 15개만 남기고 모두 취소되었다. 운하는, 계획 대상 30개 중 4개만 남았고, 공원은 49개소에서 15개소로 줄었다. 단지 철도만 신장세였다. "구설계"의 우에노(上野)·심바시(新橋) 간 1개에 대해, 신설계는 교외연락선(현 山手線, 中央線 등)을 증설하여 총 7개로 늘었다. 철도원 외에 민간전철회사가 추진 모체가 되어 가능했던 성과였다.26)

"신설계"의 공시 시점에서 "구설계" 가운데 실행된 것, 다시 말하면 1903년 3월까지 완료 혹은 기공을 마친 공사는 다음과 같다. 도로로는 우찌노마루(丸の內)와 히비야(日比谷)의 일부, 공원은 사카모토죠(坂本町)와 히비야 2개소, 교량은 6개소 정도에 불과했다. 결국, 10년간의 논의를 거쳐 실행기간 14년을 소요해서도 우찌노마루, 히비야 등의 교꼬 주변의 도로를 넓히고, 니혼바시 일본교 대로가 넓혀져 일반 시가지의 동맥 기능을 하게 된 것이 전부였다.27) 1902년 전기전차가 교꼬 주변의 제1등 제1류 도로(폭 20間 = 36.4미터)를 달리기 시작한 것이 그래도 큰 변화를 느끼게 해 주었다. 사업다운 것으로는 히비야 공원을 들기도 하지만 1903년의 시점에서도 아직 미완이었다.28) 건물로는 해군성(1894), 사법성(1895), 재판소(1896년) 등이 세워진 정도였다.

러일전쟁을 마친 뒤, 1906년 외채를 발행하고 동경시임시시구개정국(東京市臨時市區改正局)을 설치하여 "신설계"를 속성시켜 보려고 했지만, 그것도 1914(大正 3)에 실현되었다.29) 도쿄의 도시설계는 고또신뻬이(後藤新平)의 리더십 아래 1919년(大正 8) 도시계획법이 공포되고, 1923년 관동대진재를 계기로 "제도부흥"(帝都復興) 사업으로 비로소 전면적인 실현이 이루어지게 된다.30)

---

26) 앞의 책, 217쪽.

27) 앞의 책, 216-217쪽.

28) 위와 같음. 설계는 1893년에 시작했지만, 건축가, 임학자 등의 손을 거쳐 도이취 公園圖集을 참고하여 그림을 그려내어 기공에 들어간 것은 1902년 4월로 "신설계" 공시에 아주 가까운 시점이었다.

29) 앞의 책, 218쪽.

메이지 정부는 근대국가로서의 기반을 군비확장에 일차적 목표를 두고 있었기 때문에 제도 개조사업은 처음부터 불가능한 것이나 마찬가지였다. 1903년의 "신설계"는 그간의 논의의 성과를 거의 포기하는 것이나 마찬가지라고 해도 좋을 정도로 심한 후퇴상을 보였다. 메이지 도쿄의 서양식 변모는 결국 마스터플랜에 따른 것이라기보다도 국지적으로 이루어지는 형세가 되고 말았다.

3. 漢城(서울) : 빠른 성과, 조기 좌절

한국의 조선왕조는 1876년 2월 일본과의 수호조약(朝日修好條規) 체결로 새로운 국제질서에 진입한다. 일본과의 새로운 관계 정립에 대한 신사(信使)의 교환으로 같은 해 5월 수신사(修信使) 김기수(金綺秀)가 일본을 방문하여 일황(日皇)을 만나고 6월에 귀국한다. 이때는 도쿄에서 긴자의 "연와가계획" 사업이 윤곽을 거의 드러낸 시점이었다. 흥미로운 것은 이 사업의 주도자의 한 사람인 대장대보(大藏大輔) 이노우에 카오루가 이 수호조약 체결의 부(副)전권대신으로 활약한 점이다. "연와가계획", 조일수호조규 두 가지의 성공이 수년 후 외무경의 승진(1882년)에 밑거름이 되었을 것이다. 그리고 수신사 김기수 일행은 "개화의 거리"로 모습을 드러낸 긴자를 직접 보았다.

김기수는 그의 기행문 「일동기유」(日東記遊)에서 자신이 직접 본 이 거리의 가로등을 다음과 같이 묘사했다.[31)]

> 가로에는 5칸, 10칸에 등 난간(桿)을 하나씩 세웠다. 위에 유리등을 설치했는데 이은 데도 빈 데도 보이지 않아 천연으로 만들어진 것 같다. 가운데 심지가 있고 심은 단단하지만 기름이 없다. 어두워져 불을 켤 때 사람이 일괄적으로 동작하는데(일괄 기계가 어디에 있는지는 모르겠다) 등불이 제절로 와서 천명(天明)에 거의 가깝다. 사람이 또 일괄적으로 조정해 등불이 제절로 꺼진다고 한다. 이래서 깊은 밤에도 거리를 다니는 사람들이 등을 가지고 다니지 않는다.

---

30) 越澤明, 『東京の都市計劃』(岩波新書 , 1991), 11-12쪽.

31) 『修信使記錄』(韓國史料叢書 第九), 「日東記遊」 卷2, 城郭條.

그가 말하는 천연의 불빛 등간(燈桿)의 불이 긴자의 거리에 새로 세워진 와사등(瓦斯燈, 가스등)이라는 것은 더 말할 것도 없다.[32] 그는 거리가 정연하고 깨끗한 것에 대해서도 찬사를 아끼지 않았는데, 이것도 새로 넓혀 단장한 긴자의 거리를 두고 한 말인 것 같다.[33] 이 무렵, 조선 조정에서는 일본의 변화를 이미 알고 있었다. 그래서 1873년 말부터 국왕이 직접 나서서 그간 국교 수립문제를 놓고 일본과의 사이에 생긴 마찰을 해결하는 조치를 취했고, 그 결과로 1876년 1월 일본이 사절단을 보내 왔을 때 조선은 쉽게 이에 응해 수호조규를 체결하게 되었던 것이다.[34] 그러나 첫 수신사의 눈에 비친 도쿄의 여러 새로운 풍물은 생각보다 더 충격적이었다. "개화의 거리" 긴자로부터 받은 충격이 가장 컸을 것이 틀림없다.

조선왕조는 1880년 6~8월간에 제2차 수신사(김홍집)를 일본에 보내 새로운 외교관계에 대한 정보를 특별히 수집하고, 같은 해 12월에 통리기무아문(統理機務衙門)을 설치해 개화에 필요한 제반 군국의 기무를 총괄하게 하였다. 그리고 이 새 관서의 임무를 원활히 수행하는 데 필요한 정보를 수집하기 위한 "조사시찰단"(朝士見聞團)을 구성하여 1881년 4월부터 7월까지 활동하게 하였다. '조사'(朝士) 12명은 수행원 27명, 통역 10명, 13명의 하인, 일본인(통역) 2명을 대동하고 도쿄에서 광업, 공업, 농업, 군사, 경제, 교육, 사회, 문화 등 분야 61개소를 방문하여 일본인 담당자들의 협조 아래 운용에 관한 실

---

32) 金綺秀는 이어서 이 사업의 주관자인 井上馨家에서 宮本小一과 이야기 나누었을 때 宮本이 자신에게 이 법을 사용하기를 권했다고 적기도 했다.

33) 『修信使記錄』(韓國史料叢書 第九), 「日東記遊」 卷2, 城郭條. "도로 街巷은 平直 正方, 모서리가 날카롭지 않고 乙項의 굽음도 없어, 한눈에 보아 가지런하여 繩墨을 맞춘 듯하고 꺾고 굽히는 것을 도수에 맞추어 모(楞角)가 생기지 않았다." "도로는 깨끗하여 맨발로 걸어도 더럽혀지지 않겠으며, 큰 비가 와도 미끄러운 진흙이 생기지 않는데 대개 水邊에 小石을 주어다가 地上에 깔고 沙土를 덮어 고르게 했기 때문에 비가 조금 와도 곧 乾淨해 지는 것이다." "大道 중에 왕왕 井字의 板扉를 만들어 구획을 정해 덮어놓았는데 수레가 지나고 말이 달려도 평지를 밟는 듯한데, 바로 通隱溝로서 오물을 처리하는 곳이다." "거리(街) 끝이나 巷의 시작점에 반드시 한 사람이 제몸 크기의 빗자루를 들고 서 있는데 오물이 생기는 대로 치우는 일을 하는 것 같았다."

34) 이태진, 「근대 한국은 과연 '은둔국'이었던가?」, 『고종시대의 재조명』(태학사, 2000), 157-160쪽; 「雲揚號 사건의 眞相 : 사건의 경위와 일본국기 게양설의 진위」, 『朝鮮의 政治와 社會』(최승희 교수 정년기념논문집)(집문당, 2002), 438, 475쪽.

제적인 정보와 지식을 대량으로 수집했다.[35] 이들에게도 도쿄의 신문물이 경탄의 대상이 되었을 것은 말할 것도 없다. 긴자의 와사등은 일행 중의 한 사람인 강문형(姜文馨)의 『문견사건』(聞見事件)에 거의 비슷하게 묘사되었다.[36]

수신사와 조사시찰단의 일본 파견은 곧 조선정부의 개화의지가 정보 수집으로 발현된 것이었다. 그렇게 수집된 또는 수집 가능한 정보와 지식은 지식인들이 서로 나눌 필요가 있었다. 『한성순보』(漢城旬報), 『한성주보』(漢城周報)의 간행은 곧 이를 위한 것이었다. 통리군국사무아문의 박문국(博文局)에서 편집해 간행한 이 신문은 일종의 정부기관지로서 일차적으로 정부의 일을 하는 관리들에게 국제정세에 관한 정보와 신문물에 관한 지식을 제공하기 위해 국왕의 뜻에 따라 간행된 것이었다.[37] 두 신문의 발행 기간은 길지 않았다. 『순보』는 1883년 10월 31일부터 1884년 10월 9일까지 1년간 36호, 『주보』는 1886년 1월 25일부터 1888년 1월 23일까지 2년간 99호를 각각 발행했다.[38]

이 신문들을 통해 보급된 세계정세와 신문명에 관한 정보, 지식 가운데 도시에 관한 것들도 물론 빠지지 않았다. 이 신문들은 서양 열강국들의 형세에 관한 백과사전적 지식을 "지략"(誌略)이라는 이름으로 제공했다. 영국지략(1883년 12월 20일), 미국지략(1884년 2월 17일 제12호), 미국지략속고(1884년 3월 8

---

35) 許東賢, 『近代韓日關係史研究』(國學資料院, 2000), 59-61쪽.

36) 許東賢, 앞의 책, 152쪽.

37) 과거 高宗 暗弱說과 開化派 중심의 近代化說이 우세한 가운데 두 신문은 정부의 의지보다 개화파 인사들의 노력의 산물로 설명되었다. 예컨대, 이 두 신문을 처음 국역한 관훈클럽 信永研究基金 발행의 번역판 『漢城旬報』, 『漢城周報』 의 해제의 경우, "이 신문은 당시 개화파들이 국민들에게 세계정세를 알리는 한편, 선진국가의 정치·경제 및 문화제도를 소개하고 과학지식을 보급시켜 결국은 이 나라를 문명 개화의 단계로 이끌어 보기 위해 발간한 신문이었다"고 규정하고, 그 선봉자로 朴泳孝를 꼽았다. 朴이 1883년에 修信使(3차)로 일본을 다녀온 후, 漢城判尹으로서 兪吉濬에게 신문 발간을 준비시켰으나 廣州留守로 좌천되는 바람에 신문 발간업무가 통리기무아문의 博文局으로 넘어간 것이라고 하였다. 그러나 이런 설명은 당시 군주와 정부를 무능하거나 보수 일변도였다는 잘못된 인식에서 나온 것으로 바른 것이라 할 수 없다. 박영효 개인이 과연 국가적 차원에서 개화사업을 주관하기 위해 세워진 통리기무아문을 상대할 수 있는지 극히 의문이다. 이 신문의 발간 취지는 제1호 서문에 "우리 조정에서도 박문국을 설치하고 관리를 두어 外報를 폭넓게 번역하고 아울러 內事까지 기재하여 國中에 알리는 동시에 列國에까지 반포하기로 하고 이를 『旬報』라 이름하"였다고 한 것 그대로 믿어야 옳다.

38) 『周報』 제76호부터 제98호까지는 전하지 않는다. 관훈클럽 信永研究基金 간행 번역본 참조.

일, 제14호), 법국지략(1884년 3월 18일 제15호), 독일국지략(1884년 4월 16일 제18호), 덕국지략속고(1884년 4월 25일, 제19호), 아국지략(1884년 7월 3일, 제26호), 아국지략속고(1884년 7월 22일, 제28호), 화란지략(1884년 8월 21일, 제31호) 등이 게재되었다. 이를 통해 얻을 수 있었던 서양국 도시에 관한 지식은 각국의 수도를 거론하는 정도다. 영국지략과 덕국지략에 실린 다음과 같은 기사들은 비교적 자세한 경우다.

(가) (영국의) 도부(都府) 윤돈(倫敦)은 국도로 달미사이(達迷斯河, 테임즈강) 상류에다 궁실을 우뚝 솟아있게 하였고, 거리는 사통오달하여 번잡하고 경물(景物)이 볼 만하여 참으로 유럽의 큰 도회지이다. 인구는 476만4,312명이다. 무역의 성함이 프랑스의 파려부(巴黎府), 독일의 백령부(佰靈府), 오지리의 유야납부(維也納府)와 함께 유럽의 4대 도시이다.

(나) 덕국(德國)은(교육이 우위하다), 백령부(베를린) 대학교는 1,219명이다. …… 수도는 연방마다 다 두고 있지만, 프러시아 수도와 백림부가 으뜸이거니와 전국의 정무는 모두 이곳에서 결정되는 셈이고, 이곳의 인구를 계산해 보면 1백12만2천360명이나 되고, 유럽의 4대도시중 제3에 해당된다. 서양인들이 말하기를 영국의 서울 윤돈은 천하에서 상업의 중심이고, 프랑스의 서울 파리는 천하에서 교제의 중심지이다. 베를린은 천하 학술의 중심지라고 하는데 이것은 대개 각국의 석학과 홍유(鴻儒)들이 모두 여기에 모여서 시무를 강토하고 있기 때문이다(德國誌略續稿, 『漢城旬報』 제19호, 1884년 4월 25일, 372-376쪽).

이런 사전적 지식이 도시건설사업을 착상하기에는 물론 부족한 것이다. 그러나 이런 사전적 소개에도 다음과 같이 철도마차의 내력이 자세히 적혀 있기도 했다.[39)]

대개 사방으로 통하는 길이라도 화륜(火輪)이 다니는 데는 불편함이 많기 때문에 사람이 많이 모이는 도회시에 궤도를 수정하여 만들어 놓고 말의 힘을 빌어 살 수 있게 하였으니, 이것이 바로 도회지에 궤도를 처음으로 놓게 된 시초이다. 종전에 길을 개통할 때는 인구가 조밀한 곳을 따라 궤도를 만들어서 여러 가지로 불편함이 많았다.

39) 『漢城旬報』 제13호, 1884년 2월 27일, 各國近事, 泰西運輸論 續稿, 구미 각 도시의 운수 교통, 234-244쪽.

〈사진 1〉 관문각(觀文閣)

출처: 『併合紀念朝鮮寫眞帖』 東京元元堂書所, 京城新半島社, 연도 불명.

1838년에 미국의 우약(牛約, 뉴욕)에 궤도를 놓았고, ─ 1867년 궤도를 놓은 뉴욕에서 승차한 사람은 8천만이다. 이는 한 사람이 50번씩 차를 타고 이 길을 다닌 셈으로, 궤도의 길이는 190리다.

서양국의 철로와 화륜차 설명 중에 나오는 이 서술은 당시의 정보수집이 생각보다 상세하다는 것을 느끼게 한다. 사실은 두 신문에 실린 정보들은 단순 번역이 아니라 비교 통계까지 곁들인 것도 적지 않아 강한 수집 의지를 느끼게 한다. 이런 뜻에서 『순보』(제26호, 1884년 7월 3일)에 실린 김옥균(金玉均)의 「治道略論」(國內私報, 1882 11월 15일, 498-499쪽)과 중국인 여서창(黎庶昌)의 「治道略則」(1882 11월, 499-501쪽) 게재는 주목된다. 두 글의 저술 시기가 1882년으로, 1880년(메이지 13) 11월에 도쿄부지사(東京府知事) 송전도지(松田道之)가 "동경중앙시구갱정지문제"를 제시한 지 두 해밖에 되지 않다는 것은 이 무렵 동아시아 3국의 지식인, 관료들이 모두 이 문제에 대해 큰 관심을 가지고 있었던 것을 의미한다. 그러나 조선에서는 이런 주장을 案으로 성립시키기가 쉽지 않았다. 도쿄에서 “시구개정”이 논의를 거듭한 것과 달리 조선에서는 1880년대가 다 지나도록 이에 대한 제안이 구체화 되지 못했다.

앞에서 언급했듯이 1883년 조선왕실은 궁 안에 설치할 전기시설을 미국 에디슨 전기회사에 주문했다. 그것은 1887년, 건청궁(乾淸宮) 안에 지어진 양관(洋館) 관문각(觀文閣)의 낙성과 때를 같이해 점등이 되었다.[40] 조선에서 궁중에 서양식 시설이 도입된다는 것은 개화사업에 왕실이 앞장선다는 의지를 표시하는 것이기 때문에 이 사실은 대단히 중요한 의미를 가지는 것이었다.

1880년대 일본 메이지 정부는 “시구개정”을 논의하는 한편으로, 서양 열강국들을 상대로 조약개정 문제와 씨름해야 했다. 조선도 거의 비슷한 과제로, 청국을 상대로 “조공책봉” 체제의 청산문제와 씨름해야 했다.

조선은 1882년 4월 미국과의 수호통상조약을 체결하면서, 청국에 대해서는 다른 조약국들과 마찬가지로 사신(使臣)의 경도(京都)[연경(燕京)] 주류(駐留)를 제안하였다. 조선이 청국과 마찬가지로 서양 열강국과 조약을 체결한 마당에 청국과의 관계를 동일하게 하지 않으면 조약체결 서양국이 이를 용납지 않는다는 점을 강조했다.[41] 그러나 청국은 이를 조선의 도전, 배신으로

---

40) 관문각은 본래 관문당이었다. 『고종실록』 권12, 고종 12년 9월 초3일조(上-505a)에 “教를 내려 말하기를, 修政殿에 모신 御眞과 教命과 册寶를 乾淸宮 觀文堂으로 移奉하는 것을 택일하여 거행하라고 하였다”고 한 것으로 보아 그렇다. 그런데 같은 책, 卷25, 高宗25년 2월 13일조(中-287d)에는 “親軍營에서 觀文閣 改建을 처음 시작했다고 아뢰었다”고 하여 개건과 함께 건물 이름이 바뀐 것을 알 수 있다. 이 공사는 고종 25년(1888)에 上樑文을 준비하여 완공 단계에 접어들었다(같은 책, 권25, 고종 25년 4월 24일조). 이 觀文閣이 「洋館」인 것은 일본 측의 여러 기록을 통해 확인된다. 일본의 「外務省기록 메이지 28年 11月-29年 5月 韓國王妃殺害 件」 第2卷(5-3-2-12)에 합철된 「景福宮之圖」에는 觀文閣이라고 한 것이 乾淸宮 一帶 詳細圖에는 「洋館」(The Foreign Palaces)라고 하였다. 信夫淳平, 『韓半島』(1901)에는 “景福宮內 唯一의 洋館으로서, 일찍이 宮廷의 寶物을 納藏하는 곳이라고 일컫는 觀文閣”이라고 했다. 152쪽. 이 乾淸宮의 전기 시설에 대해서는 Nam Moon-Hyun, “Early History of Electrical Engineering in Korea: Edison and the First Electric Lightning in the Kingdom of Corea”, Proceeding of Singapore 2000, Promoting the History of EE, Jan. 23-26.

41) 金鍾圓, 「朝·中商民水陸貿易章程에 대하여」, 『歷史學報』 32, 1966, 131쪽.

간주하였다. 그리하여 같은 해 6월에 조선에 임오군란이 일어나자 이를 청국 천자가 책봉한 조선군주에 대한 도전으로 해석하여 주모자 색출 징계를 명분으로 군대를 파견하였다. 그러면서 완전한 불평등 관계를 규정한 "조·중수륙무역장정"(朝·中水陸貿易章程)을 일방적으로 제시하면서 내정을 간섭하려 들었다. 조선정부는 이를 견제하기 위해 영국, 독일, 이태리 등과의 조약 체결을 계속하는 한편, 국경을 접한 러시아를 끌어들였다. 두 차례에 걸친 러시아와의 '밀약'이 사전 누설로 실패로 돌아가지만, 청의 압박이라는 현실적 난관을 타개하기 위한 노력은 그치지 않았다.[42] 청의 부당한 압박에 대해 소장 급진세력은 1884년 11월에 일본 공사관 수비대 병력에 의지해 또 다른 정변(甲申政變)을 일으켰지만, 이는 청의 내정간섭만 더 재촉하는 결과를 가져 왔다. 이 정변 후 국왕 측에서 러시아와의 관계를 더 강화하는 노력이 경주되어 청국이 조선의 국왕(高宗)을 교체하려는 움직임까지 나타났다.

1882년 6월 이후의 청국과의 불편부당한 관계 속에 조선정부가 개화정책을 효과적으로 추진할 수는 없었다. 더욱이 청국은 조선의 관세 수입에 대한 통제를 가하고 있었기 때문에 개화 비용 조달이 거의 불가능한 상태였다. 개화를 위한 시책은 그래서 최소한으로 강구될 수밖에 없었다. 도시로서의 서울을 바꾸어 놓는 사업은 꿈도 꿀 수 없었다.

조선은 1890년대에도 어려움의 연속 속에 놓였다. 청국(淸國)의 외교적 압박과 내정간섭 아래 조선 사회는 피폐 일로를 걸었다. 청국을 비롯한 외국의 상인들이 거의 무통제적으로 내지 상업활동을 벌여 경제의 조락은 심각하게 진행되었다. 농민들이 동요하면서 강한 반외세적 동향을 보였다. 동학농민군은 일본인뿐만 아니라 중국인들에 대한 반감이 높았다. 총리조선통상사의(總理朝鮮通商事宜) 위안스카이(袁世凱)는 동학농민군이 봉기하면 청군을 동원해 그 반청 감정을 박멸해버릴 계획을 세웠다. 동학농민군이 실제로 1894년 4월에 전주 일원에서 봉기하자 조선 조정에 대해 청국에 대해 出兵을 요청

42) 任桂淳, 「韓露密約과 그 후의 한로관계(1884~1894)」, 『한로관계 100년사』(한국사연구협의회, 1984), 83쪽.

할 것을 강요했다. 조선 조정은 네댓 차례 이를 거절했지만, 계속된 강요에 못 이겨 마침내 조건부 수락을 했다. 청군이 오더라도 농민군이 봉기상태일 때만 하륙할 수 있으며, 수도 서울 쪽으로는 어떤 경우에도 들어오지 않는다는 조건을 붙였다. 청국으로 보내진 파병요청서는 좌의정(左議政)[조병세(趙秉世)] 명의였다.[43)]

주한일본공사관(駐韓日本公使館)은 조선 조정과 위안스카이 간의 출병 요청을 둘러싼 긴박한 대립을 처음부터 끝까지 탐문하면서 지켜보았다. 그리고 파병 요청서가 발급된 날, 일본 정부는 1885년 천진조약(天津條約)의 규정에 따른 일본군의 동시 출병을 준비하였다. 조선의 요청서가 이홍장(李鴻章), 총리대신(總理大臣), 천자(天子)를 거쳐 동경주재 공사관을 통해 7일 만에 일본 외무성에 통보되었을 때, 일본군은 히로시마(廣島)에서 발진하였다. 그래서 일본군의 인천 도착은 청군의 아산만 도착보다 더 빨리 이루어졌다. 8,000명으로 구성된 일본군 여단(大島旅團)은 동학농민군이 움직이는 전주가 아니라 서울로 직행했다. 이런 농민봉기가 다시 일어나지 않게 하려면 조선의 내정개혁이 선결되어야 하므로 이를 실현시키기 위한 진주라는 명분을 내걸었다.[44)]

일본 메이지는 1880년대 초반부터 근 10여 년간 온 국력을 쏟아 확장한 군사력을 목적대로 발휘하기 시작했다. 한반도에서 청국의 영향력을 밀어내고 일본이 그 자리를 대신 차지하기 위한 출병이었다. 메이지의 수뇌부는 이때 청국과의 전쟁을 불사하면서 조선을 보호국으로 만들 계획까지 세웠다.[45)] 1894년 7월 23일 1개 대대를 투입해 경복궁을 점령하여[46)] "민족제거(閔族除

43) 이상 淸軍 파병 요청에 관한 서술은 이태진, 「1894년 6월 淸軍 出兵 과정의 眞相」, 『고종시대의 재조명』(태학사, 2000)에 의거한다.

44) 위와 같음.

45) 柳永益, 「淸日戰爭中 日本의 朝鮮保護國化企圖와 甲午·乙未更張」, 『甲午更張硏究』(一潮閣, 1990), 26-28쪽.

46) 景福宮 점령사건에 대해서는 최근에 이루어진 中塚明의 『歷史の僞造をただす;戰史から消された日本軍の「朝鮮王宮占領」(高文硏, 1997)이 그간의 歪曲을 폭로하고 眞相을 획기적으로 밝혔다.

去)" 곧 왕비 시해를 도모하고,[47] 4일 뒤에는 청국과의 전쟁을 선언했다. 이 전쟁에서 일본군이 승승장구하는 속에 조선정부에 대한 일본의 정치적 압박은 청국보다 더 강하게 가해졌다. 경복궁에 갇힌 조선국왕은 왕비의 암약과 삼국간섭(三國干涉, 1895년 4월)에 힘입어 일본의 압박에서 겨우 벗어날 수 있었다. 그러나 왕비가 일본 측에 의해 시해당하는 수모를 입어야 했다(1895년 10월).

1896년 2월 국왕은 경복궁을 빠져나와 러시아공사관으로 거처를 옮겼다. 일본의 포위망에서 완전히 벗어나기 위한 것이었다. 왕은 이곳에서 그간 일본의 공작에 의해 친일내각에 돌아갔던 국정 주도권을 회복하는 작업을 신속하게 추진했다. 단순히 손상된 왕위를 회복하는 것이 아니라 국체를 제국(帝國)으로 바꾸어 새로운 출발을 기약했다. 1882년 이래 10여 년간 겪은 압박과 수모는 서양 열강국이 아니라 이웃한 청국과 일본으로부터 받은 것이었다. 이런 고난은 민이 자발적으로 나서지 않으면 극복될 수 없는 것이라는 판단 아래, 국가의 등급을 그 나라들과 같은 제국으로 높여 민으로 하여금 자부심을 가지고 새로운 출발을 하게 하려 했던 것이다. 서울 도시개조사업은 바로 이 제국의 출범에 맞추어 기도된 것이었다. 이 사업은 정치적 의도뿐만 아니라 산업근대화의 계기 만들기란 경제적 의도도 함께 담겨진 것이었다.

대한제국은 필요한 준비와 절차를 거쳐 1897년 10월에 선포되었다. 그리고 1899년 8월에 제국의 헌법 대강에 해당하는 "국제"(國制)가 반포되었다.[48]

---

47) 中塚明, 앞의 책에서는 왕궁점령의 최대목적은 "閔氏一族을 宮廷으로부터 一掃하는" 것이었다고 밝혔는데(公使館 書記官 杉村濬가 남긴『在韓苦心錄』, 50-54쪽의 술회 인용), 필자는 작전이 벌어진 이때 궁정 내의 閔氏는 王妃뿐이었기 때문에 王妃 제거가 목적이었다고 본다. 특히 이 침략 작전의 작전계획 二의「約束」에 "一. 國王의 身體를 상하지 않도록 할 것"(中塚明, 앞의 책, 50쪽)이라는 一項은 왕비의 신변에 대한 보장이 의도적으로 결락되어 그런 추정을 가능하게 한다. 이는 곧 왕비 시해가 실제보다 1년 전에 계획되었다는 것을 뜻하는 것으로, 이 문제에 대해서는 새로운 고찰 기회를 가져보고자 한다.

48) 大韓帝國 國制에 대해서는 皇帝專制政治를 추구하는 것이라고 하여 왕조로의 반동적 회귀라고 하여 부정적으로 평가하는 경향이 강했다. 그리고 全文 9조에 불과한 것이라고 하여 憲法으로 평가하는 것도 거부하는 경향도 없지 않다. 그러나 황제 전제정치는 明治帝國憲法도 마찬가지이며, 全文이 9조에 불과한 것은 大綱을 밝힌 것이라고 보는 것이 옳다. 대한제국은 국제 제정 반포 때 1894년에 만들어진 會計法은 유효화시켰고, 陸軍法律(光武 4년 9월 13일 勅諭 頒布), 刑法大全

이어 9월에 청국과 대등한 독립국으로서의 국가관계를 정립한 한청조약(韓淸條約)이 체결되었다.[49] 공교롭게도 이 해는 일본이 오랜 숙제인 조약개정(條約改正)을 성취한 때였다. 한국, 일본 양국이 "만국공법"(萬國公法)에 의한 새로운 국제관계 정립을 모색하면서 다 같이 직면했던 난제가 같은 해에 이루어졌던 것이다. 그런데 일본은 다른 하나의 숙제였던 시구개정 사업을 확정은 해놓고 군비확장으로 실행을 제대로 하지 못한 반면, 대한제국은 서울 도시개조사업을 새로운 출발의 계기로 삼아 바로 실행되는 차이를 보였다.

서울 도시개조사업은 1896년 9월 28일자 내부령(內部令) 제9호 "한성 내 도로의 폭을 규정하는 건"을 신호로 시작되었다.[50] 이 사업이 준비된 시기는 현재 분명히 잡히지 않는다. 이 사업에서 한성판윤으로 주역을 담당하는 이채연(李采淵)이 주미공사관에서 귀국하는 시점 1893년 6월 20일이 최대 상한선이 된다. 귀국 후 그는 참의교섭통상국사무(參議交涉通商局事務, 1894년 5월 22일, 음력)[51], 농상협판(農商協辦, 1894년 11월 21일)[52]이 되지만, 이 해는 경복궁점령사건, 청일전쟁 등 정국이 혼란에 빠짐으로 도시개조사업을 준비할 겨를이 없었을 것이다. 그의 상관이던 박정양이 1895년 8월 6일(음)에 내부대신으로 "도로 수치와 가가 기지를 관허하는 건"을 통과시킨 것은 그와의 연락 속에 이루어진 일로 보인다. 그러나 이때는 친일내각 아래 왕비시해사건까지 발생하여 실행 기회가 주어질 수 없었다. 이듬해 2월 아관파천(俄館播遷)을 계기로 군주권이 회복되면서 비로소 위 내부령 제9호가 내려지면서 군

(1905년 4월 29일 대한제국 法律 제2호) 등을 단계적으로 만들어가고 있었으므로 내용 不實論은 부당하다. 이에 관한 기존의 법제사적 연구는 대개가 대한제국의 역사적 의미를 한계론적으로 인식하는 데서 출발해 정도의 차이는 있지만 적극적 해석이 부족한 감을 준다. 헌법체계의 확립 과정이라는 시각에서 새로운 조명이 요망된다.

49) 『韓淸條約公牘』, 1899; 權石奉, 「韓·淸通商條約의 체결」, 『東方學志』 53·54, 1987.

50) 서울 도시개조사업에 관한 서술은 이태진, 『고종시대의 재조명』(태학사, 2000)에 수록된 다음 두 논문에 의거한다. (가) 「18~19세기 서울의 근대적 도시발달 양상」, (나) 「대한제국의 서울 皇城 만들기 : 최초의 근대적 도시개조사업」. 內部令 제9호의 全文은 『舊韓國官報』 建陽 원년 9월 30일 난에 수록되어 있는데, 전우용, 「대한제국기-일제초기 宣惠廳 倉內場의 형성과 전개」, 이태진 외, 『서울상업사』(태학사, 2000 所收), 422-423쪽에 轉載되어 있다.

51) 『高宗實錄』 卷31, 고종 31년 5월 22일조.

52) 『高宗實錄』 卷32, 고종 31년 11월 21일조.

주의 자력근대화의 의지를 담아 실천에 옮겨질 수 있었던 것이다. 이렇게 볼 때, 서울 도시개조사업의 국내에서의 준비기간은 최대 3년 정도로 밖에 잡히지 않는다. 이채연이 주미공사관에 근무하면서 미리 준비했을 가능성은 있지만 귀국 후 정부 차원의 준비는 이 정도로 밖에 잡히지 않는다.

내부령 제9호는 서울의 성내의 중심 도로인 종로(황토현에서 흥인지문까지), 남대문로(대광통교에서 숭례문까지) 등을 침범한 가가(假家)들을 모두 철거하여 노폭의 원상을 회복하도록 하라는 것이었다. 서울의 두 간선도로는 왕조 개창기의 도성(都城) 건축시에 노폭을 넓게 잡아, 이때 회복된 노폭은 50여 자 내지 70~80자나 되는 곳이 많았다. 『독닙신문』에 의하면 이 훈령은 10월 16일에 서울 곳곳에 게시되어 철거작업이 시작되어, 철거작업 자체는 11월 하순까지 거의 완료되었다. 12월 초부터는 성 밖 길 내기에 들어가 남대문에서 용산까지, 새문(서대문 쪽)에서 삼개(마포)까지, 염창교(현 서울역 근처)에서 삼개까지의 길을 성내 도로와 같은 폭으로 신설 또는 수보하였다. 1897년 3월부터는 도심 가운데 새로 건축 중인 경운궁 일대에 도로를 내는 작업이 진행되었다.[53] 신궁의 동편문(大安門) 앞이 방사상 도로의 중심점이 되도록 세 갈래의 도로를 신설하였다.[54]

서울의 도시개조사업은 1898년 1월부터 넓어진 도로에 궤도전차(軌度電車)가 달리기 시작하면서 도시로서의 면모가 일신하였다. 도성민들이 이로써 신문명의 맛을 실감하는 가운데 1904년 2월 러일전쟁 때까지 공원, 기념물, 상설시장, 관영공장지대 등이 차례로 설치·설립되었다.

서울 개조사업은 설계도나 진행에 관한 보고서가 남아 있는 것이 없다. 지도상에 나타난 거리의 변화, 신문 보도기사를 통해 그 진행과정을 확인할 따름이다. 공식적인 자료의 부재는 국권 상실에 따른 망실로 밖에 볼 수 없다. 한성부(漢城府)와 양지아문(量地衙門)에서 도로사업을 위해 측량을 했다는 신문기사가 있는 한 설계도가 작성되었던 것은 의심의 여지가 없는데, 현전하

53) 『독닙신문』 기사 분석은 주 50의 이태진, (나)논문, 366쪽.

54) 주 50의 이태진, (가)논문, 338쪽.

는 것이 없는 것은 결국 국권 상실로 관리가 제대로 될 수 없었던 탓이라고 밖에 볼 수 없다.

서울의 개조사업은 공식적인 자료의 부재로 논의과정을 자세히 알 수 없지만, 실행이 동경에 비해 쉽게 이루어진 점이 주목된다. 이것은 기반사업으로서의 도로 확장이 동경에 비해 훨씬 용이했기 때문이었던 것으로 판단된다. 즉, 간선도로를 침범하여 철거대상이 된 가가들은 모두 사유지에 들어선 것이 아니라 국유 도로에 임시적으로 늘어선 것들이었기 때문에 철거 비용이 들지 않았다. 신설도로에서 대지 매입 비용이 발생하였지만, 큰 부담이 될 정도는 아니었다. 그리고 동경에 비해 도시의 규모가 작았기 때문에 사업 진행상의 용이성이 훨씬 높았고, 군주(황제)가 앞장 선 사업에 대한 신민들의 호응이 쉽게 이끌어진 점도 사업을 수월하게 이끌어 주었다.

Ⅲ. 지향성 비교

1. 도쿄 : 구화(歐化)주의와 내실주의의 경합

메이지 도쿄의 도시설계는 10년간 논의, 검토되는 속에 두 가지 안이 제시되었다. 하나는 내무성 측의 "요시까와안"(市區改正審査會案, 委員會案 포함), 다른 하나는 외무성의 "관청집중계획"이다. 앞에서 언급했듯이 두 개 안은 지향성에서 큰 차이가 있었다. 전자가 도쿄의 고유조건과 현실성을 중시한 반면, 후자는 고유조건에 대한 배려 없이 서양의 어느 도시보다도 더 강한 "바로크 도시계획"의 이상을 실현시켜 보려는 것이었다. 전자는 후자의 주도자들(井上馨, 三島通庸)이 "고대(古態)에 따라 구도(舊道)를 그대로 따른 것으로서, 한마디로 말하면 도로 수정의 방안에 불과하다"고 혹평할 정도로 상대적으로 보수성을 띤 것이었다.[55] 후자는 실행만 된다면 "만국에 그 유례가 많지 않은 미관의 일대시구(一大市區)"가 될 것이라는 말을 들을 정도로 혁신적이었다.[56] 후자는 전자 중심의 논의에 일시적으로 끼어든 것에 불과했지만, 메이지 도쿄의 도시계획의 지향성으로서는 전자보다 더 강한 개성을 보여준 것이었다.

외무성의 "관청집중계획"은 당시 서양 열강국의 대도시에 유행하기 시작한 "바로크 도시계획"의 지향성을 그대로 도쿄에 실현해 문명국의 면모를 과시함으로써 국가적 숙제였던 조약개정을 실현해 보려는 뜻을 담은 것이었다. 서구 열강국들이 반(半)문명을 이유로 개정에 임해 주지 않았기 때문에 문명국으로 인정받을 괄목할 만한 사업이 필요했던 것이다.

"바로크 도시계획"은 다 알듯이 1853년부터 1870년까지, 파리 시장 오스만이 중세 이래의 성벽도시의 구조를 깨트려 산업시대에 맞는 도시를 만들어 낸 데서 시원하는 것이다.[57] 파리의 경우, 나폴레옹 3세에게 "헌상(獻上)"하는 의미도 담았다고 한다. 유럽의 중세도시들은 신분제를 배경으로 형성된 닫힌 도시로서 "대량"(大量)과 "고속"(高速)을 앞세우는 산업혁명 이후의 새로운 사회적, 경제적 조건을 감당할 수 없었다. 산업혁명 이후의 "더 빨리, 더 많이"라는 공장의 슬로건을 "계란처럼 닫힌" 도시가 그대로 지속되어서는 혼란을 더할 수밖에 없었다. "바로크"는 곧 이에 대한 외과수술로 이루어진 새로운 도시형이었다. "꽃의 파리"에서 시작된 이 모형은 프랑스의 국경을 넘어, 독일, 이탈리아, 오스트리아, 스페인, 영국, 그리고 미국으로 건너가 구미전역을 휩쓸어 근대도시계획의 본류를 형성했다. 이 "바로크 도시계획"은 다음과 같은 특징을 가지는 것으로 분석된다.[58]

첫째로 교통의 충실을 기하였다. 중세에 기원한 유럽의 성곽도시들은 산

---

55) 藤森照信, 앞의 책, 255쪽.

56) 앞의 책, 254쪽.

57) 이하 바로크 도시계획의 특징에 관한 서술은 藤森照信 앞의 책, 248-252쪽 참조.

58) 산업사회의 도시계획으로는 영국이 교외에 공업과 농업이 결합한 신도시를 설립하는 독자적 해결법 곧 전원도시계획을 내놓아 바로크와 함께 양대 모델을 이루게 되지만 필트링 개념의 이 전원도시계획이 런던 외곽 레치워스(Letchworth)에 적용된 것은 1903년이었다. Anthony Sutcliffe. "The Origins of Urban Planning 1890-1914: Berlin, Paris, London, New York", 『서울학연구』 제4호(서울학연구소, 1995).

업혁명을 거치면서 질식상태에 놓여 아주 큰 절개수술을 하지 않을 수 없었다. 성벽을 헐고 도시의 구역을 확장시키고 거리의 외연(外延)을 자유롭게 넓혀주는 한편, 철도를 시중 깊숙이 끌어들였다. 그리고 주요 교통수단인 2두 마차가 달릴 수 있도록, 불르보아드나 아베뉴를 종횡으로 만들고, 미로와 같은 도로망 대신에 방사상도로(放射狀道路)를 도입해 연결성을 높였다. 이 방사상 도로체계는 바로크 도시계획이 예외 없이 택한 것으로, 유럽 중세 성벽도시의 내향적 폐쇄성을 부시하는 이미지를 지니기도 했다. 방사상 도로는 르네상스의 이상적 도시계획에 연원하지만, 두 개 이상의 중심점을 만들어 역동성을 높이는 차이가 있었다. 역동성은 곧 근대의 중요한 특징이었다.

둘째로, 도시생활의 편의를 위한 시설들이 많이 만들어졌다. 중세도시는 광장이 시장이나 극장을 겸하듯이 기능 미분화의 제약을 가지고 있었다. 바로크계획에서는 여러 기능의 전문화와 고도화가 이루어졌다. 그 결과 시중에는 거대한 중앙시장, 극장, 역사(驛舍), 병원, 청사(廳舍), 공원, 광장 등이 출현하였다. 대량생산을 목표한 공장의 분업체계가 그대로 도시에 들어오기도 했다.

셋째로, 전문화로 거대해진 여러 가지 시설들을 한 장의 구도 위에 배치하는 도시의 구조화가 강조되었다. 중앙역과 시장 사이의 짧은 거리, 공원과 아베뉴의 연결을 도모하여 거리에 아름다움을 부여했다. 광장의 기념물(모뉴먼트)이나 분수, 공원의 조각 등도 더 크고 더 화려하게 장식되었다. 거대한 거리를 하나의 질서 아래 두는 퍼스팩티브(투시도법)가 도시설계의 주안점으로 모색되어 기념비적인 도시미가 추구되었다.

1885년 10월부터 1887년 초까지 진행된 일본 외무성의 "관청집중계획"은 "바로크계획"의 위와 같은 도시구조와 도시미의 특징을 그대로 담은 설계도를 얻었다. 외무경 이노우에 카오루 등은 독일인 건축가 엔데, 베크만 등으로부터 설계도를 각각 받아내, 1886년 6월 입안의 베크만안을 최종적으로 채택하였다. 이 안에 대한 심의를 위해 다른 한 저명한 독일 설계가를 1887년 3월에 도쿄에 초청하기도 했다. 1862년에 베를린 개조계획을 입안했던 호브레히트(James Hobrecht)가 초청되었다.

〈그림 1〉 관청집중계획 베크만안(메이지 19년 6월 입안)

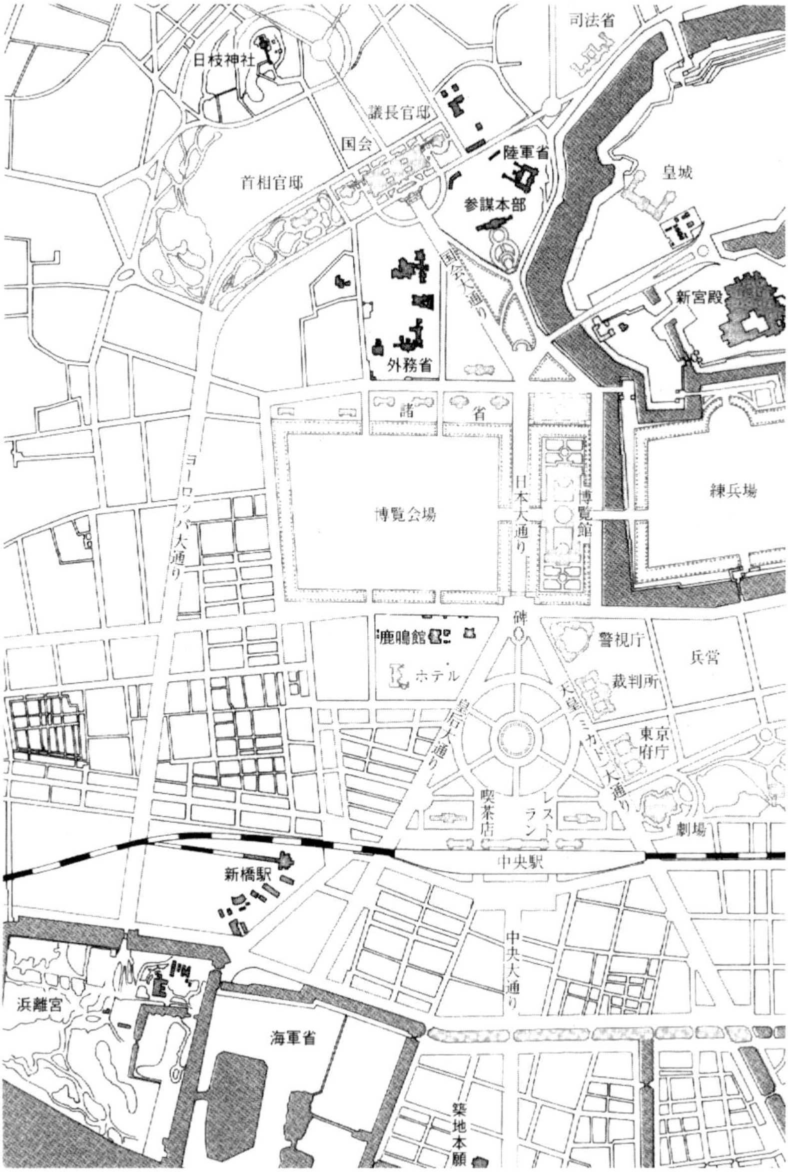

출처: 藤森照信, 『明治の東京』 321면, 「圖 50」.

베크만안은 〈그림 1〉에서 보듯이 남쪽 해안 축지(築地) 쪽에서 세 개의 대로(大通リ)가 중앙역을 지나 비(碑, 모뉴먼트)에서 모아지게 하고, 중앙역 앞에 방사상 광장을 설정했다. 거기서 시작하는 니혼 다이또오리(日本大通リ)는 좌측 멀리, 하마리큐(浜離宮)에서 시작한 유럽 다이또오리와 짝하고 국회 다이또오리를 거쳐 국회에 이른다. 국회의 좌우에는 수상관저, 의장관저를 두고, 사법성도 멀리 평행점에 두었다. 국회 뒤쪽에 마지막 상징물로 기존의 일본신사(日本神社)를 이용했다. 각 다이또오리 주변의 관청, 주요 시설(건물)의 배치는 다음과 같다(진한 표시는 기존 건물).

中央大通リ, 皇后大通リ(左; 호텔, **鹿鳴館**) ~ 天皇(미카도)大通リ (右; 劇場, 東京府廳, 裁判所, 警視廳, 兵營, 兵營), 中央驛(레스토랑, 喫茶店), 碑, 日本大通リ(左; 博覽會場, 諸省 右; 博物館) ~ 유럽大通リ, **本丸** (練兵場, **新宮殿**, 皇城), 國會大通リ(左; **外務省**, 右; **參謀本府**, **陸軍省**), 國會(左; 首相官邸, 右좌; 議長官邸, 司法省), **日本神社**.

베크만안은 "로꾸메이깐(鹿鳴館)의 도시판(都市版)"으로서, 너무나 유럽적인, 너무나 이질적인 도시계획이라는 평을 들었다. 과연 동양의 고도(孤島)의 도(都)에 적합한 것이었을까도 물어질 정도였다. 당대 일류의 외국인 건축가들이 겨우 수개월의 "일본 여행"의 경험에 의지해 만든 안은 에도(江戶) 이래의 도시의 현실은 안중에도 없었다는 비판을 들었다. 사업의 주도자들조차 "동경시가를 보는 것이라기보다 개척지를 보는 것 같다"고 말할 정도였다고 한다.[59]

한편, 내무성의 요시까와안 "시구개정계획"(市區改正計劃)은, 외양을 의식한 외무성과는 반대로 국내통치상의 효과에 초점을 두었다. 입안자 중에 자기표현을 직분으로 하는 건축가는 한사람도 없었고, 토목기사·행정관·기업가·위생학자·군인 등의 실제가들이 토론을 거쳐 만들어 낸 것이었다. "바로크 도시계획"으로부터 자극을 받기는 했지만, 에도의 역사와 도쿄의 현실이라는 내부로부터 요구되는 토대에서 거리(街)를 만들고 바꾸는 길을 택한 것이다.[60]

59) 藤森照信, 앞의 책, 254-255쪽.

〈그림 2〉 시구개정 방천안(메이지 17년)

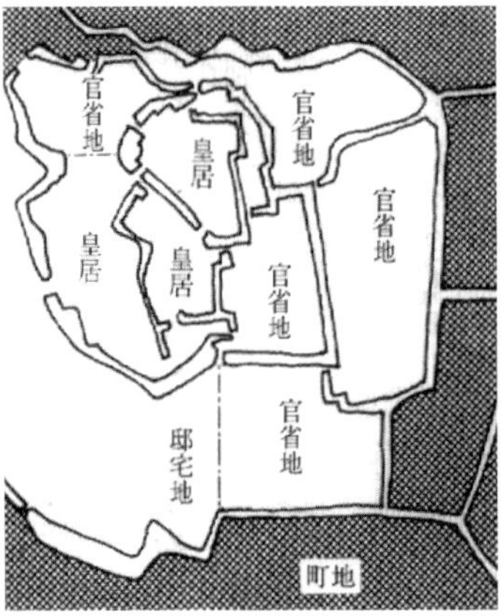

출처: 藤森照信, 『明治の東京』 327면, 「圖 42-1」.

"요시까와안"은 당초 토지의 용도를 황거용지(皇居用地; 천황 주거지), 관성지(官省地; 관청지역), 저택지(邸宅地) 셋으로 크게 나누고 그 위치를 다음과 같이 비정했다.

구역	해당 지역
皇居用地	혼마루(本丸)·니시마루(西丸)
官省地	西丸下(현재 皇居 앞 廣場), 현 大手町·현 丸內·현 日比谷 일대
邸宅地	현 가수미가세미(霞ケ關)의 구릉 (도면 42 참조)

관성지로 설정된 지역은 에도시대에 다이묘들의 집들이 즐비했던 곳이었고, 명치유신 이후는 신정부의 여러 가지 시설들이 이 다이묘 집들에 배당되었다. 다이묘 소로(小路)라고 불리는, 로우쥬바꾸가꾸(老中幕閣)의 관저나 붓교쇼(奉行所), 효우죠쇼(評定所) 등의 막부시설이 잇따라 붙어 있었던 마루노우찌(丸の內)에는, 명치 초년부터 내란에 대비한 군사시설이 모여, 임시 진지와 같은 모습을 보였다. 그러나 사이고다까모리(西鄕隆盛)의 난(1873) 뒤에는 그 필요성이 약해져, 가까운 근교로 옮겨져, 광대한 유휴지(留休地)가 도시 한 가운데에 생겼다. 요시까와안은 이런 유휴지의 대부분을 관성지로 삼아 정부 전용으로 제공하고자 했다. 이것이 곧 요시까와안의 중심부 용지 계획의 핵심이었다.[61]

교통에서 철도는, 북에서 남으로 도쿄를 통과하는 하나의 루트일 뿐이기도 하였다. 그러나 환상도로, 종관도로, 방사도로가 모두 이 철도의 중앙역을

60) 앞의 책, 255쪽.
61) 앞의 책, 113-114쪽.

비롯한 네 개 역에 연결되어, 도시 내 교통의 동맥의 역할을 담당하게 하였다. 동시에 이 동맥은 일본열도를 북에서 남으로 종관하는 대동맥의 임무도 수행하는 것이었다.[62]

요시까와안은 황(皇), 정(政), 상(商) 중 어느 하나에 편중되지 않은 것이 특징으로 분석된다. 즉, 천황의 존재를 의식한 "황(皇)의 도(道)"를 설정하였지만, 파리 시장 오스만이 새로 설계된 "꽃의 도시"를 나폴레옹 3세에게 헌상한다는 것과 같은 발상은 없었다고 한다. 황(皇)의 도(道)와 상(商)이나 관(官)의 도(道)에 우열의 차를 두지 않고, 도쿄를 국(國)의 중심으로 생각하였다는 것이다.[63] 도쿄는 국토의 교통 네트워크의 결집점으로 인식하였다는 것인데, 이 점은 광무(光武) 서울의 도시계획과도 일치하는 것으로 주목된다.

2. 서울 : 구본신참(舊本新參) 패턴의 정립

고종황제 정부의 개화 노선은 기본적으로 "구본신참", 즉 옛 것을 유지하면서 새로운 서양 기계문명을 수용한다는 것이었다. 이 노선은 동도서기(東道西器)란 말로도 표현된다. 1896~1904년간의 한성부(漢城府)의 도시개조사업도 이 개념에 입각한 것이었다. 앞에서 언급한대로 1896년 9월부터 시작된 한성부 곧 서울의 도시사업은 1년 뒤에 출범하는 대한제국의 수도를 새로 만든다는 뜻을 가지고 시작되었다. 도시계획상으로는 서구의 "바로크 도시계획"의 특징을 수용하되 전통성을 또한 최대로 살린다는 노선을 견지했다. 도쿄의 경우와 비교하면, 요시까와안과 "관청집중계획"의 두 가지 입장을 반씩 절충한 것이라고 할 수 있다. 한성부의 "국(國)의 중심성"은 조선왕조 초부터 근 500년간 지속해 온 것이므로 이를 위한 새로운 정책이 굳이 시도될 필요는 없었다. 500년간의 성곽도시의 구조에 "바로크 도시계획"의 주요 특징을 집어넣어

---

62) 앞의 책, 132쪽. 交通 계획에 대해서는 같은 책, 114-125쪽에 詳論.

63) 앞의 책 136-137쪽.

근대도시로서의 역동성과 황성(皇城)으로서의 상징성, 시민의 편의성을 부여한다는 것이 주요한 목표였다.

서울 도시개조 사업은 앞에서 잠시 비추었듯이 도쿄의 경우와는 달리, 도시계획설계도라던가, 회의록 같은 직접적인 관련 문건이 전하지 않는 상태다. 다만 지도상의 변화, 신문 보도 등을 통해 사실을 파악할 수 있을 따름이다. 따라서 진행과정에 대해서는 도쿄의 경우만큼 자세히 알 수 없다. 그러나 앞에서 살폈듯이 1880년대부터 외국사정에 관한 情報가 다량으로 입수되었으므로 개조사업 자체의 가능성은 얼마든지 내재되어 있었다.

내부령(內部令) 1896년 9월 28일자로 결정된 "한성 내 도로의 폭을 개정하는 건"은 같은 해 10월 20일 한성부(서울) 각방 각동에 방으로 나붙었다. 『독닙신문』은 이를 보도하면서 "이것은 한성부 판윤 이채연 씨가 작년에 내부대신 박정양 씨와 각의에 결정하였다가 이번에 시작된다니 참 문명 진보의 여망이 있을 듯하다"고 했다. 박정양은 1895년 8월 6일에 내부대신으로서 "도로 수치(修治)와 가가 기지(基地)를 관허하는 건"을 통과시킨 일이 있었다.[64] 1896년 9월 28일의 공포는 곧 이의 실현이었으며, 박정양의 직위는 내부대신에 총리대신을 겸한 상태였다.

박정양은 1881년의 조사사찰단에도 피선된 것을 비롯해 고종의 각종 개화사업에 참여하였고, 1887년에는 초대 주미공사로 부임하였다. 이채연은 그때 번역관으로 그를 대동하여 워싱턴디씨에 가서 수년간 근무하였다.[65] 말하자면 두 사람은 "바로크 도시계획"의 결정판으로 알려지는 워싱턴디씨에 대해 잘 알고 있는 입장이었다.[66] 『독닙신문』은 한성판윤 이채연이 한 어떤 일에 대해 "이채연 씨가 개명한 나라 유람을 많이 하여 이런 세칙을 내어 지공무사(至公無私)하다"(10월 29일자)고 호평하였듯이 워싱턴디씨 체류시의 견문과

---

64) 주 50의 이태진, (나)논문의 「2. 개조사업의 주체」, 358-364쪽 참조.

65) 『高宗實錄』 卷24, 고종 24년 8월 7일조에 駐美公使 일행 差下(임명) 기사가 있다. 이후 이채연의 이력에 대해서는, 이민식, 『근대한미관계사』(백산자료원, 2001)의 "석거 이채연"에 자세하게 밝혀졌다. 李光麟, 「朴定陽全集 解題」, 『朴定陽全集』(아세아문화사, 1984).

66) 朴定陽은 「美俗拾遺」 중 華盛頓이라는 주제의 글에서 워싱턴디씨의 도시적 특징을 비교적 자세하게 소개했다.

〈표 1〉 서울 도시개조사업의 주역들

성명	직함	주미공사관 직함	기타
박정양	내부대신 겸 총리대신	특파전권공사	
이상재	내부 토목국장	서기관	
심의석	내부 기사(技師)		주임관
이채연	한성판윤(判尹) 한성전기회사사장	번역관	
이계필	한성소윤(少尹)		컬럼비아대 졸업(1895년)
이종하	서서 경무관	수행원	
김정석	남서(南署) 경무관		
장윤환	중부 서장		
구범서	북서(北署) 서장		
J.Mcleavy Brown	총세무사 겸 탁지대신 고문		
J.H.Dye	王室農圃 技師		

공부가 이 사업의 원동력이었던 것이다.

〈표 1〉은 1896년 9월부터 시작된 서울 도시개조사업과 관련해 『독닙신문』 기사에 직접 오른 사람들의 직함과 초대 주미공사 수행 경력 유무를 표시한 것이다. 이를 통해 내부(內部)와 한성부가 사업의 주체였던 것을 알 수 있다. 내부 쪽에는 대신 박정양과 함께 토목국장 이상재가 관계되었는데, 이상재는 초대 주미공사를 서기관으로 수행하였다. 한성부 쪽에는 이채연 외에 이계필이 소윤(少尹)으로 공로가 많았는데, 그는 링컨대, 컬럼비아대 유학생으로 재학시 공사관 스텝들과 자주 접촉한 끝에 1893년 6월에 이채연과 함께 귀국해 이 사업에 직접 관계하게 되었다.[67] 경찰업무의 이종하도 박정양의 수행원이었다. 이 밖에 외국인으로 맥크레비 브라운(영국인)은 세관의 총책 겸 탁지부 고문(度支部顧問)으로 이 사업에 대한 재정 지원을 담당하였으며, 다이(미국

67) 이민식, 「이계필 연구」 참조. 1890년 9월에 주미대리공사에 피임된 이채연은 공사관 건물 구입을 수행한 다음, 이계필을 미국조폐공사에 취직시켜(1891년 5월) 귀국 후의 역할의 폭을 넓히게 하였다고 한다(386쪽).

인)는 측량기술을 지원하였다.[68]

초대 주미공사관 팀이 구상한 서울의 도시계획은 500년 왕조의 유산을 손상하지 않고 도심 가운데 워싱턴디씨에서 극대화 된 "바로크 도시계획"의 장점을 도입하는 데 역점을 둔 것이었다. 이 성곽도시의 전통적인 간선도로인 종로(雲從街)와 남대문로를 침범한 가가들을 철거하여 중심 도로를 넓힌 다음, 도심부에 왕궁을 새로 짓고 그곳을 중심으로 방사상 도로체계를 도입하는 것이 가장 핵심적인 계획이었다. 이것이 현 서울시청 앞 광장의 방사상 도로체계의 시작이었다.[69]

조선왕조의 왕궁들은 모두 군주남면설(君主南面說)에 근거해 북쪽 산 밑에 자리 잡았다. 그런데 1897년에 출범하는 대한제국의 본궁으로 새로 건축한 경운궁(현 덕수궁)은 도심에 세워졌다. 이것은 전혀 다른 발상에서 나온 것으로, 워싱턴디씨의 대통령궁(President Palace. White House란 명칭은 1903년부터 사용)이[70] 방사상 도로체계의 중심점을 이룬 것을 따른 것이다. 다시 말하면 새 본궁(경운궁)은 워싱턴디씨의 백악관에 비견되는 건물로 지어진 것이었다.[71] 1896년 8월 23일부터 짓기 시작한 이 궁의 건물들은[72] 한국 전통적인 것과 서양식 건물 두 가지를 나누어 지은 것이 다른 하나의 특징이다. 즉, 맨 뒤쪽에 자리한 선원전(璿源殿)을 기준으로 서편에는 서양식 건물(惇德殿, 重明殿, 九成軒, 石造殿 등)을 놓고 동편에는 전통식 건물(中和殿, 咸寧殿, 浚明殿 등)을 각각 배치시켰다. 구본신참, 동도서기의 사상을 반영한 설계

68) 주 50의 이태진, (나)논문, 366-369쪽 참조.

69) 주 50의 이태진. (가) 논문 338-342쪽, (나) 논문 367-370쪽 참조. 이 방사상 도로를 만들기 위해 3개의 도로가 신설되었다.

70) Thomas J. Carrier, Images of America, Washington, D.C., A Historical Walking Tour, Arcadia, 1999. 73쪽.

71) 워싱턴디씨의 대통령궁(백악관)과 慶運宮의 이런 관계는 앞으로 좀 더 구체적으로 연구될 필요가 있다. 필자가 이런 추론을 내세우는 근거는 고종황제가 미국을 다녀온 사신들에게 미국 사정을 묻는 가운데 '대통령궁'에 대한 문의가 잦았고(洪永植, 復命書 등) 1900년경에 착공된 石造殿의 외형이 당시의 미국 대통령궁과 닮은 점이 많은 점이다. 현재의 백안관의 정면 원형 테라스는 1948년에 만들어진 것이다. Thomas J. Carrier, ibid., 73쪽.

72) 慶運宮 건축 공사는 1896년 8월 23일 景福宮에 있던 眞殿을 慶運宮을 옮기라는 지시로부터 시작되었다. 주 50의 이태진, (가)논문, 335쪽 참조.

라고 할 만 것이다.

1896년부터의 서울 도시개조사업의 모델이 워싱턴디씨였다는 다른 하나의 증거로는 경복궁 광화문 앞 육조거리와 운종가(종로)가 교차하는 지점에 세운 원표(元標)다. 이 원표는 현재 "고종 즉위 40주년 기념비전" 앞에 옮겨져 있으나, "원표의 진위치(眞位置)는 본표(本標)의 중심으로부터 55미터 떨어졌는데 방향은 남쪽 69도13분서(西)"였다(원표에 새겨진 石刻文). 이 원표는 곧 거리표시의 중심점으로 이렇게 거리표시의 원점 표석(zero mile stone)은 워싱턴디씨에서 찾아볼 수 있다. 워싱턴디씨의 원점 표석은 워싱턴디씨 설계에 깊이 간여한 제퍼슨 대통령이 처음에 포트맥 강변을 항구로 만들 계획 아래 강변 가까이에 전국 각지의 거리 표석으로 이른바 제퍼슨 스톤(Jeferson Stone)파이어(pier)를 설치했는데[73] 서울의 원표는 이것을 그대로 본뜬 것으로 보인다. 서울의 원표는 이 제퍼슨 스톤과 거의 비슷한 모양으로, 1804년 12월 18일에 처음 세워진 후자는 중간에 용도가 상실되었다가 1889년 12월 2일에 재설치되었는데, 이때는 바로 이채연 등이 워싱턴디씨에 체류 중이었다. 원표가 세워지기 전, 서울과 지방 간의 거리 표시는 창덕궁의 돈화문을 기점으로 삼았다.[74]

고종의 개화정책은 미국을 우선 상대로 하여, 미국의 문물을 수용 대상으로 삼는 특징을 보였다. 서양 열강 중 첫 수교 상대가 곧 미국이었고, 첫 공사의 파견도 이 나라에서 실현코자 하였다. 그리고 중국, 일본 등이 압박을 가해올 때, 조미수호조규(朝美修好條規)의 제1조의 "선위조처(善爲調處)"를 직접 구한 대상도 미국이었다. 이런 가운데 대한제국의 황성 만들기의 모델을 워싱턴디

73) Washington, D.C., *A Guide to the Nation's Capital*, Compiled by Workers of the Writers' Program of the Work Projects Administration for the District of Columbia, American Guide Series, Sponsored by The George Washington University, 1942, Hatings House, New York, 61쪽. Thomas J. Carrier, ibid., 65쪽.

74) 조선왕조시대의 地誌·地圖에서 거리 起點 표시를 찾기는 어렵다. 현재로서는 『新增東國輿地勝覽』 卷2, 京都條의 城廓에 대한 설명에, 四大門을 正東門, 正西門, 正南門, 正北門이라고 한 것이 거리와 방향에 대해 정확성을 표시한 유일한 사례다. 따라서 서울과 지방의 거리는 서울 성곽의 4대문을 기점으로 삼았을 가능성이 높다. 조선왕조 말기에 제작된 『程里表』(『壹章閣圖表, 7017) 등에는 기점은 '京'으로만 표시되어 있다.

〈사진 2-1〉 서울 원표

〈사진 2-2〉 고종황제 즉위 40주년 기념비전의 현상

〈사진 3-1〉 제퍼슨 스톤 (1)

〈사진 3-2〉 제퍼슨 스톤 (2)

씨로 삼았다는 것은 그 개화정책의 지향성과 관련해 간과할 수 없는 문제다.

미국 '대통령궁'이 도심 가운데 위치한 특징을 새 황궁 경운궁 창건에 바로 활용할 수 있었던 것에는 18세기 이래 군민일체(君民一體)의 민국정치(民國政治) 이념이 발달하여 군주가 민과의 직접적 접촉을 자주 시도하는 새로운 전통에 힘입은 점도 없지 않았다. 유교정치사상의 근대적 지향성이 서양 공화정치제도의 한 측면을 쉽게 받아들일 수 있었던 면모라고 할 것이다.[75]

서울 도시개조사업은 기반 시설로서 (가) 도로 및 하천(개천) 정비를 선행시키고, 새로운 중심 건축물로서 경운궁 외에 독립문, 원구단, 황제 즉위 40주년 기념비전 등 모뉴먼트에 해당하는 것들을 지었다. 그리고 공원으로 독립문 옆에 독립공원, 경운궁 서편에 '퍼브릭 파크', 운종가 철물교 근처에 탑골공원 등을 건축했다.[76] 40주년 기념비전과 탑골공원의 위치가 서울에서 왕의 어가 행차가 있을 때, 민의 상언 격쟁을 받던 곳이었다는 것은 새로운 시설과 전통의 관계를 상기시켜 주는 점이다. 민의 계몽과 여가를 위한 시설로 극장과 영화관이 세워진 것도 문 주목할 점이다. 서울 신문로 근처에 국악과 판소리 공연장으로 원형 극장 형태인 협률사(協律社)가 세워졌는데 이것은 한성판윤 이채연의 설계로 알려진다.[77] 그리고 고종황제는 활동사진관으로 동대문 전차 정거장 근처에 광무극장(光武劇場)을 세웠다.[78]

새로운 문명 시설로는 1898년에 한성전기회사의 설립으로 전기와 수도시설이 착수되고 서울거리에 전차가 달리고 그 선로가 철도정거장에 연결되었다. 서울의 도시개조사업은 상설시장으로 궁내부 내장원(內藏院)이 직영하는 창내장(倉內場)을 세웠는데, 이는 남대문로 좌우에 있던 시전들을 흡수하여 만든 상설시장으로 현 남대문시장이 이에서 비롯하였다.[79] 그리고 도쿄와는 달리 용산에 관영공장지대가 설정된 것은 규모가 크지 않더라도 도시 설계상

75) 서울 도시개조사업과 민국정치 이념의 관계에 대해서는, 주 50의 이태진, (가)논문, 347-355쪽 참조. 이태진, 「민본에서 민주까지」, 『한국사시민강좌』 26, 2002.

76) 이 시설들에 관해서는 주 50의 이태진, (가), (나) 논문 참조.

77) 柳敏榮, 『韓國劇場史』, 한길사, 1982.

78) 위와 같음.

79) 전우용, 앞의 논문, 424-426쪽 참조.

〈그림 3〉 서울 도시 개조 사업의 중요시설 위치 표시

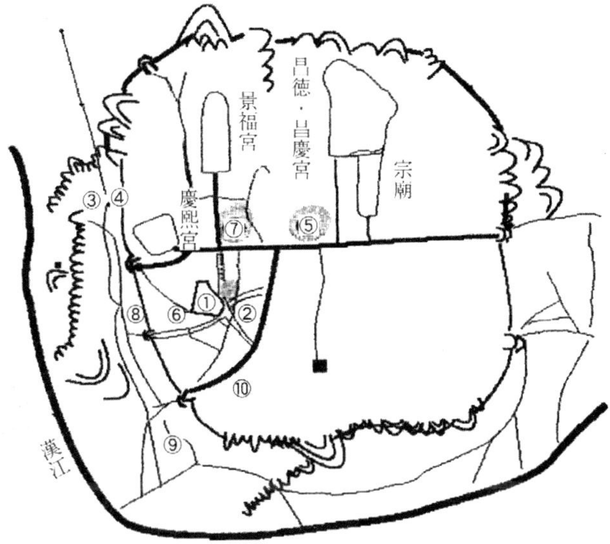

① 경운궁(현 덕수궁) ② 원구단 ③ 독립문 ④ 독립공원 ⑤ 탑골공원
⑥ 퍼브릭 파크 ⑦ 황제 즉위 40주년 기념비전 ⑧ 경성철도역
⑨ 상설시장(창내장: 현 남대문시장) ⑩ 관영공장지대(현 용산 일대)

으로는 주목할 만한 점이다.[80)]

대한제국 광무(光武) 연간의 서울 도시개조사업은 산업 근대화의 인프라 구축으로 시도된 것에서 더 큰 의미가 찾아진다. 고종황제는 1880년대에 이미 외국과의 통상을 장려하고 서양의 기계문명을 수용하는 것이 나라가 살 길이라는 것을 백성들에게 천명했다.[81)] 그러나 청국의 압력과 내정간섭으로 그 기회를 얻지 못했다. 1894년부터는 일본이 청국을 대신해 압박을 가했다. 나라의 "자수자강(自修自强)"의 근대화는 1896년 2월 "아관파천" 후에 청국과 일본의 간여가 없어지거나 약화된 가운데 비로소 가능해 졌다. 서울 황성 만

80) 주 50의 이태진, (나)논문, 379-380쪽.

81) 『高宗實錄』 卷19, 高宗19년 8월 5일조/12월 28일조의 敎諭文.

들기는 곧 "자수자강"의 가장 강한 의지 표시였다. 이 사업의 주역이었던 이채연과 매크레비 브라운은 사업 착수 전후에 철도건설 관련 직임을 함께 수행하였다.[82] 이 사실은 서울 도시개조사업이 단순히 황성(皇城)의 장식을 목적한 것이 아니란 것을 뜻한다. 1898년에 고종황제와 미국 콜브란-보스트윅(Collbran-Bostwick) 사가 50퍼센트씩 출자하여 한성전기회사를 창설한 다음, 서울에 전차가 달리기 시작했을 때, 그 전차는 철도역(경성역)을 한 종점으로 삼았다. 그리고 고종황제는 1880년대 전기시설을 시작할 때 미국의 광산업자(석탄, 금) 유치와 광무(鑛務) 기술자 양성에 많은 노력을 기울였다. 이런 일련의 조치는 곧 산업을 일으키려면 교통을 발달시켜야 하고 교통 발달은 동력 개발로서 광산개발을 필수로 한다는 사실에 대한 숙지에서 나오는 것이었다. 이런 인프라 구축에 관한 지식은 1880년대 『한성순보』, 『한성주보』를 통해 이미 널리 보급되었던 것으로 서울 도시개조사업을 통해 본격적인 활용 단계에 이르렀던 것이다.

광무 서울개조사업은 1904년 2월 러일전쟁이 발발하기 전까지 빠르게 진

---

82) "아관파천" 후, 고종은 1896년 7월 15일 "鐵道規則" 6개조를 칙령 제31호로 반포하였다. 국내 각 지방 철도의 너비를 외국의 현행 입규를 따라 英國尺 4尺8寸半으로 확정한다는 것, 農商工部 관리로 한다는 것, 국내외인이 철도건설을 할 때는 이 규칙을 반드시 따라야 한다는 것 등을 정했다(『高宗實錄 卷34, 建陽 元年 7월 15일조). 2일 후인 17일에 農商工部 協辦 李采淵에게 京仁鐵道 事務를 감독하게 했다(같은 책, 7월 17일조). 3개월여 후인 11월 15일 정부는, 철도 건설에 필요한 땅 매입에 외국회사로 하여금 국내 땅을 사게 할 수 없으면서 현재 정부는 재정적으로 여유가 없으므로 향후 1년간 이 사업을 중지한다는 것을 詔勅했다(『高宗實錄』 卷34, 建陽 元年 1월 15일조). 1898년 6월 19일, 의정부는 농상공부의 請議에 근거해, 京城-木浦간 철도 敷設事를 황제에게 上奏하여 制可를 받았다. 그리고 같은 해 8월 19일에 正二品 柏卓安(맥크레비 브라운)에게 鐵道事務를 감독할 것을 명했다(같은 책 卷37, 光武2년 8월 19일조). 이어서 21일에는 農商工部大臣 李道宰가 다음과 같은 내용을 上奏하여 制可를 받았다. 즉, 국내 철도를 곧 부설하려면 먼저 철도감독사무 柏卓安을 파송하여 아래의 여러 노선을 답사하여 방략을 세우는 것이 어떻겠느냐는 건의였다. 제시된 노선은 ①경성-목포 ②경성-원산-경흥 ③원산-평양-甑南浦 ④경흥-의주 등이다. 한반도 북반의 횡단 노선을 둘이나 상정해 검토했던 것으로 보인다(같은 책 8월 21일조). 서울도시개조사업의 두 중심인물들(李采淵, 柏卓安)에게 철도감독 사무가 부여된 것은 개조사업이 전국 철도망 건설과 연계되어 있었던 것을 증명하기에 충분하다. 더욱이 대한제국 정부는 한 달 전 7월 6일에 勅令 제25호로 量地衙門職員及處務規程(24개조)을 裁可 頒布하고, 종1품 朴定陽, 沈相薰, 종2품 李道宰 등을 양지아문 總裁官, 정2품 李采淵 종2품 高永喜 등을 부총재관으로 임명했다(같은 책 卷37, 光武 2년 7월 6일조). 양지아문의 기능강화가 서울 도시개조사업 및 전 국토개발사업을 위한 것이었다는 것은 재론의 여지가 없다.

〈사진 4〉 서울 남대문로의 전차(위)와 종로의 신가로(아래)

출처: Carlo Rossetti, *Corea e Coreani*, Bergamo, 1904~5.

행되었다. 그러나 이런 성과는 오래전부터 한반도 장악을 국가적 중대사업으로 삼아온 일본으로 하여금 불안하게 만들었다. 1900년에 외상(外相)에 부임한 고무라 쥬우타로(小村壽太郎)는 "고무라 노선"을 제시했는데 그 내용은 앞으로 대한(對韓)정책은 정치, 경제, 군사, 외교 등 모든 면에서 경의선(서북철도) 철도 부설권 탈취에 둔다는 것을 지침하는 것이었다.[83] 대한제국의 근대화 사업의 성과는 일본에 비하면 아직 많이 뒤진 것이지만, 이를 방치할 경우, 한반도 장악이 어렵게 된다는 사실을 직시하였던 것이다. 서울 도시개조사업은 결국 러일전쟁으로 일본군이 서울을 장악한 상태에서 중단되고 말았다. 도시개조사업에서 관영 공장지대로 설정된 용산 지역의 공장들은 모두 일본군의 막사로 전용되고, 나중에 한국주차군 사령부가 이곳에 자리 잡게 된다.

83) 森山茂德, 『日韓併合』(吉川弘文館, 1992), 75-77쪽.

Ⅳ. 동경계획의 결과 : 관청가와 군사시설의 우세

도쿄의 요시까와안은 앞에서 살폈듯이 실용주의에 입각한 새로운 "國의 중심" 만들기로서 토지의 용도를 황거용지(皇居用地), 관성지(官省地), 저택지(邸宅地) 셋으로 나누고, 환상(環狀)도로, 종관(縱貫)도로, 방사(放射)도로 등을 모두 철도의 중앙역을 비롯한 네 개 역에 연결시켜 교통의 원할, 신속성을 기하는 등 나름대로의 체계성을 분명히 가지고 있었다. 그러나 문제는 그 계획의 태반이 실천에 옮겨지지 못했다는 사실이다.

앞에서 살폈듯이 요시까와안은 1885년 10월의 "시구개정심사회안"을 거쳐 1889년의 "시구개정위원회안"에서 종결점을 얻는다. 10년간의 논의 끝에 이 위원회안으로 법령 공시를 통해 실현이 보증되었다. "위원회안"은 도쿄의 인구가 1887년부터 상승하기 시작한 사실을 감안해 원래의 요시까와안이 인구규모를 80만으로 상정한 것을 200만으로 올리고, 시역(市域)도 8,384헥타르로 잡는 발전적 변화도 보였다.[84] "심사회안"에서 상도(商都)의 비중이 높아졌던 것도 재조정되어 원안에 좀 더 가까워졌다. "위원회안"은 황거 주변에 1등1류의 도로 8본(本)을 인정하고, 구(舊)혼마루(本丸)·니시마루(西丸, 현 황거)·니시마루시다(西丸下, 현 황거 앞 광장)는 그대로 皇居로, 히비야(日比谷)·가수미가세끼(霞ケ關)는 관청가, 그리고 마루노우찌(丸の內)·오데마찌죠(大手町)는 상업지로 각각 나누었다. 요시까와안의 원안에 비하면 고꾜(皇居)지역으로 니시마루시다가 더 들어가고, 당초의 관성지 가운데 현 오데마찌죠·현 마루노우찌가 상업지구로 조정된 상태였다. 마루노우찌·오데마찌죠가 상업지로 바뀜으로써, 천황의 거처에 접하여, 중앙관청가라는 정치의 핵과 새로운 경제의 핵이 단괴상(團塊狀)을 이룬 형태가 처음 등장하였다는 평가를 받는다. 황(皇)과 정(政)과 경(經)의 각각의 핵이 단괴상으로 복합하는 형세와 각기의 거대한 단일중심지역의 탄생은 이전에 없던 새로운 형상이라는 평가가 가해진다.[85]

---

84) 藤森照信, 앞의 책, 203쪽.

〈사진 5〉 도쿄 황거 주변 도로와 전차

출처: 越澤明, 『東京都の都市計劃』 5면, 「圖 1-3 市區改正으로 정비된 幹線道路」.

그러나 "위원회안"의 이런 결과는, 적극적인 의도에 의한 것이라기보다 현실적 사정에서 연유하는 것이었다. 시구개정사업용으로 준비된 재원은 50만 원에 불과했고, 이것으로는 기존 시가지의 도로폭 확대나 공원 신설을 위한 민유지의 대량매입이 거의 불가능하였다. 이 제약 아래 실행 가능한 일로 상정될 수 있었던 것은 고쿄 주변의 유휴 관유지(이때까지 육군 제시설이 들어가 있었지만 곧 변경 예정)의 활용밖에 없었고, 그 활용에서 단괴상의 복합중심이 생기게 되었던 것이다.[86)]

"위원회안"이 테이블에서 떠나 거리로 나오면서, 가장 뚜렷한 자취를 남기게 되는 것은 관청가의 형성이었다. 가수미가세끼와 히비야 일대로 예정된 관청가는 외무성 임시건축국의 "관청집중계획"을 통해 계획되었던 것이다. 그러나 입지결정권은 이제 시구개정 측에 속하는 위원회가 임시건축국이 결정한 위치를 추인하는 절차를 밟았다.[87)] 이후 두 지역 일대에는, 시중에 산재해있던 여러 관청이 모여들게 되었다. 1894년(명치 27) 해군성, 1895년 사법성(현 법무성), 1896년에 재판소의 웅대한 붉은 벽돌 건축이 첨탑이나 돔을 머리 위에 올리면서 들어섰다.[88)] 관청가는 시구개정의 흐름에서 끼어든 것에 가까운 반면, 마루노우찌, 오데마찌쵸 지구의 새로운 경제중심은 분명히 시구개정계획을 모태로 해서 탄생한 것이었다. 1889년 5월, 위원회 공시에 따라, 마루노우찌의 민간불하가 시작되었다. 마루노우찌 불하에서 정부는 육군 제시설의

---

85) 앞의 책, 203-204쪽.
86) 앞의 책, 204쪽.
87) 앞의 책, 209쪽.
88) 위와 같음.

이전비 염출을 위해 일괄 불하를 원칙으로 삼았다.[89] 이 불하건을 놓고, 미쓰이(三井), 시부자와에이이찌(渋澤榮一), 미쓰비시(三菱) 3자 사이에 신경전이 벌어지다 런던의 오피스가의 융성에 매료된 미쓰비시 그룹 정상들이 전격적으로 단독 매입을 결정하여 이 지역 개발의 기수가 된 것은 유명한 이야기다.[90] 미쓰비시가 주도한 이 지역의 오피스가 개발은 1894년 1월, 일본 최초의 오피스 빌딩으로 미쓰비시 일호관의 준공으로 첫 성과를 올렸다.

한편, 앞에서 언급했듯이 상한 50만 엔에 묶인 예산상의 한계는 "위원회안"의 전면 실행을 불가능하게 했다. 그리하여 "위원회안"은 10년이 지난 1899년에 상수도사업을 겨우 끝낸 후, 5개년간 1,500만 엔을 집중 투하하는 후속사업안을 결정하여 정부에 제출했지만, 의회에서 부결되고 마침내 1903년 3월 31일에 사업을 대폭적으로 축소한 "시구개정신설계"(市區改正新設計)로 대치되었다.[91] 이 신설계는 요시까와안 이래의 동경 시구개정의 취지를 사실상 포기하는 것이나 마찬가지라고 할 정도로 대폭적으로 하향 조정된 것이었다. 모든 국가재원이 군비확장에 투여된 상황에서 불가피한 결과였다. 철도원이나 민간전철회사가 추진 모체가 된 철도 사업, 마루노우찌, 히비야 등의 고꾜 주변의 비교적 충실한 도로, 니혼바시 다이또오리의 개통 등이 간신히 구(舊) 설계의 골자를 지키는 형세였다.[92]

일본이 한국을 강제 병합하는 1910년 전후의 시점에서 도쿄의 거리는 결국 고꾜 주변에 관청가가 형성되어 첨탑, 돔을 가진 붉은 벽돌 건물들이 들어서고, 마루노우찌에 오피스(비즈니스) 빌딩이 들어선 것이 주된 광경이었다. 위에서 본 것과 같이 이 성과들이 모두 막부 지지세력이 두고 간 "유휴지"를 이용하거나 처분함으로써 거두어질 수 있었던 것이라는 점은 역사의 한 아이러니가 아닐 수 없다.

---

89) 藤森照信, 210-211쪽. 마루노우찌 총 면적 13,500평(도로분 포함) 총액 150만 원 선을 불하대금을 산출했는데 이 기준에서 책정된 地價는 주위의 어느 用地보다도 格斷으로 비싼 것이었다고 한다.

90) 三菱은 107,000평(三崎町 추가), 총 1280,000圓을 지불했다. 藤森照信, 213쪽.

91) 앞의 책, 216쪽.

92) 앞의 책, 216-217쪽.

〈그림 4〉 도쿄 시내(각 구)에서의 군대·군사시설·군용지의 배치(다이쇼 3년)

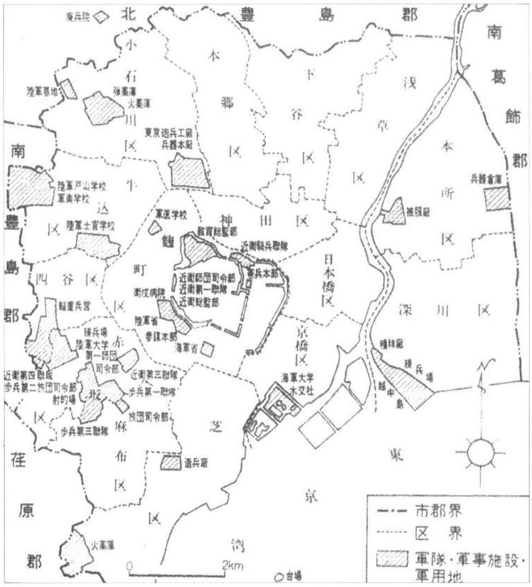

출처: 石塚裕道, 成田龍一, 『東京都の百年』(山川出版社, 1986), 73쪽
① 본도 기재 이외에 目黑, 涉谷, 世田 방면에도 군대가 주둔했지만, 생략했다.
② 「實地踏測 東京市街全圖」에 의해 작성.

1910년 무렵, 근대도시로서의 도쿄의 다른 한 모습으로 거론하지 않을 수 없는 것은 군사시설이 차지하는 비중이다. 도쿄의 군사시설들은 초기에는 고쿄 주변, 다이묘(大名) 小路 등지에 몰려 있었는데, 1889년 마루노우찌 매각이 이루어지면서 그 대금으로 근교로 이동한 것들이 많았다. 근위부대, 헌병대 등은 고쿄에, 육군성, 해군성 등의 지휘부는 관청가에 그대로 남았지만, 사단, 사관학교 등은 도심에서 조금 벗어난 지점에 배치되었다. 그 결과는 〈그림 4〉에서 보듯이 혼마루를 몇 겹으로 둘러싸는 형세가 되었다. 군대와 군사시설이 30개에 달하는 사실도 주목할 만하다. 수도에 이렇게 많은 군사시설이 집중된 예는 흔하지 않기 때문이다. 〈그림 4〉는 이시쯔가히도미찌(石塚裕道), 나리따리유우이찌(成田龍一) 등이 1914년 간행의 『실지답측 동경시가전도』

〈표 2〉 메이지 도쿄의 군사 기지·시설의 원 다이묘(大名) 저택 이름

軍事施設名	大名 屋敷名	軍事施設名	大名 屋敷名
近衛旅團司令部	田安殿, 淸水殿	第一師團司令部	靑山大ゼ
近衛第一第二聯隊	田安殿, 淸水殿	第一師團軍法會議,	靑山大ゼ
近衛軍樂隊	田安殿, 淸水殿	步兵二師團司令部	靑山大ゼ
近衛師團經理部	田安殿, 淸水殿	麻布聯隊舊司令部	靑山大ゼ
近衛騎兵聯隊	一橋殿	陸軍練兵場	靑山下シ(小)ケ 伊東リュリ 水野左コン
近衛三聯隊	松平アキ	輜重兵營	鉄砲場
參謀本部	松平アキ	戶山學校	戶山尾張殿
陸軍省	松平アキ	地方幼年學校 中央幼年學校	尾張殿
海軍省	西ヨオキ	士官學校	尾張殿
憲兵本府	遠トウタマチ 酒井ウソ	東京砲兵工廠 東京砲兵會議 東京兵器本廠	水戶殿
東京衛戍病院	井伊カモン	陸軍用地	松平下ケ
第一師團步兵第一聯隊	松平大ゼ	海軍大學校	尾張殿
步兵三聯隊	伊達遠江	造兵廠	有馬中務

출처: 對照根據: 安政 6년(1859) 新刻의 江戶城 地圖 (須原屋茂兵衛藏板)와 1911년(明治 44) 제작의 『東京市街最新地圖』(慶信堂 小倉吉之助)

(實地踏測 東京市街全圖)에 근거해 작성하여 『도쿄도노햐쿠넨』(東京都の百年)에 제시한 「동경시내(각 구)에서의 군대·군사시설·군용지의 배치」다. 〈표 2〉는 필자가 안세이(安政) 6년(1859) 신각의 에도성(江戶城) 지도 (須原屋茂兵衛藏板)에 표시된 다이묘 소유의 각종 가옥 옥부(屋敷)의 위치와 1911년(메이지 44) 제작의 『동경시가최신지도』(慶信堂, 小倉吉之助)에 표시된 군대·군사시설·군용지 등을 비교해 전입 관계를 표시한 것이다. 이에 따르면 후자들이 대부분 전자의 부지에 들어간 것이 확인된다. 막부 지지세력이 버리고 간 "유휴지"가 메이지 정부가 도쿄를 새로 꾸밀 수 있었던 거의 유일한 자산이었다는 것이 다시 한 번 확인된다.

Ⅴ. 결론

19세기 동아시아사는 서양 기계문명의 충격에 대한 대응이 가장 중요한 과제였다. 서양 기계문명의 우세는 무기체계에서 가장 뚜렷하였다. 포함외교라는 말이 있듯이 증기선에 거치된 대포의 위력은 공포감을 주기에 충분했다. 그런 위력적인 무기들을 제작하는 기술의 습득은 중국, 일본, 조선 등 동아시아 국가들의 서구화 초기부터 중요한 사업이었다. 그러나 위력적인 무기의 생산이 서구문명의 전부는 아니었다. 증기 터빈과 증기기관차, 전기와 궤도전차, 전보와 전화기 등 편리성과 능률성이 뛰어난 문명의 이기들이 호기심을 자아냈다.

그런 각종 기기들로 시설되어 있는 서양의 도시들은 더 충격적이었다. 서구식으로 도시를 개조하는 것은 이 시대 동양 정치지도자들을 유혹하는 또 다른 하나의 영역이었다.

프랑스 파리에서 처음 실현된 "바로크 도시계획"은 서구의 대도시에도 유행처럼 번져갔고, 동아시아의 정치 지도자들에게 문명화의 한 길로서 이의 실현이 모색되었다. 일본의 도쿄 "시구개정" 논의 중, 내무성 요시까와안 계열은 이의 원리적 이해에 그치던 것이, 외무성의 "관청집중계획"에서는 그 직접적 도입에 대한 강한 집착성을 보였다. 한국의 한성부 개조사업에서는 구도시의 기본구조를 온존시키면서 그 기본 특징을 도입하는 절충식이 채택되었던 것을 볼 수 있었다. 일본이나 한국 어느 쪽이나 도시의 구조를 서양식으로 바꾸는 것은 '문명화'를 위한 필수과제처럼 인식되었다.

도쿄와 서울의 도시개조의 진행상황을 굳이 비교한다면, 도쿄는 그 준비과정이 장기에 걸치고 또 치밀한 논의가 계속된 반면, 실제 이루어진 성과는 계획의 십분의 일에도 미치지 못하는 형세였다. 시기를 같이해서 진행 중이던 군비확장 사업에 국고의 많은 부분이 할당되었기 때문에 확정된 시구개정안 실행에 돌릴 예산상의 여유가 없었다. 그 상황은 1904년 러일전쟁 때까지 계속되었다. 이에 반해, 서울(한성)은 준비기간이 길지 않으면서도 1896년부터

약 8년간에 이루어진 실행 성과는 외국인 여행자들로 하여금 눈을 의심케 할 정도로 큰 변화를 가져 왔다. 서울 쪽이 이렇게 성공적일 수 있었던 것은 도시의 크기가 도쿄보다 작았다는 점(1880년대 후반 현재, 한성 인구 20여 만 명, 도쿄 80여 만 명), 이 사업을 군사력 양성보다 더 우선한 점 등에서 이유를 찾을 수 있을 것 같다.

메이지 도쿄의 근대도시로의 면모는 부분적 개조사업으로 바뀌어 갔다. 첫째로 1870년대 후반에 긴자(銀座)의 "연와가계획"으로 긴자란 한정된 지역에 서구식 도시 분위기가 먼저 형성된 다음, 1883년 로쿠메이칸(鹿鳴館) 건축으로 관청가에도 서양풍이 일었다. 그러나 고쿄 주변조차도 10년 이상의 시간이 더 소요되어서야 서양풍이 본격적으로 느껴질 수 있게 되었다. 1890년대에 시구개정 사업 실행의 편린으로 고쿄 주변, 니혼바시 일대에 일등도로가 개통되고 해군성·사법성·재판소 등의 관청건물, 마루노우찌에 三菱 오피스 빌딩이 들어서면서 새로운 분위기를 체감할 수 있었다. 궤도마차 대신에 궤도전차가 달리기 시작한 것은 1903년이었다. 오랜 논의를 거친 시구개정 사업조차 전면적 전개가 이루어지지 않은 상태에서 상업지 불하대금으로 1910년 무렵까지 군사시설들이 고쿄에 인접한 지역과 바야카와(小早川) 외곽 일대에 병풍처럼 배치되면서 시구개정의 그림에는 들지 않은 풍경이 메이지 도쿄에 드리워졌다. 메이지 도쿄의 도시 근대화는 곧 천황제 국가의 창출이라는 시대적 과제와 무관할 수 없었다. 서구의 "바로크 도시계획"에 대한 염원을 버리지 못하면서도 관료주의, 군사주의가 도시적 특징으로 외형을 빚은 것은 근대 국민국가의 급조 속에 불가피하게 나타난 것이었다.

한편 광무 서울은 미국 워싱턴디씨의 대통령궁처럼 본궁(경운궁, 현 덕수궁)의 위치를 도심 가운데에 설정해 "바로크 도시계획"의 핵심인 방사상 도로 체계를 도입하였다. 그리고 기념물, 공원 등을 신설하여 "바로크"의 특징에 대한 집착도 보였다. 미국의 공화제와 한국의 황제정 사이에는 차이가 많았던 것은 재론의 여지가 없다. 그런데도 이런 비견이 가능했던 것은 18세기 이래 조선의 유교정치의 민본 이념이 민국이념으로 발전하고 있었기 때문이었다.

후자의 "군민일체" 이념이 도심으로 궁궐의 이동을 가능하게 했던 것이다. 본고에서는 이 사상적 배경에 대해서는 언급할 기회를 가지지 못했지만, 이 사상은 공원의 건립에도 작용했다. 대한제국 황제정의 정치사상은 일본의 신흥천황제의 "일군만민" 사상에 비해 민에 대한 친화도가 훨씬 더 높은 것이었다. 다시 말하면 유교의 민본 이념이 4세기여 국가이념으로 계속되는 속에 양반사대부층의 특권을 배제하는 군민일체의 근대 지향성이 생기면서 서양 민주주의의 공화제에 대한 이해도가 높을 수 있었다. 이 민주 지향적인 한성부에 군사시설로는 황제 근위병력으로 시위대 병력과 그 부대시설, 군부 및 그 총기제작소 등이 있는 정도였다. 대한제국은 중립국 획득에 목표를 두고 이를 국제적으로 승인받는 데 필요한 국방력 3~5만 명의 병력을 양성하는 데 목표를 두고 있었기 때문에 침략전쟁을 준비하던 明治 일본과는 군비에 임하는 태도가 근본적으로 달랐다.

도쿄와 서울의 서로 다른 지향성은 곧 두 나라의 근대화의 방향을 그대로 반영하는 것이었다. 1904년부터 1910년까지의 기간에 두 지향성은 정면충돌하는 상황에 빠졌고, 그 결과는 군사 우선의 일본이 한국을 제압하는 것으로 끝났다. 한국 측의 지향성은 아직 틀도 제대로 갖추지 못한 상태에서 일어난 충돌이었지만, 이런 결과는 처음부터 예상된 것이기도 하였다. 한국 측의 신문들은 1880년대 초부터 일본의 지나친 군비확장을 의심하는 논조의 글들을 남겼다. 광무 서울의 개조사업은 러일전쟁으로 중단되고 강제 병합(1910년)으로 계획의 존재 자체가 매장되어버려 그런 일이 있었는지도 모른 상태가 1980년대까지 계속되었다. 이에 대한 연구와 평가는 이제 시작된 것이나 마찬가지다. 그 지향성은 동아시아의 서양 문물 수용의 한 자세로서 의미있는 것이기 때문에 패자의 헛된 꿈으로 과소평가될 수 없는 소중한 경험이라고 믿는다.

편집후기

이 책은 한일공동연구포럼 역사1팀이 2000년 3월부터 3년여에 걸쳐 추진해 온 공동연구의 성과이다.

역사적으로 한일 양국은 모두 유교문화권에 속해 있다고 생각하는 경향이 강하다. 그러나 지리적으로 한국은 아시아 대륙과 육지로 접해 있어 대륙으로부터의 군사적인 위협은 물론 문화·사상적 영향이 빈번할 수 있었는데 비하여 일본은 샌솜(George B. Sansom)이 지적하였듯이 한국 남단으로부터 100마일 이상의 거친 바다에 의해서 격리되어 있어 항해술이 발달하지 못하였던 근대 이전에는 대륙으로부터의 군사적인 위협을 피할 수 있었을 뿐만 아니라 문화·사상의 수용에 있어서도 선택적이었다. 그리고 이에 더하여 또 한편으로는 문화·사상적으로 그리고 정치·경제·사회적으로 아시아 대륙과는 매우 다른 역사적 도정을 개척하였다. 이와 같은 의미에서 한국과 일본은 근대에 이르기까지 매우 대조가 되는 역사적 발전을 이룩하였다.

물론 이 시기에 한국과 일본 사이에 문화·사상의 차원에서 지적 교류가 전혀 없었던 것은 아니다. 그러나 한일 양국이 인접해 있으면서도 실은 문화·사상적으로 서로 매우 소원(疎遠)한 관계가 오래 지속되어 왔다는 것을 부정할 수가 없다. 그것은 한일 양국의 문화·사상적 전통이 서로 매우 다른 측면이 많았다는 것과 무관하지 않다고 생각한다.

한일 양국의 연구자들의 공동연구는 이러한 점에서 매우 의의 깊은 시도이다. 국가 간의 상호의존관계가 심화되고 세계화·개방화의 추세가 급속하게 진전되고 있는 현대 세계에서는 더욱 그러하다.

우리들 역사1팀은 특히 문화·사상의 존재양식과 변화에 각별한 관심을 가지고 각자의 연구를 추진하였다. 공동연구를 추진함에 있어서 각기 자국(自

國)을 연구하는 데 머무르지 않고 상대국의 역사·문화·사상도 연구하는 교차적인 구성을 취하여 한일 양국의 역사·문화·사상을 서로 비교하는 등, 다양한 시도가 추진되었다.

이번 한일공동연구에서는 4회에 걸쳐 집중적인 회의가 진행되었다. 이들 회의 때마다 각자의 논문을 발표하여 솔직한 의견을 교환하였으며, 이 과정에서 상호비판하고 서로 배우면서 점차 논문의 내용을 구체화시켜 갔다. 물론 각자의 논문은 자신의 책임하에 집필되었으며, 공동의 연구성과로서 9편의 논문을 간행하게 되었다.

논문의 주제는 주로 19세기 중엽 이후 한국과 일본을 중심으로 하여 변전하는 동아시아에서의 문화·사상의 문제에 초점을 맞추었다.

공동연구의 과정에서 우리들은 서로의 문화·사상적인 특성을 새롭게 이해하게 되었으며 서로 많은 것을 배웠다. 앞으로도 이와 같은 한일공동연구가 지속적으로 추진되어 인접 국가로서의 한일 양국의 지적 교류가 활성화될 것을 기대하고 싶다. 그것은 이러한 연구활동을 통해서 상호이해와 상호인식을 공유하는 지적 기반이 구축될 수 있다고 생각하기 때문이다.

이번 공동연구가 결실을 맺게 되기까지는 고려대학교 아세아문제연구소와 일한문화교류기금의 전면적인 지원이 있었다. 특히 사무국의 여러분들께서는 공동연구를 추진하는 과정에서 생기는 세세한 부분에 이르기까지 각별한 배려를 하여 주셨다. 여기에 깊은 감사의 뜻을 표한다. 그리고 매우 어렵고 복잡한 번역작업을 맡아주신 여러분들께 고맙다는 말씀을 드리지 않을 수 없다. 마지막으로 이 책을 편집하여 출간하는 데 수고해주신 고려대학교 아세아문제연구소 출판부와 게이오대학출판회의 여러분들께 감사의 말씀을 드린다.

제2기 한일공동연구포럼 역사1팀 팀장
와타나베 히로시, 박충석

필자소개

집필순

박충석 | 朴忠錫, PARK CHOONG-SEOK

이화여자대학교 명예교수
도쿄(東京)대학 법학 박사
전공: 한국정치사상사, 동양정치사상
주요경력: 이화여자대학교 사회과학부 교수, 도쿄대학 객원교수(1986), 한국·동양정치사상사학회 회원
주요저작: 『한국정치사상사』(삼영사, 1982); 『19세기 일본의 근대화』(공저, 서울대학교출판부, 1996) 등

장인성 | 張寅性, JANG IN-SUNG

서울대학교 외교학과 교수
도쿄(東京)대학 대학원 총합문화연구과 학술박사
전공 : 동아시아 국제정치사상, 동아시아 국제관계
주요경력 : 한국외국어대학교 교수
주요저작 : 『장소의 국제정치사상』(서울대학교출판부, 2002), 『근대한국의 국제관념에 나타난 도덕과 권력』(서울대학교출판부, 2006), 『메이지유신』(살림, 2007) 등

김영작 | 金榮作, KIM YOUNG-JAK

국민대학교 명예교수, 일본 호세이(法政)대학 정치학과 객원교수
도쿄(東京)대학 정치학 박사
전공: 국제정치학
주요경력: 국민대학교 정치외교학과 교수, 제12대 국회의원, 동북아문화연구원 원장, 일본 국제기독교대학(I.C.U.) 조교수, 도쿄대학 객원교수, 하버드대 객원교수
주요저작: 『韓末ナショナリズム研究』(東京大學出版會, 1975. 한국어판: 『한말 내셔널리즘』, 청계연구소 1989); 『Nationの軌跡』(공저, 東京新世社, 2001); 『근대 한일관계의 明暗』(백산서당, 2006); 『일본은 한국에게 무엇인가』(공저, 한울아카데미, 2006) 등

미타니 히로시 | 三谷 博, MITANI HIROSHI

도쿄(東京)대학 대학원 종합문화연구과 교수
도쿄대학 문학 박사
전공 : 19세기 일본사
주요경력 : 각슈인(學習院)여자단기대학 조교수, 도쿄대학 교양학부 조교수
주요저작 : 『明治維新とナショナリズム』(山川出版社, 1997); 『東アジアの公論形成』(편저, 東京大學出版會, 2004); 『明治維新を考える』(有志舍, 2006); 『東アジア歷史對話』(편저, 東京大學出版會, 2007); *Escape from Impasse* (2nd ed., I House Press, 2008) 등

모리야마 시게노리 | 森山茂德, MORIYAMA SHIGENORI

수도대학도쿄(首都大學東京) 도시교양학부(구 도쿄도립대학 법학부) 교수
도쿄(東京)대학 법학 박사
전공 : 동아시아 국제정치사, 한국정치론
주요경력 : 도쿄대학 동양 문화연구소 조수, 니가타(新潟)대학 교양부 조교수, 돗쿄(獨協)대학 법학부 교수
주요저작 : 『近代日韓關係史硏究』(東京大學出版會, 1987); 『韓國現代政治』(東京大學出版會, 1998) 등

함동주 | 咸東珠, HAM DONG-JU

이화여자대학교 사학과 교수
시카고대학 역사학 박사
전공: 일본근대사
주요경력: 한국외국어대학교 강사, 한양대학교 강사, 이화여자대학교 부교수
주요저작: 『일본동양학의 구조』(역서, 문학과 지성사, 2004); 「일본제국의 형성과 역사서술」, 『이화사학연구』 32(2005); 「러일전쟁 이후 일본의 한국식민론과 식민주의적 문명론」, 『동양사학연구』 94(2006) 등

야마다 에이코 | 山田央子, YAMADA EIKO

아오야마가쿠인(青山學院)대학 법학부 교수
도쿄도립(東京都立)대학 정치학 박사
전공: 일본정치사상사
주요경력: 도쿄도립대학 법학부 조수
주요저서: 『明治政黨論史』(創文社, 1999); 「ブルンチュリと近代日本政治思想: 「國民」觀念の成立とその受容」, 『東京都立大學法學會雜誌』 32권 2호, 33권 1호(1991, 1992) 등

와타나베 히로시 | 渡辺 浩, WATANABE HIROSHI

도쿄(東京)대학 대학원 법학정치학연구과 교수
전공: 일본정치사상사
주요경력: 도쿄대학 법학부 조수, 조교수
주요저서: 『近世日本社會と宋學』(도쿄대학출판회, 1985); 『東アジアの王権と思想』(도쿄대학출판회, 1997) 등

이태진 | 李泰鎭, YI TAE-JIN

서울대학교 국사학과 교수
서울대학교 문학 석사, 명예 문학 박사(한국학 중앙연구원)
전공 : 한국사회사, 정치사
주요경력 : 규장각도서관리실장, 한국문화연구소장, 인문대학 학장, 역사학회 회장
주요저작 : 『한국사회사연구』(지식산업사, 1986); 『조선유교사회사론』(지식산업사, 1989); 『왕조의 유산』(지식산업사, 1994), 『고종시대의 재조명』(태학사, 2000); 『의술과 인구 그리고 농업기술』(태학사, 2002); 『동경대생들에게 들려준 한국사』(태학사, 2005); *The Dynamics of Confucianism and Modernization in Korean History* (Cornell University Press, 2007) 등

찾아보기

ㅇ

ㅈ

ㅊ

ㅋ~ㅍ

ㅎ